工商管理经典译丛 | BUSINESS ADMINISTRATION CLASSICS

PROJECT MANAGEMENT
A STRATEGIC MANAGERIAL APPROACH

TENTH EDITION

项目管理

战略管理的视角

第**10**版

杰克·R. 梅雷迪思（Jack R. Meredith）

[美]　　斯科特·M. 谢弗（Scott M. Shafer）　　著

小塞缪尔·J. 曼特尔（Samuel J. Mantel, JR.）

戴鹏杰　甄　真　译

戚安邦　审校

中国人民大学出版社

·北京·

工商管理经典译丛
出 版 说 明

　　随着中国改革开放的深入发展，中国经济高速增长，为中国企业带来了勃勃生机，也为中国管理人才提供了成长和一显身手的广阔天地。时代呼唤能够在国际市场上搏击的中国企业家，时代呼唤谙熟国际市场规则的职业经理人。中国的工商管理教育事业也迎来了快速发展的良机。中国人民大学出版社正是为了适应这样一种时代的需要，从1997 年开始就组织策划"工商管理经典译丛"，这是国内第一套与国际管理教育全面接轨的引进版工商管理类丛书，该套丛书凝聚着 100 多位管理学专家学者的心血，一经推出，立即受到了国内管理学界和企业界读者们的一致好评和普遍欢迎，并持续畅销数年。全国人民代表大会常务委员会副委员长、国家自然科学基金会管理科学部主任成思危先生，以及全国 MBA 教育指导委员会的专家们，都对这套丛书给予了很高的评价，认为这套译丛为中国工商管理教育事业做了开创性的工作，为国内管理专业教学首次系统地引进了优秀的范本，并为广大管理专业教师提高教材甄选和编写水平发挥了很大的作用。其中《人力资源管理》（第六版）获第十二届"中国图书奖"；《管理学》（第四版）获全国优秀畅销书奖。

　　进入 21 世纪后，随着经济全球化和信息化的发展，国际 MBA 教育在课程体系上进行了重大的改革，从 20 世纪 80 年代以行为科学为基础，注重营销管理、运营管理、财务管理到战略管理等方面的研究，到开始重视沟通、创业、公共关系和商业伦理等人文类内容，并且增加了基于网络的电子商务、技术管理、业务流程重组和统计学等技术类内容。另外，管理教育的国际化趋势也越来越明显，主要表现在师资的国际化、生源的国际化和教材的国际化方面。近年来，随着我国 MBA 和工商管理教育事业的快速发展，国内管理类引进版图书的品种越来越多，出版和更新的周期也在明显加快。为此，我们这套"工商管理经典译丛"也适时更新版本，增加新的内容，同时还将陆续推出新的系列和配套参考书，以顺应国际管理教育发展的大趋势。

　　本译丛选入的书目，都是世界著名的权威出版机构畅销全球的工商管理图书，被世界各国和地区的著名大学商学院和管理学院所普遍选用，是国际工商管理教育界最具影响力的教学用书。本丛书的作者，皆为管理学界享有盛誉的著名教授，他们的这些著作，经过了世界各地数千所大学和管理学院教学实践的检验，被证明是论述精辟、视野开阔、资料丰富、通俗易懂，又具有生动性、启发性和可操作性的经典之作。本译丛的译者，大多是国内各著名大学的优秀中青年学术骨干，他们不仅在长期的教学研究和社会实践中积累了丰富的经验，而且具有较高的翻译水平。

　　本丛书的引进和运作过程，从市场调研与选题策划、每本书的推荐与论证、对译者翻译水平的考察与甄选、翻译规程与交稿要求的制定、对译者质量的严格把关和控制，到版式、封面和插图的设计等各方面，都坚持高水平和高标准的原则，力图奉献给读者一套译文准确、文字流畅、从内容到形式都保持原著风格的工商管理精品图书。

　　本丛书参考了国际上通行的 MBA 和工商管理专业核心课程的设置，充分兼顾了我国管理各专业现行通开课与专业课程设置，以及企业管理培训的要求，故适应面较广，既可用于管理各专业不同层次的教学参考，又可供各类管理人员培训和自学使用。

　　为了本丛书的出版，我们成立了由中国人民大学、北京大学、中国社会科学院等单位专家学者组成的编辑委员会，德高望重的袁宝华同志、黄达教授和中国人民大学校长纪宝成教授，都给了我们强有力的支持，使本丛书得以在管理学界和企业界产生较大的影响。许多我国留美学者和国内管理学界著名专家教授，参与了原著的推荐、论证和翻译工作，原我社编辑闻洁女士在这套书的总体策划中付出了很多心血。在此，谨向他们致以崇高的敬意并表示衷心的感谢。

　　愿这套丛书为我国 MBA 和工商管理教育事业的发展，为中国企业管理水平的不断提升继续做出应有的贡献。

中国人民大学出版社

杰克·R. 梅雷迪思（Jack R. Meredith）等著的《项目管理——战略管理的视角》一直是项目管理领域的经典之作，在国内外高等院校的相关教学中起到了非常重要的指引作用。 本书的前一版（即第7版）由南开大学戚安邦教授翻译，行文流畅优美，真正做到了"信、达、雅"。

时隔10年，《项目管理》出版到了第10版，原书有了较多的内容增补、章节调整与案例更新，并根据近几年项目管理行业的新进展、新技术、新工具情况在相关章节添加了大量内容，值得再次为该书开展翻译工作。

本书非常适合国内各类高等院校的管理学的本科与研究生学习参考，能提供给学生良好的国际化、全球化视野。 书中的概念、流程、方法、工具均包含在美国项目管理协会（Project Management Institute，PMI）所定义的项目管理知识体系（Project Management Body of Knowledge，PMBOK）中，具有相当好的国际通用性。 书中各章节均包含大量的教学辅助内容，比如问题、案例讨论、课堂综合练习项目、指导阅读等，可以让师生在熟悉和掌握章节主要内容之后，在练习与实例分析中充分运用知识与工具。

由于各章末的案例分析与指导阅读部分篇幅过长，完整放于书中会使本书篇幅过大，有喧宾夺主之嫌，因此，将此部分翻译内容置于网上，可免费下载使用（扫描章末数字资源二维码获取）。

本书的翻译工作由我与甄真共同完成，本书的第1~9章由本人独立翻译，第10~12章由甄真完成，并由本人完成全面审阅与修订工作。 翻译过程中，非常感谢同事们给予的巨大帮助，让本书的表达更为准确流畅！

虽然我们尽力完整地保持原文的内容和风格，但是由于水平有限，会有诸多不足和错误之处，敬请读者予以指正。

戴鹏杰
于中国人民大学

方　法

自从我们的穴居人祖先建立了一个项目（正如我们以前的同事萨姆·曼特尔（Sam Mantel）常说的那样，例如"收集炖猛犸象肉的原材料"）以来，我们在项目管理方面取得了长足的进步。 自20世纪90年代中期以来，项目管理的运用几乎呈爆炸式增长。 企业利用项目管理，在时间限制下，用有限的资源得到特定的成果。 在服务经济中，利用项目管理来实现组织的目标也很普遍，例如，广告活动、婚礼甚至研讨会都可作为项目来组织。

一个相对较新的领域是将项目作为实现战略性组织变革的一种方式，例如提供服务的新方式，这通常与新的软件程序和其他先进技术结合使用。 在这个层面上的变革是一个重大的变革，它超越了一般项目的交付成果，比如道路、建筑、新产品或计算机程序，它将更多的注意力放在项目的启动和项目的效用上，涉及客户或其他利益相关者。 此外，战略转型项目经常涉及动态扰动，这意味着项目经理和其他利益相关者必须在整个项目期间随机应变。

当我们在1983年编写本书的第1版时，市面上还没有为学习项目管理准备的教材，只有专业的（通常是工程）书籍，我们采用了一种管理的视角并遵循项目的生命周期来编写本书，也就是说，从项目经理和其他利益相关者在项目启动、项目计划、项目实施过程中将遇到什么、需要知道什么和做什么的角度来讨论项目管理。

我们认为这种遵循项目生命周期管理项目的观点及相应的技术涉及所有类型的项目，包括公共项目、商业项目、工程项目、信息系统项目等。 我们还讨论了对项目经理的要求以及项目经理与组织其他成员的互动。 本书涵盖了不同文化、地域或远程协作的组织与人在项目管理中的问题以及做出终止项目的决定时出现的问题。

本书主要作为向本科生或研究生教授项目管理的教材使用。 本书还向管理人员以及目前和未来的项目经理分享了我们的见解和想法。 我们借鉴了与高级经理和项目经理合作的经验以及我们的朋友和同事的经验。 本书还是一本适用于服务、产品或工程管理课程的教材，学习信息系统/信息技术（IS/IT）的学生会发现本书对管理他们的项目特别有帮助。

本书构架与内容

基于我们的管理观点，在第 I 篇描述了项目启动发生的活动，第 II 篇是与项目计划有关的内容，实施项目、利用产出构成了本书的第 III 篇。 每一篇由四章组成，这对读者来说是一个舒适而简洁的框架。

在介绍项目的作用和重要性并讨论项目管理作为有抱负的管理者的潜在职业选择等内容之后，介绍了项目管理的背景、问题以及项目生命周期。 第 I 篇描述了如何根据组织战略和目标来选择要实施的项目，项目经理的角色和职责，项目经理处理冲突所需的技能，以及在组织中建立项目的各种方式（包括不同的项目组织方式会给项目经理及其团队带来不同的问题）。

第 II 篇进入了项目计划过程，从工作活动计划开始，接着是项目预算和风险管理、项目进度安排，最后是资源配置。 第 III 篇讲述项目实施，通过信息系统对项目进行监控，项目控制可以确保结果达到期望。 在项目的主要里程碑对项目进行评估和审计，是另一种控制措施，最后，讲述了项目终止和实现利益。

我们非常清楚，现实中项目几乎从不以有序、线性的方式进行。 对项目经理来说，处理变化和不确定性是一项永恒的任务。 我们试图通过在书中提及组织、人际关系、经济和技术问题来反映这一点，这些问题会出现在每个项目的生命周期中，给项目造成麻烦甚至是危机。

教学方法

我们借助了许多教学辅助手段。 与以前的版本一样，每章的末尾都会有小结、关键术语，并通过内容复习问题和习题来重温每章内容。 此外，还有一系列课堂讨论问题，旨在拓宽学生的视野，使他们超越章节内容，深入思考。 在每章中都会有"实践中的项目管理"的应用实例供学习参考。

与过去一样，我们将某些案例纳入讨论范围（参见每章末的案例讨论），这些案例都是简短的案例，主要针对各章中涉及的特定主题，有时也包括前几章中涉及的材料和概念。 我们还提供了一个贯穿全书的课堂综合练习项目。在每一章的最后，我们通常会提供一篇阅读材料和一个案例分析并有相应的讨论问题（此部分内容请见章末数字资源"案例分析与指导阅读"）。

创新之处

在第 10 版中，我们进行了许多更新、增补和修改。

● 本版的主要变化之一是在第 2 章中引入了组织项目管理与监管，我们描述了项目的活动流和利益相关者的角色和责任。

- 由于第 2 章篇幅增加，我们删去了一些定量的项目选择的内容，并将关于项目投标和招标书的内容移至第 7 章中。
- 第 6 章增加了一节关于敏捷项目计划的内容。
- 由于第 6 章篇幅增加，我们将风险管理问题移至第 7 章。
- 第 8 章更新了案例。
- 第 13 章中增加了关于利益实现的新内容。
- 由于补充了新材料，我们增加了新的参考文献，此外，除了少数经典文献外，删除了 1990 年以前的大部分旧参考文献。
- 在 Excel 电子表格示例中，我们将手动计算替换为 Excel 函数。

杰克·R. 梅雷迪斯

meredijr@ wfu. edu

http：//business. wfu. edu/directory/jack-meredith

斯科特·M. 谢弗

shafersm@ wfu. edu

http：//business. wfu. edu/directory/scott-m-shafer/

目 录
CONTENTS

CONTENTS

第 Ⅲ 篇　项目实施　　　　　331

CONTENTS

第 1 章　现代组织中的项目

Projects in Contemporary Organizations

在我们的社会、实践以及研究出版物中，项目管理的成长与新发展在持续加速。除了项目管理、软件管理、项目组合、项目成熟度、项目管理办公室（PMOs）等始终受到关注，巨型项目、组织化项目管理、项目监管、战略项目、利益实现、项目赞助者的职责以及执行委员会的意义等话题也得到日益关注。项目越来越复杂化、综合化，涉及更多的组合与数以十亿美元计的资金。虽然我们关于如何成功实施标准项目的知识在实际中不断增加，但那些非传统项目，例如战略项目、多组织项目等，实施成功率依然偏低。部分原因已经清楚了，即项目只是一系列活动的一部分，但还涉及需求明晰、项目选择能否满足需求、项目的监管结构设计、项目实施以及项目利益实现的任务化。这些活动日益受到关注，我们也希望战略项目与更复杂的项目能够有更高的成功率。

在过去的几十年中，项目管理作为组织达成目标的一种手段，在实践应用方面有了长足的发展。以往大多数的项目都存在于组织的外部，如建造摩天大楼、设计商业广告战略、发射火箭，但是近年来项目应用方面发展的主要领域是组织内部的项目，如研发新产品、建立分公司、提高对顾客的服务质量或者达成战略目标等。实施组织内部项目与实施组织外部项目一样，可以带来良好的结果，成功地实施组织内部项目会使人更加满意，因为这可以提高组织的能力，使组织更有效或快速地完成任务。实施组织内部项目的机构或企业在能够更好地为社会做出贡献的同时，也会提高组织自身的竞争力。项目管理为组织提供了有力的工具，帮助组织提高计划、实施和控制活动的能力，同时为组织提供了合理使用人员和资源的方法。

在项目管理的简介中，首先定义什么是项目，同时项目的目标与特征也在讨论中得出。随后，将阐述项目管理的出现、项目管理壮大的力量以及项目管理的近期发展趋势。接着，将描述项目的生命周期。最后，将概括性地介绍本书的结构。在后面章节中，将深入到利益实现、巨型项目、项目治理和其他较新的话题中。

➡ 1.1 项目的定义

项目管理协会对项目的定义是"为创造独特的产品、服务或结果而进行的临时性的工作"（PMI，2013，p.417）。在我们的社会中，项目的形式多种多样。尽管有些人认为建造通天塔或埃及金字塔的工作是最早的项目，但实际上史前穴居人收集材料加工猛犸象肉的活动可能才是最早的项目。可以肯定的是，无论从何种意义上讲，建造顽石坝和爱迪生发明灯泡①都是项目。然而，我们常说的现代项目管理开始于曼哈顿计划。早期的项目管理主要用于非常复杂的大型研发（R&D）项目，如阿特拉斯洲际弹道导弹和其他类似的军事武器系统的开发。大规模的建设计划也经常按照项目的方式来组织，比如建造大坝、船舶、精炼厂和高速公路等。

由于项目管理技术日益发展（主要是由军方开发的），项目型组织开始得到广泛的运用。私营建筑公司发现项目型组织对于小型项目有益，比如建造仓库或公寓大楼。汽车公司使用项目型组织开发新的车型。通用电气公司和普惠公司都利用项目型组织来开发新的喷气式飞机引擎，美国空军也是如此。项目管理还被用来开发新型号的鞋和船只（尽管可能还不尽善尽美）。最近，跨国公司也开始运用项目管理方法，尤其是那些服务型跨国公司，它们在这方面的发展比那些制造型跨国公司更为迅速。广告活动、全球性并购以及资本收购通常都以项目的方式进行，项目管理的方法还进一步渗透到那些非营利的领域，结婚典礼、童子军活动、募集资金、竞选活动、社交聚会和演奏会等活动都在使用项目管理的方法。对项目管理技术应用最为广泛的当属计算机软件开发领域。

我们在讨论项目管理时，往往需要将下列一些术语区分开来，它们是：项目群（program）、项目（project）、任务（task）和工作包（work packages）。作为这些术语的发源地，军方通常用项目群一词来指代那些大型的长期工作，这些工作可以分解为一系列项目，这些项目可以进一步分解为很多任务，这些任务又可以分解为许多工作包，这些工作包自身则是由多个活动（工作单元）组成的。还有些术语不在此层次的词汇之列。曼哈顿计划被称为一个"项目群"，为了考察大型钢铁公司潜在的发展机会而成立的临时机构被称为"特别任务组"。从最广义的角度讲，项目是一个需要完成的具体又明确的任务，其规模的大小和期限的长短都无关紧要，关键是，项目是一个整体，包含了自身独有的一些特性。

项目的三个目标："三个约束"或"铁三角"

尽管那些花费上百万美元、耗时长达五年的项目更能吸引公众的注意力，但是绝大多数的项目规模都是相对比较小的——这些项目对实施者和应用者同样重要。它们包括产出物或者可交付成果，比如为职业篮球队建设的新赛场，为避免特定伤亡损失制定的保险政策，建设一个新网站，为一款四轮驱动车设计的驱动器新外壳，一种新型工业地板清洁

---

① 爱迪生并非灯泡发明者，主要贡献是找到合适材料并推广使用。——译者

剂，一所医院专家会诊病情采取的新方法，甚至包括为帮助管理项目开发的新软件等，这种例子不胜枚举。这些项目与那些大规模项目有许多相同之处，它们具有复杂性、多学科性，并且有相同的主要目标——绩效（或范围①）、截止日期（时间）和预算（成本），我们把这些称为"直接"项目目标。

人们有一种倾向，总是把项目只与其产出（绩效）联系起来。但是，与获得项目产出物所付出的成本一样，获得项目产出物的时间本身也是整个产出的一部分。一个建筑项目按时、按预算完成，与超出一年完成或超出预算 20% 完成是不同的产出物。

事实上，项目绩效或范围的概念本身要比其表面上复杂得多。特别地，识别客户的期望对明确项目性质是很重要的工作，将客户的期望与项目范围分离开来会导致冲突的产生。通常客户规定了他们期望的产出物，项目团队设计并完成项目，之后客户查看项目团队实施项目的结果。在客户的期望与项目团队的设计之间存在差异是常见的，其结果是项目规定的绩效可能不能很好地反映并满足客户的期望。项目自始至终都应该是为达成客户和项目团队的共同期望而努力的一个过程，可是这往往很少能够做到。根据上述内容，我们把客户的期望、客户期望中模糊的要素包含在项目建议书所陈述的规定绩效中，把它们共同作为项目全部要求的绩效目标（尽管可能会增加成本）。我们在后续章节中会讨论这些问题的细节。

项目的三大直接目标在图 1-1 中展示出来，各坐标轴分别表示项目的一个具体目标。这表明存在某个项目"函数"使三者相互联系起来——这真的存在！函数在项目与项目间是变化的，而且对于给定的项目会随着时间的变化而变化，本书将会参考这些关系或平衡去说明这些变化。项目经理最基本的两个任务就是管理好这些平衡的关系，并提前告知项目风险。在项目的直接目标之外，组织经常有一整套独特辅助的项目目标，这些目标虽然通常不直接说明，但对于项目的成功有重要的意义。

项目的辅助目标包括：提高组织的项目管理能力和改进项目管理方法、增加个人的项目管理经验、在新市场中站稳脚跟以及其他类似目标。从更加基础的角度上讲，那些项目中的利益相关者（项目经理、项目团队、高层管理者、客户和其他项目利益相关者）都期望项目能够成功。申哈尔等（Shenhar et al.，1997）总结了项目成功的四个方面的内容：（1）项目的效率；（2）对客户的影响；（3）对组织业务的影响；（4）为未来开创的新机遇。前两项显然是我们所定义的项目直接目标的一部分，

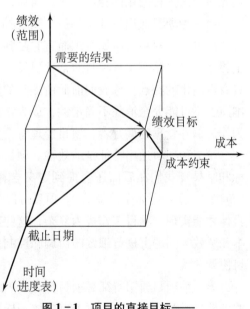

图 1-1　项目的直接目标——
绩效、成本和时间

---

① 术语"范围"通常用于区分某事物中包含的内容和排除的内容，但在项目管理中，该术语的含义是指定的可交付成果。项目管理协会的项目管理知识体系（PMBOK®）定义"范围"如下："作为一个项目提供的产品、服务和结果的总和。"我们将在本书中经常参考项目管理知识体系指南（见"参考文献"部分的项目管理知识体系参考资料）。

后两项是典型的非明确辅助目标。

虽然没有直接说明，但是实际上还有一点至关重要，那就是项目经理（project manager，PM）在权衡利弊时必须兼顾项目团队和组织其他部门的良好运转。项目经理不能为了达到直接目标而耗尽项目团队的精力，也不能为了实现项目直接目标而破坏组织的职能部门。另一个辅助因素是项目的环境，即独立于项目之外且常常独立于发起组织之外，却能影响项目或被项目影响的人或物，比如环保组织、工会、竞争对手等，我们将在第 12 章对这个问题进行更详细的讨论。

在早期的项目管理中，时间、成本、绩效这三个直接的项目目标（客户和实际实施项目的组织已就此达成广泛一致）被认为是项目成功或失败的主要决定因素。在过去的 25 年中，人们又提出了其他的直接或辅助的项目目标，它们并未替代传统的时间、成本和绩效目标，但是被作为相关目标补充了进来。第 1 章至第 11 章仍然是以三大传统直接项目目标为主来阐述的。

项目的特征

有三种特征是所有的项目共有的，当然还有很多特征是项目中常见但并非通用的。我们先讨论这三种通用的特征，稍后再讨论部分常见特征。

第一种项目通用特征是每一个项目都具有一定的独特性。尽管项目成果可能在别的地方产出过，但对项目所属组织而言它是独特的。任何两个建筑工程或者研发项目都不会完全相同。尽管建筑工程项目通常比研发项目更具有常规性，但是在一定程度上各种项目都具有定制化的特点。像我们前面所提到的那样，项目都具有一定的风险，这意味着项目从本质上不可能完全消除不确定性，成为常规性工作。项目经理的重要性在此得以体现，因为作为例外管理的偏好者，项目经理将会发现项目中存在着大量的例外情况需要管理。

第二种项目通用特征是绩效性。项目通常都是一次性的工作，并具有一系列的预期目标和结果（我们在后面还会提到定义含糊的项目或准项目）。这些最终结果称为项目的"范围"，有时也称作"绩效"。项目可以分解为子任务，只有完成了这些子任务，项目的目标才能实现。项目工作极为复杂，这些项目的子任务也需要在时间安排、先后次序、成本和绩效等问题上进行细致的协调和控制。通常项目本身必须与项目组织所实施的其他项目协调一致。

第三种项目通用特征是项目都有明确的生命周期性。项目会有明确的启动日期与相应的到期日或截止日期。像每个有机体一样，项目也有自己的生命周期，在它们的开始阶段规模较小，逐渐成长到一定的规模进而达到巅峰，此后开始下滑，最后必然走向项目终结（与有机体一样，项目通常也会抵制最终的结束）。有些项目只要在项目所属组织（公司）中进入正常运营状态就完成了使命。有关生命周期的问题，我们将在第 1.3 节进行深入讨论，该部分内容将会涉及一种有别于成长曲线的特例情况。划分项目的生命周期有不同的方法，我们将在后面的内容中做详细的解释。

相互依赖性

组织中同时进行的各个项目之间往往会发生相互作用，通常体现在对组织稀缺资源的争夺上，这就是第 9 章重点讨论的内容，即项目在相互作用的同时，也时常与项目所属组织标准的日常运营产生互动关系。尽管组织的各个职能部门（营销、财务、制造等部门）之间会以特定的方式有规律地发生相互作用，但是项目与这些部门之间的相互作用是变化无常的。营销部门或许会在最开始和末尾（而不是在项目进行过程中间）的阶段牵涉进来，制造部门往往全程参与，财务部门通常在开始阶段发挥作用，会计部门（会计总监）则在最后才会参与进来，当然在过程中也进行一些定期报告。项目经理必须保证这些相互作用的条理清晰，并与所有外部团队维持适当的相互关系。

项目资源是有限的，无论是人力资源还是其他资源。通常预算是粗略的而不是详细的（尤其是人力资源预算），而且受到严格的限制。试图获取额外资源（或任何资源）的过程中，往往派生出项目的另一个特性——冲突性。

项目经理所处的工作环境比其他大多数经理人员都更具有冲突性。项目与职能部门之间为了资源和人员配备而相互竞争。更为严重的是，随着各种项目的蓬勃发展，项目与项目之间在多项目并行的组织内部展开了资源竞争。项目团队的成员几乎总是处在冲突之中，不停地为解决项目问题而争夺资源和领导权。项目经理必须是解决冲突的好手，后面我们还会谈到冲突对项目有利的一面，项目经理要擅长区分冲突的利弊。

在所有的项目中，利益相关者（客户、项目所属组织、项目团队和公众）对于成功和失败都有不同的定义。客户需要变革，项目所属组织关注利润，但进行变革往往会导致利润的减少。为项目工作的员工一般要同时对两个上级负责，这些上级往往具有不同的优先事项和目标。

通常的习惯性思维认为在所有项目工作中，冲突是普遍存在的，然而近期部分学者开始挑战这种观点。例如，美国最大的有机食品零售商全食公司（Whole Foods）的创始人兼首席执行官约翰·麦基（John Mackey）在自己的新书《自觉的资本主义》（*Conscious Capitalism*，2013）中指出，当满足一位项目利益相关者的要求时却必须损害另一位利益相关者的零和博弈并非最好的方式，应该寻找让项目利益相关者同时满足要求的机会。一种方法是，在设计项目路径时，兼顾项目目标与所有利益相关者的要求。之前提到过，项目经理的最基本任务是妥协与平衡，但麦基警告说，一旦开始妥协，就会一直妥协。从另一个角度看，如果我们求同存异，则总能找到共同利益，因此，项目经理必须清醒地认识到，别急着认为必须在有竞争性的项目目标与一大群利益相关者中达到妥协。

实践中的项目管理 哥本哈根机场的独特旅客追踪方法

丹麦的哥本哈根信息技术大学与哥本哈根机场共同开展一个旨在提升机场管理效率与效果的项目。项目通过一个独特的方式，既能进行旅客追踪，又不侵犯旅客的隐私。这个为期 3 年的项目通过一个独特而低成本的方式，即使用两个价值 30 美元的电子信号器来捕捉旅客手机的蓝牙信号。在 3 年前，并不是每个人都有能够发射信号的智能手机，只有大约 7% 的旅客有，但足够提供追踪所需的随机样本。为了能够确保旅客的隐私，只收集信号的一部分并把信号地址删除，把项目的信息在机场的线上线下进行公布说明。为了鼓励积极的旅客来参与项目，向愿意将蓝牙同步的旅客提供有关飞机何时登机的信息与登机口路线图。

知道了人们何时进入与离开安检，可以让机场及时调整安检口的人员数量，从而减少排队，减少旅客的等候时间，也减少了监控者过多过少现象。追踪数据可以让工作人员在值机点告知旅客等候时间，这些信息也可以告知机场哪些商店与区域是最容易发生拥堵的，从而让机场改变空间布局来更好地服务旅客与同行的家人和朋友，进而，当机场出现装修或路线变化时，机场方可以提前确定对旅客的影响，采取行动来减少不便。

问题

1. 这个项目的三个约束清楚吗？分别是什么？

2. 这个项目的独特性是什么？主要冲突是什么？

3. 为什么在这个项目中，旅客也是重要的利益相关者，毕竟他们中的多数人甚至不知道已经被追踪了？

4. 你认为这项技术会快速推广吗？它有什么利用价值？这些与你有关吗？

资料来源：S. F. Gale，"Data on the Go，" PM Network，Vol. 24.

非项目和准项目

既然我们在上面列出的各种特性可以勾勒出项目的定义，那么有人很可能会问：是否还存在非项目的工作？答案是肯定的。通过流水线作业去制造标准产品就不属于项目范畴，写每周的员工报告和准备学校午餐，递送信件，乘坐 Delta-1288 号航班从达拉斯飞到杜勒斯，检查你的电子邮件等都是非项目工作。尽管有人或许会认为这些活动在某种程度上也具有独特性，但它们绝不是以独特性著称的项目工作而属于常规性的工作，因为它们是一遍又一遍做的重复性工作，所以不是真正的项目。每个项目都是一次性的事件，甚至连建造州际高速公路的一个路段都是项目工作。任何不同长度的高速公路路段都是不同的，建造高速公路需要在铺设路基时适应各种不同的地基和土质。各种项目都无法完全使用常规的既定方法去进行管理。

除了项目和非项目，还存在一种准项目："比尔，你可否处理一下这件事？""米娅，周五开会前我们必须完成这项工作。""萨米尔，在我们见客户之前你能否处理好？"大多数人都听得出他们正在安排一个项目，似乎提到了"我们"或者"你"来参与。没有具体描述项目的内容，没有明确的项目预算，也没有提到应该完成项目的日期，这也是项目吗？可以运用项目管理方法来管理吗？答案是肯定的！项目的绩效、进度和预算实际上已经暗含在里面了，虽然看不到诸如"此事""会议"和"我们"（指"你"）或"你们"（可能指一组人或一个团队）这样的字眼。在这种情况下，最好尽快把绩效、进度和预算搞清楚，但也不要把下达工作命令的人问得火冒三丈。你可能会说如果要我很快做出来就需要额外的帮助或附加的资源，很快又是多快？到底需要定义得多么精确、完整和具体？类似的反问会接踵而至。

在信息系统领域最常见的准项目往往包括对项目自身范围或自身要求的发掘（也可能是预算和截止日期）和认识。在项目要求的绩效不详的情况下如何计划项目？在这种情况下，项目实际上首先是确定要求的绩效（可能还包括预算和截止日期）。如果将一系列工作作为一个项目委托给你，你就要把分析结果当作项目的第一个里程碑，估算项目资源、预算、时限、技能、人员及其他，确定是否满足下一项目阶段的需求。相对而言，客户更乐意在"成本加成"的基础上付款，他们在看到利益小于支出时就会立刻叫停。

实践中的项目管理　　　　　　**智能电网革命从科罗拉多州博尔德市开始**

　　博尔德的公用事业公司埃克西尔能源（Xcel Energy）决定用 3 年时间花 1 亿美元来建设一个可以覆盖整个城市的智能电网系统。虽然我们知道在某些案例中，如果用户能够监控真实的电力花费，那么他们会自动减少 30% 的使用量，但如何让一个城市从传统电网转变成智能集成电网，则完全没有标准，没有路径，没有可测试的流程。当然，智能电网能够让公司可以追踪电力运输的瓶颈线路，侦测电力运输损耗，明确服务风险，减少维修团队，远程读取用户使用数据，减少运输损耗以及更快地确定假警报等。

　　公司将一大堆合作者纳入了整个项目，比如埃森哲咨询公司、能源行业顾问、顶尖技术人员、商界大佬、IT 专家，当然还有博尔德市的管理者与居民。这些公开或私下的合伙者被分成了八个小组，统一接受一个拥有项目管理办公室（PMO）证书的项目经理团队管理。虽然项目利益相关者身份各异，也有自己的目标与兴趣，但最关键的是建立起稳定可靠的沟通机制，让每个人能够及时了解项目的进展情况。安全性与隐私性是项目的高优先级问题，为了与社区进行有效沟通，项目组通过市政听证会、当地媒体、实地参观、旅游观光车等方式让当地居民能够亲自感受与了解智能电网技术。当项目终止时，公司可以估算自己的众多利益，并期待一年后可以收集分析不同季度的数据。这些项目利益相关者已经创造了一个可以为建设未来更大智能电网的工业标准。他们将博尔德市视作一个活生生的实验室，可以持续地学习从而成功向整个国家推广智能电网项目。

问题

　　1. 这个项目的三个约束清楚吗？分别是什么？

　　2. 在新技术优势明确的情况下，你认为公用事业公司的智能电网项目的相互依赖性与冲突是什么？

　　3. 项目的一个重要部分是小心管理好项目的众多利益相关者。根据文中提到的利益相关者，并按之前的要求分为 4 组。有没有利益相关者是在多组内的？

　　4. 你认为在这个项目中，在不同的利益相关者中，会有什么样的冲突？

　　5. 你认为为什么埃克西尔能源公司愿意在这样一个有风险的项目中投资 1 亿美元？项目还有什么附带的目标？

　　资料来源：S. F. Gale，"A Closer Look," PM Network, Vol. 24.

实践中的项目管理　　　　　　　　**奥林匹克火炬传递项目**

　　迎接圣火，就是我们所熟知的奥运火炬传递，对于奥运会而言，也不是简单的事。总体来看，火炬传递已经随着奥运会的延续而进行得越来越漫长，也越来越复杂。在 1936 年的奥运会中，火炬从奥运起源地希腊奥林匹亚赫拉神庙出发，穿越七个国家，最终到达目的地柏林。2008 年北京奥运会，圣火传递了 13.7 万公里（约 8.5 万英里）！当奥运举办国越来越意识到火炬传递是一个让尽可能多的人接触奥运的绝佳机会，行进的路线也越来越长，复杂度越来越高。

以 1996 年亚特兰大奥运会火炬传递为例，整个活动持续 2 年，耗资 2 000 万美元，为期 84 天，穿行 42 个州府，需要 1 万名火炬手来将火炬传递 1.5 万英里。与火炬手一起的是 40 辆车组成的车队，搭乘安全人员、媒体人员、医护人员、机修师、技术人员以及衣服、食物，还有在火炬意外熄灭时所需的备用火炬与备用圣火。车队包括了 50 部电话、120 部无线电话、30 辆轿车、10 辆摩托车以及 1 万名火炬手、1 万名志愿者和 2 500 名陪跑者的衣服。

火炬传递同时也是一个商业活动，特别是对于传递活动的赞助者。因此，在亚特兰大奥运车队周围的是各类的奥运纪念品，比如 T 恤、长袖运动衫、棒球帽、橄榄球赛门票等。除了零售商外，还有大量的公司借着奥运来扩大自身的商业利益，包括 IBM、摩托罗拉、贝尔南方、德士古、宝马、Lee、可口可乐等。我们只是惊奇，下一届奥运火炬传递会有多远、多复杂。

问题

1. 在常规火炬传递中，哪三个是最普遍的项目特征？

2. 由于这个项目自 1936 年以来每 4 年举行一次，这是不是一个伪项目或不是项目？为什么？

3. 火炬传递是否为奥运自身的一部分，或是其中一个子项目？

资料来源：G. Ruffenach, "Getting the Olympic Flame to Atlanta Won't Be a Simple Cross-Country Run," The Wall Street Journal, 1996; http://olympics.india-server.com/torch-relay.html; www.bladesplace.id.au/olympic-games-candidates.html.

◆ 1.2　为什么要实施项目管理

很多人都有这样的疑问："为什么我们不能用经营企业的方法来管理政府？"然而，在项目管理中都是企业和其他组织向政府学习而不是政府向它们学习。项目管理的技术与实践的发展很大一部分要归功于政府的军工部门，因为军工部门所面临的一系列重大任务都是无法简单地由传统的组织按照传统的方法完成的。美国国家航空航天局（NASA）的阿波罗太空计划以及近年来的波士顿中央干道/隧道工程、高速公路项目、波音 787 梦想客机开发，都是针对异常复杂的项目而开发管理方法的应用实例。效法这些项目管理的实例，非军事政府部门、私营行业、公共服务机构及志愿者组织都采用了项目管理方法以提高自身的工作效率。例如，在计算机软件行业，大部分公司通常也以项目或项目群的形式开发新产品。

社会发展的新特点呼唤着全新的管理方式，项目管理方法的出现正是顺应了这一时代潮流。在项目管理发展的诸多推动力量中，主要的三个方面是：（1）人类知识以几何级数增长；（2）对于复杂、尖端和定制化产品及服务需求的广泛增长；（3）在世界范围内产品和服务的生产和消费的竞争市场的发展。这三个方面组合在一起，要求人们利用项目团队去解决过去靠个人解决的问题。这三个方面的组合大大增加了产品和服务生产的复杂性，同时增加了生产过程本身的复杂性，这又需要更为复杂的系统对产出物和生产过程进行管理和控制。

启动一个项目的基本目的是实现特定的目标。组织按照项目的方式开展工作的原因在于强调个人或小型团队的责任和权限，并由此达到相应的目标。尽管项目经理在实际工作中常常缺少与其责任相应的权力，但是他们仍然需要协调并集成所有必要的项目活动，以达成项目的目标。特别是项目的组织形式允许经理人员对下列问题做出反应：（1）客户和环境的变化；（2）在项目早期发现并纠正错误；（3）在各种冲突的项目目标之间定期进行协调决策；（4）保证负责项目中各个独立任务的管理人员不能以整个项目为代价去追求个别任务的优化结果，亦即不能只强调局部优化。

项目管理的实践表明（比如开展六西格玛管理项目），绝大多数的组织都在使用这一方法的过程中改善了自己对工作的控制以及与客户的关系，此外，还可能收获了项目投资回报率的上升（Ibbs and Kwak，1997）。相当数量的项目使用者还缩短了产品研发周期，降低了成本，提升了质量和可靠性，并增加了边际利润。还有一些项目使用者则发现了另外一些效果，其中包括会使人们更为重视结果，可以更好地协调部门间的关系以及提高了员工士气等。

从负面的角度讲，大部分组织发现，项目管理给组织造成了更为复杂的局面和情况。很多组织报告说，项目型组织增加了人们违背组织政策的可能性——想想项目经理所要求的高度自治权，就不会使我们对这种负面效果感到惊讶了。有些公司报告说，项目方法使得成本提高、管理难度加大、人员使用率下降等。正如我们在第5章中将会看到的那样，项目管理的种种缺点来源恰恰与其优点是相同的，项目的这些缺点看起来就像是人们为获得其优点而需要付出的代价。总体上讲，如果人们所从事的工作适合项目管理，那么最终平衡的项目结果还是有利于组织本身的。

多种多样的项目管理应用产生了一种有趣的、通常也是消极的副作用。尽管我们断定所有项目在某种程度上都是独一无二的，但是那些从事某种特定类型项目工作的人会有一种普遍的倾向，他们认为："软件项目（或者建筑工程、研发、市场营销、设备维护等项目）是与众不同的，不应用与其他类型项目相同的方式期望我们按照项目进度（或者预算、组织形式、管理方式等）进行。"本书的中心思想就是反对这种对项目给予特殊待遇的要求。所有类型的项目，无论是长还是短，无论是产品导向型的还是服务导向型的，也无论是从属于某一大型计划的一部分还是单独的项目，它们所具有的基本共性都比其不同之处更多。

项目管理确实有一些局限性。例如，项目可能仅仅是在项目所属组织及其经理人员无法通过职能型组织达到所期望目标的情况下才获准开展的，而且冲突的发生看起来是不可避免的。正如我们所注意到的那样，项目经理往往缺乏与其所承担的责任相匹配的权力，必须依赖与项目所属组织内经理人员的良好关系才能够获得某些必需的资源。当然，如果这种良好关系不起作用，项目经理还可以向项目所属组织内的高层管理者求助，但是这样做反映出项目经理在管理技能上的缺陷，即使能够通过合作解决当前问题，从长远来讲也很可能产生事与愿违的后果。

我们将在后面的内容中再次回到项目组织形式的优势、劣势和局限性等问题上来。现在，我们只是要指出，即便所有事情都一帆风顺，项目管理仍然困难重重。如果事情进展得不顺利，项目经理就只能灰溜溜地去借酒浇愁了！问题是实际上项目型组织是实现特定目标的唯一可行方法。例如，除了使用项目型组织之外，理论上是不可能用其他经济、可行的方法按时设计并建造出一种大型武器系统的。组织内部越强调获得的结果，就越有可能采用某种类型的项目管理方式。使用项目管理的风险可能很大，但是使用其他的管理方式的风险更大。尽管项目管理是一项难度很大的工作，但是我们别无选择——而且它行之有效！

　　总而言之，项目经理的生活令人激动，报酬丰厚，尽管有时会遇到挫折，但总是在大多数组织中处于中心位置。在大量的公司里，项目经理正在成为人们的一种职业选择，对于那些生命周期超过两年的项目来说尤其如此。在这样的组织中，项目经理可以在很长的时间里持续发挥作用，重要的是，这为他们提供了升职机会。很多大公司普遍对那些比较有发展前途的年轻经理人员进行岗位轮换，在轮换期间他们会管理一个或多个项目（或者项目的多个部分）。这种方法可以很好地考察经理人员协调和管理复杂任务的能力，并检验他们在政策环境不断变化的情况下进行谈判的能力。

孕育项目管理的各种力量

　　首先，随着科技知识的发展，人们掌握了更多的理论，并将它们应用于解决产品和服务的开发、生产以及分销等方面的问题；其次，需要满足人们不断增长的、日益复杂而又定制化的产品和服务需求，这取决于将产品设计集成和固化到生产和分销系统中去的能力；最后，市场全球化要求必须在管理决策中考虑文化与环境的差异，从而决定如何、在哪里、什么时候生产和销售哪些产品。一个人无论受过多好的教育，拥有多么渊博的知识，也不可能掌握所有必备的知识，因此，在这种情况下就要由团队进行决策和采取行动。团队成员要拥有较强的协调与合作能力，尽管他们可能对这种互动关系还不太习惯。传统型的组织结构和管理系统非常适合同质商品的大规模生产，但根本不适合完成现在的任务，项目管理则可以做到这一点。

　　组织对于上述推动力量的反应不能采取过快的方式从原有形式转变成新的形式。为了成功地进行转变，必须进行系统性的改造，但是在大多数企业中这个过程往往是缓慢和曲折的。完成组织的变革或转变是项目管理的一种固有应用，许多公司都建立了各种项目以实现战略和战术转变的目标。

　　另外一种重要的社会力量来自社会机构（包括营利性机构和非营利机构）之间的激烈竞争，其根源是我们的经济体制促成了诸如全面质量管理以及现今极为突出的六西格玛管理①等组织变革的新运动。这些竞争带给组织极大的压力，促使组织必须尽可能快地生产出复杂的定制化产品。"上市时间"变得非常关键。组织的反应必须更加迅速，组织的决策必须更加果断，并且必须更快速地取得结果。设想一下通信问题就可以知道，信息与知识正在爆炸性地增长，但是留给人们寻找并使用恰当的知识来解决问题的时间在减少。

　　此外，这些促进改变的力量在社会中发挥作用建立在技术可以解决一切问题的假设之上，这个假设在自然界的基本法则范围内是合理正确的。问题并不在于假设本身，关键是这个假设会导致社会忽视技术进步所附带的各种经济和非经济成本。只有在发生重大的事

---

　　① 六西格玛管理（six-sigma）（Pyzdek and Keller，2009）本身也涉及项目，它通常是对过程的改进，涉及应用许多项目管理工具（第8章）、项目团队（第5章、第12章）、诸如"标杆管理"（第11章）等质量工具以及审计（第12章）。

情时，我们的注意力才会转移到成本问题上（如全球金融危机、墨西哥湾漏油事件）。有时，人们对于技术的热衷会导致在实施过程中粗心大意，从而引发各种困难和威胁，比如工业污染，但总体上，人们似乎对于技术的变革具有相当的容忍度，如多么轻易地就接受了电子邮件和网络购物。

最后，我们承担的项目的规模正在日益扩大。例如，现代广告公司的发展，从平面广告到区域覆盖的电视广告再到个性化的网络广告。每一个新领域都会扩展我们的能力范围，还会产生更多新的需求，这促使我们向更深的领域发展。我们越能干，就会试图做得越多，这也就造成了项目规模不断增大，复杂性不断提高。

备受公众瞩目的项目往往是规模庞大、机构复杂，并跨越多个学科领域的。这些项目通常与以前我们或多或少已经熟悉的项目既有相同之处又有不同之处，它们与过去项目的相同之处为我们提供了一个开始项目的基础，它们的不同之处则使得每个项目充满了巨大的风险。项目的复杂性和跨学科领域的特点要求项目的各个部分综合起来以使主要目标——绩效、时间（或进度计划）和成本——得以实现。

《拯救普罗米修斯》（Rescuing Prometheus）（Hughes，1998）一书中写道，科技史学家托马斯·休斯（Thomas Hughes）考察了四个大规模项目，这些项目需要使用非传统的管理方法、组织设计以及解决问题的方法从而达到它们的目标。这些巨型的项目——半自动地面防空系统（SAGE）、阿特拉斯洲际弹道导弹、波士顿中央干道/隧道工程和美国国防部建立的 ARPANET——有一个共同的特点：需要投入内容范围极大的知识和信息。[①] 这些项目的规模与技术复杂度都要求大量的独立组织——政府部门、工业企业和学术机构——投入资源。这些组织通常不与其他组织共同工作，它们彼此之间可能是竞争者，甚至是学术上或政治上的对手，而且对整个项目中的一部分所采取的行动往往会对系统内的很多其他部分产生干扰。

显然，在美国或其他地区，这些项目并不是最早被实施的复杂且规模庞大的项目。比如，曼哈顿计划——致力于原子弹的开发——曾经就是这样一个项目。然而，曼哈顿计划调动了大多数的人员和组织进行全职工作。休斯所描述的项目中所涉及的各个组织，大部分还同时承担着很多其他任务。例如，麻省理工学院、五角大楼、IBM、贝尔实验室（现在称为朗讯科技）、兰德公司、马萨诸塞州高速公路管理处和其他一些组织，它们在开展自己的正常工作的同时参与到这些项目中的一个或多个部分。使用多个组织（包括发起公司的内部与外部）对一个项目进行分包的做法屡见不鲜。跨学科项目不再是人们想象中的东西而是已经成为现实。

这些对项目管理方法和项目组织的变革与修正将在本书内容中不断出现。我们将确定高层管理者、项目主管和项目经理所面临的具体任务。我们调查项目经理负责的项目的性质，权衡、风险分析和管理项目必须使用的其他技能，以及经理使项目圆满结束的方法。

项目经理和项目管理机构

在平衡这些关系时，项目经理应该综合考虑项目的所有方面，确保恰当的知识和

---

① 休斯的术语是"跨学科"（transdisciplinary，贯通学科间），这比通常的"交叉学科"（interdisciplinary，学科之间）更准确。

资源可随时随地获得，并且最为重要的是确保可在按时和低成本的情况下获得项目的预期结果。项目经理所面临问题的复杂性，加上面向项目的组织数量的迅速增长，促进了项目管理的专业化。在项目的早期，项目经理被称为"偶然性职业"，在项目管理方面没有培训或职业道路，只是偶然成为项目经理。现在一切都变了，角色也变得"专业化"。

致力于这种职业化发展的主要国际组织之一是建立于1969年的项目管理协会（Project Management Institute，PMI®，www.pmi.org）。截至1990年，项目管理协会已拥有7 500名成员，截至2017年在190多个国家拥有超过450 000名成员（见图1-2）。这种爆炸式的增长不仅表明了项目管理的应用正在迅速增长，而且反映了项目管理协会作为项目管理职业化发展的推动力量所具有的重要地位。该协会的使命是通过它在世界各地的分会、会议和研讨会以及它的期刊、书籍和其他出版物，促进项目管理的发展，并在这一领域"树立专业精神"。当然，还有很多项目经理的协会组织，例如总部设在英国的项目经理联盟（Association for Project Management，APM，www.apm.org.uk）成立于20世纪70年代，服务于全欧洲。总部设在瑞士的国际项目管理协会（International Project Management Association，IPMA，www.ipma.ch）成立于1965年，开展全球性服务。

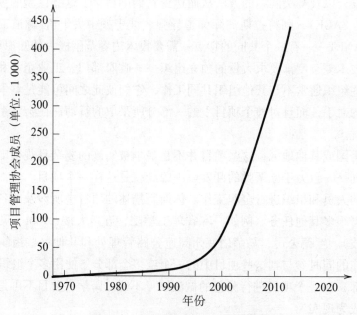

图1-2　项目管理协会的发展历史

项目管理协会的另一个目标是将称职的项目管理者所需的知识进行整理。结果是，项目经理联盟设计了一套项目经理联盟知识体系，项目管理协会（Project Management Institute，PMI）也设计了一套项目管理知识体系，即第5版的PMBOK（项目管理协会，2013）以及第3版的《项目群管理标准》（*Standard for Program Management*）与第3版的《项目组合管理标准》（*Standard for Portfolio Management*）。其他组织也有类似的项目管理知识体系与认证体系，例如在信息管理领域广泛使用的《项目的环境控制》（*Projects in Controlled Environments*，PRINCE2）被英国政府采用。表1-1显示了项目经理联盟知识体系与项目管理协会知识体系的差异。

表1-1 项目经理联盟的BOK（5th ed.，2006）与项目管理协会的PMBOK（5th ed.，2013）的比较

项目经理联盟的BOK：全书179页，包括了1页半的介绍与定义以及7大类52个项目管理领域知识的介绍	项目管理协会的PMBOK：全书589页，基本囊括了项目管理的基础知识，其中包括10个知识领域（第4~13章）与5个流程组（启动、计划、实施、监控/控制与终止）。全书试图描述出项目的计划、方法、流程与实践。目前已出售超过400万本	
第1章：项目管理的来龙去脉——项目、项目群、项目组合、赞助者、项目管理办公室与项目背景	第1章：介绍——项目、项目群、项目组合、项目经理角色、环境与PMBOK	第8章：项目质量管理——计划质量、执行品质保证、质量控制
第2章：战略规划——成功、利益相关者、价值、风险、质量、环境、健康、安全	第2章：组织影响与项目周期——项目周期、工作路径、利益相关者、组织	第9章：项目人力资源管理——发展人力资源计划、组建发展团队
第3章：战略执行——范围、时间表、资源、预算/成本、变化、挣值、信息	第3章：项目管理流程——交互作用，流程组：启动、计划、实施、监控/控制、终止	第10章：项目沟通管理——明确利益相关者、沟通计划、信息描述、管理预期、绩效汇报
第4章：技术——需求、发展、预算、技术、评价工程师、建模、测试、管理配置	第4章：项目综合管理——契约、计划、实施、监控/控制、变化、终止	第11章：项目风险管理——识别、定性风险分析、定量风险分析、响应计划、监管/控制风险
第5章：商业与贸易——商业案例、市场、销售、金融、采购、法律	第5章：项目范围管理——需求控制、明确范围、产生行动计划、定义范围、控制范围	第12章：项目采购管理——计划、实施、管理、结束采购
第6章：组织与监管——生命周期、实施、移交、出清、复核、组织结构、组织角色、流程、监管	第6章：项目时间管理——定义活动、顺序、资源、工期、进度计划、控制进度计划	第13章：项目利益相关者管理——明确利益相关者、分析利益相关者预期、发展战略从而吸引利益相关者
第7章：人与专业——沟通、团队协作、领导力、冲突、谈判、人力资源、行为、学习、发展、专业精神、道德伦理	第7章：项目成本管理——估计成本、确定预算、控制成本	

　　这些复杂的知识体系就是为项目经理教育提供的基本依据。为证明项目经理已经理解并能够利用这个知识体系，不同的协会提供了能力测试的证书。例如，项目管理协会创建了一个职业认证，叫作项目管理师（Project Management Professional，PMP®），获得这个认证要接受有关的教育、实践和测试等。最近，项目管理协会新增加了七个认证：一个是面向高级项目经理的项目群管理师资格认证（Program Management Professional，PgMP®）；另一个是面向初级项目经理的专业助理项目管理师资格认证（Certified Associate in Project Management，CAPM®），这个认证对教育和经验的要求相对较少；其他五个更专业的认证，包括一个敏捷项目管理的认证。项目管理这一职业的蓬勃发展促使许多大学都设置了项目管理方面的课程，有些大学还设置了该领域的专业学位。

　　虽然在这个领域中多受教育总是更受欢迎，有相关认证更容易成为受雇者，但这些人应该避免把"知识体系圣经"鼓吹得太过分，否则当这些人要面临重新找工作时就会很尴尬。就像一位雇员所说（Starkweather and Stevens，2011，p. 37）："背景知识固然重要，但像项目管理师认证这样填鸭式的教育，客户们已经越来越不愿意接受了。"现实的情况是，受雇者很愿意在简历上显示自己接受过认证，老板们更愿意看到实际能力（pp. 36，38，39）："根据我15年的经验，好的项目经理与是否接受过认证是没有关系的。""项目管理师认证更像在测试记忆力而不是对方法的理解。我没有看出，对方法论应用的深刻理解以及在合适的时机应用，与拥有项目管理师认证有什么关系。"

显然，项目经理和项目管理协会成员数量的快速增长就是实践中项目数量大增的结果而不是其起因。仅软件行业就占据了增长的很大比例。增长的另一个主要原因是在大型组织中控制项目活动的需求增加。随着组织中非常规活动数量的增加，高层管理者对理解和控制这些活动的要求也在增加，包括项目进度、预算、完成日期、风险评估、期望产出以及相关责任人等，项目管理是满足这种需求的一种方式。这些因素结合起来，促成了项目导向型公司的建立。我们将在第4章详尽地介绍项目导向型组织。

如同我们在后面的章节中会了解到的一样，项目经理的工作不是一帆风顺的。项目经理总是处于缺乏完整权限去调动所需资源和人力却要对整个产出结果负责的尴尬境地。在任何项目中都存在处理利益相关者——高层管理者、客户、项目团队和公众（这些人说着不同的语言且拥有不同的目标）——关系的问题。组织和技术领域内永远存在着这类问题，如供应商最初信誓旦旦，过后却不守承诺而拖延交货期的例子屡见不鲜。这一系列的困难还只是项目管理的冰山一角。

尽管项目管理工作很难做，但大多数项目经理都从他们的职业中获得了极大的快乐和工作满足感。虽然项目的挑战极多，风险很大，但是项目经理获得的成功回报也颇为诱人。项目经理通常都是远见卓识的，他们的工作有相当大的变数，并且由于承担了企业的重要任务而享有很高的威望。然而，这个职业并不适合懦弱的人，不敢面对风险和冲突的人不会成为一个快乐的项目经理。那些能够承受项目风险和享受解决冲突这一艺术的人，则能够从他们的工作中获得丰厚的物质和精神回报。

项目管理的发展趋势

快速变化的全球市场、技术和教育领域促使项目管理有了许多新的发展，全球化竞争对价格、反应时间和产品/服务的创新造成了压力。随着计算机、电信技术的发展和教育规模的扩大，企业能够对这些压力做出反应，并将项目管理的范围扩展至新的领域，在这些领域中新的项目管理工具被开发出来用于那些从前未曾考虑过的项目。另外，对越来越多的产品和服务的需求的压力导致人们去启动更多的项目，这些项目的生命周期越来越短。我们需要依次考虑如下不同的项目管理发展趋势。

（1）达成战略目标。现在出现了一种更大的力量去推动更多组织为达成战略目标而使用项目管理方法，并且这种力量将过滤主要项目中的一些因素以确保项目的目标能够支持组织的战略和任务。与组织的战略和任务没有明确联系的项目将被终止，它们所占用的资源将重新分配给那些具有清晰联系的项目。

（2）达成常规目标。也有一种力量推动着常规部门为完成自己的任务而使用项目管理方法。这种力量使较低水平的管理者也开始意识到要在预算内和截止日期前达到项目的绩效目标，他们期望通过采用这个新工具提高自身的管理能力。结果，管理者会制定截止日期和预算，以确保职能部门完成特定的常规任务，这个过程叫作"项目化"。然而，正如桑德伯格（Jared Sandberg，2007）在《华尔街日报》中提到的那样，这种项目化策略存在一个重大的风险，即如果项目截止日期并不重要，并且人们发现它是人为设置的（比如在人们按时完成时并没有获得奖励，或者超时完成时没有受到惩罚），就会出现像《狼来了》的故事一样的结果，破坏未来的项目截止日期和预算的可信度。

（3）提高项目效率。不管是战略的还是常规的目标，为了提高项目管理的产出，人们正在进行着各种各样的努力。一个众所周知的成果就是在许多组织中建立了正式的项目管理办公室，由它负责评估组织的项目管理"成熟度"，或者评估项目管理的能力和经验。其他改进项目效率的方法最好与项目利益相关者达成一致，特别是客户，例如改进监管规程、实现创新性的风险共担的双赢合约等。

（4）虚拟项目。随着全球化的进展，许多项目都需要全球化团队的参与，这种团队中的成员在不同的国家和时区工作，每个人都为项目贡献自己独特的才能。这样的项目称为虚拟项目，因为这些项目团队的成员也许直到团队解散和另一个团队再组成时也不会和自己团队的其他成员见面。先进的电信和计算机技术为这种虚拟项目的建立提供了条件，从而使团队成员能够控制工作并成功地完成项目。

（5）准项目。在信息技术/系统部门需求的引导下，如今的项目管理已经扩展到了一个新的领域，在这个领域中人们也许不能理解最终的绩效（或范围）要求，不知道项目的截止日期，也无法做出预算决策。当三个项目目标中的任何一个或所有目标都不明确时，我们称之为"准项目"。此类项目极难管理，通常通过设定人为的截止日期和预算来启动，然后随着项目的进展而"取消"所需可交付成果的范围，以满足这些限制。针对这类准项目的新工具现在正在开发原型设计、敏捷项目管理和其他工具，以帮助这些团队取得令客户满意的结果，尽管这些都是未知的。类似地，当变化发生得如此之快以至于项目处于不断变化之中时，其他方法也被开发出来，如"紧急计划"（也称为"滚动波"）、环境操纵、替代控制、竞争性实验和协作领导（Collyer et al.，2010）。

➡ 1.3 项目的生命周期

大部分项目从开始到结束都会经过相似的历程，我们将这些由项目阶段组成的过程（见图1-3）定义为项目生命周期。一个项目首先被创立（开始阶段），并安排相应的经理人员，配备项目团队成员和启动所需的资源以及制订工作计划，然后项目工作就进入正轨并迅速开展。这期间项目不断取得进展，这种势头将一直持续到项目终结时。对最后的项目工作进行收尾往往会占用大量的时间，这是由于此时大量的项目组成部分需要组合在一起，而且团队成员可能出于某种原因而"拖后腿"，阻碍项目的最后终结。

这种朝向项目目标的S形慢—快—慢展开方式是非常普遍的。任何人只要观察过住宅或大厦的建造过程就会了解这种现象。这主要是由于项目在自身生命周期的各个进展阶段所使用的资源数量是不断变化的。图1-4显示了项目资源量随时间变化而变化的情况，其中项目的资源量多以工时或单位时间内的资源耗费量（或服务于该项目的员工人数）来表示。项目开始阶段所需的资源量最小，在此期间人们主要对项目概念进行开发，对项目

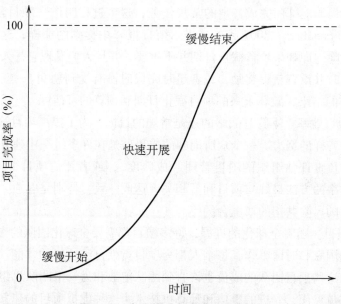

图 1-3　常见的 S 形项目生命周期

路径进行甄选（后面我们将会论证在项目生命周期的较早阶段增加资源量可以增加项目获得成功的机会）。一般来说，图 1-3 显示的项目生命周期进程曲线与图 1-4 显示的项目资源量变化曲线是相辅相成的，因为项目资源量的投入会影响项目进度（虽然这并不是绝对的），两者之间存在着函数关系（Cioffi, personal communication, 2004）。此外，由于项目资源量曲线通常是不对称的，项目生命周期进程曲线自然也就不对称了。

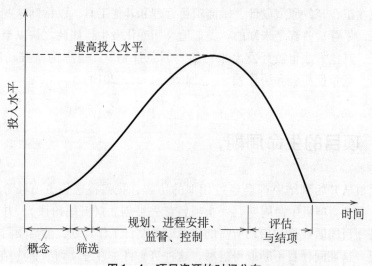

图 1-4　项目资源的时间分布

　　随着计划工作的完成和项目工作步入正轨，各项目活动开始增多，这种状况会一直持续到巅峰状态，然后开始走下坡路，直到项目评估结束乃至项目终结。尽管这种项目资源量的上升和下降必然会发生，但我们还是无法总结出所有项目都具备的典型发展规律，也无法解释项目的开始和终止阶段都会发生减速的情况。如图 1-5 所示，有些项目终止时不会发生拖延的情况。然而，还有很多项目像艾略特（T. S. Eliot）所描述的那样，项目终止"并不干净利索，而是拖拖拉拉"地逐渐减慢，直到人们惊讶地发现项目工作早已终止。在有些情况下，项目资源量可能永远不会减少到零，因为项目团队或者至少是其领导层可能会愿意维持原状以接受下一个可能到来的合适项目。新项目又会如凤凰涅槃，从旧项目的灰烬中诞生。

实现项目绩效、时间和成本的目标是永恒的目标，始终在项目生命周期中占有重要的地位。人们通常认为，在项目生命周期的较早阶段，绩效目标占有优先地位。在这一阶段，项目计划制订者主要为项目的绩效目标寻找特定的实现方法，我们将这些方法称为项目的技术，因为它们需要应用科学和艺术的方法。

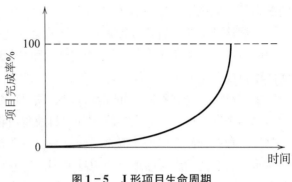

图 1－5　J 形项目生命周期

一旦"如何进行"这一重大问题得到解决，项目的成员就可能首先专注于改善绩效，有时甚至超过最初要求的水平。这种一味追求更佳项目绩效的做法会延误项目的进度，并增加项目的成本。

在对项目技术进行定义的同时，还要对项目的进度进行设计，并对项目成本进行估算。正如在项目生命周期的较早阶段，项目的绩效目标被认为比进度和成本目标更为重要一样，在项目活动的高潮期，成本被提到了首要的位置，在项目的最后阶段，随着客户不断催促交货，项目进度又变得极为重要。事实表明，这种习惯上的经验是站不住脚的。最近的研究表明，在项目的各个阶段，绩效和进度都比成本更重要。在第 3 章我们将对时间-成本-绩效的平衡关系进行更为深入的讨论。

图 1－3 显示的是人们对项目生命周期的传统观点。然而，很多项目的生命周期都与图 1－3 的 S 形不同，是与传统的经验曲线相悖的。请记住，图 1－3 是将项目完成情况表示为时间的函数。如果将横轴替换为"资源"，项目生命周期函数不会发生本质的变化。实际上，项目生命周期显示的正是经济学家称为"投入回报"的东西，亦即项目完成情况取决于时间或资源的投入情况。尽管 S 形的回报曲线反映了很多项目的实际情况，但仍然会对很多人造成严重的误导。

以一个人获得学位这一过程为例，通常是通过大部分课程考核积攒学分而得。如果把获得学位的过程用生命周期曲线描述出来，可能是一条阶梯状的曲线，一个台阶代表一个学期，上一个台阶表示完成了该学期的学业并获得了相应的学分。由于包括暑假，代表秋季课程这个学期的曲线自然就会拉长。关于认证考试，比如注册会计师考试（CPA）、律师资格考试或者电工或管道工证书考试的过程，用图表示出来就是与横轴平行的一条线，直至考试通过为止。由此可见，图 1－4 描述的资源量曲线的形状是多种多样的。

另一种类型的生命周期曲线可能表示的是一种新技术的实施，这种新技术包含多个部分，每个独立的部分会导致不同的利益增长。在这种情况下，组织会倾向于首先去实施那些采取"最省钱方式"的部分，这就会导致项目生命周期曲线在初期明显上升，接下来稍微变慢，并且在其他部分实施后继续减缓，其本质上与经济学家所称的"规模报酬递减效应"的凹形是相同的。当然也许还存在一个"反 S 形曲线"，即在开始时快速上升，在中期缓慢下降，在末期再次加速上升。

还有一种特别重要的项目生命周期曲线，为了理解它，让我们来考虑一下烘烤蛋糕的过程。一旦各种配料混合到一起，我们就可以按照指示在华氏350度的炉子中将蛋糕烘烤35分钟。在烘烤过程中的哪一刻我们可以得到蛋糕成品？有经验的烘焙师都知道，混合的配料从"面糊"（这一技术术语在烘焙师和厨师中间广为使用）转变为"蛋糕"的过程，在烘焙过程的最后几分钟表现十分迅速。这一过程的生命周期看上去就如图1-5所示的曲线那样，像曲线J。现实中相当数量的项目都有相似的生命周期，比如一些计算机软件项目或者化学和化工项目。例如，在软件开发项目中，程序员通常独立工作，开发程序的主要模块，当这些模块相互集成时，项目就结束了。

总的来讲，这一生命周期形式的项目通常由很多子单位（或子程序）组合而成，这些子单位本身没有什么作用，但是组合起来会有非常大的功效。这一生命周期曲线在那些工作性质类似于化学反应的项目中也很典型，这些项目可以快速地将产出从无用状态转变为有用状态——就像从面糊转变为蛋糕一样。另外一个例子就是本书这一版本的原稿准备工作，我们需要收集大量的信息，还需要收集很多新的素材并进行大量修改，但是直到所有的部分组合成型之前，我们都无法知道最终的结果。

图1-3显示，随着项目接近终止，资源和时间的投入呈逐渐递减的趋势——边际收益也不断减少。图1-5显示的情况则相反，随着项目接近终止，追加的投入呈逐渐递增的趋势——边际收益不断增加，直到攀升至完全终止。在第7章我们将会看到，这些项目生命周期形式在为项目制定预算和安排进度时具有非常重要的意义。项目经理没有必要估计出自己项目生命周期的精确形状，但是他们必须知道手头的项目应该属于哪一类型的生命周期曲线。

对两种不同的项目生命周期曲线进行比较还有另一方面的意义。在如图1-3所示的S形生命周期中，项目完成情况与成本、资源的投入量密切相关。事实上，这就是利用项目挣值的基础，在第10章中，我们将对这一用于监控项目进展情况的技术做细致的讲解。图1-5显示的指数型曲线表明项目资源投入与项目进程的关联性并不强，至少从最终利益来看是这样。

实践中的项目管理 ░░░░░░ **把伦敦的垃圾场变成2012年奥林匹克运动场**

回到2006年，奥林匹克交付管理局（Olympic Delivery Authority，ODA）为2012年伦敦奥运会的80 000个观众席的运动场选择了伦敦东部一个河流环绕、约1平方英里的废旧电器垃圾场，里面是成吨的垃圾、低矮的棚户，并被各种汽油、铅、焦油、砷等有害物质污染。为了在2011年年中的截止日期前完工，奥林匹克交付管理局的项目管理者伊恩·克罗克福德（Ian Crockford）快速集合了一支超过1 000人的项目团队，其中包括政府雇员与其他利益相关者，比如土地拥有者的伦敦发展署、政客、公用事业公司、社区委员会、各种地方政府团体、运动员以及所有想在区域设计中提供见解的人。为了清理土地，团队创造了一个由60名科学家与技术人员组成的现场"土壤医院"，负责清理800 000吨的污染土壤。为了能用周围的河流运输器械与材料，团队疏浚了2.2公里长的河流，从中清理出30 000吨的淤泥、碎石、垃圾还有一辆汽车，这里在过去的35年中没有一点商用价值。

当团队开始设计运动场时，他们参照了伦敦能容纳9万人的温布利球场（10年完成建设）与悉尼容纳8万人的2000年奥林匹克体育场（需要将周边河流填平一半）的设计与规划。为 2012 年奥运会建设的运动场，需要 25 000 个永久座位与 55 000 个临时座位。同时，设计团队必须能够设计让所有人都能接受的高度紧凑的运动场，包括到场的运动员。2008 年 5 月，运动场随着水泥的灌注正式动工，但他们很快发现设计的钢梁顶结构会对紧密结构产生影响。团队重新设计了一个更轻、更柔韧的顶，为了能契合奥林匹克交付管理局关于废弃物利用的目标，顶的构成包括 52 吨废金属，比如旧钥匙、小刀、警方没收的枪支等。整个运动场的钢使用量只相当于 2008 年北京奥运会体育场的 1/4。项目在 2011 年年中的截止日期前顺利完工，实际造价为 4.86 亿英镑，比预算少了 0.51 亿英镑。

问题

1. 运动场项目的生命周期是什么形状的？尝试与河道疏浚项目的生命周期进行比较，再尝试与之前描述的奥林匹克火炬传递项目进行比较。

2. "三个目标"中哪个在这里是最重要的？克罗克福德又与哪些目标进行了平衡？

3. 项目中还有哪些辅助目标？这些辅助目标又如何了？

资料来源：J. Danko，"Serious Conditioning，" PM Network，Vol. 24.

项目生命周期中的风险

如果我们在项目启动时就可以准确地知道将来的绩效、时间和成本目标肯定能够达到，那将是非常惬意的。在某些情况下，比如在常规的建筑工程项目中，我们能够获得较为合理的预测，但是在大部分情况下，我们做不到这一点。我们实现目标所需具备的各种能力常常具有很大的不确定性。图 1-6 中的阴影部分表示的即是项目不确定的部分。

图 1-6 显示了在项目开始阶段所见到的不确定性。图 1-7 显示不确定性随着项目越来越接近完工而不断减小。从项目的开始时刻（t_0）起，表示不确定性的阴影部分不断扩大，直到在项目将近结束时达到巅峰。随着项目的实际开展，有关最终结果的不确定性渐渐降低（请见图中的 t_1 点）。此后在 t_2 点做出的预测进一步减小了项目的不确定性。在项目生命周期中定期地，或者在达到特定的技术节点时，对项目绩效、时间和成本做出新的预测是非常普遍的做法。在各种情况下，项目越往前进展，最终绩效的不确定性就越小。

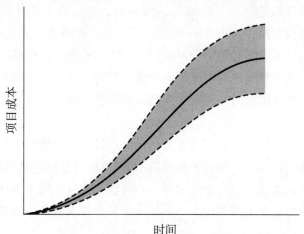

图 1-6　项目成本估计：在项目开始阶段进行估计

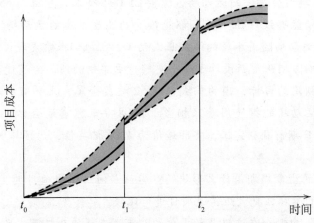

图 1-7　项目成本估计：在 t_0，t_1 和 t_2 时刻进行估计

请注意，图 1-6 和图 1-7 的着眼点都是与项目的成本相关联的不确定性——准确地讲，亦即项目成本在特定时点的不确定性。我们需要对两个基准轴做一些改动，这并不会大幅改变曲线的形状。新的图形显示的是在既定的成本水平下与项目的进度相关联的不确定性。项目绩效、时间和成本的这种关系是本书自始至终关注的主题。项目经理的主要职责之一就是与围绕这种关系的各种不确定性打交道。PMBOK 用整整一章的篇幅讨论风险管理。

➡ 1.4　本书的结构

本书自身也是一个项目，其结构组织也具有所有项目的生命周期。本书开始提出了一个大量使用项目的创新性观点，并以项目的终止作为结尾。这种结构与我们的观点一致，我们认为这种结构有助于理解项目管理的整个过程，也有助于对项目的整体和组成部分进行管理。本书的另一个特点就是与项目管理进程的相关性。例如，"项目采购"这样的问题很大程度上可以当作独立的问题在书中适当的地方进行讨论，在之后的部分将不再涉及。其他的比如项目"风险"或"计划"这类问题，将经常出现并贯穿全书，在书中只要涉及这些问题就将被提出，试图在一章或一节中将这些问题讲清楚是不可能的。此外，尽管本书的最初目的是面向那些希望学习项目管理知识的学生，但是我们认为本书对那些即将成为或者已经成为项目经理的人也很有价值，同时，那些启动项目并甄选、管理项目经理的高层管理者也会从中获益。因此，我们的兴趣所在常常超越了那些入门阶段的学生关注的基本问题。

大部分实际的项目并不会像我们所着重研究的项目那样规模庞大、结构复杂。尽管我们力求不将自己的落脚点拘泥于那些工程导向型的项目，但这些项目都是最为复杂的典型例子，并且是项目经理能够一显身手的地方。一些较小且较为简单的项目或许不需要使用很多我们将会讨论到的复杂工具和技术，但是学生和经理人员应该清楚地认识到这些复杂工具的存在。

项目管理实际上是从项目的最初概念开始的。我们认为这一点极为重要，但是它被多数项目管理的书籍忽略了，因此我们在本书的前面几个版本中包含了两个有关这一领域的附录。在一个附录中，我们讨论了创新和项目理念的产生。在另一个附录中，我们介绍了一些进行技术预测的方法。尽管对这些主题的关注程度没有改变，但是我们将这两个附录的位置从本书的末尾转移到了网络上。这两个附录的完整内容现在可以在下面的网址查到：www. wiley. com/college/meredith/（还包括本版前言中提到的其他一些内容）。项目成功的一个主要原因是在项目之初就有一个清晰的项目目标，因此，至为关键的是，项目高层必须让项目涉及人员都完全清楚这些项目目标，包括项目经理、团队以及项目的使用者。

在旅行之前，先了解一下将要经过的路线是非常有用的。尽管本书中的每一章都在开篇的部分列出了较为详细的内容提要，在这里还是要按照三个部分（项目启动、项目计划和项目实施）介绍一下各章的主要内容和结构（见图1-8）。

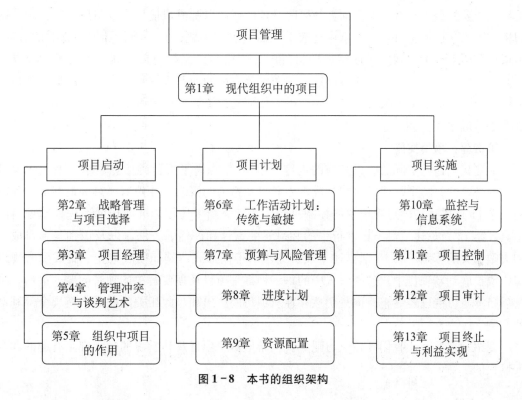

图1-8 本书的组织架构

第Ⅰ篇：项目启动

在介绍性质的第1章结束后，是关于项目启动内容的第Ⅰ篇。我们注意到，许多教师（和学生）喜欢关注项目管理的基础内容，这些可以直接在书中的第Ⅱ篇中找到。然而，我们认为，如果不理解项目的前后关系——为什么项目能够被选择和批准，项目经理的职责和他们要扮演的多种角色（比如运作团队和为资源进行谈判等），项目管理办公室的重要性，以及项目在组织的层次中所处的位置（和为什么）——项目经理有可能会失败。第2章介绍了项目的启动，无论是策略性的还是战略性的，以及在潜在项目组合中评估和选择一个项目。它还涵盖了确保项目向组织交付项目投资者预期的利益所需的治理机制，包括项目的预期最终客户对其的使用；项目成功因素的议题；最高管理层对项目的承诺的意义；项目管理的"成熟度"；项目管理办公室的角色；参与项目运行的所有管理者的职责，如项目拥有者、赞助者和项目经理。第3章的内容是有关成功的项目经理的角色、责任和个人素质，其中还讨论了项目经理在跨文化的环境中面临的一系列问题。接下来的第 4 章介绍了一个对于项目经理来说十分重要的问题，这个问题也常被项目管理忽略，它就是为获取资源而进行的谈判的艺术。这一章还介绍了项目团队成员之间人际冲突的主要来源。第 5 章是对本书第 I 篇的总结，重点讲述建立项目组织并描述了不同组织的形式以及它们各自的优势和劣势。第 5 章还讨论了项目团队中的人力资源。

第 II 篇：项目计划

本书的第 II 篇讨论了有关项目计划的问题。这一篇讨论了项目计划在活动、成本和进度中的重要性。第 6 章讨论了工作活动计划，包括传统型和敏捷型，并介绍了在组织和配置各种项目任务以及评估和确定项目风险优先级方面有用的工具。当多学科团队在复杂的项目中工作时，它还简短讨论了阶段门管理系统和其他处理问题的方法。由于成本与风险是项目预算的重要元素，项目预算与风险管理的话题以及模拟估计成本与风险的技术，我们将在第 7 章进行探讨。第 8 章讲述有关项目进度的问题，它是项目计划中重要的方面。本章还介绍了一些得到广泛使用的项目进度计划模型，比如项目计划评审技术和前导图法。作为第 II 篇的总结，第 9 章讲述了资源配置方面的问题，解释了应用资源加速项目的关键路径法。对于单个项目，我们还讨论了如何通过资源均衡来解决资源分配问题，以使资源成本最小化。

第 III 篇：项目实施

最终我们讨论实际的项目实施的内容。第 10 章探讨了项目的信息需求以及监控关键活动的必要性，特别是通过时间和成本差异以及挣值的概念，并预测项目的最终成本和时间。第 11 章描述了项目管理中的控制过程。本章介绍了比较标准和帮助经理控制项目的工具。第 12 章论述了对项目进行中的和最终的审计和评估的方法，以及识别与项目成功和失败相关的因素。第 13 章描述了项目终止的不同形式，例如彻底终止、集成到常规组织中或扩展到新项目中。这些形式中的每一种都是项目经理要解决的独特问题。最后，尽管项目本身可能已经终止，但是仍然存在从项目的产出和与此相关的任务中实现全部利益的问题。

介绍完这些，让我们开始学习吧！我们希望对于项目及其学习的过程都是有趣的和令人愉快的。

 小结

本章介绍了项目管理的相关课题，并讨论了它在我们社会中的重要作用。本章对我们常常提及的"项目"进行了定义，讨论了进行项目管理的必要性，并介绍了项目的生命周期。本章的最后介绍了本书的结构，并对以后各章的内容进行了综述。

本章的要点如下：

1. 项目管理协会成立于 1969 年，其宗旨是促进项目管理理论的发展和职业化建设。

2. 当前项目管理在很多组织中已成为一个颇有价值的职业选择，通过从事项目管理，人们在组织中获得了很多有意义的经验。

3. 项目管理最初发源于军事部门，为经理人员提供了有力的计划和控制工具。

4. 影响项目管理的三种主要力量是：（1）对复杂的、定制化产品和服务不断增长的需求；（2）人类知识的飞速增加；（3）全球化的生产-消费环境。

5. 项目管理的三个主要目标是项目绩效、时间和成本，即在项目成本和进度计划内实现特定的绩效。

6. 项目经理的两个主要任务是管理三个主要目标之间的权衡和风险。

7. 术语遵循下列次序：项目群、项目、任务、工作包、工作单元。

8. 各种项目都具有下列特点：独特性、单独发生性、期望成果与有限期限。

9. 项目只是需求实现的一系列活动中的一部分，还包括项目选择、项目的监管结构设计、项目实施以及实现项目利益的一系列活动。

10. 项目通常启动过程缓慢，然后迅速进展并消耗很多资源，最后逐渐减缓地接近终点。

关键术语

可交付成果（deliverables） 完成某一项目而必须交付的价值、产出或结果等期望的要素。

相互依赖性（interdependencies） 组织各职能部门间职能或任务彼此相互依赖的关系。

生命周期（life cycle） 对产品或项目过程的标准定义，包括启动阶段、成长阶段、成熟阶段和终止阶段。

项目群（program） 通常很难与项目区别开来，往往指围绕某一特定目标的一组相类似的项目。

项目（project） "为创造独特的产品、服务或结果而进行的临时性的工作"（PMI，2013，p.417）。

项目管理（project management） 使用各种方法、技术和概念运作项目并实现其目标。

风险（risk） 产出不能按计划实现的可能性。

利益相关者（stakeholder） 对项目有特殊兴趣的个人或团体，通常是项目团队、客户、高层管理者和影响项目或受项目影响的特定公共利益团体。

局部优化（suboptimize） 在某一职能部门或领域达到最佳，但以整体的更大成本为代价。

任务（task） 一个项目的子集，由工作包构成。

技术（technology） 完成任务的手段。

平衡（trade-off） 降低某一方面（比如绩效）的表现以改善其他方面（比如进度或成本）的表现。

不确定性（uncertainty） 对所处环境或最终产出物只掌握部分信息或毫无所知，这往往是含混性和复杂性造成的。

工作包（work package） 行动计划中最底层的工作单元，用于分配成本和价值。

 ## 问题

内容复习问题

1. 列举并简要描述推动项目管理发展的各种社会力量。

2. 以下列名词描述项目的生命周期：（1）项目完成程度；（2）所需努力。

3. 描述项目管理的局限性。

4. 列举项目的主要特征并简要描述每个特征的主要方面。

5. 列举并简要描述项目的三大主要目标。

6. 讨论项目管理的优势与劣势。

7. 项目群、项目、任务和工作包之间有何区别？

8. 如何定义一个项目？

9. 与项目有关的相互依赖性包括哪些？

10. 哪些是项目经理必须处理的冲突，源头是什么？

11. 如何区分项目直接目标和辅助目标？通过项目学习一项新技能属于直接目标还是辅助目标？进入新的市场领域属于哪种目标？

12. 描述准项目的特征。

课堂讨论问题

13. 列举一些社会上的实例，不要与本章中已经讨论过的例子重复。

14. 描述一些项目经理可能不起作用的情况。

15. 项目生命周期图（见图1-3）如何协助项目经理做出决策？

16. 阐述这句格言："即使项目在前90%都很顺利，也可能就此搁浅。"

17. 你喜欢成为项目经理吗？为什么？

18. 请对项目管理的三个主要目标为什么要相互平衡加以讨论。

19. 为什么生命周期曲线经常是S形？

20. 如何运用项目管理的方法完成课程作业？

21. 在图1-2的曲线中，为什么会有明显的弯曲？

22. 描述一个有直线形状生命周期的项目。描述一个有反S形状生命周期的项目。

23. 如何理解项目本身只是帮助提升项目效率一系列冗长链条中的一部分？

24. 为什么项目经理常常不理解那些自己负责的项目的目标？

案例讨论

布兰卡货运公司

开了几年长途货车之后，乔·布兰卡（Joe Blanka）创办了自己的货运公司——布兰卡货运公司（BTI），在美国中西部地区从事拼装箱货物的运输。他总结了一套很好的BTI安排车次的办法来满足甚至超过客户的期望，使BTI以每年15%～20%的增长率发展壮大。但是这种增长速度在不同的BTI分区是不均匀的。有的线路，一个方向上的货运量超大，另一个方向上的货运量又不足。

他注意到，随着时间的变化，这种不均衡的状态很不稳定。连续几个月，一条线路上的货运量匮乏，接下来的几个月又是另一条线路上的货运量匮乏。他计划一方面通过市场的途径来解决这个问题，对于能够平衡货运量的订单给予优惠；另一方面分析和调配线路上的设备组合，他甚至还考虑建立仓库，把订单不紧急的货物先存放一阵子来平衡货运量。

布兰卡的儿子是这个家庭的第一位大学生，是某工程院校的高才生，刚刚修完了项目管理课程。在向父亲简单介绍了项目管理的基本概念之后，他建议父亲不妨用项目的方式来解决这个平衡货运量的问题。他认为市场经理和配送经理可合并为联合项目经理，再加上一些有经验的老司机帮忙，力争在一年内实现把不同线路货运量不均衡的比率降低75%的目标。

◆ 问题

项目管理的方式对解决这样的问题奏效吗？这是一个项目吗？如果是，其中包括的三个约束是什么？你有什么其他的好建议提供给布兰卡？

Maladroit 化妆品公司

Maladroit 化妆品公司的工厂经理必须更新几台已经报废的灌装机，她正准备接受总成本为 400 万美元的 6 台机器，这些机器必须按时安装并调试以用于一条计划在 6 个月内投产的新生产线。因为这一项目非常重要，所以这名工厂经理希望竭尽所能地投入这项工作，但是她现在正忙于其他几个项目。她认为自己有三种选择：(1) 她可以以非正式的形式在工作时间之外处理这个项目；(2) 她可以将这个项目安排给一位员工负责；(3) Maladroit 化妆品公司可以支付与安装成本接近的费用，将这一安装项目交给生产这些设备的公司处理。

◆ 问题

你认为安装这 6 台机器是一个项目吗？为什么？试解释项目经理如何在几个基本目标之间进行平衡。你认为机器安装会遵循什么样的生命周期？为什么？

课堂综合练习项目

在课程中，如果学生能够组成一个项目团队并对项目管理的进程、困难和统计数据进行交流会非常有帮助。教师可以为学生预选出需要做的项目，可以是本地的组织或者学校（学校中存在着许多优秀的项目，比如咖啡馆、停车场、图书馆、咨询处以及课程安排等）中的项目。如果没有预选项目，也可以用以下的项目作为替代。

本项目是为本课程准备"学生学习指南"，预计将在期末考试前的最后一节课（时间要求）中使用。指南的目的是帮助学生学习课程中的材料，让他们通过准备这个指南和使用它来准备期末考试。指南的要求（绩效或范围）如下：

- 专业的外观；
- 按各章节内容编排，做到连贯统一；
- 教师和学生每人一份复印件；
- 提交 CD、闪存或其他电子形式的硬件拷贝（由教师检查使用是否正确）；
- 班级中的每个人都要参与，例外情况将在下文指出；
- 如果成立的是若干子团队，那么这些子团队之间的运行不应该是独立的（比如，子团队只做一章的工作）；
- 项目计划可以手写制作，也可以利用 Microsoft Project（MSP）或其他软件程序制作（由教师检查使用是否正确）。

另外，将有一名学生被选为"历史记录者"，他的工作是对整个项目的进度进行监控并准备书面报告。书面报告的内容包括需要完成的任务，项目中的项目经理、项目团队或子团队，以及各种利益相关者（团队成员、教师、将来可能使用这本指南的学生）的态度和精神，还包括项目的文化与环境。历史记录者的主要任务是比较实际课程项目和书本上所描述的项目，并在书面报告中指出项目经理和团队成员应该注意的相同和不同之处。历史记录者没有关于项目本身的工作，但是应该出席每次会议，时常与项目经理以及子团队领导进行谈话，并与教师进行沟通，进行一切有必要的活动从而可以较好地监控任务进度。这个人的作用对于学生来说是非常重要的，他可以让团队成员知道他们的项目与普通项目的典型方法之间的差距，问题出在哪里以及如何处理这些问题等。这个人在课程开始时就应该被选出来。

项目进行中可能会需要一些费用（预算需求），可以向教师寻求帮助，比如复印费用和旅行费用。这些费用虽然不多，但是也要依照项目来定。当然，在真实的项目中，主要的成本将是团队成员工作的劳动/人事成本，在这个课程项目中则是免费的。

在接下来的章节中，我们将继续介绍项目的各种要素，比如选择项目经理、组织团队、可交付成果以及控制进度等。在真实的项目中大多数时间是用来实施项目特定任务的，但这不属于本书的范围，本书仅包括项目管理的一般任务（根据每个项目的不同技术要求，它们都有不同的任务）。因此，准备所有的项目要素就显得非常重要，尤其是在本书的第Ⅰ篇和第Ⅱ篇，项目任务可立刻开始。当然，如果学生阅读到了本书的第 10 章就再好不过了，第 10 章属于第Ⅲ篇：项目实施。遗憾的是，讲到第 10 章时，课程几乎要全部结束了，到时再开始启动一个项目为时已晚。因此，项目经理和学生必须跳过开头的部分直接阅读课堂综合练习项目，至少是第 2 章到第 10 章的内容，希望他们能够通过阅读，回过头来发现控制项目中各种要素的最佳方法。

最为重要的内容将在第 2 章和第 3 章中介绍——这两章分别介绍项目将如何进行以及谁会成为项目经理，这样项目就可以尽快进行。在课程最开始确定这两个要素是非常好的选择，第一个要素可以向教师咨询后进行，第二个要素则需要在教师缺席时进行，当学生们选出项目经理后教师再回到教室。这一过程最好能在 20 分钟内完成，不过大多数都会持续一整堂课。祝好运！

参考文献

附　录

项目管理协会认证

这里，我们仅讨论专业助理项目管理师资格认证与项目管理师认证。如果需要其他的相关信息，请登录项目管理协会的网站 www. pmi. org。

专业助理项目管理师资格认证

这个认证是项目管理师认证的经典"入门级"认证，应试者可以在 5 年内通过专业助理项目管理师资格认证。认证需要项目组成员有 1 500 个小时的工作经验或 23 门项目管理面授课程经历。考试需要在 3 小时内完成 150 个问题，费用为 225 美元（非项目管理协会成员为 300 美元）。

项目管理师认证

此认证是一个人有能力成为项目经理或项目组领导者的长期标准认证。要保持认证有效，认证者必须每 3 年有 60 个 PDU 学分。应试者必须有高中学历以及至少 5 年的项目管理经验，并且有 35 个小时的项目管理面授课程经历。或者，应试者有学士学位以及至少 3 年的项目管理经验，并且有 35 个小时的项目管理面授课程经历。考试需要在 4 小时内完成 200 个问题，费用为 405 美元（2017 年规定，非项目管理协会成员为 555 美元）。

第 **1** 篇

项目启动

第2章 战略管理与项目选择

Strategic Management and Project Selection

正如我们在第1章中所提及的，无论是公共组织还是私人组织，项目被非常广泛地运用于实现战略目标，而且经常是由组织的高层直接发起的。尽管在过去的几十年中，我们在项目上的成功正在持续地改进，但多数是小的、战术的、短期的、技术性的或是直接的项目，这些项目一开始就明确了三个约束（铁三角），而且项目的复杂度比较小、利益相关者比较少。那些要实现战略目标且通常非常复杂、涉及众多利益相关者、与其他项目相互联系、周期冗长、规模巨大或组织变革的项目，则表现较差。

对于组织的竞争力与长期成功而言，让项目聚焦于战略目标是非常关键的。事实上，组织机构每年花费千亿美元在产生竞争性策略上（Morgan et al.，2007，p.1），然而90%由于管理不当而失败。不幸的是，即使是那些成功的战略项目，结果也并不出色。举例来说，有研究表明，30%的项目被中途搁置，半数以上的项目超出预算额高达190%且延期时间长达220%（Thomas et al.，2001）。该研究还表明，刺激组织改进和扩展项目管理流程的因素往往来源于混乱项目或失败项目、新兴的项目群、应对竞争或保持市场份额的需要等。

许多研究（Alderton，2013；Econnomist，2013）并未显示多少进展。一半以内的公司认为它们的战略级项目是成功的，超过1/4的公司对它们的战略级项目缺乏项目赞助者（sponsor）以及详细的实现过程，2/5的公司的战略级项目有足够经验的人事部门，只有1/5的公司将雇用有经验的员工作为优先事项。然而请注意，我们在谈论战略级项目。当然，并不是组织所有的项目都是为了战略实现与组织变革，但组织的所有项目应该与组织的战略目标相一致。

有许多研究致力于改善这种情况。学者（Alderton，2013；Economist，2013；Derby，Zwikael，2012；Zwikael et al.，2015）一致认为，项目、项目群、项目组合对组织的未来竞争力是非常关键的。最好的一些企业对于自己的项目，有最好的高管介入，有最多的反馈，提供最好的资源，并有最稳健的流程，并且企业已经意识到，项目实现是战略竞争成功的关键技能而不是构想。一位研究人员认为，所有组织都拥有同样的数据与信息，但并不都能有效执行。

正如米哈利克（Mihalic，2013）指出的，项目的成功不仅需要满足范围、时间表、预算这三项技术性要求，同时也要满足项目经营利益的战略目标。组织必须能够将战略元素与战术元素相连接，从而实现流线化决策、提高效率以及与组织目标更好地相一致。今天，项目群经理与项目经理必须能够应对前所未有的模糊性和复杂性（Pitsis et al.，2014），特别是当有众多的利益相关者能够拖延甚至终止项目时。同时，技术的进步与系统的相互依赖性产生了巨大的不确定性。面对这些挑战，领导艺术、战略/经营管理与技术管理都非常重要。

对于那些复杂的战略项目，当项目的技术细节已经解决完毕时，项目的利益并不能自动呈现，这个问题可能有两方面的因素。第一个因素涉及一个称为代理理论的概念（Muller et al.，2005），也可以称为委托代理理论，即项目的投资者没有代表（代理）来指导项目的执行与运用来实现投资者期待的利益。第二个因素是监管理论（Turner et al.，2001），包括民众、团队以及那些确保项目能够达成战略目标的流程。两个理论都根植于一个观点，即稍后就要讨论的组织项目管理理论（Aubry et al.，2012；Drouin et al.，2005），这个理论非常适用于战略项目的管理。

➡ 2.1 组织项目管理与监管

根据维基百科（2017）的描述，组织项目管理（organizational project management，OPM）的名称是约翰·施利希特（John Schlichter）在 1998 年一次项目管理协会标准委员会会议中创造出来的。最初，这个名词并不是指广义上的项目管理，而是指一个由文档系统、编程与项目管理组成的战略项目执行框架。这个名词于 2003 年被项目管理协会的组织项目管理成熟度模型吸收（OPM3；PMI，2013），稍后被 ANSI 标准（2008）采纳。随后组织项目管理吸引了越来越多的追随者，因为现今的很多项目都会包含巨量的资金、较多的利益相关者、数以十计的分承包商、大量的组织变革以及数年的努力，组织项目管理则专注于解决实现这些项目利益中的困难。近期的研究则具象化组织项目管理的许多初衷，并指出已经就很多的团队、角色、职责达成大量的共识，虽然有一些部分还在争论，且不同组织会根据自身的情况与偏好构建出不同的团队与角色（PMI，2014）。图 2-1 表明了组织项目管理中的团队与角色的整体思考。

图 2-1 指出了从项目概念到最终日常使用的活动流，我们稍后会给出一个真实项目的案例来详细说明这个流程（项目名称已被隐去）。图中方块中的角色是项目的利益相关者，但还有很多其他的利益相关者（Dick et al.，2015），其通常在组织之外，例如监管机构、地区民众、关注或受影响的组织、政府当局等，图中用虚线标出。需要清楚的是，不同的利益相关者有不同级别的影响力（Eskerod et al.，2016a，2016b），项目拥有者在处理相关问题时需要将这个纳入考虑。如果在项目进程中有什么变化，可能需要得到其中强力利益相关者的同意。

一个项目可能是从一个业务案例呈现给一个组织中的团队或个人投资实体（这里称为"投资者"）开始的（Kopmann et al.，2015）。如果是一个人，这个角色通常称为项目的"首位支持者"（图中未标识）。业务案例通常包含资金成本、各种利益以及非资金成本因素，比如项目的战略正当性、预期的行为影响（如各种阻力）、效率提升、服务改进、竞

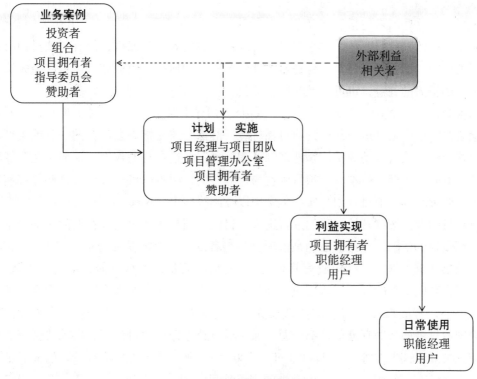

图2-1 战略项目的监管结构

争力提升，等等。特别是在战略性项目中，非资金成本作用比资金成本作用要更大。平托等（Pinto et al.，1987）发现，项目成功最重要的因素是业务案例中清晰明确的目标与方向，其次是有管理高层提供所需的资源与权威。邹等（Zou et al.，2014）发现了同样的关键成功因素，只是顺序相反，即管理高层支持排第一，清晰的目标定位排第二。

对于投资者（funder），会有几个不同的名称，比如"客户"（client）、"顾客"（cus-tomer）、"拥有者"（owner），等等。问题是，这些名称会因为项目情况而有一些误解。比如"顾客"可以指投资者、项目成果的使用者或是投资组织的相关或不相关的人。"拥有者"同样可能会被误解，特别是如果这是项目成果的最终使用者。"投资者"则肯定是对项目投资并分享项目预期利益的人。不少项目是由投资者先创始的，称之为"组合"（portfolio），业务案例必须在"组合"中充分地论证项目的目标与成本（在2.3节中进一步讨论）。在组合中选择项目是一个复杂的过程，下一节将详细讨论。同时，某个项目可能是一个巨大项目组的一部分，称为"项目群"（Dunn，2014），由称为"项目群管理者"（未在图中展示）来统一管理所有项目，并预期产生特定的成果。

对于每个项目，总有一个受雇于投资者的代理人，称为"项目拥有者"，他会与项目的所有团队进行合作，并确保业务案例与项目预期利益能够实现。同时，会有一名受雇于投资实体的"赞助者"，通常是一名高等级的经理，其职责是"保护"项目并帮助项目获得赖以成功的资源。项目拥有者的角色是从理解需求、帮助开发业务案例开始的，随后将帮助挑选一名项目经理，与他以及赞助者一起确保项目计划可行，并获得项目预期利益。项目拥有者的工作并不仅仅如此，其角色包括与职能经理、最终用户一起工作。最终用户是指项目成果的使用者，并达成投资方的利益需求。这个角色本身不但时间长、流程多，而且很复杂，因为每个项目计划，特别是战略项目，经常在项目周期中因为各种因素而进行多次修改，这些因素包括经济变化、政策法规、竞争对手、项目过程中获得的新信息，特别是组织中的领导层变化。这些都是项目经理会遇到的主要挫折，但有了项目拥有者与赞助者的帮助，这些变化可以更容易地体现到新项目计划中，当然如果项目已经无法再为投资方提供所需的利益，也可以及时结束项目。

通常会设立一个监管性质的委员会，称为"指导委员会"，对于每个项目，除非指导委员会要监管整个项目组织，否则项目拥有者一般都会成为指导委员会的一员或主席。另一个可能会影响项目启动的实体是外部利益相关者，通过自身的权力，他们可能改变项目的本质、方向、工期、成本以及项目利益与业务案例，图中以点线标出。这些外部利益相关者的主要影响在于项目计划与实施，图中以点画线标出（Nieto-Rodriguez et al.，2014）。

从项目的业务案例开始，我们进行进入项目的计划与实施阶段。在图的中部显示了两个分离而重要的活动，这两个活动是由项目参与者的同一个团队完成的。（本书中，项目计划构成第 II 篇，项目实施构成第 III 篇。）需要指出的是，项目可能是由内部团队实施，也可能是由合同约束的外部团队完成。如果是外部团队完成，那么合同签订者会为项目另外设立一个"赞助者"，其工作是类似投资方的赞助者，只是投资方的赞助者处理内部资源，合同签订者的赞助者处理外部资源。通常项目经理做出项目计划，由项目拥有者与赞助者审核批准。茨考尔等（Zwikael et al.，2007）发现，避开诸多项目风险的最好工具是开发一个将所有利益相关者都纳入进去的完善项目计划。平托等（Pinto et al.，1987）则发现，这种方式只是第三重要的项目成功因素。

通常还会设立一个项目管理办公室（第 5 章会详细讨论），负责整体提升组织的项目管理流程的效率与成熟度，并在活动中帮助项目经理与项目团队。在项目计划准备完毕并被接受后，项目经理与项目团队会在自身的专业经验与项目管理办公室的帮助下，共同完成项目实施。正如之前提到的，实施过程会因为项目展开中的各种事件而改变。

当项目经理与项目团队在实施项目时，项目拥有者全程监控项目的进程，并在项目范围或投资方的要求变化时，与项目经理一起设计折中的解决方案。项目拥有者会处理好利益相关者的需求，并探索项目实现利益后的其他战略任务。另外，项目拥有者也需要处理好与职能经理、最终用户的关系，并确保项目成果会被管理者与顾客接受，从而实现项目利益。其中涉及培训、教育、重组、动员、激励以及项目计划变化后的流程再造。一旦项目成果成功实现，项目拥有者则要帮助进行项目结尾、人员与资源的转移、项目终止准备以及结项报告。因此，利益实现阶段将一直持续到利益被确定下来，操作职责也转移到职能经理与顾客手上，确切地说，项目进行到了项目成果例行使用的阶段。

一个学校图书馆的案例

在奥克维尔市学校区域中，多年前已经有 5 所小学的图书馆从卡片目录转变成了电脑系统。这个项目的投资方是奥克维尔市的教育局，以当地税收作为资金来源，根据一份呈现给奥克维尔市学校监管局的业务案例，决定开始这个项目。项目拥有者奥克维尔市学校监管局在项目中扮演了赞助者的角色。这个业务案例强调了图书借阅归还过程的速度提升以及更好的图书定位与控制，并描述了项目可以带来的资金节约好处，其中包括减少丢失图书、通过图书借用数据了解需求图书与受欢迎图书从而优化图书购买、减少非需要图书的储存空间，以及通过提升图书馆效率减少人力支出。

一名项目经理从 5 所小学的员工中选出，筛选要求包括工作效率、作为阅读专家的图书专业能力、技术熟练度以及良好的群众基础。项目团队包括图书馆电脑系统的供应商代表、图书馆管理员、助理图书馆管理员、家长协会的志愿者以及各所小学的学生助手。职能经理是 5 所小学的图书馆管理员，顾客是图书馆管理员、学校教师以及学生。外部利益相关者包括学生的家长、学校校长、图书发行商以及当地的税收部门。

项目经理与项目拥有者、供应商以及图书馆管理员共同开发了一个从已有图书馆系统向电脑系统迁移的项目计划。迁移计划 5 个月完成，从春季学期开始，那时图书馆将关闭 3 周，用于将图书贴上条形码。条形码与图书其他标签都由各个图书馆的供应商提前准备好。项目计划也包括在电脑系统出现故障或类似情况时学生依然可以借阅图书的保险措施。为图书馆管理员与其他用户的培训会议也在计划中，主要由供应商讲解使用技巧，由项目负责人讲解图书资源。

当项目完成时，项目经理回归学校，重新成为教师。项目拥有者则继续监控系统的使用情况，并在许多情况下进行处理，包括在某些使用者还需要额外培训时进行帮助，提出保险措施应对：某些图书馆管理者在特别日子无法上岗、父母或教师对新系统或保险措施有反对意见、一部分学生未学会新系统，以及其他实际问题。不能让使用者对新系统失去信心，这很关键。一个出乎意料的问题如下：当记录显示是父母而不是学生归还图书特别缓慢时，借阅规则应该将父母剔除出可借阅人名单，但事实情况可能是，父母借了图书给他们的孩子，但孩子认为不是自己借的，也就没有归还的责任。

关于这个真实例子的评论：

• 记录已有组织实体是如何根据这一特殊情况对项目监管进行调整的，并附上一些相关案例。

• 案例中的项目主管是最适合当项目拥有者的，但考虑到他的日常职责，也可能是最适合当赞助者的。这几个角色的合并是常见的，也是完全可以接受的，但项目经理的角色不能合并。

• 在案例中，外部承包商/供应商并没有为教育局接管与执行这个项目，主要是因为教育局并不是要完全重建系统，而是在原有的内部管理体系下改造。

• 值得注意的是，这个项目计划不仅包含了项目的物理构造元素，也包括了新系统的组织管理办法，比如工作流程与使用者。

• 这个项目的项目经理也是职能经理，虽然不是直接从系统中雇用，在项目终止时回归本职。

• 注意到，项目拥有者继续监控系统的使用情况，并持续调整管理办法、持续培训，从而确保系统利益实现。在案例中，项目拥有者也是赞助者，可以获得充分的资源，从而保障项目利益完全实现。

2.2　项目选择及其标准

项目选择是对单个或一组项目进行评估并选择实施对象从而实现公司目标的过程。在公司运营的过程中，当需要在多个竞争性方案之间进行选择时，同样可以应用这种方法。比如，一家制造企业可以借助评估/选择技术确定在部件组装流程中使用哪一种设备；电视台可以选择在每周日晚7：30播放哪一部喜剧片；建筑公司可以在一组投标项目中做出最佳的选择；医院可以为新建的住院部大楼确定精神病科、整形外科、产科及其他科室床位的最佳分布组合。每个项目都有各自不同的成本、利润和风险，这些选择很少具有确定性。面对这些差异，从一组项目中选择出一个项目是一项艰难的任务，选择一个项目组合（多个不同的项目）则更加复杂（将在后续讨论）。尽管有这些困难，选择合适的项目组合是至关重要的，因为决定组织成功的是项目组合而不是单个项目的完成。

在以上的讨论中，除假设的建筑公司外其他组织都认为项目发生在组织"内部"，它们通过投资项目为顾客服务，建筑公司则认为它是通过发生在组织外部的一系列潜在的项目为顾客提供服务的。无论发生在组织的内部还是外部，项目都会使用组织的资源，并且这两种类型的项目通常都会争夺同一资源池的资源。

当公司在一系列项目中选择项目进行投资时，项目经理很少会参与这一选择过程。然而非常重要的是，项目经理必须对自己所承担的项目有所了解，明确公司的目标。就像我们所看到的一样，项目经理的大多数决策都将对项目目标的实现程度产生影响，这些项目目标就是公司对项目的期望目标。我们将不断强调项目经理理解选择投资项目原因的重要性。

在本章随后的部分，我们将讨论协助高层管理者进行项目选择的几种技术性方法。项目选择仅仅是与项目管理有关的众多决策内容之一。我们经常可以看到好的和坏的投资决策。在报纸中，我们了解到宝洁公司重金投资互联网与其他社交媒体进行产品销售；当学生电脑室需要升级时学校系统所遇到的问题，应该采用微软的底层系统还是坚持传统的苹果系统？这样重要的选择可以更理性地解决吗？一旦做了决定，永远不会改变吗？这些问题的解决就需要应用到有效的选择模型。

项目选择模型有两种基本类型：数学模型和非数学模型。两类模型的使用都比较广泛。许多企业同时使用这两类模型，或者使用这两类模型的组合模型。非数学模型就像其名称所示，不用输入数据。数学模型需要输入数据，但是数据的测量标准可以是主观的，也可以是客观的。记住下面两点非常重要：项目的质量可以用数据表示；主观的数据测量并不比客观的数据测量用途更小或者缺乏可信度。

阿斯特布罗（Astebro，2004）的一篇论文指出，一项针对超过500个研发项目的研究发现，四种项目特质是项目成功的优秀指标：（1）可预期的利润；（2）技术机会；（3）发展风险；（4）适当性，即一个项目由该组织来执行的适合程度。这一发现尤其重要，因为此项研究的实验设计完全没有事后洞见式的偏差，这种偏差是项目成功与失败的研究中常见的。此模型能够正确地预测出80%的失败项目以及75%的成功项目。

导致研发项目失败的一个主要原因是在支出资金前对项目建议书没有进行充分的评估。对于研发项目适用的问题对于其他类型的项目也适用，并且可以确定的是，如果在设计流程中考虑使用者的需求和满意度，产品开发项目就会更加成功（Matzler et al.，1998）。在建筑行业中，对潜在项目的仔细分析是盈利的必要条件。许多企业都有过惨痛的教训，即它们没有对时间、成本和涉及的中断进行充分分析，就着手安装计算机信息系统。

我们需要再次强调的是，许多组织依据利润模型来排斥非财务成本和利益的倾向是严重的错误。新产品或新流程的"轻微副作用"对公司的影响并不常见。项目常常倾向于改变组织的基础结构——扩展工程软件以包含新的分析方式，或为员工的学龄前子女设置日间看护所——对员工的士气和生产力具有巨大的积极作用。此外，利用新技术代替工人可能会改善财务状况，但也可能会因为挫伤了士气和生产力而导致利润大幅降低。在两种基本项目选择模型（数学模型和非数学模型）中，非数学模型历史悠久，简单易用，一般只需考虑几个模型。我们首先研究非数学模型。

非数学模型

1. "神圣"

在这种情况下，项目由组织中高层权威人士最先提议。通常项目是从简单的评论开始的，如"如果有机会，你为什么不研究……"然后是有关新产品的初步设想、新市场的开发、全球数据库与信息系统的设计和应用或者其他需要公司投资的项目。老板这种看似平淡的评论直接导致了项目的产生。从这个意义上说，项目是"神圣"（sacred cow）的，在得到满意的结论之前，或者在老板意识到该想法是失败的进而终止它之前，这个项目将会一直存在下去。

2. 经营需要

假如洪水正威胁着工厂，修建防洪堤的项目就不需要过多的正式评估。XYZ 钢铁公司在评估潜在的项目时就使用了这条标准（和下一条标准）。如果项目是为了维持系统正常运行，那么首先要考虑的是：在项目的预计成本下，系统是否值得保留？如果答案是肯定的，就要对成本进行测算，确保以尽可能低的成本使项目获得成功，但项目最终还是要获得投资的。

3. 竞争需要

利用这一标准，XYZ 钢铁公司在芝加哥附近着手重建了一个钢筋厂。显然，对于 XYZ 钢铁公司的管理者而言，公司要想保持在芝加哥地区的竞争地位，其钢筋厂就需要实现现代化。该项目的计划过程非常复杂，进行项目投资的决策是根据维持公司市场竞争地位的需要做出的。

类似地，许多商学院都在重新调整工商管理本科和硕士的教学规划，以保持与领先院校竞争的能力。在很大程度上，这项调整的促成因素是，自费学生数量不断减少，吸引这些学生就需要提高竞争实力。

对经营需要类项目进行投资比对竞争需要类项目进行投资更为重要，但两者都不必使用那些缜密的数学分析——它只适用于那些对公司的生存不十分迫切和重要的项目。

4. 拓展产品线

在这种情况下，对开发和生产新产品的项目进行评估的依据是，看该项目可否在一定程度上适合现有产品品种、填补品种空白、加强薄弱环节，或者可以在新的领域拓展产品品种。有时，我们不需要详细计算项目的获利能力，决策者往往依据增加新产品可能对整个系统产生的影响来判断是否实施该项目。

5. 比较利益模型

在这种情况下，假设公司有很多备选项目，也许多达几十个，公司高层管理者打算选择能使公司受益最大的项目，但这些项目要进行比较似乎并不容易。比如，有些项目关注潜在的新产品，有些项目需要进行一项研究并为政府机构开发项目，有些项目关注生产方法的变化，有些项目关注数据记录的电算化，还有些项目则涵盖了不容易划分的大量内容（如提议为有婴儿的员工设立托儿所）。虽然公司没有正式的项目选择方法，但项目选择委员会成员认为，有些项目要比另外一些项目对公司更为有利，即使缺乏准确的方法来定义和衡量利益。

比较利益的概念（如果还不是正式的模型）被广泛应用于项目选择决策。在许多项目排序方法中，Q－排序是最为直接的一种。首先，根据每个项目的相对优点将各个项目分为三组——好、中和差。如果某一组内有8个以上的项目，就可以进一步细分为两类，如中上和中下。当每一类别只有8个或少于8个项目时，每类下面的项目就按从最好到最差的顺序进行排列。需要强调的是，排序是依据各个项目的相对优劣进行的。评估人员可以采用特定标准对每一个项目进行排序，也可以简单地采用整体判断的方法进行排序（见图2－2）。

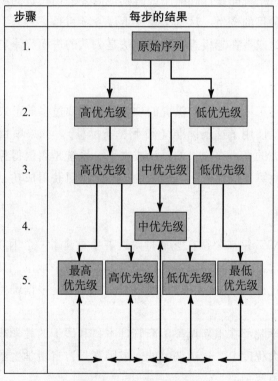

图2－2　Q－排序方法

上面提到的排序工作可以由负责项目评估/选择工作的个人来完成，也可以由负有同等责任的委员会完成。如果由委员会负责，委员个人排序可以按照不记名的方式进行，然后由委员会根据多数人的意见确定最终排序。通常个人之间的排序结果会存在一定的差异，但不会相差太远，因为委员会的成员对于什么项目对公司最适合的看法一般差别不大。按照排列的优先顺序可以进行项目的选择，尽管在最终选择前项目通常还要进行财务评估。非数学模型容易被人们以不科学为由摒弃，但这种随意的轻视也是不可取的。显然，这些模型都是以组织目标为导向的，它们直接反映了组织的主要利益。需要特别指出的是，"神圣"模型还有一个特征："神圣"项目明显得到权威的支持。高层管理者的全力支持是项目成功的一个重要因素。没有这样的支持，项目成功的可能性就会大大降低。

6. 可持续性

2009 年 12 月的《项目管理网络》（*PM Network*）期刊的讨论话题就专注于"可持续性"。这个讨论源自盖尔（Gale，2009）文章中的一段："在一定程度上，可持续性基本可以与一个流行词交换使用，即绿色环保。只是有个小问题，也可能不太精确。可持续性确实呼吁将环境问题也纳入项目决策中，同时它也覆盖了部分社会问题与盈利问题。"

越来越多的组织将可持续性作为项目是否可投资的判断标准之一。珠宝公司避免使用"血钻石"这样的名称，制造业工厂避免使用童工。在制药公司中，如果销售纯度可疑或是有强烈副作用的药物，长期来看，这种损失将远高于将费用用于质量控制或研发更好的药物。换句话说，可持续性更关注长期利益而不是短期利润。希望将可持续性列入组织决策中，需要认命一名高级经理来负责相关事宜，同时，必须制定相关可度量制度来测量在决策改变后可持续性是否有所改善，但这经常会要求发展出一些"软"性标准，这部分在后面章节中继续讨论。

实践中的项目管理　　　　　台北 101：改装为可持续发展建筑

台北 101 大楼于 1998 年建成，它包含了可持续发展的元素，如低辐射窗户、节能暖通空调系统以及双层电梯的智能控制。耗资 180 万美元的新计划把这些绿色元素扩展到包括生态友好的流程（清洁、固体废物管理、采购）、健康的办公环境（空气质量测试、环境检查）、能源消耗（优化运营和维护计划、无人卫生间自动关闭照明）、水使用（更换马桶和小便器冲洗阀、降低洗脸盆水龙头水的流量）、租户回收、废物管理、办公室装修。

塔架改装工程方面是该项目相对容易的部分，更困难的是让所有 85 个组织，包括10 000 多人，参与循环回收（包括购买可回收用品）和其他可持续发展的日常工作。项目经理指出，改变人们的态度是可持续性的最大挑战。

问题

1. 为什么选择这么大的建筑来实现可持续发展改装？
2. 与"绿色"相比，承租人习惯的哪些方面与可持续性有关？
3. 塔架改装能在哪些方面提高长期盈利能力？

资料来源：S. A. Swanson. "The Sky's the Limit," PM Network, 24.

数学模型：利润/盈利能力

我们前面已经说过，大多数公司在使用项目评估/选择模型时把利润/盈利能力作为接受项目的唯一衡量标准。我们首先讨论这些模型，然后讨论更多的复杂模型。成本方面的问题在 PMBOK 第 4 版知识领域内有详细介绍。

1. 回收期

项目回收期等于项目最初的固定投资除以每年预计的现金流入，这个比率就是项目收回固定投资的年限。比如，假设项目投资成本为 100 000 美元，每年产生的净现金流入为25 000 美元，那么

回收期 = 100 000/25 000 = 4（年）

这种方法假设现金流入将一直持续，至少能够收回投资，没有考虑回收期之后的现金流入。这种方法也没有充分考虑风险因素。投资回收的速度越快，公司面临的风险也就越小。

2. 现金流量折现

这种方法也称为净现值（NPV）法，现金流量折现法是用预期收益率（也称为最低预期资本回收率、临界报酬率等）折现所有的现金流量，计算净现值，公式如下：

$$NPV = A_0 + \sum_{t=1}^{n} \frac{F_t}{(1 + k + p_t)^t}$$

式中，F_t——第 t 期的净现金流量；

　　　k——预期收益率；

　　　A_0——初始现金投资（因为是现金流出，所以是负值）；

　　　p_t——第 t 期的预期通货膨胀（通货紧缩）率。

在项目初期，净现金流量可能是负数，项目的初始投资 A_0 是主要的现金流出。如果项目是成功的，那么现金流量将为正数。如果项目的预期现金流量之和的净现值是正数，那么该项目就是可以接受的。举一个简单的例子，在前述例子中，投资为 100 000 美元，8 年中每年净现金流入为 25 000 美元，预期收益率为 15%，每年通货膨胀率为 3%，那么

$$NPV = -100\ 000 + \sum_{t=1}^{8} \frac{25\ 000}{(1 + 0.15 + 0.03)^t}$$

$$= 1\ 939（美元）$$

因为现金流入的现值大于现金流出的现值，也就是说，净现值是正数，所以该项目可以接受。

下面对利润/盈利能力数学模型做一个简要的评论。常见的术语"投资回报"，又称为 ROI，并不表示某种特别的计算方法，它常与净现值的计算结合在一起。数学利润模型有一大堆优点，模型简单易用，容易理解；涉及计划的财务数据都容易获取（虽然可能不精确）；有些利润模型考虑了项目风险。同时，这些模型也有不少缺点：忽视了风险以外的非货币因素（这些因素可能是最重要的），忽视了现金流量的时间性和货币的时间价值；把现金流量折算为现值的模型偏重于短期分析；所有模型都对项目初期的数据差错非常敏感。

数学模型：实物期权

实物期权是近来基于财务市场的一个新概念而形成的一种项目选择模型。在投资时，我们对未来实物资产的选择权进行定价。通过一个金融期权，组织或个人获得了可以不执行的权利。

为了说明金融期权与项目选择的相似性，考虑一个年轻的生物制药公司，它准备对一种新药品进行人体临床试验。一个关键的问题需要这个公司进行决策，就是生产多少药品，同时能够适应目前临床试验所需要的小剂量以及如果临床试验成功后可能有的巨大市场需求。为临床试验生产小剂量药品的期权可以是投资一个内部试点方案或立刻授权给另一家公司生产药品。如果是投资一个内部试点方案，那么就有两种期权来服务大量生产药品：（1）投资一个商业化规模工厂；（2）授出生产权。实际上，选择投资一个内部试点方案相当于给这个制药公司一个未来可以扩容成商业化规模工厂的期权；选择进行药品生

产授权，就无法有商业化规模工厂。因此，从某种程度上，制药公司通过投资一个内部试点方案获得了一项未来建造商业化规模工厂的权利。

除了考虑一个项目可能提供未来机会的价值之外，不做其他项目的成本也应该被纳入考量。这个项目选择的方法是基于一个著名的经济学概念"机会成本"。考虑这样的问题，如果要在两个项目中选择一个进行投资，投资了项目 A 则会迫使我们放弃对项目 B 的投资，反之亦然。如果项目 A 的预期收益率是 12%，那么投资项目 B 就会有一个 12% 的机会成本。如果项目 B 的预期收益率高于 12%，就不应该选择项目 A。

偶尔组织会批准一些预计要亏损的项目，这些项目可能是计算了全部的费用，也可能是只计算了直接成本。公司高层做出这样的决策并不是因为愚蠢，很可能是在项目执行中包含更重要的东西，例如：

- 获得一些特定或创新的技术与知识。
- 获得组织的"第一步成功"。
- 获得工作的部件、服务或维护部分。
- 允许公司竞标一份利润丰厚的后续合同。
- 改善公司的竞争水平、地位。
- 扩大生产线或业务范围。

当然，这种决策必须只会在短期内出现亏损。从长远来看，他们期待对组织有额外的利益。必须注意的是，"向客户虚报低价"或"压低报价"（以低价获取合同，却在工作和材料上偷工减料，或是迫使客户改变后续合同）是不道德的行为，也是违反项目管理协会对项目经理的职业道德要求的（www.pmi.org；PMBOK，p.2，2013），同时也是不诚实的。

实物期权法就是为了减小技术和经营的双重风险。若想更多了解此方法并用其作为战略选择的工具，请详见吕尔曼的论述（Luehrman，1998a and 1998b）。雅各布等（Jacob et al.，2003）也描述了一个很有意思的利用实物期权法选择医药研发项目的事例。多克托等（Doctor et al.，2001）对实物期权加蒙特卡洛模拟和多方案评估/选择法进行了比较。

陶瓷科技公司

陶瓷科技公司（Ceramic Sciences，Inc.）是一家大型装饰陶瓷品制造商，目前正在考虑安装一个新的市场销售软件包，希望能够对花瓶和花罐的库存、销售和供货提供更准确的信息。

信息系统部门提交了一份项目建议书，预计投资需求如下：初始投资 125 000 美元作为给 Pottery 软件公司的预付款；追加 100 000 美元定制和安装该软件；另 90 000 美元用于将新系统整合到现有的信息系统当中。交货和安装大约要一年的时间，整合还需要一年时间。此后，信息系统部门预计软件更新从第四年开始，每两年一次，每次花费在 15 000 美元左右。当然，在软件寿命期的最后一年不会再有软件更新。

项目计划要求在第三年开始获利，当年末达到计划要求。预计在运营的第一年因销售信息及时和准确反馈而使利润总额增加 50 000 美元，在第二年达到最大值 120 000 美元，以后几年的情况如下表所示，呈逐年下降的趋势。

从项目开始计算，预计该项目寿命期为 10 年。10 年后该信息系统在应用部门停用并被新软件取代，但是该系统仍可安装在陶瓷科技公司的另一个小部门中使用，预计系统的残值为 35 000 美元。陶瓷科技公司要求的最低预期资本回收率为 13%，估计在项目生命周期内通货膨胀为 2%。假设初始投资发生在年初，其他收入支出发生在年末，我们绘制了净现值分析表（见下表）。

净现值分析表

<table>
<tr><td></td><td>A</td><td>B</td><td>C</td><td>D　= B5 − C5（复制至D6至D15）</td></tr>
<tr><td>1</td><td>最低预期资本回收率</td><td>13%</td><td></td><td></td></tr>
<tr><td>2</td><td>通货膨胀率</td><td>2%</td><td></td><td></td></tr>
<tr><td>3</td><td></td><td></td><td></td><td></td></tr>
<tr><td>4</td><td>年份</td><td>流入（美元）</td><td>流出（美元）</td><td>净流量（美元）</td></tr>
<tr><td>5</td><td>20 ×0 *</td><td>0</td><td>125 000</td><td>− 125 000</td></tr>
<tr><td>6</td><td>20 ×0</td><td>0</td><td>100 000</td><td>− 100 000</td></tr>
<tr><td>7</td><td>20 ×1</td><td>0</td><td>90 000</td><td>− 90 000</td></tr>
<tr><td>8</td><td>20 ×2</td><td>50 000</td><td>0</td><td>50 000</td></tr>
<tr><td>9</td><td>20 ×3</td><td>120 000</td><td>15 000</td><td>105 000</td></tr>
<tr><td>10</td><td>20 ×4</td><td>115 000</td><td>0</td><td>115 000</td></tr>
<tr><td>11</td><td>20 ×5</td><td>105 000</td><td>15 000</td><td>90 000</td></tr>
<tr><td>12</td><td>20 ×6</td><td>97 000</td><td>0</td><td>97 000</td></tr>
<tr><td>13</td><td>20 ×7</td><td>90 000</td><td>15 000</td><td>75 000</td></tr>
<tr><td>14</td><td>20 ×8</td><td>82 000</td><td>0</td><td>82 000</td></tr>
<tr><td>15</td><td>20 ×9</td><td>100 000</td><td>0</td><td>100 000</td></tr>
<tr><td>16</td><td>总计</td><td>759 000</td><td>360 000</td><td>399 000</td></tr>
<tr><td>17</td><td>净现值（美元）</td><td></td><td></td><td>17 997</td></tr>
<tr><td>18</td><td></td><td></td><td></td><td></td></tr>
<tr><td>19</td><td colspan="4">* $t =0$，是 20 ×0 年初</td></tr>
</table>

= 65 000美元成本节省+35 000美元残值

= D5 + NPV（B1 + B2, D6:D15）

该项目的净现值是正数，因此可以接受这个项目（如果项目的最低预期资本回收率为 14%，该项目就会被拒绝）。

经计算，项目的总现金流入为 759 000 美元，或者说 10 年中平均每年现金流入为 75 900 美元。项目所需总投资为 315 000 美元（忽略每两年的维护支出）。假定采用直线折旧法，10 年中每年折旧为 31 500 美元，则回收期为：

$$回收期 = \frac{315\ 000}{75\ 900 + 31\ 500} = 2.9（年）$$

有这样的回收期的项目很有可能是值得投资的。

数学模型：评分

为了克服利润/盈利能力模型（尤其是那些只考虑单一决策标准的模型）的一些缺陷，人们开发了使用多个标准来评估项目的评估/选择模型。这些模型在复杂性和信息要求等方面差别较大。如果模型包括了资金与质量两方面的因素，我们相信这些模型已经接近经理们如何实际评估投资的方法。下面我们用一些例子来介绍不同类型的数学评分模型。

加权因素评分模型

当加入了反映各个因素相对重要性的权重后，该模型就成为加权因素评分模型。一般地，其形式如下：

$$S_i = \sum_{j=1}^{n} s_{ij} w_j$$

式中，S_i——第 i 个项目的总得分；

   s_{ij}——第 i 个项目第 j 个标准的得分；

   w_j——第 j 个标准的权重。

权重 w_j 根据公司决策者认可的方法产生。有多种方法可以确定权重，最有效和最常用的方法是德尔菲法（Delphi）（Dalkey，1969），它是一种确定数值的方法，相当于对确定相对值进行主观、口头和文字的描述。乔利（Jolly，2003）通过对技术组合方案进行权重分级，进一步验证了利用专家意见给出权重是个很好的方法。数值权重确定后，再按一定比例确定权重是非常有用的（但不是必需的），这样，每一标准的权重就是"特定标准在总权重中的百分比"。

$$0 \leqslant w_j \leqslant 1, j = 1, 2, 3, \cdots, n$$

$$\sum_{j=1}^{n} w_j = 1$$

需要特别说明的是，这类模型可能包括大量的标准。确定评分比例和制定权重的工作并不难，收集和处理所需信息的工作也比较容易，因此容易将不重要的标准和重要的标准罗列在一起。这种做法不足取！为重要因素设置权重之后，我们通常需要把剩余权重在其他因素之间进行分配，结果是，非重要指标的变化对评估结果的影响无足轻重。根据实际经验的做法，可以忽略权数小于 0.02 或 0.03 的因素（忽略这些因素，如果仍然希望使 $\sum w_j = 1$，就必须重新调整权重，使权重之和等于1）。在 Excel 上创建模板或其他标准电子表格来计算加权评分模型并不特别困难。下面将呈现一个使用加权因素评分模型来选择项目的例子。

就盈利能力模型而言，评分模型有自己的优点和缺点。其优点如下：

（1）这些模型可以使用多个标准进行评估和决策，包括利润/盈利能力模型以及一些有形和无形的标准。此外，该模型允许包含主观与客观标准。

（2）结构简单，容易理解和应用。

（3）模型必须直观反映我们做决策的方式：我们的选择是什么，什么是重要的标准，什么又是最重要的标准，以及根据标准做选择。

（4）直接反映管理政策。

（5）容易修改以适应环境或管理政策的变化。

（6）加权评分模型允许一些标准具有不同的重要性水平。

（7）容易进行敏感性分析，多个标准的平衡关系一目了然。

这些模型也存在一些缺点：

（1）结果是相对的。项目得分结果并不代表与之相对应的价值和效用，也不能直接表明项目是否应该得到支持。

（2）一般来讲，评分模型是线性模型，它假设模型中的要素都是独立的。

（3）这些模型的易用性有利于在模型中包含大量的标准，但其中许多标准的权重非常小，以致它们对项目的总分没有什么影响。

（4）从某种程度上说，评分模型中的利润/盈利能力是一种基本要素，该要素同样有前面提到的盈利能力模型的各项优点和缺点。

开始工作了

沃金菲亚有限公司（Workin FerYa）的项目委员会正在尝试选择一个初始战略项目来改善客户服务流程。共有五个需要评估的提案，他们想要选择一个最有前景的项目作为开始，再选择一个项目作为后续。不同的部分已经提出了不同的项目，但这五个被认为是最有希望的。他们将用加权评分模型来做出选择，再由委员会全体讨论时重新审查。

评分模型必须有以下元素：

（1）一整套判断选项价值的标准。

（2）每个标准相对重要性的数值估计（权重）。

（3）针对每个标准在每个选项的表现或贡献得分的衡量工具。

标准的权重与表现的测量都必须是数值的，但并不意味着必须是"客观"或"定量"的。明显地，标准的权重从本质上是主观的，取决于决策者认为哪个更加重要。在我们的例子中，表现的测量工具的发展将变得更容易掌握，我们也会很快简化它们。

假设我们在评估中选择了表 A 的标准与权重*。权重值用 10 分制量表来表达标准的相对重要性。圆括号中的数字是每个标准在总权重中所占的比例（加总为 0.99 是因为四舍五入）。原始权重与百分比权重在决策时的使用效果是一样的，但后者的使用更多一些，因为百分比权重能够时刻提供决策者每个标准的影响。

在考虑表现标准与我们选择的评估标准的信息来源之前，我们必须问："如果要接受项目选择，有没有什么特质是必须包含（排除）的？"在这个例子中，如果要被接受，那么这个选项必须不能危及公司形象或公司财务。如果有选项可能危及这些条件，那么这个选项必须马上排除。

对于任一标准，我们需要一些方法来测量每个选项表现的方法。在这个例子中，我们可能采用表 B 中的测量方法。我们的目的是将一个选项符合某个标准的程度转化为一个得分，即 S_{ij}，这是一个选项在某个标准下的效用价值的综合测量。因此，我们必须精确地定义标准以及信息来源。

表 C 显示了将每个标准转化为 5 分制的得分，这对我们来说已经够用了。利用表 C 中的表现得分，可以评估作为我们选项的项目：给所有客服人员提供一个手机上使用的专门开发的服务 App，开发一个新的客户关系管理（CRM）软件，重组销售服务团队以增加相互沟通与提升效率，公布客服人员的激励计划，让高层管理者有更多的时间与客服销售团队在会议中沟通并给予更多的活动支持资源。根据表 C 的分类，每个项目都根据每个标准进行了评分，随后将评分乘以相应的权重，结果在表 D 中显示。最后，各项目的成果进行分别加总，得到加权评分。

根据这套测量方法，我们倾向于选择高层沟通方案，此方案明显比开发服务 App、销

---

* 对于本例，标准与权重是任意选取的。

售团队重组的得分高，且比激励计划方案要高 8%，但仅比开发客户关系管理软件高 0.13 点或 4%。注意，如果我们在高层沟通方案中，将员工反馈或竞争力方面高估了 1 个点，或是开发客户关系管理软件方案的各项指标中低估了 1 个点，结果就会反转。（假设原始成本数据是精确的。）鉴于得分如此接近，我们需要对这两套方案增加附加标准来做出一个公司决策（例如，开拓新市场或可持续性）。

总而言之，如果决策者有非常清晰的目标，并可以确定不同的表现对于这些标准的贡献，且能确定这些表现对于其他方面的影响，得分模型将是一种强大而灵活的工具。得分模型如此强大，除了能把众多的标准融入决策过程外，还能进行补充的敏感性分析。特别地，得分模型可以根据不同标准的权重或得分观察排名的变化。这样的敏感性分析在决策时能够比单纯地列出排名选项提供更有用、更重要的信息。当然，如果那些标准的制定不够仔细，或是各种表现对于标准的关系定义不够准确或测量不精确，得分模型就会建立在一个错误的基础上，并且是一条通向错误的快捷路径。

表 A　项目选择的标准与权重

顾客反馈	4	(0.10)
收入增长	3	(0.07)
员工反馈	7	(0.17)
运营成本	5	(0.12)
原始成本	10	(0.24)
竞争力	7	(0.17)
风险	5	(0.12)
总计	41	0.99

表 B　项目选择的标准、测量与数据来源

顾客反馈	主观判断
收入增长	百分比，基于销售经理的调研
员工反馈	主观判断
运营成本	软件维护成本
原始成本	硬件、软件与培训费用
竞争力	基于市场部的数据
风险	基于风险委员会的数据

表 C　表现测量与选择项目的同等得分

	得分				
标准	1	2	3	4	5
顾客反馈	特别差	差	合格	好	非常好
收入增长	无	<0.5%	0.5%~1%	1%~2%	2%~3%
员工反馈	很差	较差	合格	好	非常好
运营成本（千美元）	>2.5	2.1~2.5	1.9~2.1	1.6~1.9	<1.6
原始成本（千美元）	>32.5	26~32.5	21~26	17~21	<17
竞争力	无变化	提升一点	有一定提升	提升较大	大幅提升
风险	很糟	较差	合格	好	非常好

表 D　每套方案得分

方案	标准与权重							$\sum s_{ij}w_j$
	顾客反馈	收入增长	员工反馈	运营成本	原始成本	竞争力	风险	
开发服务 App	3×0.10 = 0.30	1×0.07 = 0.07	4×0.17 = 0.68	2×0.12 = 0.24	1×0.24 = 0.24	2×0.17 = 0.34	3×0.12 = 0.36	2.23
CRM 软件	3×0.10 = 0.30	3×0.07 = 0.21	2×0.17 = 0.34	5×0.12 = 0.60	4×0.24 = 0.96	2×0.17 = 0.34	4×0.12 = 0.48	3.23
销售团队重组	2×0.10 = 0.20	1×0.07 = 0.07	4×0.17 = 0.68	4×0.12 = 0.48	3×0.24 = 0.72	1×0.17 = 0.17	3×0.12 = 0.36	2.68
激励计划	5×0.10 = 0.50	4×0.07 = 0.28	3×0.17 = 0.51	2×0.12 = 0.24	2×0.24 = 0.48	5×0.17 = 0.85	2×0.12 = 0.24	3.10
高层沟通	4×0.10 = 0.40	5×0.07 = 0.35	5×0.17 = 0.85	2×0.12 = 0.24	1×0.24 = 0.24	4×0.17 = 0.68	5×0.12 = 0.60	3.36

数学模型：机会窗口分析

在产品的早期开发阶段，除了产品的技术可行性之外，我们对其他情况一无所知。取得一项新技术并不必然意味着这一新技术适合应用或值得投资。从根本上说，开发新产品或新流程的投资决策，取决于对革新成功所产生的现金流量或其他利益的估算数值，但这在大部分情况下都是难以估算的。

给定一些关于新产品或新流程的观念，就可以改变传统的做法，即在研发项目开始运作之前，尝试确定这项新技术的成本、时间和绩效要求（再就是对革新进行机会窗口分析）。机会窗口分析方法简单易懂。比如，给定一种可能的生产工艺，详细分析现行生产工艺，记录将会受到革新影响的每一个要素，收集当前工艺的基准数据（例如，周期时间、成本）。随后，过程需要的改进水平可以决定。最终如果预先估算出革新的经济影响，做出是否启动开发项目的决策就相当简单了。应用这种方法的例子请见埃文斯等（Evans et al.，1985）的著作。

数学模型：发现导向型规划

正如机会窗口分析法那样，发现导向型规划（McGrath et al.，1995；Rice et al.，2008）同样推翻了那些昂贵而有风险的传统方法，传统方法总是靠技术试点来判断项目好处。这种方法为项目提供了足够的资金，以确定最初的假设是否准确，包括费用、好处等。当资金不足时，这些假设会被重新评估以确定下一步做什么。

这个思路似乎更像是去了解项目而不是去实现项目。项目假设被一一写下来，并加以仔细研究，以确定假设的两个方面：（1）哪些是可能导致加强或减弱项目意愿的关键性假设；（2）每个假设的测试成本。那些高优先级、至关重要且花费较少的假设会被排在列表的顶部，优先级略低或花费更大的假设排在其后。如果有一个关键性假设被证明是不可实现的，那么管理层必须重新考虑策略与项目。这个过程并不是一次完成的，而是会伴随项目执行的各个阶段，所以在项目中的任何一点，如果条件变化或项目的前景堪忧，管理层可以随时推进或结束项目。条件是一直在改变的：经济下行、市场朝项目预期方向发展或相反方向发展、项目的关键人员离职、新管理层改变公司战略、一条会影响项目的政府新规出现，等等。其实项目的失败，多数时候是因为管理层少考虑了一个重要问题而不是技术问题。

选择项目评估模型

对项目评估模型的选择取决于管理层的理念和愿望。斯旺森（Swanson，2011b）对一家航空公司进行分析，这家公司之前只用投资回报率来决定项目的优先级，现在则会考虑战略贡献、资源限制以及非数值因素如监管要求与操作必需品。其他组织则会考虑项目提供的实物期权。

我们偏爱加权评分模型有三个基本理由：第一，它允许在项目选择的重要决策中包含所有组织的多个目标；第二，评分模型容易适应管理理念或环境的变化；第三，它不受采用现金流量折现方法的盈利能力模型所固有的短期效应的影响。这不是对折现方法的偏见，当然也不是反对在选择时包含利润/盈利能力这一重要因素，而是反对没有包含那些非财务因素，这需要用长期的观点来看待项目的成本和收益。最后，评分模型可以对标准与得分进行表现细节敏感性分析，从而得到对决策条件更深入的了解。

加权评分模型结构简单，优点很多，但实际使用并不像看起来那么容易。决策者必须做出艰难的选择，必须减少自己对特定文字和数字的模糊认识。多特征、多人的决策并不简单。

人们在使用任何项目选择模型时，都假设决策程序发生在理性的组织环境中，但事实并非完全如此。在有些组织中，项目选择工作好像是行政程序的结果，有时候涉及值得怀疑的伦理道德，难免既有赢家又有输家（Baker et al.，1995）。还有一些组织，其决策方法非常严格，试图将所有的决策过程都变为一种规则程序，希望依靠预先确定的程序进行选择，以至于组织人员很少参与，相应的责任也很少。

不论管理者是否熟悉会计系统，他们都会发现，对编制会计数据的方法和假设进行思考是相当有用的。其中，最重要的有以下几点：

（1）会计师生活在一个线性环境中。除了个别情况之外，他们一般假定成本和收入数据的变动与投入、产出的变化均呈线性关系。

（2）会计系统经常提供那些从标准的成本分析和标准的收入假设中得出的成本-收入信息。这些标准所体现的成本-收入结构可能是对它们所代表的物质系统的准确或不准确的反映。

（3）如前所述，会计系统所提供的数据中可能包括或不包括间接费用。大多数情况下，决策者只关注与项目结果有关的成本-收入要素。因此，在决策中使用会计数据时，我们必须增加分析工作，多加小心。间接费用的确定通常随意性很强。会计系统是组织中最丰富的信息来源，它应该得到充分利用，但是需要谨慎和详细了解。

（4）警示！很多组织利用项目成本作为项目表现的基本标准，甚至是唯一标准。在第

1 章中，我们强调过，项目应该从三个维度进行评价：时间、成本、绩效（范围）。如果没有计划与实际完成工作的信息，成本度量是没有意义的。我们将在全书中不断重复这一警示。

最后，无论用什么方法来进行项目选择，随着时间的推移，选择模型的输入信息必须及时更新。这个世界不是静止的，事情总在变化中！一个昨天前景良好的项目，可能今天就是个失败的项目；昨天的失败项目，可能今天就是成功的项目。

项目选择中的风险考量

正如我们在前面讨论那些关于项目选择的因素时，强调了成本和收益，也提及了两者的内在不确定性，其中收益的不确定性要大于成本。虽然两者都有不确定性，也都可能大于或小于预期，但是在比预期更糟的情况下，组织暴露出的风险更大。关于处理项目风险的方法，包括采用更短的投资回收周期等。虽然关于项目风险处理的技术讨论将在第 7 章中展开，在这两章中我们会详细讨论项目活动与预算制定，这个话题同样与项目选择有很强的关联性，我们也会在这里进行简短的描述。项目管理协会（2011）也报道称，高质量的项目组织比低质量的项目组织更关注风险管理。

在过去的几年中，对项目固有的风险进行管理引起了人们越来越多的关注。这一观点第一次出现在项目管理协会 1987 年版的 PMBOK（PMI，2008）中。多数情况下，风险会被理解为无法准确估计出项目的任务周期或成本，但项目工作的方方面面都会出现不确定性，也会出现在项目周期的各个阶段。关于项目实施或预算计划的不完善知识的影响会在相关章节中讨论。

在项目管理的真实世界中，我们经常会根据确定性的条件来估计任务周期、成本等结果。实际上，项目管理过程中的绝大多数决策都是在不确定性条件下做出的。通常我们持有这种看法：在风险条件下做出的决策是最好的。这就要求我们估计各种结果可能出现的概率。如果方法恰当，我们就可以运用自己的知识来解决项目决策问题。我们不可能总是正确的，但是应该力争做到最好。这类估计称为"主观概率"，在大多数关于概率和统计的基础课程中都有介绍。概率并不仅仅是猜测数据，也可以是完全根据经验确定的概率。在项目管理中，合理地猜测数据总比没有数据强。下面我们研究不确定性对项目选择的一些影响。

有时候公司会在信息匮乏的条件下评估项目，研发项目有时就具有这样的特征。然而，即使在比较秘密的研发活动中，其结果也是可以分析的。正如前面提到的，是否可以开发一种产品、实行一种生产流程或推广一项服务实际上并没有较大的不确定性，何时能够成功以及需要多少成本是值得考虑的不确定性内容。

如同研发项目一样，其他类型项目的完工时间和成本也常常是不确定的。当公司着手从事不熟悉的项目时，比如，投资陌生的商业领域、从事国际贸易以及对许多组织来说都很普通但对个别组织很少见的项目，一般存在三种截然不同的不确定性：第一，关于项目的时间安排和预期现金流量的不确定性；第二，关于项目结果的不确定性，也就是项目将实现什么样的目标；第三，关于项目负效应的不确定性，即不可预见的结果。

典型的做法是通过编制预算来降低不确定性。预计利润表、盈亏临界图就是其中的两个例子。除非图表中的数据反映了不确定性的数量，否则其结果难以令人满意。如果项目的投入和产出关系非常复杂，就可以使用蒙特卡洛模拟法（Meredith et al.，2002）来处理这类不确定性问题，即通过模拟项目运作得出可能的结果。风险分析法就建立在这样的基础之上。借助计算机和界面友好的软件（如 Crystal Ball（CB）），这些模拟法得到了广泛的应用。处理风险的完整方法讨论与模拟实例将在第 7 章与第 8 章中出现。

2.3 项目组合管理

到目前为止，我们已经讨论了如何从众多竞争项目中选择一个合适项目，但通常在实际组织中，高层管理者的真实任务是保持一个项目组合并维持组合内的平衡。受资源所限，管理者必须在长期与短期、安全项目与风险项目、生产项目与营销项目之间进行选择。为了帮助在众多项目书中选择，或与正在进行的项目竞争，管理者需要一些测量手段来评估每个项目，同时这些测量手段必须与组织的使命、目标、战略相结合。项目组合管理相较于 PMBOK 第 1 章中的项目与项目群管理，有了简单的定义。

这里我们假设组织已经明确了自己的使命、目标、战略，并在全组织内熟知。如果不是这样，那么任何试图将组织的项目与目标相结合的尝试都是愚蠢的，项目组合管理也是没有价值的。德维尔等（Dvir et al.，2011）在定义"伟大"项目的特质时，使用四个标准来挑选作为未来分析所用的潜力项目：（1）具有对组织有战略重要性的主要任务；（2）项目成果对于组织表现与客户幸福有充分且长期的好处；（3）在科学、技术、设计或运营方面有高度创新；（4）成果对行业产生重要影响并能激励其他人效仿。基于这些，他们分析了 15 个伟大项目并定义了 7 个成功战略项目的共同特质：

（1）能够产生独立竞争优势或对股东有巨大的价值；

（2）需要长时间来明确项目前景、清晰项目需求以及成功的管理方式；

（3）创造了革命性的项目文化；

（4）需要一位得到高层无条件支持的合格项目领导；

（5）最大化利用现有知识，并与外部组织良好合作；

（6）拥有平衡发展的团队，且具有快速解决问题能力、对商业营销技术变化的适应力；

（7）项目团队有强烈的主人翁意识与荣誉感。

德勤咨询公司（McIntyre，2006）发现，在所调查的组织中，仅有 30% 的组织了解在项目批准前与组织战略相结合的价值。不恰当的项目组合的特征包括：

（1）项目数量高于管理预期。

（2）对利润的计算不一致，包括重复计算。

（3）竞争性项目；不交叉比较项目。

（4）"有趣"的项目对组织战略没有贡献。

（5）项目的成本大于它的利润。

（6）项目的风险比组合中其他项目的风险大得多。

（7）缺乏对计划的跟踪，至少要每季度进行一次。

（8）很多项目没有定义"客户"。

正如斯旺森（2011a）所说的，在目标和战略清晰定义的情况下，项目组合管理具有如下功能：

（1）识别项目议案是组织所需的项目，还是可以由其他过程另行处理的项目；

（2）对现有的项目进行优先排序；

（3）有意缩减全部项目的个数以突出重点项目，确保其所需资源和重视程度；

（4）确定每个项目提供的实际选项；

（5）识别最适合组织目标和战略的项目；

（6）识别支持组织目标的项目，带动其他相关项目的发展；

（7）识别共存性项目；

（8）排除带有过度风险/成本开支的隐患项目；

（9）排除未经正式筛选过程就立项因自身风险/成本的原因无法给组织创造收益的项目；

（10）避免组织可获得资源的透支；

（11）按真实需要平衡资源；

（12）平衡短期、中期和长期投资回报。

项目组合管理意在将组织项目与组织目标和战略直接挂钩，这种意图不仅体现在项目的启动和计划阶段，还体现在项目逐步实施和管理过程当中。在读到本章的最后《经验之谈：将项目与战略结合》[①] 时，一家名叫惠普（Hewlett-Packard）的公司，自身高度依赖成功的新产品开发，通过自己的项目组合管理版本，发现可以删除2/3的项目组合。这会使对公司有战略意义的项目得到更好的资金支持与管理支持，从而持续地提高项目成功的概率。

因此，项目组合管理也可以说是一种监督和控制组织战略项目实施的手段。有时候项目组合管理也意味着对风险过大、成本超过预期收益的项目在其完成之前予以取缔，从而确保其他（或新的）更加契合组织目标的项目的发展。值得注意的是，绝大部分项目组合的管理工作可以由项目管理办公室来承担，我们将在本书第5章中对项目管理办公室的概念加以解释。

正如前面所述，最近关于项目组合管理的研究越来越多，包括战略管理理论的应用等（Killen et al.，2015）。例如，桑切斯与罗伯特（Sanchez，Robert，2010）建议，使用关键绩效指标体系（KPI，例如遵守三原则下的针对战略目标与过程的贡献）来明确以下四者的相互关系：项目、风险、项目中的机会以及任一项目对整体项目组合的影响。马丁索（Martinsuo，2013）发现，项目组合管理并不是一个直线、理性的过程，而是需要直觉、谈判以及在特定情境中的讨价还价。马丁索（2014）同样发现，经理们通常强调战略项目的商业价值，但实际上在知识开发、知识分享、利益相关者满意、员工满意等组织目标中获益更多。贝林格等（Beringer et al.，2013）在一项内部利益相关者的研究中认为，项目经理应该对运营结果负责而不是战略，这和德比与茨考尔（Derby，Zwikael，2012）主张项目拥有者或赞助者应该对项目战略、商业结果负责是一致的。

[①] 见本章结尾的数字资源部分。

最后，一些研究关注了项目组合管理中的不确定性与风险。佩蒂特与霍布斯（Petit，Hobbs，2010）研究了项目组合中不确定性的影响与项目相互依赖性，明确了四种变化的来源，其中两个非常重要（实际组合表现与项目范围的变化）。特勒与科克（Teller，Kock，2013）从两个基本角度研究了项目组合成功时风险管理的影响，分别是项目组合风险透明度（规范化了风险管理过程，逐步灌输风险管理文化）与项目组合风险处理能力（例如项目组合管理过程中的风险防范、监控、内化），两个基本角度均可以帮助防范风险从而提升项目组合成功概率。最后，科普曼等（Kopmann et al.，2015）研究了183个公司的项目组合对项目商业案例的控制，通过初始调研、执行监控、项目后追踪，发现这些方式对提升项目组合成功都有帮助。

项目组合管理过程一共有八个实施步骤，基本遵从朗曼等（Longman et al.，1999）以及英格伦等（Englund et al.，1999）的理论。

实践中的项目管理 ╱ Décor Cabinets 公司利用项目组合达到 100% 按时送货

Décor Cabinets 公司是加拿大的一个定制橱柜制造商，它的战略目标是达到 100% 按时送货，获得长期的客户忠诚度，创造附加值，从而提高公司的盈利能力。有了这个明确的目标，公司便将组建项目组合的注意力只放在这一点上，虽然这样会使公司拒绝一些客户要求的看似有利可图的项目设想，因为对于产品要求的提高会对产品的运送目标造成非常严重的负面影响。在来自公司不同方面的压力下，很难去支持各种类型的项目，公司的首席执行官认为："你很容易就会失去关注点。有时当投资回报率成为项目决策的主导时，我们就会失去对宏观局面的控制。"

问题

1. 在它的组合中，增加一些更有前景的新产品项目会不会更好？
2. 如果投资回报率不能反映整体情况，那么你认为什么可以反映？

资料来源：S. F. Gale，"The Bottom Line，" PM Network，21.

第1步：成立项目委员会

项目委员会的主要目的是为那些跨越内部和外部组织结构，比如跨部门、跨合作伙伴的项目，订立统一的战略方向。因此，项目委员会中高层管理者扮演着重要的角色。没有高层管理者的承诺，项目组合管理是无法实现其主要目标的。项目委员会还负责决定对支撑组织目标的项目的投资，并监控资源和技能的分配情况。

除了高层管理者以外，项目委员会成员还包括：

（1）主要项目群的项目经理；

（2）主要项目的拥有者或赞助者；

（3）项目管理办公室负责人；

（4）相关的部门经理；

（5）识别组织所面临的机会和风险的负责人；

（6）在未来项目组合管理实施中有可能持反对意见的人。

这种项目委员会的一个例子在蓝十字/蓝盾公司（Blue Cross/Blue Shield）中有所体现。

实践中的项目管理 ///// **蓝十字/蓝盾公司如何在项目中实现公司战略** /////

由于战略计划经常是由管理层来策划、中层经理来执行，这就常常存在一个问题，即中层经理很难理解组织的能力与高层的期望。然而，自下而上的部门目标与未来计划上移，则缺乏整体的市场与竞争环境的视野。在美国路易斯安那州的蓝十字/蓝盾公司，这个问题是通过将项目管理工具与组织战略结合起来的方式来避免的。这个结果系统通过提供一系列的检查来平衡公司的高层与项目经理。

整体上看，这个系统是由公司项目监管组研发的，能够帮助高层经理将公司战略目标翻译成项目管理绩效、预算、计划时间表，可能包括新产品研发、升级信息系统或实现自动后勤系统。公司项目监管组也与项目团队合作来制订计划、监控活动、监控报表，因此它们能够与战略意图契合。

这个系统的主要好处是它允许：

- 高级管理层选择任何公司倡议并确定其地位；
- 项目经理应以相关的、系统的、及时的方式报告进展情况；
- 所有高级职员、董事和经理从总体战略计划的角度看待公司举措；
- 高级管理层通过使用系统捕获的财务项目数据来规划、跟踪和调整战略。

问题

1. 你认为所有的项目都将由注册会计师监督，还是仅仅是战略项目？
2. 未来是否会终止所有的战术项目？在哪里可以处理或跟踪这些信息？
3. 你认为公司项目监管组会大大有助于蓝十字/蓝盾公司战略目标的实现吗？

资料来源：P. Diab, "Strategic Planning + Project Management = Competitive Advantage," PM Network, 12.

第2步：判定项目类别并定义标准

在此步骤中，把各个项目归类，确保所投资的项目组合切实落在辅助组织目标的业务区域内。此外，在每一个项目类别中，还要建立辨识良好项目和最佳项目的标准，并对各项标准赋予权重以显示其相对重要性。把项目归类不仅是为了让不同的组织目标都能够有的放矢（例如，长期、短期、内部、外部、战术、战略，等等），也是为了避免类别混淆造成项目与项目之间盲目竞争的局面。

此步骤的第一环节就是列出当前项目或提议项目的目标——项目的使命和目的。项目委员会将项目的目标与组织的整体目标和战略进行对比，判断项目是否符合组织的目标。上文也曾提到过一些项目定位的内容，在此我们讨论另一种定位方法，即按产品线和流程的变化（特别针对产品/服务的开发项目而言）来划分项目类别。

惠尔赖特等（Wheelwright et al., 1992）开发了一个叫作"整体项目计划"的矩阵，提到了这种变化，如图2-3所示。根据产品线和流程的变化，他们将项目归为四大类。

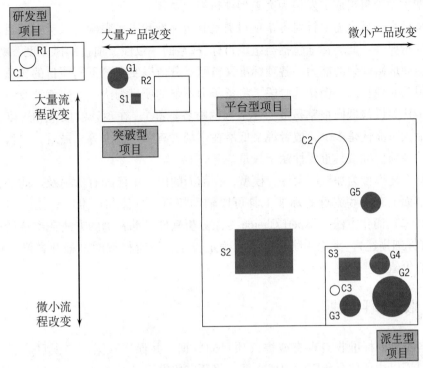

图2-3 整体项目计划示例

（1）派生型项目。项目目的和可交付成果与当前业务有着明显的区别。该项目的建立往往是为了取代或更新现有的产品和流程（例如成本优化或升级版本）。

（2）平台型项目。计划的项目成果与当前项目的产品或流程有着本质的不同。该项目为组织产品和流程的更新换代奠定了基础，例如新款汽车或新的保险产品。此类项目是派生型项目的基础平台，各派生型项目在此基础上将新一代产品和流程向各个方向发展壮大。

（3）突破型项目。与平台型项目相比，此类项目与其的典型区别在于它包括新的技术。新技术可能来源于业界的新发现，或者对组织现有的产品和流程极具冲击力的新挑战。光缆数据传输、现金余额养老金计划和油电混合动力汽车都是此类项目的典型例子。

（4）研发型项目。该类项目应用新开发的技术，或对现有技术进行新的应用，属于一种为实现未来愿景而做的尝试性努力。项目本身也可能带有获取新知识或开发新技术的目的。

项目的规模是指项目对资源/范围的需求。项目的类型是指项目的另一些方面，比如内部/外部，长期/中期/短期，或对其他一些因素的表示。项目的排序是指项目启动的次序或时序，必要时，也可以对不同的项目类别分别排序。

整体项目计划的目的有以下几点：

（1）从不同视角（方面）观察项目组合；

（2）在各类别或类型之间分析和调整项目组合；

（3）按项目规模、时序或次序调配组织资源；

（4）找出项目在类别、要素、规模和时序上存在的差距；

（5）为项目经理拓展潜在的职业发展路径，比如派生型项目组成员发展为平台型项目组成员，派生型项目组成员发展为突破型项目组成员等。

接下来项目委员会需要针对各个项目类别制定标准和成本限额，以考察项目对组织目标和战略的重要性。此类标准包括与组织目标/战略的一致性、项目的风险度、财务回报、成功概率、获取新知识的能力。各项标准又被赋予分值以便衡量不同项目的比重。评分的过程也可视为对项目的一个初选阶段，将竞争力不强的项目淘汰掉。这就涉及一个低标准线的问题，比如说最低回报率是多少（适当的财务标准），在预计的成本和进度范围内技术失败的最大可能性是多少，或者说最低潜在市场占有率是多少等。最后，项目委员会对不同类别的各项标准按其重要性赋予权重。

我们称上述模型为加权因素评分模型，在前面的内容中已经有所提及。此外，我们应该了解，市面上有一些流行的标准工具可以辅助权重、分值和标准的订立，例如弗雷姆（Frame，2002）简化方法，Expert Choice 专家分析软件（弗雷姆的方法在本章最后的指导阅读①中有详细描述）。无论用哪种方法来确定权重，讨论权重的过程并最终获得共识都有非常大的价值。

第3步：收集项目数据

根据各类别的标准收集现有或提议项目的数据，并保证数据随着项目的运行随时更新，而不要用以往评估时所用的现成数据。将所有假设记录下来以备日后在项目进程中加以验证。假如项目是一个从未接触过的新项目，人们总是期望通过适当的投资就可以验证各种假设并确定项目产品或流程议案的可行性，然后把大量的投资留给未来的项目实施。此外，这一过程还包括验证哪些项目可以推迟启动，哪些项目与其他项目有顺序上的依赖关系，哪些项目是用来辅助其他项目的或者必须与其他项目联合起来进行，哪些项目可以外包出去等方方面面的信息。

接下来就是按最低标准分值对项目进行筛选，排除那些不合格的项目，比如考察项目成本是否超出了预期的最低收益标准，组织目标的变化是否会造成项目收益的递减，最新介入的竞争对手是否削弱了项目的优势，有无新的（或其他的）项目攀升到主导地位压制了原项目在收益和加强组织目标方面的势头。与此同时，有些项目的引入是不需要深思熟虑的，比如法律和法规强制的项目，迫于竞争必须开展的项目，人事或环境要求必须进行的项目，等等。当然，对项目的分析和比较越简单，项目委员会的工作越轻松。

第4步：评估资源可获取性

接着，不论是内部资源还是外部资源的可获取性都要进行评估，评估资源类型、提供者和供给时间。注意对人力资源的需求估测要保守一些，将休假、私事、疾病、公共假日等因素考虑在内，特别是项目人员的常规工作（项目以外的工作）一定要加以考虑。在考虑了诸多因素之后，还要预留大约10%的富余量，用于人们合理的工间休息和其他私事的处理。资源可获取的时间尤为重要，随着项目生命周期阶段的变化，所需要的资源类型甚

---

① 见本章数字资源。

至可能发生根本的变化。本来很有前途的项目也许会因为在同一时间点上与其他项目争夺资源而毁于一旦。久而久之，项目委员会起到了调配资源使用时间、总体平衡项目资源需求的作用，可见时间是资源需求和可获取性的一大关键。本书第9章将重点讨论此问题。

第5步：优选项目和标准

此步骤进行的是多重筛选，力争减少相互竞争项目的个数。上文提到，初步筛选是根据项目对组织目标的辅助作用来判断的。这里介绍一些其他的筛选标准：

(1) 组织内部是否具备所需资源或能力；
(2) 项目产品是否有市场；
(3) 项目产品的可盈利性如何；
(4) 项目风险程度有多大；
(5) 有无潜在的合作伙伴协助项目进行；
(6) 所需资源是否可以如期配给；
(7) 项目是否适应组织对技术/知识的需要；
(8) 项目是否发挥了组织的优势，或者依赖了组织的劣势；
(9) 该项目与其他重点项目是否有相互促进的作用；
(10) 该项目是否被其他项目或项目议案支配而处于被动局面；
(11) 自上次评估之后项目是否偏离了期望值。

此步骤的结果可能导致一些项目被取消或被新的更有希望的项目替代，但是切记，不要盲目夸大新的、未经验证的项目的好处而忽视了根本的一点，即现在项目所经历的问题和障碍只不过是任何项目都必经的自然过程。

第6步：在同一类别中排列项目优先性

在各类别中依据分值和标准的权重对项目进行排序。允许对有些难以衡量的标准进行主观评价，比如风险或新知识的拓展等。利用德尔菲法或其他方法仍然可以将主观评价纳入加权因素评分模型进行量化处理。值得注意的是，像风险程度这类标准往往是一种复合标准，是不同领域中各个独立风险的协同体现，新知识的拓展能力标准也如此。

此时项目委员会可以核算项目给组织带来的回报，但是这种核算要视项目类别而定而不是针对单个的项目，因为不同项目创造的收益是不一样的，很难等价比较。例如，研发型项目可能就不能像派生型项目那样以货币形式体现其价值，假如仅仅因为该项目不能满足这一（不适合评估此类别项目的）标准就遭淘汰，显然是一种愚蠢的行为。

第7步：选择投资项目并进行资源预留

此步骤的第一个环节很重要：从各类别（也可以是项目因素）和时间范围当中选取项目进行组合。从根本上说，组织的战略驱动着合适比例的项目混合。例如，一个公司依靠新产品打入市场，总预期有较大比例的突破型项目；一个公司在成熟市场竞争时派生型项目会更多。

同时，记得为组织资源保留一定比例（通常是 10% ~ 15%）的储备，以应对新的项目机会、偶发的项目危机、预测错误的后果等。接下来，按照既定的项目组合要求将项目按顺序投放到各个类别当中。与此同时，在各类别当中保留一部分组合计划外的零散项目也别有用意，适当的时候它们可以辅助日后的再次选择，有助于知识的拓展，或在新的领域内进行尝试等。

总而言之，项目组合的目的就是保障少数重点项目，对其进行充分的投资供给，确保顺利完成。假如有些项目因未按时完成而被整个推迟，或者资金被抽离，一定要将原因原原本本地记录在案。前文提到有一种故意被推迟的项目，我们称之为计划外项目（相对于已经纳入组合计划的项目），详见英格伦等（Englund et al.，1999）的文献。计划外项目是指有希望获得那部分 10% ~ 15% 资源储备的支持，有可能被正式启动的项目。此步骤的结果展示在指导阅读的图 5 中（见本章数字资源）。

第 8 步：落实组合过程

最后一步的第一个环节是对项目组合管理的结果广而告之，包括有些项目被取消、推迟或淘汰的原因。此时高层管理者必须明确表示对项目组合管理及其结果的全力支持，有时还需要派一名项目组合管理代表事先与高层管理者进行良好的沟通。当项目议案提交者理解了项目组合管理的结果和重要性之后，他们的建议就会日益向组织投资方向靠拢。在这种情况下，项目委员会应该对那些争抢组织有限资源的项目议案的可靠性和准确性进行谨慎处理。

对于选中的项目，高层管理者应当鼎力相助，决不可忽视项目组合管理和项目委员会的劳动成果以及战略项目的重要性，武断地把项目预算削减 $x\%$。有鉴于此，项目委员会应该懂得如何应对复杂的人际关系和激烈的部门竞争。在一些组织中，员工固守着既定的时间表，从不关心委员会和流程之类的运作（他们认为委员会根本没什么影响力），导致项目实施的最佳时机白白流逝，甚至动用政治势力来破坏其他人长期的劳动成果。假如有类似情况发生，说明组织内部存在严重的问题，这类问题不解决，项目组合管理就根本无法正常进行。

当然，项目组合管理需要定期进行，项目委员会有权决定此过程实施的频次和深入程度，这取决于组织内外变化的速度。对于不断变化的行业，也许一个季度进行一次比较合适；对于相对稳定的行业，也许一年进行一次就可以了。斯旺森（2011a）警告，对项目优先级进行太频繁的调整可能导致混乱与失败，特别是项目资源无法马上到位的情况下。

最后，项目组合管理应该是一个灵活的、不断加以改进的过程。该过程中直觉可能会给出一些建议，使之更加适应竞争环境或者更加符合组织目标。如果有必要，该过程的类别、标准、步骤、任务次序等都可以做相应的调整。

在结束对项目组合管理的话题之前，我们有必要讨论一下组织减少项目投资的问题。2008—2009 年全球金融危机时，大量公司减少了项目投资，但多数没有任何提前的准备。高管层或项目委员会应该有一套将项目从组合中删除的标准。在一篇有趣的短论文中，惠特利（Wheatley，2009）注意到一些问题，例如预期投资回报率的大小没有现金流的时点重要。在危机中，公司对风险的耐受度是倾向于不断变化的。某些项目可能是奢侈品；一些项目可能是未来利润与增长的驱动器；还有一部分项目可能是指向节省成本的，会有立竿见影的效果。甚至有些为了适应某些法律要求的项目，当法律要求被短暂搁置时，这些项目的成本可能比罚款更多。很多公司宁愿选择交罚款也不履行代价很高的联邦法规。有些项目可能在中途停止而不会对项目预期有太大的损害，另一些则不是，一旦停止可能要从头开始或只能取消。

发展出一套项目减少预算或停止投资的标准是非常复杂的。为了有效性，每一项都要进行优先级排序，这项工作要求高层的大量参与。

最近项目管理协会的"思想领袖系列"（Thought Leadership Series）考虑了组合管理的重要性（PMI，2015），在总结中认为：

（1）成功的组合管理需要在战略制定者与执行者之间有效沟通合作。

（2）调研对象认为，20%的现有项目应该中止，29%的项目获得的资源太少，19%的项目获得的资源太多。

（3）在大多数公司中，高管人员追随自己的兴趣和喜欢的项目的程度会破坏正式的投资组合管理。

（4）组合管理成熟度和公司成功与否相关。

（5）优秀的公司通过校准项目规划与战略的差距来保持项目执行与战略实现的连接。

（6）优秀的公司也寻求简洁，拥有越简洁的组合管理方法，公司越容易维持成功。

（7）优秀的公司提倡组合导向的企业文化，并提升组合管理中的能力。

在下一章中，我们将讨论如何为一个项目选择合适的经理以及什么样的特质对这个职位有帮助。我们将讨论项目经理的独特角色以及这个关键岗位的岗位需求与岗位职责。

小结

本章是讨论项目管理过程的开篇，主要介绍项目评估和选择程序。首先，我们简要介绍了通过项目实现组织目标的战略思想，以及如何通过项目组合过程来实现这一目标和战略。接着介绍了项目选择模型的标准和这些模型的一般性质，又介绍了这些模型的类型和各自的优缺点。考虑到许多项目中存在不同程度的不确定性，本章专门讲述了如何进行项目风险和不确定性评估。最后，我们对数据的要求和模型的使用以及如何实施项目组合过程进行了评论。

本章的要点如下：

1. 项目在实现组织目标和战略的过程中承担重要的角色。

2. 项目组合过程的八步法是结合组织目标管理项目的有效手段。

3. 使用模型的准备工作：（1）确定公司目标；（2）权衡各个目标；（3）确定项目对公司竞争力的可能影响。

4. 项目选择模型大致分为数学模型和非数学模型两种；数学模型又可细分为盈利能力模型、实物期权模型、评分模型、机会窗口分析模型和发现导向型规划模型。

5. 非数学模型包括：（1）"神圣"；（2）经营需要；（3）竞争需要；（4）拓展产品线；（5）比较利益模型；（6）可持续性。

6. 加权因素评分模型是最具可塑性的模型，因为可以包含现金、数值、非数值的因素。

 **关键术语**

德尔菲法（Delphi）　一种集体决策方法，有利于充分利用专家的知识。

监管（governance）　设计启动、计划、实施、惯例化项目中的实体与角色。

成熟度（maturity）　组织从事多种项目的能力和经验。

模型（model）　一种看待现实的方法，其目的是提炼和简化现实，使现实在特定的环境中易于理解。

组织化项目管理（organizational project management）　为完成组织战略目标的项目、程序、项目组合的系统化管理。

项目组合（portfolio）　一组具有不同特征的项目。

预计报表（pro forma）　计划的或预期的报表，通常适用于财务数据，如资产负债表和利润表。

项目组合管理（project portfolio management）　通过选择、实施、审查项目来帮助实现组合战略目标的流程。

模拟（simulation）　模仿一个过程的技术方法，通常会被实施多次，以便更好地理解某一过程，并测定在不同政策条件下的结果。

 问题

内容复习问题

1. 在监管结构中，谁的服务角色时间最长？

2. 比较竞争需要模型和经营需要模型。它们的优缺点各是什么？

3. 什么是神圣模型？举例说明。

4. 请举例说明项目选择的 Q – 排序过程。

5. 项目选择模型的限制是什么？

6. 对比实物期权模型与利润模型。

7. 现金流量折现方法如何回应回收期方法的质疑？

8. 利润/盈利能力模型的优缺点是什么？

9. 应用项目组合管理的真实意图是什么？企业通常会发现什么？

10. 描述发现导向型规划方法。

11. 描述项目组合管理过程。

12. 描述战略项目与目标监管的不同阶段。

13. 为什么众多研究人员认为第一监管阶段是最重要的？

课堂讨论问题

14. 对于项目管理成熟度比较低的公司而言，项目组合管理的多个目的中哪一个是最重要的？高项目管理成熟度的公司又如何？

15. 实物期权模型选择项目的基础是什么？

16. 盈利能力模型和评分模型的真正区别是什么？请举出一个同时满足两种类型的模型。

17. 对比机会窗口分析模型与发现导向型规划模型。

18. 讨论下列模型在实际中的应用：（1）采用现金流量折现的方法研究投资问题；（2）模拟模型。

19. 为何经理们会对项目选择模型未充分利用？

20. 能否将不确定性模型归入盈利能力模型、评分模型或其他类型的模型？

21. 近期关于战略项目的研究发现，范围比时间或成本更重要。你认为是否正确？

22. 是否有些项目类型相较于数学模型，更适合非数学选择模型？

23. 图 2-3 中整体项目计划支持什么样的重要对比？

24. 在监管结构中，你认为最清晰与最不清晰的角色定位是什么？

25. 如果可持续性作为长期利润，为什么会被归类于非数学模型？

习 题

1. 一家新成立的公司面临着两个互联网项目。项目 A 的投资成本为 250 000 美元，预计年现金流入额为 75 000 美元。项目 B 的投资成本为 150 000 美元，预计年现金流入额为 52 000 美元。该公司非常关注项目的现金流量。请利用回收期法，从现金流量角度分析哪个项目更好。

2. 实际工作中，一位通信公司的新毕业生在公司的第一天就面临这个问题：一个项目的成本是 200 000 美元，可以获得每年 30 000 美元的回报，请问平均回报率是多少？

3. 有一个为期 4 年的项目，4 年的净现金流量依次为 20 000 美元、25 000 美元、30 000 美元、50 000 美元。投资成本为 75 000 美元。如果要求的回报率是 20%，请使用现金流量折现方法计算其净现值。

4. 前一题中的项目，如果预期在未来 4 年的通货膨胀率是 4%，那么净现值是多少？

5. 一个为期 4 年的金融项目估计净现金流量如下所示：

年份	净现金流量（美元）
1	20 000
2	25 000
3	30 000
4	35 000

如果项目的实现成本是 65 000 美元，所有成本都是在项目初始时投入。4 年后，项目也没有残值。

最低回报率为 20% 且无通货膨胀率，请用最可能的现金流量估算方法来计算现金流量折现值（你可以用 Excel 或纸-笔计算）。项目的折现盈利指标是什么？

6. 使用加权评分模型选择三种方法（A，B，C）来改进重要的内部流程。每一标准的权重如下所示。1 代表不利，2 代表可行，3 代表有利。

种类	权重	三种方式		
		A	B	C
成本	20	1	2	3
风险	20	2	3	1
机会	10	2	1	3

续表

种类	权重	三种方式		
		A	B	C
利润	10	3	3	2
可持续性	10	2	1	1
安全	25	1	2	3
竞争力	10	2	2	2

7. 为问题 6 做一个电子表格。

(1) 如果将安全的权重降低到 10%，将利润的权重提升至 25%，你认为如何？

(2) 如果用方法 A，安全设为 3 分。你会根据目前情况更改建议吗？

(3) 金融副总裁看过了你的原始评分模型，认为税费也应纳入模型，并设定权重为 15。同时，副总裁已经用三种方法评估了税费的得分，方法 A 为 3 分，方法 B 为 2 分，方法 C 为 1 分。在这种情况下，你的建议是否改变？

8. 尼娜正在考察 4 家购物中心以从中选择自己的时装精品店的位置。这些购物中心，有的迎合高收入客户的需求，有的位于商业街，有的拥有较大的客流量，当然，这些地方的租金差别较大。基于精品店的性质，尼娜认为客户类型是最重要的考虑因素。其次，她必须考虑费用情况，租金是一个主要问题，其重要性相当于客户类型因素的 90%。商业街中的精品店能够节约租金，但是这样的商店约 70% 的销售额来自闲逛的过路者和橱窗销售，因此，她认为其重要性相当于租金因素的 95%。最后，较大的客流量意味着更大的潜在销售额，她认为客流量因素的重要性相当于租金因素的 80%。

为帮助自己做出决策，她制作了下表。"好"的评分为 3，"一般"的评分为 2，"差"的评分为 1。请使用加权评分模型帮助尼娜进行决策。

	位置			
	1	2	3	4
客户类型	一般	好	差	好
租金	好	一般	差	好
商业街	好	差	好	差
客流量	好	一般	好	差

9. 根据问题 8 中的情况，制作一个电子表格来帮助尼娜选择精品店的位置。假设尼娜能够在位置 3 协商一个更低的租金，并提升等级为"好"。这会影响 4 个位置的排序吗？

案例讨论

波蒂略公司

波蒂略公司（Portillo）是一家生产家用电器和厨房用具的小型公司。在首席执行官乔安娜·波蒂略（Johanna Portillo）的带领下，她的团队开发了一个用于选择产品线上新产品的评分模型，此模型同样适用于决定哪些产品该退出产品线。该模型包括了财务和非财务两方面的主观和客观估测值。波蒂略设立了一个评分委员会负责利用此模型对新旧产品进行选择。

波蒂略对模型的使用感到满意，她认为此模型包括了新旧产品选择的各种因素，同时，她对下属定义的各因素的权重也感到满意。

回顾历年来评分委员会的评分结果，波蒂略发现，原来有些下属在估测成本和收益时犯了严重的错误，仔细研究后她发现，产品的赞助者往往高估收益而低估成本，其他经理则刚好相反。

她对自己的研究产生了怀疑，不敢肯定她的判断是否正确。即便是正确的，她也不清楚到底该如何应对。

◆ 问题

波蒂略应该如何去验证她的发现是否正确？一旦她的怀疑得到证实，她应该采取哪些措施？

L&M 能源公司

在未来的两年里，一家大型市政煤气公司必须新建煤气储存设施，以适应联邦能源管理委员会放松煤气产业管制的第 636 条政策。负责新项目的副总裁认为，该公司有两个选择：一是建造地下深层储存设备（UDSF）；二是建造液化天然气设备（LNGF）。副总裁设计了一个项目选择模型，希望使用该模型对项目进行选择，然后向总裁汇报。她收集了下列信息：

	启动成本（美元）	运营成本/Cu. Ft.（美元）	预期项目周期（年）	残值（%）
UDSF	10 000 000	0.004	20	10
LNGF	25 000 000	0.002	15	5

副总裁具有较好的财务背景，她认为最好的模型是财务模型，即净现值分析。

◆ 问题

你愿意使用该模型吗？为什么？

课堂综合练习项目

请选择一个与本课程相适应的项目。考虑设定项目固定截止日期、利用有限的资金达到人力资源效用最大化、获得财务回报以及课堂外的人脉关系，并考虑项目成功的可能性等问题。如同第 1 章介绍的一样，在大学校园中有许多优秀的项目，如宿舍、图书馆、食堂以及医务室等。在评估这些潜在项目的情况时，请考虑同学们是否有较好的内部沟通能力以支持该项目，能否较容易地获得数据，组织或部门中一次应该拥有多少学生，项目的范围有多大，问题/机遇是否明确，什么时候需要答案以及其他类似的重要问题。为项目设计适当的治理结构。

参考文献

数字资源

第 2 章　战略管理与项目选择

（案例分析与指导阅读）

第**3**章 项目经理

The Project Manager

第 3 章和第 4 章将讨论与 PMBOK 知识领域 6——人力资源管理——有关的问题。上一章我们对项目评估和项目选择工作进行了介绍。在项目开始下一步工作之前，必须任命一名项目经理。任命项目经理（项目"领导者"）不仅对于启动项目很重要，与项目团队、资金、物资以及任何其他的投入相比，项目经理也许是投入项目的主要资源，因此在这里我们要做详细讨论。作为领导者，项目经理在启动项目之后，将会承担起计划、实施以及完成项目的责任。实际上，启动项目的方式就是召开一次会议。我们将在第 5 章讨论项目启动会议，因为这是项目计划过程的第一步。

一旦选择了投资的项目，或者在此前高层管理者认为比较合适的任何一个时点，就可以选择并任命一名项目经理。如果项目经理在项目选择之前就得到了任命，或者项目是由项目经理发起的，那么一些通常的项目启动工作就可以得到简化。有时项目经理是在项目生命周期的后期任命的，这种情况通常是替换一名即将离开项目、担任其他工作的项目经理。例如，一家大型的农产品公司通常由资深的科学家来担任项目经理，在项目的技术问题得到解决、产品通过检验以后，市场营销就成为项目的关键问题，此时公司就会用一名市场营销方面的中层经理来替换这位科学家（按照公司发言人的说法，过渡工作是比较困难的，结果有时也并不令人满意）。

通常情况下，高层管理者会向项目经理简要介绍项目的基本情况，这样项目经理就会了解该项目在公司总体规划框架中所处的位置，并且了解该项目相对于系统中的其他项目和组织的日常运营工作所具有的优先次序。项目经理最初的工作任务通常包括：编制初步的项目预算和进度计划，选择项目团队成员，了解客户（内部的或外部的），确保所需的设施已准备就绪，确保项目生命周期早期所需供应品在需要时可用，以及密切注意维持项目运行的日常事务。

随着新的人员不断加入项目，计划和进度不断完善。在项目整个生命周期中，项目管理工作的细节内容逐渐清晰，这种情况甚至持续到项目工作最终完成，制订项目终止计划的时候。

项目中需要建立一定的机制，以方便项目经理与高层管理者、职能部门以及客户进行沟通。随着计划工作的深入，项目经理需要召开会议以确保所有将会影响项目或被项目影响的人员提前做好准备，以便在项目实施时满足所需。

在这一章中，我们将会讨论项目管理的特性以及项目管理与职能管理的一些不同。我们的重点是项目经理的职能和责任。我们将把注意力集中在对项目经理的要求上，特别是对项目经理的独特要求。例如，一名项目经理必须在软件程序里添加安全/保密字段，另一名项目经理必须为一家国际化学品公司设计和应用全球性的数据库，他们所面临的挑战是不同的。然后我们识别出项目经理需要具备的技能，并把这些技能与项目经理所面临任务的性质联系起来。

在介绍项目经理工作的过程中，最好将其工作与关于项目性质的一些假设和项目运行所在的组织联系起来。我们假定公司是职能型组织，该公司在进行日常运营活动的同时正在实施许多项目。我们还假定这是一个规模相当大的公司，项目拥有一些技术部分，最终成果交付给一位与其有正常交易关系的客户。显然，并不是所有的项目（甚至可能不是大多数项目）都在这样的环境中运行，但这样的环境对项目经理的要求是最高的，我们所介绍的是项目经理有可能面临的最难的问题。那些小型的简单项目可能并不需要使用我们将要介绍的工具，但是此类项目的项目经理应当知道这些工具的存在。

到目前为止，我们对项目经理所应具备的正常、合理的技能以及在正常、合理的环境下开展的工作有了一些概念。在这一章的最后一节，我们将会讨论与项目经理有关的一个重要的复杂问题——在跨文化的环境中实施项目管理工作。我们强调跨文化并不仅指那些成员组织在地理位置上超越国界的项目，实际上，重要的不是超越国界的问题而是文化上的差异。进一步说，重要的不仅是文化上的差异，还应当包括项目运行环境之间的差异，比如经济、政治、法律和社会技术环境。

在这一章要特别注意两个条件，它们都对项目成果有着深远的影响，而且都不在项目经理的完全控制之下，尽管在项目生命周期早期，项目经理可以通过努力在很大程度上影响这两个条件。第一个条件涉及项目在多大程度上获得高层管理者的支持。如果支持是广泛而又强有力的，项目就有更大的成功机会（Pinto et al.，1989；Zimmerer et al.，1998）。

第二个条件涉及项目团队成员的总体导向。如果他们高度地以个人职能所涉及的专业为导向而不是以项目本身为导向，项目的成功就将受到威胁。相反，如果他们倾向于以项目为导向（以项目中所涉及的问题为导向而不是以专业为导向），项目成功的可能性就会大大增加。正如休斯（1998）对半自动地面防空系统和阿特拉斯洲际弹道导弹项目所描写的那样：

> 工程师、技术人员和科学家组成的团队倾向于以问题为工作中心而不是以专业为工作中心。结果是超越专业的全新组织形式……主导了系统建设的项目，而不是由受专业约束的部门来主导。这种超越专业组建团队的方法即使在近半个世纪以后仍被认为是前沿的管理方式。

➡ 3.1 项目管理和项目经理

职能经理与项目经理

解释项目经理独特角色的最好方法是将其与掌管公司某一职能部门的职能经理做比较，比如市场营销、工程或财务部门的职能经理。这些部门的领导通常是其所管理领域的专家。作为专家，他们是以分析为导向的，知道他们所负责部门的每一个工作细节。当部门在技术上遇到困难时，他们知道如何分析和解决。作为职能经理，他们的管理职责是确定如何做、谁来做以及投入什么样的资源以完成任务。

项目经理通常是作为某一领域的专家开始其职业生涯的。他在毫不知情的情况下收到高层管理者的通知，将他提拔为项目经理，负责刻不容缓的项目。现在他必须化蛹为蝶，由技术专家转变为多面手（如果想得到这种变化过程的卓越指导，参见马特森（Matson，1998）的著作）。项目经理，不管是新手还是经验丰富的老手，都必须监督许多职能领域的工作，每一个领域都有其自身的专家（见图 3 - 1）。因此，项目经理必须具备把一项任务的许多组成部分整合为一个整体的能力，也就是说，项目经理应当更善于综合，职能经理应当更善于分析。职能经理使用分析（分解）型的方法，项目经理则使用系统（集成）型的方法。

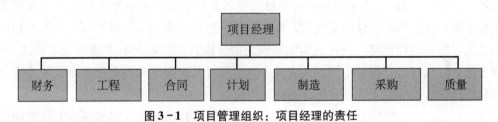

图 3 - 1 项目管理组织：项目经理的责任

分析方法致力于将系统的组成部分分解为越来越小的元素。我们并不是说这种方法是错的，但它对于理解复杂系统而言是不够的。例如解剖青蛙的工作，不管解剖者的技能如何或者青蛙被解剖到何种程度，解剖仅仅能让我们了解青蛙这种动物的一部分。系统方法认为，要想了解组成部分就必须了解组成部分所在的系统，要想了解系统，就必须了解系统所在的环境（或者更大的系统）。

采用系统方法对项目经理来说至关重要。你可以考虑一下下面的这个项目管理问题：该项目主要的工作是开发一种能够创建并维护数据库的软件，你承担了这项任务，但对将要应用该数据库的决策支持系统、包含决策支持系统的电脑操作系统或者对数据库中的信息做何用处等一无所知。

我们对项目经理与职能经理之间的比较揭示了两者之间的另外一个重要区别：职能经理是一个直接的技术上的管理者，项目经理则是项目的推动者和全面负责人。这种简单的说法虽然是正确的，却容易让人误解。两者都需要具备专业技术知识。职能经理的知识一定是其所管理领域中的技术知识，项目经理则必须掌握项目管理科学（Sahlin，1998；

Zimmerer et al.，1998）。这还不够，对于项目中的一些工作，项目经理也必须具备一定的技术知识。我们认为，强有力的证据证明项目经理应当既是全面负责人，又是项目推动者，同时应当具备项目管理科学中相当丰富的技术知识。

在综合工作中项目经理面临三个主要问题：需要做什么、必须什么时候做（如果不想项目被延迟）和如何获得工作所需的资源。尽管项目经理要对项目负责，还要取决于项目的组织方式，但职能经理仍有可能做出一些根本性和关键性的项目决策。例如，他们通常会选择从事项目工作的具体人员，会在技术上设计项目完成方案的细节内容，经常会影响项目资源的具体配置。

虽然职能经理的这些做法可能有助于成功完成项目，但这种职能经理和项目经理权力的分割也是两者颇感不适的原因之一。在这里需要注意，项目经理负责项目的组织、人员配备、预算、指导、计划和控制工作。换句话说，项目经理管理着项目，但是职能经理可能会对项目拟使用技术的选择以及将要做这项工作的具体人选产生影响（项目经理与职能经理进行协商以指派实施特定项目工作的具体人选，这种情况很常见）。关于这种安排是符合逻辑还是不合逻辑的争论没有任何意义。项目经理不允许职能经理篡夺对项目的控制权，若篡夺了控制权，职能工作很可能凌驾于项目工作之上，项目将会受到损害。同时，职能经理不会允许项目经理接管职能领域技术决策的权力，或者控制职能领域人员的指派。

有时高层管理者（经常是项目经理的直接上级）将会通过对项目经理的每一项行动实施极其密切的监督而实际上接管项目经理的工作，或者干脆直接指挥项目经理该怎么做。所有对项目经理的正常授权被收回了，项目经理的老板运行着整个项目，这种情况称为微观管理*。微观管理扼杀了项目经理或项目工作者的创造力和主动性，打击了与项目有关系的几乎所有人，即便项目没有失败，其绩效通常也是平庸的。坦率地说，我们不知道如何纠正或者防止微观管理，只有对其同事缺乏信任而必须控制所有事情的人才会这样做。微观管理者对任何试着帮助他们的人来讲一点也不讨人喜欢。我们对处于微观管理活动中的项目经理提出的慎重建议是：请求调离该岗位。

与之相反的一种情形是：项目经理、职能经理、项目团队和项目经理的上级之间的关系具有和平共处的特征，这个组织完全由有识之士组成。在这样的组织中，冲突极少，合作是行为准则，没有人特别关心谁得到了功劳，项目成功的可能性很大。在这一章后面的部分以及其他章节中我们还会进一步介绍如何建立和维护项目团队。有效的团队往往在和平共处的模式中运行。然而，值得注意的是，平庸之辈之间的和平共处将会导致项目失败——即使项目团队成员总是笑容满面。

项目经理的职责

项目经理的职责非常广泛，主要可分为三个各自独立的领域：对公司的职责、对项目和客户的职责以及对项目团队成员的职责。对公司的职责包括：对资源的妥善保护、及时准确地进行项目沟通以及对项目精心而有效的管理。在这里必须强调一点：使公司的高层管理者充分了解关于项目的地位、成本、时间安排和前景的信息是非常重要的。

---

*　也叫事必躬亲式的管理。——译者

　　项目经理的另一个主要且伦理的责任是，如果项目无法完成组织的战略目标而让项目的可行性存疑，应向高层管理者说明（Starke，2012）。发生这种情况，可能是由于项目本身的缺陷、市场的变化或组织战略方向的变化。如果在这样的环境下继续执行项目，可能只会浪费组织的财政与人力资源。

　　高层管理者应当知道项目未来可能发生的问题。项目经理应当向高层管理者说明发生超预算或工期延误的可能性，同时要说明减少这些可怕事件发生可能性的可用方法。如果项目经理想要保持其信誉，使公司避免承担较大的风险（风险管理详见第 7 章），以及使高层管理者能够在必要时参与调停工作，那么其报告就必须是准确、及时的。最为重要的是，项目经理绝不能让高层管理者感到意外！

　　项目经理对项目和客户的职责是：尽管对项目拥有合法权益的许多当事方提出的要求有冲突，但一定要确保维护好项目的整体性。比如，市场营销部门响应客户的意见向工程部门提出变更建议，工程部门却拒绝了，此时项目经理就必须对工程部门进行协调。与此同时，合同管理部门声称，如果没有提交正式的变更要求指令，客户就无权要求变更。生产部门则声称，如果不彻底进行重新设计，市场营销部门的建议在项目中根本无法实施，对此争论毫无意义。

　　项目经理身处这种混乱局面的中心，必须能够从误解中寻求理解，化解矛盾，平衡利益，满足客户的需求。我们应该牢记的是，在费力地应付这些问题的同时，项目经理保证项目按时完工、不超预算、符合规范的责任一点也没有减轻。

　　尽管有些人（也许有许多人）在项目中"为项目经理工作"，但项目经理没有直接下属也是很正常的，这个问题在第 5 章就会很明白了。这些人组成了我们所称的项目团队。尽管人们被吩咐为一个不是他们老板的人工作有点怪，项目经理与项目团队的关系可能要比人们预料的紧密得多，尤其是当项目团队成员花费大部分或者全部的时间来从事项目工作时。

　　项目经理对项目团队成员的职责是由项目本身的暂时性和团队的专业性决定的。因为按照定义，项目是一项临时性的任务，必定有结束的一天，所以项目经理必须关心项目团队成员的未来。如果项目经理没有考虑如何帮助项目工作人员回到他们原来的职能部门或者加入一个新的项目，那么随着项目临近结束，项目工作人员将会越来越多地关注如何保护他们自己未来的职业生涯而较少地关注项目的按时完工。

　　关于这个问题最后需要注意一点，如果我们介绍的项目管理过程给你以有序、有条理的印象，我们向你致歉。如果能用一个词来描述项目管理工作，那么这个词会是"杂乱无章"。在一篇优秀的论文中（任何对管理实践感兴趣的读者都应该阅读这篇论文），科特（Kotter，1982）认为，一般的管理者并不像大学生所认为的那样条理分明、刻板严谨。毫无疑问，项目经理也是如此。管理中缺乏组织性和结构性这一基本点使得项目经理必须做好计划工作，并发挥良好的组织技能，否则项目将难以管理。

项目经理的职业发展路径

　　许多公司同时实施着不同类型、不同规模的多个项目，其中有许多项目并不非常大或者特别复杂，不需要专职的项目经理。许多项目经理同时负责几个项目。在进行计算机化项目的同时，该公司也许正在计划设立一家新的工厂（3 年），正在承担着数十个研发项目（1~7 年），正在美化工厂周围的景观（2 个月），正在考虑收购另一家公司（6 个月），正在更新一家工厂的设备（2 年），正在为公司在各城市的办公室购买艺术陈列品（1 年），正在计划召开年度股东大会（3 个月），以及正在进行大量其他的事情，上述许多事情都是按照项目的方式来组织的。

是谁在管理这些项目？公司从哪里找到能够管理如此众多项目的人才？在第 1 章，我们曾经提到项目管理的职业化及其快速发展，提到了 PMBOK，也提到了该领域的大学课程和学位项目的发展。尽管受过学校教育的项目经理的比例正快速增长，但是还有许多项目经理没有受过这一领域大学程度的教育。越来越多的私人咨询公司提供项目管理方面的指导，提供培训帮助个人为项目管理协会创办的项目管理师认证考试做准备（参见第 1 章的附录部分）。

那些由经验丰富的项目经理来管理的大量规模较小、期限较短的项目，除了项目本身的产出物外，这些项目还为新的项目经理提供了一个非常好的培训环境，可以使他们参与小型项目的某项重要工作，为做好项目经理工作做准备。许多企业（如宝洁公司）经常给管理实习生分配一些项目管理工作，比如，通过测试程序确保一种新款的化妆品不会对使用者产生有害影响。这些经历可以使实习生学到许多东西，比如，有组织的计划工作对于达到目标的重要性，"坚持到底"的重要性，与合作者协商的重要性，以及对于组织政治现实所具有的敏感度的重要性等。即使是一个小型项目，仍然可以通过管理项目而获得技能和经验，只是相对于管理大型项目而言规模减小了。因此，项目工作为未来管理人员的成长和组织管理技能的发展提供了很好的环境。

项目经理的职业发展路径通常是从参与小型项目开始的，然后是参与较大的项目，直到开始负责小型项目，然后负责较大的项目。例如，项目经理的职业发展路径可以是：小型项目 U 的设备安装经理，更大型项目 V 的项目工程师，大型项目 W 的生产经理，大型项目 X 的副项目经理，小型项目 Y 的项目经理，大型项目 Z 的项目经理。

建立通往组织高层管理者的多种职业发展路径，是一项说起来容易做起来难的工作。除非一厢情愿，否则除了极少数例外[①]，我们想不出哪些具体的职业发展路径可以让项目经理升迁到首席执行官的职位上。在许多公司中，作为项目经理的经历确实是在公司内部获得升迁所必需的或者最好应具备的一个条件。这种观点的逻辑是很明显的，项目经理在不借助法定权威的情况下，在一个即使不混乱但也不确定的环境中完成项目目标的能力，可以清楚地表明一名项目经理是否具备高级管理岗位所需的能力。

在 21 世纪第一个 10 年后期的全球经济衰退中，伴随着失业率提高，项目管理职业与其他职业一样都面临压力。最近在媒体方面的一种论调（Zupke，2010）似乎说明"一般项目经理的职业时间不多了"，并且公司正在寻找那些"有实践经验且懂得细节"的项目经理的想法正在实现。结果，项目经理不但需要继续提升自己的项目管理经验、获得项目管理师的证书，也要让自己与时俱进地学习新技术。如果这是真的，那么有广泛经验的人比专精于某一领域的人更有岗位竞争力。

---

① 例如，礼来公司（Eli Lilly and Co.）发现新药开发项目经常会持续 8~12 年的时间。没有一名项目经理愿意管理耗时那么长却没有升职机会的项目，因此该公司为其项目经理建立了可能通向公司高层管理者的职业发展路径。该公司已经建立了通过"行政管理"或"研发"成为高层管理者的职业发展路径，也已经证明了这两种路径的可行性。

实践中的项目管理　　　美国电话电报公司的项目管理职业发展路径

当通信行业出现许多的组织与技术的变化之后，美国电话电报公司（AT&T）发现原有的商业路线将无法适应目前面对的新市场，决定重新规划向市场提供技术的整个过程。公司决定由项目管理组织，并带来更好的商业控制与竞争优势。因此，公司立志成为工业领域项目管理的领导者。

AT&T之前就在大量的活动中使用了项目经理，只是方式不同。例如，项目经理更多是承担项目协调工作而不是成功完成任务清单上的活动。然而，这种低地位的位置更像是将人培养成职能经理的预备，因此，做好一项工作的回报就是离开项目而成为一名职能经理。

AT&T发现，如果想要战略成功，必须改变项目经理的角色内涵以及整个组织架构。公司需要培养出专业的项目经理以及一个能够维持项目管理能力与生涯的支持系统。同时，那种做2~3年项目就转向职能工作的想法要转变为对项目经理的职业骄傲，并愿意在这个领域贡献整个职业生涯。同样重要的是，组织中那种表扬在项目危难中力挽狂澜行为的思想要转变为表扬从一开始就一次又一次做好工作的思想。

项目管理的重新组织也是一项主要工作，包括候选人筛选、教育与培训、报酬、职业发展、组织重构以及研究方法发展。在组织构架中，一个名叫国家项目管理（National Project Management，NPM）的组织在公司层面组建，并直接向主管服务运营的副总裁汇报。向国家项目管理主管汇报的是三个项目主管（项目覆盖全美国）、一个组织支持系统、一个研究与支持人员组织。程序经理、项目经理以及他们的下属向项目主管汇报。这个构架提供了一个完整的、自完备的项目管理组织。

项目管理职业发展路径主要包括：

（1）培训：项目管理的6个月培训。

（2）成本分析/计划设计：有6~18个月项目工作经历的团队成员，并向项目经理汇报。

（3）站点管理者：有6~12个月大站点管理工作经历的大站点负责人，并向程序经理汇报。

（4）小项目经理：独立负责一个100万~300万美元的收入项目。

（5）项目经理：为300万~2 500万美元的项目负责。

（6）程序经理：为超过2 500万美元的跨年度项目负责。

项目经理候选人的职业生涯轨迹从AT&T的领导力持续计划演变而来，它是一个挑选那些最有潜力升任为中级或高级管理者的员工以及规划组织员工职业生涯的计划。技能培养包括人际领导技巧、口头与书面沟通技巧、领导者的蓝图思维视角、政策敏感度、问题解决导向、乐观肯干的态度、规划者心态、经营方法改善精神（kaizen，日语）以及认真负责可信赖。

AT&T的项目管理组织包括丹佛的员工以及全美国主要城市的项目经理小组。这些小组现在管理着超过5亿美元的通信项目，项目规模从100万美元到9 200万美元不等。这样的项目管理方式被认为是最有效的，也被AT&T的竞争者追随。

问题

1. 在一种企业文化中，项目管理被认为是一种低职位的过渡工作，如何才能改变这种文化,从而让项目管理受尊重? 你如何完成这项任务?

2. 总是表扬那些在项目危难中力挽狂澜行为的思想, 有什么问题吗?

3. 比较本章列出的项目经理能力与由 AT&T 领导力持续计划演变而来的项目经理能力。

资料来源: D. Ono, "Implementing Project Management in AT&T's Business Communications System," PM Network, Vol. 4.

3.2　对项目经理的特殊要求

对项目管理工作有许多独特的要求, 项目经理的成功很大程度上取决于他满足这些要求的能力。这些特殊的要求可以按如下标题进行分类。

获取充足的资源

前面已经提到, 项目最初预算的资源往往不足以完成任务。部分原因是项目建议人通常乐观地认为, 可以投入相对少的资源完成较多的任务, 有时候是由于有意少报资源要求以确保项目能够被接受从而获得投资, 有时候是由项目巨大的不确定性所导致的。许多资源采购和使用的详细内容只有在项目经理明确地知道在什么时候需要什么资源的情况下才能确定。例如, 如果我们要到 9 个月后才会确切地知道什么型号的离心机才是最有用的,那么现在购买离心机就毫无意义。

一名好的项目经理知道需要对资源进行权衡。一名熟练的机械师可以凑合着使用不精密的仪器来制造所需的部件, 但是一名新手不能。分包可以弥补计算机编程人员的不足,但是项目经理不得不认真地指导分包商了解承包商的需求, 这样做不仅成本较高而且有可能导致工作延误。在发生危机时, 需要获得一些通常情况下没有提供给项目经理的特殊资源。

所有这些问题给那些本可以顺利进行的项目带来了一些麻烦。为应付这些麻烦, 项目经理必须抢夺资源、寻求帮助、加班加点、诱骗、威胁, 甚至为保证项目按时完工而采取任何必要的手段。有时额外要求的资源会改变项目的成本-收益比, 导致项目不再有利可图。显然, 项目经理试图避免这种情况的发生, 但有些事情是项目经理所不能控制的。

一种现象的出现加重了项目的时间和预算问题, 这种现象长期以来被人们怀疑是否存在, 直到 20 世纪 80 年代中期才被证实 (Gagnon et al., 1987): 负责实施和完成一项任务的人有时会高估所需的时间和成本, 此人的顶头上司经常会对工作人员的悲观估计打一个折扣, 但是如此一来可能会低估时间和成本;随着管理层次的提升, 每提高一个等级通常会再次降低对时间和成本的估计, 并且对下属用更少的资源完成同样的工作这一情况变得更加乐观, 或者可能更容易忘记自己过去的一些亲身经历。作者通过非正式的手段观察了这种现象在各种组织中的发生情况, 并且听取了有关于此的种种抱怨。我们怀疑这种现象反映了管理者的一种天性, 即倾向于为其下属安排具有挑战性的工作, 并要求他们高效地完成。仅仅认识到这个问题并不能防止其发生。上级管理者对抱怨通常会报以大笑, 轻拍一下下属的后背，然后说："我知道你能做到，你是我最好的项目经理，并且你能够……"在第3.3节我们将会介绍在高估或低估资源需求和项目进度中的道德规范问题以及其他的道德规范问题。

另一个问题可能会使项目经理获取资源的问题变得更加复杂。项目经理和职能经理都认识到可用的资源是受到严格限制的，他们面临的是"非赢即输"的局面。在这种情况下，"胜利者"可能是那些与高层管理者有着稳固政治关系的管理者。通常情况下，在项目生命周期中的某些时候，项目的成功或者生存可能依赖于项目经理与公司高层领导中的支持者或者"赞助者"的"友谊"（Pinto et al.，1989）。例如，1994年一个纪念委员会在芝加哥成立（PMI，2005），该纪念委员会要修建一个四层楼高、花费100万美元的纪念碑以纪念爱尔兰马铃薯饥荒150周年。该项目经理依靠一名教会赞助者来支持项目的建设，然而在1999年这名支持项目建设的教会赞助者去了另外一个城市，停止了对该项目的支持。这个例子表明，如果赞助者中途离开，项目将会面临困难，需要经过长期、多年的努力才能解决。

实践中的项目管理　　　　**一名令人惊叹的应对卡特里娜飓风的后勤主任**

梅尔文·威尔逊（Melvin Wilson）前一天还只是密西西比电力公司的一名市场营销经理，该公司规模较小，只有1 250名员工，位于密西西比州的格尔夫波特，但是第二天，在卡特里娜飓风袭击了新奥尔良和格尔夫波特之后，他突然成了该公司应对飓风的后勤主任，负责在12天之内恢复195 000位用户的电力供应。尽管密西西比电力公司总部的主供电中心被毁坏了，但还有一个后备的供电中心。然而，当威尔逊赶到那里时发现那里也被淹了，于是他把掌管的小组转移到了第三个地方——一间陈旧的服务办公室，没有电，也没有自来水。尽管电话不通，他们仍设法将需求写成文字传递给外界。几天内，来自24个州以及加拿大的11 000名维修人员赶来帮忙。为了安置这11 000名工人，他们需要房子、床、食物、干净的水、淋浴设备、洗衣房、推土机、5 000辆卡车、每天140 000加仑燃料、8 000支破伤风注射疫苗以及成百上千的其他诸如此类的物品。指挥恢复电力供应这样大规模的项目远远超过了该小组的经验范围，但是他们成功了，电力在12天之内恢复供应给每一位用户。

问题

1. 你认为为什么威尔逊会被指定为主管？

2. 在要求帮助后，你认为威尔逊应该把什么作为首要任务？

资料来源：D. Cauchon，"The Little Company That Could，"USA Today，2005.

安排并激励员工

项目经理面临的一个主要问题是项目所需的大部分人员都是"借来"的。除了极少数例外，人员都是从职能部门借来的。项目经理必须与职能部门的经理就希望得到的人员进行协商，如果成功了，再与这些人员本人进行协商以说服他们承担这些富有挑战性的临时性项目任务。

当项目经理前来寻找项目精英人选时，大部分职能经理是合作的，但这种合作是有限度的。项目经理希望得到两种类型的人所提供的服务，这两种人也是职能经理最需要和最珍视的。第一种人员所拥有的技能是组织所必需的，同时又非常稀缺；第二种人员是最好的生产者。项目经理和职能经理都很清楚，项目经理不想要那些从来不曾有过出色表现或者曾经有过出色表现但已今非昔比的人，以及那些现在和将来都不会有出色表现的人。对个人能力的认识可能会有差别，但项目经理总是会试图借走那些职能经理最想留住的人。

另一个问题可能会使职能经理在项目经理寻找合适人选时表现得不那么配合。有时职能经理可能会感到项目工作比其职能工作更有魅力，能够获得更大的管理荣耀，职能经理因此可能会对项目经理产生一点嫉妒或者怀疑，项目经理可能对职能部门的日常工作没什么兴趣，即使日常职能工作是组织生存所必需的。

从表面上看，激励精干人员参与项目好像并不困难，因为项目最需要的是那些天生被项目工作内在的挑战和变化吸引的人。实际上，若职能经理希望留下的人员与项目经理想要的人员不是同一个人的话，就不困难。一名职能部门的员工因为受到项目的吸引而离开职能部门稳定的工作，他可能会被委婉地提醒：职能经理仍控制着他的人事评鉴、薪金发放以及职位的晋升（对于这些一般规则的例外情况将会在第 5 章进行讨论），甚至会有这样的评论：当一个人"不在身边"时，他是多么容易失宠或者被忘记。

除非项目经理能够雇到那些能力已得到证明的外部人员，否则集中精干人员这项工作并不容易，一旦集中起来，还必须激励他们努力工作。职能经理控制了这些人员的工资和晋升，因此项目经理能够承诺的仅仅是工作本身的挑战性。幸运的是，这往往就足够了（Pinto et al.，1989），许多项目人员都是各自专业领域的专家和能手。

当被问到"你怎样激励航天员"时，一名美国国家航空航天局的代表回答说："我们并不激励他们，但是，我们关心选择了谁。"如何激励人们加入项目并为项目创造性地工作，这一问题与被邀请加入项目的人属于哪种类型紧密相关。那些最有成效的团队成员具备一些共同的特点。最重要的一些特点如下所示，但是在一般的选择过程中通常只考虑第一个特点。

1. 高水平的技术能力

团队成员应当能够在不寻求外部援助的情况下解决大部分的项目技术问题。尽管相关的职能部门已经为项目提供了技术方面的专业人员，但技术的具体应用方式通常需要由项目团队进行适应性调整。此外，大量技术上的小难题总是会引起麻烦，需要迅速处理。在这种情况下，如果这些难题必须反馈到职能部门，并且不得不与职能部门自身的问题一起（或在其之后）排队等待解决，那么项目进度将会受到影响。

2. 政治敏感性

显然，项目经理需要有高水准的政治技巧。尽管相对不太明显，但高级项目成员也需要政治方面的技巧，并且需要对组织保持政治敏感性。就像我们多次指出的那样，项目的成功依赖于公司高层管理者的支持，这种支持取决于权力在项目部门和职能部门之间以及项目与项目之间保持微妙的平衡，这种平衡可能会被那些不谙政治的人破坏。

3. 强烈的问题导向

休斯（Hughes，1998）的一项研究表明，一个包含多种专业的项目如果其团队成员是以问题而不是专业为导向的，其成功的机会将大大增加。问题导向的人倾向于学习和使用任何看起来对解决问题有用的方法，专业导向的人倾向于从他们专业的角度看问题，忽视了该问题在其所学专业知识的狭窄范围之外所涉及的方面。这当然与我们在这一章前面的观点是一致的，即项目经理应当在项目管理工作中采取系统方法。

4. 强烈的目标导向

对于那些注重行动而不注重结果的人来说，项目没有给他们提供一个舒适的工作环境。项目的工作很不规律，对于专业人员来说，每周工作 60 个小时司空见惯，可有时候看起来又无事可做。"混日子的人"不会成为成功的团队成员。

5. 高度的自尊

正如我们前面所指出的那样，对于项目（同样也适用于整个组织）的一条基本原则是：永远不要让老板感到意外。如果项目团队成员向项目经理隐瞒了自己的失败，哪怕只隐瞒了有可能失败的重大风险，项目都有可能迅速陷入麻烦之中。我们确信，项目经理知道"枪毙带来坏消息的信使"将会立即阻止任何负面信息从下面传上来——尽管不好的消息可能经常是从上面传下来的。项目团队中的每一个成员都应该具备高度的自尊，他们不会害怕承认自身的错误或者指出他人工作可能导致的问题。

项目经理应该预期到在一个新创建的项目团队中会发生冲突，其中每个团队成员彼此不认识。为了帮助解决冲突，如果项目经理了解团队的发展趋势，是很有帮助的。团队开发的一个比较流行的经典模型称为"塔克曼阶梯"（Tuckman，1965），它表明团队发展会经历以下四个阶段：

- 组建。团队成员第一次聚在一起，开始了解他们的角色和责任。
- 冲突。开始了项目工作，但最初团队成员倾向于独立工作，这通常会导致冲突。
- 规范。在这一阶段，团队成员开始建立团队规范，团队凝聚力得到发展。每个团队成员协调他们的行为来支持整个团队，信任也会得到发展。
- 绩效。在建立规范和信任的情况下，团队作为一个凝聚力单位，专注于实现项目目标。

除这四个阶段外，还有第五阶段"休会"。在休会阶段，项目的工作完成，团队成员返回各自的职能部门或转移到另一个项目。虽然团队倾向于按列出的顺序完成这些阶段，但也必须指出，他们可能会陷入一个或多个阶段，回到前一个阶段而不会进入后面的阶段。如果团队成员以前一起工作过，则可能会跳过一个或多个阶段。

处理障碍

> "我需要的是一份我们将会遇到的未知问题的清单。"
>
> ——某经理

所有项目都具备的一个特点就是独特性，这个特点意味着项目经理将不得不面对和克服一系列的危机。这些危机不仅会影响项目，而且会影响项目经理以及项目经理保持项目正常运行所需的权衡能力。项目从开始到结束，很多危机都会毫无征兆地到来。计划制订得越好，危机就越少，但是无论怎么制订计划也不能顾及所有在项目环境中可能发生的大量变更。

　　最严重的危机可能是项目绩效发生变更（通常称为"范围蔓延"），通常是由客户引发的。正如布罗克斯（Brox，2012）提到的，直接拒绝可能不是最好的选择。进而，项目经理需要根据这些必须平衡的要求设计自己的回复，从而让客户看到这些平衡考量是什么。项目经理可以在众多建议中给出自己的推荐，但出于职业道德，项目经理不能忽视项目范围变化引起的对利益相关者产生的影响。

　　从职业角度而言，成功的项目经理就像一名"救火队员"。在项目的初始阶段，危机往往与资源有关。为完成项目而制订的技术计划已转换为预算和进度计划，并按管理等级逐层上报或者交给客户批准。在前面的章节中，我们提到有些预算和进度计划在每一级都被削减了。每当这种情况发生时，预算和进度计划的削减必定要转化为技术计划的变更。测试程序可能会被压缩，供应商方面从订货到交货的时间可能被缩短，所需的成本和进度计划到处有小规模的调整。对于那些受到影响的人而言，这就产生了危机。正如我们将在第7章提到的，摆脱这些危机的一个明显的方法就是在最初提交预算时多加一点。这缺乏职业道德，是一个坏主意，并且总的来说带来的麻烦要多于可解决的问题。

　　为了使经验派上用场，我们必须对其进行概括和组织。管理一个项目很像管理一家企业。企业经常会建立专门的日常程序来处理各种类型的危机。人力资源管理部门帮助解决"人员的问题"，就像工程部门帮助解决"机械上的问题"一样。为了使危机得到最有效的解决，我们需要进行很好的组织，这样才能够尽早察觉并识别出危机。成功的项目经理的最重要区别就是他们的问题发现能力，并将危机分配给专门处理特定类型危机的项目团队成员。尽管这一程序不能够消除危机，但确实减少了处理危机所带来的痛苦。

　　对解决危机的迫切需要引发了另外一个问题，我们在这里简单介绍一下。有些人热衷于处理危机，他们被称为"肾上腺素过剩者"。如果项目经理发现在所从事的项目中有这样的人在制造危机，那么该项目经理应当意识到这个人可能是故意为之。聪明的项目经理将会密切关注那些看起来对发生危机兴高采烈的人。

　　某些项目是非常复杂的，这个本身就是项目的最大障碍。正如布尔巴（Burba，2013）提到的，有一些提前准备可以帮助项目经理。有两个人群是最相关的，众多的利益相关者与众多的项目团队成员。如果利益相关者铁了心反对项目，就会制造出无数的项目障碍；项目团队成员虽然不像外部利益相关者那样，但会带来很多固有的障碍，比如个人恶习、竞争、妒忌、疑问。另一个提示是，项目性质、资源或阶段的模糊性会使得项目依赖于众多不可控的元素。

　　布尔巴描述了处理复杂项目的三个重要方法。其一，要与所有利益相关者群体保持有效的沟通（在第4章中讨论细节），同时与外部利益相关者、内部赞助者即那些积极支持项目的人保持沟通。其二，尽可能多地了解客户，特别是之前的客户问题与处理方法。其三，领导力在处理复杂项目时是一种关键能力。这意味着项目经理必须一直关注那些即使较微弱的问题信号，并时刻准备响应。随时修改计划并处理利益冲突的能力也是很重要的。

　　当项目临近终止时，障碍往往集中于两个问题：第一个问题是最后时刻进度计划和技术变更；第二个问题是项目终止时，由项目团队成员所面临的不确定性带来的一系列问题。这两个问题截然不同，与项目经理在项目生命周期早期所面临的问题也有很大的不同。

　　解决最后时刻进度计划和技术变更的方法是"竭尽所能"。在某些情况下，项目团队可能提前做出建设性的计划，部分潜在的项目中断风险可以被预期而提前处理。虽然知道这种变更将会发生，并且会对项目产生中断性的影响，但除了做好"奋斗"的准备之外，项目经理别无选择。

解决项目终止时面临的不确定性是一个不同的问题，这个问题将在第 13 章进行更详细的讨论，在这里提一下这个问题，因为这肯定是项目经理必须克服的一个障碍。解决这个问题的关键是沟通。项目经理应当与团队成员进行开放式的沟通，并且团队成员有优先发言权。"开放式沟通"的概念要求对情感、感觉、担心和疑虑进行交流，也包括实际的信息。

对项目目标进行平衡

项目经理必须在项目成本、时间、绩效等目标之间进行平衡，也必须在项目的进展和过程之间进行平衡，也就是说，在技术和管理职能之间进行平衡。第一种类型的平衡用来保持项目成本、时间和绩效目标之间的平衡。传统经验告诉我们，平衡的确切性质在项目生命周期的不同阶段是不同的。在项目生命周期的开始阶段，项目还处于筹划之中，此时项目绩效被认为是最重要的目标，成本和进度计划可以为项目的技术要求做出让步。在接下来的设计阶段，项目的发展势头得以积累并不断增长，维持在巅峰状态。因为在这个阶段，成本以最快的速度积累，所以成本目标被认为优先于项目绩效和进度计划目标。最终，当项目临近结束时，进度计划成为最先考虑的目标，成本目标（或绩效目标）就会受到损害。研究表明（Kalu，1993），尽管这些设想看起来好像挺合理，但其实并不正确。

在项目生命周期的设计或形成阶段，项目经理对这三个目标的重视程度并没有明显差别。表面上看这一发现的逻辑是基于这样的假定，即所设计的项目应当满足客户设置的所有目标，如果必须做出妥协，那么每一个目标都可以改变。

进度计划是项目增进阶段决定性的目标，比绩效目标重要得多，绩效目标又比成本目标重要得多。科罗蓬博格等（Kloppenborg et al.，1990，p. 127）猜想，这是因为进度承诺是在增进阶段做出的。进度计划和绩效目标在项目生命周期的主体阶段差不多同样重要，两者都比成本目标重要得多，尽管在增进阶段和主体阶段之间的某些时期成本目标的重要性会有所增加。在项目最后的收尾阶段，绩效目标要比进度计划重要得多，进度计划又比成本目标重要得多。表 3-1 显示了在项目生命周期的每一个阶段各个目标的相对重要性。

表 3-1 项目生命周期不同阶段中项目目标的相对重要性

生命周期阶段	成本	进度计划	绩效
形成阶段	1	1	1
增进阶段	3	1	2
主体阶段	3	1	1
收尾阶段	3	2	1

注：1 = 最重要。
资料来源：Kloppenborg et al.，1990，p. 78.

第二种类型的平衡涉及的内容包括：为了保证技术进展而牺牲项目团队运转的流畅性。在项目临近结束时，我们有必要强调的是，各个团队成员都要从事许多他们并不熟悉或并不喜欢的工作，比如复制或整理最终的报告等。

项目经理同样有责任进行其他类型的平衡工作，这些平衡工作可能在项目管理文献中很少提到。如果一名项目经理同时管理着不止一个项目，就必须在几个项目之间做出平衡。正如我们前面所指出的那样，在这种情况下避免出现偏袒是非常关键的。因此我们强烈建议，如果项目经理管理着两个或更多的项目，务必确保各个项目的生命周期是不同的，以避免这些项目在同一时间要求同样的有限资源，项目经理被迫在项目之间做出选择。

除了要在同一项目的各个目标之间以及在不同项目之间进行平衡外，项目经理还要在项目目标和公司目标之间进行平衡，这种情况很普遍。实际上，除了之前讨论的如何在项目目标上的平衡，项目经理必须在支持组织的目标与战略中寻找最佳平衡。比如，一个资源极其有限的非营利慈善机构，不太可能选择增加项目预算来提升项目的绩效或加快项目进程。一个科技公司依靠快速投入市场而取得竞争力，就很有理由增加预算从而让项目按期完成。

必须说这样的选择是非常常见的，事实上也是项目经理的工作内核。然而，必须提出警告的是，项目经理对项目工作的热情——对于成功实施项目的基本需求，可以轻易地促使他做出缺乏职业道德的决定：（1）高估项目的收益；（2）低估项目完工的可能成本；（3）忽视实现所要求绩效的技术困难；（4）做出的平衡决策明显偏向于对项目有利而与公司的目标背道而驰。类似地，这种热情可能会导致项目经理承担那些没有必要的风险。

最后，项目经理必须在项目、公司以及他自身的职业目标之间做出平衡决策。对职业生涯的考虑可能使得项目经理承担很多不适当的风险，或者回避某些适当的风险，这取决于项目经理对待风险的态度。

实践中的项目管理　　　　　　　　　**不幸的上海乘客**

为了能够快速将乘客送往上海的新国际机场，政府建造了一条磁悬浮列车轨道，磁悬浮列车每10分钟一趟，将乘客从上海的商业中心送往浦东国际机场。时速高达每小时300英里，列车只需要不到8分钟就可以把人运到20英里外的机场。但列车公司的副主管说，"我们无法从车票中收回成本"。因为列车经常是空的。原因是，为了满足项目的截止日期与预算，车站离市中心有6英里，人们要先乘坐公共交通才能到达那里。虽然在技术、预算、截止日期上项目都是成功的，但无法满足乘客的需求。中国政府正在考虑把线路延长到市中心，但这将会是一个更贵且耗时的项目。

问题

1. 是上海"太不幸了"，还是有其他问题？

2. 这个项目中的客户是谁？为什么客户会有抱怨？

3. 这个项目符合表3-1的项目目标生命周期吗？

4. 项目中有哪些是需要平衡的次要目标？

资料来源：Project Management Institute. "A Derailed Vision," PM Network, Vol. 18.

维持观点的平衡

有时候要确定项目是失败了、部分失败了还是成功了是非常困难的。实际上，在项目生命周期的某一点上看起来是失败的，在另一点上看起来则可能是成功的。事实是，项目经常会遇到技术问题或障碍。也许这些技术问题更严重的影响在于精神方面。技术问题的出现和解决，往往会使项目成员产生普遍的悲观或乐观情绪。

毫无疑问，这些情绪对于项目绩效具有破坏性的影响。项目经理必须能够处理高昂情绪和绝望情绪的不断交替，这项任务并不简单。当团队成员变得非常兴奋时，项目绩效将是最好的，但是当他们不管发生什么事情都假定"最后一切都会变好"时，绩效就没那么好了。绝望情绪更加有害，因为项目团队中将会弥漫着这样的态度——如果注定要失败，为什么还要尝试？

使项目团队成员保持一种平衡而又积极的观点是一项细致的工作。考虑到墨菲法则，在做预算和进度计划时要留有足够的余地，但也不要多到引起高层管理者对成本和时间产生怀疑的程度，这也是一项细致的工作。

沟通广度

沟通是 PMBOK 中描述的知识领域 7。这个话题会在本章的最后与第 4 章进行讨论。正如在本章最后的指导阅读（见本章的数字资源）中指出的，沟通技能特别是倾听与劝说的能力是成功管理好项目的最重要技能。

和其他经理人员一样，项目经理大多数时间都在与那些对项目感兴趣的团体进行交流。运作一个项目需要不断地推销、再推销，并且要把项目解释给外部人员、高层管理者、职能部门、客户和许多其他的项目利益相关者以及项目团队成员本身。项目经理是项目与外界的联络员，但他也必须能够解决实验室里的问题，能够实地处理危机，能够威胁或诱导分包商，能够减少项目团队成员之间的人际冲突，并且所有这些可能都需要在一天内完成——有人戏称为典型的一天。

在某种程度上，每个管理者都必须应对这些特殊的要求，但对于一名项目经理来说，这些要求更频繁，而且尤其严重。好像这些还不够，项目经理必须理解和处理一些特定的基本问题，以使这些要求可以得到很好的处理。第一，项目经理必须知道项目存在的原因，也就是说，项目经理必须充分理解项目的意图。项目经理必须清楚成功和失败究竟是如何确定的。在做出平衡时，很容易偏离轨道，去追求那些高层管理者事实上并不希望达到的目标。

第二，任何经验丰富的项目经理都有过失败的经历。在每一个商业领域都正确的一点是，有能力的管理者很少会被一次失败击垮，但反复的失败常常是没有能力的一种表现。有时，一名项目经理会被要求接管一个正在进行之中却看起来快要失败的项目。项目经理是否可以拒绝这样一个值得怀疑的荣誉，取决于不同情况下的很多特殊因素：项目经理与项目群经理的关系，组织对项目的绝望程度，项目经理处理类似项目的资历和记录，以及其他一些因素，也包括机会出现时项目经理的把握能力。成功管理此类项目是很困难的，一般来说，我们建议项目经理不要主动承担一个失败概率很高的项目。

第三，获得高层管理者的支持是非常关键的（Pinto et al.，1989）。如果支持程度很低，项目的未来就会被不确定性的阴云笼罩，如果这是个研发项目，就更有可能被终止（Green，1995）。例如，假定市场营销副总裁对项目的基本概念不是很支持，那么即使所有的设计和制造工作都已经完成，市场营销部门也不会全力以赴地推动该产品的销售，在这种情况下，只有首席执行官才能强制推动工作的实施。对项目经理来说，寻求首席执行官的帮助以压制对项目不积极的副总裁是要冒很大风险的。如果副总裁在这种情况下勉强同意了而产品遭到了失败（在这种情况下成功的可能性又在哪里？），那么项目经理看起来就像个傻瓜。如果首席执行官没有推动工作的实施，副总裁就胜利了，项目经理可能会失去工作。正如我们前面指出的，政治敏感性对项目经理来说是必备的品质。对于项目经理工作的描述应该包括"与职能部门的领导建立并保持联盟关系"。

第四，项目经理应当建立并维持一个稳定的信息网络。了解项目内外发生的情况是非常关键的。项目经理必须知道客户的抱怨以及部门领导的批评，知道谁友好地支持本项目，卖方打算什么时候变更价格，或者供货商所处的行业近期是否有可能发生罢工。信息的不充分会使项目经理对刚出现的危机毫无察觉，过多的信息则会使项目经理降低对早期预警信号的敏感度。

第五，项目经理必须在项目的整个生命周期中，在尽可能多的方面，对尽可能多的人、尽可能多的活动保持灵活性。项目经理主要的管理模式就是在资源和各种绩效标准之间进行平衡。项目经理所做的每一个决定都会限制未来的决策范围，但不做出决策又会使项目立刻结束。

实践中的项目管理　　　　　　**纽约地铁事故中的灾难救援指挥员**

在8月底的一天中午12：16，一辆十车厢的地铁在纽约市地下的列克星敦线跳轨，撞毁在地铁通道里。损失巨大，五节车厢出轨，一节断成两截，另一节弯成两段，大约150人受伤，4人死亡。列车撕裂了通道顶部用于防护的钢梁，造成上面的街道立刻下沉了半英寸。两条铁轨与一条导电轨被撕裂，两个信号塔、两个搬道器、一个空气压缩机室被毁。

这一紧急事件发生后，纽约市公共运输局立刻指定了一位项目管理大师，叫作"灾难救援指挥员"，统一处理灾难救援与修复工作，以确保秩序尽快恢复正常。在这个案例中，目标就是在三天假期后的9月3日周二早高峰到来前让地铁恢复正常。这类灾难的处理由八个阶段组成。

阶段1：响应伤员——将人们尽快救离险地，提供必要的医疗援助，运走遇难者，并确保废墟中没有受害者。

阶段2：排除安全问题——与第一阶段同时进行的是排除可能危及生命与财产安全的问题，比如切断电源、提供紧急照明、通风、阻止地铁进入该区域、清除周边无关行人与车辆。

阶段3：启动指挥设备——与第一、二阶段同步，建立或启动救援活动的指挥协调设备。

阶段4：清理废墟——收集并清除可能阻碍救援、清理、维修的事故残骸。

阶段5：搬走损坏的设备——使用吊车、切割枪以及其他设备将大型设备移走。

阶段6：设备维修——尽快抢修能够使用的设备。

阶段7：测试——确保所有设备能够在工程师观察下正常安全地运行。

阶段8；清理——将现场清理干净到止常运营状态。

事故首先被纽约市公共运输局的联合广场第4区发现，大约有40名地铁警察跑步前往事发地点，在浓烟中帮助乘客撤离。紧接着，第2区的警员、消防部门以及应急指挥中心的官员也到了现场。消防部门带来鼓风机帮助吹散浓烟，带来钢索捆绑残骸来固定立柱，使救援人员不用切开车厢而直接到达乘客处。公交汽车被派往接送伤者去医院，红十字会为伤者提供食物、饮料。由于隧道内部温度达到华氏110度，两位救援人员因中暑而昏倒，有20多位警员与消防员因烟气吸入而受伤。纽约市公共运输局官员伊曼纽尔·鲍泽（Emanuel Bowser）因站在车厢上指挥乘客撤离超过4小时，在车厢垮塌时手臂、指骨骨折。

在得知事故发生后，纽约市公共运输局指定轨道交通运营部总经理拉里·加马什（Larry Gamache）作为救援总指挥。加马什立刻任命各团队主管作为协调救援各阶段工作的负责人。一个指挥中心在就近的地铁站建立起来，作为协调运营工作的指挥部。加马什制定了一份工作推进流程图。任何任务都要被仔细考虑来确定哪个要优先推进，哪个又必须紧跟。加马什启动了相关方的常规会议，这可以让各方都知道目前的工作情况，并让大家对未来的进展有所预计，这样可以让每项工作都顺利、连贯。

首要工作是将列车残骸尽快从轨道移走，这样就可以让工作列车到达灾难现场，方便救援物资运输与清理现场。因为现场救援工作需要两班倒且持续整个劳工节周末，工作用具、食物、饮料、厕所都需要准备。柴油机车将五节尚未脱轨的车厢拉走，但其他五节就是一个问题。一个液压升降系统从另一个区域借调过来，这个液压机可以提起44吨重的车厢并放回原轨道。液压机的使用，将车厢复轨的劳动量减半，大大加快了救援工作。随着整个周末的工作进展，灾难救援计划显然将实现周二早上完工的目标，事实上列车在周一的晚间就恢复正常了。

加马什，救援指挥员

加马什到纽约市公共运输局已经24年了，最初是一名普通的轨道工人，之后历任各种管理职位直到轨道运营部的总监。这些年的工作经历能够让他胜任这项工作，特别是之前的几件脱轨事件处理经历。

他还深度参与了一项3年的地铁重建项目，同样需要深度协调与沟通其他市级机构、委员会与政府领导，以及应对恶劣天气、艰苦条件，同样在截止时间前完成并保持了原有预算。这个经历对他在救援工作中协调各部门工作有很大的好处。

问题

1. 在救援的哪个阶段可以提供其他服务？在哪个阶段可能有新工具的提供？
2. 在救灾团队、指挥中心位置、任务序列等方面，有哪些是可以提前准备的？
3. 纽约市公共运输局在挑选救援指挥员时，哪些经验是有益的？

资料来源：S. Nacco, "PM in Crisis Management at NYCTA: Recovering from a Major Subway Accident." PM Network, Vol. 6.

谈判

项目经理为了达到对其工作的要求——获取充足的资源、安排并激励员工、处理障碍、对项目目标进行平衡、维持观点的平衡、保持适当的沟通方式等，必须具备高超的谈判技能。项目经理的工作中，几乎没有哪一方面不直接依赖于这一技能。在前面的部分，我们已经指出了谈判的必要性，在后面的部分还要反复指出其必要性。这一问题非常重要，在第 4 章我们还要进行专门讨论。

➡ 3.3　项目经理的品质

项目经理的选拔是与项目有关的两三个最重要的决策之一。在这一节，我们指出为了提高项目成功的概率，项目经理应当具备的一些技能。

下面列出了在选拔项目经理时，人们最普遍考虑的一些品质、技能和素质：

（1）较强的技术背景；

（2）强硬的管理风格；

（3）成熟的个性；

（4）可以立即投入工作；

（5）与高层管理者保持良好的关系；

（6）可以使项目团队成员保持乐观的情绪；

（7）在不同部门工作过；

（8）可以举重若轻。

这些选拔项目经理的理由，与其说是错了，还不如说是"不对"，因为它们没有包括关键的标准。最重要的是，最好的项目经理都是那些可以完成工作的人！正如任何高层管理者所了解的那样，努力工作的人很容易找到，难以找到的是那些全力以赴完成一项困难工作的人。在项目经理所需要具备的所有特点中，具备完成任务的驱动力是最重要的。

考虑一下本章前几节的内容，我们就可以得出这样的结论：项目经理需要具备下面将要描述的四种主要的技能，如果项目经理候选人对完成项目任务具有强烈的愿望，这些技能就可以作为选拔项目经理的关键性标准。进一步讲，项目经理仅仅具备这些技能是不够的，还必须让其他人感知到项目经理具备这些技能。事实和对事实的感知同样重要。

可信性

项目经理需要具备两种类型的可信性。第一，项目经理必须具备技术上的可信性。项目经理必须得到客户、高层管理者、职能部门和项目团队成员的认可，认为他具备足够的技术知识来管理项目。项目经理是否具备适当的技术能力关系到项目能否成功，具备适当的技术能力也被项目团队成员认为是"正面的"领导特征（Zimmerer et al., 1998）。（我们提醒读者，"技术可信性"中的技术知识涉及的专业领域包括：会计、法律、心理学、人类学、宗教、历史、剧本创作、希腊语和大量其他非技术专业学科。）项目经理不必具备很高的专业水平，或者比其他项目团队成员知道得都多，或者能够与各个职能部门的专家水平相当。很简单，项目经理必须对项目所依赖的基础性技术有正确的理解，能够向高层管理者解释项目的技术内容，并且能够将客户（和高层管理者）提出的技术要求向项目团队做出解释。同时，项目经理也需要聆听项目团队的呼声，给予充分的理解和有效的帮助，适时向高层管理者汇报沟通。

第二，项目经理必须具备管理上的可信性。项目经理有许多重要的管理责任，解决问题时必须游刃有余，其中一项责任是针对客户和高层管理者的——保证项目在预算范围内按照进度计划完工，还要保证项目报告准确、及时。有时这可能会使项目经理处于一种尴尬的境地。另外一项责任是针对项目团队的——保证原材料、设备和劳动力能够满足工作需要。还有一项责任是代表项目各方（项目团队、管理人员、职能部门和客户）的利益。项目经理是一位真正的"中间人"。最后，项目经理有责任为项目工作做出艰难的平衡，并且必须表现出具有一贯的成熟判断力和工作勇气。

敏感性

我们在前面的内容中多次谈到了项目经理需要具备政治敏感性，这里不再重复讨论这个问题。除了要具备良好的政治敏感性，项目经理还应该能够察觉到项目团队成员之间或者项目成员与外部人员之间的人际冲突。成功的项目经理不会回避冲突，相反，他们很早就会发现这种冲突，在冲突升级成为部门之间和部门内的斗争之前就正视并解决这些冲突。

项目经理必须使项目团队成员保持冷静，要做到这一点并不容易。和其他人类群体一样，竞争、嫉妒、友谊和敌对必定存在于项目团队之中。项目经理必须说服人们开展合作，不要过分考虑各自的感觉，将个人的喜好放在一边，集中精力实现项目的目标。

最后，项目经理需要拥有一套敏感的技术探测手段。遗憾的是，那些原本有能力而且非常诚实的项目团队成员通常也会试图隐瞒自己的失败。不能在压力下工作的人最好不要参加项目组织。在压力很大的项目生命周期内，失败是很有威慑力的。请记住，项目团队中全都是任务导向型的人员，这种类型的人可能无法容忍自己的失败（尽管他们对其他人的失败很少会表现出同样的不宽容），他们情愿将失败隐藏起来而不愿承认。项目经理必须能够察觉那些暗中发生的事情以及那些进展不正常的事情。

领导能力、道德规范和管理风格

领导能力曾被定义为"为了实现特定的目标，能够使他人努力最大化的一种人与人之间的影响"（Kruse，2013）。关于人与人之间的影响是如何产生的以及领导特点对团队绩效的影响，已经有多人论述过了（Jiang et al.，1998；Scott et al.，1998；另见参考文献）。

需要什么样的领导力技能可能不同的人有不同的认识。例如，高层的认识很可能与项目经理的认识有区别，与项目团队成员的认识也有区别。由于领导力"能够使他人努力最大化"，项目管理协会（2013）进行了一项针对项目实践者的调研：什么样的能力可能让一名项目经理成为一名合格的项目"领导"？有6项基本技能被提到：29%的人选择"沟通"，26%的人选择"合群"，16%的人选择"战略"，12%的人选择"需求收集"，12%的人选择"领导力"，以及5%的人选择"时间管理"。注意到，其中的绝大部分是软技能，也在本章中讨论过。即使是一项看起来很机械的任务，比如需求收集，也有一些重要的软性元素，特别是搞清楚什么才是真正的项目成功评价。同时，时间管理的话题在本章的网上附录中有所讨论，包括其中的软性元素。

接下来的讨论主要基于米勒与特纳（Muller and Turner，2010）的论文。很多学者发展出了一整套领导力理论——品质学派、行为学派与权变学派，这里只列出众多理论中的三个。最近，能力学派组合了之前的各种学派，并定义了三个主要的领域：智商（IQ）、管商（MQ）、情商（EQ）。这三个领域涉及的领导力能力在表3-2中显示。

表3-2　领导力的三个方面与15项领导技能

能力区域	技能
智商	1. 批判性分析与判断 2. 视野与想象力 3. 战略眼光
管商	4. 参与沟通 5. 掌控资源 6. 授权 7. 成长 8. 实现
情商	9. 自我意识 10. 情绪恢复能力 11. 积极性 12. 敏感性 13. 影响力 14. 直觉性 15. 责任心

资料来源：Dulewicz et al.（2003）.

对于项目经理，不同的项目想要成功，需要不同的能力。米勒与特纳（2010）的论文显示，工程类（建造）项目、IT项目与组织变革项目想要成功，都需要不同层级的15种能力。进而，他们发现能力的层级需求取决于项目的复杂度、项目的重要程度以及项目的执行方式。

当我们回到领导能力、复杂度与项目成功的关系时，在后续章节中会增加项目类型，但在这里，依然有必要讨论一下情商能力。事实上，有研究表明，情商是工作表现中唯一重要的能力。例如，畅销书作者丹尼尔·戈尔曼（Daniel Goleman）引用了研究建议，情商是区分优秀领导与平庸领导的关键因素，情商占成功领导重要性的90%（Goleman，1998）。根据这项研究，那些顶级领导已经证明在之前描述的项目经理重要能力中情商的重要性，包括影响、团队领导、政治敏感性。同样，斯旺森（2012）指出，情商高的项目经理比其他项目经理在领导效率与发展中的表现要高32%。

那么，什么是情商？根本上说，情商是统领一个人的全部能力来有效处理或统御情绪来达到好的结果。根据斯旺森（2012）的研究，情商由四项基本技能组成：自我意识、自我管理、社会意识与关系管理。一些学者认为自我意识与自我管理是个人能力，社会意识与关系管理是社会能力。

自我意识是一种观察、发现自身情绪的能力。越能意识到自身的情绪则越能管理好情绪。因此，自我管理是一种基于自我意识的情绪理解，能够正向管理好自己的思想、行为、行动的能力。实际上，自我管理是反映在特定场景与环境下管理自我情绪反应的能力。

同时，自我意识主要关注理解我们自身的情绪，社会意识则关注别人的情绪。理解自己的情绪肯定有助于指导我们在特定场景下的反应。同样地，理解别人的情绪也有助于我们选择合适的反馈。例如，在团队成员愤怒与受伤时的有效反应应该是不同的。因此，社会意识需要发展出良好的倾听、共情、观察技能，目标是真实地理解别人的感受。进一步，情绪出现，无所谓正确或错误，我们的工作是成为一个客观的情绪观察者，从而基于我们或他人的情绪选择有效的行动过程。

实际上，要提升你的社会意识技能需要提升你的倾听、观察技能。有效倾听需要你能够集中精神听对方所说的内容而不是想着如何进行回答。有效倾听同时也要求在别人说完前不要打断。在对方述说时给予一些点头、微笑，表示你正在听。关注说话者的主要问题、语调、语速以及肢体语言。同样重要的是，基于你对说话者真正感兴趣的方面问一些问题，当然这些问题不能被认为是判断式的打断。

然而，有价值的目标、自我意识、自我管理与社会意识并不是我们的最终目标，但是建立高质量关系的达成方法。更精确地说，关系管理就是基于我们的能力，利用我们的情感意识与他人的情感，来正面地管理两者互动，并最终建立高质量关系。斯旺森（2012）指出，情商能够引导项目经理问出如下问题：我们如何才能在项目上与他人更有效地协作？或者，你想象一下客户会有什么样的印象，我们怎么传递这样的印象？或者，这个项目怎样才能体现全体利益相关者的需求？

有一个好消息是，通过之前描述的步骤，可能提升你的情商。特拉维斯·布拉德伯里（Travis Bradberry）与琼·格里夫斯（Jean Greaves）提供了一个情商估价方法以及很多提升情商的实操性方法，并在《情商2.0》（*Emotional Intelligence 2.0*）（2009）一书中展示。所有的项目经理都应该读读这本书。

项目经理领导能力的另一个重要方面是强烈的道德感。最近一段时间，新闻媒体对这一问题给予了大量的关注，既有好的一面，也有坏的一面。例如，安然公司、雷曼兄弟公司利用Repo 105（来平衡它们的资产负债表），当然还有伯尼·麦道夫（Bernie Madoff）。虽然不够全面，但部分引起严重道德问题的事件罗列如下：

（1）英国石油公司在海湾石油泄露事件前的分包流程与安全规程；

（2）高盛公司在综合担保债务凭证上两面下注，让约翰·保尔森（John Paulson）做空房地产市场；

（3）向恐怖分子交纳赎金；

（4）入侵公司的安全系统。

尼克松（Nixon, 1987）定义了商业领域中一些相对比较常见的道德性过失：

（1）"内部"竞标和合同行为（已经事先确定好了中标者）；

（2）"大宗买进"（出低价以图将来讨价还价，或者迫使做出随后的合同变更）；

（3）回扣；

（4）包庇项目团队成员（拉帮结派）；

（5）走捷径（以达到最终期限和预算要求）；

（6）使用低标准材料；

（7）牺牲安全性；

（8）违反标准；

（9）顾问人员（如审计师）的忠诚度有问题（对雇主、客户或者公众）。

项目经理（特别是在公共部门中）可能很容易就卷入道德问题，比如污染、公共安全、工业厂房选址、公共土地的使用等问题。项目管理协会在 1982 年的一次项目管理研讨会上制定了一套《项目经理道德准则》（*A Code of Ethics for PMs*），并在 1989 年和 1995 年进行了修订，2006 年又进行了一次修订。2006 年版的准则是经过广泛的讨论之后制定的，其篇幅大致上是先前版本的 8 倍（包含附录）。任何人都可以通过项目管理协会的网站（www. PMI. org）得到这一准则。这一问题引起了人们越来越多的关注。

任何真正想要从事项目管理职业的人都应该学习这一新的准则。这一准则针对一些行为，这些行为能够使项目经理、项目团队成员、高层管理者、客户和其他利益相关者之间建立起高度的信任。标题为《诚实》的章节应当反复阅读。我们将会在本书几乎每一章中再次讨论有关诚实和信任的问题。

曾经有人建议对非营利组织进行"道德审查"（Schaefer et al. ，1998），我们的建议是对所有的公司都应该进行类似的审查。在这里我们无法涵盖这一主题的全部内容，但幸运的是，很多优秀的著作都讨论了这一主题（Blanchard et al. ，1988；Pastin，1986）。在罗布（Robb，1996）的著作中包括了一份关于商业道德问题的简明参考书目。

尽管有关项目经理需要或应该具备的领导能力之特性已经有了很多著述，但是关于什么才是项目经理适当的管理风格的著述相对较少。申哈尔（1998）用两种尺度对项目进行了分类，并得出结论，即管理风格应该根据不同类型项目的某些不同之处做出调整。这两种尺度是：（1）技术不确定性水平；（2）系统复杂性水平。从低技术水平到中等技术水平、高技术水平，最后到非常高的技术水平，不确定性是不断增加的，其适当的管理风格也应该从固定、强硬、正式到适度固定，适度灵活，最后到高度灵活。随着系统的复杂性不断升级，管理风格也应该从非正式的内部关系发展到正式的总承包商/分包商的关系，最后发展到高度正式的远程关系。

处理压力的能力

在本章和本书的其他一些章节中，我们已经指出，项目经理的生活很少是风平浪静的。项目经理总是被各种冲突围绕，或受困于一个不合理的管理构架（如第 5 章中描述），或受困于一个高压任务。

肯特（Kent，2008）列举了 6 种工作中的高压状态：（1）无法调换工作角色；（2）失眠；（3）非工作状态下无法放松；（4）无法集中精力或做决策；（5）易怒；（6）精力不济。有一些方法可以应对高压。最理想的情况就是组织本身关注到了这个问题，并能监控到项目经理或员工工作过载。另外，正如之前讨论的情商问题，项目经理应该有自我意识，并能够提前意识到这个危机因素。肯特建议通过以下方法来控制压力：

（1）养成记日记的习惯，记录每天的事件。

（2）将你要做的任务进行优先级排序，并将不必做的事删除，将可以移交的事移交，将优先级低的事推后，并将衍生任务范围尽量缩小（本章的网上附录提供了一种基础的有效时间管理方法）。

（3）给自己一些高压会议之外的放松时间，比如说出去散步或 15 分钟的运动或冥想，别总想着高压会议。

（4）工作之余进行运动健身，避免总想着任务。

（5）改善周边环境，使之更愉悦、舒服，易于放松。

（6）分清能够或不能够控制的事情。有句谚语说："别对控制不了的事焦虑。"

另一种让项目经理处理压力的方法是"多任务"。但亨斯伯格（Hunsberger，2008）指出，这种方法是无效的。事实上，多任务本身也是一种误解，你做的只是在任务间不停地切换，并在切换中浪费时间。她的建议是，把任务分解为很多的小步骤，将这些小步骤按优先级列在事项清单上，尽快完成这些任务，并在清单上划去（见有效时间管理的网上附录）。如果你不能一次完成某个任务，当被打断时应该留下一些记录来帮助你记忆。在第 9 章讨论关键链时，我们会说到更多多任务的陷阱问题。

生活中有许多因素会产生压力，项目经理和其他人一样，都处在这些压力之下。然而，项目管理工作中似乎有四种造成压力的主要原因：第一，有些项目经理从来没有为自己所管理的工作建立过一套具有相当连贯性的工作程序和技术；第二，许多项目经理要做的事情实在太多；第三，有些项目经理强烈要求成功完成那些总是要失败的项目；第四，项目所属组织正处于巨变之中。

本书主要用来帮助项目经理处理第一类压力来源。对于第二类压力来源，我们提醒项目经理在制订项目计划时将自己也看作一种"资源"。如果一个项目计划对某项资源的使用要求超出了限度，几乎所有的项目管理软件包都会向计划者发出信号（见第 9 章和第 10 章）。至少在与相应的高层管理者讨论工作负荷时，这种信号为项目经理提供了一些证据。

对于第三类压力来源，斯莱文（Slevin，1989）指出，如果对一个人的要求超过了其能力，压力就会产生，特别是当这个人对于成功有着强烈需求时。显然，高层管理者会把那些最艰巨的任务交给最好的项目经理，正是那些最艰巨的任务才最有可能被某些无法解决的问题困扰。解决此类压力的方法很明显，高层管理者却一意孤行。

最后，在这个机构重组和裁员日益流行的时代，现代组织中的人们由于对自身未来的担忧而产生压力是一种常态。有关如何处理和减轻这些压力以及解决日常生活中产生压力的问题，超出了本书的范围，也不在本书作者的专业范围之内。幸运的是，有很多书完整讨论了压力和缓解压力这一主题，我们建议你去读一读。

实践中的项目管理　　　　**在推特工作的压力与日俱增**

凯西·诺伦（Kathy Norlen），作为推特的运营项目经理，她指出，公司发展得太快了。在 2009 年初，推特有 500 万的注册用户；20 个月后，就有了 1.25 亿。每一天，有 30 万人注册新账号。在最初的 3 年半里，共有 100 亿条推特被发送；在最近的 5 个月中，也同样发送了 100 亿条。更糟的是，需求与流量变化得非常快，且没有任何事先警告，平均每秒 750 条，当有热点事件发生时会达到每秒 3 000 条。现在的要求是让推特的服务器在巨大的增长与需求变化中保持运行稳定。

尽管要负责常规应用管理与硬件部署，也会领导一个公司关注的 4 个月项目，比如在犹他州的盐湖城建立一个客户数据中心，但当有一个数据库问题影响服务时，诺伦依然会大叫"全体集合"。为这些紧急事件推特建立了一套"随叫随到"的高层值班制度来负责处理，一旦发生情况，诺伦说，那就是扔下一切，马上工作！领导那些无先例可循的项目时，经常容易出现混乱的情况，所以诺伦必须保持高度创新性来解决问题，但这也使得一个项目经理更受欢迎。

问题

1. 你认为在肯特的控制压力的6种方法中，哪些对推特的项目经理比较合适？

2. 你喜欢诺伦的工作吗？为什么？

3. 在一个高速发展的公司中，能否避免压力？

资料来源：M. Wheatley，"Avoiding the Fail Whale，"PM Network，Vol. 24.

➡ 3.4 文化差异问题

在本节，我们会提出许多困扰某些项目的问题。这些项目有时要求来自不同国家的个人或团队合作共事，有时要求来自同一个国家不同行业或者同一个公司不同部门的个人或团队合作共事。然而，重要的不是地理或者组织上的差异而是文化上的差异。进一步说，重要的不仅是文化上的差异，还包括项目实施环境的差异，正如我们在本章开始时所提到的那样，其中包括经济、政治、法律和社会技术环境等。必须强调的是，文化和环境的差异并不局限于所谓的国际项目，这一点应该明白。不同的行业有不同的文化和环境，特定国家内不同地区的公司也是一样。此外，同一地理区域的不同公司以及同一公司的不同部门都有不同的文化和环境。虽然这种差异所带来的冲击在国际项目中最为显著，但只要是不同组织（包括同一组织的不同部门）的人员在一个项目中合作共事，这种差异就会在某种程度上存在。由此推论，如果一名项目经理必须面对不同的文化和不同的环境，就意味着该项目涉及了不止一个组织。贯穿本书，我们始终强调项目经理必须能够处理和减轻项目各利益相关者（项目团队成员、客户、高层管理者和公众）之间的冲突。如果各利益相关者代表的是不同国家、不同行业、不同公司的利益，那么项目所面临的问题将会大大增加，特别地，在各方之间保持沟通的问题虽然在概念上很简单，事实上却会发展到极为复杂的程度。

"文化"一词是指一群人的整体生活方式，它包括了生活的每一个方面，对所有的文化而言有四个因素是相同的：技术、制度、语言和艺术（The World Book，1997）。文化的技术因素包括人们使用的工具，制造和使用的物质资料，准备食物的方式、技能以及对待工作的态度，包括了人们物质生活的所有方面。文化的制度因素构成了社会的结构。这一类别包括了政府组织、家庭的性质、劳动的分工、采用的经济体制类型、教育体系以及志愿者组织得以形成和维持的方式。

语言是文化的另一个组成部分。文化中的语言总是独特的，因为它既是文化的表达方式，又是文化的一部分。将一种文化的语言翻译成另一种文化的语言很少能够做到尽善尽美。文字不仅是字面的含义，而且有很多外延的含义。英语单词"apple"可以指苹果，也可以指健康（"让医生走开"）、贿赂（"对教师来讲"）、纽约城、一种颜色、一种计算机、一种舞蹈（20世纪30年代末）、宠爱（"对于眼神而言"）以及许多其他的意思。最后，文化中包含的艺术或审美观念，在交流中与文化中的语言同样重要。如果交流能够将文化黏合在一起，那么艺术就是最有效的交流方式。审美观念决定了人们认为什么是美的和令人满意的东西。如果一个社会能被称作有自己的风格，那么这种风格的来源就是文化中的审美观念。

文化与项目

一个国家的文化会从很多方面影响项目，最明显的方面是，在不同文化中人们看待时间的方式。在美国和其他一些西方工业国家，时间被视为一种重要的资源（Smith et al.，1993）。我们说，"时间就是金钱"。时间当然不是金钱，但这种措辞是对延迟和迟到行为不耐烦的一种表达方式。拉丁美洲人对时间的看法则完全不同。一种文化与另一种文化的生活节奏有很大的差异，人们对待家庭和成功的价值标准也会因文化的不同而不同。在南美洲实施一个建设项目的项目经理将会发现，参加一个项目会议迟到半个小时就已经很"准时"了。在日本，迟到是很丢面子的事情。在一些文化中，工作完成的质量被认为比及时完成工作重要得多。在美国，人们高度重视时间，美国人对于拖延的厌恶使得很多人认为美国的管理者"很没有耐心"。

在不同的文化环境下，选择项目成员的基本理念有很大的差别。例如，在拉丁美洲，裙带关系使得管理者在雇用员工时倾向于选择亲戚和朋友①。美国的管理者认为，这种做法是拉丁美洲的公司缺乏效率的主要原因。事实上，这种看法是缺乏证据的。一项对美国和拉丁美洲几家化工公司进行的非公开研究表明，美国和拉丁美洲的化工公司在管理上的差别，在总体上要远远小于美国的化工公司和服装制造公司在管理上的差别。

美国可能被认为是地球上最喜欢打官司的国家。这并不是说在其他国家中不同意见很少，也不是法院少，而是在其他国家更多地通过信任与协商来解决冲突。许多学者注意到信任在商业关系中充当了相当重要的角色（Gogal et al.，1988）。信任对于项目管理的影响以及依赖于其他人对于承担责任的能力与意愿，是相当清楚的。在拉丁美洲的裙带关系中，信任的重要性是非常关键的，家庭关系的扩展是一种对于细节清楚的合同的替代，那种合同通常是在美国用于处理"公平交易"的。

竞争对手之间的某种合作在不断地增长，即使在美国也是如此。半导体制造技术联盟（SEMATECH）是一个行业内的半导体制造业联合研究项目，是 1984 年颁布的国家合作研究法案（National Cooperative Research Act）的实施例子。欧洲诸国也为研究联盟提供支持，日本则启动了 60 多个研究联盟，其中部分已经有超过 40 位成员（Lynn et al.，1988）。

合作项目趋向于跨越国家。空客公司（Airbus）由英国、法国、德国以及西班牙组成，并受到多国政府的财政支持，已经在商业航空领域取得巨大成就。其他例子还有：CFM 国际公司由通用（美国）与斯奈克玛（Snecma，法国）支持，国际航空发动机公司（International Aero Engines）由普惠公司（美国）、劳斯莱斯（英国）、日本航空发动机公

---

① 我们很清楚，裙带关系是由扩展的家庭成员组成的关系网，远比这个简单例子中所表明的复杂。

司（Japan Aero Engines）、德国 MTU 航空发动机公司、意大利菲亚特公司组成。

几乎所有的非美国人都持有一种观点：美国的管理者了解有关技术的所有知识，对人却一无所知（Smith et al.，1993）。这一观点显然来自美国人"专心于工作"的愿望，但许多外国文化——当然包括亚洲、中东、拉丁美洲和南欧——把"了解你的人品"作为取得令人满意的工作关系所需建立信任的前提。在很多文化中，管理者被认为应该关心下属、拜访下属的家庭、对下属家庭成员的成功满怀兴趣、对下属抱有关心的态度。显然，美国的项目经理常常被要求尊重文化的多样性，但他们的外国同行往往做不到这一点。

对于世界上至少 3/4 的人口来说，人际关系高于一切：超越时间、超越预算、超越规范。精明的项目经理知道这一点，并且知道始终在平衡，例如，日本人在最后期限前的需求与拉丁美洲人倾向于更轻松地处理与他人关系的倾向（Dodson，1998）。在下一章中，我们将有更多关于谈判的讨论。

曾经有一段时间，管理理论学者关注"合作文化"。我们称之为"微观文化"（microcultures），用于区别那些跨国家、跨地区的文化。虽然不太明显，但确实是真的，微观文化在不同的行业是不同的，正如文化在不同国家是不同的一样。在一个行业被完全接受的销售技术，例如汽车行业，可能会在商用机器行业引起众怒或法律纠纷。不同地区的商业中，"承诺"本身也有不同的意思，比如没人会认真看待一个软件应用项目的"承诺"截止日期，或是一个家装供应商的最后期限。

行业间、公司间、公司内的微观文化差异对于项目经理的影响是非常明显的。可能相比任何其他类型的经理，项目经理是最依赖母组织内的承诺的，但这些人对项目本身与项目经理没什么忠诚度，项目经理对他们也没什么权威。因此，项目经理必须知道哪些承诺是值得相信的，哪些承诺是不可信的。在一项针对 50 个跨国家项目的研究中，豪普特曼等（Hauptman et al.，1996）发现，在产品开发团队，能够处理好两种沟通方式与文化差异是成功的关键。从积极的角度看，莱文森等（Levinson et al.，1995）详细说明了允许"跨组织学习"来形成跨国家联盟的步骤（另见 Fedor et al.，1996）。

与流行电影、电视剧中的情节相反，国外政府与它们的官僚机构的目标很少是邪恶的。国外政府通常致力于要求外来企业善待本国国民，国家财富不受威胁，尽可能多雇用本国国民，部分利润再投资于本国，公共安全不受威胁，以及阻止未计划的开发活动。

在任何项目经理的工作描述中，都应该包括学会项目所在国家文化方面的知识。项目实施中应该尽可能地尊重东道国的规范。然而这样做，同样会产生母公司的管理问题。一个不受欢迎的事实是，许多国家的文化不会对女性项目经理表现出与对男性项目经理同等的尊重。因此，高层管理者就会面临一个两难的选择，是违反本身无性别歧视的政策，还是面临增加项目失败的风险。同样的问题也存在于在阿拉伯地区选用犹太人作为项目经理，或在土耳其选用美国人作为项目经理。

实践中的项目管理　　　　　　　　　　**通过融合两种文化取得成功**

一个涉及数亿美元的大项目由于拥有者与客户的各种文化差异而不得不停工，其中一个是国营的中东开发商与承包商，另一个是国营的欧洲国际设计与建筑工程公司。可以想象的是，其中的文化差异是十分巨大的，包括地域、女性社会地位、管理风格等。这种文化差异进一步恶化了项目的本身环境：身处在一个孤立的沙漠，落后的通信设施、极端严酷的生活工作条件，以及每日都在变的高度不稳定的法律、政治环境（税收、规章、法规，甚至客户组织）。

双方都意识到，两套割裂的组织系统在彼此之间筑起了一道不可逾越的高墙。双方决定尝试把两套系统合二为一（见表1）。通过制订计划、意识到环境影响，双方重建整体架构、设计整合，并且实施改进计划。

正如事先预料的，双方的人员都不愿意放弃自己对项目的观点。项目经理持续地就这个问题进行沟通，亲自到现场解决问题，慢慢地，融合开始发生了，并且逐渐加速。在项目终止时，需要确定因成本与设计改变而产生的费用，双方多次讨价还价（通常是通过一些有原则的协商）而未达成任何一致意见。项目经理被带回，并且同意用他们自己的方式来终止项目。项目经理们简单地通过之前一直使用的融合过程，悄无声息地成功终止了项目。

问题

1. 解决这个两难问题的关键是什么？
2. 双方的项目经理是如何实现自己的战略的？
3. 表1中的哪些行动是促使项目成功的关键？

表 1　整合行动的例子

	项目方式特征	行动
物质外观	对口单位合并办公（协作） 项目相关的图片、图纸、计划表挂在墙上	与对方项目经理每天巡视现场 让你的办公室看起来像个"战场"
神话与故事	我们是一个团队的两面 两种文化都很有趣 双方的兴趣都要满足 我们信任年轻的经理们 把工作做好 舍弃立场，盯住问题 双方的项目经理都很好，且对项目负责	尽可能与对方项目经理一起办公 组织一起去当地景区团建
仪式	在全项目组织中收集想法与意见 经常召开各级会议 经常性社交聚会或庆祝节日	时常参加低级别的项目会议 在关键工期完成时，要庆祝
管理风格	与对口单位一起计划、组织、监控决策 别对错误决策指手画脚，但要吸取教训 快速执行决策 如果有困难，别犹豫，向老板提	与对方项目经理一起做某个问题的报告 每月选出优秀的管理人员

资料来源：D. Z. Milosevic, "Case Study: Integrating the Owner's and the Contractor's Project Organization," Project Management Journal, Vol. 21.

在第5章中，我们将讨论"虚拟"项目，即功能上或地理上分散的项目。跨文化项目从定义上看就是"虚拟"项目。近几年，项目沟通问题已经被电子邮件、互联网、电话会议与视频会议等大大简化了（Dodson, 1998）。当过多的电子邮件成为项目经理的灾难时，也是一种与其他组织频繁沟通时的福音。当然，这些技术无法降低项目经理对文化敏感性的要求。谈判的技术虽然不是电子的，但对于一个跨文化项目的经理是非常关键的。多德森（Dodson）写道：

> 项目管理根本上是预期管理。有效的预期管理需要谈判技巧胜过数量化的技巧。项目的成功程度只取决于项目经理是不是一位有效的谈判家……

我们注意到，美国式项目中那种自下而上的信息流与其他国家自上而下的信息流是有区别的。格林贝里斯等（Grinbergs et al.，1993）比较了瑞士与美国那些差不多年龄、教育、薪资的软件行业管理者/工程师的管理特质。研究表明，瑞士管理者相互之间的关系比美国同行要"更加正式"。这说明人际关系风格与语言的相互作用。因为我们在本书中强调计划的重要性，我们发现瑞士人与美国人关于特殊利益的计划有所区别。"美国受访者并不认为周密计划与长期战略是一个项目的必备条件……虽然随机应变在两国都被认为很重要，但长期战略在瑞士公司中被认为更重要"（Grinbergs et al.，1993，p.24）。

除了以上情况，瑞士人与美国人在项目经理工作的其他很多方面都有不同。瑞士人显示出更强烈的职业道德，更加保守，更规避风险，更愿意接受官僚风气，更注重质量。美国人则更学院派，更愿意实验与创新，时间观念更强，更愿意开放式沟通。

丁斯莫尔等（Dinsmore et al.，1993）列出了当项目经理在领导一个跨文化项目时需要特别注意的因素。我们已经提到了其中的一些因素，还有一些显而易见的因素：语言与文化的重要性，应对东道国政治与政客的必要性，项目经理必须使用本土员工的事实，投入品供给与技术出现问题的可能性，以及遵守当地法律与民俗的必要性。他们还注意到另外两个可能会给项目经理带来严重问题的事实。其一，可能存在很多额外风险，比如绑架、疾病、错误的医疗救护等。当然，在很多国家，项目工作人员可能面对比在本国更少的犯罪威胁与更好的医疗条件。其二，项目经理可能需要满足那些背井离乡去东道国的员工生理上与心理上的需求，并且必须能够在"不同习俗与生活方式的陌生国家"里生存。他们认为这是"生活流放"。

在下一章中，我们将考虑实现项目计划与行动计划所需资源的沟通任务。

 小结

本章讨论的主题是项目经理。我们首先讨论了项目经理在组织中的地位以及他对组织和项目团队成员所承担的责任。我们还描绘了项目经理的常规性职业发展路径。接下来，我们详细说明了对项目经理的各种特殊要求，并且介绍了项目经理的选拔工作。最后，我们对文化及其对项目沟通和项目成功的影响进行了讨论。

本章的要点如下：

两个因素对项目的成功至关重要，即高层管理者的支持和项目团队成员是问题导向（而不是专业导向）的。

与职能经理相比，项目经理更是一位通才而不是专才，更是一位综合者而不是分析者，更是一位推动者而不是监管者。

项目经理对公司、项目本身和项目团队负责。项目经理必须满足下面七个方面的特殊要求：

1. 获取充足的物质资源；

2. 安排并激励员工；

3. 处理障碍；

4. 对项目目标进行平衡；

5. 维持项目团队成员观点的平衡；

6. 与各方进行沟通；

7. 谈判。

效率高的项目团队成员具有的最一般特点包括：

1. 高水平的技术能力；

2. 政治敏感性；

3. 强烈的问题导向；

4. 高度的自尊。

为了有效满足项目的各种要求，项目经理必须理解项目的基本目标，获取高层管理者的支持，建立并维持一个固定的信息网络，在尽可能多的方面保持灵活性。

最适合做项目经理的人员必须能够圆满地完成工作。

对项目经理很有价值的一些技能包括：技术和管理方面的可信性、政治敏感性、促使其他人从事项目工作的能力以及领导能力。

文化对项目管理工作的影响包括如下一些要点：

1. 文化要素是指人类群体的生活方式，包括技术、制度、语言和艺术等方面。

2. 项目环境包括经济、政治、法律和社会技术等方面的内容。

3. 会产生困难的几个文化问题，包括团队的时间观念和为项目配备人员的方式。

4. 语言对项目而言是一个非常关键的文化问题。

关键术语

分析方法（analytic approach） 将问题分解为各个组成部分，以便更好地理解其构成，进而解决问题。

成本-收益比（benefit-cost） 用以评价行动计划的一个比率。

倡导者（champion） 首先提出一种观念或行动，并在整个组织中进行"推销"的人。

应急计划（contingency plan） 在期望的结果没能实现时所采取的替代性措施。

文化（culture） 人类群体的生活方式。

学科（discipline） 专门知识领域。

环境（environment） 处于系统之外，向系统提供输入或者从系统接受输出的所有事物。

推动者（facilitator） 能够帮助他人克服技术或人际关系问题的人。

职能（functional） 一种标准的组织划分方式，比如财务、营销、会计或运营等。

微观文化（microculture） 组织或项目内部的"企业文化"。

系统方法（systems approach） 一种用来处理多方面之间相互关系的广泛的综合性方法。通常与分析方法相对应。

技术（technological） 与完成某些事情有关的方法和技巧。

平衡（trade-off） 用一方面的损失换取另一方面的改善。

 问题

内容复习问题

1. 项目工作在项目经理的职业生涯中怎样扮演铺路石的角色？

2. 分类定义在选择项目经理时需要考虑的技能。

3. 请讨论项目经理对项目团队成员所承担的责任。

4. 讨论项目经理与职能经理的主要区别。

5. 效率高的项目团队成员所具有的本质特征有哪些？

6. 什么是挑选项目经理时最主要的特质？

7. 在项目生命周期的各个阶段中，哪些项目目标是最重要的？

8. 为什么项目管理团队成员要有良好的技术技能？

9. 请逐一描述文化的四种要素。

10. 描述项目环境的几种重要类型。

11. 请对文化、微观文化和跨文化的概念进行比较说明。

12. 在什么情况下，语言是项目管理的重要因素？

13. 请指出五种需要加以特别考虑的跨文化因素。

课堂讨论问题

14. 试举出几种确保项目中"沟通广度"的方法。你认为"社会化"对工作是帮助还是阻碍？

15. 请对项目中最重要的原则"永远不要让老板感到意外"和公司中的格言"坏消息永远不会往上传"进行比较说明。

16. 在某些情况下，项目经理如何能像政客那样工作？

17. 项目中有合法利益的各方之间注定会产生的冲突有哪些？

18. 项目经理应该是一个全才而不是专才，但团队成员更需要有专业化的技能。那么一个全才能够有效管理一群专才吗？

19. 为什么你认为在项目形成阶段之后，成本目标的重要性会有所降低？

20. 为什么越是项目后期，越难控制工期与成本？

21. 假设根据委托合同有一位天才科学家暂时性地为你工作，工作完成后她将回到自己的常规工作中去。尽管在合同期间，你可能不需要她的帮助，但你碰巧了解到，她将会因为其常规工作岗位的工作量不足而遭到解雇，而且她的个人财务状况很差。你认为把她留在公司很重要，尽管根据合同留住她将会增加一些不必要的开支。这一决定是出于商业考虑还是道德考虑？为什么？如果让你做出决定，你将会如何行事？

22. 通过艺术进行沟通与通过语言进行沟通有何区别？

23. 如果一项在国外是可接受的事情在本国却是违法的，公司应该怎么做？

24. 你同意未来的趋势是专才项目经理将比全才项目经理少得多吗？如果是，那么你怎么做才能让自己在未来的职场中更有竞争力？

史密森公司

基思·史密森（Keith Smithson）是一家中等规模的私人计算机服务公司——史密森公司（Smithson）的首席执行官。这家公司有 20 年的历史，到目前为止一直在快速增长。史密森先生认为，公司近来的问题与亚洲的经济衰退密切相关。

六个月前，史密森公司雇用了布赖恩娜·史玛特斯（Brianna Smatters）作为公司的计划主管。在考察了公司近几年的绩效和财务状况之后，史玛特斯女士得出结论，经济形势并不是问题的真正所在，它只是加剧了真正的问题。她认为在这个互联网时代，史密森公司的服务正在变得过时，公司各部门的领导在应对信息技术所带来的威胁和机会时没有开展有效的合作。同时她认为，僵硬的职能型组织妨碍了人们为补救这种情况所采取的行动。因此，她建议史密森先生设立一个新职位——特别运营经理，以推广和使用各种项目管理技术。这名新的经理将会以项目经理的身份处理一些关键性的项目工作。

史密森先生对这个想法丝毫不感兴趣。他认为自己的职能部门都是由能干的专业人员管理的，为什么这些高水平的管理人员不能更有效率地协同工作？史密森先生认为，一个好的办法就是给这个团队一定的指导（做什么、何时做、谁来做），然后让那些与需要解决的问题联系最为密切的职能经理来掌管团队。他设想只需由自己轻轻推动一下（就像刚才描述的那样），就足以"使项目运转起来"。

◆ 问题

在得到这一解释之后，史玛特斯女士更加确信，必须设立一名独立的非职能部门项目经理。她的看法是否正确？如果你是史玛特斯女士，你将会如何说服史密森先生接受你的观点？如果设立了这个新职位，还应当做出哪些改变？

纽卡斯尔疗养康复中心

纽卡斯尔疗养康复中心（NNRR）是一家有 135 张床位的疗养院。该中心正在考虑改建有着 36 张床位的主楼侧翼楼，专门服务于需要呼吸机救助的病人。

侧翼楼的房间面积比适合呼吸科病人的最佳标准面积稍小一些，但也超过了规定的最小面积。加大房间的面积是件很不划算的事情。大体上，改建工程需要增加电线，为氧气压缩机提供电力，从房间空气中提取纯度为 95% 的氧气；需要配备便携式呼吸机，以一定的压力向病人供氧，帮助病人呼吸；以及需要小型电动机驱动的吸痰器把病人呼吸道里多余的黏液抽取出来。此外，这些房间必须连接应急供电设备，如果主电力供应失效，这些设备可以自动启动并供应电力。最后，每部呼吸机都必须安装压力传感器，连通位于走廊的报警装置。一旦呼吸机压力锐减，这些装置就会发出刺耳的报警信号，走廊的警示灯也开始频闪。除了与呼吸机有关的电力需求，还需要安装一些插座，以便连通药品和营养液配送器、网络视频设备、无线设备和娱乐设施。每张病床也需要一个插座，给床垫压力泵供电。因为每个房间放两张病床，所以要配备两套插座系统。

当病人在病房里时，上述设备要随时供电。只有健康状况较好的病人才能每天进入配有大屏幕电视和桌椅的日间休息室。大部分病人活动时必须带着便携式呼吸机、氧气机或者氧气瓶。身体状况足够好的病人在日间休息室吃饭、相互交流以及会见客人（这些社交活动是一个很安静的过程，因为绝大多数病人都插着氧气管呼吸，不能够大声说话）。

高级主管史蒂夫·墨菲（Steve Murphy）决定将扩建工程作为一个项目来完成，他正在物色项目经理的人选。他接受的是商务方面的培训而不是医院设计。他觉得一位注册护士或者持证执业护士可能是合适的人选，同时他觉得一位呼吸治疗师也可能是不错的选择，因为他们负责使用主要的电力设备。最后，他认为插座的设置和安装最好由电力承包商来负责，这位承包商必须实施病房改造的主体工程。

◆问题

墨菲先生应该选择谁做项目经理？为什么？

国际微电路公司

梅根·贝丁（Megan Bedding）是国际微电路公司（International Microcircuits Inc.）主管销售的副总裁，她很高兴公司能够成为受邀参加一项竞标活动的少数几家公司之一。这次竞标可以使该公司的一种主要产品在这个小国家赢得一个大型的工业客户。在该地区的首席销售代表打电话给她，告诉她在这个国家做生意可能遇到的特定"期望"：

（1）占产品价值至少50%的当地材料必须以互惠的方式购买；

（2）当地的政客希望该公司持续对其政党进行大量捐助；

（3）当地的工业客户在从国际微电路公司这样的供应商那里购买商品时，通常要收取40%的回扣（国际微电路公司的边际利润率只有20%）。

得知这一新消息后，贝丁无法确定是否继续这一投标活动。如果撤销投标，以前所付出的许多努力就全都浪费了，同时会在国际市场上失去一个立足点，但如果继续下去，自己如何才能通过既合乎法律又合乎道德的方式来满足这些"期望"？

◆问题

请设计一种方案来解决贝丁的问题。

课堂综合练习项目

班级现在的任务是选拔一名项目经理。对此我们提出的建议是，最好的项目经理应该是"能够圆满完成工作"的人而不是正好"可用"的人。对一个班级项目来说，这是一个特别危险的陷阱，因为班级中每个人都很忙，没有人希望领导一个大项目。不要期望指定两个人共同作为项目经理——这种方式行不通，除非这两个人在以前的项目中曾经合作得非常好。如果指定两名项目经理，那么没有人会知道他们各负责哪一方面，工作任务可能会脱离正轨。理论上，如果项目被组织得很好，并且运行良好，那么项目经理的工作应该不比班级中其他成员的多，甚至可能还要少。项目经理的主要职责（可能与子团队的领导共同合作）是做好项目的组织工作，做好工作任务的进度计划，并且随时了解工作的进展情况。然而，如果突然出现问题，或者仅仅是人员个性不合，项目经理将会发现他的职责比预想中耗费的时间要多得多。在项目经理最终选定之后，对于整个班级，特别是对子团队的领导（如果存在的话）来讲，重要的是要全心全意效力于项目经理，完成分内的工作，承担起他们同意接受的工作责任。同时要牢牢记住，班级中也许会有一个或者更多的人将要做多于他们被公平分配的工作，因为未预期的问题在此期间会突然出现。记录者应该记录选择项目经理的过程：用什么标准选择了项目经理？有什么关键的因素被本书忽视了？还有没有使用了什么标准但不在本书讨论范围内？这个过程是否由多个团队成员主导？

参考文献

数字资源

第 3 章　项目经理
（案例分析与指导阅读）

第4章 管理冲突与谈判艺术

Managing Conflict and the Art of Negotiation

本书多次谈到冲突问题。这一章是专门讨论冲突问题的，同时对谈判——解决大多数冲突的办法进行了阐释。第1章讨论过，满足不同利益相关者不应该视为一个零和博弈，即满足一位利益相关者的要求却必须让另一位受损失。理想情况下，项目经理应该通过将利益相关者的目标与项目的目标相结合，寻找能够同时满足所有利益相关者的方法。

不幸的是，这种理想状态与充满各种冲突的项目现实是完全相反的。也许有人会问：为什么项目中会存在如此之多的冲突？其中一个原因是从事同一个项目的人对如何实现项目目标产生了分歧。分歧因何而来？有无"一个最佳方案"？或许最佳方案是存在的，究竟哪个方案是最佳的尚不确定。例如，项目输出端的客户经常与项目输入端的人有不同的看法，比如供应商或职能经理。同时，其他利益相关者也可能有不同看法，比如项目高层管理者、当地社区或项目公司的律师。大部分冲突本身就具有不确定性，谈判是管理由此产生的风险的一种方法。因此，这一章还会涉及风险管理的问题，即如何应对由不确定性引发的冲突。

我们在第6章将会谈到，制订项目计划的过程通常需要许多人投入其中。即使项目相对较小、较为简单，计划的制订也会涉及组织中几乎所有部门及其人员之间的互动，在这些互动过程中几乎不可能没有冲突发生。当冲突发生时，如果存在缓解或解决冲突的对各方来说均可接受的办法，将会是有益的。当然，我们应该注意到，有些人更容易接受沟通与妥协，另一些人则更固执己见或总觉得世界在毁灭他们的每个愿望。人的个性差异是巨大的，在项目冲突沟通中永远要考虑这一点。

冲突有时被定义为当一方察觉到另一方已经或将要阻挠他所关心的某件事情时所开始的过程。尽管冲突可以由信念、感觉或行为等问题引起，但本章中我们关心的主要问题是当个人或团队追求的目标与其他个人或团队追求的目标不同时所引起的目标冲突。当阻挠的程度降低到某一点上，即冲突的一方无论是现在还是将来都不再考虑针对另一方采取任何行动时，冲突的一方就会得到满足，如果冲突的所有当事方此时都得到了满足，就可以说冲突已经解决了。

解决冲突的方法包括撤回、平滑、妥协、强制、直面/解决问题等。这里提到的直面/

问题解决（直接面对问题，通过沟通）是最有效的方法，强制、暴力是最无效的。暴力，当然，一个非常省时间的方法，可以作为君王的权力，但法治是现代社会选择的方式——尽管有时也会出现偏差。解决冲突是法律的终极目标。

组织建立了复杂的规章制度以解决组织自身和与之相互作用的个人、团队之间的争议。企业与其供应商、工会和客户之间签订合同以指导潜在冲突的解决。不同的利益方（利益相关者）并不总是对法律含义或合同条款保持一致的意见。无论多么详细，任何协议都不能涵盖各种错综复杂的关系中可能出现的所有情况，比如复杂工业设备的买方和卖方之间、工程咨询服务的使用者和提供者之间、计算机程序的编制者和用户之间等，潜在的冲突是无穷无尽的。拥挤不堪的法院即是冲突广泛性与多样性的见证。纽约州法律协会的网页显示，美国大约有 85 万名律师，占到了全世界律师总数的 25%～35%，他们中的绝大多数受雇于冲突中的当事方以帮助解决分歧。

谈判是一种减少或解决项目中经常发生的各种冲突的手段，在这一章我们将考察其性质。在开始讨论之前必须澄清的是，本章的内容不是指导如何进行谈判，有关如何谈判的教程不在本书的范围之内（有关此方面的资料见参考文献）。本章关注的是项目管理中谈判的作用和应用。同时要注意，我们极少关注组织和外部供应商之间的谈判。根据我们的经验，这种类型的谈判有时由项目经理来实施，有时由项目工程师来实施，但最经常的是由组织采购部门的成员来实施。

对某一合理技术方案的争论经常会产生一个比起初建议的所有解决方案都好的合作性方案。冲突经常会教育个人和团队理解组织中其他个人和团队的目的或目标，从而满足价值颇丰的双赢谈判的先决条件（见 4.3 节）。实际上，参与双赢谈判的行为正是这种冲突解决方法所产生积极成果的一个例证。

在第 3 章中我们曾经指出，谈判是项目经理必须具备的一项重要技能。如果没有经过谈判方面的培训，项目经理就不应该试图在项目管理领域执业。在这一章，我们描述了那些要求项目经理必须具备这项技能的项目管理领域。除此之外，我们还会讨论一些适当的或不适当的谈判方法，同时讨论由该领域专家建议的或从我们的经验中总结出来的成功谈判方法的几个特征。我们也会指出谈判中涉及职业道德方面的问题。与项目管理的其他方面相比，也许解决冲突以及谈判时在职业道德上出现失误的机会更多。与其他章节不同，我们将使用相对较少的例子来做说明。成功的谈判是实际情况的特有产物，简短的例子对从理论到实践的指导作用甚微。我们在本章的末尾提供了一篇小短文（见本章的数字资源中的指导阅读），该短文改编自实际生活，为保护相关者（如无辜者和罪犯）的隐私，我们对其中的人名进行了更改。

实践中的项目管理　　　　**通过谈判快速建立一个幼儿园**

在非洲贫民窟用 30 天为孤儿与贫困儿童建立一个学校，成为一家挪威电视台现实秀的创意。在斯堪的纳维亚团队中，只有 1/10 的受雇队员有过建筑经验，只有一个人，兰格女士，一位项目管理师，有过一些项目管理经验。可以预期的是，气候、食物、语言特别是文化差异几乎淹没了这个小小的团队。闷热的天气与北欧完全不同，食物则几乎没什么味道，兰格女士只能与酒店的大厨谈判，希望能在食物里加点辣椒。文化差异是最大的挑战，特别是非洲人的时间观念相比斯堪的纳维亚人要散漫得多，但项目的进度计划表中时间有限。她在家具工期快要到时想查看一下进度，震惊地发现木匠几乎还没开始。"时间不可控，我会打给你的。"木匠说。

兰格女士发现，几乎所有的事都需要谈判。"谈判技巧肯定是我在项目管理培训中学到的最有用的技能。"她发现，她需要在沟通中经常数到 10（想清楚），仔细考虑这些人从哪儿来，并想出怎样才能创造一个能够满足双方团队要求的双赢场景。当地人称呼她为"外交家"。看到外国人这么尽心尽力地帮助他们，当地村民都参与到项目中来。兰格女士发现，与其通过官方渠道，还不如与那些参与工作的女性来沟通，反而能够解决很多她的团队遇到的问题。

然而，当项目时间快要到了时，成功依然遥遥无期。一想到如果无法将学校建好，那些儿童与村民会多么失望，团队成员就夜以继日地轮班工作。承诺兑现，学校也在现实秀的时间之前建成了。

问题

1. 时间不可控？木匠的意思是什么？

2. 在这个项目中，兰格女士使用了某些谈判原则吗？

3. 从某方面说，你认为团队是更在意现实秀的目标，还是非洲的孤儿与贫困儿童的需要？

资料来源：B. G. Yovovich, "Worlds Apart," PM Network, Vol. 24.

4.1　确认与分析利益相关者

正如之前强调的，管理冲突的最好方法是提前将项目的目标与不同利益相关者的目标联系起来。为了促进这项工作，本节将讨论几个确认与分析利益相关者的技术方法。

在将利益相关者目标与项目目标相联系之前，我们要先确认这些目标。最常用的判断利益相关者目标的方法是专家判断法。在确认之后，我们需要建立一张利益相关者的登记表，管理他们的关键信息，包括合同信息、他们的需求与期望，以及他们对项目的哪个阶段最感兴趣。除了利益相关者登记表，还要有一份利益相关者事件日志，用于记录问题与解决方案。

一旦利益相关者被确定，有很多的工具可以用于分析他们，从而增进了解，帮助管理与他们的关系。当有利益相关者的更多信息时，利益相关者登记表就需要更新。

为了能够更好地展示一些典型的利益相关者分析工具的作用，我们会用一个流程改进项目作为例子，此项目是关于一家医院想要缩短病人压力测试的周转时间。压力测试的周转时间是从一位心脏科医生的要求开始算起，直到心脏科医生把测试报告签收。测试报告的延迟会耽误病人的治疗时机，进一步影响病人在医院待的时间。为了说明案例，我们进一步假设，在项目团队的先期会议中，项目经理与流程改进团队已经确认了如下利益相关团体：放射科医生、心脏病医生、医院管理层、压力测试技术以及病人与家属。

一个对分析利益相关者有用的工具是权力-利益表。正如名字显示的，这个工具从两个方面分析利益相关者：（1）他们在项目中的利益；（2）他们在组织中的相对权力。基于以上两个维度，模型会给出项目经埋与利益相关者的关系建议，是监督还是保持告知，还是保持满意，还是密切管理。图4-1展示了压力测试流程改进项目的权力-利益表。

根据图4-1，我们可以观察到，考虑到心脏科医生与医院管理层在项目中的高度利益与组织中的权力，项目经理应该尽力处理好关系。同样，也需要放射科医生保持满意。最终，需要监督病人与家属，并且测试技术人员需要被告知项目状态。

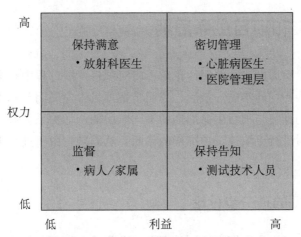

图4-1 展示压力测试流程改进项目的权力-利益网格

除了彻底考虑项目经理、项目团队与利益相关者不同类型的关系之外，评估不同利益相关者团体需要在项目中的参与程度与承诺对项目的成功也是非常重要的。一个用于测评需要利益相关者参与水平的有用工具是承诺评估矩阵。在这个矩阵中，标出了每个利益相关者目前的参与水平与期望的参与水平。

图4-2提供了关于压力测试流程改进项目的承诺评估矩阵的实例。在比较对流程改进项目的目前参与水平与预期参与水平中，我们发现心脏病医生比预期的参与程度更高，这可能预示他们会造成项目无法正常推进的风险。另外，为了项目的成功，需要测试技术人员与心脏病医生有更多的参与。因此，项目经理与项目团队有一个合适的沟通计划来降低心脏病医生的承诺水平，并提高测试技术人员与放射科医生的承诺水平。

参与水平	利益相关者团体				
	心脏病医生	测试技术人员	医院管理层	病人/家属	放射科医生
强烈支持	X	O			O
支持	↓ O	↑	XO	XO	↑
中立		X			
反对					X
强烈反对					

X=目前参与水平
O=预期参与水平

图4-2 展示压力测试流程改进项目的承诺评估矩阵

管理利益相关者参与水平是一个重要的过程，也因为这个要求，它作为新知识刚刚加入PMBOK。根据PMBOK中第13.3节的内容，管理利益相关者参与水平需要以下活动：

（1）取得并确认利益相关者在项目不同阶段的成功所需要的参与水平。

（2）与利益相关者沟通来管理他们的预期。

（3）在利益相关者变成大问题前确认他们的关注点。

（4）一旦他们成为问题，马上解决。

4.2　冲突和项目生命周期

本节在对项目生命周期进行简短讨论后，将对项目发展过程中频繁发生的冲突进行分类，接着会阐述这些冲突的本质。最后，我们将把项目生命周期与基本的冲突类型联系起来，揭示各种类型的冲突与项目生命周期的不同阶段的密切关系。有了这些知识，项目经理可以对风险的性质进行更快速、更准确的诊断，从而减少由于处理无效而使冲突升级的可能性。

关于项目生命周期的进一步讨论

不同的作者对项目生命周期有不同的定义（见图1-3、图1-4和图1-5）。最常引用的定义是亚当斯等（Adams et al.，1983）的定义：概念、计划、实施和终止。在第一阶段，高层管理者尝试性地、有时是非正式地批准项目初步计划。管理层在做出这种认可之前通常会做一些严格来说非正式的私下工作来验证概念的可行性：着手进行初步的计划制订工作、选定基本的目标体系，还可能剔除项目。第二阶段一般进行详细的计划制订、编制预算、制订进度计划以及资源汇总。在第三阶段，完成项目的大部分实际工作。在项目生命周期的最后阶段，工作全部完成，产品移交到客户或用户手中。这一阶段也包括项目资产和人员的安置，甚至可以包括为接下来另一个相关项目的第一阶段所做的准备工作。

实践中的项目管理　　　　　　**内穆尔儿童医院的利益相关者参与**

不幸的是，住院生孩子的负担经常混合着繁重的纸面工作，以及病人与家属需要穿过行政、测试、治疗区域等的迷宫。为了解决这个问题，一项耗资3.97亿美元，在佛罗里达州奥兰多市建立一座内穆尔儿童医院（Nemours Children's Hospital）的项目，将用一种用户体验良好的、向病人提供综合性医疗方案的方式展开。特别地，他们希望即便不是所有，也尽可能把支持活动与医疗活动放在病人楼层。项目团队明白，如果利益相关者不认同这种方式，那么也无法实现。

一方关键的利益相关者就是病人与家属。为了获得这类用户的意愿信息，一个病人与家属的顾问团成立起来，他们对于不同设计的意愿通过一个场外样板中心来收集。例如，父母可以走入住院病人与门诊病人的房间，孩子们可以尝试不同的床垫。顾问团可以提供有价值的信息，例如孩子躺在床上时可能会看到天花板上有一个可怕的影子。在项目中，团队发现让顾问团来提供细致选择的信息比直接让他们帮助重新设计病房并不会比计划时间落后。建立这样的样板中心，同时也服务了另一类利益相关者群体——公众，有4 000

人在医院开业前参观了样板中心。

招募医院的职工是项目的另一项主要挑战。例如，在医院开业前的一年，700 位内科医生与护士通过筛选，但健康护理的员工与其他专业的员工有一项重要区别，就是健康护理的员工需要专业的执照。因此，另一个重要的利益相关者团体就是佛罗里达执照管理委员会。特别地，这个管理委员会可能会被数百个想要获得健康护理执照的申请人挤满。为此，三位内穆尔项目的员工专程来处理执照的相关事宜，其中一人则全职处理与政府机构的关系。

一个非常麻烦的问题困扰着那些需要建立全新设备体系但需要员工输入的项目，就是员工多数还没雇到。该问题在内穆尔项目中也同样存在，因为多数工作人员直到医院开业前几个月才会雇到。如果没有雇到足够的员工，那么肯定在项目的后期要进行相关的调整，这显然会影响项目的进度。为此，内穆尔项目专门成立了一个监管委员会，会同健康护理专家对新员工调整要求进行复核，那些符合监管要求的调整建议会被采纳，其他调整请求则需要衡量过对病人的治疗影响与成本后才会通过。

最终，项目取得了巨大的成功。拥有 630 000 平方英尺与 137 个床位的医院如期开业，并且没有超预算。这个项目也成为 2013 年项目管理协会项目年度大赛的决赛者。

问题

1. 利益相关者是如何对于项目成功有所贡献的？

2. 在建设新的儿童医院时，让利益相关者参与是否有风险？项目团队采取了什么步骤或措施来避免这些风险？

资料来源：L. La Plante, and P. Mack, "It Takes a Village," PM Network, Vol. 27.

冲突的类型

项目生命周期的所有阶段看起来都会伴随着各种冲突。在早期的研究中，塞姆海恩等（Thamhain et al., 1975a, 1975b）在项目冲突研究方面做了许多工作。冲突集中于诸如进度计划、优先次序、职员和劳工要求、技术因素、行政管理程序、成本估算等方面，当然还包括个性冲突（Afzalur, 1992）。塞姆海恩等收集了有关项目生命周期中每一阶段每一类冲突的频率和重要程度的数据，将频率与衡量冲突重要程度的指标相乘，并根据项目经理的报告对每类具体冲突的比例进行调整，推导出了对冲突强度的估算。

通过对这些数据的检验，看起来各种冲突可以归为三种基本不同的类型：

（1）为项目工作的各个团队可能制定了不同的目标和预期；

（2）关于谁有权限制定决策存在很大的不确定性；

（3）项目中分属不同利益方的人员之间存在人际冲突。

有些冲突反映了这样的事实，即项目的日常工作通常由组织中许多不同的部门开展，这些部门经常在目标和技术判断方面存在分歧，结果导致了这些部门对项目及其成本-收益、相对重要性、完成时间等方面存在不同的预期。有关进度计划、不同项目之间及项目内部之间的优先次序、成本估算和员工时间的冲突往往属于这一类型。在根本上说，它们是由项目经理和职能经理具有完全不同的目标造成的。项目经理关心的是项目，职能经理关心的主要是职能部门的日常运营工作。

其他一些冲突反映了这样的事实，即技术和行政管理程序同样都是项目管理的重要方面。在制定决策的权限上存在的不确定性，导致了项目经理和其他当事方之间的冲突。这些决策涉及资源配置、行政管理程序、沟通、技术选择和所有其他对项目有影响的因素。简单地说（也是正确的），在矩阵型组织中职能经理控制那些为项目工作的人员，并制定技术决策，项目经理则控制进度和工作流程。在实际工作中，由于身处忙乱的项目工作环境，项目经理和职能经理每天都要面对无数的危机事件，这些权限很难界定。

最后，有些冲突反映了这样的事实，即人是项目整体的组成部分。在一个依赖于许多人相互合作的环境中，某些个性冲突似乎是不可避免的。另外，在项目和客户之间或高层管理者和项目之间的冲突中，由于项目经理是项目的化身，项目经理总是冲突的当事方之一。

我们可以把这些冲突分为目标分歧冲突、权限不确定性冲突以及个性冲突等类型。冲突的相关类型及其利益相关者见表 4-1。

表 4-1　项目冲突类型与利益相关者

利益相关者	冲突类型		
	目标	权限	人际关系
项目团队	进度计划	技术	个性
	优先次序		
客户	进度计划	技术	
	优先次序		
职能经理和高层管理者	进度计划	技术	个性
	优先次序	行政管理	
	劳动力成本		

这三种类型的冲突所涉及的项目的利益相关者是可以识别的。项目经理、高层管理者和职能经理不同的目标是冲突的一个主要原因，并且经常会导致冲突。例如，高层管理者（有时是武断的）首先确定项目的三个参数——时间、成本和绩效，然后就认为项目经理会完成所有预定的目标。对成本和时间的估计不足是这一行为的自然后果，它直接导致了作为项目团队代表的项目经理和高层管理者之间的冲突。另一个后果是，项目经理会将吃紧的成本和时间估算传递给将实施某些项目任务的职能经理。当某个职能经理抱怨他们不能满足时间和成本目标时就会导致更多的冲突。所有这些往往会导致项目管理工作的失败，这反过来又成为项目经理和高层管理者之间冲突的另一个来源。

职能经理也可能在下列问题上与项目经理意见不一致，如项目的优先次序或指派某一具体人员为项目工作的必要性，甚至是将既定技术方案用于项目的适用性。除此之外，客户（不论是内部客户还是外部客户）的优先次序和进度计划可能与高层管理者和项目团队的优先次序、进度计划有极大的不同。最后，项目团队针对进度计划或所需人员水平进行人员配备的适当性有自己的看法。塞姆海恩等（1975a）的数据显示，这些目标的冲突发生于项目生命周期的所有阶段，在早期阶段特别严重。不考虑时间因素，在许多情况下很难确定到底哪一方提出的优先次序应占主导地位。

当然，有许多解决项目之间以及项目内部优先次序冲突的方法。通常用来批准项目投资的项目选择模型会产生一组按某种测量值排列的项目。由高层管理者来决定不同项目之间的优先次序也很常见。某一单个项目中不同任务的相对重要性由项目经理来确定，他根据进度要求、任务难度、资源的可获得性以及其他类似情形来分配稀缺的资源。这些解决优先次序冲突的方法彼此间并不相干，因为项目经理和职能经理有强烈的倾向使他们各自的利益最大化而很少考虑整个组织的利益。

在矩阵型组织中，权力中心特别不明确。项目团队和客户倾向于关注技术程序、争论项目的合适方法或者解决项目任何阶段可能发生的某个问题。高层管理者则另有他图，他们不仅要坚持主张项目经理采用和保持一套符合组织和法律标准的行政程序，而且十分关心谁向谁报告以及需要谁的许可来采取什么行动。敏锐的读者会注意到，这种关心对矩阵型组织的项目而言并不完全合适。与高层管理者讨论后，我们得出了一个明显的结论，即高层管理者普遍想追求效率以及矩阵型组织的其他优势，同时又试图维持传统等级结构的管理优势，这肯定会引致冲突。

建立伙伴关系和制定项目契约这两种方法解决冲突的潜力是十分明显的。这两种方法都不能阻止冲突的发生，但会极大地降低冲突的强度，并会提供一个解决冲突的框架结构。这两种方法甚至能形成一个环境，项目经理和职能经理在其中能够采取支持整个组织的立场而不仅是局部最优化一个项目或者一种职能。

项目经理经常会发现他们正与职位比自己高几个层次的职能经理争辩有关进度计划制订和资源优先次序的问题。职能经理和项目经理都不十分清楚到底谁有什么权限。项目经理经常抱怨："我要承担责任，但我根本就没有权力。"

大多数情况下，人员问题产生于项目团队内部，尽管职能经理可能与项目经理发生冲突——前者指责后者"急于求成"，后者指责前者"拖后腿"。根据我们的经验，大多数项目团队的个性冲突起因于解决问题的技术方法或观念的分歧以及用来实施项目的方法的分歧。当然，某些个性冲突很有可能引起技术冲突。任何类型的冲突初看起来都可能是个性冲突。

接下来我们将结合项目生命周期的各个阶段来分析这些冲突。

项目形成阶段

在项目生命周期的初始阶段，大多数冲突都围绕着在矩阵型管理环境下设立项目所固有的混乱而发生。在该阶段，与项目或其管理方法有关的任何问题都还没有确定，即使是项目的技术目标也没有进行清楚的定义或确定，只是在最一般意义上的了解。从这种半混乱的状态进展到相对有序的增进阶段是很困难的。为了实现这种过渡，必须解决四个基本问题，但不一定要按这里给出的顺序。

第一，项目的技术目标必须足够具体，使得增进阶段制订详细计划得以完成。第二，高层管理者和职能经理已经同意做出提供资源的承诺。第三，项目与所属公司中其他项目相比较的优先次序必须确定，并且进行了沟通。我们认为项目的优先次序必须在项目生命周期尽可能早的阶段确定（尽管它不大可能使项目免于强制性要求所导致的延误，但为职能经理提供了一个重要的信号，即在发生资源冲突时哪一个项目具有优先权）。第四，必须建立项目的组织结构，使其能够为项目生命周期的下一阶段编制行动计划、责任分配矩阵或类似工具提供充分的基础。

这些条件还是不充分的，却是解决项目形成阶段典型冲突的绝对必要条件，至少是在一个合理的水平上解决冲突，而不是简单地将这些冲突转移到增进阶段造成进一步恶化。

如果项目经理在这一阶段回避冲突，到了下一阶段就会招致灾难。上面提到的四个基本问题解释了以下几个关键环节：需要哪一个职能部门来完成项目任务？每一个职能部门应该参与到什么程度？这个项目与其他项目之间出现资源或设施使用的冲突时如何解决？项目工作与职能部门日常运营工作之间出现资源或设施使用的冲突时又该如何解决？谁有权来解决将要发生的技术、进度、人员以及成本问题？最重要的是，公司优先次序的变更如何与参与的每一个人进行沟通？

需要注意的是四个基本问题中的三个问题——界定技术目标、获得管理层承诺、确定项目的相对优先次序。不管项目选择何种组织形式，都必须加以解决。同时应当注意，选择什么样的组织结构对处理冲突的方式会产生重要影响。矩阵形式越强（极限是纯项目型组织），项目经理所扮演的角色就越有权威性；矩阵形式越弱（极限是职能型组织），职能经理所扮演的角色就越有权威性。项目经理和职能经理的权力/影响力/权威划分的不明确是引起涉及技术决策、资源配置和制订进度计划冲突的主要因素。

项目增进阶段

塞姆海恩等（1975a，p.39）指出，在项目增进阶段发生的冲突中"有关项目优先次序、进度计划、行政程序等的冲突看起来是前一个项目阶段的延伸"。在这个阶段，项目从一个笼统的概念变为（或应该转变为）一组非常详尽的计划。如果项目是独立运行的，项目经理便从职能部门那里寻求人员承诺。如果项目是与职能部门捆绑的，项目经理便从职能部门那里寻求工作承诺。在任何一种情况下，项目经理都从职能经理那里寻求承诺，职能经理除了要应付部门的日常工作外，还要承担为其他项目提供支持的压力。

由于项目计划更详细了，有关技术问题的冲突再次产生，项目经理和职能部门的冲突占主导地位。职能部门掌握的专业技术知识通常比项目经理更多，项目经理只是一个杂家。然而，有些项目经理也是专家，在这种情形下，职能经理和项目经理之间关于最佳技术方案的讨论经常会导致冲突发生。冲突的总水平在这个过渡时期达到最高点。

项目主体阶段

尽管与进度计划相冲突的最直接原因通常不同于早期阶段的原因，但进度计划仍然是项目生命周期主体阶段中一个主要的冲突来源。项目计划已由所有参与人员制订完毕并得到批准（尽管也许是勉强的），实际的工作已经开展。假设某项活动在实施中肯定会遇到困难并延迟完成，那么依赖于这项活动的各项任务活动也会被延误。如果延误得太久，并且没有得到补救，其中的一些活动将会延误整个项目。

为了避免产生这种后果，项目经理必须努力使进度回到正常的轨道上来，但赶工远比误工困难得多。赶工要求额外的资源以满足职能团队赶工的需要，但项目经理也许并没有这些资源。

项目越复杂，追踪和估计所有这些延误造成的影响就越困难，并且需要消耗越多的资源使得这些活动重新符合进度计划的要求。项目经理的最终任务就是管理时间、成本、绩效之间的平衡关系，本书对问题的探讨自始至终都以此为参照。保证项目的进度正是管理这种平衡关系的一项活动。究竟是增加项目的成本，还是降低项目的技术水平以节省时间？只要有任何其他可行的替代方案，项目经理就不会左右为难了。项目经理做出权衡的能力经常受到诸如合同、公司政策和职业道德等因素的制约。实际上，做出权衡决策是极为困难的。

像进度冲突一样，技术冲突在项目主体阶段也经常发生并造成严重后果。同样，技术冲突的原因与较早阶段相比也有所不同。就像计算机和打印机必须正确地连接起来才能正常工作一样，项目的各个组成部分也是如此。在项目中，有些连接叫作接口或界面，接口或界面的数量随着项目的增大而迅速增加，即随着系统复杂程度的增加而增加。接口数量增加了，接口出现问题的可能性也就随之增加。管理这些接口并纠正不相容性是解决项目主体阶段技术冲突的关键。

项目收尾阶段

与在项目主体阶段一样，进度是项目收尾阶段的主要冲突来源。如果在项目主体阶段发生了进度延误（很有可能如此），在这个项目最后的阶段肯定会尝到苦果。在项目收尾阶段，描述具有固定期限的项目所处境况的最佳词汇是手忙脚乱。项目经理、项目团队和职能团队经常联合在一起为按时、按规范要求完成项目全力以赴地工作——如果成本超支不是特别多，还是可以容忍的。

在项目收尾阶段，技术问题相对较少发生，因为大多数技术问题已经在前几个阶段解决或回避了。同样，工作界面也已建立并实施。如果项目涉及在某一外部客户的系统中实施某项技术，也许会引起技术冲突，但通常并不强烈。

塞姆海恩等（1975b，p. 41）指出，个性冲突是项目收尾阶段排名第二的冲突来源。他们把这些冲突归因于项目完工压力引起的人际关系紧张，以及项目成员由于即将离开此项目被指派到另一个项目或者回到职能部门而自然产生的焦虑。除此之外，我们还观察到，有些冲突集中于项目终止时项目资本设备和供应品的分配上，这种冲突有时是非常尖锐的。冲突有时也产生于正在收尾的项目和刚刚开始的项目之间，特别是如果后者需要前者正在使用的资源或者稀缺人才时。

塞姆海恩等认为冲突是由目标或期望的分歧、权限的不确定性和人际关系问题引起的，这种观点未包括项目团队中专业导向型和问题导向型的团队成员之间发生的冲突。我们并不认为塞姆海恩等的观点不对，仅仅是认为他们的分类没有特别地包括我们感觉发生得很频繁也很重要的一类冲突。我们认为在第6章讨论计划制订时发生的许多冲突是由个人在专业导向或问题导向上的分歧引起的。派尔德等（Pelled et al.，1994，p. 23）在进行关于多职能设计团队冲突的研究时所做的一次访谈记录可以清楚地证明这一点。一个团队成员在谈到另一个团队成员时说："他将会做任何他认为是正确的事情来完成他（自己）的工作，而不管是否对公司或别的人有好处。"联系上下文可以很清楚地看到，这类冲突发生在问题导向型和专业导向型的人之间。

结论很简单，就像我们在第1章中指出的那样，冲突是项目的固有特征，项目经理经常受到冲突的困扰。减少和解决冲突以支持达到项目目标的能力是项目经理成功的首要条件。解决和减少冲突的主要工具就是谈判，在项目形成阶段建立的冲突处理方法将会为在整个项目过程中解决冲突确定基调。因此，项目经理采用的谈判风格是非常关键的。

实践中的项目管理 ||| **一项关于蒙特利尔群岛水坝的共识可行性研究**

为了评估在圣劳伦斯河流域建设水坝的收益与成本，一项可行性研究由魁北克省发起，且是跨部门的评估。评估产生了一份可行性报告，考虑了水力发电、防洪、海岸线观光恢复等，并建议由项目经理作为中心权威来主持研究。

因此，一个名为"群岛秘书处"的组织建立起来，直接监管可行性研究。然而，它选择了一种民主的"共识"方式来协调10个政府部门而不是中心权威的方式。它相信，这种共识方式会形成各方都能接受的解决方案，并保留各部门的行政权力。

虽然这种方式看起来避免了冲突，一项事后的项目评估认为，这种方式既无效果也无效率。舍弃了中心权威的架构方式，在决策框架中就存在了一种领导间隙以及成员滥用投票权的情况。

关于有效性，研究表明是有问题的：因为水坝建设被延期了。考虑效率问题，研究表明比通常需要的时间推后了1~2周，并且成本更高。

从回顾中看，共识方式像是用于保护各政府部门的权力范围而不是为社群选择一个最好的项目。尽管共识是非常重要的，但领导力不应该丢失。用共识来尝试避免冲突，结果并没有简单地达到研究目标，仅仅是知道了每个人会同意的部分。

问题

1. 基于研究的结果，共识方式真的达成了每个人都接受的解决方案了吗？为什么这个结果并不让人愉快？

2. 基于这个案例情况，共识方式是不是能产生对整个社群最好项目的方式？为什么？

3. 什么方式才能获得对整个社群最好的项目？

资料来源：R. Desbiens, R. Houde, and P. Normandeau, "Archipel Feasibility Study: A Questionable Consensus Approach," Project Management Journal, Vol. 20.

➡ ## 4.3 冲突处理

了解了更多项目生命周期与冲突的关系，我们将转向处理这些冲突的策略。我们将非常仔细地讨论首选的解决冲突的技术，即谈判。

当我们思考人们解决冲突的方法时，可以从两个维度来查看人们是怎么面对现状的。一方面，可以考虑当事人有多独断，从完全不独断到完全独断；另一方面，可以评估当事人的合作程度，从完全不合作到完全合作。基于这两个维度，肯尼斯·托马斯与拉尔夫·基尔曼（Kenneth Thomas, Ralph Kilmann, 1975）定义了五种人们用于处理冲突的策略，如图4-3所示。

从图4-3中可以看出，如果情况是独断且不愿意合作，那么采取竞争策略。当竞争策略被选择时，即人们认为情况是一个人必须输，另一个人可以赢，或者说，我赢你输

（赢-输）。这种竞争策略在必须快速做出决策时是合适的。

如果情况是并不独断，但依然不愿意合作，那么采取避免策略。这是一种双输策略，因为你既不能帮助别人来完成他们的目标，也不能追求到你自己的目标。当这个问题对你不重要，或者你认为这个冲突解决后产生的危害比用一种满意的方式解决冲突得到的好处更多，那么采取避免策略是合适的。

如果你做事独断，但又有合作精神，可以采取协作策略。注意力放在完成你的目标上，但也要注意，最好的解决方案是让双方都受益。因此，协作策略可以被认为是双赢策略。在绝大多数情况下，特别是双方当事人都比较重要时，这种策略是合适的。

如果你并不独断，也非常注意与对方的合作，可以采取灵活策略。这种情况下，注意力将放在主要解决对方的问题上。这种状态可以描述为我输你赢，即输-赢策略。当你处于错误状态或问题对别人特别重要时，这种策略是合适的。

最后，如果你在两个维度上都比较温和，可以采取妥协策略。这种情况下，没人赢也没人输。因此，你可能达成了一种解决方案，你与其他当事人可以和谐相处，但都不是很愉快。当采用双赢策略可能会使成本超过潜在收益时，这种妥协策略是合适的。

这个框架的价值是帮助我们认识到，解决冲突的可选策略有很多。成功的项目管理需要在冲突发生时仔细查看情况并评估，选择合适的解决冲突的策略，从而最优化当事人之间的关系。

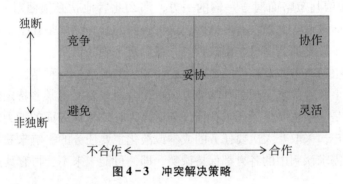

图4-3 冲突解决策略

4.4 谈判的本质

正如之前提过的，当有一系列可以解决冲突的方法，总体而言，最好的解决冲突的方法依然是谈判。什么是谈判？赫布·科恩（Herb Cohen，1980，p.15）的经典之作《你可以谈判任何事情》（*You Can Negotiate Anything*）指出，"谈判是一种我们从想获得东西的人的身上增进感谢的一系列知识与努力的领域"。其他作者也给出了不同的谈判定义，但与科恩的定义相差不多。即使没有一种单独的定义可以适合我们认为的"谈判"，但可以将类似"调解""安抚""讲和""达成一致""平息差异""减轻""仲裁""调整差异""妥协""讨价还价""斤斤计较""争论"（*Roget's International Thesaurus*，1993）等词作为"谈判"的近义词。

多数涉及组织或外人的冲突，都会牵扯财产权与合同义务。在这些案例中，谈判的当事人都把对方视为对手。组织内部产生的冲突也可能涉及财产权与义务，但与外人的冲突有很重要的不同：一旦考虑到是一个公司的，他们就只是同盟之间的冲突而不是对手的。沃尔（Wall，1985，pp. 149 – 150）清楚地说明了这点：

> 组织，就像许多团体，由相互依赖的部分组成，但每个部分都有自己的价值观、利益、观念与目标。每个单元都会寻求机会实现自己特殊的目标……并且组织的效益取决于每个单元对自己特殊任务的完成情况。正如每个分散的任务是由单元的不同活动整合而成的那样，单元的每个活动会帮助或至少不会与其他活动冲突。

一种组织间促进这种整合的方式是建立"横向关系，即允许横向跨越权力界限地做出决策"（Wall，1985，p. 150）。因为任一单元都有自己的目标，整合两个或两个以上单元的活动，几乎确定会产生冲突，但沃尔认为不会发生。这些冲突可能通过沟通出一个可能的方案来解决，如果这个方案存在，那么会让所有当事人都有所得（或减少损失）。雷法（Raiffa，1982，p. 139）定义了一个针对两方冲突的帕累托最优，并且认为讨价还价的过程就是寻求最优解的过程，同时也是一个困难且耗时的过程。当冲突的双方可能不太清楚真实世界中的项目管理、多方/多事件的复杂权衡，总体目标就是找到一个方案，使得一方的获益更好但不会以另一方承担相应的或更大的损失为代价，这就是帕累托最优方案。

帕累托最优方案的概念很重要。解决项目间冲突时，想通过从对方那里获得胜利来解决是不恰当的。项目经理必须记住，他可能在未来会与项目利益相关者进行多次谈判。如果他采取了赢-输谈判策略而对方是输的一方，那么此后他就必须面对一个坚定的对手，一个想要打败你的对手。这是没有好处的。这种谈判的最好结果是让整个组织的目标最优化。尽管可能并不总是那么明显，但谈判是一条确定正确的道路。

在谈判过程中，一种涉及道德的情况值得注意。考虑这样一种情况，一个公司要求一个外包商开发一个软件包来实现某些功能，当这个公司想要实现某些特定的功能时，经常性地并不清楚这是一项主要任务还是次要任务，因为它缺乏这方面的能力，因此，外包商有机会来误导客户，采取夸大次要任务的成本或淡化主要任务的影响来获得订单并在后期加价。道德情况需求谈判中的各方都保持诚实，即使可能未来不会再有其他合作机会了。

4.5　伙伴关系、契约与项目范围变更

众多项目给项目经理提供了丰富的机会来使用自己的谈判技能。然而，项目中有三种情况需要项目经理所能掌握的最强谈判技能：分承包商的使用、两个及以上的职能单位来设计与开发项目目标、项目产出或优先级在项目过程中的变更（Hughes，1998）。第一种情况可能引起的诉讼比项目的其他所有方面的总和都多。从本书作者的经验看，后两种情况是项目经理提及的最常见也是最麻烦的问题。

伙伴关系

近些年，项目中使用外部力量的频率一直稳步增长（Smith，1998）。外部供应商越来越多地提供项目的一部分成果，包括有形的产品与服务以及无形的知识与技能。除了避免诉讼之外，有很多的理由让公司参与到相互的合作关系中去，例如分散技术风险、避免资

本投资、减少跨国项目的政治风险、缩短项目周期以及蓄积能力与知识，等等（Beecham et al.，1998，p. 192）。

传统地来看，执行项目的组织与项目的分承包商的关系可以描述为对手关系。母组织的目标是尽快地以尽可能低的价格来获得成果，分承包商的目标是用尽量少的努力获得尽量高的利润来交付成果。这些利益的冲突导致双方都在一种互相怀疑与敌对的氛围中工作。确实，几乎是不言自明的，双方会对可交付成果的本质有非常明显的理解差异。"伙伴关系"这个概念发明出来就是希望用一种合作与互惠的氛围来代替原来的氛围，但底层的对抗关系使得这种合作在绝大多数案例中都非常困难（Larson et al.，1997）。

考恩等（Cowen et al.，1992，p. 5）将伙伴关系定义为：

> 项目伙伴关系是一种将契约关系转化为一种有凝聚力、合作的、有共同目标的项目团队的方法，并建立一套可以及时有效解决争端的流程。

他们建立了一个多步骤的流程来建立伙伴关系的项目。首先，母公司必须做出一个合作的承诺来选择分承包商，分承包商也必须同样有一个承诺，参与到联合团队建立的实践中，并且制定一种项目"契约"（在下一节中会描述这种契约）。其次，双方必须用四部分一致意见来实施合作项目：（1）共同评估项目的进度；（2）解决所有问题与不一致的一套方法；（3）持续改进联合项目目标的意愿（或者是全面质量管理）；（4）双方高层管理者对合作的持续支持。最终，当项目终止时，双方必须有一个项目实施的联合审查。比彻姆等（Beecham et al.，1998，p. 194ff）认为，有几件事可能会导致合作的失败，他们也找到了几种能够导致成功的主张。伙伴关系是一种减轻分包风险的方式。考虑上述步骤的本质，在每一步骤中都需要特定的风险管理。

流程中的每一步都必须伴随着谈判，谈判必须是非对抗的。整个概念紧紧地植根于双方互信的基础上，但这个假设太需要非对抗的谈判了。最终，这些论文关注来自不同组织的合作伙伴的关系上。我们认为，这个问题与合作伙伴来自同一母组织的不同部门是没什么关系的。同样的假设成立，那么同样的步骤就是必需的，内部也必须达成一致才能让合作关系成功。

伙伴关系的概念是远远超出项目中的买卖双方或跨部门合作的。建立多方联盟来达到技术研究目标是非常常见的。正如第 3 章中描述的，半导体制造技术联盟是一个半导体制造企业为了指导联合研究项目而成立的领域财团联盟。当 1984 年的国家合作研究法案为允许这种竞争者之间的合作而特别通过时，这个联盟才免于受到美国的反垄断法案的起诉。

有很多这类的竞争者成立的组织从事合作研究与其他合作活动（非价格垄断或其他非法活动）。它们经常是世界性的，也经常由多个国家的成员组成，例如，空客（最初是英国、法国、西班牙与德国）、国际航空发动机公司（最初是美国、日本、德国、意大利与英国），这些在第 3 章中已有涉及。

空客公司并不仅仅是这四个国家私人企业的联盟，各个政府分别资助了自己国家的私人企业。冒这种风险，显然是为了培育一个对抗美国波音公司的欧洲竞争者，从而在商用飞机市场上有一个成功的竞争者。

伙伴关系并不是说没有问题。那些没有太多合作经验的公司会低估合作的困难。伙伴关系需要所有参与者高层管理者的强力支持，也需要持续的项目目标与伙伴关系协议的支持（Moore et al.，1995）。除此之外，其中最困难的是，它需要双方之间开诚布公地沟通。就算有这么多问题，伙伴关系仍能够产生足够多的收益来弥补为此付出的努力（Baker，1996；Larson et al.，1997）。

契约

拥有集团伙伴关系的团队在花费极大努力后签订的协议一般称为契约。项目（程序开发等）契约就是所有项目利益相关者签订在纸面上的详细协议，包括客户或赞助者、项目经理、高层管理者、准备向项目贡献资源或人力的职能经理，甚至包括社区团队或环境实体等。需要考虑的是，契约可能会有很多种不同的形式。通常契约会给出项目的总览以及项目的预期产出的细节，包括计划、人事、承诺资源、风险以及评估办法（见第 6 章）。这份契约就是证明了一个事实，即所有利益相关者都达成了一致，同意了做什么、什么时候做以及以什么成本做。注意到，如果有这样一份协议，就表明没有任何一方可以单方面或不经与其他利益相关者协调就撕毁协议。很多项目是没有这样的契约的，这也可能就是很多项目无法达成效果或无法按期完成或无法在预算内完成的原因。

在第 6 章中，我们同样描述了一个开发项目计划的迭代过程，是一张详细地罗列了在执行项目过程中所有的过程与工作的清单。我们注意到，个人或是组织，在开发项目计划中所做的承诺，都会在后期赞同这些承诺。

在考恩等的研究中有一份非正式的项目契约（1992，Figure2，p.8），其中许多合作伙伴团队共同签署了如下承诺：

（1）服从设计意图。

（2）无诉讼地完成合同。

（3）按计划完成项目。

1）及时解决问题。

2）管理好共同时间表。

（4）将成本的增长控制在 2% 以内……

当然，为了满足一份契约的潜在要求，即使是那些不那么明显的条款也必须假设大家已经对设计意图、时间表、成本有了一致意见。

范围变更

项目的预期范围变更是项目管理中的核心问题，也构成了 PMBOK 的知识领域 2。无论项目之初是如何小心规划的，在项目终止之前几乎肯定会有改变。无论项目之初是如何仔细定义的，多数项目的范围也是不确定的。有几个基本的原因会导致项目的范围变更。有些改变了结果，因为计划者在最初关于如何达到一个既定结果时犯了错误，或是把项目的合适目标弄错了。技术上的不确定性是其他错误的基础原因。如果基础地质研究没有发现建筑之下的结构存在弱点，那么建筑的地基必须改变。一个研发项目，如果冶金实验表明必须采用另一路径，那么项目也必须改。项目团队如果发现一项最新的研究成果能够允许以更快、更便宜的方式组装一台新电脑，那么项目也必须改变。

其他改变结果的原因还有，顾客/用户或项目团队进一步了解到项目可交付成果的本质或使用的设置。用户成长、团队知识增长或复杂度的增加，都是导致变化的基础原因。一个电脑程序可能因为用户对软件有新功能要求而必须扩展或重写。内科医生要求医院里配备层流气流控制设备，以便病人在重症监护室（ICU）之外也不会受到感染。一个无经验的音乐发烧友可能会希望升级设备使之包含高频范围，从而他的狗也能够享受音乐。

引起变化的来源还有监管。这种改变来自项目所处的环境，对这类问题项目经理是无法控制的。例如，通过一项新法律，政府监管部门提示一项新政策，贸易协会设定一项新标准，用户的母组织对采购提升了新标准，等等。总的来说，就是项目的执行规则发生了变化。一个州通过的污染控制系统必须在每个化学精炼项目中应用。州政府要求所有的新保险单都遵守一项法律修正案，告知潜在购买者相应的信息。有些时候，监管可能只影响项目的优先级。某些监管可能会把一位顾客因为稀缺资源或服务变成排在最前的重要人物。

从一定程度上看，风险管理技术可以应用于项目范围变更。技术上的不确定性可以通过仔细分析所涉及的技术与技术发展预测来减轻。由用户知识增长引起的范围变更风险只能由改进与顾客的坦率沟通来管理，同时建立一个正式的流程来处理变更（更多细节见第11章）。最终，监管在极大程度上是不可预测的，这些情况只能通过建立一些预算与项目时间表来弹性管理。这些做法会在随后的两章中讨论。

正如希腊哲学家赫拉克利特所说，"没什么不会改变，除了改变本身"。这句话同样适用于项目，但不论是什么样的改变，若项目可交付成果的规格要改变，则时间表与预算都要重新计算。很明显，项目的利益相关者需要沟通来达成新的协议。这些沟通是非常困难的，因为多数利益相关者对维持现状有强烈的兴趣。如果提议的改变会对顾客有益但增加了项目成本，制作人就会尝试通过增加改变来抵消增加的成本的方式减少用户潜在利益。顾客当然会抵制。所有方面必须再一次寻找一个帕累托最优方案，这永远都是一项困难的工作。

由监管引起的改变会产生附加问题。不仅是项目可交付成果、预算、时间表通常会改变，其他项目的优先级也通常会改变，即使是暂时性的改变也需要整个系统全力关注监管。有时，一名项目经理可能因为别处需要而失去一项关键资源，项目的关键贡献者无法参会或无法按时完成之前承诺的任务。项目经理常常对这种情况的反应就是愤怒或失望，但任何一种都是不合适的。

> 这个项目太重要了，即使再重要的事也不能打扰它。
>
> ——匿名

在与项目经理和高层管理者讨论完优先级之后，我们可以清楚地看到多数公司实际上只有三种级别的优先级（不论设置项目优先级的过程多么华丽）。其一，那些高优先级项目，即那些目前已经被支持的项目集。当资源冲突在高优先级项目集发生时，通常优先提供给那些有更早截止日期的项目（更多见第9章）。其二，那些低优先级的项目，即那些"当我们有时间与金钱时再做"的项目。其三，偶尔有一些紧急的项目（监管）必须立刻去做。"顾客A的项目必须在本月末结束""州监管的要求必须在6月30日前达到"。所有其他事都会被延迟以确保这些紧急项目完成。正如之前提到的，我们将在第 11 章进一步说明。

虽然项目契约与伙伴关系会确定性地帮助项目经理来处理项目正常产生的冲突，但契约与伙伴关系的使用增长很慢——尽管外部资源增长很快。可以理解的是，在面对未来的高度不确定性时，很难说服高层管理者以一种项目契约的方式给出牢固的承诺。职能经理也可能出于同样的原因不能给出牢固的承诺。同样，顾客对于项目产出能否满足自身要求不太清楚时，也很难给出承诺——即使有沟通变更的流程存在。

伙伴关系最近已经成为一个流行的概念，在我们这个喜欢凡事诉诸法律的社会，解决冲突的任何系统要让所有方都放弃诉讼的想法都是存疑的。事实上，我们发现很多组织提倡的"团队建设""全面质量管理""员工参与"都无法切实执行。对于任何一个你找到的参与管理者，我们能找到一堆微观管理者。对于任一团队成员希望能够分担职责，我们能找到一堆"抱怨者"。项目契约与伙伴关系的时代正在到来，但不是现在。

4.6　谈判的要求和原则

"谈判"一词能引发人们的许多联想：审议联邦年度预算时的美国总统和国会，关贸总协定会谈中的"乌拉圭回合"，球员经纪人和美国国家橄榄球联盟（NFL）俱乐部的老板，房屋的买卖双方，夫妻离婚诉讼中的律师，正在忙于劳资协定交涉的工会和管理层，正在市场上讨价还价的游客和商贩。正如在本章开始所指出的那样，上述的形象中没有一个完全适合我们在前面章节讨论的必须解决各种冲突的项目经理。

理解项目管理中谈判性质的关键在于：我们要认识到几乎没有任何项目冲突与是否实施某项任务或完成某个可交付成果有关，相反，项目冲突与可交付成果的设计以及如何实现这些设计（由谁设计、何时设计以及成本如何）有关。隐含的意思很明显：项目任务必须完成。如果项目当事方之间的冲突升级，以致谈判破裂、工作停止，那么每个人都输了。项目经理所使用的减少或解决冲突方法的一个要求就是：采用的冲突解决方法不能对项目目标造成不可弥补的伤害。

进一步考察律师代理离婚案件的情形，就会清楚地得出项目经理在项目利益相关者之间协调冲突的另一个要求。夫妻双方（也可以是地摊小贩和游客）可能在谈判过程中使用了不道德的手段并且没有被发现，其中一方会以牺牲另一方的利益为代价从中获利，但是律师代表丈夫或者妻子这样做的可能性要远远小得多，特别是当这个律师在固定的社区执业时更是如此。律师知道他们在将来还要代理别的案件，任何可能滋生不信任的行动都可能使未来的谈判非常困难，甚至有可能使谈判无法进行。换成商贩和游客，估计商贩不会再与这位游客做其他交易了，良知是他们道德的唯一监督者。项目经理使用的减少或解决冲突方法的另一个要求是这些方法要允许（和促进）谈判双方真诚相待。

项目冲突的利益相关者既不是敌人也不是竞争者而是盟友——有着强烈共同利益的联盟中的成员。因此，对冲突各方共同的要求是：寻求的冲突解决方案不仅要满足他们自身的需求，而且要满足冲突中其他当事方的需求，同时要满足项目所属公司的需求。用谈判的术语来讲，这是一个"双赢"的方案。进行谈判以取得双赢的方案是项目管理冲突解决的关键所在。

费希尔等（Fisher et al., 1983, p. 11）开发的一种谈判技巧可以满足这三个要求，他们称之为"原则性谈判"，也就是双赢。这种方法很简单，主要包括以下四点。

1. 将利益相关者和问题分开

冲突的各方一般都比较冲动，他们对事情有不同的看法，尤其对分歧感觉强烈，情绪和客观事实相混淆，以至于分不清哪个是哪个。冲突各方倾向于相互攻击而不是针对问题。为了将冲突演变为人际关系冲突的可能性降至最低，应认真确定实质性的问题，对事不对人开展谈判。

2. 注重利益而不是立场

当项目经理对职能经理说"我要在 11 月 15 日之前获得此部件"时，针对立场的讨价还价就发生了，职能经理回答："我们团队在年底前开不了工，我们可能在 2 月 1 日前交货。"这种对话听起来好像是游客和商贩在讨价还价。一句简单的"让我们谈一谈这个部件的进度问题"就足以展开讨论了，否则，各方都会强烈地以自我为中心，谈判也就永远不会集中于冲突当事方真正的利益和关心的问题——冲突的中心问题。这种交流方式导致了一系列立场妥协的恶果，任何一方都不满意，并且双方都觉得失去了一些重要的东西。

在基于立场的谈判中，立场是对直接要求的声明，并假定环境是静态的。考虑一下这些立场性的声明："对这项资产我最多支付 25 万美元"，或者像刚才提到的"我们可能在 2 月 1 日前交货"。第一种立场假定出价者对未来资产价值的估计是准确的，第二种立场假定团队目前的工作量（或者所需材料的短缺）将不会改变。当谈判集中在利益上时，谈判者必须确定对方所关注的潜在问题。虽然表明了前面提到的立场，但是个人真正的利益或关心所在或许是从投资某项资产中获取一定的收益，或者在不能保证按期交货的情况下不对工作交付做出承诺。了解了对方的利益就可以使谈判者提出的解决方案满足对方的需要而无须同意双方的立场。

3. 在试图达成一致以前寻求双方受益的选择方案

冲突各方通常在进行谈判前就知道他们想要什么样的结果，因此，他们无视其他结果，而且尤其缺乏创造性。尽管如此，实质性的问题一经阐明，就应尽力寻找各种可能的解决方案（或者要素）以提升冲突各方的共同利益。若能成功找到使双方都受益的选择方案，则肯定会增加实现双赢谈判的可能性。如科恩（1980）讲述的一个夫妻间冲突的例子：丈夫想去爬山而妻子想去海边，一个创造性的双赢解决办法就是他们去了太浩湖。

4. 坚持使用客观标准

在谈判过程中，不应针对采取的立场争执而应将注意力放在寻找能够用来衡量谈判结果质量的标准上（例如，市场价值、专家意见、法律、公司政策）。这样做可以减少谈判过程中双方相互比拼意志力和固执己见的情况。如果职能经理想采用一种高成本的工序测试一种部件，那么项目经理提出如下问题是职能经理可以接受的：该工序是为了确保部件满足规定的质量标准所必需的吗？

在哈佛（商学院研究生院）的谈判项目中，费希尔等（1983）的方法取得了很大的成功，他们的方法增加了找到双赢解决方案的机会。

关于谈判的书有很多，本章的参考文献列举了一些，其中大部分针对的是对抗双方之间的谈判，并不适合项目经理的思维模式，但是所有这些书中都包含了有用的策略性建议。沃尔的书（1985）是这一领域的优秀学术著作。费希尔等（1983）清楚地阐明了原则性谈判，其中包含了许多与项目经理有关的内容。另外，科恩（1980）的书为双赢谈判提供了出色的指导。谈判的重要性已经开始得到项目管理界的认可（Grossman，1995；Long，1997；Robinson，1997），但是这一主题还没有纳入PMBOK。

大多数有关谈判的著作所论述的谈判策略都是作为谈判新手的项目经理需要知道的。例如，如果谈判对手想追求非赢即输的结果，一个想追求双赢结果的谈判者该怎么办？如果对手为了给你制造强大的心理压力而让你坐的位置面对很强的光线，你该怎么办？如果对手为了给你施加强大的时间压力而拒绝谈判以迫使你接受他们提出的解决方案，你该怎么办？你如何解决在你看来是纯粹的技术争端？你如何应对威胁？当你试图与一位职能经理就一项任务的时间安排和技术达成协议时，他却越过你寻求你老板的支持，转而要求你接受一项你并不满意的方案，这时你该怎么做？你如何应对一个你估计会不喜欢你的人？

几乎每一本有关谈判的书都强调理解谈判对手利益的重要性。正如上文所指出的，只有了解立场背后的利益和关心所在，才能真正了解谈判者所采取的立场。例如，要求5月15日实施的测试却声明要到6月2日才能进行，这可能仅仅意味着必要的测试材料只有在6月2日才能交货。如果项目经理能在5月15日的期限之前从别的地方取得供应材料，那么测试就能按计划进行了，但能够这样做的前提是你知道测试为什么被拖延了，如果谈判继续保持对立场的争论，那么项目经理将永远不会发现测试本来是可以按时进行的。当谈判者表明立场时，找到其利益和关心所在的关键是问一问"为什么"。

在下一章，我们将会讨论项目经理的首个任务——项目组织工作。届时我们不仅会讨论各种不同的组织形式（比如职能型、项目型以及矩阵型等），还会讨论项目办公室的组织工作。项目组织工作包括项目团队的组建以及项目中对人员的管理。

 ## 小结

本章探讨了作为解决项目冲突工具的谈判的必要性。我们讨论了谈判的性质及其在组织中的作用。我们也描述了冲突的不同类型并将它们与项目生命周期联系起来。接着我们确定了谈判的许多要求和原则。最后，我们给出了一篇小短文以示范实际的谈判情景（见本章数字资源中的指导阅读）。

本章的要点如下：

1. 企业内部的谈判应该以为组织获取最佳的结果为目的而不是为了获胜。

2. 传统上冲突分为三类：针对目标的、以权限为基础的以及人际关系的冲突。

3. 冲突来源传统上也分为三种，即项目团队本身、客户以及职能经理和高层管理者。我们还增加了项目工作人员的问题导向或专业导向作为冲突的另一个来源。

4. 项目形成阶段要处理的关键问题是：界定技术目标、获得管理层承诺、确定项目的相对优先次序以及选择项目的组织结构。

5. 冲突的总水平在项目增进阶段达到最高点。

6. 进度计划冲突和技术冲突在项目增进阶段和主体阶段发生得最频繁、最严重，进度计划冲突在项目收尾阶段尤其严重。

7. 项目的谈判要求是，冲突的解决不会造成永久性的损失；解决方法有助于促进真诚；解决方案必须同时满足个人和组织的需要。

8. 一个有前景的符合项目谈判要求的方法叫作"原则性谈判"。

 关键术语

接口（interfaces） 指部门或职能之间的边界。

横向关系（lateral relations） 具有相同权限的人员或部门之间的沟通。

帕累托最优方案（Pareto-optimal solution） 指一方的获益不以另一方承担相应的或更大的损失为代价。

立场性谈判（positional negotiation） 在假设环境静止不变的条件下说明直接的要求。

原则性谈判（principled negotiation） 以实现双赢为目标的谈判过程。

利益相关者（stakeholders） 对项目有特殊兴趣的个人或团体，通常是项目团队、客户、高层管理者和影响项目或受项目影响的特定公共利益团体。

双赢（win-win） 指结果对当事双方都有利。

 问题

内容复习问题

1. 回顾并明确将 7 种冲突放入表 4 - 1 中。

2. 讨论在项目形成阶段潜在冲突的四个基本问题。

3. 确定项目增进、项目主体和项目收尾各阶段可能发生的冲突类型。

4. 项目谈判的三个要求是什么？

5. 描述原则性谈判的四个要点。

6. 谈判的目标是什么？

7. 冲突的四种类型是什么？

8. "原则性谈判"是什么？

课堂讨论问题

9. 总结本章中的小短文（见本章数字资源中的指导阅读）采用的谈判技巧。评论"埋藏"成本的适当性及其道德方面的含义。

10. 如果一个双赢型的经理和一个非赢即输型的经理谈判，结果会怎样？如果他们都是非赢即输型的，结果又会怎样？

11. 根据你自己的理解，将 7 种冲突重新放入表 4 - 1 中。

12. 项目组织类型如何影响在项目生命周期中的每一种冲突？

13. 项目经理非常关心项目接口。随着项目规模的扩大，这些接口以什么速度增加？

14. 在原则性谈判中的关键词是"立场"。根据谈判来解释这个词的多重含义。你能换一个更好的词吗？

15. 给出冲突中帕累托最优方案的一个例证。

16. 考虑众多冲突是因为不同的利益相关者有各自不同的利益，有没有可能达到双赢状态？

17. 吉百利史威士股份有限公司（Cadbury Schweppes）的总裁吉百利（G. A. H. Cadbury）建议（1987）对一种道德行为进行以下检验：你会因为登报而羞愧吗？这是不是一个道德的充分测试？你是怎么考虑其他人的？

案例讨论

普里恰得肥皂公司

萨曼莎·考尔德伦（Samantha Calderon）是负责普里恰得肥皂公司（Pritchard Soap Co.）的礼品型"伊丽莎白女王"系列肥皂香料添加新工艺的项目经理。新方法将使产品的香型增加并大大提高其销售量。项目本来进行得非常顺利，但是近来拖延了几个星期，主要是香料供应商史蒂芬·玛克斯公司（Stephen Marcus Parfumissary）由于"野猫式"的罢工*而不能及时供货。

在一般情况下，这不会引起什么麻烦，但是这个项目的评估研究花了很长时间，现在有可能错过圣诞节的销售旺季。主要的进度问题与该公司的毒性实验室有关。实验室主任凯尔·李（Kyle Lee）在"伊丽莎白女王"香料毒性测试的进度方面积极配合，他特地重新安排自己的计划来配合考尔德伦的项目。然而，由于史蒂芬·玛克斯公司的罢工，考尔德伦无法及时提供香料以按照计划进行测试，即使是李提供的新的毒性测试日期也不能保证新产品能在圣诞节前推出。考尔德伦怀疑如果高层管理者早就知道新产品不能在圣诞节前面世，该项目很可能不会被批准。

◆ 问题

项目变更的原因是什么？变更对该项目的优先次序有哪些影响？考尔德伦有可替代的办法吗？她应该怎么做？

萨顿电子公司

埃里克·弗兰克（Eric Frank）正在为被提拔为萨顿电子公司（Sutton Electronics）的销售项目经理而暗暗自喜，该公司主要为汽车旅馆、办公室和其他大型场所生产火灾警报系统。弗兰克的第一个项目涉及为萨顿电子公司革新性的新型警报系统制订销售计划，该系统电路复杂，能够对大量的危险气体以及烟雾和高温进行检测和识别。这一装置是研发副总裁艾拉·马吉（Ira Magee）的杰作，他是一个技术奇才，为萨顿电子公司开发了许多产品。

对于像弗兰克这样年轻又相对缺乏经验的雇员来说，让他管理如此重要的项目是很不寻常的，但是他在处理几项日常且复杂的销售任务时表现出了自己的老练。另外，弗兰克的技术背景可以使他充分理解马吉所提议的气体探测系统的好处。

项目开始4个星期后，弗兰克越来越担心了。他曾几次试图召开一个关于项目组织和计划制订的会议，但无论他什么时候安排会议，制造部门的经理杰基·本肯（Jaki Benken）都会缺席。后来弗兰克只得同意制造部门可以由年轻的比尔·鲍尔（Bill Power）代替经理参与这个项目。鲍尔是本肯的手下，刚刚从大学毕业来到萨顿电子公司，弗兰克怀疑他对项目起不了什么作用。

当鲍尔完全错过了第一次计划制订会议并且直到第二次会议将近结束才出现时，弗兰克的忧虑越发增加了。鲍尔似乎感到很抱歉，并指出车间里的危机事件使他错过了两次会议。项目现在已经历时5个星期了，比销售的主计划几乎延迟了3个星期，弗兰克正在考虑向马吉寻求帮助。

---

　　* 指未经工会批准的罢工。——译者

◆ **问题**

你认为弗兰克应该在此时去找马吉吗？如果去找，你预计会有什么结果？如果不去找，他应该怎么办？

课堂综合练习项目

在班级项目中，谈判会在两种情况下出现：当项目经理试图给班级成员分配任务却遇到他们的抵制时，以及当项目经理或者班级在与教师或系主任协商争取资源时。显然，冲突可以在任何时候、任何情况下出现。在所有这些情况下，最好回想一下谈判的原则（或者快速查阅一下本章）。当冲突和讨价还价在项目进行过程中出现时，应当引起注意，同时要注意这些冲突和讨价还价的性质及解决方法。

参考文献

数字资源

第4章 管理冲突与谈判艺术
（案例分析与指导阅读）

第 5 章　组织中项目的作用

The Project in the Organizational Structure

　　一家公司如果经营得成功，就会吸引更多的资源和人才，建立起自己的组织结构，不断发展壮大。通常组织结构建立的核心是人力资源的专业化。只要公司的组织结构足以应付必须完成的任务，它就会持续下去。然而，一旦这种组织结构开始阻碍公司的发展，要求重组公司组织结构的各种压力就会产生。这种组织结构重组的过程依然会遵循专业化的原则进行，只不过专业化的实质内容将会发生变化。

　　任何一本管理学的基础教材都会涉及专业的基本知识。除一直流行的职能型组织结构之外，公司还可以按照生产线、地理位置、生产流程、客户类型、分支机构、时间以及横向或纵向一体化的各种因素等进行组织。事实上，大型公司经常在不同的层次上按照不同的方式进行组织。例如，某公司的高层机构下辖各分支机构，各分支机构按照产品类型划分，负责下一级的客户部门，再下一级，又可以分解成不同的职能部门，进而划分为各个生产流程区段，即按照三班倒的方式组织生产的基本单位。

　　在过去的十多年中，一种新的组织结构理论出现并迅速发展起来，即项目组织，也称"企业项目管理"（Dinsmore，1998；Levine，1998；Williams，1997）、"项目组织管理"或"项目导向型公司"等。这些组织通常被描述为应用"贯穿整个企业的项目管理实践工具"（Levine，1998）。这些组织可能起源于软件行业，因为长期以来，软件行业都是将主要的软件应用程序分解为一系列相对较小的软件项目。这些小型项目完成后，就会被集成为一个完整的应用系统。不但内部应用程序由多个项目构成，也有许多跨组织项目由很多外部组织参与到项目中。当然也有巨型项目，涉及巨量金钱、巨大复杂性、众多组织与承包商以及以年计的计划表，比如曼哈顿计划、希思罗机场 T5 航站楼、波士顿中央干道/隧道工程、阿波罗项目等。

　　目前，大量的企业（无论是软件企业还是非软件企业）都采用了这样一种系统。在系统内，企业的传统业务依然按照传统方式进行，但是对任何变革的处理都是作为一个项目来实施。例如，一家医院一方面要按照传统的方式经营原有的业务，另一方面要支持大量新项目的运作，如开发新型保健产品、改革医药和管理标准方法等。

　　在某些案例中，项目导向型结构与组织的传统业务有本质的契合。例如，咨询企业派遣劳务给特定客户作为承诺，当承诺结束时，就会转移给新的客户。例如，公司建设了巨大的办公建筑，分派设备与人力给不同的项目。

项目型组织迅速成长的原因有很多，大致可分为四大类。第一，速度和市场反应已经成为竞争制胜的绝对法宝。依照传统的方法去开发新产品和推行新的服务已远远不能满足竞争的需要，过去新产品要经过各个职能部门的反复推敲之后才能投入生产、进入销售领域。抢先进入市场会带来巨大的竞争优势。更进一步说，为不同的客户定制产品已成为许多行业普遍的做法（而且是必需的做法）。例如，护发用品和化妆品的供应商依照不同的购买方式、客户的类型、当地商店的偏好等，提供不同的产品组合。

第二，开发新的产品、推行新的流程或开展新的服务总是需要各种不同领域的专业知识。遗憾的是，适用于某种产品或服务的设计和开发的专业组合往往很少会适用于另一种产品或服务。专家团队在完成特定的使命之后随即解散，这是整个过程的典型体现。

第三，技术因素在企业各个领域的迅速增长也在动摇着组织的结构，比如通信、娱乐、银行、消费品制造和销售、汽车、飞机制造、重型电子设备、机械工具等行业，凡此种种，无穷无尽。兼并、裁员、重组、剥离、开辟新的营销渠道等诸如此类的影响因素都需要整个组织进行系统的反应。现有的传统机制无法成功应对如此大规模的变化，项目组织却可以做到这一点。

第四，与电视、电影、小说和其他故事不同，大部分高层管理者都不确信自己对机构中的大量活动能否完全理解和控制。前面提到的那家医院不得不转变成一个项目型的组织，就是因为医院新来的首席执行官深深地意识到，除了那些传统的繁文缛节之外，他根本就不可能对医院的各项事宜都做到很好的理解、评价和控制。通过将那些非日常性的事务转变成为各种项目，新来的首席执行官确保了责任机制的建立，各个项目得到了很好的计划，并与其他活动整合，其进度也能按时报告。

要想在非项目环境中将那些仅采用项目管理方法完成特定任务的公司转变成为一个完全成熟的项目型组织，需要公司的高层管理者实施一种极为艰难的变革。限于篇幅，本书无法对这一问题进行全面的阐述，在此仅略做一些解释。这种变革非常耗费时间，即使具备了各种所需资源，高层管理者也全力以赴，变革仍然是一个漫长的过程。根据以往的经验，即使一切顺利，这一变革过程也不会少于三年。科特（1997）发表的一篇关于在复杂的组织中引导基础性变革的优秀文章列举了实现成功变革的八个步骤，其中大部分变革取决于高层管理者积极的领导风格。

必须指出的是，没有所谓通用的最好的组织结构。对于像管理咨询行业，工作的本质就会自然地将公司引导为一个项目导向型组织。在其他行业，行业本质、公司竞争策略、环境规章等，都会引导向其他组织结构，比如纪律导向型、地域导向型或业务流程导向型。

无论一个公司是偶尔实施项目，还是完全属于项目型组织并且从事着很多项目工作，一旦一个项目着手进行，就会立即产生三个有关组织方面的决策问题：第一个决策问题是如何将项目和项目所属公司结合起来；第二个决策问题是如何组织项目本身；第三个决策问题是项目活动如何与其他项目中类似活动相结合。

在第3章，我们讨论了如何选拔项目经理，并描述了项目经理这一角色所面临的困难和责任。本章重点论述项目与公司的关系（例如，如何将项目作为公司的一部分组织起来）。在本章的后半部分，我们讨论如何组织项目，这一讨论在下一章还会继续。

首先，我们研究项目组织的三种主要类型、每种类型对项目所属组织的适合性（这三种方式同时也在 PMBOK 中被强调）。在分析各种类型的项目组织的优势和劣势的同时，我们来讨论指引我们选择其中某种项目组织类型而非其他类型的关键因素是什么。然后，我们介绍由这些基本项目组织类型组成的一些复合型组织及其应用。接下来，我们讨论组织项目团队的一些细节问题，并描述项目团队成员的不同角色。进而我们将谈到项目管理办公室的构成和运行，它的职责通常是增加整个组织的项目管理成熟度（Aubry，2015），并能为所有项目提供关键的服务。项目管理办公室组织、管理和履行职责的技能将对项目实现其目标的能力产生重大影响。我们还列举了任何项目团队都会面临的一些组织行为学方面的问题。最后，我们讨论了在项目导向型公司中，各种不同的项目组织形式对项目间冲突的影响。

据我们所知，项目经理对组织和项目之间的接口的影响是微乎其微的，对接口的选择通常是由高层管理者做出的。项目经理的工作明显被项目组织形式左右，它要求项目经理充分理解项目运作模式。有经验的项目经理似乎能够按照自己认为最理想的方式设计项目的组织形式。我们认识的一位项目团队成员曾经提到，两个项目（都是矩阵型组织）在不同项目经理的主持下工作迥然不同。项目经理对项目组织结构的微妙影响值得行为科学研究人员广泛关注。

➡️ 5.1　项目作为职能型组织的一部分

给项目定位的一种方法是，将它作为公司具体职能部门的一个部分，通常这个职能部门是对项目成功最关注或最有利于实现项目的。我们通常认为组织的职能是财务、营销、运营（或制造）、人力资源等。考虑一个不同的组织类型，图 5-1 为辛辛那提大学（一家职能型组织机构）的组织图。如果辛辛那提大学承担了一项设立项目管理学硕士（或称项目管理硕士——MPM）专业的计划，那么该项目会被置于高级副校长和教务长的联合监督之下，还要接受商学院（或工程学院）院长的具体监督，同时要接受具有运营管理专业特长的高级教务人员的直接管理（还有可能被置于研究生教学和科研副校长及院长的联合监督之下）。注意到，当有多个监管部门时，如果项目需要从其他职能部门拿到资源，其实更有可能获得。例如，如果项目落在商学院，处于商学院院长的直接监管之下，就可能从工程学院获得帮助。

在职能型组织中另一种项目组织方式是将工作派给所有相关的职能分支，并委派高层领导挂帅或由其他人来进行协调，比如一名项目经理或一位引导师。比如一个增加高层行政机构女性比例的项目就会涉及学校的所有职能部门，可能由校长办公室、平权办公室或由行政机构的人员来协调。

如果项目被置于职能型组织的一个职能部门中，该职能部门也很适合来操作这个项目，那么由它来管理项目有优势和劣势。其主要优势是：

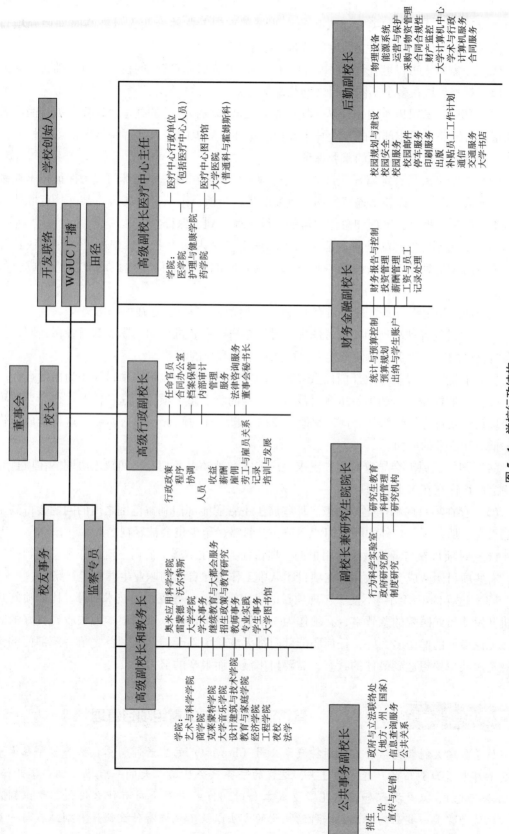

图 5-1 学校行政结构

（1）在使用员工方面具有很大的灵活性。一旦确定某职能部门负责项目，那么该职能部门就成了该项目所需相关专业人员的主要管理部门，这些专业人员被临时抽调到项目中，完成要求的任务后，又立即返回到自己原来的工作中。

（2）专家个人可以胜任许多不同的项目。职能部门拥有广泛的技术人员基础，这些人员可以相对容易地在多个不同项目之间往返效力。

（3）部门专家可以编组工作从而实现相互之间知识和经验的共享。这样，项目团队就可以很容易地获得职能部门的专业技术知识。这种对知识的深入掌握将是提出创造性、协调性方案以解决技术性难题的重要保证。

（4）当个别人员决定离开项目甚至离开项目所属公司时，职能部门成为保证技术连续性的重要依托。与保证技术连续性同样重要的是，当项目由项目所属公司某一特定职能部门负责实施时，程序、管理和总体政策的连续性就得到了保证。

（5）最后不应忽视的是各职能部门为本职能领域内的专业人员创造了良好的成长环境。项目的成功对参与者来说是一种光荣，其相应的职能部门是他们职业发展和成长的基地。

按照职能型组织方式管理项目有上述的各项优势，同时也存在一些劣势：

（1）项目的各种活动和相应考虑都不是以客户为中心进行的。职能部门各司其职，往往会将自己的工作置于项目任务之上，可能会忽视客户的利益。

（2）职能划分容易导致部门偏重于各自的工作而往往不以解决项目问题为出发点。

（3）在职能型组织的项目中有时没有专人全面负责整个项目。这种情况往往会导致项目经理只对项目的某些部分负责，其他人要担负起另外的职责。不言而喻，这将造成合作效率低下和混乱的局面。

（4）同样的原因会导致对客户需求反应迟钝和被动以及相互之间缺乏协调。在项目和客户之间往往存在多个管理层次。

（5）存在项目局部优化的隐患。那些属于主管职能部门利益范围之内的问题会得到足够的重视，那些利益之外的问题即使不被完全忽略，至少也会被轻视。

（6）对项目参与者的激励作用很弱。项目任务往往不属于公司主流工作和主流利益领域，有些项目团队成员会认为，在项目团队中工作是在自己的职业生涯中走弯路。

（7）这样的组织结构不便于实现项目的集成管理。一些复杂的技术项目，比如喷气式飞机开发项目或医院的急救室，必须作为一个整体进行设计，否则根本无法收到良好的效果。无论最初的愿望多么好，任何职能部门都无法避免陷于局部的利益之争。跨部门的沟通和资源共享要想达到最佳的状态，需要付出漫长而艰辛的努力。

`实践中的项目管理`　　　　**普雷沃斯特汽车的重组项目管理**

位于加拿大魁北克省普雷沃斯特汽车公司（Prevost）的生产部副总裁被告知要在未来的 5 个月中增加 31% 的产能。在过去，这样的任务只会从第二天的一台推土机直接开始，一切按部就班，只是没人知道要花多少成本和时间，或者对公司有什么价值。意识到这些，他认为需要一些新的想法、一种结构化的方法以及不允许有什么错误。副总裁与一家项目管理咨询公司签订了一份协议来帮助他。

咨询公司设立了一个5天的会议来协调项目经理、一位有价值的工程专家以及7名普雷沃斯特汽车主要工厂的工头来确定项目的范围。这个小组给高层管理者提交了一份报告，描绘了一个1 000万美元的项目，将主要工厂拓宽60 000平方英尺，留下了未来可继续扩展20%的余地。计划的细节向高层管理者揭示了情况，高层管理者2天后就批准了项目。在整个项目按时按预算完成后，公司同样同意了那20%的扩展，并且同样按计划完成了。

这个项目的成功导致普雷沃斯特汽车"中"了项目管理的"毒"。下一个主要任务即减少车间工伤的创新计划也组织成一个项目，同样取得了成功。不久后，普雷沃斯特汽车的各种活动都作为项目来处理。在生产性公司运用项目管理方式是与它们必须适应残酷的国际竞争、高速技术迭代以及快速改变的市场情况高度契合的。除此之外，普雷沃斯特汽车公司也发现项目管理鼓励了部门间的建设性合作、新的思想与创新、问题的团队式解决以及高效引入外部专家带来新思想，从而打破了现有的短视习惯与想法。正如普雷沃斯特汽车公司副总裁所说："现在，我们烦恼的是找到哪些是项目管理得不好的地方。"

问题

1. 可以确定的是，这不是普雷沃斯特汽车公司第一次给公司内部带来明显的改变。你为什么认为这是副总裁第一次请项目管理咨询公司？

2. 如果第二天没有推土机开始工作，你预期高层管理者会有什么想法？

3. 这个例子非常好地诠释了在组织中用项目管理来替代过去的其他方式的趋势。是否任何事情都可以通过项目管理来执行？如何不是，什么特质的任务是不适合的？

资料来源：M. Gagne，"Prevost Car—The Power of Project Management，"PM Network，Vol. 11.

5.2 纯项目型组织

组织的另一种类型是纯项目型组织。项目从其所属公司中分离出来，它拥有自己的技术人员和行政管理机构，依靠阶段性的项目进度报告与项目所属公司保持弱的联系，成为独立自主的单位。有些组织对项目单位的行政、财务、人事和过程控制等方面给出具体的规定，有些组织则完全任由项目团队依据其最终的责任权限自行掌握，在这两者之间又存在着各种中间状态。图5-2给出了纯项目型组织的示意图。

与职能型组织相比，纯项目型组织具有独特的优势和劣势。其优势包括：

（1）项目经理对项目拥有绝对的领导权。虽然项目经理也需要向上级汇报，但是有完整的项目工作团队归其直接领导。项目经理在实施项目管理的过程中，其位置与公司首席执行官相类似。

（2）项目团队的所有成员直接对项目经理负责。这里没有职能部门的领导，因此在进行技术决策之前，也就没有向这些领导申请审批的过程。项目经理是项目工作的真正领导人。

（3）当项目从职能部门中移植出来以后沟通的渠道就缩短了。绕过整个职能结构，项目经理可以直接与公司高层管理者取得联系，这就使上下级之间的沟通更为快捷，并减少了失误的机会。

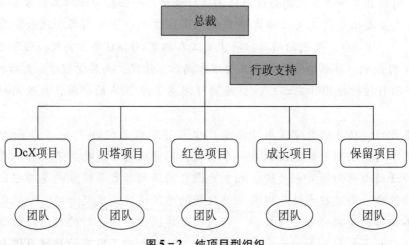

图5-2　纯项目型组织

（4）如果连续进行几个相似项目则纯项目型组织会培养出一些有特长的专家来。事实表明，这一专家库的存在对客户具有吸引力。例如，洛克希德公司（Lockheed）著名的"臭鼬工厂"（Skunk Works）就是这样一个能够解决各种工程难题的专家组，这个小组的名字来自莱尔·阿布纳（Li'l Abner）的连环漫画，这也充分显示了小组成员的自豪感、诙谐感和强烈的认同感。

（5）项目团队如果有强烈的认同感，其成员就会迸发出强烈的责任心。有关强烈的进取心及对促进项目任务完成的效果，我们已经在第3章讨论过了。

（6）由于权力集中，进行快速决策的能力便得到加强。整个项目组织能够对客户的需求和上级的要求做出更为迅速的反应。

（7）命令具有统一性。尽管这一特殊的组织原则很容易被过高估计，但是毫无疑问，如果每一位下级都有且只有一个领导，这些下级的生活质量就会进一步提高。

（8）从结构上看纯项目型组织非常简单并富有灵活性，也更便于理解和实施。

（9）项目组织结构保证了项目决策从整体着眼。系统解决问题的方法在第3章中有简单的描述，对于那些不采用系统方法将会出现的问题，我们将在5.3节提及。过分注重项目的子系统而忽视整个项目的观念是导致很多项目技术性失败的主要原因。

纯项目型组织虽然具有上述这些很有说服力的优势，其劣势也是相当严重的：

（1）当公司同时实施多个项目时，每个项目通常都会得到完整的人员配备，这无疑会因重复而给各方面（从办公室人员到复杂而昂贵的技术支持单位）造成巨大的浪费。例如，即使一个项目不需要全职的人事经理，也要安排一位，并且项目之间不能共享。

（2）为保证技术知识和技能的便捷应用，项目经理会囤积设备和技术人员以备不时之需。这样，拥有高技术水准的人员仅仅因为有用而被项目团队长期雇用而不是只在需要时才加入进来。类似地，为了"随时支用"，他们滞留在项目中的时间比实际需要的时间要长。上述两点共同导致了项目的高昂成本。

（3）虽然项目脱离职能部门的管理有其优势，但是如果项目具有高技术的特点就会产生许多不利因素。项目团队成员虽然精通项目所涉及的技术，但在其他技术专业方面有可能落后。职能部门是一个技术知识库，纯项目型团队的成员却得不到它的服务和帮助。

（4）纯项目型组织会助长实施和政策的不一致性。相对隐蔽的项目环境便于项目团队对客户或紧急技术问题立即反馈，但管理方面的擦边球现象也普遍发生。"他们不理解我们的问题"已成为项目人员"将在外，军令有所不受"的方便借口。

（5）在纯项目型组织中项目遵循自己的生命周期发展，项目团队成员有一种强烈的项目归属感。于是，一种被称为项目病的现象开始蔓延。区分你我的强烈意识扭曲了项目团队成员和同一组织内部协助单位人员之间的关系，友好的竞赛变成了恶意的竞争，不同项目团队之间的政治斗争司空见惯。

（6）项目病的另一种表现是"项目终止后个人的出路"问题。确实，谁也无法预料项目终止后将会发生什么。那些普遍的担心包括：团队成员是否会被解雇？他们是否被大材小用？他们所掌握的技术是否过于陈旧而无法重新集成到其他项目中去？我们的团队（我的那些老伙计）是否会被遣散？

5.3 矩阵型组织

为了将纯项目型组织的优势与职能型组织的优势结合起来，并摒弃各自的劣势，矩阵型组织应运而生。实际上，纯项目型组织和职能型组织代表两个极端，矩阵型组织是两者的结合，它将纯项目型组织融入了项目所属公司的各个职能部门中。

作为纯项目型组织和职能型组织的结合，矩阵型组织可以根据自己的情况，在两个极端（纯项目型组织和职能型组织）之间做出多种具体的选择。"项目型"或"强矩阵型"通常代表纯项目型组织，"职能型"或"弱矩阵型"通常代表职能型组织，"平衡矩阵型"则介于两者之间。实践中，在这两种极端的情况之间有无限多种选择，这些形式的主要区别在于项目经理和职能经理的相对权威和决策权力的大小。

首先，我们来谈谈强矩阵型组织，因为它更接近纯项目型组织，比较简单。矩阵型组织与纯项目型组织不一样，不是一个独立的单位，不脱离组织。我们来看一下图5-3，项目1的项目经理PM_1要向还负责其他一些项目的项目群经理汇报，项目1有3个人来自制造部门，1个半人来自营销部门，半个人来自财务部门，半个人来自人事部门，4个人来自研发部门，此外可能还包括其他没有列出来的人员，这些人有的是全职的，有的是兼职的，主要是根据项目的需要。应该强调的是，这些人在什么时候做些什么是由项目经理决定的，职能经理则决定参加项目的人选和技术。

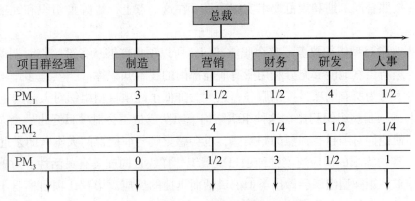

	制造	营销	财务	研发	人事
PM_1	3	1 1/2	1/2	4	1/2
PM_2	1	4	1/4	1 1/2	1/4
PM_3	0	1/2	3	1/2	1

图5-3 矩阵型组织

从参与人员来自制造部门和研发部门的人数看，项目1可能与设计和推行一种全新的制造工艺有关。项目2可能涉及新产品或营销调研方面的问题。项目3可能涉及全新电算化财务控制系统的安装。所有这些并不影响各职能部门的日常活动。

项目经理需要报告的领导并不是唯一的。如果一个项目只是某一特定项目群中的若干项目之一，那么项目经理通常要向项目群经理汇报。有时，项目经理也需要向与项目有关或对项目感兴趣的职能部门经理汇报。例如，美国海军研究局（Office of Naval Research，ONR）同时开展多个有关数学的研究项目，它通常就需要项目经理向海军研究局负责数学问题的部门领导汇报。在一些只有少数几个项目的小型企业中，项目经理通常直接向高层管理者汇报。

矩阵型组织的另一种类型是职能型或弱矩阵型组织。在这样的组织中，项目可能只有一个全职人员——项目经理，各职能部门尽全力为项目提供服务而不是只派出个别人员，此时项目经理的主要任务就是协调相关职能部门的工作。例如，项目是建立一个全新的人力资源数据库，项目经理就会请求行政部门的系统分析小组进行基础设计，于是，有关人力资源数据库的任务就被列入系统分析小组的日常工作中。该设计任务的优先安排权得由高层管理者指定，或者由项目经理和系统分析小组的领导协调决定。在某些情况下，系统分析小组的工作报酬也要经过协商确定。这一任务甚至可被分包出去。

在这些极端的组织类型中间的是平衡矩阵型组织，其典型特点就是保持平衡。项目责任和职能责任相互交叉的方式多种多样。如果项目经常需要职能团队的参与，那么通常会将这个团队作为一个职能单位进行管理，而不是将团队的人员调到项目中去。例如，化妆品公司的毒物研究部门、多产品制造企业的质量保证部门、出版公司的计算机制图小组等，都是按各自职能划分的，并且像外部承包商那样承担项目工作。这种安排会削弱项目经理的控制作用，但项目中的问题随时都可以由该团队内有关专家解决，同时，该团队还可以保持其技术上的整体性。

前面我们讨论了专业导向和问题导向两类人员的不同之处，发现后者更适合成为项目团队的成员。德拉特（de Laat，1994）和卡卢（Kalu，1993）都认为专业导向团队成员倾向于坚持自己的专业范围，有时甚至对整个项目产生负面作用。这种综合力量的冲突是对项目经理处理冲突能力的考验。

同样，矩阵型组织也有自身的优势和劣势，其优势包括：

（1）项目是问题的核心。由项目经理一人专门承担项目管理的责任，负责在预算成本的范围内、按照合同工期和规范要求实施项目。在这一点上，矩阵型组织和纯项目型组织是相同的。

（2）因为项目型组织覆盖了整个职能部门，所以项目能够从各部门临时调动所需的人员和专家，理所当然地能够充分利用所有职能部门的技术知识库。当实施多个项目时，职能部门的专家可为所有的项目提供服务，这大大降低了纯项目型组织对人员的重复需求。

（3）与纯项目型组织相比在这种组织结构下团队成员不会对项目终止后个人的去向问题担忧。即使他们对项目有强烈的归属感，也会感觉到与职能部门大本营的亲近关系。

（4）对客户需求的反应速度像纯项目型组织一样快且同样具有灵活性。对项目所属公司内部的需求，矩阵型组织会做出类似的灵活而迅捷的反应。毕竟，项目栖身于一个运作中的公司之内，必须适应公司的需求。

（5）在矩阵管理方式下项目中会有项目所属公司的行政部门派出的代表或与他们保持着密切的联系，这样就能够保证在政策、实践、程序方面与公司一致，同时，这还解决了一个通常被忽视的问题，那就是取得公司对项目的信任。

（6）在同时实施多个项目的情况下矩阵型组织较好地平衡了资源在公司内部的分配，并能保证各个项目在时间、成本、绩效等目标上达到最优。这种满足组织总体需求的把握全局的方法使得各个项目能够按照系统优化的原则进行人员分配和进度安排，并避免出现为完成一个项目而牺牲其他几个项目的情况。

（7）纯项目型组织和职能型组织是组织类型的两个极端，矩阵型组织填补了两者之间的大段空白。根据职能型组织对项目的支持程度，是只选派个别人员还是全力以赴，矩阵型组织又从强到弱进行了分类。显然，有些职能部门只有个别人员参与项目，其他一些部门则可能是全力以赴。因此，精确地讲，这种组织方式有很大的灵活性——都是在基本的矩阵型结构范围之内，能够适合多种多样的项目，并根据公司的需求、能力和愿望进行取舍。

矩阵型组织的优势非常显著，但是其劣势也不容忽视。下面的所有劣势都涉及冲突的问题——其中大部分是职能经理和项目经理的冲突：

（1）在职能型组织中，职能部门无疑是决策的核心。在纯项目型组织中，项目经理是项目的核心。在矩阵型组织中，权力得到了平衡，但是这种平衡也是相当微妙的。当责任不太明确时，项目本身将受到损害；当项目取得成绩时，往往会出现争名夺利的情况；当项目受挫时，又纷纷相互推卸责任。

（2）矩阵型组织虽具有在多个项目之间平衡时间、成本和绩效的能力，但也会带来负面作用。首先，监控这一系列的项目就是一项令人头疼的工作。其次，为满足不同的进度要求，资源需要在不同项目间进行调配，也会引起不同项目经理间的明争暗斗，他们更关心如何使各自的项目获得成功而忽视如何使系统实现组织的整体目标。

（3）对强矩阵型组织，项目终止问题的严重性几乎和纯项目型组织一样。由于个人因素的存在，项目终止很难进行。即使在矩阵型组织中也存在着严重的项目病。

（4）在矩阵型组织的项目中，项目经理拥有管理权，职能经理控制技术的决策权。这种权力和责任的划分写在纸面上很容易，但是在实施中很复杂。项目经理对所有事情，从资源到技术支持以及确定任务完成日期等，谈判能力是项目成功的关键一步。缺乏谈判艺术的项目经理很难使项目获得成功。

（5）矩阵型组织对统一指令的管理原则是一个挑战。项目中的员工都有两个老板，一个是职能部门的经理，另一个是项目经理，对由此产生的问题没有有效的办法解决。身处其中的人都明白其中的苦衷，局外人只能抱怨由此带来的麻烦。套用柏拉图关于民主的评论，矩阵型组织就是"一种迷人的管理形式，它充满了变数和无序"。

现代矩阵管理已经远比数十年前能够取得更多的目标。例如，IBM是按一种多维度矩阵（Grant，2008）组织的。有一种商业组织（结构包括硬件、软件、服务等）有地域导向（地区/国家）、职能性的老巢、顾客分组、分销渠道分类以及新商业发展模式介入等。如果老旧的矩阵管理已经让人迷惑，那么新的组织形式就是完全不能理解了。现代组织发现，它们有更多的目标要完成而且必须是多面的，实现更复杂的组织整合，但不能阻碍组织的灵活性、响应能力与绩效表现。很多组织采用的解决方案可能对运营类活动更正式与可控制，例如商业目标、分销渠道目标（更集中），而对职能性的、地域性的、客户的活动，以及更不正式的甚至更自愿的活动或自组织，知识管理活动像新商业模式开发等，则采用更非正式的形式（点-线关系）。

表 5-1 对比总结了职能型、纯项目型与矩阵型组织的项目关键特征。

表 5-1　三类项目组织的特征

项目特征	项目组织类型				
	职能型组织	矩阵型组织			纯项目型组织
		弱	平衡	强	
项目经理权威	无	低	低到中	中到高	高至完全
资源获得	无	低	低到中	中到高	高至完全
项目预算所有权	职能经理	职能经理	共享	项目经理	项目经理
项目经理角色	兼职	兼职	全职	全职	全职
项目管理人员	兼职	兼职	全职	全职	全职

虚拟项目

虚拟项目是项目团队跨越了时间、空间、组织和文化的界限而在一起工作的项目。虚拟团队可以在不同的时区、地域工作，在不同的组织工作，或者在不同的文化氛围中工作。互联网和其他通信技术的应用为虚拟项目的增加提供了便利。在虚拟项目中，项目团队经常按照矩阵式结构进行组织而不是职能式或纯项目式，卡卢（1993，p. 175）更进一步定义了虚拟职位，即在项目和职能组织中，"其绩效需要全体成员的共同努力的任务过程"。当复杂的组织实施项目时，项目通常需要不同职能部门的投入，虚拟职位是很典型的。由于职能经理和项目经理共同承担项目的实施责任，产生了二者在工作上交叉和重叠的责任。

当组织必须使用地理上分散的虚拟项目团队来实施某些项目时，格拉顿（Gratton，2007）提供了一些成功的原则：

（1）只在有挑战性和趣味性的项目中采用虚拟团队，但是也要确保这个项目对于公司和团队而言是有意义的。

（2）尽可能多地征集志愿者——他们更有热情，更乐意为项目的成功做出贡献。

（3）在这个团队中包含一部分已经互相认识的成员，确保 1/6 或者 1/7 的人作为"边界管理者"（boundary spanners）与外界进行联系。

（4）为团队成员创造网络资源，以帮助他们互相学习（尤其是他们喜欢怎样去工作）、合作、头脑风暴和激发灵感。

（5）鼓励频繁的沟通，但不是交际应酬（不管怎么说有时这也会发生）。

（6）尽可能将项目工作划分成地理位置上互相独立的模块，这样一个地区的进程就不会由于其他地区的延误而受到阻碍。

实践中的项目管理　　　　　**云诺软件公司避免复杂技术**

克里斯·马修斯（Chris Mathews）是以中国为基地的软件制造商云诺（Yunio）的创始人与首席执行官，他避免了以繁多的小配件与复杂的接口来管理他的全球项目团队。他比较偏向于将那些自然与舒适的方法与技术应用于虚拟团队。他的关注点是清晰的沟通而不是使用什么技术。例如，当一条信息发出时，比起其他形式，他更倾向于低效形式的沟通。当与他的中国团队协作时，他发现似乎团队成员不太愿意让自己的同事知道什么时候可能不在或如何找到他们。为了树立榜样，当他可能无法参加某个会议时，他开始用电子邮件来联系团队成员。对独立团队或组织，他建立分散而独特的邮件列表。当他的做法在团队中应用时，这变成了云诺的文化，新入职的员工也会自然地采用这种方式。

虽然马修斯对重要的事件都用电子邮件，因为会留下记录，但他也发现其他技术更合适其他场景。为了让沟通尽可能简单、无缝，他只在团队超过 15 人时使用维基，因为建立一个网络社群来记录内容是一笔巨大的投资。维基变得越来越有效，特别是对团队增大时的知识管理。对于少于 15 人的团队，他更倾向于群聊，用群聊记录来补充。即时通信并不要求即时回复，允许团队成员给其他人发送一条不需要马上回复的信息，他的成员经常使用即时通信，这也是一种自然的聊天工具。马修斯相信，科技产品的使用并不能定义虚拟团队的管理而只是工具箱的一部分，聪明的管理是随时使用最适合的工具来进行清晰的沟通。

问题

1. 管理虚拟团队需要给予沟通技术更多的关注吗？
2. 例子中的沟通对非虚拟项目经理有用吗？
3. 项目经理在考虑选择最有效的沟通媒体时，应该做哪些平衡？

资料来源：M. S. Zoninsein, "Less is More," PM Network, Vol. 24.

▶ 5.4 混合型组织

真实世界的复杂性极少会导致公司对它们的项目按之前涉及的任意一种"纯粹"的形式来运行，在实际中我们更倾向于看到公司由两种或三种不同的方式组织起来。在一个职能型组织，可能在市场部或金融部有项目划分，或者在一个项目矩阵中有一个人力项目是直接向首席执行官（或财务主管）汇报的，等等，我们称之为混合型结构。

例如，按地域划分的组织对那些全国性的组织更有吸引力，使企业规模在实质上或者地域上得到扩张，其产品也具有了一些地方特色，如生产女装的企业。我们可能会有例如春季时尚设计这类项目在不同的地方进行，当然我们要假设每个地域也是销售给不同的客户群体的，例如零售商、批发商与消费者，或者居民与军队。如果项目的目的是满足不同客户的需求，那么项目组织自然也会采用跨越不同客户部门的方式，这时客户的偏好比地域活动或产品活动更具现实意义。同时，我们也可能有跨不同地域与关注客户偏好的矩阵型项目，比如为所有地域安装一个客户关系管理数据库。

纯职能型和纯项目型组织可以在同一企业中共存，这便形成了如图 5－4 所示的混合形式。这种形式很少是长久的。所要做的就是把一些庞大的、成熟的项目剥离出去成为分支或独立的部门。很多公司都是在原有部门的庇护下孕育那些不够成熟的项目，直至时机成熟才将它们分离出去，最终在公司中以项目组或分公司的形式存在。例如，得州仪器公司对雇员开发出来的"说话和拼写"玩具就采取了这样的方法。

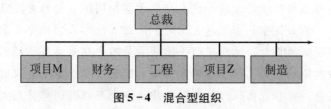

图 5-4　混合型组织

　　混合型组织具有很大的灵活性，能使企业根据不同的情况调整组织结构，但是这种混合也包含了许多危险。同一组织的不同团队因兴趣不同必然会导致重复或摩擦，同时会导致职能经理和项目经理的冲突。

　　图 5-5 给出了另一种解决项目组织形式问题的普遍做法。这家公司在标准的职能型组织之上增加了一个专门管理所有项目的部门，这就将职能部门从管理问题中解脱出来，专门使用它们技术上的才能。在一家大型的专用化学品企业，这种项目组织形式发挥得如此出色以至于项目团队成为职能齐全的公司下属部门的雏形。这个部门的唯一目标就是管理项目，曾有许多关于项目管理办公室的评论，与这种部门的结构相类似。在第 5.6 节我们还将再次讨论项目管理办公室这一问题。

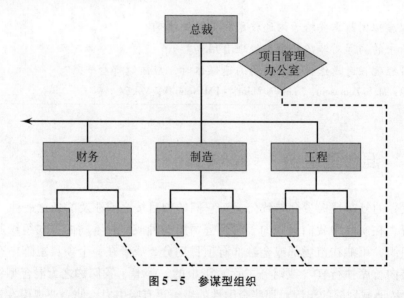

图 5-5　参谋型组织

　　对于单一项目，通常是先前描述的职能型组织；对于众多项目，特别是有项目管理办公室时，这个组织就与矩阵型相似了。在很多方面，这种混合组织形式与矩阵管理相同，但它通常被应用到规模小、周期短的项目，并取得了标准矩阵形式所难以达到的作用。这种形式具有矩阵型组织的许多优缺点，但是由于项目的周期短，往往能够避免项目的通病。随着项目数量的增加或规模的扩大，它就会朝矩阵型组织转变。

　　虽然公司管理项目的组织形式多种多样，但是大多数公司都采用矩阵方法来应对内部越来越多的项目。在这个基础上，针对特殊的情况，公司偶尔也引进纯项目型组织、职能型组织、混合型组织管理项目。矩阵型组织所带来的管理困难不是它所具有的低成本和广泛的技术支持优势所能弥补的。

➡ 5.5 选择组织形式

项目组织形式的选择不向项目经理汇报也不会完全遵循项目经理的意见，需要向高层管理者汇报。很少有项目经理能够对项目与公司的结合方式做出选择。事实上，项目经理很少被要求参与项目结合方式的选择。即使是那些经验丰富的决策者也很难选定适合企业的项目组织形式。这一选择是根据具体情况决定的，即使如此，有时也要靠直觉。在这方面有一些可接受的设计原则，没有为决定采用何种结构以及如何建立这种结构做出详细说明的步骤程序，我们所能做的便是认真分析潜在项目的性质，各种组织形式的特点及优势和劣势，企业的文化倾向，以及所能做出的最佳折中方案。

总之，职能型组织适合那些注重技术的使用深度而不是关注成本最小化、满足特定的进度要求、提高对变化的反应速度的项目。同时，对那些通常由职能部门使用的设备和场所进行大量投资的项目，也采用这种组织形式。

如果公司从事的大量项目都较相似（如施工项目），纯项目型组织便是首选。这种形式一般适合完成一次性、独特性的并需要周密控制的任务，但对于像开发新生产线这样单一职能领域的任务就不适用。项目化的组织通常面对的一个问题是如何解决灵活性与可控性的平衡。一项项目化公司的研究（Gann et al.，2012）表明，这些公司倾向于开发出三种形态的子组织领地：主权型、紧密联邦型、松散联邦型。每一种都能向公司提供显著的竞争力，但也会呈现特殊的管理与领导挑战。

如果项目的开展需要多个职能部门的协调并涉及复杂的技术问题，但又不要求技术专家全日制参与的话，矩阵型组织是唯一令人满意的选择，尤其是在若干项目需要共享技术专家的情况下更加明显，不过它的复杂性对项目经理是一个挑战。另一种特殊情况是项目的目的是改变母组织的内部组织方式或沟通方式。这类项目通常需要母组织的所有主要部门都成功参与。矩阵型组织较为复杂且呈现给项目经理相当困难的挑战，但有时也是必要的。

如果要对项目组织结构进行选择，首先要确定项目性质，这需要制订一份项目初步的、严密的计划（这部分在 6.1 节中详细叙述）。首先是确定项目目标，其次是列出与项目目标相对应的任务，对每一项任务要明确应负责的职能单位，这是开展项目的基本要素。问题的关键是如何组织它们，如何使它们更好地、一致地工作。然后考虑的是项目实施人（项目团队）、个人素质、技术因素、服务的对象、职能部门间的关系、公司的文化背景等，公司的内外部因素也应考虑进去。理解了各种组织形式的优缺点，企业才能选择更有效的组织形式。有研究（Lechler et al.，2010）表明，项目的组织形式对项目的成功确实有影响，项目经理的权威与责任越大，项目越可能成功，因此让职能经理作为项目经理会有助于增加成功机会。

我们将用 Trinatronic 公司的例子说明这一过程。该例子采用如下步骤：

（1）通过对项目目标的描述来定义项目的预期产出；

（2）确定与每个项目相联系的主要任务及负责机构；

（3）对关键任务进行排序，并进行工作分解；

（4）确定工作实施部门以及相关协助部门；

（5）列举特性和项目条件，如技术水平、持续时间、项目规模、人员问题、不同部门之间的政治分歧以及其他相关问题，包括公司在用不同的组织形式管理项目方面的经验；

（6）结合以上各项，通过掌握各种组织形式的优点和缺点，最终选择一种结构。

➡ 5.6 项目管理办公室

至此本书所有的论述都是建立在项目组织已经成立，并获得了足够的技术、知识和资源来完成项目各项活动的假设之上，但假设并不总是正确的，就像我们平常看到的那样。项目经理的首要任务就是获取资源、获取技术、获取知识、获取一切项目所需，这项工作绝非易事，要想获取项目的技术资源完全要靠项目经理的谈判技巧（详见第4章）。

即使项目经理获得了所需的资源，仍然面临着两大难题：其一，从项目启动的那一天到现在这一刻，项目活动可能从没有按时完成过，不确定性就是项目经理的家常便饭；其二，项目的成功实施靠的是综合管理技能，包括计划、预算、进度以及使用项目经理并不熟知的控制工具等。此外，还包括合同谈判、行政管理、上报财务状况、跟踪客户需求、落实项目所属公司中的各项规章制度。

对不确定性进行管理也就是我们通常所说的风险管理，加上对平衡妥协的管理，就是项目经理的基础角色。第2章谈到项目选择的不确定性时曾经涉及了这个话题。要想成功地应对不确定性，公司就必须有合适的方式，在第6章中会详细讨论。为了使项目的行政管理和公司的行政管理条例完好地融合在一起，不少公司成立了项目管理办公室。刘等（Liu et al.，2007）认为，项目管理办公室在任务高度不确定时对项目运营有非常显著的正向影响。一项项目管理协会（2011）的调研发现，3/5的回答者的组织有项目管理办公室。项目管理办公室与它的职责在PMBOK的介绍章中有详细说明。

现代组织中项目的角色越来越多样化，推动组织沿着"用项目管理公司"的道路向前发展。辅助这些快速增长的项目顺利实施，已成为当今组织日益迫切的需要。有鉴于此，项目管理办公室应运而生。根据格林加德（Greengard，2013）的研究，接近7成的组织有项目管理办公室，尽管名字不同，但最受欢迎的（组织单位）依然是项目管理办公室；第二常见的名字是项目支持办公室，大约有不到一半；接下来是企业项目管理办公室；随后约1/3是卓越中心（Center of Excellence）、项目细节办公室；最后约1/6是改革管理办公室。

一个组织怎么知道自己需要一个项目管理办公室？格林加德认为，如果组织已经项目化了，就需要项目管理办公室，否则它们怎么知道谁来推动不同类型的项目，谁来确定方法论，谁来有效管理资源？任一组织如果有超过5个项目，就应该有一个项目管理办公室。一些暗示是：缺乏项目透明度，项目结果的显著差异，投资方的不满程度高，无力精确地控制项目成本，高概率的项目延迟或取消，存在项目无明确归属，对项目表现无显示，以及项目高失败率。一个项目管理成熟度评估可以来比较内部测评和关键表现指标与同业的平均水平差距。

不同组织对项目管理办公室的需求不同，这导致项目管理办公室的组织形式多种多样。有些项目管理办公室所处的组织层级比较低，有些项目管理办公室直接向最高层管理者汇报。最好的项目管理办公室（Baker，2007）有很多共同的特征，包括：具有像最好的企业一样运作的特征（商业计划书、聚焦、注重结果），有强大的行政支持，成为未来导向的学习型组织，提供组织内最好的项目领导者。

项目管理协会（2013a）的一个研究工作会议的研究成果发现，临时性的项目管理办公室的其他特征有：它们是卓越中心，能够促进决策过程与改革管理，建立最佳练习流程、标准与规程，并调整项目与组织战略一致。不但如此，与项目管理的特征进行对照，无论是否进行项目管理或者对项目管理办公室到何种支持程度，项目管理办公室都必须是开放的且根据组织文化与战略需要而定制。

项目管理协会（2013b）还启动了思考领导力系列，并发布了如下议题：阐明项目管理办公室的价值、商界对它们的看法、什么是项目管理办公室的担当、项目管理办公室的存在类型以及它们主要做什么。有5份报告作为成果：《为什么好战略会失败：首席执行官的经验与教训》《战略项目管理办公室在推动业务成果方面起着至关重要的作用》《项目管理办公室对战略实施的影响》《项目管理办公室框架》《战略计划管理：项目管理办公室的必要性》。

实践中的项目管理　　　　　　　　　　**Trinatronic 公司**

项目目标：设计、制造、销售多功能便携式计算机，有开放式标准，能够运行现有的所有设计与 Office 软件包。为了满足安全性与保密性要求，电脑应该能够维护多版本的运营信息而不用离线安装。

另外，电脑必须能够支持视频、音频电话，必须能够兼容欧洲共同市场与美国"绿色"环保的能源标准。电脑的目标价格应该要比潜在竞争者低10%。

主要任务	职能单位
A. 制定规范	营销部和研发部
B. 设计硬件，并进行初试	研发部
C. 进行工程设计	工程部、制造部
D. 建立生产线	工程部、制造部
E. 小批量生产，进行质量和稳定性测试	制造部、质检部、执行副总裁
F. 编写操作系统	软件部
G. 测试操作系统	质检部、执行副总裁
H. 编写应用程序	软件部
I. 测试应用程序	质检部、执行副总裁
J. 编写说明书以及维修和用户手册	技术文档编写组(工程部和软件部)和技术部
K. 设立提供手册和零件的服务系统	技术文档编写组（工程部）和技术部
L. 筹划营销计划	营销部
M. 准备营销说明	营销部

如果不考虑任务的顺序，上述工作可以分为七类：

（1）确定需求的优先级。

（2）设计、制造和测试硬件。

（3）设计、编写和测试软件。

（4）建立生产、服务和维修系统。

（5）准备与开展自制或购买分析。

（6）制订发布计划。

（7）设计营销活动，包括演示、手册和说明书。

基于以上分析，项目的进行需要下列要素：

（1）软件和硬件的设计团队。

（2）软件和硬件的测试团队。

（3）硬件生产系统的工程团队。

（4）营销计划的设计团队。

（5）文件和手册的编制团队。

（6）此外，千万不可遗漏的是，综合管理团队。

这些子系统代表了至少三个主要部分以及公司的五六个部门。设计硬件和多用户操作系统的团队必须紧密配合开展工作。测试部门可以独立地开展工作，但如果能与软硬件的设计人员共同合作则效果会更好。

公司拥有开展这一项目的人力资源。依目前的技术水平，可以设计出符合要求的软硬件，但是要以比潜在竞争者低10%的价格来设计完成，则需要在技术设计上进行改进。该项目大约需要18~24个月的时间，是该公司有史以来投入最多的项目。

通过以上的简单描述，我们发现，职能型项目组织不是很适合这个项目。部门间的互动和配合需要一种使每个人都方便的组织形式，由此看来，纯项目型组织或矩阵型组织是比较灵活的，要选择的话，如果额外增加人员的费用不太高，可以采用纯项目型组织。如果项目需要非全职的专家，可以考虑采用矩阵型组织。如果这只是由普通员工参与的项目之一，也可以选择矩阵结构。

问题

1. 考虑用一个弱矩阵型结构来应对这个项目，那么优劣势分别是什么？

2. 考虑用一个强矩阵型或平衡型结构来应对这个项目，那么优劣势分别是什么？

资料来源：S. J. Mantel，Ⅲ. Consulting project.

项目管理办公室的目的

在讨论由项目管理办公室提供的服务和作用之前，参考由布洛克等（Block et al.，2001）报告的如下统计数字：当被问及建立项目管理办公室的原因时，几乎2/3的调查对象都认为建立相应的项目管理标准和方法是必要的，项目管理办公室是按照高层管理者的意向建立的；大约一半的调查对象认为很有必要减少项目延迟和更正不良项目计划；不到40%的调查对象希望提高项目绩效，降低整体运营成本；最后，大约1/4的调查对象希望提高客户满意度。之前提到的2011年项目管理协会调研发现，拥有项目管理办公室是改进项目表现的关键实践，项目管理办公室的角色通常包括组合管理、项目群管理、监测项目成功程度以及管理项目资源分配。

项目管理办公室的一个主要贡献就是建立选择、启动、计划、预算、进度方面的项目管理程序，以及作为智囊团为项目计划、预算、进度和资源分配过程服务。项目管理办公室通常报告风险管理、项目审计、评估、历史等方面的情况。正如在上面建立项目管理办公室的原因中所阐述的，78% 的调查对象认为项目管理办公室建立和维持着标准的项目过程，64% 的调查对象认为项目管理办公室对项目提供咨询帮助，58% 的调查对象认为项目管理办公室提供培训和监督服务（Block et al.，2001）。大约有一半的项目管理办公室对项目实行了跟踪，并且在一定程度上较少使用组合管理，只有 28% 的项目管理办公室为未来的项目需求维持着一支稳定的项目经理队伍。

各组织成立项目管理办公室怀有各种各样的目的，主要的目标（Block，1998；Bolles，1998）是向整个组织逐渐灌输好的项目管理实践以及扮演好"支持"的角色。另一个主要目的是扮演所谓的"控制"角色，正如第 2 章所述，项目管理办公室要保障公司的项目组合能够支持公司总体目标和战略的实现。在这种情况下，项目管理办公室无形之中就成了公司战略管理与项目管理的纽带，也因此项目管理办公室经常被称为企业项目管理办公室（EPMO），或类似的名字。米哈利克（2013）认为，执行总裁现在正寻找企业项目管理办公室来通过战术上的执行达到更大的项目成功，从而进行战略整合。提供领导力与服务的目标是通过对项目群或项目的成功选择、执行与管理来达到完成组织战略计划的目的。

在 2008—2009 年的金融危机与大衰退之后，一项关于项目管理办公室的研究（Gale，2010）表明，超过一半的项目管理办公室正在进行最高水平的管理工作，也在进行高价值的战略任务，例如管理监管过程（72%）、高管提供咨询建议（64%）以及参与战略规划（62%）。在偿付方面，它们减少了 31% 的失败项目，让 30% 的项目低于预算，让美国公司平均每个项目节省了 56.7 万美元。项目管理办公室在项目组合绩效与组织战略目标匹配方面显示出了巨大的价值。如果没有愿景或目标，或者没有成功的测量方法，它们可能会被贴上行政干预过多或在困难时期减少预算的标签。

在一个案例中，管理层要知道在他们的项目中到底发生了什么，因此项目管理办公室就启动了。项目管理办公室重组了项目，从而让项目都能够与公司的目标保持一致，也有了清晰的商业计划并与组织战略保持一致。项目管理办公室并不仅仅跟踪了项目，同时每月针对每个项目发布管理简报。报告中显示了各个完成的项目是怎么帮助公司达到目标的。为了针对各个项目可能危害战略目标的潜在问题提供前瞻性的管理，所有的项目都有风险管理数据库，作为每月月末的风险报告的一部分。

上述提到的项目管理办公室的角色，就好比是项目的促成者和推动者，并不是项目的实施者。高层管理者不会让项目管理办公室纠缠在技术细节上，比如进度、预算等项目实施的具体问题，因为这是项目经理的职责。尽管项目管理办公室也偶尔参与项目活动，但那也不过是为了站在管理的角度来推动项目的运作，绝对不是替项目团队来开展项目活动。

实践中的项目管理 **美国交通安全管理局采用项目管理办公室的成功案例**

美国交通安全管理局只有 3 个月以及 2 000 万美元的预算来建造一个 13 500 平方英尺的协调中心，涉及了对中心不同领域多达 300 家商户同时工作的协调。一个强力的项目管理办公室是成功的保证，它加速了采购与许可过程，在部分项目中减少了一半时间。项目管理办公室安排了一个团队领导者、一个统筹规划者、一个财务管理专家、一个采购专家、一个土木工程师，以及管理其他建设的各方面的专家，让整个项目在 97 天内以及在预算内完成了，并因为项目管理与整个设施的质量获得了国家工业和办公地产协会的奖励。

问题

1. 非营利机构成功有什么不同之处？
2. 这个案例中的项目管理办公室有什么特殊之处？

资料来源：Project Management Institute. "PMO Speeds Success for Transportation Facility," PM Network, Vol. 18.

项目管理办公室的形式

项目管理办公室有不同层次的能力、成熟度、职责，即有些组织可能仅仅需要一个有限制的项目管理办公室，作为一个信息中心存在，用于项目流程的汇报、组织项目成熟度的评估。再进一层次，项目管理办公室可能要负责项目管理流程与实践，传播以往项目的经验，建立风险分析数据库，协助项目管理者处理行政管理事宜，甚至可能提供项目管理的基础培训。再进一层次，项目管理办公室可能要建立一个资源库，并监控项目间的互相依赖性，管理项目组合，从而确保组织的目标达成，审计并评估单个项目的优先级，以及总体上建立一个企业项目管理系统。奥布里（Aubry，2015）对 184 个项目管理办公室的改变进行研究后发现：如果增加项目管理办公室的支持角色，则可改善项目表现、商业表现以及项目管理成熟度；但如果增加控制角色，则对项目表现没有帮助。

另一种组织项目管理办公室的方式则与项目管理办公室的所在层级有关。如果项目管理办公室是在一个职能部门之内，比如信息技术部或工程部，项目管理办公室的主要职责就是帮助部门项目经理完成他们个体的项目。如果项目管理办公室是建立在业务层次，可能会有提供更多好的项目管理实践的职责，可能需要提供一些基础培训。在高级的组织层次中，项目管理办公室的职责会扩大化，也必将更少纠缠于战术而关注战略。

近些年，指挥着数百个项目的几个大组织已经创造了多个项目管理办公室，每个都是在组织的单独部门监控与帮助项目。也可以建立一个企业项目管理办公室，用于监控众多的项目管理办公室，确保它们能够跟随组织的项目管理标准。当一个项目管理办公室在一个大组织中是跨部门的时，企业项目管理办公室则是跨系统的且对政策制定与组织改革负责。2011 年的项目管理协会调研同样发现，企业项目管理办公室倾向于关注项目管理的战略方面。在这些案例中，与高管们联系起来的项目管理办公室被企业项目管理办公室指导，通常用于管理项目选择流程与沟通相关组织政策，直面风险管理活动，建立审计与审查流程，以及作为组织的项目记录知识库。

项目管理办公室的任务

为了实现上文所述的目的，项目管理办公室通常肩负着如下各项任务（Block，1999）：

（1）建立和改进项目管理过程，如招投标过程、风险分析过程、项目选择过程、项目进展报告、合同实施过程和软件挑选过程等。

（2）评估并提高组织的项目管理成熟度。

（3）开发并改善公司的项目管理体系。

（4）提供项目管理培训，协助项目经理通过专业认证。

（5）发现、培养和教育项目经理，维护一个稳定的项目经理队伍。

（6）向公司各项目经理提供咨询。

（7）向项目经理提供具体管理的方法，如项目进展报告的模板。

（8）建立风险预测和分析过程。

（9）确定新项目是否适应变化成长中的公司。

（10）识别下游（市场、机构）的持续变化及其对项目的影响：该项目是否还有存在的必要？是否需要调整项目范围？项目成本有没有受到影响？

（11）评估并管理组织中项目风险组合，适当时减少项目的个数或淘汰失控的项目。

（12）进行项目评估或审核，尤其是在各项目生命周期之初，根据组织目标汇报项目的进展情况。

（13）维护并保存项目文档。

（14）建立项目资源库并对其进行管理。

（15）做追求卓越项目管理的倡导者，鼓励开展项目与公司价值的讨论。

（16）作为项目经理的大本营，加强项目经理与项目管理办公室的双向沟通。

（17）收集并发布项目评估技术和信息报告，促进项目管理实践经验的共享。

（18）协助项目的终止活动。

上述目标并不是一蹴而就的。短期来看，或者说在正式启动的几个月，项目管理办公室也许只能从组织内正在运行的项目中汲取经验，并对单个项目进行评估。中期来看，项目管理办公室可以对项目管理过程和流程进行标准化，协助单个项目进行风险分析和行政管理，或者开展当前各项目的战略组合分析。长期来看，或者说在成立一年以后，项目管理办公室可以承担更为综合的管理工作，比如资源库的整合、项目经理的培训、项目的审计和对各个项目的咨询等。

我们认为，要求项目管理办公室把握以上所有问题是很难做到的，更确切地说就是对项目选择过程的大量控制和对相关因素的管理，维护项目记录和文档，进行风险管理，对项目经理进行培训。一位经验丰富的咨询师告诉我们：

> 最近我在旅行中所遇到的大部分公司都是项目管理办公室在确定项目选择过程的方法中起主要作用，为高层管理者提供决策支持。项目管理办公室对所有按照公司目标提出的设想进行评估，估算成本，如果初步设想获得了资金支持则计算投资回报率。一旦项目被选定，项目管理办公室将精力主要集中在确定项目是否满足了所有的目标。当项目进行时项目管理办公室很少或者不会直接做出项目管理支持，但是项目管理办公室进行了很多项目的重要评估，包括在项目生命周期中和项目终止以后，观察是否达到了在选择项目时所要达到的目标。

接下来，我们将讨论多数项目管理办公室的其他主要目标——评估、提升组织的项目管理成熟度。

项目管理成熟度

由项目管理协会（2011）主导的一次调研显示，提高项目成功率的一个关键因素是组织的项目管理能力，现在被称为"成熟度"，包括项目管理技术的标准化，它可以提高项目成功率约25%。不久前，正如高管们疑惑的，他们的组织是否有足够的项目管理能力，对于多数组织，答案是否定的。信息技术/软件类项目的记录尤其差，大约比"计划中的期望"低15%（KPMG，2005；Cicmil et al.，2006；以及其他）。

丁斯莫尔（1998）描述了一个这样的项目管理成熟度测量方式，把公司按5个成熟度的层级进行打分。"初级"，没有正式的项目管理流程。第二级是"可重复"，有了规划、计划、追踪、评估流程。第三级是"明确"，此层级中公司有追踪管理项目的综合性系统，但并不是常规化地运用于控制项目。第四级是"管理"，系统已经安装，并用于管理与控制项目，项目成功率很高。第五级是"最优化"，有了综合性的数据库为高层管理者与项目经理、项目群经理与项目组合经理提供信息。数据库包括历史信息，允许项目管理系统地持续改进。

在过去的几年中，一系列不同的测量项目管理成熟度的方法被提出（Pennypacker et al.，2003），例如，基于项目管理协会的《PMBOK 指南》的评估（Lubianiker，2000）、项目管理协会的组织项目管理成熟度模型（OPM3；见 www.pmi.org/opm3/）。另一个项目管理成熟度模型提出之后，已经适用于4个不同行业的38个公司（Ibbs et al.，2000）。这个模型包括了148个问题，分解到6个流程/项目生命周期阶段（启动、计划、实施、控制、终止以及组织环境），以及9个PMBOK 知识领域（综合、范围、时间、成本、质量、人力、沟通、风险、采购）。模型对一个组织的项目管理成熟度进行5个阶段的评估：临时、计划、管理、整合、持续（最高级）。

无论是什么模型方式，多数组织的项目管理成熟度得分都不高。在测试中，38个组织的平均分只是微微超过3分，个体公司的得分在1.8~4.6分区间（5分满分）。在另一项调研中，大约3/4的公司没有超过第二级，不到6%的公司在第三级之上。我们将在第11章项目控制中再一次讨论项目管理成熟度模型。

项目管理办公室的运转

正如我们以前讨论的那样，要想让项目管理办公室良好地运转，最好的办法就是将其视为一个项目来运作并运用先进的项目管理流程来进行管理。此外，鉴于项目管理办公室的特殊角色，我们建议在未曾得到组织高层管理者的完全许可之前，不要轻易推行项目管理办公室的概念。此外，项目管理办公室的成功还要依靠高层管理者自始至终的支持和领导。

盖尔（2011，p.36）指出，项目管理办公室若要长期成功，要对可达到的目标有清晰的愿景，并能与更广阔的业务目标相一致："项目管理办公室必须明确组织面对的相关问题。"不仅如此，项目管理办公室不能仅仅在项目执行中取得成功，还必须有清晰、相关的战略目标，可测量成果，以及在组织中沟通这些成果。盖尔列出了要做的5个步骤：

（1）明确改进成果的可量化测量措施。首先，建立一个现状的基线，然后设立改进目标，最终测量成果。由可测量的成果来支撑你的价值，从而赢得利益相关者的支持。

（2）对结果设立一个可实现的时间框架。让高管们意识到，这不是一个马上发生的结果，而是需要时间，通常至少是一年。

（3）确保有足够的资源来达到目标。项目管理办公室没有魔法，它们需要预算、支持与天赋来取得成功。没有这些，项目管理办公室就有可能失败。

（4）通过组织建立信任。仅有一两位利益相关者的支持远远不够。撰写报告，通过高管们的语言来描述项目管理办公室的成功。运用简单、清晰的测量方式来显示项目管理办公室对业务的影响。把每份报告限制在 1 页，并用图来描述一眼就明白的故事——保持精练。

（5）给项目管理办公室找到最优秀的人。再好的方法与练习也永远无法取代高质量的人与项目管理。

启动项目的一个方式就是在项目管理办公室项目倡导者责任范围之内开展"领航计划"。一个项目完成之后，要对其进行评估，纠正项目存在的错误，并将优秀经验在整个组织中共享。随着项目管理办公室经手或参与的项目越来越多，它给公司带来的利益也就越来越明显。

遗憾的是，并非所有的项目管理办公室都运转得很成功。格林加德（2013）的报告显示，大约 1/3 会无法达到既定目标；盖尔（2011）的报告进一步显示，全部项目管理办公室中的一半在刚刚尝试时就失败了。根据坦南特（Tennant，2001）的调查，项目管理办公室面临的首要问题是，项目管理办公室的创办人自己往往对项目管理实践并不了解，因此，他们对项目管理办公室的预期是不现实的，譬如说给各项目提供临时帮助，降低正在运行中的项目的成本等。项目管理办公室并不能使将要失败的项目起死回生，它的主要作用在于从长远的角度促进项目管理过程的改进。

项目管理办公室也不是用来解决高层管理的问题，比如不正确的项目目标、对项目支持的力度不够、项目资源匮乏等。有趣的是，近年来在项目型组织中，将项目管理办公室这一职能外包出去的趋势越来越明显。有些人怀疑这一举措是自讨苦吃，有些人则认为这是管理者对自身管理知识有限的清醒认识。部分将项目管理办公室关闭或外包的危险信号有（Greengard，2013）：高层支持减弱，组织不再对项目管理办公室有制度性的专家意见，对项目管理办公室的支持减少，以及项目管理办公室已经达到目标。

成功运行项目管理办公室的一个关键是有正确的团队。正如盖尔（2013）指出的，这个任务由两个部分组成：项目管理办公室有正确的领导者，其次有熟练的且适合数量的员工。对于那些背负着执行高优先级的战略方案的项目管理办公室，仅 41% 有充足的技术人员，31% 有充足的员工来执行项目，因此这个是运行项目管理办公室的主要问题。

盖尔指出，项目管理办公室的领导者不仅要有合适成套的组织工具，而且必须是项目管理办公室所管理的项目经理的职业生涯的管理者。对于员工，有广泛的技能与经验是最重要的，特别是员工数量有限时。因此，不是简单地挑选那些现在"有空"的人，而是选择那些有合适的管理培训经历、不同项目管理经验以及在项目管理中具备资质的人。作为他们经验的一部分，每个成员应该有项目失败的经验，并能指出失败的原因以及从中学到了什么。有不同类型的员工也同样有用，初级员工可能在收集分析数据方面比高级员工更被需要，有经验的员工可能担负质疑、改进流程的任务。

项目管理办公室也需要能够如实报告风险与问题的员工，以及从数据与信息中找到核心问题解决方案的员工。项目管理办公室员工的沟通能力也非常重要，不仅能保持严格的诚实，而且在战略执行层面与细节技术层面都能流畅表达，这包括能够快速、有效传递信息。最后，他们必须擅长让其他人听从自己的建议。

➡ 5.7　项目团队

> 团队合作就是一组人按照我说的去做。
>
> ——某企业家

在本节中，我们考虑到项目团队的构成方式和不同项目对人员的需求有很大的不同。项目团队的角色在PMBOK的第9章中占大部分篇幅。然后，我们将一些问题与管理团队成员结合起来。最后，我们处理一些管理团队的行为问题。

为了使对项目团队的讨论更加具体，我们用软件工程项目的例子来说明如何组建一个项目团队。假设我们虚构的项目相当庞大，除了项目经理之外，项目团队还需要以下关键成员：一定数量的系统工程师、开发工程师、检测工程师、文秘等。这个例子能够应用到建筑工程项目、药品研发项目或者其他广泛的各种类型的项目中，项目的名称可能发生变化，但是项目成员的角色大同小异。

（1）系统工程师。负责产品的设计和开发，同时负责功能分析、规范编制、图纸规划、成本估算、质量/可靠性控制、工程变更以及文件制作。

（2）开发工程师。负责按照项目工程师的产品或流程设计要求有效地组织生产。具体负责生产流程、设计和实施程序编码、单元测试、生产进度控制以及其他与生产相关的任务。

（3）检测工程师。负责在产品交付给客户后的安装、测试和服务保障工作。

（4）合同管理者。负责有关文案工作，跟踪标准承诺（包括质量、可靠性等）、客户的变更要求、票据、问询、投诉、法律事项、成本以及其他与项目合同相关的事务谈判，有时还负责项目日志和文档工作。

（5）项目控制者。每天关注的是预算、成本变动、劳动力费用、项目供应以及资本设备的状况等。项目控制者也定期进行报告，并与项目经理和公司控制者保持密切联系。

（6）支持服务经理。主要负责生产保障、分包商管理、数据处理、采购、合同谈判、综合管理等支持性职能工作。

在上述项目人员中，系统工程师和项目控制者直接向项目经理汇报是至关重要的（见图5-6），这有利于对项目的两个主要目标进行控制：技术和预算（项目经理通常自己控制项目进度）。在一个大型的项目中，所有的六种项目成员都可以越过项目管理办公室直接向项目经理汇报。

为组建项目团队，项目经理根据项目生命周期对人员的需求进行考虑，这需要借助一些特殊的图表来完成。首先，需要准备行动计划来决定项目任务的实质内容（详见第6章）。通过对完成任务所需的技术要求进行评估以及对相关的技术进行汇总来决定人员需求。值得注意的是，行动计划通常需要高级程序员和检测员的协商，项目经理需要理解、计划、密切监督这些协商对当前项目产生的影响。高级程序员和检测员被从岗位上拉走去处理行动计划中其他部门的计划问题是很常见的。在此基础上，与职能部门进行协商来选择合适的人员。

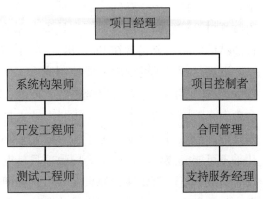

图 5-6　软件项目的典型组织形式

有时，某些任务需要进行分包，这主要是因为相应技术人员无法到位，或者分包商可以以更低的成本运作，或者企业无法提供项目需要的特殊设备。当企业需要减小规模时，分包的需求便会增强。如果在企业中有合适的人员（或设备），项目经理通常必须从本企业获得所需的服务。很多企业还是尽可能坚持使用内部资源，在资源可得的情况下，保证更好地控制资源的使用和质量。典型的做法是，项目经理必须与部门领导人和员工谈判，以项目工作所带来的挑战和乐趣来打动员工，以让员工加入项目团队符合其部门领导人的最大利益来说服部门领导人。

另外，还有一些人对项目的成功起着更关键的作用，他们需要向项目经理或其副手直接汇报（通常是系统工程师）：

（1）与项目保持长期关系的项目团队高级成员。

（2）项目经理需要经常与其保持联系的人员。

（3）具有项目成功所需特殊才能的人员。

谨记，项目经理必须找到理由来说服部门领导人提供对项目有价值的人员。部门领导人如果认为他们在项目中并无多少利益可以分享，那么自然就没有合作的动机。再次强调，项目的成功就像需要团队的技术才能一样需要政治才能。

在以往的例子中我们已经介绍了强矩阵型组织的情况。近几年来，弱矩阵的使用越来越频繁。在许多企业中，当项目经理被问及有多少人直接向他们报告时，回答"一个都没有"的情况并不少见。对于我们来说最常见的是，矩阵型组织一般有一个项目经理，一个或者两个可能是全职的关键技术人员，很多公司的职能部门向项目提供服务或者生产能力。在公司项目群的研发子项目中，这种弱矩阵型组织结构并不鲜见。例如在制药项目中，公司只选派一两名高级科学家和实验室技术员到项目中去，比如毒性测试、效果检测、记录产品添加物等工作都是由职能部门以可交付成果的形式提供的，项目组织不再直接安排人员负责这部分工作。

弱矩阵型组织的项目经理必须为项目团队能多争取到几个人而讨价还价，其谈判技巧显得尤为重要。弱矩阵型组织的成功往往依赖于直接委派到项目中的少数技术专家。项目经理争取技术专家和获得其他职能部门提供及时服务的谈判能力是成功的关键。

5.8　人力资源因素和项目团队

除了项目经理应该具有高度的政治敏感性之外，我们还要讨论其他管理项目团队的因素，应该记住，一些好的普遍管理原则和实践同样适用于项目管理。我们是从项目经理的角度来讨论这些问题的，他们在处理人际关系时，必须面对项目中的成功和挫折。管理项目团队的话题主要包含在 PMBOK 的人力资源管理知识领域。

既满足项目进度要求又要控制成本，保证项目质量，这对于项目经理而言似乎是一个技术问题。实际上这并不完全是技术问题，也是一个与人有关的问题——更确切地说是一个含有人的因素的技术问题。项目专业人员往往追求完美。通常情况下完成项目任务是很困难的，当项目专业人员为了追求职业荣誉感而不断改进（因此改变）产品时，任务变得几乎不可能完成。项目变更会导致项目延期。在整个项目过程中，项目经理必须时刻强调按时完成进度的重要性，如果在项目之初便建立项目技术变更程序，就能够有效地控制突发事件和变更频率（项目经理认为每个人都自觉地遵循这个程序是不明智的）。

另一个问题是鼓励团队成员完成项目任务。不幸的是，项目经理在物质奖励和项目人员晋升方面的权力很小。在弱矩阵型组织中的确如此，但这并不意味着项目经理无法激励他的队员。一项著名研究发现，激励项目团队中的诸如工程师、科学家、专家之类的技术人员的方式有认同、成就、工作本身、责任、创新、学习新的知识（Herzberg，1968）。项目经理有责任保证这些激励因素在项目中受到了充分的重视。研究发现，项目经理对那些给予项目多方面支持（提供有能力且能胜任的人员和高效率的生产）的职能经理善用感谢之词是一种有效的激励方式，当然，这对相关人员同样有效。（另外很重要的一点是，当绩效平平或较差时不要使用这种方式，偶尔表示不满意也是有效的方法。）

参与式管理也是一种激励方式。这不是什么新理论。这个理论提倡个人或团队应该在决定采用何种方式实现预期目标和寻求更好的途径完成任务方面起到重要的作用。近些年来兴起的六西格玛管理、全面质量管理、持续改善团队（continuous improvement teams，CIT）、自我指导工作团队（self-directed work teams，SDWT）以及敏捷项目管理团队除了在组织结构上略有差别，或在决策和自主程度上有所不同之外，都是为了提高工作绩效、改进生产方法和提高产品质量。我们会在第 6 章中进一步讨论敏捷项目管理。

采用上述方法可以强化团队（以及团队的成员）实现项目目标的责任意识。强化项目团队责任意识有以下优势：

（1）它激发成员完成任务的潜能，激励团队寻找更好的解决问题的途径；

（2）专业人员不愿意接受特别具体的管理，参与式管理不会具体规定他们如何工作而是给定目标，允许他们设计自己的工作方法（通常情况下是附加权限设置的）；

（3）团队成员都明白他们对项目的成败负有责任；

（4）为集思广益提供了很好的途径；

（5）能够及时反馈团队成员的绩效；

（6）为项目经理提供了一个评价团队绩效的方法。

上述各项都可以有效地激励项目团队成员。与许多项目经理进行非正式讨论后，我们得出了同样的结论，但是自我指导工作团队（以及其他形式的团队）的成功最终还要依赖于对团队目标、任务完成时间、成本等有一个明确的表述。为了充分发挥项目团队的优势，高层管理者必须"尽量明确细致地描述项目目标、责任、权力等内容"（Nelson，1998，p. 43）。最后需要牢记，把项目交给项目团队时，不能放弃相应的项目管理技能。

在第 6 章中，我们将具体讲述项目计划的过程，并强调从目标管理中借用的行动计划的应用，这是一个直接使项目目标达成的详尽计划和进度控制技术，项目经理与团队成员共同工作，通过这个过程形成一套综合的书面计划。这个文件不仅是一份计划，还是一种控制机制。由于制订这种计划的机制是开放式的，它使团队成员对整个计划中的相应部分负起责任并起到激励他们的作用，同时清楚地表明成员间相互依赖的程度。计划过程的这一作用的重要性在有关团队建设的文献中被忽视了。

将人们聚集在一起，即使他们属于同一组织或为同一目标努力，也并不意味着他们可以像一个团队那样工作。在组织团队时使成员意识到他们是如此的依赖，会真正使一组人形成一个团队。项目的成功和团队工作是分不开的，项目的失败只能证明成员间的合作不像是团队[①]。如果大多数团队成员是问题导向型的，则形成一个高效的团队的可能性会大大增加。

蒂皮特等（Tippet et al.，1995）对此进行的深入研究表明，许多公司在组建团队上是很失败的。失败具体表现为缺少有效的奖励、个人和团队绩效反馈机制不健全、个人和团队目标不明确等（Tippet，1995，p. 35）。考虑到一种特别对团队有害的行为，贺（He，2012）研究了团队中的"搭便车"问题，发现这一不受欢迎的行为会抵消提升团队士气与控制团队规模的作用。最后，兰西奥尼（Lencioni，2002）写了一本篇幅很短但是很精彩的团队建设方面的书，他称其为"领导童话"。如果要阅读关于团队方面的书，这本书是首选。

使用矩阵型项目组织会产生一个附加问题。团队成员来来去去，固定周期性的团队成员更换使得构建与维持一个团队变得很困难（Bushe，2010）。当团队的一个新成员到达时，他必须熟悉项目现状，多数情况下，这项工作是交给老团队成员的，但他本身的工作压力也很大，且非常讨厌这种打断。有些方法可能不能完全解决问题，但会有所缓解。项目经理必须确定哪些团队成员是知识渊博且愿意分享的，可以要求这些人带新人并参与到项目的某些部分。当然，项目经理必须确定这些附加工作可以由熟手在规定时间内完成。软件的使用可能让人际交往变得简单（Underwood，2008）。同时，专业化的增强可以减少信息的传播量，但也会导致一个问题，即所有团队成员必须相互依赖才能成功。相互依赖的感觉也能够提升全体项目成员的凝聚力与责任感。

另外，需要项目经理考虑的行为问题是人与人之间的冲突。项目团队成员之间、项目成员与外部人员（包括客户）之间的冲突无处不在，对于项目来说是十分常见的事情。我们强烈地体会到，如果项目经理不擅长解决这些冲突，那么项目注定要失败。正如我们前面提到的那样，谈判是项目经理解决冲突的首要工具。同时，我们再次提醒各位读者，冲突也可能转化为创造力的源泉，尤其是当一名精干的项目经理通晓如何引导冲突时。

1975 年，塞姆海恩等（1975）出版了一本关于项目中冲突的焦点和性质方面的权威著作。尽管时代不同，但这些信息在今天依然有效，我们列表于此。我们发现他们当初的见解对当前仍具有指导意义。基于塞姆海恩等的观点，表 5 - 2 列举了项目生命周期的各阶段冲突的焦点，表中同时列举了解决方案。项目一经确立，项目优先性评估、实施程序

---

① 尽管还没有提到团队的组成，但读一读 A. S. 卡莱尔（A. S. Carlisle，1976）的文章《麦克格雷戈》（*MacGregor*）是很有启发的。这篇文章是关于授权的经典之作，显然就是布兰查德和约翰逊的《一分钟经理》的灵感来源。卡莱尔（1976）的文章讲述了一位工厂经理，他把大多数经营决策交给下属，并坚持让下属帮助解决彼此的问题，结果，他们组成了一个令任何项目经理都羡慕的团队。

步骤、进度计划等都可能成为冲突的焦点。在项目增进阶段，项目优先性比其他任何冲突都更为明显，在此之前，程序步骤已经建立起来了。在项目主体阶段，项目优先性已经确定，进度又成为焦点问题，随之而来的是技术上的争论。获得充分的支持也是很重要的问题。在项目终止时，按时完工是最重要的，但是从项目开始以来被忽视的人际关系问题也随着项目进行到最后几个星期而凸显出来，对岗位重新调整的担忧使局面更加严峻。表5-2和表5-3都列举了项目生命周期不同阶段的冲突类型和来源，表5-3还列举了不同来源和不同阶段冲突爆发的频率。

研究表明，项目团队中的大部分冲突是人们从各自专业角度和各自部门角度出发审视项目的结果（de Laat，1994）。不属于问题导向型的成员很难提高团队的效率。杜赫斯特（Dewhurst，1998，p. 34）将一组相互独立工作的人员定义为"名义上的团队"（name-only-team，NOT），如果团队合作对于项目的成功是至关重要的，那么这种"名义上的团队"带来的后果只能是 2 + 2 = 3，或者更少。如果一些专业导向型的成员将冲突带入团队，那么大多数成员会视之为"带有政治色彩"。如果项目经理的决定受到冲突的干扰，那么可能会导致项目失败（Pinto，1997，p. 31）。

正如第4章中所述，有若干解决冲突的方法，但有一点是确定的，那就是逃避冲突的人不可能成为成功的项目经理。有时，妥协是有效的，但是大多数情况下，还是应该直面冲突。现在已经有很多的文献论述如何解决各种冲突，我们必须注意到项目经理将非赢即输的局面转变成双赢局面的能力是解决冲突的关键，如果不注意到这一点，对这些文献的概括总结就没有必要了。

表5-2 项目生命周期各阶段冲突的主要来源

项目阶段	冲突的主要来源和减小冲突影响的措施	
	冲突来源	措施
形成阶段	优先性	确定明确的计划。与有关各方协商、咨询、决策。强调项目对公司目标的重要性
	程序步骤	建立详细的管理操作程序 获得主管者的一致同意 制定契约或达成共识
	进度计划	在项目实施之前提前约定进度顺序 预测其他部门的任务优先性和对项目的影响
增进阶段	优先性	根据项目计划和对需求的预测与相关支持部门达成一致
	进度计划	与职能部门合作分解项目工作包（项目单元）
	程序步骤	就重大管理事项制定应急方案
主体阶段	进度计划	持续监控 与有关各方沟通 预见问题并制定措施 识别需要密切监督的潜在危机
	技术	技术问题的早期解决 就进度和预算问题与技术人员沟通 重视早期充分的技术测试 重视早期对最终设计的协议
	人员	尽早了解人员需求 与职能部门和员工达成优先使用资源的一致性

续表

项目阶段	冲突的主要来源和减小冲突影响的措施	
	冲突来源	措施
收尾阶段	进度计划	停止进度监控 考虑将有关人员重新安置到重要岗位避免进度拖延 迅速解决影响进度的技术问题
	人员	制订人员安置计划 保持与团队和支持部门的持续协调性。舒缓紧张的工作气氛

资料来源：塞姆海恩等（1975）.

表 5 - 3　样本项目的冲突次数

项目阶段				冲突来源
开始	早期	主体	后期	
27	35	24	16	项目优先性
26	27	15	9	管理程序
18	26	31	11	技术平衡
21	25	25	17	人员
20	13	15	11	支持成本估计
25	29	36	30	进度计划
16	19	15	17	个人因素
153	174	161	111	总计

资料来源：塞姆海恩等（1975）.

实践中的项目管理　　　　　　　**南非成功的抢修团队**

南非的一家重要的煤炭、化工、原油厂萨索尔（Sasol）的碳酸盐再生塔发生起火事故，将它修复好是很重要的。这个长 231 英尺、宽 19 英尺的容器必须移开进行维修，才能得以重新使用，最关键的是时间问题，维修时间只有 40 天。

为了完成这个艰巨的任务，制定了几条特殊原则：

（1）该项目时间第一，不计成本；

（2）该项目毫无浮动时间；

（3）尽量减少时间；

（4）不要计较投入资源的限制；

（5）时时保持沟通顺畅；

（6）注意安全；

（7）保证质量。

另外，项目团队还在减少用时上做了其他的特殊努力。首先明确表示将视个人和团队绩效进行奖励，同时还时时考虑对"软环境"的管理：搞好员工的衣食住行、避免超时工作、对每个人的优点进行表扬（口头、电话、书面等），设立通告板一天两次通报进度，尤其是公布每人节约时间情况。还要进行一天两次的换班会，由上一班向下一班交代进度情况；要进行一天两次的计划会议，主要是对以后两天的工作进行安排，详细到每分钟。

团队这样的安排引起了很大的轰动，大家为节约时间积极献策，甚至想办法节约 5 分钟的时间，节约时间成了主导文化。结果，项目提前了 15 天，以 25 天的时间完成，实际成本也比预算的 8 500 万美元减少了 2 100 万美元。

问题

1. 根据这里的特殊要求，你认为哪些是加速项目的动力？

2. 你认为什么是改变项目文化的根本因素？

3. 由于项目比计划减少了约 40% 的时间与约 25% 的成本，你认为团队协作的重要性是什么？

资料来源：I. Boggon，"The Benfield Column Repair Project," PM Network, Vol. 10.

下一章我们将从组织问题转移到项目计划任务的研究。我们将讨论协调、接口管理、系统工程，也将提供一些有用的概念和工具，例如行动计划和线性责任表（RAIC）等。

 小结

本章讲述了各种项目组织形式及其特点与优劣势，以及选择最佳组织形式的程序步骤。接着讨论了项目管理办公室的作用与项目管理成熟度。然后讨论了项目团队本身，介绍了项目成员和项目经理将会面临的人力资源问题，诸如激励和冲突。本章的要点如下：

如果项目是在一个职能型组织中进行的，那么必须由对项目成功有最大兴趣的部门或能提供最大帮助的部门来完成。虽然这种组织方式有很多优势，但劣势更加明显。

纯项目型组织同样有优势与劣势。尽管劣势不像职能型组织那么严重，但也不是无足轻重的。

矩阵型组织结合了职能型组织与纯项目型组织，希望能够取二者之长。这种方式已经取得了相当的成功，但也有自身的缺陷。有许多纯项目型组织的变体，特殊的混合型组织经常用于处理特殊项目。针对一个特定案例的最佳形式需要考虑项目的特殊性以及不同形式的优劣势。

选择项目组织形式的步骤是：

1. 识别特定的项目目标；

2. 确定实现项目目标的关键任务和承担这些任务的公司的职能部门；

3. 将关键任务排序，并按照逻辑关系进行工作分解；

4. 确定工作实施部门，分步骤协助该部门；

5. 识别将会影响到组织项目形式的企业和项目的特点、限制条件及问题；

6. 将上述问题与各种组织形式的优劣势结合考虑后再做出最后的决定。

每个项目都应有项目管理办公室，即使是与其他项目共有。

更大型、更复杂的项目除了有项目经理外，还应该包括系统工程师、开发工程师、现场经理、合同管理者、项目控制者、支持服务经理。如果一个组织有多个项目，那么项目管理办公室是很必要的。

在团队中，除了系统工程师和项目控制者要向项目经理直接报告外，还应该有：

1. 与项目保持长期关系的项目团队高级成员。

2. 项目经理需要时常与其保持联系的人员。

3. 具有项目成功所需特殊才能的人员。

完美主义、激励、冲突是项目经理面临的主要行为问题。目标管理对前两项是有效的工具，直面问题是解决冲突的好办法。

初始阶段项目冲突的来源是优先性和政策问题，主体阶段是技术和进度问题，进度和人的问题出现在项目接近终结阶段。

 **关键术语**

职能管理（functional management） 指工程、营销、采购等不同专业的组织的标准部门。

全局观念（holistic） 从整体而不是从某个角度出发。

矩阵型组织（matrix organization） 一种既注重职能监督又注重项目监督的方法。一个强矩阵型组织的运作接近纯项目型组织，一个弱矩阵型组织更接近职能型组织。

成熟度（maturity） 组织在管理多重项目时的老练与专业程度。

巨型项目（mega-projects） 巨大、高度复杂、预算巨额且需要多个外包与子承包商，并花费数年的项目。

混合型组织（mixed organization） 既有职能组织又有项目组织的组织机构。

跨组织项目（multi-organizational projects） 通常涉及多个组织的超大型项目。

项目所属组织（parent organization） 项目所依托的企业或组织。

项目群经理（program manager） 是指对若干相关项目负责的人，每个项目都有项目经理。

纯项目型组织（projectized organization） 这种组织结构表明组织的主要细化是不同的项目，行政职能部门支撑所有项目，且向首席执行官直接报告。

项目管理办公室（project management office，PMO） 管理多个项目，负责提高项目管理成熟度、培养项目管理优秀人才和提高项目成功率的管理部门。

项目病（projectitis） 一种对项目过度忠诚的社会现象。

分包（subcontract） 将任务委派给小的承包商。

局部优化（suboptimization） 系统中可能影响整个系统的次要因素。

行动计划（work breakdown structure，WBS） 描述项目全部工作的项目基本文件，是项目成本、进度、工作责任的基础（详见第 6 章）。

 问题

内容复习问题

1. 什么是项目群经理，其职责与项目经理有什么不同？
2. 明确矩阵型组织的优劣势。
3. 列举四种基本项目组织形式并至少列举每种形式的一个特点、一个优势和一个劣势。
4. 给出为一个项目选择一种组织形式的主要指南。
5. 为什么说项目管理办公室很重要？
6. 说出处理一个项目相关的冲突的三种方式。
7. 将项目置于职能型组织中的优势和劣势各是什么？
8. 什么是系统工程师的职责？
9. 在项目生命周期中，冲突的来源是什么？
10. 项目管理办公室的主要任务是什么？
11. 项目管理成熟度指什么？

12. 多数企业处于项目管理成熟度的什么层次？

课堂讨论问题

13. 讨论管理专家与管理其他员工或团队成员的区别。

14. 人和政治因素对项目的成功变得越来越重要。如果在工程和技术教育方面对此重视不够，项目经理如何来弥补？

15. 纯项目型组织的一个劣势是项目管理人员可能在其他项目的技术专业方面落后。给出一些项目经理可以避免这种问题的方式。

16. 讨论各种组织形式在项目团队内部以及项目团队和公司其他部门、项目团队之间如何进行协调、互动和配合。

17. 从表5-3中，描述在项目的如下领域内，冲突数量变化的可能原因：

（1）优先性。

（2）管理程序。

（3）技术平衡。

（4）进度计划。

18. 为了开发像彩色传真机这样的新产品，你将如何组织项目？如果是一个比较简单的产品，比如磁盘驱动器？

19. 行动计划的目的是什么？它对项目经理组织项目有什么帮助？

20. 你认为是什么原因导致在"项目群早期"平均总冲突数量增加（见表5-3）？

21. 在冲突管理中项目经理的作用是什么？

22. 你认为单独雇用一个参与管理人员来激励员工是否道德？

23. 项目管理办公室向高层管理者汇报，对比和权衡这一汇报机制，如果向职能部门经理报告，又会怎样？

24. 项目管理成熟度关注于多个项目做得更好，还是单个项目做得更好？

25. 对于低项目管理成熟度的企业，在项目组合管理中最重要的目的是什么？对于高项目管理成熟度的企业是什么？

案例讨论

肖的战略

今年，柯林·肖（Colin Shaw）已经是第二次被任命为项目经理了，他喜欢项目经理这个职位给他带来的挑战和机会，但是对处理人际关系问题感到很苦恼。有时，他觉得自己就像一个忙碌的保姆，要处理诸如安排作业、检查进度等问题，并保证每个人都在做应做的事情。最近，肖读的一本书中推荐了几种监督和管理团队成员的方法，他觉得这是一个好主意，决定在下面的项目中尝试一下。

肖面临的问题是决定是否在公司推行作业成本法（ABC）。肖曾经担任过实施过程成本法系统的责任经理，他感到很适合带领团队顺利解决这一问题。他制定了项目目标并详细分解了各项任务，即使是子目标也有具体的说明。在与团队的第一次会议中他感到比以往任何时候都更有把握。他向每个团队成员具体布置了任务并规定了每项任务的完成时间，他甚至和每位成员都签订了责任书，以保证他们按进度完成任务。这项工作进行得非常顺利，没有引起任何争议，每个人都领走了自己的责任书并开始工作。肖对新方法的效果非常满意。

◆ **问题**

你认为肖在六个星期后还会很满意吗？比较这种方法与以前方法的不同之处。

Hydrobuck 公司

Hydrobuck 公司是一家生产船用外置汽油马达的中等规模的厂商。过去，该企业一直成功地生产并销售 3~40 马力的马达。最近公司管理层对大马力的马达更感兴趣，最终决定生产 50~150 马力的大功率马达。

大马达和小马达的内部装置相似，但是大马达需要动力平衡装置，简单地说，该装置就是一套保证发动机在船上保持稳定的液压系统。假如 Hydrobuck 公司不能设计出很好的动力平衡装置，那么在大功率马达的销售上是无法取得成功的。

公司财力稳固，并保持着生产小型外置马达的领先地位。下面是今后两年的公司目标：

（1）设计高品质的动力平衡装置；

（2）设计和生产上述设备；

（3）开发出在外置马达上安装上述装置的方法。

公司已经具备生产和销售大马达所需的技术、设施、营销策略。

◆ **问题**

有哪些项目组织形式可以用于这个开发动力平衡装置的项目？如果公司的项目管理成熟度高，哪个最好？如果项目管理成熟度低又如何？理由是什么？

课堂综合练习项目

在预算内快速、合格地完成组织项目的工作是每个项目成功的重要因素。现在我们不关注项目是在哪所大学进行的，它将要向谁报告——向导师报告还是向项目的内部组织报告。可以把项目看成一系列任务，班级中的每一个人都有特定的职责和一定的时间来完成任务，或者通过组成几个团队来完成不同的任务。如果班级较小，那么前者可能更适合，对于一个较大的班级来说，建立团队可能更高效和更实际。比如一个 35 个人的班级，可以分成 5 个或者 6 个团队，这样每个经理会收到 5~7 份直接报告（包括项目经理的报告）。当然，一些团队可能需要较少的人，也可能需要较多的人，但是规模应该是接近的。组织的一个约束就是各团队不能完全独立，这有两个原因：一是对于每个学生来说做一些贯穿全部章节的工作比起只做针对一章问题的工作而忽视其他问题更有价值（比如回答章末所有的问题）；二是在实际项目中有很多因素相互影响，甚至引发冲突。如果项目被分解为由不同部门独立完成的一系列不同任务，彼此间不需要互动和配合，就根本没有必要建立项目来完成工作了！

参考文献

数字资源

第 5 章 组织中项目的作用
（案例分析与指导阅读）

II

第 篇

项目计划

第6章 工作活动计划: 传统与敏捷

Activity Planning: Traditional and Agile

本章以对时间管理和范围管理的讨论开始,它们都是 PMBOK 的重要知识领域。时间管理是一个更广泛的话题,将会在第 8~11 章进行深入讨论。风险问题会在第 7 章中讨论。

在《读者文摘》(*Reader's Digest*, March 1998, p. 49)中,彼得·德鲁克(Peter Drucker)这样描述计划:"除非立即转化为辛勤的工作,否则计划只能是美好的愿望。"实现这种转化并不是一件容易的事情。计划工作不充分是项目管理中的老问题。项目管理类杂志上经常发表文章阐述做好计划的重要性。事实上,《吃掉那只青蛙!》(*Eat that Frog*!)(2007)的作者布赖恩·特雷西(Brian Tracy)认为,在计划上分配的每一分钟都会在执行中节省 10 分钟。另外,明智的计划者也不会让过度的分析扼杀计划,即著名的"分析休克疗法"。在一篇优秀的文章中,兰利(Langley, 1995)探讨了如何避免上述两个极端,从而制订出切实可行的计划。

现在我们来考虑制订项目工作计划,把计划转化为辛勤的工作,实现项目的最终成功。有许多原因说明为何在计划项目时我们必须十分小心。制订计划的主要目的当然是建立详细的指导方案,以确切地告知项目团队必须做什么、必须何时做、需要什么资源以及何时需要何种资源等,从而保证成功地产出项目可交付成果。整个计划过程当然是依赖于第一时间收集客户或项目拥有者的正确需求。PMBOK 列出了一系列工具与技术来帮助完成这项工作,包括面谈、小组讨论、促进工作坊、小组创意技术(在本书的网上附录 B 中有具体描述)、问卷与调研。

计划应该由项目经理来制订,同时在项目拥有者或赞助者的监督之下,这样就会考虑到项目结果也要符合项目所属公司的目标要求,项目组合或任意一种批准该项目的战略选择程序都能反映这一点。计划只是对为达到项目目的必须做的事情(做什么、何时做)的安排,它总是在不确定的环境中进行,因此,计划必须容许与项目相关的风险和特征(当项目实施时可能会受到这些因素的干扰)等的存在。一个常见的中断是范围蔓延,或者某个项目成员很少与该项目的其他成员进行互动讨论——这在软件项目中是常见的现象。另外,计划也必须包含保证其完整性的方法,也就是说,必须包括如何控制(见第 11 章)按规定进行工作的手段。

最后，除了计划对项目本身的产出物有具体规定外，计划中包括的活动和投入的原料必须受到法律和社会的约束。外部环境的约束通常来自食品和药物管理局、职业安全与健康管理局以及其他联邦或州的法规，各种工程团体、项目管理协会、劳工组织、不同行业的标准惯例等。这些约束对于保护我们免受不安全的或者有害的结构、机器、设备、服务等的伤害具有重要意义。

讨论项目计划的文献众多，有些涉及计划的战略方面，着眼于如何选择与组织目标相一致的项目，有些文献致力于研究个体项目的计划制订过程，事先假定项目符合战略需要，已经被选定。大多数领域都有自己的一套项目计划过程，尽管各个过程的名称不一样，但其实都挺相似，不久我们就会看到这一点。

制订计划是为以后完成任务提供方便。这个世界充满了从未付诸实施的计划。这里讨论的计划技术着眼于使想法变为现实的过程更为顺利。管理项目是个复杂的过程，计划充当着这个过程的地图，该地图必须足够详细以便决定下一步做什么，同时必须足够简单以使工人们不会纠缠于细枝末节。

下面我们讨论项目契约（与提案、基础计划相似）与最终项目计划制订的一种较为正式的方法。几乎所有的项目计划技术都只是在计划过程的方式上有所区别。大多数组织，无论属于哪个行业，都采用相同的计划过程并管理项目，但是它们经常以不同的名字命名这些过程，有些人称之为"确立目标"，有些人称之为"范围定义"或者"需求识别"，有些人称之为"评估"，还有些人称之为"检测和验证"。无论项目是对内部客户还是对外部客户的，项目的可交付成果必须与客户的操作系统相配套。

实践中的项目管理　　　　**小猎犬 2 号火星探测器计划失败**

2003 年 12 月，小猎犬 2 号火星探测器（由欧洲航天局和英国国家航天中心联合研发）在登陆火星的过程中与地球失去了联系，从此再也没有消息。在调查这件事情的过程中，发现是项目计划（和再计划）出了问题。由于在时间、成本上压力过大，项目一开始就做了妥协。由于公共资金不充足，设计团队不得不花费大量的时间来筹集自有资金而不是讨论存在的技术问题。此外，后来的改变迫使团队降低了小猎犬 2 号的重量，从 238 磅降低到 132 磅！当三个气囊在检测中不能正常工作时，被一个降落伞设计替代，而且由于时间不够没有进行充分的检测。

调查委员会建议在未来的实践中要做到以下几点：

（1）在项目开始时获得必要的资金支持。

（2）实施在常规基础上的正式的项目检查。

（3）在所有利益相关者重新考虑项目的节点处建立项目里程碑。

（4）资金考虑中应该包括对潜在失败的预期。

（5）由于不确定性的存在应该包含和建立高强度的安全边际。

问题

1. 面对项目中的挑战，项目经理应该做些什么？

2. 这些建议全面吗？你还能添加点什么？

资料来源：Project Management Institute. "Mars or Bust," PM Network, Vol. 18.

我们采用一种我们认为能使计划过程既直接又相当系统化的方法，但也绝不会像计划理论家希望的那么直接和系统，即使在最好的情况下，计划也是拐弯抹角的。这是一个从不那么好的计划中产生较好计划的迭代过程，这个改善的迭代过程似乎是间歇性发生的。该过程可以被正式描述，却没有正式发生。计划的片段由个人、非正式团队会议或正式的计划团队开发，接着由其他个人及小组或团队改善、再改善。计划本身和计划过程开始时很简单，随后越来越复杂，最终形成项目计划。本章我们关注项目的实际设计方面，确定项目应该完成什么、谁去做什么，从而实现项目目标。这里我们描述一个项目计划的实际过程。组织项目的工作需要一个项目经理，成立一个项目团队，作为项目启动的一部分。项目的预算和进度是项目计划的主要部分，我们将在第 7 章和第 8 章讨论。实际上，在中间阶段和最后阶段必须做什么来检验并批准项目的产出以及必须保留什么记录，与有关项目收尾的计划一样，都是项目计划的组成部分，这将在后面的章节讨论。采用这种顺序没什么神秘的，仅仅是顺应项目计划自然发展的顺序。

➡ 6.1　传统项目活动计划

项目目标与企业的使命、目标和战略紧密结合是十分重要的，正如项目组合过程所描述的那样，高层管理者应该确定企业承担此项目的意图，规划项目范围以及描述项目的期望结果。没有一个清晰的开始，项目计划（或者后期程序）的制订很容易误入歧途。由高层管理者亲自召集并参加项目启动会议即一个初始协调会议也很关键，因为这体现了高层管理者对该项目的承诺。正如布罗克斯（2012）指出的，赞助者与其他关键利益相关者应该参与到讨论项目确立目标的会议，对顶层产出物达成共识，讨论所需资源，建立时间表与预算容忍度（这样项目经理就知道什么时候与赞助者沟通了），并定义高水平的风险。让这些关键利益相关者及早参与能够促成双赢，并尽早对潜在问题与风险进行沟通。

主持项目启动会议的人首先应该确定项目范围。项目启动会议的成功完全取决于定义明确的目标。除非计划制订过程的所有参与方都对该计划预计要达到什么目标有准确、清晰的理解，否则计划的制订肯定是不充分的或者会被误导。在项目启动会议上，项目细节被充分地加以讨论，以便所有人都能对有关事项有整体了解。如果该项目只是众多类似项目中的一个，那么会议属于常规性的，会很简单，只是和一些有关单位进行对接。如果该项目在许多方面都很独特，则可能需要充分的讨论。

在项目启动会议上列出项目所面临的主要风险大有必要。在项目选择过程中有些已知的风险已经被识别出来，例如市场对新流程或者产品的反应、创新技术的灵活性等。在项目启动之初人们就要启动项目风险管理计划，以使深层的风险识别能够延续下去，例如过程或者产品的技术手段、项目的进度、资源储备等，无数的风险摆在项目面前，有待在项目计划过程中展开。除了以上介绍的内容，项目计划过程的另一个产物就是项目风险管理小组的成立，以及该小组人员在计划过程中制订的初始项目风险管理计划。

尽管不同的作者对项目启动会议怀有不同的期望（Knutson，1995；Martin et al.，1998），但我们感到如果项目的可交付成果相当简单而且不需要太多部门间的协调，避免进度超期和预算超计划是非常重要的。在启动会议上过于关注计划的细节有可能阻碍团队成员将新计划融入他们正在进行的活动中，同时阻碍确定对涉及两个或更多组织单位的活动的协调方式。更糟的是，部门代表会被要求做"一个所需预算和时间的八九不离十的估算"以便实施这个初步计划。任何在项目团队中工作过的人都了解最初的估算瞬时被确定为实际预算和进度计划的奇特倾向。记住，这只是用来计划项目的一系列会议中的一个。

花费必要的时间将技术上和政治上各方面的因素考虑周全从而做好计划工作对项目未来的成功至关重要，虽然这将会有很多会议与参与性决策，但这是值得的。与此一致的是，一次对 236 名不同项目的项目经理（White et al.，2002）的调研发现，有 5 个维度可以判断项目成功与否：按时、按预算、按范围、项目与组织间和谐、项目对组织绩效的提升。对项目成功最重要、排名最高的 4 种因素则是：一份现实的进度计划、充分的资源、清晰的范围与高管的支持，以及所有仔细计划的产品有坚实的契约。

不管过程如何，结果必须是：（1）确定技术范围（尽管也许不是"最终版"）；（2）所有参与者接受了基本职责；（3）公司对项目进度和预算的初步要求得到明确；（4）风险管理小组正式成立。每一个承担项目部分责任的个人或单位应该同意在下次项目会议前交付一份关于如何履行责任的初步的却详细的计划，这些计划应包括对规定任务的描述以及预算（人工和其他资源）和进度的估算。

与这些计划同期进行的，还有风险管理小组的风险管理计划，包括提议的风险管理的方法，应对风险的进度计划、预算和标准，以及报告机制。进一步而言，要提供风险管理数据库所需的数据，阐明风险管理小组担当的各种角色和责任，PMBOK 中也有说明（PMI，2013）。必须强调一点，风险管理绝不是一个静态的过程，而是一个随着原有的风险不再存在或者已经被规避掉，更多的风险被识别出来的一个实时更新的过程。换句话说，就是现实代替假想，新的假想代替旧的假想的一个动态的过程。

各个不同的计划组成部分，包括风险管理计划，最终汇总形成一个综合的项目计划。这个综合计划，仍然不是最终确定的，还要由每一个参加的小组、项目经理以及高层管理者依次批准。每一步审批在某种程度上都增加了计划的确定性，当高层管理者认可后，任何对项目范围的进一步改变都必须通过正式的变更命令进行。如果项目规模不大也不复杂，非正式的书面备忘录可以代替变更单，其要点在于：在最高管理层批准后，没有书面通知不得进行重要的项目变更。"变更是否重要"因具体的情况和人而异。一个促进对项目范围变更管理的有用工具是需求跟踪矩阵（requirements traceability matrix）。在这个矩阵中，将每个项目所需的资源与项目目标连接起来形成一张表格，即行动计划与可交付成果的工作分解结构（WBS）。在需求跟踪矩阵中，不同的领域（列）是否可以合并依赖于矩阵的预期用途。在网上快速搜索后，可以得到许多马上可用的模板。在 PMBOK 的第 119 页有一个案例。

一般而言，项目经理有责任取得各项变更所需的批准，保证所有变更都已写入计划，得到了高层的批准，并已经和在计划上签过字的部门沟通过。没有什么会比自己精心制订的计划在没有通知的情况下就被旁人修改更能激怒职能经理了。违反这一步骤被认为是对信任的背叛。在某个企业设计童装生产线的项目中发生过几起类似事件，这种对没有沟通的变更的愤怒是如此强烈，以至于两位主要设计师辞职，转而为该企业的竞争对手工作。

高层管理者几乎总会行使他们的特权来修改计划，因此项目经理应该让具体制订计划的部门重新考虑和批准修改过的计划。这一步骤最终批准的结果就是项目计划。当项目的计划制订阶段完成时，很有必要再召开一个会议，进行计划制订后的评审。这个会议应由一名与该项目无关的经验丰富的项目经理主持。安东尼奥尼（Antonioni，1997）指出，计划制订后评审会的主要目的是确保项目计划中的所有必要因素都已经包括在计划中并得到了沟通。

外部客户

如果项目是向外部客户交付某种产品或服务，除了没有客户同意不能变更外，基本的项目计划制订过程是不变的。这种情况下一个共性的计划制订问题是，营销部门已经承诺了某种可交付成果，但工程和制造部门可能不能按进度计划生产。当向潜在客户提供最初报价时，如果各职能部门没有参与计划制订过程，通常会发生这种问题，它的严重性无论怎么强调都不为过（Martin et al.，1998）。

营销部门反对工程和制造部门早期参与的理由有两个：首先，销售人员接受过销售培训，对企业产品或服务的技术方面十分精通；其次，销售人员应具备关于设计和制造的生产周期和进度方面的知识。此外，营销部门普遍认为（偶尔还算公正）制造工程师和设计工程师不懂销售，喜欢在客户面前辩论或者对客户需求十分悲观，一般不能对客户表现得彬彬有礼，而且在销售过程中（通常在提交建议书之前）过早涉及太多技术人才是非常昂贵的。如果派遣 5 位技术专家出差去考察潜在客户的需求，不包括被专家浪费的时间，很轻易就会花掉公司超过 10 000 美元的成本。愿意接受较高销售成本的公司会更加注重项目的选择过程。

反驳上述看法的理由很简单，通常第一次就把事情做对要比重做更便宜、更快、更容易。如果产品或服务是一个复杂系统，必须安装到另一个更大、更复杂的系统中，应当将销售本身看成一个项目并制订项目计划。许多一贯在设计和制造危机中运行的企业是自己给自己制造了麻烦。（软件制造商和计算机系统销售人员请注意！）公平地说，任何与客户面对面的人都应该接受一些销售技巧的培训。

项目契约要素

正如之前提到的，初始项目计划任务是从项目契约演化而成的。后者是帮助定义项目范围的高级文件，通常用于获得批准以便制订项目计划。在给定的项目契约中，批准实际上等同于一系列授权，项目经理被授权管理各项活动，花钱（通常在预先设定的限额内），提出资源和人员的配备要求以及启动该项目。高层管理者的批准不仅意味着他愿意提供资金并支持该项目，还表示组织中的下级单位应该向该项目承诺提供资源。

不同组织的项目契约制订过程不尽相同，但正如 PMBOK 中提到的，任何项目契约都必须包含下列要素。

（1）概述。这是有关项目目标和范围的简短概括，它是写给最高管理层的，包括项目目标说明、与企业目标关系的简短说明（如"商业案例"，可以看出利润是怎么得到的）。商业案例不仅包括市场机会与潜在利润，也包含组织需求、客户需求、技术进步机会、法规、环境与社会责任。一个精心制作的商业案例应该简洁地提供项目的财务与战略理由。

（2）目标或范围。包括对概述部分提到的总体目标、优先级、成功因素以及项目结项更详细的陈述。陈述中应包括利润、竞争目标与技术目标。

（3）总体方法。这部分提供了对项目与自身需求的总结性描述。管理方法和技术方法也都有描述。技术讨论部分描述项目与可行技术之间的关系。例如，该部分可能说明该项目是公司某个早期项目的扩建工程。管理方法说明任何与常规程序偏离的部分，例如使用分包商完成部分工作量。同时其中还包括，项目基于的假设、假设不成立时的应急方案，以及项目变更的流程，包括范围、预算与进度计划。

（4）进度计划。该部分叙述各种进度安排并列出所有的里程碑事件。每一项任务都被列出，完成每一项任务的时间估计应从实施该任务的人员那里获得，项目的主进度计划的制订即以这些时间估计为基础。负责人或者部门领导应该在最后达成一致的进度计划上签字。

（5）资源。该部分有三个主要方面：第一个是预算，针对每项任务详细列出资本和费用要求，构成项目预算，项目的一次性成本与重复发生成本分开列出。第二个是合同内容完成列表与描述，比如顾客提供的资源、联络安排、项目审查与取消流程、所有权需求、采购订单（PMBOK 的知识领域 9）、任何具体的管理协议（例如分包商的使用）、技术可交付成果及其说明文件、交付进度，以及对以上内容更改的具体流程。第三个是成本监督和控制程序，除了常规要求外，监督和控制程序必须涉及项目的某些特殊资源要求，如专用机器、测试设备、实验室的使用以及施工、后勤、现场设施和特殊材料等。

（6）利益相关者。这部分要列出关键利益相关者。如何确定与分析利益相关者在第 2～5 章中已经讨论过了。对于关键意见的分析也要列出。包括顾客、社区以及其他外部利益相关者，这部分也要列出项目的预期人力需求，特别是项目经理、项目拥有者与项目赞助者。也要列出特殊技能、所需培训的类型、可能的人员招募问题、人员组成的法律或政策限制以及任何其他特殊要求，如安全手续等。按照进度计划列出每一阶段人员的时间需求是十分有益的，这可以弄清何时需要何种不同的贡献者以及需要多少。这些内容都是预算中的重要因素，人员、进度计划和资源部分应该互相核查以确保一致。

（7）风险管理计划。从高层次看，这里包括影响项目的潜在问题或潜在机遇。以下某个或更多事项几乎无法避免，如分包商违约、技术失误、罢工、恶劣的天气、市场变化、竞争对手的突然行动，唯一不确定的是，哪些、何时以及它们的影响。实际上，这些问题发生的时间并不是随机的，每个项目中都会出现这种情况，项目的进展取决于分包商、天气或技术条件等，因此应该在项目早期就制订出处理这些不利的意外情况的计划。没有计划可以确定性地解决一个潜在的危机，但预先的计划可能避免或减轻一部分危机。根据茨考尔等（2007）的报告，在高风险项目中较好的项目计划通过改善以下四个方面来促进成功：进度延迟、成本超支、技术绩效和客户满意度。他们得出结论：改进项目计划是一个比采用通常的风险管理计划更有效的风险管理方法。

（8）评估程序。每一个项目都应该按照标准及项目开始时建立的方法进行评估，考核其直接目标的完成情况（参见第 1 章）。该部分简短描述监督、收集、存储和评估项目历史的程序以及项目终止后的项目后评估（"经验和教训"）应遵循的程序。

以上是构成项目契约的要素，也是制订更详细的项目预算、进度、工作计划以及总体管理计划的基础。一旦项目契约全面制订出来并获得批准，就发给所有利益相关者。必须指出的是，制订项目契约不是一次性的事件，不能在完成后就束之高阁，而是更应该像一个活的文件，根据情况的变化进行持续的更新。

一旦项目契约完成且项目被批准，一个更详细的项目计划就要被开发出来。根据 PMBOK，一个合适的项目计划应该说明以下议题：

（1）管理变更的流程。

（2）沟通与管理利益相关者的计划。

（3）细化设定项目可交付成果关键特质的流程（技术上涉及配置管理）。

（4）设定项目成本线，并有管理项目成本的计划。

（5）制订项目委派人才的管理计划。

（6）制订持续监控与改进项目工作的计划。

（7）制订项目材料与资源采购的指南。

（8）明确项目范围，并开发管理项目范围的实践。

（9）制订工作分解结构（WBS）。

（10）制订管理项目可交付成果质量的计划。

（11）定义项目需求怎么管理。

（12）制订管理风险的计划。

（13）建立进度基线，并制订管理项目进度的计划。

在继续讨论前，我们应该明确这种正式的计划制订过程适用于相对大型的、不属于组织的日常工作范畴的项目。以上所述的计划过程中的时间、资源以及成本不适用于常规项目，例如大多数设备或者机器的维护项目。必须承认，没有两个常规维护项目是相同的，但是它们非常相似，对这种项目制订完整的计划是很有用的，但这种计划只是作为一种模板，很容易加以修改以适用于随时发生的具体维护项目，这种模板也可以用作持续改进计划的基准。

项目计划的全脑方式

在今天这样激烈的竞争环境下，项目团队正面临着在按时按预算完成项目下的日益增长的项目绩效压力。通常项目经理与项目团队成员依靠左半脑或大脑的分析部分来处理这些挑战。事实上，如果你是一个商学或工程学的学生，绝大部分需要的技术是依靠逻辑与分析的左半脑思考的。艺术与设计类的学生需要的技术主要是想象与图形，即使用创造性的右半脑。重要的是，很多与项目管理相关的活动，可以通过一种更平衡的全脑方式来思考（Brown et al.，2002）。

一种全脑的方式，特别是适应一般项目管理与特殊项目规划的方式，是思维导图。思维导图本质上是一种可视化的路径，紧密地反映着人类大脑的信息记录与存储的方式。除了它的可视化本质，另一个关键优势是它帮助整个项目团队开发创造潜力，帮助提高新想法出现的质量与数量。项目团队成员发现思维导图很有趣，它也有助于产生工作动力，帮助团队成员达到双赢，并经常让那些安静的团队成员更多地参与到计划过程中。

为了说明一张思维导图能够明确完成一个项目的必要工作，考虑一个商学院将重新构想自己的全职 MBA 项目。思维导图计划会议将从墙上一张巨大的纸开始（比如，6 英尺 ×3 英尺）。（这种纸可以是小贩的包装纸，几张纸可以钉在一起变成一张大纸，或者把海报纸钉在一起。）建议可以把纸横向放置，有助于刺激团队的创造性，正如人们更习惯以纵向模式工作。除此之外，团队成员应该在思维导图练习中站着工作。

首先，将项目目标写在页面的中间。如图 6-1a 所示，全职 MBA 项目团队将项目目标定义为"开发改变游戏规则的 MBA 项目"。特别地，在定义的项目目标中注意使用鼓舞人心的词语，这能进一步鼓动团队成员并激发他们的创造性。

一旦项目目标确立，团队成员就可以用头脑风暴（brainstorm）来明确达成这一目标的主要任务。在开发 MBA 项目的思维导图时，项目团队最初确定了三个主要任务：（1）了解商学与更高级教育的重要趋势；（2）增加对学生需求与兴趣的了解；（3）预测 MBA 学生在职业生涯中取得成功的必备技能。在图 6-1b 中，这些主要任务是从项目目标分离出来的。

用这种方式来开发思维导图，将思维导图中的活动一步步分解成具体的细节。如图 6-1c 所示，三个最初的活动被依次分解到具体细节。图 6-2 提供了全职 MBA 项目的完整思维导图。

下面列出一些思维导图开发过程中的建议。首先，当开始开发思维导图时，需要强调某些部分，可以调整颜色、字体大小、字形与图片等。事实上，团队成员应该在思维导图中多使用图画而不是文字来代表活动，原因是大脑对符号与图片的反应是不同的。当使用文字时，应该只用关键字而不是整句话。在开发最初的思维导图时，杂乱一些也是没关系的。实际上，我们不能指望最初的思维导图会像图 6-2 那样规整清晰，真正的思维导图通常需要几次打磨与精练。用一个图形软件（使用思维导图软件 Mindjet MindManager 绘制了图 6-1 与图 6-2）会大大加快思维导图的打磨与精练。通常项目团队中的一个人会负责整理最初的思维导图，并发给其他团队成员来进一步加工。

当最初的思维导图制作出来后，多个团队成员应该同时对思维导图进行加工。事实上，一个最好的实践方式是，指定一位成员作为促动师来确保所有团队成员都参与且有贡献，也确保每个成员都明确了解了必须做的工作而不仅仅是项目目标。最终，在最详细的级别上，尝试用一个动词与名词来表达任务（例如，制定指南、明确参与者）。

不幸的是，项目经常会超过预算或延迟完工。在很多案例中，前期不充分的计划是元凶。前期计划不充分，重要的任务就会被忽视，从而导致对项目预算与工期的低估。思维导图是一种快速有效的工具，可以极大地促进综合确定必要的工作，从而帮助减少由不充分的前期计划与忽视重要工作因素导致的问题。

值得一提的是，一份打磨与精练过的思维导图能够促进一系列项目相关的活动。例如，思维导图可以简单地转化为传统的行动计划。进一步，思维导图可以用于促进风险分析、设定项目团队会议议程、对项目活动分配资源以及做出项目进度计划（Brown et al.，2002，了解关于项目管理思维导图使用的更多细节）。

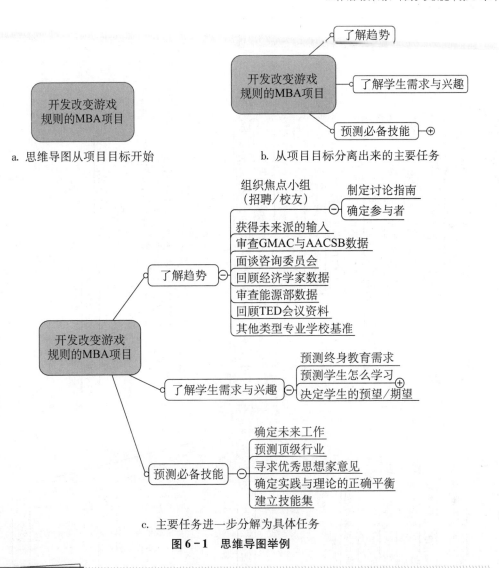

a. 思维导图从项目目标开始

b. 从项目目标分离出来的主要任务

c. 主要任务进一步分解为具体任务

图 6-1 思维导图举例

实践中的项目管理　　　　　**儿童资助软件是"范围蔓延"的受害者**

2003 年 3 月，英国的儿童资助协会开始使用新的价值 4.56 亿英镑（约合 8.6 亿美元）的软件系统，以接收和支付儿童资助费用。然而，到 2004 年底只有大约 12% 的申请者收到了这笔费用，他们甚至花费了 3 倍于正常程序的时间。儿童资助协会面临着放弃这个系统。问题源于范围蔓延过大且缺乏风险管理战略。软件供应商宣称该项目是被儿童资助协会的2 500 个变更要求打断的，然而儿童资助协会坚持说只有 50 个变更要求，但是合同没有包括范围管理计划以协助定义什么可以称为范围变更要求。风险管理战略的缺失也导致在出现麻烦时没有应急计划和后备计划，当项目被搁浅或者不适当的要求出现时，没有办法解决。

问题

1. 问题的来源是什么？

2. 一份项目计划是怎么帮助避免这些问题的？

3. 你建议怎样恢复这个项目？

资料来源：Project Management Institute. "Lack of Support," PM Network, Vol. 19.

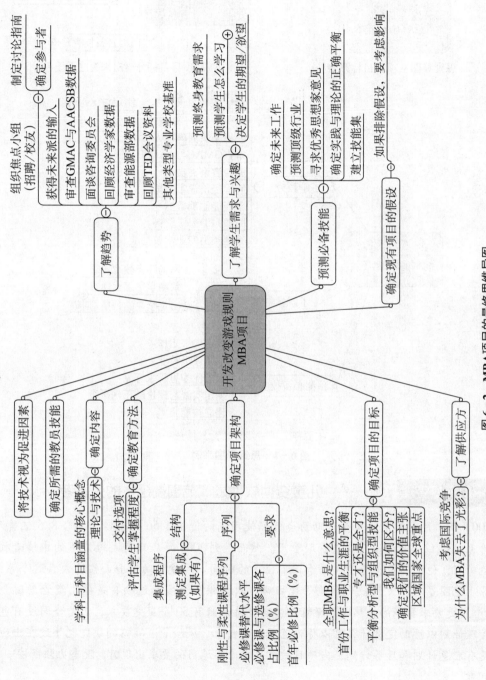

图 6-2　MBA项目的最终思维导图

实施项目计划制订工作

项目计划通过思维导图或其他方式制订后，一般通过列出项目自始至终的所有活动顺序来实现，这不仅是考虑一个项目的正常思维方式，而且有助于计划者决定事情的必要顺序，是决定项目进度和工期必须考虑的因素。在一篇有趣的论文中，阿伦和他的同事（Aaron et al.，1993）描述了一家电信企业的计划制订过程。

围绕以软件和硬件产品开发共同的生命周期为基础的计划制订过程，他们将项目划分成九个部分：

(1) 概念评估；

(2) 识别要求；

(3) 设计；

(4) 实施；

(5) 测试；

(6) 集成；

(7) 确认；

(8) 客户测试和评估；

(9) 操作和维护。

每一部分由活动和里程碑（重要事件）组成。项目每完成一部分，必须成功通过一系列"阶段门"（stage-gates）（或者"时期门"（phase-gates）、"收费站门"（toll-gates）、"质量门"（quality-gates）等）才能向下一部分继续前进。注意，计划制订的过程必须像项目自身一样通过阶段门的检验。例如，识别要求部分必须在设计部分开始之前满足适当的质量标准，在实施开始之前，设计必须获得批准。

工作分解结构：项目计划的关键因素

在本章随后的几节中以及在第7、8章关于预算与进度计划的部分，我们会进入项目计划的细节（用一些工具）。正如PMBOK中指出的，项目契约是项目计划的主要输入来源。我们需要精确地知道什么需要做以及什么时候做。所有为了完成项目的必要活动，必须被精确地描绘与协调。所需的资源也必须在需要的时间与地点可用，且数量正确。某些活动必须按照顺序完成，有些则可以同时完成。如果一个大型项目想要按时按预算完成，有大量的事情需要按照规定的时间与规定的方式完成。然而，其中的每个细节是未知的，因此每个都要考虑风险管理。在本节中，我们提出一个概念上很简单的方法来辅助厘清与规划这些细节。这是一个分级规划系统——构建工作分解结构（WBS）的方法。

为了完成任何具体的项目，很多主要活动必须执行与完成。层次1：以一般的发生次序列一张这些活动的清单。这一层的合理活动数量可能在2~20个。（这里没有什么特别的限制。2是可能的最小值，20则是在便于厘清与综合水平上规划进度的最大数字。）层次2：现在把层次1的每个事项都变成2~20个任务。同样的方法，可以把层次2的任务分解为2~20个子任务，这就是层次3。一直进行这个过程，直到某层次的细节任务已经非常容易理解且没什么理由再细分了，这通常就是单个员工层面了。从经验来看，最底层的任务应该有几个小时到几天的任务工期。团队对工作越熟悉，最底层的任务工期就越长。

　　同时，将同一层的任务基本维持在同一水平上。例如，在写一本书时，不同的章节在整体上保持同一级，但也有个别的章节会被细分。事实上，每章节的子部分还可能被分为更细的部分。很难夸大这个简单规则的重要性，但可以说这对在本章以及随后章节中描述的多数计划文件的准备工作是至关重要的。

　　这个简单规则的背后逻辑是很有说服力的。我们观察了在计划过程中的学生与专家。我们发现缺乏计划经验的人倾向于把他们觉得在顺序中应该先做的活动写下来，接着不断细分，完成了第一个活动，再继续对后续进行分解，直到达到他们认为的足够细致的层面。他们进行第二步，同样如此进行。如果他们对于基础活动有良好的认识，那么分解到细节也会做得很好。如果他们不是专家，那么分解缺乏细节，经常容易不充分。进一步，我们注意到，不同的基础活动很难整合。一位熟悉的艺术家抱怨：当在创作一幅素描时，艺术家会先对整体进行勾勒，再一点点地把细节填充好。同样地，素描是一个整体，我们不能通过一部分一部分地画好细节，从而画出整体。艺术家要求一个年轻学生用钢笔对另一个学生进行素描，他的素描的三个连续步骤如图6-3所示。

图6-3　分层计划

　　这就是所说的分层计划过程。项目经理可能会生成最基础的层次（层次1），也可能把随后的一层也完成。除非项目非常小，否则其他层次的产生需要委派其他人或小组对负责的工作进行整理。维持分层计划的原则有助于让计划聚焦在项目的可交付成果上而不是在子系统级的工作上。值得指出的是，WBS应当反映所有为完成项目而必须做的工作，包括项目管理工作。在每层列出的工作应该覆盖到下一层，这样就不会有其他多余的工作。这种情况称为100%规则。

　　某些项目的可交付成果可能具有时间敏感性，可能当某些信息可得到时就必须有所变化。竞选活动就是这类项目的例子，一场演讲可能因为最近刚公布的国家经济数据而整体或部分重写。这说明一个计划过程必须对信息或需求改变快速反应。这种过程有时被称为

"滚动计划规划"。然而，应激规划过程的整体结构还应该是分层的。

有时，会因为一些经理倾向于在规划或思考具体任务（活动）时（有时是混合的）考虑结果而导致问题出现。问题是要开发一个同时列出活动与结果的清单，能够体现详尽无重复的要完成的结果以及要完成项目所必需工作的集合。

在这个分层计划系统中，目标是从项目契约引申而来的。这个能帮助计划者明确为实现目标的必需活动的集合，是项目计划的核心部分。每个活动有一个结果（事件）与之相连，这些活动与事件被分解到子活动与子事件中，从而进一步再分解。

例如，假设我们有个项目，目标是在一家医院病例部获得并安装一台巨型复印机。在项目的安装部分的必需工作的层次结构中，我们可能发现像"开发一个准备地面位置的计划""开发一个在安装与测试阶段保持记录的计划"的任务。这些任务仅是一个巨大的任务集中的两个。任务"准备地面位置"可以被细分出基本步骤，包括像"确定复印机支撑点""查验厂房施工说明书"以及"提交最终计划来提交批准场地位置"。一种可能帮助组织这些信息的框架如图6-4所示。（当预算与进度计划问题讨论完毕后，关于每种项目元素的附加信息随后会加入框架。）

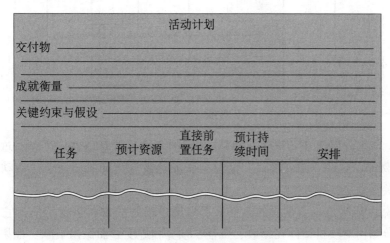

图6-4　帮助分层计划的框架

工作分解结构（WBS）

利用分层计划过程能够得到一个行动计划。正如PMBOK描述的，WBS是管理项目范围的主要工具。WBS并非一成不变，可以采用多种不同形式，反过来也可以服务于多种不同目的。在许多方面，WBS是项目计划的简化形式。WBS通常显示与项目相关的组织元素，把一个项目分解为由任务、子任务、工作包等构成的等级式结构。图6-5就是这样的一种行动计划。负责食品供应的员工的责任是提供饮食和饮料，包括在会议室提供咖啡和水。图6-5显示了五种不同的食品供应职能活动，每一种活动又被分解为更详细的任务。在这种情况下，每个任务的账户代码也被列出以便对其分配适当的费用。

安德鲁·瓦森依教授（Andrew Vazsonyi）称之为高津托图，以著名的意大利数学家高津托（Zepartzat Gozinto）教授命名。读者们会意识到，基础组织图的平行线描绘了一个正式结构或是物料需求计划（MRP）系统里的物料清单。WBS的另一种形式是高层组织任

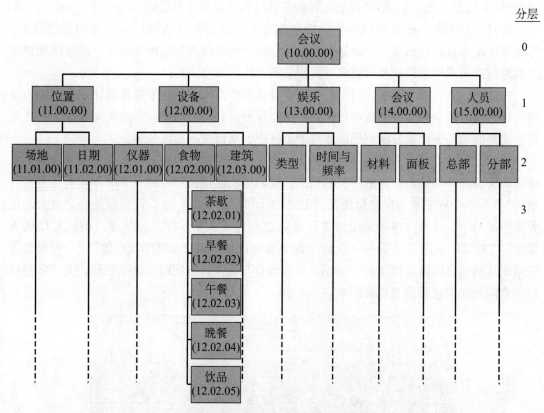

图 6-5　WBS（列出账户代码）

务（层次 1）与细分层任务（见图左侧）。现在的多数项目管理软件可以通过一个命令来产生 WBS。例如，软件"微软项目"通过一张能够视觉化展示任何层次活动工作的甘特图，能与相关活动层次相连接。

一般来说，WBS 是一个重要的文件，可以通过不同的方式量身定制。它可以说明项目的每一部分如何对项目整体在绩效、责任、预算和进度方面做出贡献。如果项目经理有要求，WBS 也可以列出与每一具体任务相关的供应商或分包商，可以用来记录所有当事方对项目的不同承诺的签字，可以注明任何工作包的详细规范、建立账户代码、规定需要使用的硬件或者软件、识别对资源的需求，可以作为制定成本估算的基础或者估算任务历时。在很大程度上，WBS 是一种计划工具，但也可以用于监督与控制项目。同样重要的是，没有一个单独的 WBS 包含了所有描述的元素，任何 WBS 都应该根据特定使用需要而精心设计。对它的使用仅受到项目需要和项目经理想象力的限制。没有任何一种 WBS 可以满足所有的需要，因此 WBS 不是单独的一个文档，而是许多可能文档中的一个。

然而，在构建 WBS 时，所有的工作包信息应由负责或支持工作的个人或组织审核，这样才能确保行动计划的精确性。资源需求、进度计划与子任务关系可以聚合成更高一级的 WBS，同时也可以对分层计划的每一层进行这样的工作。在最高层，我们得到了项目的概览、项目预算、每个工作因素的工期估计。此时，我们忽略了在估计预算与工作因素工期时的不确定性。

正如我们注意到的，WBS 的实际形式并不是不能修改的。图 6-6 显示的关于大学"职业日"的部分 WBS，其中包含了活动的负责人、活动的预期时间、哪些任务必须在另一些任务之前以及任何任务所需的外部资源。然而，不是所有图6-6中显示的元素都应该在其他案例中也包括。在某些案例中，特定资源的具体数量可能不是相关的。还有些案例，"交付日"可能会用活动的历时替代。WBS的展示在不同组织之间可能不同。在某些计划中，需要用数字来标明活动，在另一些计划中可能用字母，还可能是字母与数字混用。图6-7a与图6-7b展示了一个需要辅助者的WBS。图6-7a中WBS是以备忘录的方式写的，图6-7b则是遵循了更通常的表格方式，其中只显示了5页完整计划中的1页。涉及的个人或组织应该把类似的计划开发到更具体的细节。（根据公司要求，已经修改了名字。）

WBS

职业日				
步骤	负责人	时间（周）	前序工作	资源
1. 联系组织				
a. 打印表格	秘书	6	—	打印店
b. 联系各个组织	项目经理	15	1. a	文字处理
c. 收集展览资料信息	办公室管理员	4	1. b	
d. 收集大学资料	秘书	4	1. b	
e. 打印计划	秘书	6	1. d	打印店
f. 打印会场证	助教	8	—	打印店
2. 宴会与茶点				
a. 挑选发言嘉宾	项目经理	14	—	
b. 准备食物	项目经理	3	1. b	承办酒宴人
c. 准备酒水	主任	10	1. b	酒类控制部
d. 准备茶点	助教	7	1. b	采购
3. 宣传与推广				
a. 发邀请函	助教	2	—	文字处理
b. 准备礼品券	助教	5.5	—	
c. 准备横幅	助教	5	1. d	打印店
d. 联系教职工	项目经理	1.5	1. d	文字处理
e. 在校报上做广告	秘书	5	1. d	报纸
f. 各班通知	助教	1	3. d	学生处
g. 准备海报	秘书	4.5	1. d	打印店
4. 设备				
a. 安排项目设备	项目经理	2.5	1. c	
b. 运送材料	办公室管理员	0.5	4. a	搬运工

图6-6 学院"职业日"的部分行动计划

备忘录

为了使阿贾克斯公司（Aiax）成为因斯塔特公司（Instat）的一个部门那样运营，我们必须在提示的日期前完成相应工作

9月24日

阿贾克斯管理层宣布并入因斯塔特运营。因斯塔特销售部门会在1996年1月1日前全员开始销售阿贾克斯顾客细分产品。届时会有两个销售团队：（1）因斯塔特销售团队；（2）阿贾克斯销售团队

10月15日

因斯塔特区域经理建议，因斯塔特销售部门为阿贾克斯承担起渠道布局的责任，1996年1月1日

10月15日

阿贾克斯区域经理建议销售变更，1996年1月1日

10月15日

因斯塔特管理层鲍勃·卡尔（Bob Carl）、范贝克（Van Baker）与韦尔·沃尔特斯（Val Walters）访问阿贾克斯管理层与工厂。讨论如何将运营合并入因斯塔特。

10月22日

阿贾克斯区域经理建议阿贾克斯销售个人与代理变更，1996年1月1日

10月24日

布伦特·夏普（Brent Sharp）与肯·罗德韦（Ken Roadway）访问因斯塔特来协调转换

10月29日

因斯塔特区域经理开始面试阿贾克斯销售人员，为他们挑选在因斯塔特销售组织中的岗位

11月5日

因斯塔特区域经理在阿贾克斯进行销售培训

11月26日

沃尔特斯访问阿贾克斯，获取更多信息

11月30日

数据处理（莫里·雷迪什（Morrie Reddish））与工程生产部（桑·纽费尔德（San Newfield））：从阿贾克斯的鲍勃·考利（Bob Cawley）处获得数据处理磁带，为阿贾克斯并入因斯塔特进行电子新闻采集记录：包括存货文件、结构文件、材料清单以及用途文件，并对因斯塔特与阿贾克斯的部分数据进行互相参照。至多允许两周，在1995年12月14日前将磁带交到因斯塔特

12月3日

行政（韦尔·沃尔特斯）：将诺伍德仓库出租

12月3日

销售（弗雷德·阿博特（Fred Abbott）与道·克拉奇菲尔德（Doug Crutchfield））：销售周例会……阿贾克斯销售人员指南……包括暂时性地将订单写在阿贾克斯公司的格式上，加上重量与运输信息。步骤如下：克拉奇菲尔德写出将订单转向因斯塔特的流程，信用检验，以及订单信息转换中的航运点，无论是诺伍德、圣弗朗西斯科或之后的因斯塔特辛辛那提分公司

图6-7a　阿贾克斯公司（Aiax）被并购入因斯塔特公司（Instat）的部分行动计划（5页中的1页）

偶尔，计划者尝试使用甘特图来制订计划，这是一种经常用于展示项目进度计划的图（见图6-8）。甘特图是作为一种进度辅助工具被发明的，从实质上看，项目活动是在水平线上展示，水平柱的长度与活动历时成比例。活动柱用箭头与前后活动相连。项目进度计划将整合不同的进度计划与项目的不同部分相连，这是综合性的，可能包含了合同承诺、关键接口与顺序、里程碑事件以及进度报告。除此之外，还包括一个时间的应急储备，用于一些不可预测的延迟。这不但是一种展示项目过程的有效方式，在某种程度上也是项目计划棘手的部分。不仅如此，怀特等（White et al.，2002）的调研报告称，项目管理最常用的两个管理软件是项目管理软件与甘特图。正如一位MBA班中正在工作的学生报告，甘特图整合了她项目中的所有碎片，她可以看到整个项目以及碎片怎么拼接在一起。这种主项目经理依赖于甘特图的现象在很多研究中已有描述。

在这点上，可能对很多组织中的计划过程实际运作进行描述性总结会有所帮助。假设你是一名项目经理，受命负责开发一个通过网络将医用X光片从一处传到另一处的电脑软件，完成任务前有几个必须解决的问题。首先，X光片数字化；其次，数字图片必须传输

与接收; 最后, 图片可以展示(或打印)从而让人能够理解。你有一个 4 位编程人员与编程助理的团队, 同时有一位放射科专家作为兼职的医学顾问。

WBS

目标: 阿贾克斯公司被并购入因斯塔特公司			
步骤	到期日	责任人	预先步骤
1. 阿贾克斯管理层告知变更	9 月 24 日	鲍勃·卡尔、范贝克	—
2. 让因斯塔特销售部门开始销售阿贾克斯顾客细分产品, 1996 年 1 月 1 日起生效	9 月 24 日	鲍勃·卡尔	1
3. 准备建立两个销售团队:(1)因斯塔特销售团队;(2)阿贾克斯销售团队。1996 年 1 月 1 日起生效	9 月 24 日	鲍勃·卡尔	1
4. 通知因斯塔特销售区域经理变更	10 月 15 日	鲍勃·卡尔	2, 3
5. 通知阿贾克斯销售区域经理变更	10 月 15 日	范贝克	2, 3
6. 访问阿贾克斯管理层并计划讨论运营的合并	10 月 15 日	鲍勃·卡尔、范贝克、韦尔·沃尔特斯	4, 5
7. 通知阿贾克斯销售人员与代理	10 月 22 日	范贝克	6
8. 访问因斯塔特来协调转换	10 月 24 日	布赖恩·夏普, 肯·罗德韦	6
9. 面试阿贾克斯销售人员以确定未来岗位	10 月 29 日	因斯塔特区域经理	7
10. 阿贾克斯产品的销售培训	11 月 5 日	因斯塔特区域经理	9
11. 再次访问阿贾克斯	11 月 26 日	韦尔·沃尔特斯	8, 10
12. 从鲍勃·考利处获得数据处理磁带	11 月 30 日	莫里·雷迪什、桑·纽费尔德	6
13. 将诺伍德仓库出租	12 月 3 日	韦尔·沃尔特斯	11
14. 写订单流程	12 月 3 日	道·克拉奇菲尔德	10
15. 销售会议(生产线与流程指南)	12 月 3 日	弗雷德·阿博特、道·克拉奇菲尔德	14
16. 掌握存货文件、原料账单、结构文件的数据处理磁带	12 月 14 日	鲍勃·考利	12
......			

图 6-7b 基于图 6-7a 的阿贾克斯公司与因斯塔特公司合并 WBS 部分表

为了达到项目的技术要求, 你的第一件事就是与程序员、医学顾问沟通。从这些需求, 才能导出项目目标与规格细节。(注意, 原始的表述"你的责任"太模糊, 无法成为可执行的目标。)为达到项目技术要求所必需的行动会被团队完善。例如, 一个技术要求可能会开发出一种用 X 射线测量图像密度, 并以数字化输入电脑中这些测量结果的方法。这是项目 WBS 的第一层。

完成第一层任务的责任被委派给项目团队成员, 并要求完善自己负责的第一层部分任务, 这就是第二层的 WBS。列在第二层 WBS 中的单个任务被进一步细分为第三层 WBS, 指示每个第二层任务怎么完成。这个过程一直持续到最底层的任务可以描述为一个"工作单元"或"工作包", 可以由单个人完成。

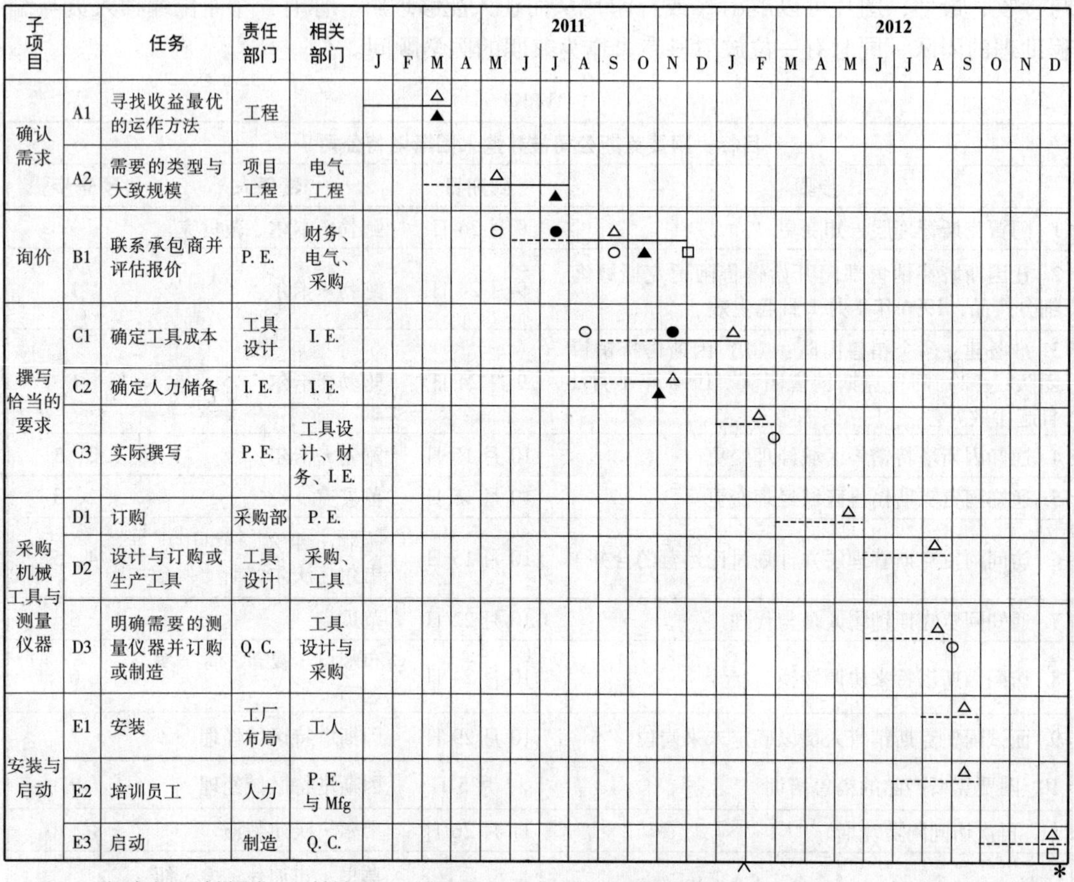

子项目		任务	责任部门	相关部门	2011 J F M A M J J A S O N D	2012 J F M A M J J A S O N D
确认需求	A1	寻找收益最优的运作方法	工程		△ ▲ (M)	
	A2	需要的类型与大致规模	项目工程	电气工程	△ (M) ▲ (J)	
询价	B1	联系承包商并评估报价	P. E.	财务、电气、采购	○ ● △ ○ ▲ □	
撰写恰当的要求	C1	确定工具成本	工具设计	I. E.	○ ● △	
	C2	确定人力储备	I. E.	I. E.	△ ▲	
	C3	实际撰写	P. E.	工具设计、财务、I. E.		△ ○
采购机械工具与测量仪器	D1	订购	采购部	P. E.		△
	D2	设计与订购或生产工具	工具设计	采购、工具		△
	D3	明确需要的测量仪器并订购或制造	Q. C.	工具设计与采购		△ ○
安装与启动	E1	安装	工厂布局	工人		△
	E2	培训员工	人力	P. E. 与 Mfg		△
	E3	启动	制造	Q. C.		△ □ ＊

注：＊项目完成；□合同承诺；△计划完成；▲实际完成；∧状态日期；○里程碑计划；●里程碑完成；┈┈计划流程；——实际流程。

说明：截至 2012 年 1 月 31 日，项目已经落后于进度计划约一个月。主要是因为任务 C1 的延迟，这是因为 A2 的延迟完成。

图6-8　用甘特图表示的项目进度计划

在本节的前面部分，我们建议计划者把同样的"总体"或细节的 WBS 中的所有项目都列在同一层。这样做的一个原因是显而易见的，WBS 的任何一层任务通常由上一层进行监督与控制。如果高层经理企图直接监控几层之下的非常细节的工作包，我们就会有一个经典的微观管理案例。另一个将 WBS 同一层的任务放一起的理由是，计划者有一个倾向，就是尽可能在所知的范围内计划得很具体，却对不了解的部分非常模糊。这样的结果就是，计划中详细的部分非常容易开展，模糊部分则被忽视。

在实践中，这个过程是迭代的。被指派的负责一个 WBS 中第二、第三或更低层任务的项目团队成员会列出一个试验性的任务、资源需求、任务历时、先决条件等的清单，并将之带入讨论、修正与通过。在达成一致前，这可能需要几次修改、几次会议，但结果是，各方代表都对做什么、什么时候做以及成本有了一致的意见。只有在较少情况下，个人与团队会在开发 WBS 时就同意他们的责任。整个过程涉及谈判，当然，像任何经理或代表可以微观管理他们的第三方代理，微观管理也不会在谈判中被误解，特别是被代理们误解。

人力资源：责任分配矩阵与敏捷项目

为了确认项目需要的全体人员，可能创立一个展示全体员工、工人与其他需要执行

WBS 每项任务的人员的表格会比较有效，用表格可以显示每个不同工作元素的组织负责单位，或谁必须批准或被通知范围内的流程或更改。这样的一个文件可能对部门经理来看他们对特定项目的总责任是有用的。

另一种确定项目所需的人力资源方式是使用责任分配矩阵（责任、负责、支持、通知，RACI）。这种方式是 PMBOK 的人力资源管理章节中推荐的。责任分配矩阵也称为责任矩阵、线性责任图、分配矩阵，或类似的名字。有时，如果组织是在仔细地监控项目，其中的负责（accountable）会被批准（approval）替代。项目经理通常是对项目活动负责的，但独立部门的主任或服务部门，例如采购或人力等，可能会对部分任务负责。

责任分配矩阵显示了那些可能需要特殊管理协调单元的关键接口。有了这些，项目经理可以追踪谁来批准而谁需要被通知以及其他类似的关系。图 6 - 9 展示了这样的例子。如果项目不是太复杂，那么责任分配矩阵可以简化（见图 6 - 10）。

子项目	任务	职责				现场操作
		项目管理办公室				现场操作
		项目经理	合同管理者	项目工程师	工业工程师	现场经理
确认需求	A1	A		C	R	
	A2	I	A	R	C	
询价	B1	A	I	R		C
撰写恰当的要求	C1	I	R	A	C	
	C2		C	A	R	
	C3	C	I	R		I
……	……					

注：R 表示责任；C 表示支持；I 表示通知；A 表示批准。

图 6 - 9　责任分配矩阵

	副总裁	总经理	项目经理	工程经理	软件经理	制造经理	营销经理	分项目制造经理	分项目软件经理	分项目硬件经理	分项目服务经理
确定项目范围	6	2	1	3	3	3	3	4	4	4	4
确定行动计划		5	1	3	3	3	3	3	3	3	3
建立硬件规范		2	3	1	4	4	4				
建立软件规范		2	3	4	1		4				
建立接口或界面规范		2	3	1	4	4	4				
建立制造规范		2	3	4	4	1	4				
确定文档工作		2	1	4	4	4					
制订市场计划	5	3	5	4	4	4	1				
编制劳动力估算		3	1	1	1			4	4	4	4
编制设备成本估算	3	3	1	1	1			4	4	4	4
编制材料成本		3	1	1	1			4	4	4	4
分配程序任务		3	1	1	1			4	4	4	4
建立时间进度		5	3	1	1	1	3	4	4	4	4

注：1 表示实际责任；2 表示综合监督；3 表示必须被咨询；4 表示可以被咨询；5 表示必须被通知；6 表示最终批准。

图 6 - 10　简化的责任分配矩阵

➡ 6.2　敏捷项目计划

到现在为止，除了描述使用思维导图之外，我们已经讨论了计划项目的传统方法，通常称为"瀑布"法。传统方法已经被许多项目证明是非常好用的。然而，也有许多项目是传统方法不能满足的，主要原因是它们假设项目范围是可以充分确定的，而且开发范围的技术是可以充分理解的。这并不总是成立的。因为变化是常态，所以敏捷项目管理（agile project management，APM）就应运而生，它是拥抱变化而不是像瀑布式项目管理那样抵制变化。确实，敏捷项目管理的一个关键特征是，它使用自适应的计划，即项目计划会随着环境变化而更新。应用自适应计划对那些非常不确定且需求多变、时间紧急的项目是非常有价值的。

我们时常提到软件与 IT 项目有非常高的失败率——超预算、超时间、比预期交付少等。例如，当与建筑项目比较时，软件项目的预期输出有非常高的不确定性，且经常是由一位对项目复杂度不了解、缺乏与项目团队充分沟通的客户（投资方）造成的。可以理解，在项目终止时，客户很可能不太满意。（在下面的描述中，很多是根据下列参考文献中的内容：Burba，2013；Chi-Cheng，2009；Fewell，2010，2011；Hass，2007；Hildebrand，2010；Holt，2015；Hunsberger，2011；Jackson，2012；Layton，2012；O'Brien，2015。）

问题的主要来源似乎是现代商业组织的复杂性，它们彼此之间以及与客户、供应商之间存在复杂的关系，并且在一个技术快速变化、全球竞争激烈的环境下运营，它们对复杂信息系统的需求正是运营的复杂性的结果。

在减少成本、改进项目产出、减少项目完成时间的努力中，一个由 17 位参与 2001 年精益管理原则的软件开发者与其他持续改进方法论的人组成的团队，开发了一种新的项目管理方式。这种方式在《敏捷软件开发宣言》（*Manifesto for Agile Software Development*）中提出（agilemanifesto. org，March 2017）：

> 我们正在通过亲身实践以及帮助他人实践，揭示更好的软件开发方法。通过这项工作，我们认为：
>
> （1）个体和交互胜过过程和工具。
>
> （2）可以工作的软件胜过面面俱到的文档。
>
> （3）客户合作胜过合同谈判。
>
> （4）响应变化胜过遵循计划。
>
> 虽然右项也具有价值，但我们认为左项具有更大的价值。

遵循这个开发宣言，团队制定了以下 12 条敏捷原则，用于指导敏捷项目管理的实施（agilemanifesto. org/principles. html，March 2017）：

（1）我们最优先要做的是通过尽早且持续地交付有价值的软件来使客户满意。

（2）即使是在开发的后期，也欢迎变化的需求。敏捷过程利用变化打造客户的竞争优势。

（3）从几周到几个月，频繁地交付开发中的软件，伴随尽可能短的间隔。

（4）业务人员与开发人员必须在全项目中每日一起工作。

（5）让积极向上的人参与项目，给他们需要的环境与支持，并信任他们直到工作结束。

（6）在开发团队中，最有效与最高效的交流信息方式是面对面的交谈。

（7）开发中的软件是过程的最基本度量。

（8）敏捷过程提倡持续开发，赞助者、开发者与使用者需要能够保持一个恒定的开发速度。

（9）持续关注优秀技术与好的设计，从而提升敏捷能力。

（10）简单——最大化去除不必要工作的艺术——是精髓。

（11）最好的构架、需求、设计来自自组织团队。

（12）每隔一段时间，团队就要反馈如何进一步提升效率，从而调整相应行为。

在敏捷项目管理中，一个项目分阶段完成，每个阶段持续1~4周。这些阶段通常涉及迭代、冲刺或里程碑。在每个阶段中，项目团队成员被告知这个阶段工作要求的细节。进而敏捷项目管理的一个关键元素是，一个阶段的工作质量必须在下一阶段开始前得到确认。每阶段末检查质量是否符合标准能够让项目团队明确问题的原因并做出快速调整。在传统的项目管理中，产生与确认问题之间的长时间间隔会妨碍处理问题。

因此，对比传统的瀑布式项目管理方法中流程一个接一个，敏捷项目管理利用固定长度的阶段或迭代。同时，基于精益原则，敏捷项目管理强调最大化客户定义的项目价值。表6-1进一步对比了敏捷项目管理与传统瀑布方法。

传统瀑布方法通常视为"批处理"，敏捷项目管理则被视为流过程，即可交付成果会以"流"的方式生产出来。一个相似的类比是做蛋糕，瀑布式项目管理尝试一次性交付一个完整的蛋糕，敏捷项目管理则每次交付一个小层，即工作被细分为很多层，从而小的任务可以快速完成，通过短期冲刺，展示、审查、反馈，向客户交付价值。在每次的短期冲刺中，客户同意一部分范围，从而让任务明确。这种从项目团队向客户的反馈前控以及客户向团队的反馈，促成了合作的项目环境，极大地提升了项目成功率。

表6-1 敏捷项目管理与传统瀑布方法的对比

维度	敏捷项目管理	传统瀑布方法
计划	随着项目进行而短期计划	尝试提前盯住长期计划
客户参与	贯穿整个项目	在项目开始与项目结束时
项目实施	分阶段停止，称为迭代或短期冲刺	基于综合与高度结构化的计划来完成工作
沟通	开放的、在热情的利益相关者间频繁（每日）沟通	主要为了项目控制
结果反馈	每次迭代的结束	项目结束
工作结构	构建跨职能部门的团队	团队成员倾向于独立工作并依靠项目经理来协调任务
项目领导	自我管理团队，项目经理作为流程促动者	项目经理向团队成员分配工作，并控制流程
团队成员反馈	鼓励所有团队成员开放地沟通	通常由项目经理私下反馈

续表

维度	敏捷项目管理	传统瀑布方法
流程控制者	团队	项目经理
试验	鼓励大家尝试最佳方法满足客户需求	不鼓励，一切为了按期完成、按预算完成
范围	弹性的	严格的
变化	欢迎，且在项目的某部分期待	抵制，且通常要求正常的变更命令
优先级	客户是最高优先级，团队次之，范围再次	进度是最高优先级，范围次之，团队最后
项目成功的度量	敏捷三角：价值（外在质量）、质量（内在质量）、约束（成本、进度、范围）	铁三角：成本、进度、范围

　　敏捷项目管理由于这种近距离、持续地在客户与项目团队之间的沟通以及迭代与自适应的计划过程而变得很优秀。项目需求是客户与团队互动的结果，需求也会由于互动让双方对项目需求、优先级与限制的理解加深而改变。传统瀑布方法最强调进度，然后是范围，接着是团队；敏捷项目管理则首先强调客户，团队第二，范围第三。

　　项目团队的成员资格当然会随着项目本质与可交付成果而不同。例如，敏捷 IT 项目团队通常比较小，处于一个特殊的位置，由一名项目经理、一名客户或最终使用者、一名 IT 构架师、两名写码员与一名客户产业的商业分析师组成。正如之前提及的，团队一起确定项目需求与优先级。当一个需求选中后，通常是最高价值或最高优先级或最复杂的条目，然后团队解决这个条目。输出结果则由一个在需求开发阶段确定的测试案例来测试。项目经理的角色是"促进"而不是"控制"流程。

　　当有多个需求时，团队一次处理一个。偶尔，可能对第二或第三个需求的解决方案是由第一个需求的解决方案来确定的。一名顾问注意到，如果客户改变了需求，"我们就传递这个新需求"而忽略之前的。如果客户想要更多，他们就简单地扩大应用功能。然而，注意到在每一次短期冲刺时，敏捷开发依然会遵守进度、预算与预期范围。尽管敏捷开发提供了弹性，但这种弹性是以损失效率为代价的。这个迭代过程不仅是协作的，也必须是自适应的。

　　明显地，问题导向的团队成员必须有人际沟通技能，团队成员分享知识是敏捷项目的本质条件。同样，分享知识也是传统组织项目成功的关键。一名项目经理尝试用控制传统项目的方法来控制一个敏捷项目，那么可以肯定的是他是一个错误的人选。

实践中的项目管理　　　　　　　　　　　**震后网站的敏捷项目**

　　2010 年 2 月，智利经受了一次达到里氏 8.8 级的毁灭性地震。地震造成了 700 人死亡，150 万人无家可归。在这样的混乱之下，一个极端紧急的需求是能够建立一个作为单独信息来源的网站。

　　在震后的几个小时内，一名软件开发工程师招募了许多信息技术志愿者来开发网站。在当天结束时，60 名 IT 专家集合于迈坡谷的一个小办公室里，共同开启了网站开发的项目。网站的关键作用是帮助居民找到家人和朋友，并为人们提供一个慈善捐款的渠道。为了完成这个网站，必须有一个网站的界面，且网站需要与谷歌的找人应用程序与脸书应用程序兼容，从而帮助人们搜索失踪的家庭成员。

为了尽快地完成建立单独信息来源的目标，项目团队在以下几个方面采用了敏捷项目管理的方法：

(1) 使用自组织团队，由不同领域人才组成团队来完成项目交付。

(2) 以24小时为短期冲刺完成项目交付的快速迭代。

(3) 每8小时开一次站立会议，汇报进程并确定下一个8小时的目标优先级。

(4) 建立工作流板，使所有团队都能够不需要等任务指派来自主选择任务。

据说，项目取得了巨大的成功。网站的第一版在第一天结束时就可以使用了，全部功能在1周内完成。

问题

1. 你认为在传统瀑布方法下，能否取得同样的成功？

2. 通常而言，是不是在危机情况下常常会使用敏捷项目管理？

资料来源：S. F. Gale, "Agile to the Rescue," PM Network, January 2012.

实践中的项目管理　　**用敏捷项目管理来整合两个天然气管道系统**

横加公司（TransCanada）收购了美国的美洲自然资源公司（American Natural Resources）后，它面临一个严峻的问题，即把美国的2.1万英里天然气管道系统与加拿大自己的天然气管道系统在2年内完成整合。两个国家有不同的监管流程，意味着要建立新的程序与监管流程来确保整个网络整合。项目团队由14名工程师、1名软件经理组成，每个人与他们的子团队一起来整合管道。项目从一个巨大的关于任务进度的甘特图开始，但因为团队并不是全职的，且有自己的日常工作职责，任务经常逾期。除此之外，随着团队获得了更多的数据信息，项目参数与范围也在不断地改变。为了适应这些经常性的改变，项目团队转向了一个更敏捷的管理流程。

尽管他们并不采用所有的敏捷项目管理工具，但他们确实充分利用了那些对这个项目有用的工具。例如，每日15分钟子团队的站立会议（没有椅子时，通常会少聊天），以及整个项目团队的周例会。这些方式会给工作人员最新的信息、问题、可用人力、优先级以及其他可以确认与解决阻碍的信息。这些会议推进了需要的内部沟通，在适应常态改变时，保持项目推进。

为了追踪实际的流程，项目经理创立了一张高级别的项目任务清单，并且因为他可以信任高级子任务工程经理的技能，会定期更新每个任务的结束时间（注意：不是还需要投入多少小时）。这样的日报会让子团队关注结果，因为这些每日变化会影响自己。当项目由于一个供应商的延迟而偏离进度计划时，定期信息更新就会非常有用，项目经理也会提前提醒项目利益相关者。即使项目会延期，管理方也想要提前知道问题以及为什么会发生。

项目经理指出敏捷项目管理是一种通过缩短反馈循环、让每个人知道变化，从而可以调整他们的努力方向来处理处于一直变动中的项目的简单方法。因此，组织也最好处于动态变化的环境中工作。在项目有标准流程时，敏捷项目管理并不是很有效（像建立一个新管道）；当项目团队成员中有一些无经验、无技能的成员或成员间相互不熟悉时，也不适合。团队需要成员信任彼此的判断，也需要能够相互协调与调整。

问题

1. 在一个敏捷项目中，客户或客户代表是团队成员。为什么这里不是？
2. 敏捷项目管理的哪些方面在这里应用了或没应用？
3. 当敏捷项目管理应用于一个标准项目或流程时，会有什么问题？

资料来源：C. Hildebrand, "The Sweet Spot," PM Network, Vol. 24.

虽然敏捷项目管理最初是为软件开发设计的，但目前已经应用于很多其他领域，包括产品开发与工程。任何项目涉及高风险技术、变化的需求、不寻常的复杂度、巨大的波动性、高不确定性、短交付时间、快速变化的商业环境，或特别需要创新或试验，敏捷项目管理都是不错的选择，但要成功，依然需要人品、知识以及敏捷项目管理经验均具备的人员。

敏捷项目管理有很多好处，部分好处如下：

（1）相较于早期确定问题，有更好的项目成果。

（2）客户满意度提升，全程接受客户输入并进行反馈。

（3）项目团队成员士气提升，因为采用自我管理团队并有很大的自主权。进而，短期的迭代会减轻员工疲劳度。

（4）通过每日短期冲刺评审提高协作和项目可见性。

敏捷项目管理受到很多的关注，依然需要指出其中的很多方式可以与更传统的项目管理方法合并。例如，在瀑布方法中，提高了客户参与度。同样，在许多传统项目管理中，也显示出更多的试验性质。把敏捷项目管理视为一种整体或部分的项目管理方法，都是不对的，项目经理更愿意采用敏捷项目管理最佳实践的一部分。在本章的数字资源部分提到了"混合工具"的内容，读者可参考。值得注意的是，考虑到敏捷项目管理的受欢迎程度，美国项目管理协会提供了一项敏捷项目管理的认证——敏捷认证实践者（PMI-ACP）。

实践中的项目管理　　　　　　　　　　**敏捷项目管理的现状**

1 号版本（VersionOne）是一家软件开发企业，专门生产支持敏捷项目团队的产品，进行了一项针对过去 10 年的年度调研，用于更多地了解软件开发行业中敏捷项目管理的使用与趋势。在其第 10 次年度敏捷项目管理现状调研中，2015 年 7—11 月收集到大量数据，包括 3 880 份完整调研资料。由于受访者的多样性，包括行业、组织规模、敏捷项目管理经验等，调研提供了非常多有用的敏捷项目管理现状视角。例如，44% 的受访者的工作组织要少于 1 000 人，25% 的受访者的工作组织有超过 20 000 名雇员。受访者代表了众多的行业，包括软件业（26%）、金融服务（14%）以及专业服务（11%）。

很多其他行业也参加了调研，包括医疗保健、政府、保险、电信、零售、制造、传媒、互联网服务、运输、消费品与公用事业。受访者的敏捷项目管理经验存在差异，19% 的受访者表示只有一年不到的经验，25% 则有超过 5 年的经验。值得指出的是，北美之外的受访者比例在稳步增加。在第 10 次年度调研中，56% 的受访者来自北美，26% 来自欧洲，11% 来自亚洲。

一个从调研中得出的关键观点是为什么组织要采用敏捷项目管理。在过去的 3 年中，排名最靠前的两个理由是，敏捷项目管理加速产品交付（62%）、增加管理变化的优先级的能力（56%）。受访者同样列举了很多其他理由，包括提升生产率（55%）、提升软件质量（47%）以及提高交付可预测度（44%）。

此外，调研结果表明，敏捷项目管理正在帮助组织达到目标。受访者描述使用敏捷项目管理排名最高的三个好处在过去 5 次调研中均为：管理变化的优先级能力（87%）、提升团队生产率（85%）、提高产品可视度（84%）。受访者描述的其他关键好处包括提升团队士气、更好的交付预期、更快地投入市场、提升软件质量以及减少项目风险。

结合为什么组织采用敏捷项目管理以及采用后所获得的好处，调研提供了组织是怎么评估敏捷项目管理取得的成功的。根据调研结果，在过去的数年中，组织认为敏捷项目管理的成功原因排名最高的三项是：准时交付（58%）、产品质量（48%）、客户满意（46%）。

当然，敏捷项目管理也不是针对传统项目管理方法不足的万灵药，也有很多敏捷项目的例子是失败的（尽管在调研中，只有1%的受访者认为他们组织的敏捷项目管理实践整体是失败的）。受访者描述的敏捷项目失败的主要原因中包括公司文化与敏捷项目管理价值观不符（46%）、缺乏敏捷项目管理经验（41%）、缺乏管理支持（38%）。除了描述敏捷项目失败的主要原因外，受访者也提供了扩展采用敏捷项目管理的主要阻碍。受访者列举的主要阻碍包括：组织文化（55%）、对变化的抵制（42%）、存在过于严格的项目管理框架（40%）。为了确保敏捷项目管理应用成功，受访者列举了以下建议：

（1）执行一致的流程与实践（43%）。

（2）在团队中使用共同的工具（40%）。

（3）使用敏捷项目管理顾问、教练的服务（40%）。

（4）获取高层管理者的支持（37%）。

最终，虽然特定的敏捷项目管理工具与方法论不是调研的范围，但观察到哪些敏捷项目管理技术是受访者最常用的，也是非常有趣的事。受访者报告中最常用的三种敏捷项目管理技术是：每日站立会议（83%）、积累问题排出优先级（82%）以及短期迭代（79%）。最常用的敏捷项目管理工具包括任务板（82%）、漏洞追踪（80%）以及电子表格（74%）。

问题

1. 根据调研的结果，在软件开发之外，敏捷项目管理的应用情况如何？

2. 文中帮助敏捷项目管理活动成功的建议，你认为如何？

资料来源：The 10th Annual State of Agile Report, Version One, 2016, http: //www. agile247. pl/wp-content/uploads/2016/04/VersionOne-10th-Annual-State-of-Agile-Report. pdf.

➡ 6.3 通过集成管理进行协调

这一部分涉及 PMBOK 的知识领域 1——项目集成管理。实施一个复杂的项目计划最困难的方面是协调和集成项目的不同要素以实现不同要素在绩效、进度和预算各方面的共同目标,从而使整个项目达到目标。

项目越来越复杂,管理者需要从方方面面汲取知识和技能——无论是组织内部还是组织外部,因此协调跨专业团队(multidisciplinary teams,MT)变得越来越困难。与此同时,项目的不确定性也在增加。随着项目启动,从制订计划到提交可交付成果的实际过程中问题也接踵而至。有人会说:"本来事发之前我们提醒过你,可你根本就不听。"可见,在一个跨专业的团队当中成员之间的合作并不顺利,才会产生这样或那样的议论,换句话说,该项目中的个人和小组并没有被完好地集成在一起,项目并没有以一个团队的形式运作,而是各行其是,一盘散沙,只顾自己的任务而忽视他人的工作。

对这些项目小组和个人进行协调和安排进程的复杂过程就称为集成管理。上文讨论的责任分配矩阵是项目经理开展这项工作的一种有用工具,它体现了项目团队成员(通常包括所有相关人员,别忘了客户和外部供应商)之间的相互影响以及每个成员的权利、义务和责任是什么。

最近有关接口关系管理的研究集中于利用跨专业团队为项目制订计划以及设计项目产品或服务。目前已达成的共识是:跨专业团队对产品或服务的设计和交付具有积极的影响。豪普特曼等(1996,p.161)的著作证明并行工程"对项目预算目标的实现具有积极作用,并且对质量、成本或进度没有不良影响"。这个过程也与更高层次的工作满意度相结合。

跨专业团队在产品开发和计划制订方面的使用也并非没有困难。要成功地将跨专业团队包括进项目计划中则需要把某些结构加进计划制订过程中。最常见的结构是把团队的任务定义成负责制订计划以完成项目范围规定的工作。有充分的证据显示,对复杂的项目而言这还不够。使用跨专业团队促成了虚拟项目团队的概念。在第4章中我们指出了许多虚拟项目团队中经常发生的冲突。使用跨专业团队容易造成冲突,冲突又引发了不确定性,这就需要进行风险管理。显而易见,与跨专业团队相关的风险往往来源于团队之间的政治冲突。解决这些团队间矛盾是考验项目经理的谈判技巧的大好时机,但是跨专业团队交付的成果仍然有一定的风险。有的时候,风险来源于项目外界的相关方,若对此感兴趣并想了解外界风险对项目范围的影响,请参见西格尔(Seigel,2001)的著述。

实践中的项目管理 ▏▏▏▏▏▏**在北海中部建立风力发电厂的尝试**

丹麦将在2025年由风力发电来满足全国一半的电力供应,主要由丹麦的丹能集团(DONG Energy)"宏思二期"(Horns Rev 2)209兆瓦特的海岸风力发电厂来完成,这是世界最大的风力发电厂,在丹麦北海海岸西日德兰半岛30公里处。参与者超过600人与7个供应商,由7名项目经理、1名质量控制经理以及1名调试经理共同组成的跨专业项目团队领导。项目要在35平方公里区域内安装91个涡轮机。超过50米长的叶片在风力推动下带动着海面之上115米的涡轮机。风力发电厂产生的电力可以供应20万户家庭。

尽管问题的核心是寻找一个风力强烈且持久的风场,但团队面对的主要问题是要在36公里风速与冰冷且有3米高海浪的汹涌海面上工作。到达现场就要3个小时,而且人力与装备必须在恶劣的天气中卸下。恶劣的条件限制了团队的工作时间，也增加了每个决定的风险与复杂度。除此之列，由于在极端条件与缺少医疗情况下工作，安全变成了最大问题。要避免一切错误与风险，因为一旦离岸，团队就要与天气、后勤、时间作战，毕竟海上的问题要严重十倍。

因此，大量的精力投入在岸上的质量规划中。每个关键事件都有一个质量计划，从而保证设备与任务能够达到要求。每个安装的部分都要经过极其严格的检验，所有丢失或错误的东西都必须在送到海上前纠正。当遇到任何困难时，他们就马上提出来。在一个案例中，一个问题需要供应商两个月来处理，通过创造性的现场检修，团队提出了一个可以结合两个任务的计划，并最终将时间缩减到两周。把关注点聚焦于跨专业团队内创造性地解决问题而不是指责是项目能按时成功完成的关键。额外的好处有：在公司引入了新知识与工作经验，让团队中很多成员都得到了升职，其中两名工程师成为项目经理。

问题

1. 对比这个项目的困难与风险与"小猎犬2号火星探测器计划失败"中欧洲航天局和英国国家航天中心忽略的风险。

2. 在跨专业团队中，有正确的能力素质与相互依赖是否非常重要？

3. 考虑到项目中"每个关键事件都有一个质量计划"，你能否设想他们的行动计划是什么样的？

资料来源：S. F. Gale，"A Closer Look，" PM Network，Vol. 24.

实践中的项目管理　　　　　**收购失败问题的操作规程建议**

当比利时富通银行联合苏格兰皇家银行与西班牙国际银行收购荷兰银行时，合并项目涉及超过6 000人，预期3~4年来完成。目标是通过把各方带到谈判桌上，并通过高强度的沟通与头脑风暴来选择最佳的技术。最初的9个月用于评估每个会被并购影响的系统与项目，导致了一个超过1 000个子项目的项目组合需要完成。1/3的项目是IT系统的，主要基于多种标准，例如功能、成本、维护等。计划是依靠荷兰银行的数据来确定这些选择而不是靠冲动。

最大的系统项目涉及IT系统的映射与整合，但荷兰银行有数以千计的应用程序，并且不同意分享它的信息，这必然导致冲突、延迟以及人为障碍。结果是，富通银行花费数千小时来完成那些最简单的项目。这个长达数年的项目同样阻碍进展，因为项目时间越长，冲突越多，特别是文化冲突（这个不能仅靠附加资源来解决）。最终问题与延迟耗尽了富通银行的现金，加重了全球信用危机，它破产了。

富通银行随后卖给了法国巴黎银行。对比富通银行之路，法国巴黎银行则设立了一个18个月的项目来逐步淘汰富通银行的系统，并把富通银行的账户信息移到自己的系统中。法国巴黎银行将富通银行整合进了自己的组织架构，并把自己人放在关键位置——没有讨论，只是执行。这是一种自上而下的方法，简单、快速、高效，尽管可能不太符合富通银行员工的意愿。在整合结束后，法国巴黎银行聚焦于重建企业文化。例如，多数富通银行的员工都保留了自己的工作，法国巴黎银行也在布鲁塞尔开设了4个全球中心来展示自己对加强银行本土化、国际化的兴趣。

问题

1. 其他行业的长期项目同样会导致冲突与项目问题吗？
2. 这种情况下的困难是由于荷兰银行员工的烦恼，还是存在更严重的项目计划问题？
3. 你同意法国巴黎银行解决问题的方案吗？有什么折中计划吗？

资料来源：S. F. Gale，"A Closer Look，"PM Network，Vol. 24.

通过阶段和阶段门管理项目

除了对接口关系进行梳理之外（是跨专业团队成员能够和平共处的必要不充分条件），为了使跨专业团队效力于复杂的项目工作，还需要引入一些特殊的控制方法。过程控制的一个办法就是将整个过程的整体目标分解为若干短期的子目标（通常使用自然里程碑），并将跨专业团队按照既定的顺序分配到各个子目标上面，就像敏捷项目管理那样。假如做好了目标分解，同时又合理地进行了跨专业团队间的协调来保障项目的顺利实施，那么组间的矛盾就会大大减少。团队中各个小组密切合作实现短期目标，从而促进整个项目长期目标的达成，这样的例子并不鲜见；反之，矛盾重重，加大项目工作量的例子也比比皆是。

项目生命周期为项目阶段的划分提供了可行的方法，整个项目生命周期中的各个阶段都有其独特的、唯一的产出。在生命周期各阶段截止点进行认真评审，且在每次评审结束之后对项目团队进行信息反馈。

另一个解决类似问题的办法是与项目的质量管理结合在一起，同样是围绕项目生命周期的概念，那就是亚伦等（1993）根据软件项目的里程碑所开发的阶段门（phase-gates）10步法。项目从一个阶段过渡到下一个阶段中间要经过评审（他们同样强调在项目早期尚未"形成产品"的阶段，"……管理项目的质量意味着管理生产产品的各个子过程的质量"）。在评审系统中，如果信息反馈做得还不够，可以把审核报告在项目团队中进行传阅。质量门（quality-gate）的控制过程是为了严格把关，不允许上一个阶段未成功完成的项目在下一个阶段就自行开始。阶段门则不同，它允许上下阶段的重合搭接，为的是让上阶段的输出转化成下阶段的输入。另一个包含各阶段的重叠的方法是"快速路径法"，它让各个阶段尽量同步进行以缩短项目的完工时间，当然，这也增加了项目风险（阶段门方法或者项目控制方法将会在第11章的11.2节进行详细描述）。

类似的控制系统还有许多，都存在着两个共同点：其一，它们立足于具体的、短期的、项目过程中间状态的输出，并对来自不同项目小组的输出进行评审；其二，强调向不同的项目小组进行评审前（或评审后）反馈。不管如何称呼这些控制系统，它们的基本方法与并行工程是相同的。利用并行工程时，我们必须向所有参与的不同小组讲清楚，各组间的团队协作是项目成功的必备条件，项目中的任何一方都与其他相关方互相依存。

最后，我们要强调的是，阶段门管理系统并不能够替代进度、成本和绩效等常规的项目管理手段，相反，阶段门和其他类似的控制方法是为补充常规的项目进程管理而产生的，主要是为了使高层管理者能够了解现时的项目状态。

项目计划活动的话题就讨论到这里。下面我们将讨论预算以及不同的预算方法。同时，章节中也讨论成本估计及其难度的话题，并进行成本与收入的预算风险模拟计算。

小结

本章我们通过识别和讨论完成项目所需的任务，初步探讨了项目的计划制订过程。我们强调了所有有关当事方的初始协调以及实现项目目标所需的不同系统之间顺畅集成的重要性。最后，我们描述了一些计划制订过程的辅助工具，如 WBS、责任分配矩阵和高津托图。我们还描述了敏捷项目管理方法，并认为这种方法已经在很多行业中广泛使用。我们还简单探讨了如何在使用跨专业团队的复杂项目中控制并减少冲突的方法。

本章的要点如下：

1. 初步工作计划十分重要，因为它是人员筛选、编制预算、进度和控制的基础。

2. 最高管理层应该参与初始协调会议，在这个会议上，将建立技术目标、认可参与人的职责、确定初步预算和进度计划。

3. 批准和变更过程十分复杂，应该由项目经理进行处理。

4. 项目契约的共同要素是概述、目标或范围、总体方法、合同事项、进度计划、资源、利益相关者、人员安排、风险管理计划和评估程序。

5. 思维导图能够极大地帮助项目计划过程。

6. 制订项目计划的层次型方法是最适当的方法，可以配合使用项目分支树状图，即高津托图，以及 WBS。WBS 连接了任务及其每一项子任务，为项目预算、进度计划、人员安排和控制提供了基础。

7. 责任分配矩阵有助于图示人员与项目任务的关系，并且识别出哪些地方需要协调。

8. 如果使用跨专业团队来计划复杂项目，必须对他们的工作进行集成和协调。在整个项目过程中使用里程碑与阶段门会帮助这种整合过程。

敏捷项目管理方法是为在项目环境复杂、频繁变动、很短的截止期限以及变化的需求情况下特别设计出来的。

传统瀑布方法被视为一种批处理方法，从一个阶段门进入另一个，敏捷项目管理更像一个流过程，使用短期冲刺来一次交付一个需求。

关键术语

敏捷项目管理（agile project planning）　一种为软件项目而开发的方法，但已经在很多其他项目中应用，主要面对那些会与客户有短循环、需求不断变化而进行迭代的项目。

材料清单（bill of materials）　生产产品所需的一套物质要素。

效果（effectiveness）　实现的预定目标，有别于效率，后者用输入实现的输出进行衡量。

工程变更单（engineering change orders）　在初始产品设计发布后，进行工程设计以实现产品的改进。

高津托图（Gozinto chart）　显示生产产品所需的各要素如何融合在一起的图示。

层次型计划方法（hierarchical planning）　一种将任务分解为必须在各个管理层次上完

成的活动的计划方法。通常较高层次为下一个较低层次设定目标。

集成管理（integration management） 管理跨部门、跨学科的问题而不是单独部门的问题。

物料需求计划（material requirements planning，MRP） 一种计划和订购物料的方法，基于已知或预测的最终需求，每种制造的或购买的物料的提前时间及其现有库存量。

里程碑（milestones） 自然子项目的结束点，一般会有支付、评估或评价发生。

思维导图（mind mapping） 一个用画图来展示思维的过程，可以对每个现有思维建立联系并在未来进行阐释。

阶段门（phase-gates） 在项目中预先计划的节点，在此过程需要评估且没有权威批准下，项目无法继续。

项目契约（project charter） 一份高度总结了项目主要特征的申请批准的协议。

项目计划（project plan） 用来对比差异的基准计划。

责任分配矩阵（RACI matrix） 显示每个项目任务由谁来负责、谁可咨询、谁需要通知的图示（也称为责任或指派图）。

冲刺（sprint） 在敏捷项目中持续 1~4 周的短阶段。

工作分解结构（work breakdown structure，WBS） 一种对完成项目所需所有任务的描述，由一些一致视角组织，并在每个视角包含大量所需信息。

工作说明（work statement） 一种任务描述，定义为完成该任务所需的所有工作，包括输入和所需的输出。

 问题

内容复习问题

1. 描述敏捷项目管理方法以及它与普通方法有什么区别。
2. 任何成功的项目许可证都包含 9 个关键元素。列出并简要描述每个的组成。
3. 在具体项目中管理每个工作包的一般步骤是什么？
4. 描述"分层计划过程"，并解释为什么它很有用。
5. 责任分配矩阵上会显示什么？为什么对项目经理有用？
6. 初始协调会议应该完成哪些工作？
7. 在项目最初提案时，为什么划定功能区是重要的？
8. 设计与使用 WBS 时的基础步骤是什么？
9. 接口管理的目标是什么？
10. 比较项目计划、项目契约与 WBS。
11. 比较里程碑与阶段门。
12. 思维导图是怎样促进项目计划的？
13. 需求的不断变化让传统项目管理者头疼，敏捷项目管理是怎么解决的？
14. 为什么从软件开发中发展而来的敏捷项目管理会被其他行业采用？

课堂讨论问题

15. 你认为计划制订应该占整个项目工作的多大百分比？为什么？

16. 你认为为什么协调项目的不同元素是项目实施中最困难的部分？

17. 项目契约中包括哪几类风险？

18. WBS 以何种方式成为监督和控制项目的关键文档？

19. 描述由活动与事件组合成树状图（WBS 或高津托图）的过程。为什么这个过程中负责经理与工作人员的输入很重要？

20. 为何制订项目计划如此重要？

21. 在项目计划阶段让不同职能部门在早期参与的正反面理由是什么？

22. 任务 5-C 是一个紧急项目的关键且避不开的任务。弗雷德总是抱怨阻挡他、让他慢下来、增加成本或让所有人麻烦的东西。通常弗雷德会在责任矩阵中将任务 5-C 标为"注意"，但项目经理考虑不用在图上标注。这是因为缺乏热情还是政治因素，或只是聪明的管理？

23. 有些风险是项目契约的风险管理部分无法预知的，我们怎么处理？

24. 里程碑与阶段门会不会在项目的同一点出现？同样的活动会发生吗？

25. 敏捷项目管理是怎么发展出来的？你认为这是项目管理未来的样子吗？

26. 使用思维导图来促进项目计划的优势是什么？

27. 一个深知传统瀑布方法管理项目的人会不会因此而阻碍他用敏捷方法管理项目？

28. 敏捷项目管理会在需求确定、低复杂度与长时间的项目中使用吗？例如建筑项目。

29. 传统方法与敏捷方法会不会仅仅是将每个元素组合在一起的一系列方法的两端？

30. 除了你的常规职责，你的主管指派你负责组织的年度高尔夫锦标赛。预期有100～150 人会参赛。除了组织赛事外，你同样要负责推动赛事。你的预算是 2.5 万美元。做一个思维导图来明确高尔夫锦标赛必须有的任务。

案例讨论

林戈尔德的游泳池设施供货方案

小约翰·林戈尔德（John Ringold, Jr.）刚从本地大学毕业，获得了工业管理学学位并加入了他父亲的公司，担任高级运营副总裁。父亲想让他慢慢熟悉工作，看看他对自己没时间调查的一个项目是如何表现的。公司销售收入的20%来源于地面上游泳池设备的销售，但公司并没有安装游泳池的业务。父亲要求他决定公司是否应该进入该行业。他认定给父亲留下深刻印象并完成项目的最简单方法是亲自估算公司安装游泳池的成本，然后看看竞争者的价格是多少，这样才能得出进入该行业是否盈利。

他想起有一种叫 WBS 的方法也许可以帮助他估算成本。这种工具也可以转交给现场监理以评估各个工作人员的绩效。他的 WBS 显示在表 A 中。基于 12.33 个工时的完工时间和每工时 15 美元的人工费，他计算出总成本为 185 美元。他发现，平均来说，公司的竞争对手对类似的游泳池安装费用为 229 美元。他认为可以盈利。他给父亲打电话，约好在第二天上午说明他的结论。鉴于他从未亲自安装过游泳池，他决定把预算提高 10%，"只是为了以防万一"。

表 A　游泳池安装的 WBS

工作任务	工时（估计值）（个）
地面准备	2.67
清理	1
耙平	1/3
平整	1
垫沙底	1/3
安放游泳池框架	2.50
底部框架	1
侧板	1/2
顶部框架	1
安装塑料衬里	0.5
游泳池组装	1.66
安装木支架	3.00
布置	1
组装	2
充水实验	2.00
总计	12.33

◆ 问题

林戈尔德的项目 WBS 合理吗？父亲在做决策时需要考虑哪些方面？

斯泰西实验室

斯泰西实验室（Stacee Labs）是斯泰西医药公司（Stacee Pharmaceuticals）的附属科研机构，有很长的成功研发药品的历史。研制药品的工作全部是由科学家组成的项目团队负责的，他们的项目很少受到进度、预算和明确目标的限制。公司认为科研项目不应该受到官僚式的循规蹈矩的束缚，应该将科学家的聪明才智充分发挥。

斯泰西医药公司董事会成立了一个特别专家组，对斯泰西实验室进行了调整，发现实验室项目远比业界平均项目周期要长，且费用高昂。斯泰西实验室的新药研发项目在投放市场前一般要经历 10～15 年，但是成功率很高。

董事会请管理顾问米莉·塔莎（Millie Tasha）女士负责对实验室的调查，并向董事会提交如何使项目周期加快且费用降低的报告。董事会特意强调，他们期待的斯泰西实验室调查报告并不是吹毛求疵、缩减开支、牺牲质量而缩短周期的方案。

经过与实验室研究人员的多次会谈，并拜访了公司的营销、财务、政府关系、药效检验和毒性检验部门的代表之后，塔莎女士发现实验室研究人员在药品未研制成功之前很少与营销和政府关系部门联络。当被问到为什么迟迟不与营销部门接触时，他们的回答是：在药品研制工作完成前他们并不知道应该向市场推出什么新产品，并补充说营销部门时常干扰药品的研制工作，强迫他们夸大疗效或者按照销售潜力来开发新药而不尊重科研成果。

塔莎女士还观察到，在研制工作完成后，产品有待检测之前，实验室人员是不会提前与疗效或毒性检测部门联络的，这耽误了很长时间，因为测试设备被其他检测占用着，并不能马上处理送检的新药。组织检测疗效和毒性的工作往往要拖数月之久。

在塔莎女士看来，新药研制项目缩短时间、降低成本的唯一途径就是从与研制项目有关的各部门当中抽调一名骨干代表，组成一个联合小组，从事各个研制项目的初期工作，这样各方面都可以尽早获知项目的进展情况并为后续工作提前做好准备。如此一来，周期延误、费用高昂的情况就可以大幅改善。

◆ 问题

你认为塔莎女士的观点正确吗？假如是正确的，药品研制项目应该如何组织和计划？假如斯泰西医药公司重组实验室项目会带来什么问题？你会如何解决这些问题？对于联合小组来说，范围蔓延会不会越来越常见？假如是，又该如何控制？

课堂综合练习项目

现在到了计划和分派项目任务的时候了。首先，计划一个团队会议，通过思维导图来确定必须做的工作。一旦最初的思维导图产生，就让一位团队成员整理并输入一个软件（例如，Word，PowerPoint，Visio，Mindjet MindManager）。完善思维导图直到所有的想法都已经在图中了，团队也相信已经有了项目活动的综合列表。确定所有的里程碑与阶段门，确定每个人都明白自己的角色、截止日期与可用的资源。

记录者观察工作流程，并记录团队在哪些地方做得好以及在哪些地方需要提升。例如，项目经理是有效地让每一位成员都在计划过程中出力，还是只让一部分人来完成？在思维导图中，团队是聚焦于明确必须做的工作还是转而讨论离题的话题，例如项目的目标等。基于你的观察，在未来的项目中你有什么需要实践的？你建议做哪些不同的尝试？

参考文献

数字资源

第6章 工作活动计划：
　　　传统与敏捷
（案例分析与指导阅读）

第 **7** 章　预算与风险管理

Budgeting and Risk Management

在第 6 章里我们回顾了计划过程，给出了制订项目计划的一些指导性原则。现在开始讨论 PMBOK 中的知识领域 4：项目成本管理。我们在这里对这个主题的研究是针对项目资源成本的计划（或预算）展开的，在第 9 章中讨论对项目任务的资源配置时，将重新考虑这个问题。

当然，首要的问题是，从事工作的人员应该获得相应的资源，项目经理需要与项目拥有者、项目赞助者一起开发一个能够让出资方或项目指导委员会代表的高层能够接受的预算，高层管理者对于项目预算所做的批准正是必需的条件。预算就是计划如何分配资源，制定预算的行为就是对组织内的各种工作进行稀缺资源的配置。资源配置过程的结果通常无法让那些不得不在预算约束之下生活和工作的经理人员满意，然而，正是这些预算限制体现了组织的政策要求。组织内部各种活动得到资源配置计划支持的程度，反映了该种活动最终结果的重要性。我们所了解的高层管理者大都竭尽所能地均衡处理预算过程的工作，在一个合理的水平上对每个计划工作进行投资——既不提供过多的资源，这种行为会造成浪费，并对管理松懈形成一种鼓励，又不会让下属手中的资源匮乏，这种情况会阻碍工作的顺利进行，影响员工的积极性。

预算不仅是计划活动的一个方面，也不仅是组织政策的一种延伸，还是一种控制机制。预算起着一种比较标准的作用，它是衡量资源实际使用和计划使用情况的基准。经理人员在指挥资源的调配并以此来达到某些预期目标的同时，必须认真监控资源的使用情况。这就要求管理人员在项目的进行过程中，对实际使用情况与计划的偏差进行检查，如果资源耗用情况与正确的方向不一致，就必须立即提供例外事件报告。实际上，我们可以考察偏差变量，检验它们是不是可能的或者合理的，并对计划的重大偏离情况做出预测。有了足够的预警，我们有时候就可以相应地做出一些纠正性的调整。在任何情况下，这种预测行为都会帮助高层管理者减少不利事件的发生次数。

值得注意的是，预算花费并不能作为对项目实际完成工作的测量，因此预算本身也不是对流程进展的充分测量。预算在整个管理过程中起着重要的作用。很明显，预算过程必须将资源使用情况与组织目标的现实紧密联系起来，否则计划/控制过程就会毫无效果。

如果预算工作不以实现组织目标为基础，管理人员就会忽视资金在工作完成之前就耗用殆尽的情况（而按时间期限推算本应符合预算要求）。类似地，有时预算会在某一特定时段内超支，从工作完成的角度来讲属于合理现象。此时，管理人员就会对事件的真实状态产生误解。管理人员必须定期收集并报告相关数据，否则预算工作就无法体现在识别和报告当前问题或预测未来危机等方面的价值。报告过程必须得到认真的设计和控制。如果数据发送到了错误的人员手中，或者系统内部处理报告的时间过长，都会变成无效劳动。例如，一名大型计算机公司的经理抱怨道，他曾经被指派去根据第三季度的报告来调整第四季度的结果，然而，他直到第二年的第一季度才收到这个指令。

在第 6 章里，我们曾经指出，计划过程是在项目的不同层次进行计划工作并将它们整合起来。最高管理层制订的是整体的项目计划，然后将其细化分解。项目计划是工作分解结构（WBS）的等价物。如果我们将 WBS 货币化，逐渐地就会得到一个项目预算。如果将项目计划货币化，也会得到同样的结果。从这个角度来看，预算仅仅是另外一种形式的项目计划。

现在让我们来考虑一些预算方法，它们在各种组织中都有所应用。我们先对它们进行总体的描述，然后从项目的角度进行考察。我们会强调成本测算方面的一些问题，并关注其细节内容和相应的缺点。我们还会考虑项目预算工作的特殊要求和问题。随后，我们提出了一种做判断前减少风险、改善预算的测算（或者说估计和预算）技能的方法。在第 10 章里（该章内容是有关项目管理信息系统的），我们将会展示一些项目管理软件包所提供的项目预算的材料。最后，我们将提出用模拟计算来找出预算风险的话题。

➡ 7.1 测算项目预算

为了做好预算工作，我们必须对项目所需的资源种类、每种资源的数量、何时使用这些资源及其成本（包括潜在的价格上涨效应）等问题做出预测。任何一项预测都会牵涉到不确定性，尽管有些预测活动所面临的不确定性要比其他预测活动少。一个经验丰富的成本预算师能够根据只占实际面积 1% ～2% 的墙面实验预测出建造一面砖墙所需的砖石数量；在开发软件的工作中，对程序员数量或代码应用程序数量的预测就非常容易产生很大的偏差，尽管软件科技领域的发展使这种预测活动日益成为可能，但不确定性仍然很高，错误也非常大。

在许多领域，成本测算方法都系统成文。比如在建筑领域，成本经常能通过对不同的项目成本因素进行适当的测度而估算出来。例如，修建一英里的四车道马路的成本可以根据此前的两车道马路所耗的材料成本进行估算——沥青的花费可能是之前的两倍，路肩应该是一样的。同样，变量的估计依赖于熟知的各种相互关联的因素的数据，比如，建一栋房子的总成本与每平方英尺的成本密切相关，采购部门的数据库中包括关于测算用来完成特定工作所需物资数量和劳动力的技术的大量信息。同时，什么样的材料、服务和机械设备可用以及取得途径的详细信息在互联网上也可以查到。每一家企业都有自己的成本测算方法和准则，这些准则都是从多年来大量的预测活动中总结出来的经验。例如，一位经验丰富的图书出版商只需翻阅一下手稿，并就其中图片的类型和数量以及所用纸张的质量提出几个问题，就可以对出版这本书所需花费的成本做出一个相当精确的估计。

我们稍后会对收集数据的工作进行更为详细的说明。在研究数据收集问题之前，我们必须清楚地认识到，与为一个常设的组织活动编制预算相比，进行项目预测要困难得多。历史经验会对一项正在进行中的活动的预算编制工作产生重要影响，很多条目最终都会成为"去年的数字再加 $X\%$"，其中 X 是预算编制人员所认为的可以承受的任意数字，并且被认为更有可能得到预算审批人员或审批机构的同意。

尽管编制预算人员不能够依据以往数据作为现行项目预算的基础进行估算，但是以往类似的项目经验确实可以指导预算人员进行测算和审计。当然任何一个项目都是唯一的，为现行项目编制预算时，区别不大的历史项目仍然具有参考价值。

历史数据从另一个侧面也为项目预算提供了帮助。以研发项目为例，人们发现，如果将公司分配给研发项目的资源按照百分比计算，项目的预算数额在一定时间内是稳定的，尽管该预算在项目内部的各种活动之间还需要进行再次分配。没有理由认为，其他类的项目不会发生这种情况，而且我们有一些调查也显示出与研发项目相类似的结果。

生命周期成本体现的就是这一概念，研究以往项目的生命周期并以此作为模型来预测现行类似项目整个生命周期中所发生的成本。同样，如果知道项目在经历过的生命周期中发生了哪些成本，那么它在未来的生命周期中可能发生哪些成本也就可以预测了[①]。

还有一项基于挣值的估算技术也值得一提，也是将项目过去在生命周期中实际发生的成本作为预测的基础（Zwikael et al.，2000）（有关挣值分析，请见第 10 章）。把生命周期各阶段内所发生的实际成本与预算相比较得出差异率，按此比率对生命周期未来的阶段会发生的成本预算进行调整。让五个预算人员分别进行测算，假设该比率恒定，按此固定比率对将要发生的成本进行测算，其预算误差平均在 11% 左右。

对于跨越多个年度的项目来说，还会产生另外一个问题。这类项目的计划和进度早在项目生命周期的开始阶段就已经设定好了，但是几年以后，对于资源使用的预测或许会因为替代性的或全新的材料、机械的出现或人力资源的变化而发生变化——因为这些新的投入不同于预计的成本，于是技术风险和通货膨胀风险双双上升。项目的存续时间越长，项目经理对于传统方法和所预计的成本的信任程度也就越低。

传统方法对于项目的预算工作还有另外一种影响，那就是每一个组织都有自己的独特性。一家公司会将对销售代表进行技术培训的成本也计入研发项目的预算；另外一家公司则可能会根据财务会计的准则，把与政府签订的合同纳入项目预算。除非项目经理理解组织的会计系统，否则就无法对项目的预算进行总体的控制。我们在下面讨论的那些项目预算方法就是为了尽可能地避免这些问题，但要完全避免是根本不可能的。总之，项目经理必须熟悉组织的会计系统！

成本测算和预算中很少被人们讨论的一个方面就是有关资源实际使用的时间和方式与会计部门的设想不相一致。例如，假设你估计在完成某项预计耗时五周的任务过程中，会使用 5 000 美元的某种特定资源。该种资源的实际使用情况可能会是：第一周一点儿也不使用，第二周使用 3 000 美元，第三周又是一点儿也不使用，第四周使用 1 500 美元，剩

---

① 我们这里不做演示，但水晶球软件（Crystal Ball®）可以用历史数据拟合分布。在水晶球软件中，分布展示窗口中选择拟合按钮来完成，然后指定数据的位置。水晶球软件会尝试各种各样的概率分布，并为用户提供可选的拟合优度测试，参见水晶球软件的用户手册。

下的 500 美元在最后一周使用。除非这种使用方式已经在计划中得到了详细的说明，否则只以线性的方式看待世界的会计部门就会将这笔费用在五周内均摊。这个问题或许不会影响到项目预算本身，但是它会影响到项目的现金流量状况，这个问题是公司审计官非常关心的。项目经理必须能够同时清楚地了解资源需求状况和资源使用状况的特定时间模式。这一主题会在第 9 章再次述及。

进行预算准备工作的另外一个方面对于项目预算尤其重要。每一笔支出（或收入）必须与一项特定的项目任务联系起来（就像我们将在下一章里看到的那样，它同时还要与相应的里程碑联系起来）。WBS 的每一个因素都有一个独一无二的账户代码，随着工作的完成，各项费用也都相应地累积到该账户中去。项目经理需要这些标志符的帮助来实施预算控制工作。

实践中的项目管理　　　　　火星探路者号的太空行动

1976 年，美国国家航空航天局花费 6 年时间和 30 亿美元（以 1992 年的美元币值计算）进行了两次海盗号探测器（海盗 1 号和海盗 2 号）火星登陆太空行动。21 年后，火星探路者号（Mars Pathfinder）探测器和旅居者号（Sojourner Rover）火星车再次登陆火星，其成本只有 1.75 亿美元，比上一次行动的成本足足减少了 94%。人们使用了很多方法才实现了这一令人吃惊的成本削减结果，其中最重要的可能就是其工作采纳了成本设计（而非绩效结果设计）的理念。基于这一理念，这一太空行动任务的范围被人为地限制如下（范围蔓延的情况也就不成为问题了）：

(1) 实现成功着陆；

(2) 顺利回收工程遥感勘测信号；

(3) 获得并传输单一的局部概况图像；

(4) 在火星表面成功调动旅居者号火星车，并进行 7 个火星日的工作；

(5) 完成 30 个火星日的探测器太空行动，实现各项工程、科学和技术目标；

(6) 成功进行阿尔法质子 X 射线分光计对火星岩石和土壤样本的测量。

为了限制太空行动的成本，人们采取了多重的、创造性的方法：

(1) 开发工作实行成本封顶，没有任何增加资金的余地；

(2) 确定一整套缩减范围的备选方案，以便在成本超出固定预算时实施；

(3) 太空行动、飞行过程和地面系统的设计都是以现有的硬件和系统能力为基础的；

(4) 占总预算 27% 的项目现金储备被严密封存起来，并在项目的整个过程中严谨地按照时间-阶段计划逐步释放出来；

(5) 太空行动的设计者/建造者直接转变为测试者/操作者，以节省文书工作、时间和劳动力成本，并减少错误的发生概率；

(6) 使用美国国家航空航天局现有的太空行动设施而不是重新设计全新的系统；

(7) 按照时间-阶段做出"如果……那么……"的准备，并且为项目过程中当前和预期的实际或潜在的成本增加情况做好资产留置权的准备；

(8) 设计过程中选择风险较高的"单线"方法，并使用更为可靠的部件来降低相应的风险；

（9）主要的外购部件中70%的合同采取固定价格而不是按照成本加成的方法定价；

（10）创造性地使用资源，比如充分利用闲置设备，以及严格实行会计管理（如选择精干人员）。

7月5日，旅居者号火星车成功着陆，它拍摄的画面登载在世界各地报纸的头版头条。整个太空行动持续了将近3个月，传回了2.6吉字节的科学和工程数据，探测器的摄像机拍摄了16 000幅照片图像、火星车拍摄了550幅照片图像，还传回了850万个环境测量数据、16项岩石/土壤化学实验和10项火星车技术实验的结果。

问题

1. 一个观念上的改变怎么会造成项目成本上的巨大变化？

2. 为什么目标范围如此受限？为什么已经花钱去火星了却只有这点目标？

3. 描述他们的"减目标""少列表""省钱"的方式。

4. 最近一些设计到成本最优的星际项目，为什么会有巨大的失败？这是这种观念的本质结果？

资料来源：C. Sholes and N. Chalfin，"Mars Pathfinder Mission，" PM Network，Vol. 13.

了解了这些内容，为预算收集数据的工作就有的放矢了。收集数据的工作有两种不同的基本战略：自上而下和自下而上。

自上而下地制定预算

这一战略的基础工作是，收集高层和中层管理人员的判断和经验以及以往类似活动的记录数据。这些经理人员估算出整体的项目成本以及各个子项目的成本，然后，这些成本测算信息被传达给低层管理人员，继续将预算细分下去，为组成子项目的每一项任务和工作包估计预算。这一过程持续进行，直至到达最底层。

这一过程与我们在上一章所讨论的层次型计划过程是并行的。预算与计划一样，从最高层（或行动计划中最为集中的层面）开始，逐步分解到更为细节性的层面。这种战略的前提假设是，如果被分配到手的资金不足以完成相应的任务，那么低层经理人员就会努力争取更多的预算。然而，这一假设常常是不正确的。低层经理人员可能不会据理力争，反而会默默忍受。如果上级经理人员坚持当初的预算标准——理由是"基于过去的经验"，下级经理人员就会觉得被迫接受了自己认为根本不足以完成相应任务的预算资金。

本书作者与大量经理人员进行过讨论，讨论的结果支持下列观点，即下级经理人员都将整个预算过程看作一个零和博弈，在这种博弈里，任何一方的盈利都是以其他方的损失为代价的。下级经理人员之间的竞争常常是非常激烈的。

这种自上而下的过程的优点是，集中式的预算常常能够制定得非常精确，尽管少数个体因素可能会产生巨大的偏差。不仅预算占总体资源配置的百分比是稳定的，而且预算的统计分布也是稳定的，这就使得高度的可预测性成为可能（比如，5%用于研发项目）。自上而下过程的另外一个优点就是，无须对成本高昂的小型任务进行单独的确认，也不需要担心某些细微但又非常重要的方面遭到忽视。这种观点认为，高层经理人员的经验和判断理所当然地将所有这些因素都考虑到了总体测算中去。问题是下属并不这样认为，他们通常会觉得高层管理人员总是带有轻视成本的严重倾向。

自下而上地制定预算

按照这种方法，基本的任务及其进度和预算安排是根据行动计划构建起来的。预算制定人员向从事具体工作的人员就工作任务的时间和预算征询意见，以保证预算工作达到最高的精确度。首先，人们对资源（如劳动力工时和原材料等）需求做出预测，然后转换为等值的美元金额。学习曲线分析和工作样本等标准的分析工具也将派上用场，以提高测算的准确度。上层和下层经理人员之间的意见分歧都通过正常的讨论加以解决。如果需要，项目经理和职能经理也可以参与到讨论中去，以保证测算的准确性。最终的任务预算需要汇总起来以计算出项目的总直接成本。项目经理再将一般费用与行政费用等间接成本加上，可能还要加上项目应急储备金和一定的利润数据，就得出了最后的项目预算。

正如 PMBOK 中所描述的，储备分析通常是为项目中的风险导致成本上升所准备的。储备需要保持在预算基线以内，通常称为应急储备金。这是针对项目中的"所知的未知情况"，即那些风险可以估计，但金额无法精确得知。应急储备金的数量，对单个活动而言，既可以是百分比也可以是固定数字，加总到整个项目，并纳入预算，或者从预算中拿出一个百分比，例如 7% 。

同样，也会有一个管理储备，这个不是预算的一部分，通常作为"未知的未知"。在任一案例中，储备金会随着项目进行检查，如发现新风险并可能会上升，或者避免了风险可以减少储备金或给其他项目。最后，还有时间储备，就像成本储备一样。这些也在 PM-BOK 中有所描述。时间储备通常既会有活动缓冲池，也会有整个项目缓冲池。

自下而上制定出来的预算应该在具体任务方面更为精确一些，但是必须注意将所有成本因素都包括进来。自下而上的方法在罗列各项任务的全部清单时，会比自上而下的方法遇到更多的困难。就像自上而下法可能会导致预算工作成为博弈过程那样，自下而上的过程也有独特的管理预算博弈过程。例如，工作人员会过分夸大自己的资源需求，因为他们担心上级管理人员会全面削减预算。当然，他们的担心是非常合理的，正如加尼翁（Gagnon，1987）和其他一些学者所指出的那样，那些能言善辩的经理人员有时候会赢得一定的利益，但是那些始终保持诚恳态度并建立了高度信誉的经理人员通常会取得更大的成功。

自下而上过程的优点与参与式管理是密不可分的。与上级和其他没有亲身参与到工作中的人员相比，那些在一线工作的人员往往会对资源的需求状况有更为准确的认识。此外，低层经理人员直接参与到预算工作中去，可以促使他们更愿意接受最终的结果。共同参与也是一种良好的管理培训技术，会使低层管理人员在预算准备工作及其相关的知识方面获得更多的宝贵经验。

自上而下法使用得比较普遍，但真正的自下而上法只是凤毛麟角。高层管理人员认为自下而上法的风险较大，他们倾向于不相信自己野心勃勃的下属，认为他们会夸大资源需求以保证其工作顺利进行并构建自己的王国。同时，高层管理人员也日益体会到，预算是组织控制工作最为重要的工具，他们认为自己下属的经验和工作态度都不十分可靠，因此他们不愿意将控制权交给下属的做法也就很容易理解了。这种观点在一家大公司里发挥到了极致，该公司同时进行着数十个项目，每一个项目都持续 5～8 年的时间，并耗费上百万美元。这家公司的项目经理都不参与制定预算的工作，在自己作为项目经理的任期之内对项目预算也没有任何发言权。显然，协调自上而下和自下而上这两种预算方法在第 4 章所描述的早期谈判准则与管理冲突解决中会发挥很好的作用。

工作要素成本估算

编制项目预算的实际过程——自上而下，或者自下而上，或者像我们所建议的那样将两种方法相结合——往往是一个直接但乏味的过程。预算可能包括收入（例如，由客户在支付里程碑的付款），编制预算的主要任务是估计项目每个工作要素的成本。对 WBS 或 WBS 中的每一个工作要素都进行资源需求情况的评估，同时对每种资源的成本进行测算。我们稍后会更详细地讨论这部分，在 7.2 节中给出增强成本估计流程方法的建议。

假设一种工作要素被预测需要一个技师付出 25 个工时的劳动，被安排到该工作的技师工资为 17.50 美元/小时，管理费用摊销为直接人工成本的 84%，那么其正确的成本就是：

$$25 \times 17.50 \times 1.84 = 805.00(美元)$$

这种计算的准确程度取决于做出 25 个工时预测的前提假设。工业工程师注意到，在一个常规的 8 小时工作日内，没有任何人真正工作满 8 小时。即便是在装配线上，工人们也需要称为"个人时间"的工间休息，这种休息包括饮水、去洗手间、吸烟、擤鼻涕和所有其他需要耗费时间的活动，这些活动都是正常人在正常的工作地点必然会做的。个人时间一般占总体工作时间的 12%。如果前面所讲的 25 个工时里面没有包括这种个人时间，那么成本的计算就应该是：

$$1.12 \times 25 \times 17.50 \times 1.84 = 901.60(美元)[①]$$

劳动力成本估算的不确定性取决于工时数。如果不把个人时间计算在内，预算成本很可能就被低估了。

资源和机器设备的直接成本由项目负担，通常与管理费用无关。如果项目需要某种特定设备，这台设备又属于某一职能部门，那么该项目或许就要从项目预算中将相应的资金转移给该职能部门，为这台设备"付款"。这类设备的费用等于运营成本（美元/小时或美元/运营周期）加上折旧费用（以时间或运营周期数为基础计算）。对一般办公设备（如复印机、文件处理设备和咖啡机）的使用通常都包括在间接费用之中。

除了这些费用之外，还有一般费用与行政费用。这笔成本包括高层管理人员的费用、各种员工基金和其他所有没有包括在间接费用中的费用。一般费用与行政费用占直接成本或直接成本和间接成本总和的百分比是固定的。

这样，一项计入了所有成本的工作因素就包括直接成本（劳动力、资源和特定的机器设备）加上间接费用和一般费用与行政费用。我们建议项目经理准备两份预算，一份包括间接费用和一般费用与行政费用，另外一份则不包括。包括全部成本的预算由会计部门用于估算项目的利润，只包括直接成本的预算则为项目经理提供管理项目所需的信息，而不会使项目经理受到那些自己无法控制的成本的干扰。现在让我们来考虑一下结合使用自上而下法和自下而上法制定预算的问题。

---

① 在一个弱矩阵型项目中，技术支持小组的费用和技师一样，按相同的方式计算并一次性付清。当然，费用包括本节后面内容中提到的成本。

马萨诸塞州邻里健康计划的成本管理

两年间，美国医疗补助制度将医疗费用的报销比例降低了20%，马萨诸塞州提高了医疗计划参加人的合格要求，因此邻里健康计划的收入降低了很多，并直接威胁到了它的生存。过去，邻里健康计划控制成本的方法是，严格控制医院病床的使用，增加预防性药品的投入。然而，无论医院使用状况如何，只要医疗费用居高不下，邻里健康计划的成本就无法进一步降低。邻里健康计划组建了一个项目团队，以帮助该计划对定点医院进行选择和管理，从而达到控制成本的目的。具体来说，该团队的宗旨是开发出一种考察医疗合同的方法，以保证该计划所接受的费用比率在财务上切实可行，还要保证病人在需要时可以获得高质量的医疗服务。

该团队首先选择了邻里健康计划年度付款额最高的 10～20 家医院进行分析。经过分析他们认为，要想有效地控制成本，邻里健康计划的合同理念必须从报销每一处方上所有费用的 95% 转变为每一个处方报销一定的金额，或者报销每日住院费用的一定金额。然后，该团队设计了一个电子表格文件来对各家医院进行对比，使管理层就得到更低的费用比率进行谈判；或者，如果医院方面不能变通，就向健康中心提出建议，让它向病人推荐其他可供选择的医院。该团队还做了许多其他工作，结果大大增强了管理层控制成本的能力，同时保证了医疗服务的方便、快捷。这些改进措施还使得管理层能够定期地以非正式方式对合同正在和将要发生的变化进行考察并做出及时的回应。

问题

1. 更高的参加人合格要求会不会减少邻里健康计划的成本？为什么这样会加剧邻里健康计划的恶化？

2. 解释一下医院利用与合同价格的平衡。

3. 从一系列支付计划到阶段计划的改变如何进行比较与节省成本？

资料来源：J. H. Hertenstein and K. A. Vallancourt, "Contract Management = Cost Management," PM Network, Vol. 11.

编制预算的迭代过程——落实谈判工作

在第 6 章我们提出了一种迭代计划过程，该过程需要与下级[①]就完成职责所在的任务共同编制 WBS。上级对这些计划进行总体评估，可能还会提出一些修改意见，这项计划技术的长处是：一项任务的设计工作被分派给了直接对该任务负责的个人，这样就充分使用了参与式管理（或员工参与）的方法。如果能做到正确实施，对资源使用和进度做出的测算就会成为各计划层面进行计划工作的一项常规内容。这样，最高层计划编制人员将会在 WBS 的最高层次中对资源需求和每一步行动所耗费的时间做出测算，我们可以将它们表示为 R。类似地，下级也为低层次 WBS 的每一个步骤测算资源和时间上的需求，我们以 r

---

① 我们在这里使用术语"上级"和"下级"的唯一目的是识别在项目的 WBS 的不同相对级别上工作的个人。我们认识到，在矩阵式组织中，项目经理（"上级"）将工作委派给不向项目经理汇报的个人（"下级"），甚至可能在母公司组织结构图上比项目经理更高级别的个人（"下级"），这并不少见。

表示低层 WBS 对资源和时间的需求总和。

在一个完美的世界中，R 应该等于 r。然而，我们并不是生活在一个完美的世界中。事实上，在各个层次上做出的原始估计数值之间的关系是 $R<<r$。之所以会产生这种情况有多个原因，其中有三个原因在实践中是非常普遍的：第一，从直接承担具体工作的层次沿着组织结构图越往上走，上级（与那些实际从事这项工作的人员相比）就越认为工作很容易、耗时很短、成本很低，这是因为上级不了解任务的具体内容，或者很容易就忘记了这些细节以及这项工作耗时多少、问题多难等情况；第二，一厢情愿的想法会导致上级低估成本（和时间），因为上级在向高层管理者提交项目建议书时需要将项目本身描述得有利可图；第三，下级人员根据墨菲法则而保护性地将一定的额外要求附加到那些本来已经充分顾及应急情况的预算中去。

假设上下级之间都采取诚实的态度（任何其他假设都会导致无法实现双赢谈判），双方共同讨论下级的行动计划。通常减少成本测算差异的最初步骤都由上级做出，他们都在工作实践中得到了下属的"教育"，结果是 R 上升。下一个步骤通常由下级做出，下级因为自己的理由得到了老板的正面回应而受到了鼓舞，于是放弃一些预算"冗余"，这样 r 就会下降。下级的成本测算仍然要比上级的高，但是差距被大幅缩小了。

现在双方将注意力转移到了手头任务的技术问题上面。他们仔细地检查了下属的工作计划，试图为实现期望的结果找出一种更有效率的方法。结果可能会出现一个双方当初都没有想到的重大改动，使得资源配置数量大大降低。还有可能只发生很小的改善或根本没有任何改善。我们假设做出了适中的改善，但是在某种程度上 r 仍然比 R 高，尽管双方已经通过谈判做出了很大的调整。此时上级应该怎样做，是接受下级的预算估计，还是坚持让下级勉强接受上级的预算估计 R？

为了回答这个问题，必须偏离一下正题，重新思考项目生命周期的概念。在第 1 章中我们以图 1-3 提出了项目生命周期的常规含义，为了方便起见，我们再次将该图显示在下面的图 7-1 中。项目生命周期的观点显示，随着项目逐渐接近终止，回报相对于投入不断减少。为了方便起见，也将图 1-5 再次显示在下面的图 7-2 中，在这种情况下，随着项目逐渐接近终止，回报相对于投入不断增加。为了确定究竟是应该采纳下级的资源预测 r，还是应该采纳上级的 R，需要了解项目生命周期形态代表了哪种类型的项目。请注意，我们将下级的 WBS 看作一个项目，因为它完全符合在第 1 章中所描述的项目的各种特点。还请注意，我们不需要知道项目生命周期的精确形态，只需要知道其最后阶段是 S形还是 J 形。

请记住，上级和下级的资源预测之间相距并不很远，因为在做出最终决策之前他们已经进行了多次谈判。如果项目生命周期曲线的后半部分显示出递减的边际回报（如图 7-1所示），就应该选择上级的估计结果，因为持有较少资源对项目完成的影响比较小。上级人员就会对下级讲："杰里米，你按照 R 来做怎么样？我们必须接受这样的结果。"相应地，如果项目生命周期曲线（见图 7-2）显示出递增的边际回报，就应该选择下级的估计结果，因为资源短缺会对项目最终的结果产生巨大的影响。在这种情况下，上级或许会说："好吧，布兰登，我们必须确保这项任务顺利进行，我们按照你的数字进行下去吧。"如果这种分歧与进度（工作时间跨度）有关而不是与资源有关，那么谈判的过程和相应的逻辑原则不应该有丝毫的改变。

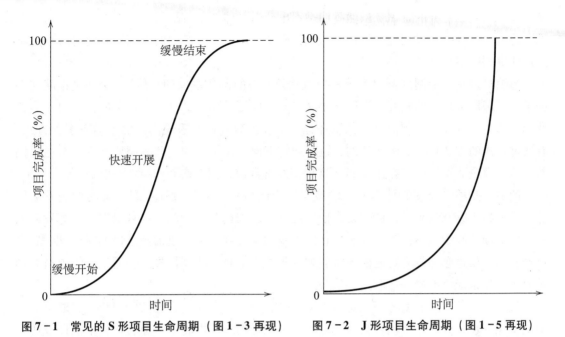

图 7-1 常见的 S 形项目生命周期（图 1-3 再现）   图 7-2 J 形项目生命周期（图 1-5 再现）

这是一个颇为耗时的过程。在项目经理与多位负责其 WBS 的下级进行谈判的同时，这些下级也在与他们自己的下级进行着谈判，其他人依次类推。这种多层次的过程错综复杂，并且不是十分有效率，但是它使得信息可以在系统各层次间自由地上下流通。这一过程使得预算的不确定性有所降低。整个过程中的争论以及由此产生的成本可能就抵消了预算过程的不确定性。

我们必须注意，无论是在组织内部的谈判中，还是在组织与外部团体的谈判中，伦理道德问题都同等重要。在这个问题中，上级和下级都有责任与对方以诚相待。一方面，他们将来还需要继续在相互信任的环境中共同工作；另一方面，在这种类型的谈判中，诚实守信也是道德观念所要求的。

有关预算申请过程的评论

预算过程常常是从高层管理者要求各部门上交来年预算申请开始的。各部门的领导再将这项要求传达到下面的部门、科室和小组，这些单位都需要从下面收集预算要求，将其汇总，再将结果沿着组织层级逐步上传。

这听起来好像是自下而上编制预算的过程，但是这一过程和真正的自下而上的系统之间有一个重要的区别。在这一迭代系统中，与正式的要求一起，另外一种信息也传达了下去——这种信息不那么正式，但承载了下列信息：组织内部工资的增长比率或下降比率、加大或减小工作强度的组织政策、对于资本支出的总体态度、有关哪些项目和活动被认为具有高度优先权而哪些则是相反的看法，以及大量其他事项。实际上，这些信息对低层经理人员规定了一整套限制条件。预算要求在组织内部逐步上传的同时，它们也被认真地与组织原则进行对比，如果彼此不相吻合，这些预算要求就会"调整"，这种调整往往很少或根本不会征询相应组织单位的意见。高层管理者在制定预算上倾向于采取专制态度有很多原因，其中有两点最为常见：预算控制要尽在掌握；节约开支可以在一定程度上激励下属更有效地完成任务的意识。虽然我们举不出什么具体例子来加以说明，但这确实是司空见惯的事。进一步来说，这使得博弈的成分逐步加大，由此产生的围绕预算商讨过程的不确定性也相应增加。

组织管理越不专制（同时也越不受到财务方面的条条框框的挤压），这一过程就越有助于各管理层级之间的相互对话和妥协。然而，即便是那些最具有参与性的公司也不会长期容忍那些无视预算限制信息的低层经理人员。预算政策在系统内部的传达有多种方式，有通过正式的方式自上而下传达的，也有通过书面文件传达的，还有高层管理人员通过偶然的口头评论非正式地表露出来的（这种信息常常被人们忽略）。这些方式没有什么差别，唯一的要求是项目经理的预算要求应该与组织政策相一致。忽视组织政策的做法不能原谅，反复犯不顾及组织政策的错误会使自己受到"发配到西伯利亚"的处置。预算发起人有责任对预算政策做出清楚的界定，在这里我们又看到了保持政治敏感性的重要性。项目经理的沟通渠道必须具有足够的灵敏度来接收政策信号，即便是难以沟通的上级人员封锁了政策信号也能够准确地接收这些信号。

最后关于预算编制要考虑的是预算变化的影响。项目充满了无数的变化，有时缘于客户的范围变化，有时缘于项目自身的问题，例如延迟、成本超支、原料价格上涨以及诸如此类的问题。明显地，对于这类变化，预算总是需要重新考虑，甚至是重做（重新批准）。对于那些项目任务可以超支预算的案例，项目经理经常会在项目预算中保留一些"储备金"（例如5%）（在每个任务预算时同比例支取）来处理那些预期之外的费用。另一种方式对那些有很多高度不确定性任务的项目特别有用，就是在设计项目时有一些预先的"范围缩减"策略，这样当成本太高时，一些不太重要的范围需求就会减少或直接删除，以节省成本。无论使用哪种方式处理，提前考虑成本会超过预算总是明智的，并要考虑怎么提前避免这些问题。

成本科目预算与项目/活动预算

组织预算的另一个方面是关于预算本身是成本科目导向的还是项目/活动导向的，这种区别前面已经有所提及。传统的组织预算通常是科目导向的，判断依据是预算由一个传统的、以科目为基础的成本会计系统内累积下来的历史数据为基础（Coburn，1997）。每一种费用都归类并示到基本的预算项目，如电话机、原材料、人事部门员工、公共物品、直接人工等，或者归类到各个生产中心和各个过程当中。这些费用项目又被归总到更大的科目当中并由组织单位报告，如班组、部门。换句话说，预算可以覆盖整个组织结构图。表7-1显示了一个房地产项目典型的以科目为导向的月度预算报告中的一页。

项目型组织出现以来，严格按照财务责任的实际形式编制预算的必要性日益增加。按照传统的预算编制方法，项目的预算被分解到许多不同的组织单位中去，这使得控制权非常分散，甚至形同虚设。在项目预算中为某些大的成本项目确定真实的规模几乎是不可能的事。考虑到这种问题，人们开发出了新的方法并调整了预算程序，以使预算同项目本身直接联系起来，这导致了项目群预算的产生。表7-2显示了一个以项目/活动为导向的项目预算，该项目预算是通过任务和活动以及预期时间长度的比值来测度的。

如果一个项目群是由一系列独立的项目组成的，那么该项目群的预算在一段时期内将是所有项目预算的总和。此外，项目群本身也有每月的预算（如表 7 - 1 中最左栏列示），但这就要求将每一个项目的活动（任务）的收益（如果有）和费用分配到适当的科目中去。同样每一个组织单位也可以将它的项目收益和费用以附加栏的方式呈现在表 7 - 1 中，一栏表示"常规运营工作"，其他栏表示每个项目（或项目群）。如果任务涉及不止一个组织单位，就要花费更多的功夫在这些任务上。

对资本成本的测算会产生特殊的问题。各行各业的会计系统对于资本成本的处理各不相同。此外，资本成本的测算工作需要高度专业化的知识，因为有些耐用品（如机器工具）的价格影响因素与其他设备（如计算机系统或飞机）完全不同。西古德森（Sigurdsen，1996a，1996b）曾经发表过一篇包括两部分内容的精彩论文，文中指出，资本成本会根据产出的数量发生变化，同时他还对两种资本成本的测算方法进行了对比研究。

表 7 - 1 一个房地产项目典型的月度预算（6 页中的 1 页）

	目前			
	实际（美元）	预算（美元）	差额（美元）	百分比（%）
公司——利润表				
收入				
8430 管理费用				
8491 合伙权摊销收入 ——财产管理	7 410.00	6 222.00	1 188.00	119.0
8492 合伙权摊销收入 ——并购所有权	0.00	3 750.00	- 3 750.00	0.0
8493 所有权摊销收入 ——恢复	0.00	0.00	0.00	0.0
8494 其他收入	0.00	0.00	0.00	0.0
8495 摊销收入 ——其他	0.00	0.00	0.00	0.0
总收入	7 410.00	9 972.00	- 2 562.00	74.3
运营成本				
薪金和工资福利				
8511 工资	29 425.75	34 583.00	- 5 157.25	85.0
8512 薪金所得税	1 789.88	3 458.00	- 1 668.12	51.8
8513 集团保险和医疗摊销	1 407.45	1 040.00	367.45	135.3
8515 工人报酬	43.04	43.00	0.04	100.0
8516 员工住房	0.00	0.00	0.00	0.0
8517 奖金	0.00	0.00	0.00	0.0
薪金和工资福利总额	32 666.12	39 124.00	- 6 457.88	83.5
旅行和娱乐费用				
8512 旅行	456.65	300.00	156.65	152.2
8522 促销、娱乐和礼品	69.52	500.00	- 430.48	13.9
8523 汽车	1 295.90	1 729.00	- 433.10	75.0
旅行和娱乐费用总额	1 822.07	2 529.00	- 706.93	72.0
专业费用				
8531 法律费用	419.00	50.00	369.00	838.0
8532 会计费用	289.00	0.00	289.00	0.0
8534 临时协助费用	234.58	200.00	34.58	117.3

表 7 – 2　根据任务和月份编制的项目预算　　　　　　　　　　　　　　单位：美元

任务	估计	月预算					
		1	2	3	4	5	6
a	2 000	1 300	700				
b	5 000		1 600	3 400			
c	7 000		1 300	4 500	1 200		
d	5 800		2 500	3 300			
e	4 000			2 300	1 000	700	
f	3 000				1 000	1 000	1 000
g	1 000					100	900
	27 800	1 300	6 100	13 500	3 200	1 800	1 900

实践中的项目管理　　　　　　　　　　　　**仁人家园赢得更多**

位于弗吉尼亚州斯特灵的劳登仁人家园（Loudoun Habitat for Humanity）已经准备好向劳登房地产信托委员会申请 87.6 万美元来帮助低收入家庭购买、建造、重开发 21 处房屋。

（1）这个县有一个 300 万美元的不动产基金，可以用于给中低收入家庭开发房产。

（2）87.6 万美元可以让劳登仁人家园向联邦刺激基金申请定向资助，可能加上私人捐献，会带来额外的 263 万美元，从而总额达到 350 万美元。

（3）在这个区域没有为低收入家庭建造房屋的竞争者。

（4）劳登仁人家园有很好的建筑经验、项目管理与财务专家在时间与预算内成功执行项目。

然而，劳登仁人家园还需要向委员会做一个成功的 2 小时展示，说明自己的资质与这个项目的诱人之处。尽管有频繁的电话沟通，随着联邦刺激基金申请日期的临近，劳登仁人家园没有收到来自委员会的回音。于是，劳登仁人家园采用了写信、电话以及其他一切方式来解释时间的紧迫性。最终，它收到了委员会的拒绝回复。显然，不止一位委员会成员更愿意把钱放向高密度的房屋出租。

然而，委员会的决定需要县监管局批准，劳登仁人家园需要再做一次展示，说明它提议的好处以及高密度租金提议的坏处。但再一次，它没有收到回音。随着时间的过去，它努力与 9 位监管人进行接触，获得与 3 位监管人见面的机会，其他的只能寄信。成功的机会很小，因为同意劳登仁人家园的提议就要推翻委员会的决定。监管局倾向于劳登仁人家园的方案，但只批准了 50 万美元的主要部分申请，但这刚好及时让劳登仁人家园赢得联邦刺激基金并让它能够推动计划的主要部分。

问题

1. 劳登仁人家园看起来采用了"缩小范围"的计划？

2. 劳登仁人家园看起来理解了县委员会的预算分配过程？

3. 伙伴关系概念（第 4 章）怎么应用在这个例子中？你认为为什么委员会对这个机会不感兴趣？

资料来源：S. F. Gale, "A Closer Look," PM Network, Vol. 24.

7.2　改善成本测算过程

项目成本测算的准备过程，需要多人之间密切合作。如果公司的业务特点要求定期向客户提交报价，那么该公司的员工就会逐渐被培养成为"专业"经验丰富的成本测算人员。专业预算师的主要职责就是降低成本估算的不确定性，以专家的眼光发现潜在的成本，以使公司的报价更趋合理。在这种情况下，项目经理就需要对将要从事的工作做出详细的描述，以使成本测算人员能够清楚地了解到应该收集哪些成本数据。通常的情况是，项目工作极为复杂，以至于项目经理如果没有职能部门专家的协助，根本无法对工作做出清晰的描述。

显然，即便有最专业的专家参与资源耗用情况的测算，计划工作也不可能做得非常精细。在管理与项目偶发事件相关联的风险因素时，通常可以使用两种截然不同的方法。比较简单而又得到广泛应用的方法是为紧急情况提供资金储备——通常占预计成本的 5% 或10%。至于数字为什么是 5 或 10 而不是 6 或 9，我们也不清楚。我们极力推荐另外一种方法，即预测人员选择"最可能、最乐观和最悲观"的测算数据。我们在第 2 章的案例中讨论利用模拟的方法折现现金流量时采用的就是这种方法。

我们现在转到测算直接成本[①]的问题上来。项目经理常常会发现下列做法非常有效，即在收集直接成本测算数据时，使用的表格不仅列出资源需求的数量，同时列出资源使用的时间，并注明该种资源是否可以得到（或是否在将来需要时可以得到）。图 7-3 就展示了这样的内容，其中还有一栏用来明确专职负责特定资源的联系人。这一表格可以用来比较项目中每一任务要素的各种资源需求，还可以用来将大量任务的信息汇总成为一张表格。

请注意，图 7-3 中没有包含间接费用的信息。公司中有哪些间接费用及其数额，不是项目经理能控制的事，它们往往还会给每一个人造成麻烦和困惑。间接费用的分摊从本质上讲具有一定的随意性，有时候承担了额外的间接费用之后，一些本来很诱人的项目就不再能够实现组织的经济目标了，这时，项目经理只能为这种间接费用的"不公平"分配而怨天尤人。

有时候公司会投资于那些扣除直接成本之后利润不菲的项目，实际上在计入所有成本之后，这些项目根本无利可图。之所以这样做有很多原因，比如：

（1）开发一项技术知识；

（2）保持本组织在特定领域占有一席之地；

（3）获取该项工作的某些部分或其提供的服务；

（4）为后续合约奠定良好的基础；

（5）改善自身的竞争地位；

（6）拓宽产品线或业务领域。

---

①　我们强调测算直接成本并对 WBS 中"直接测算成本"的资源非常关注，其原因是，我们认为项目经理应该只关注那些在某种程度上他能够控制的成本科目，这些成本科目当然不会考虑间接费用的问题。然而，项目经理可能会希望将一些不测算成本的资源加入 WBS 的资源栏目，只是为了"储备"这些资源以备不时之需。

<table>
<tr><td colspan="5" align="right">项目名称_____
日期_____
任务编码_____</td></tr>
<tr><td rowspan="2">资源</td><td rowspan="2">联系人</td><td colspan="2" align="center">所需资源/</td><td rowspan="2"></td></tr>
<tr><td>需要多少</td><td>何时需要</td><td>如果能够得到请打"√"</td></tr>
<tr><td>人员：
　经理人员
　主管
　专业人员和技术人员
　非技术人员
资金
原材料：
　机器
　设备
　工具
　能源
　空间
特殊服务：
　研究和测试
　打字和文书工作
　复印
其他</td><td></td><td></td><td></td><td></td></tr>
</table>

图 7 - 3　收集项目所需资源相关数据的表格

所有这些原因都促使公司投资这些项目。简言之，这些项目尽管可能无利可图，但为组织提供了未来的增长机会和未来的盈利性。这些理由是否有足够的说服力，取决于高层管理者的最终判断。

项目出价与项目邀标书

关于项目邀标书（request for proposals，RFP）的出价话题与 PMBOK 知识领域 9 的采购高度相关。很多类型的采购涉及项目邀标书的出价。因此，确保什么文档在评估项目时是需要的就很重要。我们已经讨论了成本、收益、风险、利润、时间以及其他一般的问题，我们现在则关注响应一个要求出价所需要记录的细节。评估所需的文档集合称为项目提案，不论是否简短（1 页或 2 页）或繁杂，无论以什么形式展示。有几个议题是公司在准备出价提案时必须面对的，特别是航天、建筑、国防与咨询行业的公司，议题如下：

（1）哪些项目应该出价？

（2）怎么组织提案准备过程，怎么配置人员？

（3）准备提案应该花费多少？

（4）出价怎么定？出价策略是什么？道德吗？

一般而言，这些决策将根据总估价做出，可能由一个得分模型做出。由公司人员向公司高层提出的内部提案并不经常需要进行广泛处理，对外部客户或代理（例如国防部）就不同了。对于国防部，一个提案必须精确地架构来满足官方项目邀标书或报价邀请函中的需求——更具体地说，是技术提案需求（technical proposal requirements，TPR）。

如何构建与准备发向政府或其他外部出资方的提案细节不在本书范围内。幸运的是，这个话题已经由克努特松（Knutson，1996a，1996b，1996c）进行了非常完善的处理，但需要注意的是，提案相关的风俗、实践、法规、法律等在不同的国家是不同的（Jergeas et al.，1997）。我们随后只针对一般方法进行讨论。

所有的出价提案需要从一个简短的总结说明开始（一个执行摘要），涵盖提案的基本意思与一般预期收益，并尽量少用技术语言。所有的提案都应该有一个"封面说明"，这部分是一个市场概要文档，值得好好阅读。除了执行摘要与封面说明，每个提案应该处理好以下四个话题：（1）技术问题的本质与如何解决；（2）如果接受，怎么执行项目；（3）后勤支持与行政管理的计划；（4）工作团队的描述，加上所需相似工作的经验。

一份提案的内容如何组织，精确的方法往往就在技术提案需求或提案要求里面，即潜在的出资方提出的需求，传统的模式是由组织发起提案或偶尔是作者。在绝大部分案例中，最可能接受的方案是提案满足了出资方的预期，包括形式与内容。有时，有一种倾向，认为对于非技术项目（通常说明项目不用考虑物理科学或产品）不需要描述问题如何解决或项目如何执行——包括细节，例如里程碑、阶段门、进度表与预算。随意地处理非技术项目是愚蠢的，且会导致对提案人是否有能力完成承诺的怀疑。（项目如果考虑艺术、音乐、戏剧、电脑软件以及其他非技术领域的发展，那么对于交付、截止日期、成本就变得很模糊。）另外，当提案是瞄准同一组织的其他部门时，提案的技术需求可能会被放松，但技术方式与执行计划还是需要的——即使是以非正式的方式。

1. 技术方式

提案是从对问题或所执行项目的整体描述开始的。如果问题很复杂，则记录问题或项目的主要子系统以及组织对每一个子系统的处理方法。提案给出了充足的细节，一个知识丰富的读者可以知道提案人如何执行。解决关键问题的一般方法会分条列明，如果有几个子系统，那么处理方法也应该涵盖这些。

除此之外，任何客户的特殊需求都应该与解决方法一起列出。所有用来确保绩效、质量、可靠性以及与要求说明相符的测试与检查流程都要标注。

2. 执行计划

项目的执行计划要包含时间、成本、使用原料的估计。每个项目主要子系统同样需要列出成本，这些成本加总等于整个项目的，整体成本也要以分类方式呈现。工作时间与使用原料数量也应显示（包括工资与单位原料价格）。设备成本要单独列出，还有运营费用与行政成本。

基于母组织的意愿与项目的需求，项目任务进度表（例如，时间图、网络图、甘特图）既需要有对每个子系统的也要有对整个项目的（见第 8 章中关于时间图、网络图与甘特图的内容）人员、设备、资源使用需要分阶段估计，从而确保不会突破资源限制。主要的里程碑需要用时间图指示，应急计划要特别标出。对于关键资源，需要有负载图，从而确保该资源在需要时可以使用。

3. 后勤支持与行政管理计划

提案需要包括一份提案人可以提供的项目所需常规设备、仪器以及所需技能的描述。除了提供详细的描述，特殊标记、会议室、速记员、大型文档复印、电脑图、文字处理、视频会议以及其他偶尔会需要的功能也要有。实际上，当这些需要时而不能用就很麻烦。

项目计划关注所有方面的细节会增加项目的成功率——让潜在出资方印象深刻。

提案中需要包括一个部分来解释项目是如何进行管理的，这很重要。特别令人感兴趣的是，解释如何管理承包商，包括如何确保并评估承包商的绩效。所有过程报告与时间，例如预算报告、审计、评估都要涵盖，以及最终需要准备给用户可交付成果的文档描述。终止过程也要描述，必须清楚地指明项目人员、材料与设备在项目终止后如何处置。

一个容易被忽视的关键议题是变更单怎么处理以及成本如何估计的合理详细描述，这应该在提案的行政管理部分出现。变更单是项目执行组织与客户产生摩擦（以及法律纠纷）的重要来源。客户无法理解一个简单的改变会对项目造成多大的混乱，更糟的是，申请项目的团队容易有一种倾向，就是误导潜在客户——在项目执行过程中做一些简单的小改变是很简单的事。变更单的控制将在第 11 章说明。

4. 过往经验

在提案中描述过往项目经验总是能加强提案的说服力，它包括了一系列关键项目人员的职称与资质。对于外部客户，每个过往经验的完整介绍应该附在提案之后。在准备这些以及提案的其他部分时，申请团队应该记住，这些文档的基本目的是让潜在出资方相信项目与团队是值得支持的，提案也应该有一致性。

5. 学习曲线①

如果进行成本测算的项目与很多其他项目类似，那么每一种成本科目的测算工作就会相当程序化。如果公司对项目所涉及的领域没有丝毫经验，成本测算工作就要困难得多，对直接人工成本进行测算尤其如此。例如，一个项目需要装配 25 台复杂的电气设备，该公司对于制造电气设备十分在行，但唯独没有接触过这种类型的设备，这种设备与它日常所装配的设备有很大的差别。

经验表明，该公司如果大量需要这种类型的设备，那么每一单位这种设备需要耗费 70 小时的直接人工。如果劳动力工资水平为每小时 12 美元，而且相关福利费用为工资的 28%，那么 25 台设备预计的劳动力成本就是：

$$1.28 \times 12 \times 25 \times 70 = 26\ 880(\text{美元})$$

实际上，这种做法会低估真实的劳动力成本，因为在生产过程的早期，完成每一单位的产出需要耗费更多的时间。研究表明，当不断重复同一项工作时，人员的工作绩效通常会得到提高。总体来讲，生产过程每重复一次，绩效水平就会按照一定的百分比提高。更具体地讲，产出每增加一倍，每单位产品所花费的工时数就会比上次的数值减少一定百分比，这一百分比就称为学习率（learning rate）。若某工人第一次完成某项工作需要花费 10 分钟的时间，第二次则只需要花费 8 分钟的时间，那么就称该名工人的学习率为 80%。如果产出量从 2 增加到 4，我们就可以预期第四件产品的生产时间将会是：

$$8 \times 0.8 = 6.4(\text{分钟})$$

类似地，第八件产品的生产时间是：

$$6.4 \times 0.8 = 5.12(\text{分钟})$$

依次类推，生产一单位产出所需要的时间遵循以下著名的公式：

$$T_n = T_1 n^r$$

式中，T_n——第 n 单位的产出所需要耗费的时间；

---

① 本部分内容可以跳过，不影响全书的连贯性。

T_1——第一个单位的产出所需要耗费的时间；

n——产出的数量；

r——ln（小数形式的学习率）/ln2。

生产全部 N 件产出需要的总时间为：

$$总时间 = T_1 \sum_{n=1}^{N} n^r$$

表格广泛应用于计算学习曲线的单位值和总值，还应用于计算改良后的比率，即对学习率进行计算。

在上面提到的电气设备的例子中，假设在装配完成 20 台设备之后就不再有任何显著的改进了（比如，装配时间稳定地维持在 70 小时的水平上）。进一步假设，以往的研究表明，这家工厂的装配工通常的学习率大约是 85% 。我们据此就可以估算出第一台设备所需要的时间，其中 $T_n = 70$ 小时，$n = 20$ ，那么

$r = \ln 0.85 / \ln 2$

$\quad = -0.162\ 6 / 0.693$

$\quad = -0.235$

且　　　$70 = T_1 (20)^r$

$\quad\quad T_1 = 141.3（小时）$

现在我们知道了装配第一台设备所需耗费的时间。我们创建了一个电子表格来用第 1 个单位所需时间计算第 n 个单位所需时间以及从 1 到 n 的累计时间，如表 7-3 所示，可以计算出装配 20 台设备所需要花费的总时间为 1 752.44 小时。

表 7-3　使用电子表格计算单位与累计时间

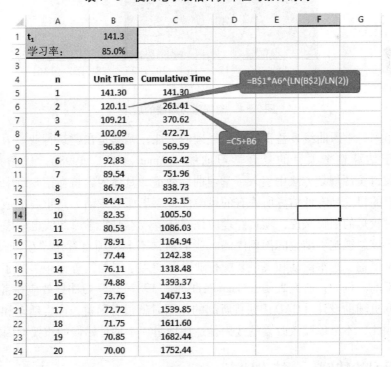

最后 5 台设备都按照每台 70 小时的稳定水平生产。因此总装配时间为：

$$1\ 752.44 + 5 \times 70 = 2\ 102.44(\text{小时})$$

我们现在可以重新计算一下直接人工成本：

$$2\ 102.44 \times 12 \times 1.28 = 32\ 293.48(\text{美元})$$

我们第一次忽略学习曲线效应的估算结果将成本低估了 $32\ 293.48 - 26\ 880 = 5\ 413.48$（美元），或者说，低估了约 17%。图 7-4 显示了这种错误的根源。

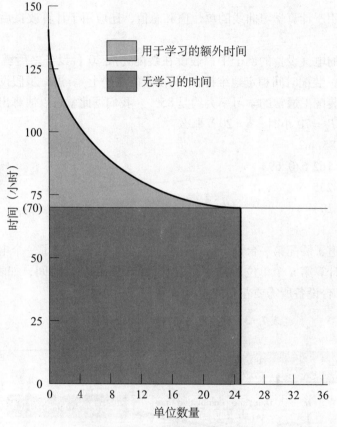

图 7-4 忽视学习曲线的后果

最近几年来，学习曲线日益受到项目经理的关注，尤其是在建筑行业。人们开发出了很多方法用于估算整个项目的复合学习曲线（Amor et al.，1998）。巴蒂卢（Badiru，1995）在其关键资源规划方法中引入了学习曲线效应，具体内容将在第 8 章中讨论。

鉴于我们的目的是降低估算所固有的风险性，对于那些劳动力是重要的成本因素而且生产周期相对较短的项目来说，项目经理应该在估算成本时将学习曲线也考虑进来。

我们不应该忽视这一结论的深刻内涵。我们通常不会将项目看作"生产过程"，但它确实是。建筑工程、选举活动和飞机装配行业已经使用学习曲线理论很多年了，其他一些行业还裹足不前。例如，研究表明（Gagnon et al.，1987），学习曲线效应在考察工程顾问人员对于计算机辅助设计（CAD）项目所起的作用时就很有助益，广告活动和慈善活动的设计也同样如此，不考虑绩效改善的效果是造成项目成本估计错误的重要原因之一。

一个有关学习的特例——技术休克

如果公司对于考虑中的项目类型不太熟悉，关于绩效测量方面的指标（比如安装时间、达到 80% 效率的时间、安装成本等）就常常会被低估。一个有趣的现象是，为了节约成本使用一项新技术却立刻导致成本上升。有时候，我们将成本增加归咎于人们对变革的抵制，但是一种更为理智的解释是：当改变某个系统时，会打乱它的规律，造成它产生无法预测的结果。一位炼钢工人向我们回忆当初推行电解法炼制马口铁的全新技术的过程，他说："我们发明并使用了全世界第一种电解炼制废钢材的方法。我们花费了一年的时间，才使生产线按照设计要求正常运转起来。"当然，如果组织具有丰富的经验，成本指标被低估就不太可能成为一个严重的问题。Reliance 电气公司承担了几个工期为 18 个月的工厂建设项目，但它在决定以后才发现，实际上要想让工厂实现 3/4 以上的生产能力需要花费 36 个月的时间（请注意这里面潜在的道德问题）。在可能的情况下，在预测未来项目绩效时应该充分借鉴以往有关系统运行的知识。

其他因素

有关资料显示，有 3/5 ~ 5/6 的项目无法实现其时间、成本或自身的特定目标（Frame，1998）。项目管理协会各类杂志上的文章反复显示，信息技术项目的记录最差。问题可能是老板所设定的目标过于武断而且不切实际；可能所有的项目都会遇到范围扩大的问题（尽管范围的变化并不一定意味着成本超支）（Christensen et al.，1998）；项目经理可能会为了对项目选择工作施加影响而选择过于乐观的测算数字；或者项目经理不具备正确进行成本估算的能力。例如有至少 45 种测算模型可以用于信息技术项目，但是几乎所有信息技术项目的经理人员都对这些方法置之不理。由于有太多的不确定性，一些 IT 工人断然拒绝对 IT 项目进行时间和成本的估计，我们怀疑他们是尽可能逃避责任。可能所有这些因素甚至还包括其他一些因素，共同造成了这种不光彩的记录。可能采用敏捷项目管理（在前面章节中已经讨论过）会减小失败率。

尽管在成本测算工作中可能会造成错误的因素不计其数，但是有些问题出现的频率非常高，资源价格的变化是其中之一。解决这一问题最为常用的方法是按照某种固定的百分比增加所有的成本测算数值。一种更为有效的方法是，对每一种占项目成本比重较大的投入品都清楚地加以确定，并分别做出其价格变化方向和幅度的预测。

要确定哪些投入占项目成本比重较大并不困难，尽管有些时候这种做法有些武断。例如，假设我们为一家小事务所建店面的项目所做的初步粗略成本估计值为 100 万美元，花费时间为 3 年，每年耗用数额基本相同（未来价格无变化）。如果我们认为人工方面的成本占总数的 60%，也是在 3 年时间内均匀支出，那么工资/薪金大约就是 600 000 美元，将其分为三等份，每年的支出就为 200 000 美元。如果我们估计工资/薪金增长率为每年 6%，那么第二年的人员成本就会增加到 212 000 美元（增加了 12 000 美元），第三年则为 224 720 美元（进一步增加了 12 720 美元）。如果不考虑工资/薪金上涨，将导致低估项目费用 36 720 美元，错误率约为预计人工成本的 4%，约为项目总预算的 2.5%。

如果要对测算值做出进一步改善，还需要考虑下列因素，即不同投入品的价格常常按照不同的比率变化。查阅一下美国劳工统计局（Bureau of Labor Statistics，BLS）的工资和价格指数（其中包含了大量商品价格指数和工资率）就会发现，即便是在价格平稳的时期，在很多东西的价格上涨的同时，另外一些东西的价格却在下降，还有一些东西的价格则维持不变。项目经理肯定会希望对不同类别的劳动或商品都能使用特定的价格上涨指数/价格下跌指数。尽管大部分项目经理都只关心价格上涨的情况，但是任何行业在提交有竞争性的项目报价时，都必须牢记：不了解价格下降的信息会导致成本高估的情况，使得所报价格不具有竞争力。

其他一些在项目成本预算中应该考虑的因素包括为浪费和破损而保留的储备金。盖房子时，没有任何一位心智正常的建筑商会订购"刚好够用"的木料。项目中的专业人员也会发生流失和替换的情况，这会造成人力成本大幅度的增加。新来的人员不仅需要一个学习的阶段——正如我们已经看到的那样，这种情况会对产量形成消极的影响——而且这些专业人员的起始工资也会比正常的年度工资增长率要高，因此，将同样水平的新员工安排到离开项目的老员工的位置上可能会耗费相当多的成本。

我们提到过，项目经理都倾向于将项目成本描述得很低，使之对高层管理人员更有吸引力，低层次的项目工人喜欢高估成本，以保护自身的利益。如果针对一个外部组织的项目邀标书开始计划相应的项目，那么成本高估和低估都会对最终能否赢得客户的合同产生严重的影响——即便是赢得了合同，也会严重地影响利润水平。

在根据项目邀标书测算成本并提交报价的过程中，还会产生严重的道德问题。如果工作按照成本加成法计酬（或者即便是在固定费用的项目中，会允许为了特殊情况而增加费用），有些报价者会采取"牺牲"的方式（提交低估的成本数据）签订合同。按照这种做法，他们中标后工作正式开展期间，将把握机会提高成本或请求根据特殊情况增加费用。有时候，客户会向那些关系密切的报价者泄露本该保密的报价信息，这样那些关系单位就可以提交一个必然会中标的报价，稍后这两者之间会就增加部分成本达成口头协议。在成本测算和报价的过程中，有很多滋生不道德行为的机会。此外，各行各业在测算和报价方面的实践做法也有很大的差别。

最后，当然还会有走霉运的时候。有时会出于不可预计的原因而造成工作的拖延。像铁路道钉那样可靠的设备也可能突然坏了，那些从来没有失败过的会意外失败，每一个项目都需要一种"应急储备金"。

有些学者和教授将成本测算的基础分为四项：经验、数量（统计）方法、限制条件和工作表。他们详细讨论每一项的优缺点，进而确定其中的这项或那项可以产生的最佳效果。我们强烈地感觉到，所有这四项都非常有用，在进行成本测算时，不能将任何一种方法孤立地看作最佳手段，也不能将任何方法拒之门外。最好的测算人员会采取一种折中的方法，并像人们所说的那样"唯才是用"。明智的项目经理会将所有预测得到的因素都考虑到项目预算中去。那些无法预测的因素则需要依据经验进行相应的准备。还有两个因素与成本测算和进度计划工作紧密相关，它们在生产无形产品（如软件程序）的项目里尤为普遍。这两个因素在布鲁克斯（Brooks，1975）的著作——《人月神话》（*The Mythical Man-Month*）中有经典的论述，对读者也非常有教益。

我们先来看看第一个因素。大部分项目都会涉及一种我们无法控制的有形中介体——木材会开裂、油漆会浑浊，于是将自己当初"完美"的想法的失败归咎于这些物理因素。当我们的工作所涉及的是没有实物要素的知识媒介（比如计算机代码）时，容易产生极为乐观的情绪，并愚蠢地认为所有事情都会一帆风顺。然而，项目由一系列要素构成，每一个要素都有着少许失败的可能性，项目的成功必须建立在各个要素都取得成功的基础上，在这种情况下，该项目获得总体成功的可能性实际上是极小的。例如，让我们考虑一个由 1 000 个代码组成的计算机程序，每一种代码的可靠性都达到了 99.9%，但该项目成功的概率实际上只有 36%！

第二个因素被布鲁克斯称作"人月神话"，其含义是，我们总是倾向于认为工人和时间是可以互换的。这样，一旦发生工作进度拖延的现象，传统的反应就是增加劳动力，但这种做法是饮鸩止渴。那种认为工人和时间是可以相互替代的观点只有在特定的情况下才是正确的，即任务可以被分隔开来，工人之间不需要进行沟通。然而，大多数项目（尤其是计算机编程项目）是与上述特点背道而驰的，增加更多的工人意味着需要更多的时间来培训他们，还需要在他们之间建立更为复杂的沟通网络。因此，3 个工人之间的沟通时间是 2 个人的 3 倍，4 个人之间的沟通时间则是 2 个人的 6 倍，依次类推。这一结果总结起来就是布鲁克斯法则：为一个延迟的软件项目增加人员会使该项目拖延的时间更长。

实践中的项目管理　　　　　　　　　　**Emanon 飞机制造公司**

Emanon 飞机制造公司是一家主要生产飞机零部件的制造商，专营飞机着陆的传动部件和装置。该公司坐落于美国中西部一个高度工业化的州内。该地区正在经受着高于全国平均水平的失业率，其部分原因是 Emanon 公司的业务面临着下滑的趋势。在过去的 3 年中，它失去了很多着陆传动部件的订单，它总是被国内其他地区的厂家以更有竞争力的报价击败。该公司的高层管理者研究了这个问题，但没能就采取何种行动达成一致，于是他们就从附近的一所大学聘请了一个咨询团队来研究当前的形势并提出解决方案。

飞机制造领域的业务与其他专业制造复杂机械的行业没有什么显著的不同。飞机制造商通常都采用装配的运营方式，它们将下属公司或分包商生产的部件和装置组装起来，那些分包商则专门生产某些特定的组件，例如着陆传动装置、飞行电子设备、乘客座椅、加温和空调设施等。一旦收到一定数量某种型号飞机的订单，制造商（初级合同商）就向那些合适的分包商订购相应数量的某种部件或组件。对于这些部件或组件的所有相关要求都列示在了报价要约之中。那些希望参与该项目的次级分包商可以提交相应的报价单，其中包括对竞标组件、价格信息、交货日期和其他相关销售条款的完整说明。

该所大学的咨询团队对 Emanon 公司的着陆传动装置生产工作进行了三个方面的研究：制造过程、成本结构、着陆传动装置合同的报价行为和利润结构。

首先，他们认为，Emanon 公司的制造过程比较合理，而且与其竞争对手没有什么显著的差别。其次，他们发现所有的竞争者在制定价格时使用的几乎都是同一水平的加价幅度。在检查成本结构时，他们注意到在过去 3 年中该公司一直错误地估计了原材料的成本差异，也就是说，该公司在着陆传动装置的制造过程中实际使用的原材料数量其实比计划的数量要少大约 10%。该团队对这一发现不太敢肯定，因为在过去的 3 年中，该公司只赢得了少数着陆传动装置的制造合同。

最后，他们对原材料的估算和采购工作进行了调查。结果发现了下列事实：3 年半以前，Emanon 公司曾经延迟交付了一笔着陆传动装置，公司为此付出了大笔罚金，并且极为担心将来会失去这个主要客户的业务。该次延迟交付是由于 Emanon 公司为制造着陆传动支架而订购的特种合金钢数量不足，又无法及时在市场上买到。钢铁公司生产这种产品需要90天以上的提前期，Emanon 公司只能延迟交付了。

结果，负责该合同的采购部领导被降职。新上任的采购部领导解决这个问题的方法直截了当，一刀切地将原材料的估计值提高了10%。原材料的成本大约占着陆传动装置总成本的1/2，结果造成公司的报价比正常的竞争水平高了大约5%。

问题

1. 怎么通过提高原材料成本估值来解决采购的延迟问题的？
2. Emanon 公司有什么可用的方法，除了对采购经理降职外？
3. Emanon 公司现在应该做什么？

资料来源：S. J. Mantel, Jr. Consulting project.

7.3　项目风险管理

在过去几年中，人们对风险管理的兴趣大增，根据布罗克斯（2012b）所述，约71%的组织现在在实践风险管理。马塞利诺-萨达瓦等（Marcelino-Sadaba et al.，2014）设计和测试了一个针对中小企业简单但周密的项目风险管理方法/指南，并考虑了许多项目类型，包括制造业与服务业。他们发现使用指南，大约需要整个项目时间的3.77%，需要大约一个人每周40小时工作一年（或者2个人6个月，4个人3个月，等等）。同样，他们发现这个百分比会随着大型项目减少，因为无论项目规模大小，建立指南差不多要消耗同样的时间。另外，指南很容易理解，容易被经验丰富的经理使用，即使他们在项目管理上没有经验。经理们面对的最困难任务就是对项目成功的测度，包括非金融方面，例如客户满意度、满足需求与目标、项目价值。遇到的主要问题是应用于项目的转包任务；第二重要的问题是与外部利益相关者沟通，并找到正确的项目目标定义。

尽管有很多流程可以用于控制风险，人力因素依然是风险管理中的主要因素。正如PMBOK描述的，组织或个人利益相关者的风险态度可以被他们的风险偏好（他们愿意假设什么等级的风险）、容忍度（可以承受的风险）以及阈值（为了获得特定优势所愿冒的风险）影响。同样，他们的风险态度也可以被他们的认知、偏见、容忍度影响。

卡普兰等（Kaplan et al.，2012）指出，个人的很多特质会影响他们的风险态度，例如高估他们影响偶然事件的能力以及对自己的预测过度自信。组织近期面临的一个危险是倾向于通过划分风险来处理风险并进行标签化，从而将风险视为已经处理过了。关于风险的另一个组织问题是无法将战略职能从处理风险的职能中分离出来——这两个领域需要几乎相反的处理方式，并且不能由同一批人解决。风险管理经常会落入"入乡随俗"的陷阱，无法看到那些新行为的风险。

布罗克斯（2012b）指出，关于风险的沟通根据利益相关者的认识来进行，每个人对项目风险有非常不同的考虑。特别地，高级经理会需要一个对风险议题的总结，例如严重性、概率以及如何平衡。另外，最好通过常规团队会议告知团队成员，并让他们知道风险会如何影响工作、优先级如何决定以及风险如何缓和。业务经理对整体蓝图更感兴趣以及项目是否会按时按预算完成，即对客户关系的潜在影响。如果多种议题存在，最好的方式是根据共性将它们分组，例如根据根本原因、后果影响或缓和方法。最终，必须精妙地对待外部利益相关者，根据他们对项目的兴趣进行分组。最好避免术语，并给出全部详细的解释以及强调感兴趣项目为他们带来的利益。一些关于项目风险与处理方法的书籍，参见林森等（Hillson et al.，2012）、乔丹（Jordan，2013）、罗耶（Royer，2000）、萨尔基德（Salkeid，2013）以及沃德等（Ward et al.，2012）的书籍。

这部分将涵盖 PMBOK 知识领域 8——关于项目风险管理部分。项目管理协会 2013 年出版的第 5 版《PMBOK 指南》（*A Guide to the Project Management Body of Knowledge*，*PMBOK Guide*）中定义"项目风险[①]管理包括风险管理规划、识别、分析和应对项目风险的系统过程"，正如我们随后所见，其他子过程需要附加上。

（1）风险管理规划——决定如何进行规划和实施项目风险管理活动。

（2）风险识别——判断哪些风险会影响项目并以书面形式记录其特点。

（3）定性风险分析——对风险概率和影响进行评估和汇总，进而对风险进行排序，以便随后进一步分析和行动。

（4）定量风险分析——就识别的风险对项目总体目标的影响进行定量分析。

（5）风险应对规划——针对项目目标制定提高机会、降低风险的方案，并付诸行动。

（6）风险监控与控制——在整个项目生命周期中，跟踪已识别的风险、监测残余风险、识别新风险和实施风险应对计划，并对其有效性进行评估。

基于 PMBOK 关于风险识别的讨论内容，在这里我们还特意增加了第七个子过程。

（7）风险管理数据库——对风险识别、减缓或解决风险问题的方法、风险管理活动落实结果所作的记录。

我们将依次处理每个子过程，包括合适的有效工具与技术。

1. 风险管理规划

在项目生命周期中，任何时候开始管理风险都不算太晚。想要做出一个项目选择的明智决策，不可能没有项目风险的知识，因此，风险管理计划与初始风险识别必须在项目正式选择之前进行。风险管理团队必须在潜在项目明确时就开始工作。盖尔（2011）回顾了一些从一系列不同公司经历的灾难得到的战略性教训，其中之一是加强在项目组合层面而不是在项目层面的所有项目的风险管理，就像保险公司那样做。这会减少每个项目的成本，通过把风险成本合并到项目出价中，帮企业节省很多不太可能发生事件的成本。另一个教训是一些在项目层面的低成本应急计划是极其有价值的，而不是当这些事件确实发生了，然后砸钱解决问题。

起初，项目风险定义得很宽泛——主要集中于外部性上，例如对项目重要领域的技术说明、相关行业的商业条件，等等。通常响应外部风险，就是追踪相关环境并估计项目可能在不同条件下存活的概率。直到项目处于计划阶段，像项目技术、进度、预算与资源分配这类的风险才开始得到关注。

卡普兰等（2012）认为，管理风险要看面对的是三种风险中的哪一种。其一，在组织内部有许多可防范的风险，通过防范活动来控制，例如使命或价值观、组织文化与行为准则规定的严格边界、资深角色的示范、强大的内控系统以及审计职能。盖尔（2011）又指

[①] 读者要记住"风险"一词有两种含义，这一点很重要。一个与事件发生的概率有关，另一个与危险或威胁有关。这个词的正确含义取决于所处的语境。

出了一个教训，高管需要在组织中创建一种安全文化，在灾难事件中的损失需要更加重视。在安全方面的投资会帮助公司在长期中节省很多钱———项有回报的投资。

其二，组织在指导有回报或可行的活动中冒的战略风险。这类风险可以通过一个风险管理系统来减少或控制，通过一个独立的质疑管理方式的外部专家、嵌入式的内部专家，或一个收集信息、评估与排序风险的风险管理团队来管理风险。

其三，外部风险——经济、法律、自然、政治、竞争，这些不受组织控制或影响的方面。这里需要一个可以识别这些风险并找到方法来避免影响的风险管理系统。除了应对战略风险的方法，其他技术包括压力测试、前景计划、军事演习。盖尔（2011）指出的最后教训是，培养出在公众灾难中正确响应的高层经理是非常重要的，而不是只有一些临时的反馈，例如在英国石油公司漏油事件发生时，首席执行官托尼·海沃德（Tony Hayward）一边说着"我宁愿我的生命重回之前"，一边开始了游艇比赛。

由于风险管理经常涉及项目经理未经过训练的领域，一些组织让风险专家加入项目管理办公室，这些专家也负责项目风险管理活动。在一个大型项目中，风险管理取得了巨大的成功，参见克里斯坦森等（Christensen et al. 2001）描述的一个在丹麦大桥建设项目中的风险管理故事。

沃德（1999）描述了一种执行 PMBOK 中六种子过程的直接方法，包括一份书面风险管理报告，而不是风险管理数据库。在典型组织的风险管理执行过程中，两个主要问题是：（1）风险识别活动通常会不考虑项目外部环境所涉及的风险；（2）人们总是关注负面影响而忽视了风险带来的正面影响。

实践中的项目管理　　　　　　　**澳大利亚的风险分析与预算/进度要求**

澳大利亚悉尼的 M5 东隧道是在严格的预算和进度要求下建造的，但是考虑到现在阻碍通勤者的大量交通延误状况，当时的要求可能过低了。成本低廉且故障率高的计算机系统导致隧道的安全摄像头经常出现故障，无法对事故、火灾或隧道内的过度污染做出反应，因此操作员需要关闭隧道。这条隧道建成后每天能应对 7 万辆车通行，但现在要应对 10 万辆车通行，因此任何故障都会立即导致交通堵塞。管理风险分析，包括过度使用的风险，可能已经预见到这些问题，并且要求一旦计算出故障成本，就使用一套更可靠的计算机系统。

问题

1. 项目完成后，你认为是成功了还是失败了？为什么？

2. 哪些风险管理子流程可能已经识别出使用廉价计算机系统的危险？

3. 在这种情况下，哪种类型的风险分析方法最合适？

4. 项目管理如何防范短期成功而长期失败的危险？

资料来源：Project Management Institute. "Polluted Progress," PM Network, Vol. 19.

---

2. 风险识别

一个项目面对的风险取决于项目的技术本质以及项目所处的许多环境因素（例如经济、文化等）。事实上，风险管理的方式是取决于一种或多种环境因素怎么影响项目的。企业文化就是一种环境因素，例如受到公司强烈的"削减成本"理念的影响，风险经理们识别项目风险时很可能关注项目成本因素，比如人员、资源分配等（注意，这种文化也会延续到风险管理过程——执行六个或七个子过程——而不仅仅是识别风险中）。

当仔细翻阅过风险管理的文章后（Champion，2009；Taleb，2009），对于绝大多数项目需要考虑的环境因素就非常清楚了。通常只会考虑项目的内部环境，例如技术、人际风险，偶尔考虑到项目的负面市场风险。关于 IT 与软件项目风险的文章极少会超越这些问题——蒋等人（Jiang et al.，2001）的文章就是一个例子。这是一个产生无数 IT 项目风险测量方法的模型。IT 以及项目设置的特殊用户已经考虑了，但竞争者、IT 市场、用户行业、法律环境以及其他几种相关环境因素则被忽视了。

在第 2 章中，我们描述了使用德尔菲法来寻找权重数值以及在选择项目投资中重要因素的标准得分。德尔菲法也可用于风险分析模型中识别项目风险与机会。事实上，最初的应用之一就是预测一些特定技术能力可用的时间段。在团队必须得出一个关于某项技术风险重要性、现金流量估计、一些经济变量预测、相似不确定的未来条件或事件等问题的一致结论时，德尔菲法被广泛使用。其他方法有头脑风暴法、"提名小组"技术、清单、属性列举法以及类似的创新思想产生方法（见本书网站的描述）。

因果（鱼骨）图（见图 7-5）、流程图、影响图、SWOT 分析以及其他运营管理技术（Meredith et al.，2013）可能对识别风险因素也有帮助。因果图的灵活性让它在很多情境中都是有用的工具。例如，项目失败的结果在鱼骨的右侧，导致失败的主要因素——疲弱的经济、绩效差、原料价格高企、竞争产品等——加在茎叶上。相似地，我们也可以把失败因素"绩效差"作为右侧的结果，并列出导致绩效差的因素：薄弱的工程技术、原料差等。同样地，我们可能会将项目取得巨大的成功视为一种"风险"，远比我们预期中好，产生这样的结果的因素有：打败了市场上的竞争产品、繁荣的经济、出乎意料的低价以及其他正面原因。

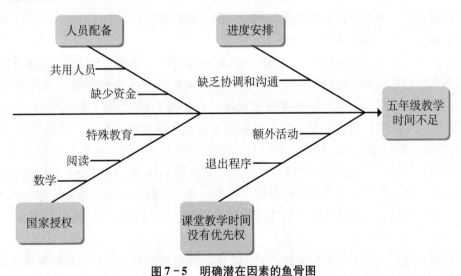

图 7-5　明确潜在因素的鱼骨图

另一个识别风险的方法是随着项目开始、进行到结束，观察早期预警系统（early warning signs）。威廉斯等（Williams et al.，2012）做了一个早期预警系统的研究，发现项目经理并不擅长检测或按照早期预警系统行动，原因很多：乐观主义倾向、过度相信更多经验的经理、人际影响、组织思维、政治压力、组织文化、问题搜索的有限时间，等等。这些都是真实的，特别是当项目很复杂、有高度不确定性、项目被认为很独特时，甚至当一个阶段门非常明确地说明应该审查什么时，在这些情况中，需要更多的洞察力或直觉来识别风险。更好的沟通、知识、经验在这些情况中也有帮助。在任一事件中，风险识别的风险评估流程要比测量重要得多。

威廉斯等还发现，早期预警系统会随着项目过程而变化，且最普通的早期预警系统能够识别三个项目阶段的风险。第一阶段是在项目建立期间，这些基础的早期预警系统还没有明确的目标、诸多的假设以及不知道项目工作怎么才能达到项目目标与预期收益。在早期阶段，早期预警系统还与项目的利益相关者相关联，且不清楚谁负责什么、团队过分信赖外部咨询，对于问题与批评只有模糊的答案。随后，在执行阶段，早期预警系统则缺乏文档、人员调动频繁、持续无法完成的承诺、人们过度工作或草率行事，频繁地改变决定，并有过多的承包商要求，以及需要放宽时限。对于整个项目，早期预警系统有两种：测量/评估、直觉。前者的早期预警系统包括缺失数据或信息、未完成或缺失的文档、延迟/不清楚的报告以及缺少里程碑。后者的早期预警系统则通常是糟糕的沟通、紧张的气氛、缺乏信任、谈判，且在议题中不断改变立场。

3. 定性风险分析

定性风险分析的目的是对前一步确定的风险进行优先级排序，从而可以更关注最重要的那些风险。定性分析过程的实质是让分析更灵活、有用且快速应用，此外，也可用于外部风险与机会分析。风险发生可能性的客观（或是主观）估计是必须的，可以从一组风险领域专家所利用的德尔菲法处获得。概率估计不需要特别精确，可以使用1~5分的量表，或者简单的低、中、高来区分。

风险或机会的影响也同样需要分析，应该考虑项目的所有重要目标，包括成本、时间、范围、辅助目标。为了获得对影响的整体测量，每个目标都应该根据重要性进行仔细评估或设置权重。对每个目标的风险影响可以通过类似第2章中的得分模型获得，用1~5分的数字或低、中、高来区分。

一旦概率与影响层级确定，一个风险矩阵就可以构建（见图7-6）。这里我们只展示最简单的九宫格的版本，对应低、中、高的分类。如果是1~5分的测量，就会有25格需要考虑。如果是100分，就可以再细分单元格。正如图7-6所示，我们可以用"关键"来标注那些一个维度是高值而另一个维度是中或高值，在这种情况中，就是高概率-中影响、双高或中概率-高影响。其他单元格可以用同样的方式分类，这里我们只用三种对称的方式分类："关键""监控""忽略"。然而，对于某些风险，可以用4种或仅2种分类更合适，单元格也可能针对每个风险分不同的类。相反，如果风险矩阵单元格分类看起来对所有风险都合适，那么矩阵就可以用于展示所有风险的分布，正如我们在图7-6中在相应单元格中所列的5种风险（举例）。

同样的方法还可以用于机会分析，只是考虑正面影响的概率。在这种情况中，矩阵展示哪些机会是最需要关注且试图获得的，哪些是可以忽略的。对关键风险与关键机会的反应将在第5步中讨论。

斯特菲等（Steffey et al. , 2011）使用的另一种方法特别适合国际项目。他们做了4种风险分类，并在每个分类中做了测量维度/因素分组。其一是文化，包括信任程度、经济（利率、通货膨胀、汇率等）、宗教、使用的语言。其二是政治，包括政局动荡程度、法律、税收、工会、与政府的联系以及环境保护主义者。其三是区域，包括气候/天气、犯罪率、房产、安全、基础设施、劳动力以及地理。其四是虚拟，由涉及国家数量、时区跨度、通信、技术、管理经验以及组织构架组成。随后，将每个项目的因素都按 1～7 分分别打分，并把结果绘制到一张雷达图（蛛网图/饼图）上，每个分类为圆的一个象限，而且每个重要的因素都在分类中列出。把图中的得分连线后，就会得到一张星状图，并与其他项目的星状图进行比较，可以看出哪些分类与因素比较有风险。

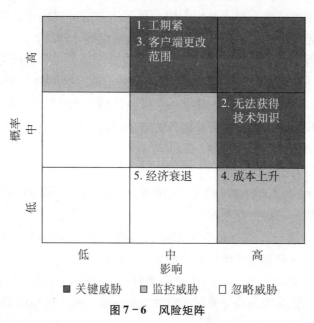

图 7-6　风险矩阵

4. 定量风险分析

定量风险分析一般会在定性风险分析确定项目面临的关键风险（有时可能是"监控"）之后进行，它更精确（使用更多精确的定量数据），通常有数据可用时也更准确。它通常使用三种技术：（1）失效模式与效应分析（FMEA），是基于风险矩阵更严格的过程，包含过程中的附加因素；（2）使用预期货币价值的决策树分析；（3）模拟计算。这些会在后续内容中具体讨论。

5. 风险应对规划

有 4 种标准方法来处理风险威胁，同样有 4 种方法增加风险机会。对于威胁，4 种方法是：避免、转移、减缓、接受。对于机会，4 种方法是：开发、分享、增加、接受。我们先从威胁应对开始。

（1）避免：这里的想法是完全清除威胁。这可能通过利用备用资源或追加资源以某种成本来完成。如果威胁是客户范围蔓延，那么通过增加合同的范围变更流程可以预先避免威胁。如果威胁是成本超支，那么通过预先与客户达成缩小范围的方式可以避免威胁。如果威胁是进度延迟，那么进度延迟的应急计划需要写入合同中。极端的解决方案当然是如果项目威胁太大，比如破产，就取消项目。

（2）转移：虽然这种方法不能消除威胁，但确实让项目承包商从威胁的危机中解脱。应对货币风险的经典方法是保险，但其他方法也同样可用，如担保、绑定、成本加成的合同化，等等。对于非货币威胁，例如绩效或进度，一种方法是让客户与其他供应商签订项目有威胁部分的合同（不是分包），当然责任也转嫁给了其他承包商。事实上，最安全的方法是让客户自己完成项目的这些部分。

（3）减缓：这只是减轻了威胁，既可以通过减小发生的概率，也可以通过减轻发生后的影响来实现。减小发生概率的方法是，通过研究或测试来提高我们对威胁因素发生概率的理解，从而付出努力（金钱）来减小进一步发生的概率。这些努力涉及使用更好的原料、采用更可靠的消息来源、简化流程、将任务时间转移到更可靠的时段等，通常这种方法需要一些投资或增加成本。对于减少影响，类似的方法可以使用，例如提供后备资源、授权并行工作、让系统中存在冗余以及其他，通常它们都比较昂贵。

（4）接受：接受风险，既可能因为没有其他应对方法，也可能因为相对于风险威胁，应对方法太昂贵了。这可能针对非关键威胁是比较合适的，例如风险矩阵中的"忽略"类型。对于关键威胁，项目承包商应该建立一个应急计划，当威胁发生时，每个人知道应该采取什么行动来处理威胁。这可能需要额外的资金或人力，但启用计划的条件要预先设定好，就不会对是否启用计划出现迷糊。

我们现在考虑针对机会的方法。

（1）开发：目标是尝试增加机会发生的概率。可以由更高质量的资源来实现，比如设备、原料或人员技能，同样会有费用。

（2）分享：这涉及与另一个或多个团体的合作，可以更好地获取机会或至少减少探索成本。合资公司、风险分担合作伙伴是这种方法的好例子。

（3）增加：与"减缓"相似，这涉及增加机会发生的概率或者影响。同样地，通常需要额外资源，例如提高资源质量或增加资源数量来增加机会发生的概率或影响，或者两者同时增加。

（4）接受：项目企业准备利用机会（一个应急计划），而且愿意通过投资资源来增加机会发生的概率或影响。

6. 风险监控与控制

鲍尔斯（Bowles，2011）提出了4种组织可以追踪的风险导向测量方法：（1）多久进行一次风险评估/更新；（2）多久进行一次风险评估审查；（3）多少风险最初评为低级而后改为高级；（4）实际发生的风险中，有多大比例是提前明确了的。PMBOK列出了风险重新评估作为风险管理的主要控制工具，还列出了审查、记录各种风险应对措施的有效性以及一般风险管理流程的风险审计。监控的话题会在第10章中详细描述，控制则在第11章详细阐述。

7. 风险管理数据库

如果风险管理系统没有记录，风险确认的任务就可怕了。当然，系统可以有记录——至少系统中的人可以记住。然而，依靠个人的回忆，本身就有点冒险。为了避免这种风险，风险管理系统应该维持一个最新的风险管理数据库，应该包含且不限于以下内容：

（1）明确所有可能影响项目的环境因素。

（2）明确所有初步项目设计中的假设均可能是项目的风险源。

（3）一张由风险管理团队明确的所有风险清单，并附有对项目的影响估计以及发生概率的估计。

（4）一张用于分类风险、假设以及环境因素的"类目"与"关键词"的完整清单，从而所有风险管理团队可以了解风险管理的过去工作。

（5）基于风险做出的定性和定量估计的详细结果，且附有项目环境状态或项目假设，以及做出这些估计的方法的简单描述。

（6）所有团队会议的记录，包含所有团队开发出来用于处理或减缓特定风险的行动以及忽略某种风险的决定。

（7）确定的风险的实际结果，以及如果一个风险发生了，那么记录减缓或转移风险的行动结果或者启动的应急预案。

如果这个收集数据的工作对母组织更有价值，那么风险管理数据库必须向组织内进行风险管理工作的人员开放。几乎任何项目的风险管理记录都应该保留在风险管理数据库中。另外，所有风险都要分类，项目执行中的环境因素要明确，处理或减缓风险的方法需要描述。

多重关键词与分类的使用是非常关键的，因为风险信息必须面向不同背景的经理们。组织可能在任何时候都有很多项目在执行，如果每个风险管理团队都要从头来做而没有之前团队的经验和教训参考，风险管理就会非常昂贵、耗时且无效。即使所有过往的经验都可以参考，错误依然会发生。如果无法参考过往经验，过去的错误就会在未来重现。

奥尔德顿（Alderton，2012）基于两个风险管理数据库做了报告，其中更昂贵的一个包含许多之前项目列表中的内容，另一个更直接，仅包括弱点（进度计划、预算、特定收益、安全）、风险等级（低、中、高）、针对威胁的简短描述以及推荐风险应对方法。如图 7-6 所示，每种风险在风险地图（矩阵）中标出，图中右上角的风险被仔细监控。奥尔德顿在总结中建议：（1）风险管理数据库在项目契约阶段就应该立刻开始，因为越早对风险进行应对，混乱就会越少；（2）让不同的利益相关者介入风险管理过程，因为他们通常可以看到不同的或未预见的风险；（3）定期重新评估风险；（4）减少风险的最好方法是让有能力的人执行项目。

PMBOK 为风险管理数据库增加了另一个重要的因素——不同利益相关者的风险态度。在现实中，风险管理环境不仅包括战略风险暴露，而且包括利益相关者的风险态度。因此，一个项目的真实风险是战略风险得分计算表中两种因素结合的结果。

还有最后一个问题：风险管理是如何对项目成功做出贡献的？克兰等（Krane et al.，2012）的研究尝试辨别项目团队聚焦的风险与客户关注的风险有什么区别，从而对项目成功有所影响。思路是，团队会聚焦于短期运营直到交付成果给客户，客户会关注战略收益，包括短期客户收益与长期社会收益及可持续性。结果表明，两者主要关注的是运营风险，客户同时也关注某些短期收益。事实是，项目拥有者仅关注由项目团队列出的所有风险中的前十个，这也会导致这样的结果。

然而，巴克等（Bakker et al.，2011）的最新关于信息系统/信息技术行业的研究指出，利益相关者故意使用风险管理来影响其他人从而改变他们的行为，因为他们了解项目背景并对项目成功负有责任。风险管理活动看起来增加了正面感受与信任、同步了利益相关者的认知、激励了行动且增加了效力、有了更多可预测的情况且减少了不确定性，进而增加了项目成功的可能性。正如之前提及的，风险管理的测量或流程不是关键，项目团队对项目威胁的意识看起来使成功概率上升。

最后一个警告是针对那些量化风险分析方法的使用者。通过模拟或其他科学方法来量化风险，如果输入数据与假设都是准确的，那么结果将是现实情况的合理显示。即使是这样的合理显示，未来情况也不会全是这样的。正如我们在某些地方所说，模型并不能做决策而是人做决策。风险需要被理解，一旦理解了，人们必须决定来做什么。没有这最后一步，风险识别与分析是没用的。

实践中的项目管理　　　　脸书冒着中断移动 1 万亿字节的风险

在创新前沿工作是脸书的标准程序。要做到这一点，速度对它的运营至关重要，速度和创新的结合带来了高风险。但脸书习惯于处理风险。例如，最近的一个项目耗资数百万美元，在年底前将一个接近 1 万亿字节容量的数据中心转移到一个新的、容量更大的数据仓库，此时距此只有 100 天。1TB（也就是说，1 万亿字节，或者 100 万兆字节）相当于脸书上的 2 500 亿个"赞"——这是一大堆数据！

这个项目包括两个阶段：建立和安装新数据仓库，然后传输数据。新的数据仓库的设计使服务器可以处理的数据量是当前数据仓库的 4 倍，处理器和软件也得到了升级，结果新的数据仓库可以容纳 8 倍多的数据，并更有效地移动和管理数据，所有这些都节省了数百万美元的能源成本。考虑到时间紧迫以及软硬件协同工作的重要性，项目团队成员采取了许多措施来降低风险。首先，他们事先对供应商和内部利益相关者设定了明确的期望，以便每个人都能将自己的目标与脸书的目标相吻合。此外，他们还对硬件、软件进行了全天候的测试，并测试了两者协同工作的能力以实现脸书所依赖的速度、数量和准确性。

为了将数据传输到新的数据仓库，脸书可以选择在将数据实际移动到新数据仓库之前将数据加载到设备上（在移动过程中可能会有设备丢失或损坏的风险），或是先移动并检查设备，然后直接将数据流导入新站点（有网络中断或站点崩溃的风险，从而破坏整个站点）。脸书承担了后者的风险，但计划了多个规避风险的步骤。首先，脸书必须计算在没有网络故障或断电的情况下，传输 TB 级数据需要多长时间——3 周！但其中仍然存在数据流占用过多网络容量并影响网站的风险。为了避免这种情况，团队构建了一个客户应用程序，通过限制和监控整个 3 周数据流中的带宽来限制数据。脸书还执行持续的错误检查和数据级修正，以保持流的同步，并在出现问题时向团队发出警报。脸书的预先详细计划、持续监控和风险规避措施在成功地将数据移动到新数据仓库中而没有延迟或停机的情况下取得了成效。

问题

1. 你认为第一个硬件阶段的完成是一个里程碑还是一个阶段门审查？
2. 脸书使用了什么类型的风险应对措施？
3. 脸书还可能采用哪些其他方法来应对这些风险？（提示：考虑七个风险子流程。）

资料来源：S. F. Gale，"A Closer Look，" PM Network，Vol. 24.

7.4 量化风险评估方法

失效模式与效应分析（FMEA）

失效模式与效应分析（Stamatis，2003）是一个评分模型，类似于第 2 章介绍的项目选择评分模型，该模型通过六个步骤对风险进行分析：

（1）列出项目有可能在哪些方面遭遇失败；

（2）分析各种失败对项目的危害程度（S），以 10 分计算，"1"表示失败对项目没有危害，"10"表示失败对项目整体的危害非常严重；

（3）造成失败有多种原因，分析每种原因发生的可能性（L），以 10 分计算，"1"表示不太可能发生，"10"表示几乎肯定要发生；

（4）基于每种原因估测洞察失败的能力（D），以 10 分计算，"1"表示在常规监控系统之下完全可以察觉，"10"表示很可能无法及时察觉并实施规避和降低风险的措施；

（5）计算"风险优先系数"（risk priority number，RPN），$RPN = S \times L \times D$；

（6）基于每种失败的原因，对风险优先系数高的风险制定降低危害程度、减少发生可能性、提高洞察力的措施（我们在上文"风险应对规划"中讨论过）。

表 7-4 显示了失效模式与效应分析模型的使用，包括了在之前图 7-6 中所考虑的 5 种威胁，但这里我们使用了更准确的数据。正如我们从风险优先系数中所见到的，最大的威胁是：无法获得技术知识（威胁 2）与客户端更改范围（威胁 3）。威胁 2 更严重一些，确定会发生；威胁 3 则很可能发生，尽管严重性远低于破坏性。成本上升（威胁 4）与经济衰退（威胁 5）可以忽略，因为可能性非常低。工期紧（威胁 1）会有一些影响，也很可能发生，但我们会提前发现并采取措施来避免或减缓。失效模式与效应分析模型的扩展需要额外得分分类，例如减缓的能力（即使威胁可能无法检测到）。

表 7-4　失效模式与效应分析模型案例

威胁	危害程度（S）	可能性（L）	洞察失败的能力（D）	风险优先系数（RPN）
1. 工期紧	6	7.5	2	90
2. 无法获得技术知识	8.5	5	4	170
3. 客户端更改范围	4	8	5	160
4. 成本上升	3	2	6	36
5. 经济衰退	4	2.5	7	70

决策树分析

这个工具（Meredith et al.，2002）概念简单，且在序列事件随时间发生的情况下特别有用。例如，在掷一个硬币两次时计算一正一反的概率，或第 1 次为正第 2 次为反的概率（概率会不同），或仅是第 2 次为反的概率。如果我们只对概率感兴趣，那么称为概率树；

但如果有我们可以采取的行动——在第一个概率事件前或是在事件中，我们要评估哪些行动是最好的，那么称为决策树。图7－7展示了决策树，是一个非常简单的树，仅有一个行动集需要选择，也仅有一个事件集，然而，这可以非常简单地扩展到多行动/事件。

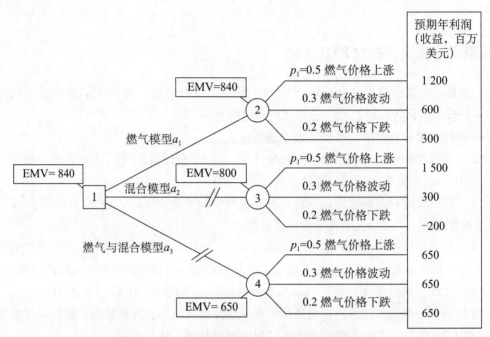

图7－7　基于期望货币价值（EMV）的决策树

决策树是从左边开始（最终会在右边解决），从一个决策节点（方块）或一个概率节点（圆圈）开始。在所显示例子中，一个汽车制造企业正在考虑一项新的汽车模型开发项目是否只用燃气模型或只用混合模型，或是两者都用。在这个例子中，有三个选项需要考虑，三条路从决策节点出发，每一条都展示一些依赖于未来几年的汽油价格变化的风险与机会，因此，就有一个事件会影响汽车制造商的收益。在这个例子中，我们将可能的事件结果简化为三个分类，即"燃气价格上涨""燃气价格波动""燃气价格下跌"（注意，每个结果的概率对于每个决策选择都是一样的，因为汽车制造商所做决策并不影响燃气价格）。在每个事件的可能结果下（每个结果的概率需要估计）汽车制造商的选择会导致不同的回报，在右侧显示。例如，注意到汽车制造商选择仅开发混合模型车，那么燃气价格下跌，企业会预期亏损2亿美元。为了评估每个结果与决策，汽车制造商需要一个决策规则。如果我们的规则是"永远不选择会亏损的决策"，那么就不会选择只用混合模型的决策结果。对于另一种规则，如果汽车制造商的决策者是乐观主义者，那么可能会选择能够最大概率获得最大收益的路径，从而汽车制造商会选择只用混合模型的选项，且在燃气价格上涨的情况下会有最大收益15亿美元。

然而，我们通常使用一种不同的规则，称为期望货币值（expected monetary value，EMV），因为它会在不确定的未来最大化收益，即长期平均。"解出"决策树的过程是从右边开始，即从结果（这个例子中是利润）开始，用每个结果乘以结果发生的概率，称为结果的期望值，再对所有事件节点的期望值加总。例如，事件节点2的期望货币值就是$(0.5 \times 1\,200) + (0.3 \times 600) + (0.2 \times 300) = 840$，即在事件节点边上写的数字。在决策的所有事件节点边上都写上期望货币值，就能相互比较，把低值的决策选项去掉，选择最好结果的那个选项，在这个例子中，就是"只用燃气模型"。

使用决策树进行风险分析可以简单地处理威胁与机会，正如例子中所示。工具很吸引人，因为它能够可视化地展示所有未来可能发生的一切（所有风险与所有决策选项）。决策树也可以用于单个风险，只要风险是独立的或在同一个树中的联合风险。例如，在之前的失效模式与效应分析模型案例中，我们可能有威胁2（无法获得技术知识）与威胁3（客户端更改范围）的互相依赖。

普通模拟分析

模拟与敏感性分析（见第6章）同样对在概念阶段的项目评估非常有用。例如，使用净现值方法，如果现金流量（包括初始现金投资）的净现值是正值且显示出是资金的最优利用方式，我们就会支持这种选项。当为了分析的目的，这些现金流量需要被估计时，就需要避免通常使用的完全成本方法。完全成本方法估计现金流量需要在计算中确定企业日常开支——某些不受产品或流程影响的，因此与决策无关。仅有的相关成本就是那些会被新流程或产品执行改变的支出。

这种成本的确定并不简单。如果考虑的概念涉及一个新流程，就需要使用详细的路线图或操作程序表，用于描述新流程中的运营。通过系统地按步骤操作，如果新流程概念已经植入，有人可能会问该步骤现在的时间与成本是否改变，只有答案是"是的"时，才需要做好预期改变的三种估计（乐观、最可能、悲观）。这些在生产成本与时间方面的变化估计以及可能导致的上下游时间与成本改变（例如，某一部分的生产方法的变化可能改变最终产品的成本）会改变现金流量信息。这个估计过程会在第8章中详细解释。

之前大致分析了在成本与时间上改变所引起的影响，与不确定性有关的每个过程中的单独因素都包括了。模拟活动会指示达到不同层级成本与收益的概率。同时注意到，模拟模型会暴露出在最终成本与收益中不确定性的主要来源。

需要谨慎地使用模拟这个工具。模拟软件并不关心假设，恰恰相反，只关心试验者确定的统计分布，展示一个可能从未也永远不会存在的宇宙。在这种案例中，模拟的结果——经常作为一个现实的粗糙估计——会导致误解。

项目活动的周期、能完成一个项目的不同资源需求量、完成项目的价值的估计以及项目的其他方面，都是不确定的。一个项目经理能够减少不确定性，但不可能消灭它。做决策时必须面对由不确定性信息产生的模糊认识。风险估计与分析并不是消灭模糊，它只是提供了一种方式，能够让决策者有一种对问题本质的洞察。

为了应用风险分析，必须对决策相关的关键参数与变量的概率分布进行假设，从而用于给出风险预测或决策结果的概率分布。这可以由定性分析或蒙特卡洛模拟（Meredith et al.，2002）给出，后者是一种使用简单的技术，广泛用于评估特定情况下的风险。当决策涉及多个输入变量或参数时，相对于像决策树或概率树方法中的巨大计算量，模拟更受欢迎。模拟软件（在我们的案例中，使用CB，一种Excel的插件）允许通过一个数学模型来展示决策，并从假定的输入变量或参数的分布中选择样本。软件将输入模型并找到决策的结果。这个过程可以重复多次，结果的统计分布就可以展示了。这个过程的目标是显示给决策者那些决策结果的分布。这种风险预测可以用于评估与不确定性增加的场景相关的风险。当然，除了风险，其他因素也可能有关，例如战略考虑、社交/政治因素、市场份额的影响。

戴维·马西森（David Matheson）是加利福尼亚州智能组织公司（SmartOrg Inc）的首席执行官（Gale，2007），他认为"模糊的选项会导致坏的决策。你需要以可计量的方式定义成功，从而每个人就能达成共识……你需要有稳健的方法在概率的语言中讨论不确定性"。通过估计成本与收益的范围与分布并用于计算项目盈利，项目经理就会有一种能做出项目选择决策的方法。模拟就是一个做这件事的完美工具！

随着一些关于输入数据与假设本质的讨论，我们会展示用 CB 来帮助进行潜在投资的风险分析。我们将在第 8 章中展示 CB 的另一个应用，用于确定不同时间项目完成的概率。

实践中的项目管理　　　　**两个行业忽视风险与识别风险的对比分析**

英国石油公司的深水地平线（Deepwater Horizon）石油平台爆炸沉没，大量石油泄漏到墨西哥湾。英国石油公司立即面临公众和政府的质疑：事故是否可以预防，是否偷工减料，有多少石油泄漏到海湾，遵循了什么风险管理程序，以及其他许多问题。不幸的是，英国石油公司反应不佳，石油灾难演变成公关灾难。

石油和灾难专家指出，自从 21 年前埃克森·瓦尔迪兹号（Exxon Valdez）石油泄漏事件发生在阿拉斯加以来，污染清理技术一直没有改善。现在使用的吊杆和撇油器与当时一样。然而，很明显，迟早会有另一次大规模的石油泄漏，但石油行业对这种确定性完全没有准备。令人惊讶的是，这些公司似乎连最基本的风险管理技术都不考虑，比如墨菲法则："会出问题的，就一定会出问题。"当然，使用一些常识是明智的，比如使用冗余阀门、测试套管和油井设备如防喷器。

《赫芬顿邮报》科技博客作者菲利普·内切斯（Philip Neches）通过描述美国航空航天局在设计极其复杂的航天器和任务时如何应对风险做出了一些有趣的对比。怎么会失败？以这种方式失败的可能性有多大？如果失败的话，它的严重程度如何；影响是很小还是"关键任务"？数十亿美元的努力加上宇航员的生命都面临着危险。相比之下，英国石油公司在海平面以下 5 000 英尺处钻一口井的任务显然是一个挑战，但要简单得多。任何一家石油公司都应该知道，如果它们选择参与此类高风险的项目，一旦发生漏油事故，它们还需要一个恢复计划，然后处理好大规模的负面公关和媒体关注。从长远来看，预先评估风险、做出正确的决策、在进行过程中监控和测试要容易得多。

问题

1. 你认为英国石油公司对石油泄漏事故采取如此轻松的态度的原因是什么？

2. 你认为为什么石油工业没有为清理漏油的研究和技术提供资金？

3. 为什么一家身家数十亿美元的公司没有一个公共关系部门来应对大规模漏油事故？

4. 将美国国家航空航天局的方法与本章所述的风险分析进行比较，然后用失效模式与效应分析模型分析。什么是一样的？有什么不同？

资料来源：S. F. Gale，"Crude Awakening，" PM Network，Vol. 24.

　　　　　　　　　　模拟加利福尼亚州堤坝的溃决

　　加利福尼亚州圣弗朗西斯科以东 2 600 英里长的堤坝可以说是美国最令人担忧的基础设施，被一些人称为"定时炸弹"，一旦溃决将超过卡特里娜飓风造成的损失。支撑堤坝的护堤保护着 50 万人、400 万英亩农田和南加利福尼亚州大部分地区的饮用水供应。为了帮助决定在哪里投资保护这些堤坝，一个巨大的威胁评估模拟软件程序正在使用。它是在卡特里娜飓风之后由 300 名顶尖科学家和工程师建造的，目的是观察 152 场计算机模拟风暴的海浪和洪水如何淹没新奥尔良。该软件正在为加利福尼亚州做修改，因为那里的地震威胁更大，但加利福尼亚州的堤坝长度是新奥尔良的 7 倍，而且情况更糟。

问题

1. 将模拟威胁从飓风变为地震会涉及什么？
2. 你认为用什么程序来分析模拟结果？

资料来源：A. Aston and M. Arndt. "If the Levees Fail in California," Business Week, 2007.

蒙特卡洛模拟

　　与决策树相似，模拟（Meredith et al. , 2002）同样可以处理威胁、机会以及序列事件。我们从一个模型开始，例如，"期望收入减去期望成本等于期望利润"。模拟的优势是我们不需要将概率事件分割为有限数量的分类。事实上，我们对每个概率输入估计为乐观、最可能、悲观的值，并对这些事件使用标准分布。随后我们从这些分布中随机选择输入值成千上万次，从而产生结果的频数分布。频数分布提供给我们亏损超过某值的概率，或者盈利超过某值的概率，或者项目完成时间超过或少于某值的概率，以及其他重要信息。我们收录了这种方法的两个案例。在本章中，我们模拟了项目现金流量，而且通货膨胀是不确定的，因此项目将受到财务风险影响。在第 8 章中我们模拟了项目活动的任务时间来确定整个项目完成时间的效果以及延迟的概率风险。

陶瓷科技公司回顾

　　为了面对项目选择中的不确定性而进行风险分析是有巨大价值的。重新考虑在第 2 章 2.2 节中的陶瓷科技公司的例子，这次我们专注于寻找项目有关的折现现金流量。用 Excel 来解决这个问题比较直接，方便起见，初步的解决方案在表 7 - 5 中显示。我们发现，项目用 13% 的最低预期资本回收率。整个项目生命周期内的净现金流量低于 40 万美元，并用最低预期资本回收率加 2% 的通货膨胀率作为折现率，现金流量的净现值约为 1.8 万美元。

　　现在让我们假设这个案例中的支出是与一个外部供应商通过合约确定的，因此，就没有现金流出的不确定性，当然现金流入是有不确定性的。假设估计的现金流入如表 7 - 6 所示，包括了最可能值、最小值（悲观值）以及最大值（乐观值）。（在第 8 章 "进度计划"中将更仔细地处理这类估计的方法与意义。）Beta 与三角统计分布都适合作为这三个参数的模型。在 CB 的早期版本中，Beta 分布比较复杂且并不很符合使用，所以三角分布就作为 Beta 分布的合理的近似。使用一个新的 Beta 分布，在 CB 的分布列表中标为"Be-taPERT"，在 CB 11.1.2.2 中得到了简化。我们会在本案例以及本书的其他部分模拟时使用这个分布①。

收益的最低预期资本回收率是由公司确定的，因此要得到折扣率只差通货膨胀率了。我们假设通货膨胀率服从正态分布，均值为1%，且在正负 1% 范围内（1% 代表 3 个标准差）。

需要记住的是，其他方法只使用每个变量的最可能估计值，是一种确定性的假设。模拟的主要好处是允许每个变量的所有价值都被考虑到。正如一个变量的所有可能分布是相比简单的"最可能"值对现实的更好反映（把估计值视为现实），由模拟而得的结果分布相比用一个简单的结果作为未来的预测，是对不确定性更好的预测。所知的任何证券分析师对一家企业做出季度每股盈利 0.50~0.58 美元比每股 0.54 美元的预测显得更准确。总体而言，精确的预测会带来精确的错误。

表7-5 陶瓷科技公司的现金流量单点估计

1	最低预期资本回收率	13.0%			
2	通货膨胀率	2.0%			
3	A	B	C	D	
4	年份	流入（美元）	流出（美元）	净流量（美元）	
5	20×0*	0	125 000	-125 000	= B5-C5（复制至D6至D15）
6	20×0	0	100 000	-100 000	
7	20×1	0	90 000	-90 000	
8	20×2	50 000	0	50 000	= 65 000 美元成本节省+35 000美元残值
9	20×3	120 000	15 000	105 000	
10	20×4	115 000	0	115 000	
11	20×5	105 000	15 000	90 000	
12	20×6	97 000	0	97 000	
13	20×7	90 000	15 000	75 000	
14	20×8	82 000	0	82 000	
15	20×9	100 000	0	100 000	
16	总计	759 000	360 000	399 000	= D5+NPV(B1+B2, D6:D15)
17	净现值（美元）			17 997	
18		*t=0，是 20×0 年初			

使用 CB 来运行一个蒙特卡洛模拟，需要定义 Excel 电子表格中的两类单元格。包括不确定变量或参数的单元格称为假设单元格。对于陶瓷科技公司的案例，就是在表7-5 的单元格中，B8：B15 的流入值以及 B2 的通货膨胀率值②。包括模型感兴趣

① 对于 Beta 分布或三角分布，使用说明是相同的，因此读者（讲师）可自行选择。

② 请注意，虽然每年单独生成一个通胀率更为准确，但我们选择了随机生成整个计划期的平均通胀率。该模型可以扩展，以生成每年的个别通货膨胀率，但这样做需要分别计算每年的贴现系数，并无法使用 Excel 的净现值函数。

的结果的单元格就是预测单元格，表 7-5 中 D14 就是这类单元格。每个预测单元格通常包括一个公式，需要 1 个或数个假设单元格中的数据进行计算。模拟可以有很多假设与预测单元格，但必须至少有一个。在运行前，打开 CB，并把表 7-5 复制进去。

表 7-6　陶瓷科技公司现金流量的悲观、最可能、乐观估计值

	A	B	C	D
		最小值	最可能值	最大值
1				
2	年份	流入（美元）	流入（美元）	流入（美元）
3	20×2	35 000	50 000	60 000
4	20×3	95 000	120 000	136 000
5	20×4	100 000	115 000	125 000
6	20×5	88 000	105 000	116 000
7	20×6	80 000	97 000	108 000
8	20×7	75 000	90 000	100 000
9	20×8	67 000	82 000	91 000
10	20×9	81 000	100 000	111 000
11				
12	总计	621 000	759 000	847 000

为了说明定义假设单元格的流程，考虑单元格 B8，即 20×2 年的流入估计。我们可以从表 7-6 中看到，该年现金流入的最小估计值是 35 000 美元，最可能的估计值是 50 000 美元，以及最大估计值是 60 000 美元。同样，记住我们决定把所有现金流量都假定为 BetaPERT 分布（如果你想，可以换为三角分布）。

一旦在表 7-5 中输入了原始信息，定义假设单元格与输入悲观与乐观估计值就是很直接的，一般要涉及 6 步[①]：

（1）点击单元格 B8 来选择该单元格，作为相关假设单元格。

（2）选择 Excel 中的 CB 标签，从 CB 功能区里在最左边区域选择"定义假设"（Define Assumptions）。CB 的分布列表如图 7-8 所示。

（3）CB 允许你从很多概率分布中进行选择。点击 BetaPERT（或三角）选项，再点击"确定"（OK）来选择。

（4）CB 的 BetaPERT 分布对话框如图 7-9 所示。框中可能会有一些数字，忽略即可。如果不是如图 7-9 所示，那么在 BetaPERT 分布框顶部菜单中点击"参数"（Parameters），随后在下拉菜单的顶部选择"最小值、最可能值、最大值"（Minimum, Most Likely, Maximum）。

（5）在对话框顶部的文本框"名字"（Name）中输入一个描述性的标签，例如：现金流入 20×2。随后在表 7-6 中合适的单元格中根据分布输入悲观、最可能、乐观估

① 当我们解释这个问题时，读者通常会感觉有帮助。如果水晶球（Crystal Ball®）外接程序已安装在您的计算机上，但尚未运行，请选择"文件/选项/外接程序"（File/Options/Add-Ins）。接下来，在显示的对话框底部，单击"管理/Excel 加载项"（Manage/Excel Add-Ins）后面的"转到"（Go）按钮。在下一个对话框中，单击"CB"复选框并选择"确定"（OK）。如果您的计算机上尚未安装 CB 加载项，请使用本书附带的安装说明下载 CB 试用版。

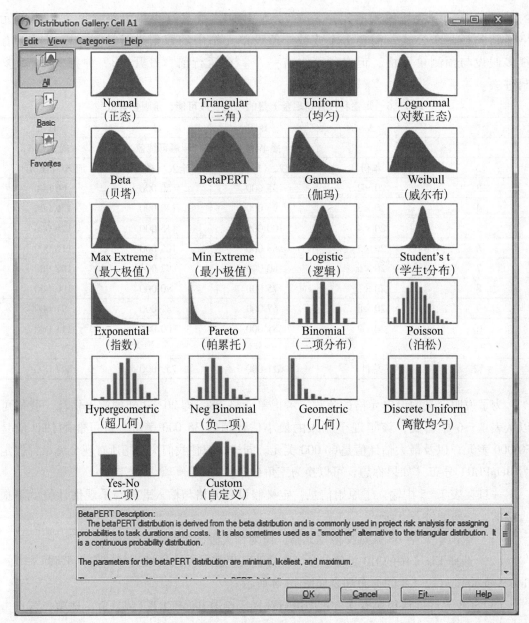

图 7 - 8　CB 的分布列表

计值。

（6）点击"输入"（Enter）按钮，再点击"确定"（OK）按钮。

现在重复 1～6 步，将剩余的现金流量假设单元格（B9：B15）填入。记住，从表 7 -
6 中找到适当的输入信息。

当完成了现金流入单元格，通货膨胀的假设单元格也可以定义。对于单元格 B2，指
定为正态分布。我们先决定用 2% 的通货膨胀率，正负变化为 1% 。正态分布是钟形的，
分布的均值就是对称点，同时均值正负 3 个标准差将包含 99% 的数据。正态分布对话框如
图 7 - 10 所示，可以填入分布均值与标准差。均值为 0.02（2%），标准差为 0.003 3（正
负 1% 的 1/3）。（注意：图 7 - 10 仅显示了标准差的两位小数，程序使用的实际标准差为
0.003 3。如果你希望能看到 0.003 3，可以点击对话框顶部的"选项"（Preferences），然

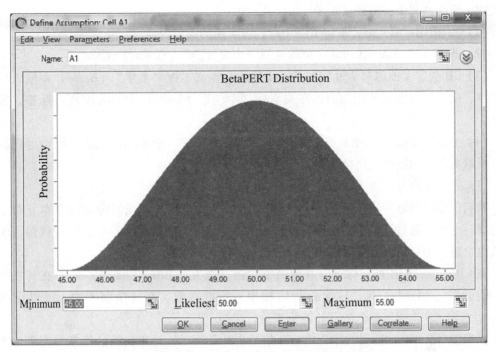

图7-9 假设 BetaPERT 分布时 CB 的模型输入对话框

后选择"图表"（Chart）→"坐标轴"（Axis）→"单元格格式"（Cell format）→"数字"（Number），随后把"2"改为"4"。点击"确定"（OK）按钮，回到输入数据表格。）当你输入这个数据时，可以注意到分布能显示均值为2%，范围从约1%到约3%。

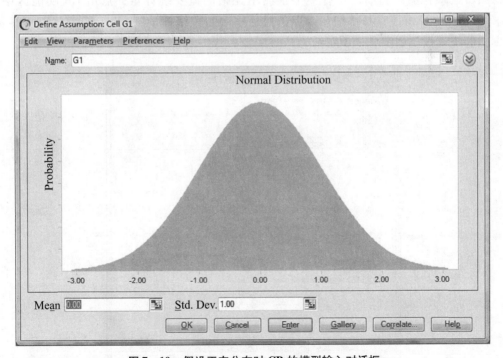

图7-10 假设正态分布时 CB 的模型输入对话框

现在我们考虑预测或结果单元格。在这个例子中，我们希望从估计的现金流量来找到净现值。定义预测单元格涉及 4 步。

（1）点击 D14 单元格，来定义一个我们感兴趣的结果内容。

（2）选择屏幕顶部 CB 功能区菜单选择"定义预测"（Define Forecast）。

（3）CB 的定义预测对话框如图 7 - 11 所示。在文本框"名字"（Name）中输入描述性名字，例如项目净现值。随后，在文本框"单位"（Units）中输入描述性标签，例如美元。

（4）点击"确定"（OK）按钮。在这个例子中只有一个预测单元格，但也可能有很多，只需对每个预测单元格都进行同样的 4 步即可。

当你完成了所有的输入，表 7 - 5 的内容就变成了表 7 - 7。

我们已经准备好开始模拟了，CB 对每个假设单元格从基于我们确定的概率分布中随机选择一个值，随后计算项目的净现值。通过重复这个过程很多次，我们可以获得可能结果或这个案例中项目净现值可能值分布的信息。

在 CB 功能区的中部，你可以看到命令"运行选项"（Run Preferences）。在其之下是"实验次数"（Trials）框，这个框指定模型运行的次数。在这个例子中，可以设置为1 000。点击 CB 功能区绿色的开始箭头来运行模拟。

模拟项目 1 000 次所得的净现值分布如图 7 - 12 所示，分布的统计信息如图 7 - 13 所示。净现值的均值为 11 086 美元，标准差为 8 115 美元。我们可以用这些信息做出项目净现值的概率推断，例如，项目获得正收益的概率，项目净现值超过 10 000 美元的概率，或者项目净现值在 5 000 ~ 10 000 美元的概率。

CB 提供了大量预测单元格的信息，除了频率图，还包括百分比信息、概要统计量、累积图、逆累积图。例如，要看一个预测单元格的概要统计量，点击 CB 功能区中的"摘录数据"（Extract Data）按钮，点击对话框中的"统计量"（Statistics），就可显示。频率图的统计概要如图 7 - 13 所示。

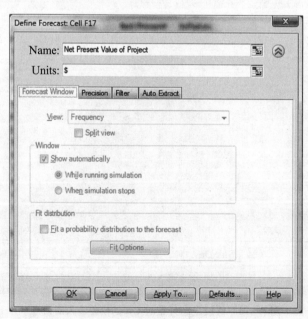

图 7 - 11　CB 的模型预测或结果的对话框

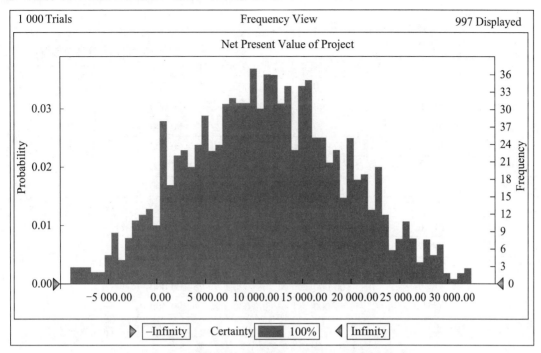

图 7 – 12　陶瓷科技公司项目的净现值模拟结果频率图

统计量	项目的净现值
次数	1 000
均值	11 086.17
中位数	11 017.84
众数	—
标准差	8 114.60
方差	65 846 681.91
偏度	0.129 3
峰度	2.69
变异系数	0.732 0
最小值	−8 897.91
最大值	37 689.89
范围	46 587.79
平均标准误差	256.61

图 7 – 13　陶瓷科技公司项目的净现值模拟结果的统计结果汇总

表 7 - 7　陶瓷科技公司的现金流量与通货膨胀率的三点估计

（所有假设单元格与预测单元格已经确定）

1	最低预期资本回收率	13.0%		
2	通货膨胀率	2.0%		通货膨胀率的假设值
3	A	B	C	D
4	年份	流入（美元）	流出（美元）	净流量（美元）
5	20×0*	0	125 000	−125 000
6	20×0	0	100 000	−100 000
7	20×1	0	90 000	−90 000
8	20×2	50 000	0	50 000
9	20×3	120 000	15 000	105 000
10	20×4	115 000	0	115 000
11	20×5	105 000	15 000	90 000　现金流的假设值
12	20×6	97 000	0	97 000
13	20×7	90 000	15 000	75 000
14	20×8	82 000	0	82 000
15	20×9	100 000	0	100 000
16	总计	759 000	360 000	399 000
17	净现值(美元)			17 997　净现值的预测值
18	*t=0，是20×0年初			

图 7 - 13 包括某些有趣的信息。然而，利用图 7 - 12 模拟结果的分布能更容易地回答几个问题。例如，在已知的最低预期资本回收率与通货膨胀率之下，项目至少达到 10 000 美元净现值的概率有多大？这个很容易回答。注意到，在图 7 - 12 的分布图中，有两个三角标的基线。将光标放于模拟分布基线左边三角处，点击滑动到 10 000 美元处，获得 10 000 美元或更多的结果的概率就可以在"确定"（Certainty）框中显示。也可以通过删除频率图左下角"负无穷"（−Infinity）框内值，并输入 10 000 美元，显示概率约为 0.74。

即使在这个简单的例子中，项目预算中不确定性的力量也应是明显的。因为一名经理总是对于不确定性的数量是不确定的，使用 CB 可以简单地确认不同水平的不确定性。例如，我们可以通过增加或减小最可能估计值周围的乐观和悲观估计值的范围来改变流入估计值，从而改变不确定性的程度。我们可以提高或降低通货膨胀率水平。通过这些改变来运行模拟，可以告诉我们结果（预测）对于输入数据的可能错误会有多敏感。这允许我们关注主要风险而忽略那些对我们的决策影响不大的风险。

敏感性分析

敏感性分析，或者假定分析，可以用于定量模型，但最常用的是定性模型。流程是回到模型，改变其中一个参数或变量，来看看对最终结果有什么影响。在这种方法中，我们可以看到什么因素会对结果产生主要影响，我们要决定做什么；对于那些没有影响或对结果只有很小的影响，我们就不用担忧。例如，在失效模式与效应分析模型中，我们可能看到威胁的严重性的改变所产生的影响，或在决策树中事件结果的改变会怎么改变结果，或在模拟中假定分布的改变会对利润有什么改变。我们同样可以考虑多加一个威胁可能对分析有什么影响，或在决策树中增加一个新分支，或在模拟中引入通货膨胀率。敏感性分析的一个弱点是，环境的变化通常不是单个的，相反，很多变量或参数通常会在同一时间发生改变，从而很难进行检查或确定对决策有什么影响。

还有另一种形式的情境式敏感性分析，其中项目完成时可选的情境影响是可预测的。例如，如果项目经理离开了组织，会对项目成功产生什么影响？如果一位主要承包商遭受了工会的刁难怎么办？如果一项重要的新技术并未如预期的表现怎么办？如果竞争者在市场上击败了我们怎么办？一旦可选情境确定，就可被之前讨论的工具分析，包括失效模式与效应分析、决策树与蒙特卡洛模拟。需要针对那些有较大的预期影响的情境准备应急方案。

处理项目灾难

迄今，我们主要关注了那些对企业正在进行的项目来说比较正常的风险。使用了一种"期望价值"的方法处理了这些风险，正如第 2 章提到的陶瓷科技公司的案例，即以风险输入的估计损失（或收益）乘以损失（或收益）发生的概率。我们可能会比较一种风险的期望损失与减缓或避免损失的成本。如果减缓或避免风险所带来的期望损失减少，多于自身成本，我们就会对风险减缓/避免进行投资。

如果损失是灾难性的，甚至可能是毁灭性的，尽管它只有一个非常低的发生概率，例如，银行挤兑、关键供应商工厂的罢工、一场洪水让建设项目停工、恐怖分子袭击、发现一种复杂药物有毒性副作用，怎么办？在很多这样的案例中，风险成本可能是巨大的，但发生概率很小，相比那些更常见且有更高发生概率的风险，灾难的期望损失会更小。这是我们购买保险的典型情况，但如果这样的保险不存在呢（通常对这些保险有兴趣的购买人非常少）？马拉克等（Mallak et al.，1997）提出了项目灾难计划的 4 种方法：风险分析、应急预案、发展逻辑图、桌面练习。

《弹性企业》（*The Resilient Enterprise*）（Sheffi，2005）是一本非常优秀的书，主要处理针对不同种类灾难的风险管理。这本书详细描述了企业用于处理灾难的方法，这些灾难影响了它们的设备、供应链、顾客基数以及威胁了它们的生存。话题的复杂性导致无法在此处描述，我们强烈建议读者阅读此书。

在下一章中，我们将会讨论进度问题，该部分内容是项目管理的一个重要话题。人们对进度所做的研究和调查可能比项目管理的其他任何一项内容都多。

 小结

本章作为有关项目实施内容的一个章节，关注的是项目预算的问题，预算使得项目经理可以获得开展工作所需的资源。我们在介绍多种多样的预算方法的同时，还讨论了这些方法对项目管理工作产生的影响。接下来，我们研究了一些有关成本测算的问题，尤其就学习效应对重复性工作的成本所产生的影响以及如何使用学习曲线等内容进行了深入的讨论。

本章的要点如下：

1. 预算的目的是就有关组织目标和工作优先次序的政策进行良好的沟通。

2. 常用的预算方法有：自上而下法、自下而上法、成本分类法、项目/活动法以及其他没有在此处提及的方法。

3. 在测算成本时，使用一种清楚界定资源需求数量、需求时间、需求单位和资源可获得性等信息的表格非常有效。

4. 各种组织常常会为了实现自己的长远战略目标而投资于那些只能够负担直接成本但无法负担全部成本的项目。

5. 如果项目中包含需要投入大量人力的重复性工作，那么在进行成本测算时，就需要将学习现象也考虑进来。

6. 学习曲线理论是基于下面这种现象，即生产一个单位产出所需的工时随着累计产出的翻番而不断减少一个固定的百分比。

7. 除了学习因素之外，还有其他一些重要因素需要在进行项目成本测算时加以考虑，它们是通货膨胀率、各种成本因素变化上的差别、废品和破损、人员替换成本和为无法预计的困难进行应急准备。

8. 风险分析、模拟、敏感性分析对于处理不确定性都是非常有用的。

9. 对于威胁与机会的风险管理已经在项目变得越来越复杂与不明确时也变得日益重要。管理风险的七个子过程包括有用的工具，例如因果图、风险矩阵、失效模式与效应分析、决策树、模拟、风险管理数据库以及一套标准风险应对方法。

 关键术语

自下而上预算法（bottom-up budgeting）　一种从具体工作人员开始对所需资源进行测算的预算方法，其优点是测算数值比较准确。

因果（鱼骨）图（cause-effect（fishbone）diagram）　一种显示所有导致某种威胁或机会的因素的图。

直接（或可变）成本（direct（or variable）cost）　输出形式不同则成本不同，例如，劳动力成本、材料成本，有时也指专用设备的资金成本等。

一般费用与行政费用（general & administrative cost，G&A）　管理费用成本，例如，会计、人力资源、间接费用中不包括的法律事务等的费用。有时候一般费用与行政费用并不单独列支，而是被看作间接费用的一部分。一般费用与行政费用通常是按直接成本如人工的固定比例计提。

间接（或固定）成本（indirect（or fixed）cost）　与输出形式相关，但并不随输出形式单位而改变。例如，设备资金并不是按单位产出分摊的，广告费用、分销费用或销售费用等通常是按直接成本（如人工）的固定比例计提。

间接费用（overhead costs）　组织发生的成本，与单个产品或产品组合没有关系，例如，楼宇或地面的保养费用、水电设施费用、保安费用、健康保险和养老金等。通常是按直接成本（如人工）的固定比例计提。

失效模式与效应分析（failure mode and effect analysis，FMEA）　一种风险评估过程，是危害程度、可能性、洞察失败的能力的乘积，从而得出总体风险优先系数。

学习率（learning rate） 产出数量翻番后，单位产出所花费的工时数占以前数值的百分比。

蒙特卡洛模拟（Monte Carlo simulation） 一种模拟现实的过程，通过分布参数值数千次的不同值的运算，来获得感兴趣结果的整体分布。

项目预算（project budgeting） 通过项目任务/活动来预算，随后整合项目或项目群收入、支出，通常以组织单位或类别进行汇总。

风险分析（risk analysis） 一个使用输入因素分布与概率，得到结果范围与概率的过程。

风险矩阵（risk matrix） 一张可以在一边显示概率，另一边显示影响，并能将威胁与机会分类为关键、监控或忽略三类的图。

风险管理数据库（risk register） 为项目经理与项目建立的风险信息数据库。

敏感性分析（sensitivity analysis） 通过改变一些流程或模型中的参数或数据，检查对结果的影响。

模拟（simulation） 一种场景的结构已经程序化，对事件的概率分布已做好假设，从而得到感兴趣变量（例如时间、成本）的概率分布的过程。

自上而下预算法（top-down budgeting） 一种从高层管理者开始的、对项目所需资源进行测算的预算方法，其基本优点是总体预算非常准确，因为没有遗漏任何因素。然而，每一个具体的要素都可能不十分准确。

差异（variances） 成本偏差的一种形式，向管理层提交例外报告的内容之一。

 ## 问题

内容复习问题

1. 自上而下预算法的优点有哪些？自下而上预算法呢？在自下而上制定预算的过程中，高层管理者认为最重要的任务是什么？

2. 在编制预算的过程中，间接成本应该如何处理？

3. 描述自上而下编制预算的过程。

4. 差异指的是什么？

5. 描述学习曲线现象。

6. 何谓"项目群预算"？

7. 项目导向与分类导向的预算有什么区别？

8. 风险分析是如何进行的？一名经理怎么解释结果？

9. 技术提案的四部分是什么？

10. 描述一个风险矩阵是如何构建的。

11. 决策树对于项目经理怎么是有用的？

12. 失效模式与效应分析表是否比风险矩阵更有价值？为什么？

13. 一张因果图怎样可以分解为子因素？

14. 对比威胁与机会的风险应对。

课堂讨论问题

15. 讨论防止预算计划工作转变为博弈过程的方法。

16. 列举一些成本测算的缺点。经理人员可以采取哪些步骤来纠正成本超支的现象？

17. 为什么咨询公司常常会资助一些项目？这种做法是否道德？

18. 经理人员可以采取哪些步骤来简化成本控制工作？这些步骤是否可以用来控制项目的其他参数，比如绩效？

19. 请指出各种类型的组织结构分别适合于哪种预算方法？

20. 自上而下预算法和自下而上预算法都有哪些潜在的问题？解决这些潜在问题的方法有哪些？

21. 预算计划工作与博弈过程有哪些相似之处？

22. 我们在前一章所提到的冲突解决方法是否可以应用到预算计划过程中来？如果答案是肯定的，你认为是哪种（些）方法？

23. 不同因素的资本成本各不相同这一事实是怎样使预算过程复杂化的？

24. 为什么说学习曲线分析对项目管理工作非常重要？

25. 在上下级之间进行谈判时，为什么从道德的角度讲应该坦诚相待？

26. 本章探讨的是针对 S 形和 J 形生命周期项目的成本预算，对于生命周期呈直线形的项目，成本预算会出现哪些问题？

27. 解释图 7-13 中的每列数据。11 086 美元的均值是否意味着仅预期以这个数字作为收益？

28. 如何在图 7-12 中得到净现值超过 25 000 美元的概率？

29. 表 7-4 中的数据扩展后是否显示更真实？重新考虑表 7-4 来解释为什么图 7-13 中模拟的结果比表 7-3 中的原始值要小得多？

30. 明确在项目邀标书中可能产生的某些道德问题。

31. 作为项目管理之用，比较风险矩阵与失效模式与效应分析表的优势。

32. 对比决策树与概率树。作为项目经理如何使用？哪个更有价值？

33. 因果图可以被同时用于两种不同的风险吗？最终的"问题"是由一种风险造成的还是同时由两种风险造成的？

34. 对于项目经理，是否威胁或机会的风险应对更重要一些？为什么？

习　题

1. 一所大学医院的高层管理人员批准了一项计划，在财政年度结束前提高药品部门的工作效率，以满足国家对来年的新规定。然而，他们担心四个潜在的威胁：（1）实施改变的成本可能过高；（2）药剂师可能抵制改变；（3）项目可能比预期的时间长得多，并且无法为下一个财政年度做好准备；（4）改变可能会降低医院的药物管理质量。每个威胁的可能性和负面影响都是通过三轮德尔菲过程向管理者征求的，采用 7 分制规则，其中 7 分是最有可能和最负面的影响：

威胁	概率	影响
1	5	3
2	6	5
3	3	4
4	4	7

构建一个风险矩阵，确定你认为的"关键""监控""忽略"威胁。解释你的理由。为每个威胁推荐并证明风险应对措施。

2. 问题1中项目的项目经理已经估计了不及时发现风险并对其做出反应的可能性，同样是7分制量表：威胁1：4，威胁2：1，威胁3：3，威胁4：6。构建一个失效模式与效应分析表，以确定哪些风险现在是"关键""监视""忽略"威胁。它们和问题1有什么不同？为什么？这个新的排名看起来更现实吗？

3. 你可能没有意识到，获得大学学位是一个项目。假设你在大学里有一个学位项目，并且考虑要拿到学位。创建鱼骨图（因果图），以"未能获得学位"作为问题的结果。确定至少四个可能的威胁使这个问题发生。每个威胁列表至少有三个这种威胁可能会发生的原因/因素。最后，审查你的图来估计每个威胁对获得学位的影响。基于此分析，你作为项目经理来获得你的学位，你应该把注意力放在哪些威胁和因素上。

4. 对季节性、盈利产品的年度需求遵循以下分布：

需求（单位）	概率
1 000	0.20
2 000	0.30
3 000	0.40
4 000	0.10

一家制造商正在考虑启动一个生产该产品的项目，该产品可通过以下三种方法之一生产：

a. 使用现有工具，每单位6美元。

b. 花1 000美元买便宜的特殊设备。设备年末价值（残值）为零。费用将减至每套3美元。

c. 花10 000美元购买高质量的特殊设备，这些设备会在四年内贬值（每年是成本的1/4）。在这种设备下的成本只有每单位2美元。

将此项目设置为决策树，以确定制造商是否应批准此项目；如果批准，则使用哪种生产方法以实现利润最大化。提示：比较年度总成本。假设生产必须满足所有需求；每个单位的需求和销售意味着更多的利润。

5. 对于进入合资企业的两阶段（决策）项目，给出以下决策树，找出最佳备选方案（图中的 $a_1 \sim a_6$）及其预期值。结果显示为收入和投资费用（在括号内）。节点4表示选择备选方案 a_1 的情况，然后出现概率为70%的结果。请注意，如果出现概率为30%的结果，则没有其他选择。节点5类似。

6. Medidata公司为它的新医疗数据库项目确定了三个风险机会。其一是扩展数据库，包括医生和医院。这个概率为3，并对盈利能力产生3的影响，在1~5的范围内，数字越大，概率和盈利能力的值就越大。其二是将数据库扩展到其他国家，特别是欧洲国家。概率仅为2，但由于欧洲政府的社会利益较高，盈利能力影响被认为是4。其三是可能会让非用户感兴趣，比如制药公司使用或购买它的数据。这里的概率更确定，是4，但盈利能力只有2。构建机会风险矩阵，确定"关键""监控""忽略"机会，并为每个机会建议风险应对措施。

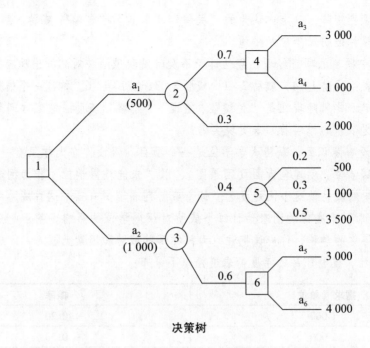

决策树

7. 进行折现现金流量计算，以确定以下项目的净现值，假设要求的回报率为20%。该项目将花费7.5万美元，在未来4年中每年现金流入量分别为2万美元、2.5万美元、3万美元和5万美元。

8. 在问题7中，假设流入量不确定，但服从正态分布，标准差分别为1000美元、1500美元、2000美元和3500美元。使用CB计算平均预测净现值。实际净现值为正的概率是多少？

9. 一个生产25个单位产品的生产批次，耗费人工103.6小时，生产记录表明第一件产品耗时7小时。请计算学习率。

10. 如生产首个单位产品需要200小时，空军合同完成记录显示，一般50个单位产品的订单，每单位产品耗费人工63.1小时。学习率是多少？再接手下一个包括50个单位产品的空军订单时，需要额外增加多少人工量？该合同每单位产品平均耗费人工多少小时？两合同一并计算，每单位产品平均耗费人工多少小时？就第二个合同而言，人工成本为10美元/小时，但是空军订单的人工价格固定为550美元，那么第一笔合同利润如何？第二笔合同利润如何？如一并考虑，两单统一报价，什么价位合适？

11. 你的公司为培训课制作幻灯片，并且你刚刚接受为一个八个阶段的培训课程合同投标。借鉴以往经验，你公司的学习率为85%。在这个合同里，误差是绝对的，第一个阶段需要50小时。你的公司要价每小时100美元的劳务费以及每个阶段600美元的管理费。客户将在每个阶段支付给你固定的费用。如果名义边际利润率为20%，最终的报价为多少？每个阶段的价格为多少？哪个阶段将是收支平衡点？

12. 一个灯具制造公司确定了一个为自己的一条生产线开发新机器的项目。项目的最可能预计成本为1 000 000美元，最乐观的预测为900 000美元，最悲观的预测为1 200 000美元。真正的问题在于即使项目成本在限制之内，项目自身加上实施成本也将超过1 425 000美元，项目将无法满足公司的净现值额。预期新机器的引入将给生产线带来四种成本：（1）工程师劳动成本；（2）非工程师劳动成本；（3）混合材料成本；（4）生产线停工成本。

工程师劳动成本预计为 600 小时，加上或减去 15% 按每小时 80 美元计算。非工程师劳动成本预计为 1 500 小时，但可能最低为 1 200 小时，最高为 2 200 小时，每小时 35 美元，混合材料成本最高为 155 000 美元，最低为 100 000 美元，最有可能为 135 000 美元。最有可能在生产线上浪费的时间为 110 小时，最低为 105 小时，最高为 120 小时。这条生产线为公司每小时带来 500 美元或更多的利润。公司的净现值为多少？

13. 一个 4 年期财务项目的净现金流量估计如下表所示。实施该项目将花费 65 000 美元，所有这些都必须在项目开始时进行投资。第四年之后，这个项目将没有剩余价值。假设每年的现金流量估计值最好用三角分布来表示，并且要求回报率为 20%。

a. 使用 CB 计算项目的预期净现值。

b. 该项目的回报率超过 20% 的最低回报率的可能性有多大？

年份	悲观	最可能	乐观
1	14 000 美元	20 000 美元	22 000 美元
2	19 000 美元	25 000 美元	30 000 美元
3	27 000 美元	30 000 美元	36 000 美元
4	32 000 美元	35 000 美元	39 000 美元

14. 如果通货膨胀率为 2%，服从正态分布，且标准差为 0.333%，那么在问题 13 中，项目的预期净现值是多少？它合格的概率是多大？

15. 一家云存储初创公司决定升级其服务器计算机。它也在考虑从基于 Unix 的平台转向基于 Windows 的平台。无论它选择哪个平台，三大成本都会受到影响：硬件成本、软件转换成本和员工培训成本。该公司的技术小组已经研究过这一问题，并对 1 000 美元为单位的成本变化做出了以下估计。

使用 CB 并假设所有成本都服从 BetaPERT 分布，模拟问题 1 000 次。根据模拟得到的信息，讨论决策问题。

	Windows			Unix		
	低（千美元）	最可能（千美元）	高（千美元）	低（千美元）	最可能（千美元）	高（千美元）
硬件	100	125	200	80	110	210
软件	275	300	500	250	300	525
培训	9	10	15	8	10	17.5

案例讨论

好佳传感器公司

肖恩·科尔（Sean Cole）被任命为好佳传感器公司（Preferred Sensor）一个新建传感器制造流程的项目经理。传感器产品具有很高的价格敏感性，公司已经在数量方面做了很多工作，而且能够根据定价的变化精确地预测出销售数量的相应变化。

公司总裁，号称传感器"公子"，非常信任自己公司的敏感性模型，并坚持认为所有会影响到传感器制造成本的项目都应该按照敏感性模型的分析作业，并且应该收集各种数据以计算各自的投资回报率。最终的结果是，像科尔这样的项目经理必须承受巨大的压力并提交现实预算，以保证项目取舍的决策能够快速地做出。传感器"公子"曾经撤销过几个在可行性分析阶段表现不佳的项目，最近还解雇了一名项目经理，因为他高估了一个新型传感器项目的成本，那个项目早在设计阶段就被撤销，六个月后，一家竞争厂商向市场推出了一种类似的传感器，并取得了不错的业绩。

科尔面临的难题是如何才能编制出一个精确反映该项目全新制造过程成本的预算。科尔是一位经验丰富的管理人员，对自己测算项目成本的能力充满自信，然而，他同事最近被解雇的事实使他有点投鼠忌器。该传感器制造流程只对原有四个阶段中的一个做出了改动，因此他能够对整个流程的大部分工作获得颇为详细的信息。遗憾的是，唯独在该项被改动的流程中有很多工作不是十分清晰。科尔还认为该项革新会对另外三个阶段产生轻微的影响，但是这些影响也没有得到清楚的界定。该项目所要革新的这个流程阶段几乎占整个制造成本的 50% 。

◆问题

在这些情况下，科尔究竟应该采取自上而下预算法还是自下而上预算法才是明智之举？为什么？哪些因素在这里起着比较大的作用？

通用造船公司

通用造船公司在过去的 20 年里一直在为美国海军制造核动力驱逐舰。该公司最近刚刚设计完成一种新型的核动力驱逐舰，正准备为建造第一艘该型号的驱逐舰编制一个详细的预算。

第一艘驱逐舰的总预算为 2.9 亿美元。总监觉得计划部门最初拟定的项目成本测算值过低，因为废品和损毁储备金被低估了。她担心该项目会大大超过成本预算，并准备同项目经理紧密合作，以控制项目成本。

◆问题

你如何管理该项目的成本？

课堂综合练习项目

对于项目来说这可能是个小任务，运用自上而下和自下而上的方法编制项目预算。通过讨论来协调项目经理、团队领导和学生在项目中的职责。为了编制预算，要考虑每个团队成员的行政级别，为他们确定适当的人工费率。

参考文献

数字资源

第 7 章 预算与风险管理
（案例分析与指导阅读）

第 **8** 章 进度计划

Scheduling

在本章及后面的三章中，我们将继续就如何实施第 6 章中所制订的项目计划展开论述。在这一章中，我们将会审视一些在项目管理中非常有用的进度计划技术。这些技术主要包括：计划评审技术、关键路径法、甘特图。此外，我们还会简要讨论前导图法、关键资源图法以及若干处理报告数据的方法。风险分析和管理将作为所有进度计划方法的内在特性加以考虑，另外，也将对项目进度的模拟进行示范。

虽然进度的主题，特别是项目调度的机制，在本质上更倾向于策略性的，但是读者必须记住与项目进度相关的重要战略含义。例如，在许多项目中，像发布新版本的软件产品、建造办公楼或升级最新的智能手机，没有什么比错过发布截止日期的项目更能让高级管理层和客户看到。除了增加项目成本外，错过最后期限还可能严重损害组织的品牌和声誉。由于产品生命周期大大缩短，错过最后期限可能会对组织获得市场份额的能力产生严重影响，并可能大大限制组织收回在项目中投资的时间。因此，虽然我们在本章中对进度机制的讨论采取了更具策略性的方法，但重要的是不要忽视与项目进度相关的战略含义。

> 从明天起，员工只能使用个人安全卡进入大楼。照片将在下周三拍摄，员工将在两周后收到卡片。

我们在第 9 章里将要研究的问题是：当资源有限而在并行项目之间或者一个独立项目中的两个或多个任务之间发生冲突时，进度计划的一些特殊问题。我们还将论述高德拉特的"关键链"（Goldratt，1997）以及通过追加资源来加快工作进度的一些方法。

➡ 8.1 背景

项目进度就是将项目工作分解结构（WBS）转换成一个作业时间表。这样，它就可以作为我们监控项目活动的基础，如果再将其与计划和预算结合起来，就可以构成项目管理的一种重要工具。在一个项目中，进度计划的职能比其在日常工作中更加重要，因为项目一般缺乏日常工作的连续性，并且常常有很多复杂的问题需要协调。确实，项目进度计划是如此重要，以至于一个详细的进度有时就是客户所规定的要求。

设计合理、详细的进度计划也可以作为建立项目监控系统的关键投入。一般来说，进度表是向下发展到工作包级别的，但在非常大的项目中，项目经理的进度表可能只有两到三个级别，每个主要子项目都有补充进度表。

所有进度计划的基本方法就是构建一个活动和时间关系的网络，以图解的方式描绘出一个项目中各项任务之间的顺序关系，那些必须先于或后于其他任务展开的任务就清晰地按照时间或者功能辨识出来。这样一个网络对项目的计划和控制工作来讲都是一个非常有用的工具，并会带来以下好处：

（1）对项目的计划、进度、监督和控制来讲，它给出了一个一致性的框架；

（2）它体现出所有任务、工作包和工作要素之间的相互依赖性；

（3）它指明了什么时候特定的人员和资源必须从事给定任务的工作；

（4）它有助于确保不同部门和职能之间进行恰当的沟通；

（5）它确定了期望的项目完成日期；

（6）它辨识出关键活动，也就是说，如果这些活动延误了，整个项目的完工时间就得推迟；

（7）它还辨识出那些具有松弛量的活动，这些活动可以延迟一段特定的时间而不会招致惩罚，或者可以从这些活动中临时借用一些资源而不会造成损失；

（8）它确定了任务可以开始的日期，或者按项目进度必须开始的日期；

（9）它表明了对哪些任务必须加以协调，以避免资源或时间上的冲突；

（10）它还表明了哪些任务可以进行或必须进行，以合理的并行和协调实现预定的项目完工日期目标；

（11）通过清楚地显示任务间的相互依赖性，减少某些人际冲突；

（12）根据所用的信息，它可以让我们估计项目在各种日期之前完工的可能性，或者相对于一种预定概率的完工日期。

实践中的项目管理　　　　　　　　　　**马萨诸塞州的即时桥梁**

波士顿的河街大桥更换工程通常需要 2 年的道路封闭和市民绕行，但由于波士顿的"加速推进"，只需要 4 月份一个周末的 2 天。工人在邻近地段预制了这座桥，然后在一个星期五晚上拆掉旧桥，把新桥滑到旧桥台上，完成紧固和测试，星期一通车。美国联邦公路管理局负责人表示，这种加速方式将成为未来的"新常态"。

问题

1. 考虑到通过压缩进度来加快项目完成的压力，这里表达的信息是什么？

2. 你认为这种取代交通基础设施的新方法会更贵还是更便宜？

3. 你认为为什么这种方法没有被更快地使用？

资料来源："Instant Bridges," PM Network, Vol. 26.

➡ 8.2　网络技术：PERT 和 CPM

先不考虑甘特图，下面我们讨论最常见的项目进度计划方法，那就是像计划评审技术（program evaluation and review technique，PERT）和关键路径法（critical path method，CPM）这样的网络技术。PERT 是由美国海军与博思艾伦咨询公司（Booz Allen Hamilton）和洛克希德公司（Lockheed）合作，于 1958 年为北极星潜艇/导弹项目开发出来的。CPM 则是由杜邦公司在同期开发出来的。

在实际应用中，PERT 一直主要用于研发项目，因为它就是为这种类型的项目而开发的，尽管它更多地用于研发的"开发"方面而非"研究"方面。CPM 则更多地用于建筑项目，并且已经被建筑业普遍接受（对这种一般性的结论也有例外的情况，例如，礼来公司就在研究项目中使用 CPM）。

使用 PERT 的机会目前已经大幅减少，因为多数项目管理软件采用的都是 CPM 网络法。这两种方法其实十分相似，并且常常结合起来讲授。

PERT 最初需要严格针对项目中的时间要素，并使用可能的活动时间估计来帮助确定一个项目按时完工的概率。CPM 则使用确定性的活动时间估计，被设计用来控制时间和控制项目的成本，尤其是时间/成本的相互影响（权衡）问题。在 CPM 中，各项活动能够以额外的成本进行"赶工"（加速），以争取尽早完工。两种方法都需要识别一个项目的关键路径，该关键路径上的活动不能延误，并且指明了拥有松弛量（或浮动量）的活动，这些活动可以适当延误而并不拉长整个项目的完工时间。一些学者坚持要严格区分 PERT 和 CPM，这对我们来讲似无必要。人们可以用 CPM 去估计时间概率，也可以用 PERT 网络去安排"赶工"。

我们已经注意到，在实际的项目中，关键性活动在项目总体活动中所占的比例一般都低于 10%。在本章所使用的例子和简化问题中，各项关键活动都在总体活动中占据了更大的比重，这是因为我们想用较小的网络来说明这种技术。

术语

现在定义一下在讨论网络时所使用的一些术语。

活动（activity）　项目所需的一个或一系列特定的任务，需要耗费资源以及占用时间来完成。

事件（event）　完成一个或多个活动的结果，发生在特定时间的一种可识别的结束状态，事件本身不使用资源。

网络（network）　所有活动和事件按照其逻辑顺序排布，用线条和节点表示出来，它定义了项目和活动的前导关系。勾画这种网络时通常要从左开始向右进行。线上的箭头用来指明流程的方向，也就是说，要表明适当的优先性。在一个事件实现前，也就是完成前，此事件之前的所有紧邻活动都必须率先完成，这些活动叫作该事件的紧前活动。这样，一个事件代表了时间上的一个瞬间，此时每一个紧前活动都已完成。

路径（path）　网络中任何两个事件间的一系列相关活动（或者中间事件）。

关键性（critical） 指特定的活动、事件或路径，如果它们有所延误，就会推迟整个项目的完成进度。一个项目的关键路径可以被看作连接项目的开始事件和终止事件的关键活动（和关键事件）的顺序排列。如果不希望整个项目延误，那么关键性的活动和事件就不能延误。

要把一个项目计划转变成网络，必须知道该项目由哪些活动组成，并且要了解每项活动有哪些紧前活动（或者紧后活动）。一项活动可能属于下面这些状况中的任何一种：（1）活动可能会有一个或一些紧后活动，但没有紧前活动；（2）活动可能有一个或一些紧前活动，但没有紧后活动；（3）活动可以既有紧前活动又有紧后活动。第一种是网络的开始活动，第二种是网络的终止活动，第三种是网络的中间活动。图8-1展示了这三类活动。在图8-1中活动用矩形表示（在网络中又称为"节点"），箭线表示紧前关系。当多项活动并存且无紧前活动时，通常我们用一个"开始"节点来引导多个箭线作为网络的起点①（见图8-2）。同样，当多项活动并存且无紧后活动时，我们通常用"结束"节点将各箭线终止于一个节点上。

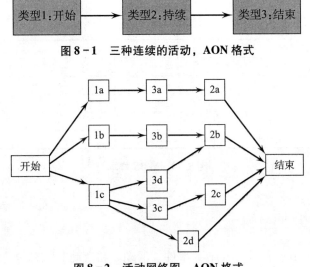

图8-1　三种连续的活动，AON 格式

图8-2　活动网络图，AON 格式

各项活动间的相互关系取决于 WBS 所描绘的技术性关系。例如，当一个人要粉刷一个房间时，首先要填平墙上的小洞和缝隙，遮上窗户和木制品，这就是粉刷墙壁的紧前活动。类似地，移开窗帘和百叶窗以及从墙上移开画框挂钩则是遮盖物品的紧前活动。正是所要从事的工作的性质确定了活动的先后关系。

上述例子中，用矩形（节点）代表活动，因此称为活动节点表示法（AON）。另一种表示法称为活动箭线表示法（AOA），如图8-3所示。活动用箭线表示，圆形节点表示事件。当多项活动开始时，设置一个"开始"节点，所有活动自此引出；当多项活动完成时，设置一个"结束"节点，将这些活动统统归结到这个节点上。

虽然在本章中大部分使用的是 AON 格式，但我们也将示范 AOA 网络的构建。作为介

① 用"开始"（START）一词表示网络的开端是一种传统的做法。《PMBOK 指南》的第1版、第2版用的就是"开始"这个词，到了第3版，不知出于什么原因，"开始"一词被换成了"起点"（BEGIN）。为了避免变化太频繁，在这里我们依旧沿用了"开始"这个词。

绍，本章仅打算探讨进度计划问题，讨论的水平也仅限于对那些希望使用商业化的计算机项目进度软件包的项目经理够用就可以了。欲对 PERT/CPM 有更深入的了解，请参考莫德等（Moder et al.，1983）的相关论著。

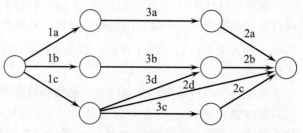

图 8-3　活动网络图，AOA 格式

现在我们回忆一下在第 6 章中提到的 WBS 尤其是计划文件，其中包含了我们所需的信息，它是一种排列清单，包括为完成某个特定任务所需着手实施的所有活动、每项活动预计需耗用的时间、活动所需的任何非常规资源以及每项活动的紧前活动。例如，我们有一个 WBS，如图 8-4 所示。

WBS

目标：为完成 _____
绩效测量 _____
约束 _____

任务	紧前活动	时间（天）	成本	由谁来做
a	—	5	—	—
b	—	4	—	—
c	a	6	—	—
d	b	2	—	—
e	b	5	—	—
f	c, d	8	—	—

图 8-4　WBS 样本

绘制网络图，AON 版

首先假定第一个节点表示"开始"事件。活动 a 和活动 b 没有紧前活动，因此假定它们源自"开始"节点（见图 8-5（a））。正如前面所解释的那样，箭头表示流程方向。活动 c 跟着活动 a，活动 d 跟着活动 b，活动 e 也跟着活动 b，把这些加进来就构成了如图 8-6（a）所示的网络。现在请注意，活动 f 必须既跟随活动 c 又跟随活动 d。该 WBS 并没有指出要完成任务还需要实施哪些进一步的活动，至此，我们已经到达了这个特定计划的终点。我们从活动 e 和活动 f 绘制箭线至"结束"节点，如图 8-7（a）所示。很多商业项目管理软件都可以按要求绘制出类似的网络图。

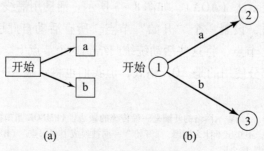

(a)　　　　　　　　　　　(b)

图 8-5　网络绘制示范图 1

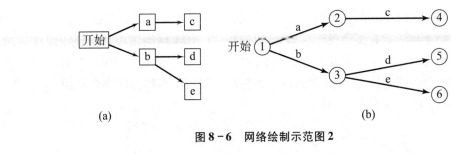

图 8-6 网络绘制示范图 2

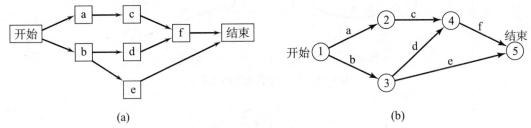

图 8-7 网络绘制示范图 3

绘制网络图，AOA 版

同样，我们以"开始"节点（事件）作为开端。如图 8-4 所示，活动 a 和活动 b 没有紧前活动，为了便于辨认，我们从"开始"节点分别绘制两条标注 a 和 b 的箭线引至圆形节点 2 和节点 3（见图 8-5（b））。活动 c 跟着活动 a，活动 d 跟着活动 b，活动 e 也跟着活动 b。把这些加进来绘制成箭线图，并在箭线和节点上注明活动或顺序，就构成了如图 8-6（b）所示的 AOA 网络图。

请注意，活动 f 必须既跟随活动 c 又跟随活动 d，一项活动必须且只能源自一个节点。因此，活动 c 和活动 d 只能归结到同一个节点上①。移动活动 d 以及它所指向的节点——手绘的网络图最好用铅笔来绘制以便于修改，然后将活动 d 和活动 c 归结到同一个节点上。现在，我们让活动 e 跟着活动 b，活动 f 跟着活动 c 和活动 d。活动 e 和活动 f 没有紧后活动，因此归结到"结束"节点上终止网络（见图 8-7（b））。

使用 AOA 还是 AON，在很大程度上取决于个人的偏好。如我们之前提到的，AON 被典型地用于最流行的商业性的计算机软件，而且 AON 网络图比较容易绘制。AOA 网络图稍微难画一些，因为有时需要使用虚拟活动（用虚线表示）来辅助说明活动的前后顺序。虚拟活动没有工期也不占用资源，其唯一的作用就是表示逻辑关系（AON 网络图则不需要引入虚拟活动）。AOA 网络图能够清晰地把事件在图上表示出来，AON 网络图必须增加"工期为零"的活动（或里程碑）来表示事件。

图 8-8 说明了如果有两个活动在相同的两个事件间发生，使用一项虚拟活动的正确方法。图 8-8 还可以表明为什么 AOA 网络图也可能需要虚拟活动。一项活动既是由其"名称"确定的，也是由其开始节点和结束节点所确定的。例如，活动 a 和活动 b 都从节点 1 开始，在节点 2 结束。许多广泛用于为网络找出关键路径和时间的计算机程序都需要使用节点来识别各项活动。在我们的例子中，活动 a 和活动 b 看起来是相同的，都是从节

---

① 活动 f 由此节点导出。——译者

点 1 开始，到节点 2 结束。图 8－9 表示，当活动 a、活动 b 和活动 c 都必须先于活动 d 进行，但仅有活动 a 和活动 b 必须先于活动 e 进行时，在 AOA 网络图中如何使用虚拟活动。最后，图 8－10 表示在一个更为复杂的背景下使用虚拟活动的情况。AON 网络图用得比较多，但也有一些公司就是偏爱 AOA 网络图，作为项目经理，两种方法都要掌握。

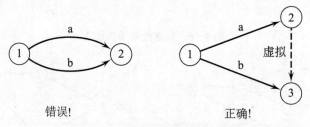

图 8－8　为并行的活动构建网络

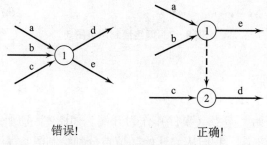

图 8－9　活动 e 不需要 c

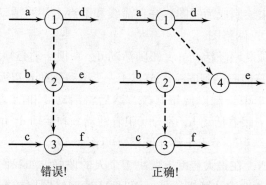

图 8－10　活动 a 先于 d，a 和 b 先于 e，b 和 c 先于 f（a 并不先于 f）

甘特图（横道图）和微软的项目管理软件（MSP）

表示项目进度信息的最古老的方法之一就是甘特图，该方法到现在仍然是最为实用的一种方法，它是在大约 1917 年由科学管理领域一位先驱者亨利·甘特（Henry L. Gantt）开发出来的。甘特图在一个水平的时间尺度上用横条的形式显示一批任务的计划和实际进展情况，它是一种特别有效又易于读取的方法，可以指明一系列任务中的每一项任务当前的实际状况，并与计划进程进行一一对比。因此，在赶工、排序和任务间的资源再分配等方面，以及对常规又有价值的工作保持监控以了解事情的进展情况等方面，甘特图都是非常有用的。另外，该图常常包括一些特定符号来指明或强调对所画出的情况应当给予特别的关注。尽管 PMBOK 第 3 版将之改称为"横道图"，但是我们在此仍然沿用"甘特图"的叫法。

　　使用甘特图有几个优点。首先，即使图中包含了大量信息也非常易于理解。尽管甘特图确实需要经常更新（实际上任何进度/控制策略都如此），但只要任务要求没有改变，或者没有对进度做出重大的更改，该图也是易于维护的。甘特图为项目的当前状况提供了一种清晰的图像。然而，甘特图本身也存在着严重的缺陷，例如项目非常复杂，包含了众多的活动，利用该图跟踪这些复杂的活动路径就变得非常困难。虽说甘特图是用来向高层管理者汇报进度的有力工具，但是通常网络图对管理手头上的项目任务会更有用。

　　甘特图另外一个明显的优点就是容易绘制。我们使用前面章节的例子来显示这一点，同时，演示一下如何绘制甘特图。

　　和任何事物一样，在使用 MSP 或其他软件绘制复杂的网络图或甘特图之前，学生应该清楚地知道他们想用甘特图或者网络图来表达什么（不表达什么）。先用铅笔打个草稿，把问题想清楚之后再用软件生成图形就很容易了。这种做法方便快捷，让人对项目的大体规模一目了然，既省钱又省力。

　　考虑图 8－4 中的示例，该示例只是用来说明如何绘制网络图。打开 MSP 时，甘特图视图通常是显示的默认视图（你可以随时单击任务功能区最左侧的"甘特图"按钮来显示甘特图视图）。甘特图视图包含两个窗口。左边是一个表单，用于将 WBS 数据输入程序中。甘特图显示在右侧窗口中。输入数据很简单。我们首先输入一个名为"开始"的活动。将持续时间指定为 0 天，这使它成为一个"里程碑"而不是真正的"活动"。现在，输入活动 a，持续时间为 5 天，然后继续执行其余的活动。在列表的末尾，添加了 0 天工期的完成，即项目结束里程碑。

　　当你输入每个活动时，软件会自动为其分配一个 WBS 编号。在指定任务之间的优先级关系时，请确保使用这些编号。如果愿意，可以删除或添加列。如果不输入特定的开始日期，MSP 将默认开始日期为当前日期。当你输入 WBS 数据时，MSP 将自动绘制 AON 网络图和甘特图。（甘特图将在包含 WBS 信息的表单右侧可见。单击甘特图按钮下方的向下箭头，并从显示的视图列表中选择网络图，即可看到网络图。）如果输入了活动名称和持续时间而没有注意到相应的紧前活动信息，则假定所有活动都在同一开始日期开始。输入紧前活动信息时，显示了活动之间的正确关系（见图 8－11 和图 8－12）。

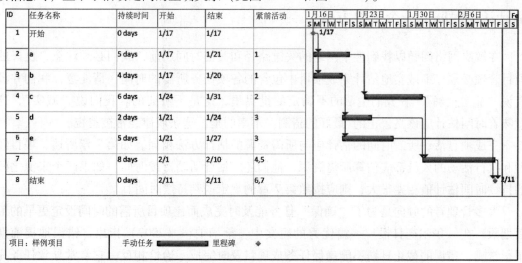

图 8－11　以图 8－4 为例用 MSP 软件生成的项目计划甘特图

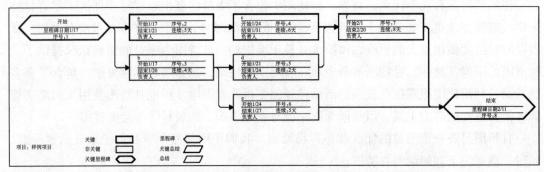

图 8-12　以图 8-4 为例用 MSP 软件生成的 AON 网络图

到目前为止，我们的论述已经简单地说明了网络图或甘特图中的技术依赖性。假如将 AON 网络图与甘特图相比较就会发现一些有趣的现象。将所有活动及其时间列入 WBS，我们会看到项目活动累计需要 30 天。从网络图或者甘特图上来看，项目计划从 1 月 17 日开始并于 2 月 11 日结束。总工期为 25 天，而非 30 天。MSP 定义每周工作日为 5 天（在用 MSP 软件生成的甘特图上，周六和周日被阴影覆盖，为的是将工作日与非工作日加以区分）。假如工作日定义为每周 7 天，那么完工时间就缩短至 19 天，即可 2 月 5 日完成项目。我们还未讲到工期计算的问题，这很快就会谈到，即便是用手工计算也很简单，当然用 MSP 计算更为方便和快捷。重要的是，系统计算是以预设的每周工作日天数、每天工作的小时数和其他假设条件为基础的，后面我们还会谈到这一点。按照不同的要求，系统的假设条件可以人为调整，但是在制订整个项目计划之初，应该重新审视各假设条件。

这个例子同时体现了甘特图的优点和缺点。它的主要优点就是容易看懂，所有流行的项目管理软件都配备有甘特图，其中的大多数还提供了一些可调整的操作设置。总而言之，容易绘制、容易使用就是甘特图成为人们在表示项目进度时最流行的一种方法的主要原因。虽然如此，AON 网络图对于项目经理控制进度来说也是非常重要的工具，尤其是当甘特图未囊括所有信息或者因为绘制得不够详细而容易给人造成误解时（Wilkens，1997）。

估计活动时间的一个重要方面

在解决网络问题以找到整个网络的关键路径和关键时间之前，我们必须注意，良好的项目管理必须仔细诚实地估计完成项目中包含的各项任务所需的时间。请注意，我们并没有说"非常精确"。在我们生活的不确定的世界里，这是不可能的。我们说"诚实"，这意味着时间估计应该是公正的/最好的猜测。不幸的是，这条戒律经常被忽视。

完成项目活动所需时间的估计应与所需资源的估计方法相同。如第 7 章所述，项目经理和执行活动的人员都应估算所需资源，他们还应估计活动持续时间。如果两个来源之间的持续时间估计值相差很大，则应按照第 7 章的规定谈判持续时间。

太多管理者的倾向是为了"确保"任务能及时完成而比项目所需的时间设定更早的最后期限。在《华尔街日报》一篇优秀的短文中，桑德伯格（2007）指出，错误地提前期限很常见。错误的截止日期不能确保任务或项目及时完成，恰恰相反，它常常导致任务完成得很晚。谎言很容易被发现，结果是没有人认真对待经理的最后期限。有些经理给下属的所有任务都设定了最后期限，他们以同样的方式对待日常工作和至关重要的工作。这违反了良好时间管理的基本规则，结果是紧急但不重要的任务往往会挤掉真正重要的活动，使它们延迟。

当项目赞助者低估时间和资源需求，试图确保其项目通过项目选择的障碍时，以及当工人高估时间和资源使用，以确保成功完成任务和项目交付时，时间估算中的其他偏差来源就会产生。

鉴于进度是基于诚实的最佳猜测，其他主要问题可能会导致时间估计的严重错误。在一些项目中，客户直接参与项目的可交付成果，这意味着可交付成果以及活动可能在项目完成之前发生变化。在许多复杂的项目中，在项目完成一些早期活动之前，并不是所有的活动都能被完全理解。这些问题导致了敏捷项目管理的发展，它使用一个迭代过程来为这些后来没有被很好理解的活动节约时间和资源。当一个项目从另一个项目"借用"关键资源时，在多项目环境中也会出现同样的问题。借出项目的活动可能会延迟。这种实际或潜在的延迟可能不会被发现，除非项目经理进行频繁的、周期性的进度状态评审——一种称为"迭代进度"的技术，它允许与客户一起进行适当的重新调度（Wheatly，2010）。惠特利说，以下五条线索可以指示何时需要迭代进度：延迟或模糊的进度报告、过期的可交付成果、静态的进度指标、团队成员更长的工作时间、影响项目的小问题明显增多。

估计活动时间的最后一个复杂问题是，对于许多任务（如果不是大多数任务），有其他方法来执行工作。例如，更富有经验和生产力的员工可能被分配去做这项工作，但成本更高。同样，也可以使用其他技术，例如手动执行分析而不是投资于开发自动化报表生成器。此外，在某些情况下可以调整资源，例如，增加人员编制、购买速度更快的设备、加班或外包部分工作。在估算活动时间时，重要的是执行 PMBOK 所指的替代分析，其中确定和评估了执行工作的替代方法。通过这个简短的讲解，我们回到解决我们所建立的网络的问题。

实践中的项目管理　　　　**三小时内出选举结果**

巴拿马 2009 年 5 月 3 日的总统选举，和大多数选举一样，是一场紧张的选举，但在投票结束后的两个半小时内，该国公民就听到了选举结果。考虑到这个国家的许多公民都居住在偏远的小村庄，还有一些人居住在茂密的丛林中，这是一项令人印象深刻的成就。这并非偶然，这是一个重大项目的结果，该项目旨在通过压缩报告时间向公民提供快速反馈。

这个项目的实质归结为两个推力。其一是巴拿马选举法庭持续数十年的努力，通过强制性的出生和死亡记录，加上生物特征数据（指纹、照片等）来建立一个有效的选举数据库，以记录每个公民生命中的关键里程碑，只有符合条件的公民才能投票，而且只能对候选人投一次票。其二是技术性的，包括建立和使用高度安全的通信信道，包括电话线、卫星电话、甚高频无线电链路，以及为了这次选举，一个新的无线应用协议（WAP）是从头编写、加密、认证和广泛测试的。为了确保它能顺利、安全地运行，投票站工作人员接受了使用该应用程序的培训，然后在投票站模拟了 12 次广泛的测试。在模拟过程中，来自美国的安全专家和"道德黑客"对该系统的防御进行了测试和探测，结果在最后一刻修改了软件和使用程序，如密码访问。

在选举的新闻中心，按省划分的投票详情将立即公布，一个19×25英尺的巨型监控屏幕被安装来显示投票情况。这个屏幕被四个较小的屏幕包围，以提供更多的投票细节，如有效、空白和无效票数，投票参与程度、当地问题、国家互动地图等。毫不奇怪，负责选举的选举法庭已经在为2014年的选举做准备，并计划将这一制度扩大到其他选举，如立法会成员和市长及议员选举。

问题

1. 这个例子包括两个项目：一个是改进选举报告周期进程及其有效性的长期项目，另一个是在2009年全国选举中实际执行这一新进程的项目。你认为哪一个的进度安排压力最大？

2. 你认为巴拿马的两个推力中哪一个比较困难？为什么？

3. 你认为哪一个推力对选举的进度有最大的压力？

资料来源：M. Wheatley, "Calling the Election," PM Network, Vol. 24.

解决网络问题

现在让我们考虑一个包含10个活动的小项目，以说明网络技术。表8-1列出了活动、最可能的完成时间以及必须在它们之前进行的活动。表8-1还包括对清单中每项活动完成时间的乐观和悲观估计。实际活动时间预计很少短于乐观时间或长于悲观时间（稍后将详细介绍此问题）。

表8-1　项目活动时间和紧前关系

活动	乐观时间	最可能时间	悲观时间	紧前活动
a	10	22	22	—
b	20	20	20	—
c	4	10	16	—
d	2	14	32	a
e	8	8	20	b, c
f	8	14	20	b, c
g	4	4	4	b, c
h	2	12	16	c
i	6	16	38	g, h
j	2	8	14	d, e

我们从"开始"节点绘制网络图，活动a、活动b和活动c均没有紧前活动，因此，将它们从"开始"节点导出（见图8-13）。

活动a是活动d的紧前活动，因此活动d跟随在活动a之后。活动e、活动f和活动g跟随在活动b和活动c两个紧前活动之后完成。活动h排在活动c之后，活动j排在活动d和活动e之后。活动i排在活动g和活动h之后。到此为止不再有紧后活动，网络图结束，

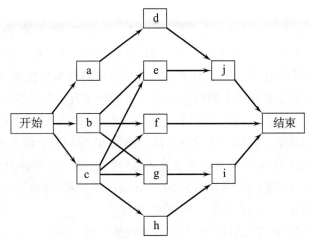

图 8-13 由表 8-1 生成的 AON 网络图

用一个"结束"节点将各个不再有紧后活动的活动归结在一起。在这里，活动 j、活动 f 和活动 i 自上而下排列。如前所述，永远用箭头来表示活动的连接方向。

计算活动时间

下一步就是根据表 8-1 的数据计算期望的活动完成时间。这些期望完成时间可以通过使用表 8-1 中的三种时间估计（乐观的、悲观的和最可能的）得出。记住，这些估计数据是一种与每项活动所需的时间相关的风险的表示（对活动时间所做的乐观、悲观和最可能的估计同样可用于第 7 章对资源使用的估计，步骤同后面所做的计算）。

我们在这里需要再次短暂地脱离一下主题，讲一讲"乐观的""悲观的"以及"最可能的"都意味着什么。对某些特定的活动，假定所有可能的时间都可以用一个统计分布来表示（例如图 8-14 的非对称分布）。对该活动来说，"最可能的时间"m 就是这种分布的众数（mode）。理论上讲，"乐观的"和"悲观的"时间用下面的方式来选择：项目经理或者任何试图估计 a 和 b 的人，会被要求选择 a，就是让活动所需的实际时间是 a，或者大约 99% 的可能性会长于这个时间。类似地，b 也是这样估计的，大约 99% 的可能性活动所需的时间就是 b 或者比之更短一些（我们知道，有一些项目经理或者工作人员会对这种精确的估计感到不舒服，但是我们暂时不理会这个问题）。

期望时间（TE）由下式得出：

$$TE = (a + 4m + b)/6$$

式中，a——乐观的时间估计；

b——悲观的时间估计；

m——最可能的时间估计，众数。

请注意，在表 8-1 中，某些活动的工期是确切已知的，也就是说，a，

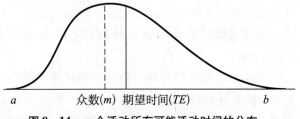

图 8-14 一个活动所有可能活动时间的分布

b 和 m 都是一样的（例如活动 g）。我们可以进一步注意到，最可能的时间可能与乐观的时间相同（$a = m$），活动 e 就是如此；或者，最可能的时间可能与悲观的时间相同（$m = b$），例如活动 a。m 的范围也可以是对称的：

$$m - a = b - m$$

例如活动 c，或者是相当不对称的 ($m - a \neq b - m$)，例如活动 h 和活动 i。

通常将上述期望时间的公式说成是基于 beta 统计分布的[①]。使用这种分布而不是更常用的正态分布，是因为它在形式上非常灵活，并且可以将极端的情况 $a = m$ 或者 $b = m$ 考虑在内。它还可以精确地模拟具有非对称分布（正态分布假定为对称分布）的任务。在项目管理中，这一点尤其重要，因为通常情况下，一项活动的完成时间比预期的要长的概率大于比预期的要早的概率。例如，考虑一个计划持续 30 分钟的会议。这次会议提前 45 分钟结束的可能性与超过 45 分钟结束的可能性是多少？显然，30 分钟的会议不可能提前 45 分钟结束，那些有会议经验的人将认识到 30 分钟会议超过 45 分钟的可能性很大！在这种情况下，会议时间的分布将向右倾斜（见图 8 – 14）。

期望时间是对分布均值的估计，它是一种加权平均值，对 a, m, b 按 $1 : 4 : 1$ 的比例加权。再一次强调，在给定对资源水平的适当估计以及乐观和悲观的估计的前提下，同样的方法可以用于找出资源用度的期望水平。

这种活动时间的估计过程时不时会受到一些批评。一般来讲，批评者们认为，当活动时间设定以后，人们就开始将这些时间当作目标了，那就是说这种估计实际上是自圆其说的预言。另外一种观点（Williams，1995）认为，实际工作时间很少会短于众数估计值并且常常会超出该值，这证明分布是右偏的，其原因可以用帕金森定律解释——工作总是占满分配给它的时间。如果出现问题，那么活动就可能需要更多的时间，但它几乎从来不会少用时间。尽管据我们所知没有人进行过证明，还是有一些轶事支持这种说法，但也有一些轶事支持传统的假设，那就是三点工期估算仍是经历过类似活动的人们的"最好猜测"。任何时候我们的目的都是估计每项活动所需时间的范围而不是争论估计过程背后的基本逻辑。

> "把事情做好不是无法满足进度要求的理由。没人相信你在一天内就可以解决这个问题！现在，去忙碌几周吧，并且在应该告诉他们时，我会让你知道的。"

期望值的计算结果显示在表 8 – 2 中，也包括在图 8 – 15 中。在该表和网络图上还有对每个工期的不确定性的测算——方差 σ^2：

$$\sigma^2 = [(b - a) / 6]^2$$

并且，标准差 σ 由下式给出：

$$\sigma = \sqrt{\sigma^2}$$

标准差的计算是基于这种假设，即 beta 分布的标准差近似等于其范围的 $1/6$，即 $(b - a)/6$。

在本章后面我们将就一种对活动时间方差的估计步骤所做的修正进行讨论，前提是对 a 和 b 的估计都没有达到 99% 的水平。请注意，表 8 – 1 和表 8 – 2 的公式和计算均可用电子数据表如 Excel 自动生成，详见第 7 章。期望时间、方差和标准差的方程式只需要录入一次，其余的列进行复制即可。

---

① 这里需要提醒读者的是，如果希望简要重温一下统计学和概率的基础理论，在本书的附录 A（在本书的网页上）中可以找到相关的内容。

表 8 - 2　期望时间、方差和标准差

活动	期望时间	方差	标准差
a	20	4	2
b	20	0	0
c	10	4	2
d	15	25	5
e	10	4	2
f	14	4	2
g	4	0	0
h	11	5.4	2.32
i	18	28.4	5.33
j	8	4	2

关键路径和时间

我们现在考虑一个假设的项目，如图 8 - 15 所示。为方便起见，假设相关事件单位为天数，第一个数字表示期望时间，第二个数字表示方差。要完成这个项目需要多长时间（我们暂且将期望时间看作确定的）？如果在第 0 天开始实施这个项目，可以同时开始实施活动 a、活动 b 和活动 c，见图 8 - 16 各节点左上角所列的最早开始时间（ES）。这些活动中的每一个都没有紧前活动。20 天后完成活动 a，同时完成活动 b，10 天后完成活动 c，每节点右上角表示的是最早完成时间（EF）。最早完成时间也意味着紧后活动的最早开始时间。

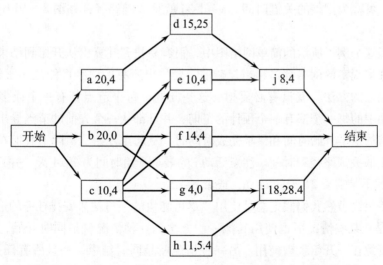

图 8 - 15　由表 8 - 2 得出的 AON 网络图（显示活动工期和方差）

请注意活动 e 不仅需要活动 b 先完成，而且需要活动 c 也先完成，如图所示有两个箭头指向它。活动 e 要等到这两项活动都完成之后才能开始。因此，活动 e 之前活动的最早完成时间也就是活动 e 的最早开始时间，如活动 b 的最早完成时间为 20 天。

采用类似的方法，我们可以发现活动 j 有两个紧前活动 d 和 e。活动 d 在 20 天后才能够开始（ES=20），并且需要 15 天才能完成，即最早从项目开始后 35 天活动 d 才能完成。

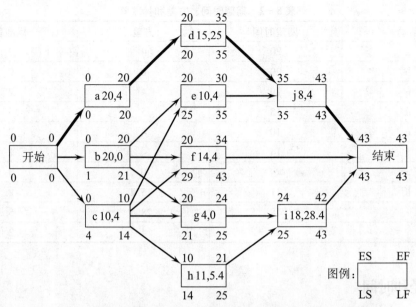

图 8 - 16 AON 网络图（显示最早/最晚的开始/完成时间和关键路径）

活动 e 也可以在 20 天后开始，但它仅需要 10 天的时间，即从项目开始后总计 30 天就能完成。因为活动 j 需要在活动 d 和活动 e 全都完成后才能开始，所以它的最早开始时间是在第 35 天，是所有通向它的路径中最长的一条。活动 i 的最早开始时间是第 24 天，也是两条通向它的路径中最长的一条。截止到结束节点，即网络完结需要 43 天的时间。所有活动的最早开始时间和最早完成时间都标注在图 8 - 16 中。

在这些路径中，最长的是 a→d→j，耗时 43 天，这意味着 43 天是整个网络能够完结的最短时间，可称为网络的关键时间，a→d→j 就是关键路径，在图 8 - 16 中，用粗线条表示。

在如我们这个例子所示的简单网络图中，很容易找到并算出从开始到结束之间的每一条路径，但许多现实的网络都是相当复杂的，要找出所有的路径可能是非常繁重的工作。使用上面所描述的方法，就没有必要担心这一问题。每个节点都有一个或多个活动通向它，这些活动中的每一个都有一个预计的工期，并且都从一个先前的节点导出。在我们计算每一个节点的最早开始时间和最早完成时间时，从起点开始，实际上我们在寻找网络中的每一个节点的关键路径和时间。注意活动 i 的最早开始时间为第 24 天，并且它的关键路径是 b→g，而不是需要 21 天的 c→h，或者 c→g。

本章自始至终虽然我们假定总是使用"尽可能快的"方法来安排任务的进度（"尽早开始"），但是在某些情况下也使用其他一些方法。一种情况就是同时开始，在这种情况下，所有的资源在一开始就被使用。另一种情况就是同时结束，一旦所有任务全部完成，各种设备就移到下一个位置。当然，即便是项目中较早发生的延误情况——如果一些其他的项目不小心也延误了，也会面临延误整个项目的风险。使用"尽可能晚"的方法的一个主要原因是它尽可能地推迟了资源的使用，从而优化了项目的现金流量，但也增加了工作延误的可能性。

松弛量（又叫浮动时间）

现在我们将注意力转移到活动的最晚开始时间（*LS*）上。正如前面所讨论的那样，一项活动的最早开始时间（*ES*）相当于其紧前活动的最早完成时间（*EF*）。对项目经理来说，一个重要的问题是：在不使整个项目延误的情况下，活动 i 的最晚开始时间（*LS*）是什么时候？

我们再看一下图 8-16。该项目的关键时间是 43 天。活动 i 必须在第 43 天前完成，用最晚完成时间（*LF*）表示，在活动节点的右下角注明。活动 i 耗时 18 天，如果想让项目在第 43 天完工，那么活动 i 必须不晚于第 25 天开始（43-18=25）。活动 i 的最晚开始时间（*LS*）就是第 25 天，在节点的左下角注明。因为活动 i 要到活动 g 和活动 h 都完成后才能开始，所以活动 g 和活动 h 的最晚完成时间（*LF*）也是第 25 天。一项活动的 *LS* 与 *ES* 之间的差就是松弛量或浮动时间。以活动 i 为例，它必须不晚于第 25 天开始，但可以早在第 24 天就开始，这样它就有 1 天的松弛量。我们立刻就应当清楚，在关键路径上所有活动的松弛量均为 0[①]。我们无法在不拖延整个项目的前提下推迟这些活动。

现在我们来看另外一个例子。以活动 f 为例，其 *ES* 是第 20 天，这等于它的紧前活动 b 的 *EF*。活动 f 的 *LS* 是 43-14=29（天）。如果活动 f 晚于第 29 天开始就会延误整个项目。活动 f 的松弛量是 *LS* - *ES* = 29-20=9（天）。

要找出任何活动的松弛量，我们都是逆向（从右向左）穿过网络，就如同我们正向推进（从左到右）以找出关键路径和时间以及所有紧后活动的 *ES* 和 *EF* 一样。有一个我们应该采用的简单方法：当有两个或者更多非关键活动处于一条路径上时，把每一个活动都看成好像是该路径上的唯一活动，然后计算每个活动的松弛量就非常方便了。这样，在计算活动 i 的松弛量时，我们假定活动 i 的任何紧前活动都没有延误。当然，假如某个活动 x 有 6 天的松弛量，并且如果一项早期的活动有所延误，引发了活动 x 的延误，比如 2 天，那么活动 x 就仅有 4 天的松弛量了，因为先前的延误已经占用了 2 天。

为最后一个节点的紧前活动计算松弛量是非常方便的，在我们移向先前活动的过程中，该项工作也只是变得稍微复杂一点而已。以活动 g 为例，记住我们的假设，同一路径上的其他活动不占用任何可用的松弛量，我们发现活动 i 必须跟着活动 g，并且活动 g 是从活动 b 和活动 c 引出的。从活动 i 的 *LS* 第 25 天算起，我们为活动 g 减去 4 天（25-4=21），这样活动 g 不晚于第 21 天开始，就不会使网络延误。活动 g 的 *ES* 就是第 20 天，这样活动 g 就有 1 天的松弛量。

再来看活动 e 的例子。活动 e 必须在第 35 天完成，亦即活动 j 的 *LS*，那么活动 e 的 *LS* 就是 35-10=25（天），它的 *ES* 是第 20 天，因此活动 e 的松弛量就是 5 天。表 8-3 展示了网络图上所有活动的 *LS* 和 *ES* 及其松弛量。

---

① "浮动"（float）与"松弛"（slack）是同义词。项目管理协会写作"浮动"，项目管理软件 MSP 写作"松弛"。我们习惯性地使用"松弛"。

表8-3 图8-16中网络图的时间和松弛量

活动	最晚开始时间	最早开始时间	松弛量
a	0	0	0
b	1	0	1
c	4	0	4
d	20	20	0
e	25	20	5
f	29	20	9
g	21	20	1
h	14	10	4
i	25	24	1
j	35	35	0

有时，项目经理可以就一个项目可接受的完工时间进行协商，为的是让整个网络拥有一些松弛量。在我们的例子中，如果一个可接受的时间是项目开始后的第50个工作日，那么网络就会有总共 50－43＝7（天）的松弛量。

一些学者还有微软的项目管理软件 MSP 将总松弛量与浮动时间、自由松弛量与浮动时间加以区分。总松弛量等于上文所述的 $LF-EF$ 或者 $LS-ES$，自由松弛量指的是某一项活动在不影响其紧后活动的最早开始时间的情况下所拥有的松弛量。活动 h 可以延误3天而不影响活动 i 的起始时间，我们说活动 h 拥有3天的自由松弛量，总松弛量为4天。

前导图法

AOA 网络图方法的一个缺点在于：如果不大量增加用来说明情况的次级活动，该方法就无法体现两个活动之间领先和滞后的问题，尤其是在构建项目时，下述这些限制情况非常普遍（节点活动见图8-17）：

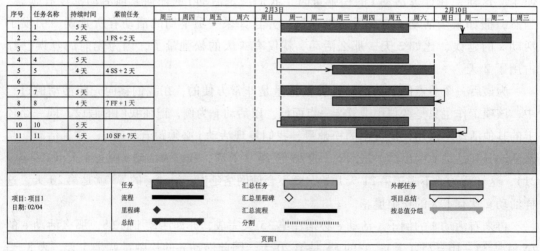

图8-17 前导图样例

（1）完成到开始。活动2必须在活动1完成后开始，这是典型的按先后顺序排列活动的方法。另一种完成到开始的情况是，如图8-17所示，紧前活动一列写的是"完成到开始，1完成后＋2天"，可见活动2的进度应该是活动1完成后2天再开始。比如说活动1

是给人行道浇筑混凝土，那么活动 2 可能就是在人行道上进行施工了。

（2）开始到开始。活动 4 开始至少 2 天后活动 5 才能开始，就好比说线槽安置到位后布线工作才能开始一样。

（3）完成到完成。活动 7 应至少比活动 8 早一天完成，如果活动 7 是给墙面刷漆，那么活动 8 可能是挑选、购买和铺设墙纸。油漆风干 24 小时之后才能往墙面上贴东西。

（4）开始到完成。活动 11 在活动 10 开始 7 天后才允许完成。我们可以想象活动 10 和活动 11 是一个为期一周的海上航行活动中的一两个有代表性的节目，因为旅行费是预付的，所以整个航行的时间不得少于一周。开始到完成的活动关系比较少见，日常生活中很容易就可以用其他更为简单的活动关系来替代它。

前导图法是一种 AON 网络图方法，容许在网络中考虑提前和滞后的问题。MSP 也可以轻而易举地处理提前和滞后的问题。网络节点时间的计算与 AON/AOA 时间计算的方法相似。对于提前和滞后方面的限定，绘制一张甘特图往往有助于了解实际发生的情况。AON 所包含的更为丰富的紧前关系适用于各种各样的项目，尤其是建筑项目（有关这种方法的更多内容可以参见莫德等（1983）的著述）。大多数现有的项目管理软件在其标准的 AON 网络图和甘特图程序版本中都允许提前、滞后、延迟和其他一些限定。

再谈 MSP 软件

图 8-18 和图 8-19 使用表 8-4 中的数据描绘了三次甘特图和网络图。执行 PERT 分析的数据可以手工计算，也可以使用 Excel 进行计算。注意，在这两个图中，有时很难区分活动 e，f，g 和 h 之前的活动（见表 8-4）。

表 8-4　根据表 8-1 的数据生成的 MSP 甘特图数据表

编号	任务名称	紧前活动	乐观工期（天）	最可能工期（天）	悲观工期（天）	预期工期（天）
1	开始		0	0	0	0
2	a	1	10	22	22	20
3	b	1	20	20	20	20
4	c	1	4	10	16	10
5	d	2	2	14	32	15
6	e	3, 4	8	8	20	10
7	f	4, 3	8	14	20	14
8	g	3, 4	4	4	4	4
9	h	4	2	12	16	11
10	i	8, 9	6	16	38	18
11	j	5, 6	2	8	14	8
12	结束	10, 11, 7	0	0	0	0

接下来一节介绍如何计算项目在某一时点结束的概率。该计算要求先定义各活动工期的标准差和方差。MSP 是不计算标准差或方差的，这里显示的标准差或方差利用的是表 8-2 的数据。请记住：

$$\sigma = (b - a)/6$$

且　　$$\sigma^2 = [(b - a)/6]^2$$

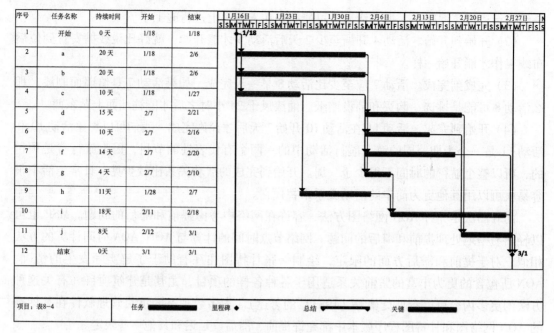

图 8-18　根据表 8-4 生成的甘特图

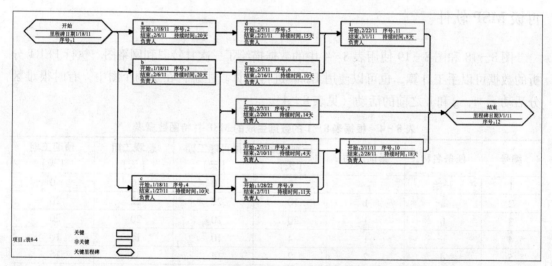

图 8-19　根据表 8-4 生成的 AON 网络图

软件图表，对 MSP 的扩展应用

　　正如上文所述，项目管理软件可以用甘特图的形式来显示项目的进展情况，并在图上附加紧前活动、时间等活动信息。此外，软件还可以生成 AOA 和 AON 网络图、日历表、报告等各种各样的输出。图 8-20 就是根据表 8-1 的数据信息生成的甘特图，图上还注明了关键路径、路径上各活动之间的连接方式、LS 和 LF 时间点等。对图表显示的信息进行取舍尽可随意，比如，最早开始时间和最早完成时间、松弛量、特殊资源需求等都可以添加到活动节点上。

　　我们再来看一个例子，图 8-21 显示了一个生产录像带项目的甘特图，包括一个任务组合（见编号 3）和两个里程碑。图 8-22 是 AON 网络图，显示了关键路径、路径活动连接、任务工期、里程碑、开始和完成时间以及编号。图 8-23 是项目一个月的日历表，显示了每天的项目活动，关键路径上的活动被特别标注出来。MSP 的日历默认工作计划是每天 8 小时，每周 5 天，除非用户指定了不同的工作周计划，例如在周末工作的计划。

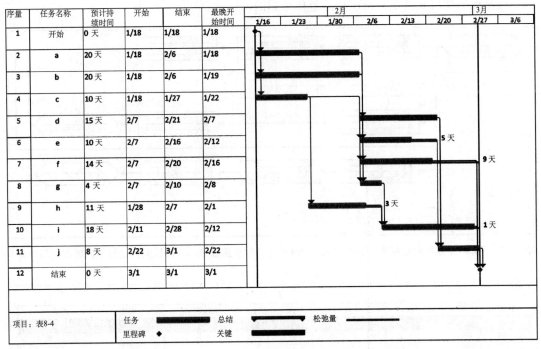

图 8-20 根据表 8-4 生成的 MSP 甘特图（显示了活动持续时间和进度安排、关键路径、路径连接、空闲时间以及最早和最晚开始与结束时间）

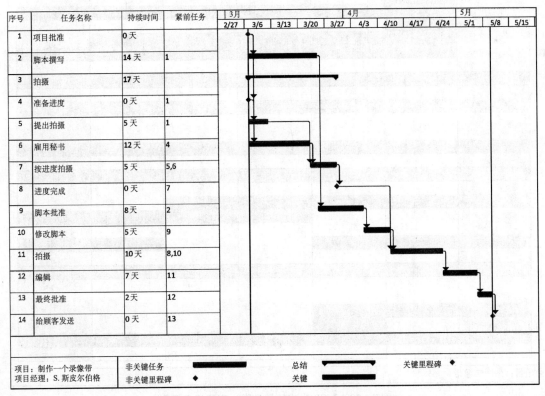

图 8-21 MSP 生成的录像带生产项目的甘特图

　　项目进展要严密监控且系统数据要及时更新，以确保图表和报告的准确性和及时性。甘特图可以直接显示出项目的进展情况，参见图 8－24 录像带生产项目。注意看图中任务的延误是如何造成最终里程碑事件的整体推迟的。

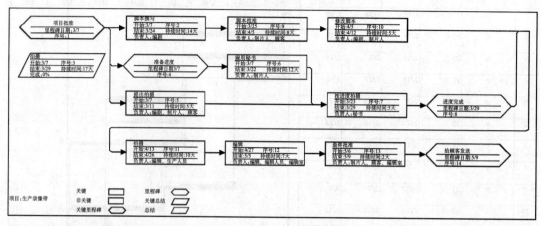

图 8－22　MSP 生成的录像带生产项目的 AON 网络图（包含关键路径、持续时间、日期、里程碑与序号）

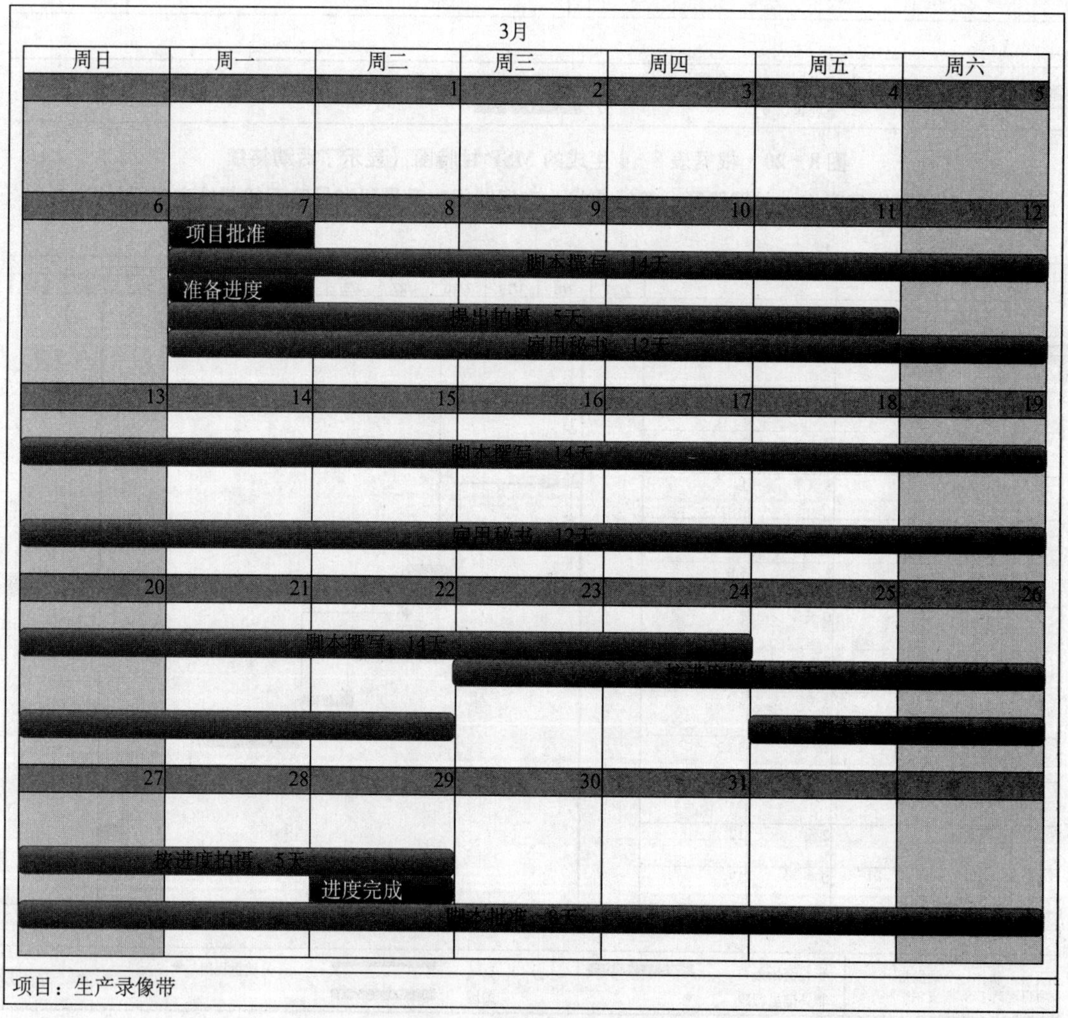

图 8－23　MSP 生成的录像带生产项目日历表

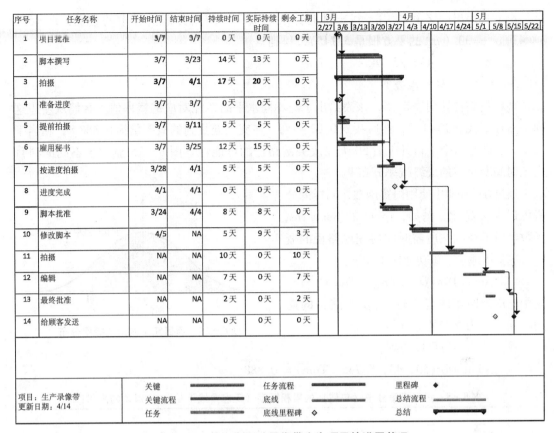

序号	任务名称	开始时间	结束时间	持续时间	实际持续时间	剩余工期
1	项目批准	3/7	3/7	0 天	0 天	0 天
2	脚本撰写	3/7	3/23	14 天	13 天	0 天
3	拍摄	3/7	4/1	17 天	20 天	0 天
4	准备进度	3/7	3/7	0 天	0 天	0 天
5	提前拍摄	3/7	3/11	5 天	5 天	0 天
6	雇用秘书	3/7	3/25	12 天	15 天	0 天
7	按进度拍摄	3/28	4/1	5 天	5 天	0 天
8	进度完成	4/1	4/1	0 天	0 天	0 天
9	脚本批准	3/24	4/4	8 天	8 天	0 天
10	修改脚本	4/5	NA	5 天	9 天	3 天
11	拍摄	NA	NA	10 天	0 天	10 天
12	编辑	NA	NA	7 天	0 天	7 天
13	最终批准	NA	NA	2 天	0 天	2 天
14	给顾客发送	NA	NA	0 天	0 天	0 天

图 8-24　按日期跟踪录像带生产项目的进展状况

项目完工时间的不确定性

在与高层管理人员讨论项目完工日期时，项目经理应当努力确定使项目按设定的截止日期完工的可能性，或者找出与预先确定的风险水平相对应的完工时间。使用表 8-2 所提供的信息，这一点也不难做到。

如果我们假定，各项活动之间从统计上来讲是彼此独立的，那么一套活动的方差就等于组成整套活动的单个活动的方差总和。学过统计学课程的读者可以回忆一下，总体数的方差就是总体数分布的一个测度，也等于总体数标准差的平方。我们所感兴趣的是关键路径上的活动的方差。我们很快会看到，其他路径的方差也很接近于关键路径。

在我们的例子中，关键路径包括活动 a、活动 d 和活动 j。从表 8-2 中可以发现，这些活动的方差分别是 4、25 和 4，因此这条关键路径的方差就是这些数的和：33 天。假定如上所述，项目经理已经承诺在 50 天内完成该项目，那么满足这个截止日期的概率是多大？我们可以通过计算 Z 找到答案，这里

$$Z = (D - \mu) / \sqrt{\sigma_\mu^2}$$

式中，D——期望项目完工时间；

μ——项目的关键时间、关键路径上活动的期望时间之和；

σ_μ^2——关键路径的方差，关键路径上各项活动的方差之和；

Z——一个正态分布的标准差的数值（标准正态偏差）。

由上式得出的 Z 可以用于找出准时完工的概率。使用我们例子中的数据，$D=50$，$\mu=43$，$\sigma_\mu^2=33$（σ_μ^2 的平方根是 5.745），得到

$$Z=(50-43)/5.745$$
$$=1.22(标准差)$$

现在我们再转到表 8-5，该表给出了与不同水平的 Z 相对应的概率值。我们从左边这列一直往下找到 $Z=1.2$，然后找到 0.02 一列，在交叉处找到的概率值为 0.888 8，相当于 89%，它就是这个项目开工后 50 天完成关键路径的可能性。图 8-25 显示了不同的项目完工时间所对应的最终概率分布[①]。

通过在 Excel 中使用内置函数，同样的分析可以大大简化。例如，Excel 的 Norm. Dist 函数可用于查找在所需时间内完成路径的概率。更具体地说，该功能使用如下：

$$\text{Norm. Dist}(D,\mu,\sigma_\mu,\text{True})$$

其中，D 为期望的完成时间；μ 为路径的期望时间；σ_μ 为路径的标准偏差。

输入这些参数可以得到：

$$\text{Norm. Dist}(50,43,5.745,\text{True})=0.888$$

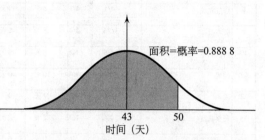

图 8-25　项目完工时间的概率分布

表 8-5　正态概率分布（单尾）的累积概率（正态曲线下从 $-\infty$ 到 Z 的面积）

例如：$Z=1.34$ 左侧的面积的结果，是先从 Z 列往下，找到 1.3，然后横向右，找到 0.04 列。交叉点读数为 0.909 9。Z 右侧的面积是 $1-0.9099=0.0901$。$Z=1.34$ 与均值（中线）之间的面积是 $0.9099-0.5=0.4099$。

Z	0.00	0.01	0.02	0.03	0.04	0.05	0.06	0.07	0.08	0.09
0.0	0.500 0	0.504 0	0.508 0	0.512 0	0.516 0	0.519 9	0.523 9	0.527 9	0.531 9	0.535 9
0.1	0.539 8	0.543 8	0.547 8	0.551 7	0.555 7	0.559 6	0.563 6	0.567 5	0.571 4	0.575 3
0.2	0.579 3	0.583 2	0.587 1	0.591 0	0.594 8	0.598 7	0.602 6	0.606 4	0.610 3	0.614 1
0.3	0.617 9	0.621 7	0.625 5	0.629 3	0.633 1	0.636 8	0.640 6	0.644 3	0.648 0	0.651 7
0.4	0.655 4	0.659 1	0.662 8	0.666 4	0.670 0	0.673 6	0.677 2	0.680 8	0.684 4	0.687 9
0.5	0.691 5	0.695 0	0.698 5	0.701 9	0.705 4	0.708 8	0.712 3	0.715 7	0.719 0	0.722 4
0.6	0.725 7	0.729 1	0.732 4	0.735 7	0.738 9	0.742 2	0.745 4	0.748 6	0.751 7	0.754 9
0.7	0.758 0	0.761 1	0.764 2	0.767 3	0.770 4	0.773 4	0.776 4	0.779 4	0.782 3	0.785 2
0.8	0.788 1	0.791 0	0.793 9	0.796 7	0.799 5	0.802 3	0.805 1	0.807 8	0.810 6	0.813 3
0.9	0.815 9	0.818 6	0.821 2	0.823 8	0.826 4	0.828 9	0.831 5	0.834 0	0.836 5	0.838 9
1.0	0.841 3	0.843 8	0.846 1	0.848 5	0.850 8	0.853 1	0.855 4	0.857 7	0.859 9	0.862 1
1.1	0.864 3	0.866 5	0.868 6	0.870 8	0.872 9	0.874 9	0.877 0	0.879 0	0.881 0	0.888 0
1.2	0.884 9	0.886 9	0.888 8	0.890 7	0.892 5	0.894 4	0.896 2	0.898 0	0.899 7	0.901 5
1.3	0.903 2	0.904 9	0.906 6	0.908 2	0.909 9	0.911 5	0.913 1	0.914 7	0.916 2	0.917 7

[①]　使用正态分布符合中心极限定理，它证明了这样一个事实：如果独立活动的数量很大，那么这些活动时间的总和就会服从正态分布。

续表

Z	0.00	0.01	0.02	0.03	0.04	0.05	0.06	0.07	0.08	0.09
1.4	0.919 2	0.920 7	0.922 2	0.923 6	0.925 1	0.926 5	0.927 9	0.929 2	0.930 6	0.931 9
1.5	0.933 2	0.934 5	0.935 7	0.937 0	0.938 2	0.939 4	0.940 6	0.941 8	0.942 9	0.944 1
1.6	0.945 2	0.946 3	0.947 4	0.948 4	0.949 5	0.950 5	0.951 5	0.952 5	0.953 5	0.954 5
1.7	0.955 4	0.956 4	0.957 3	0.958 2	0.959 1	0.959 9	0.960 8	0.961 6	0.962 5	0.963 3
1.8	0.964 1	0.964 9	0.965 6	0.966 4	0.967 1	0.967 8	0.968 6	0.969 3	0.969 9	0.970 6
1.9	0.971 3	0.971 9	0.972 6	0.973 2	0.973 8	0.974 4	0.975 0	0.975 6	0.976 1	0.976 7
2.0	0.977 2	0.977 8	0.978 3	0.978 8	0.979 3	0.979 8	0.980 3	0.980 8	0.981 2	0.981 7
2.1	0.982 1	0.982 6	0.983 0	0.983 4	0.983 8	0.984 2	0.984 6	0.985 0	0.985 4	0.985 7
2.2	0.986 1	0.986 4	0.986 8	0.987 1	0.987 5	0.987 8	0.988 1	0.988 4	0.988 7	0.989 0
2.3	0.989 3	0.989 6	0.989 8	0.990 1	0.990 4	0.990 6	0.990 9	0.991 1	0.991 3	0.991 6
2.4	0.991 8	0.992 0	0.993 2	0.992 5	0.992 7	0.992 9	0.993 1	0.993 2	0.993 4	0.993 6
2.5	0.993 8	0.994 0	0.994 1	0.994 3	0.994 5	0.994 6	0.994 8	0.994 9	0.995 1	0.995 2
2.6	0.995 3	0.995 5	0.995 6	0.995 7	0.995 9	0.996 0	0.996 1	0.996 2	0.996 3	0.996 4
2.7	0.996 5	0.996 6	0.996 7	0.996 8	0.996 9	0.997 0	0.997 1	0.997 2	0.997 3	0.997 4
2.8	0.997 4	0.997 5	0.997 6	0.997 7	0.997 7	0.997 8	0.997 9	0.997 9	0.998 0	0.998 1
2.9	0.998 1	0.998 2	0.998 2	0.998 3	0.998 4	0.998 4	0.998 5	0.998 5	0.998 6	0.998 6
3.0	0.998 7	0.998 7	0.998 7	0.998 8	0.998 8	0.998 9	0.998 9	0.998 9	0.999 0	0.999 0
3.1	0.999 0	0.999 1	0.999 1	0.999 1	0.999 2	0.999 2	0.999 2	0.999 2	0.999 3	0.999 3
3.2	0.999 3	0.999 3	0.999 4	0.999 4	0.999 4	0.999 4	0.999 4	0.999 5	0.999 5	0.999 5
3.3	0.999 5	0.999 5	0.999 5	0.999 6	0.999 6	0.999 6	0.999 6	0.999 6	0.999 6	0.999 7
3.4	0.999 7	0.999 7	0.999 7	0.999 7	0.999 7	0.999 7	0.999 7	0.999 7	0.999 7	0.999 8

我们还可以反向解决这一问题。与准时完工的概率 95% 相对应的工期是多少天？首先，我们看表 8-5，查表后找到 0.95。与 0.95 相对应的 Z 值是 1.645（表中的数值并不是严格线性的，因此使用近似的插值法）。我们知道 μ 是 43 天，$\sqrt{\sigma_\mu^2}$ 是 5.745。解此等式求 D，得到

$$D = \mu + 5.745 \times (1.645)$$
$$= 43 + 9.45$$
$$= 52.45(天)$$

同样，Excel 提供了一个函数，该函数有助于进行如下计算：

Norm. Inv(probability, μ, σ_μ)

插入这些参数会产生：

= Norm. Inv(0.95, 43, 5.745) = 52.45

因此，在 52.45 天内完成该项目有 95% 的可能性，但是事实并不见得如此。52.45 天内完成关键路径 a→d→j 的概率是 95%，这不过是一个随机网络（"随机性"比"可能性"听起来好一些，其实是一个意思）。假如项目活动的工期带有不确定性，没有人知道完成各项活动大概需要多少时间，当然也就没有人知道完成各条网络路径所需要的整体时间——除非该时间点落在悲观估计与乐观估计的区间内，还必须是在估计值比较精确的基础上。当我们对项目工期进行分析时，原来计划的关键路径可能并不是真正意义上的关键路径。在结束本章之前，我们还会反复谈论这个问题。

注意，随着 D 趋近于 μ，Z 也逐渐变小，趋近于 0。表 8-5 显示，对 Z=0，准时完工

的可能性是 50∶50，它在管理上的含义也就很清楚了。如果项目经理想要一个满足项目工期的合理概率，就必须在项目进度上有一些松弛量。在为一个项目编制预算时，包含一些应急的备用金是十分适宜的。更具体地说，处理与任务持续时间相关联的不确定性的一种方法是在估计的任务持续时间中添加时间储备或缓冲区。时间储备的数量可以基于增加估计持续时间的某些百分比（例如，每个任务持续时间增加 15%）、固定时间（例如，为所有任务增加额外的一天），或者基于更复杂的分析（如本章后面讨论的模拟分析）获得的结果。随着项目的进展和获得更多的信息，时间储备可能会被分配、减少、增加，或者可能会取消。同样的原则适用于编制整个项目进度计划。进度计划中的一些应急宽限期就是网络松弛量，明智的项目经理应该坚持争取一些松弛量。项目经理还应为项目管理相关活动留出一些时间。

最后，再说一个令人感兴趣的问题，让我们看一条非关键路径，活动 b→g→i。这条路径的方差（见图 8-16）是 $0 + 0 + 28.4 = 28.4$，它比关键路径的方差略小一些。路径时间是 42 天。分数 $(D - \mu) / \sqrt{\sigma_\mu^2}$ 的分子部分较大，而且在这个例子中，分母较小，因此 Z 就会大一些，并且这条路径延误项目完工的概率比 a→d→j 路径要小。考虑非关键路径 c→h→i，该路径要用 $10 + 11 + 18 = 39$（天），总方差是 37.8 天（记住，在试图找出给定关键路径是 43 天的条件下，这条方差较大而完工时间较短的非关键路径会使我们延误的可能性）。

$$Z = (50 - 39)/6.15$$
$$Z = 1.79$$

结果是，对这条非关键路径而言，我们有 96% 的可能性让项目准时完工。也可以用 Excel 计算：

$$= \text{Norm. Dist}(50, 39, 6.15, \text{True})$$

如果网络的期望时间等于关键路径的时间 43 天，我们已经看到关键路径有 50% 的可能性会延误工期，那么非关键路径 c→h→i 使项目延误的可能性又有多大？现在 D 是 43 天，那么

$$Z = (43 - 39)/6.15$$
$$= 0.65$$

$Z = 0.65$ 对应的准时完工概率为 0.74，或者延误的概率是 $1 - 0.74 = 0.26$。也可以用 Excel 计算：

$$= 1 - \text{Norm. Dist}(43, 39, 6.15, \text{True})$$

假定这两条路径（a→d→j 和 c→h→i）是相互独立的，它们都准时完工的概率是单个概率的乘积，$0.50 \times 0.74 = 0.37$，明显低于我们所设想的 50∶50。如果这些路径不是相互独立的，计算将变得更为复杂。下一节我们将介绍一种更为准确的方法来计算项目工期估算的概率分布，那就是模拟。因此，我们需要多关注那些方差较大和/或路径时间在工期上接近关键时间的非关键路径（比如，那些松弛量很少的活动）。

这促使我们去讨论人们常常提到的混合偏差（merge bias）（Hulett, 1996）。任何时候只要网络中两条或多条路径合在一起或混合起来，就会面临刚刚讨论到的情况，两条路径准时完工的概率就是每一个单个路径概率的乘积。如果其中一条是关键路径，其他路径都有合理的松弛量（和/或与关键路径相比，较低的路径方差），就很少会出现严重的混合偏

差问题。然而，如果另外一条路径松弛量较少而方差又较大，就不能忽视这个问题了，这时往往模拟法更为有效。

模拟是一种很直观的方法，可以检查一个网络中概率路径之间相互作用的性质和影响。尽管在过去这项工作常常非常困难且费时，但现在的软件使问题大大简化了。有几个可以直接连接一个或多个电子表格软件的优秀的风险管理和模拟软件包。我们推荐使用 Crystal Ball，当然 Risk + 和 @ Risk 也是很不错的工具。这些软件都可以很容易地进行网络互动的模拟，并且生成网络在特定时间完工的概率数据（Levine，1996）。当然，这些模拟包括路径合并的可能结果。正如我们前面所指出的那样，这里提供的方法能够用于资源的风险分析。如果资源使用情况与活动所需的时间相关，那么有关时间的不确定性也就意味着还有资源用度的不确定性。如果活动时间和资源用度之间的关系是已知的，或者可以假定为近似线性的，那么用模拟的方法就不难估计相应的资源。

面向真实时间的估计 *

期望的网络时间计算以及与先前的章节所做的时间估计相关的不确定性，正如我们所注意到的那样，都是基于 99% 的置信水平对时间进行的乐观和悲观的估计，也就是说，a 是这样进行估计的，某个活动所需的实际时间就是 a，或者 99% 以上的可能性多于这个时间，以及所需的实际时间是 b，或者 99% 的可能性少于这个时间。这里插一句，我们注意到有时候项目经理不喜欢在这样精确的水平上进行估计。

> **实例解析**

给定下面的项目（时间单位为天）：

活动	a	m	b	紧前活动
a	1	4	7	—
b	2	2	2	—
c	2	5	8	a
d	3	4	5	a
e	4	6	8	c, b
f	0	0	6	c, b
g	3	6	9	d, e

请完成以下任务：

1. 绘制网络图。
2. 给出所有活动的期望时间、方差和松弛量。
3. 给出关键路径和预期的完工时间。
4. 给出项目在 23 天完工的概率。
5. 给出概率为 95% 时的项目完工时间。

---

* 本部分内容可以跳过，不影响全书的连贯性。

答案

1.

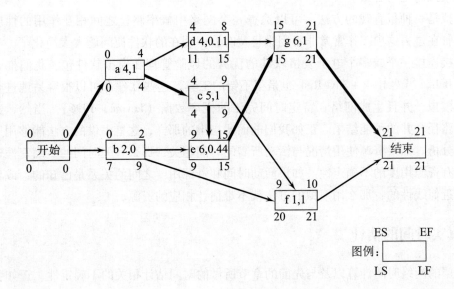

2.

活动	期望时间	方差	松弛量
a	4	1.00	0
b	2	0	7
c	5	1.00	0
d	4	0.11	7
e	6	0.44	0
f	1	1	11
g	6	1	0

3. 关键路径是 a→c→e→g，时间是 21 天。

4. $Z = (23 - 21)/\sqrt{3.44} = 1.078$，查表可得概率为 85.9%。使用 Excel 内置函数，可以得到 Norm. Dist$(23, 21, 1.855, \text{True}) = 89.95\%$。

5. $P = 0.95$，查表可知 $Z = 1.65 = (T - 21)/1.855$，由此可解得 $T = 24.06$ 天。使用 Excel 内置函数，可以得到 Norm. Inv$(0.95, 21, 1.855) = 24.05$ 天。

幸运的是，在实践中没有必要进行 1% 的估计。如果悲观的和乐观的估计都是在 95% 甚至在 90% 的置信水平上做出的，那么除非基本分布是极不对称的，否则在计算期望时间时就不会产生很大的误差，也就是说，20 次（或者 10 次，在 90% 的置信水平上）中只有一次，实际的活动时间会多于或少于悲观的或乐观的估计值。然而，必须修改用于计算活动方差的公式。

我们可以回忆一下，方差的计算是基于假设一个 beta 分布的标准差近似等于其变化幅度的 1/6。作为这一假设的另一种方式是，a 和 b 被分别估计在 -3σ 和 $+3\sigma$ 上——大致在 99% 以上的置信水平。将在 95% 置信水平上的估计表示成 a' 和 b'，90% 水平上的估计表示成 a'' 和 b''。如果使用 95% 或 90% 的估计水平，实际上把 a 和 b 都从分布的尾部移进来，以使该幅度不再代表 ±3σ（见图 8 – 26）。

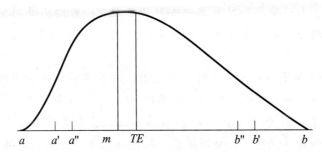

图 8 - 26　*a*，*m* 和 *b* 的估计（在 99%、95% 和 90% 的置信水平上）

为这一误差而改变方差的计算公式也是非常简单的。考虑 95% 置信水平上的估计，参见表 8 – 5，在曲线下从 *a′* 到 ∞ 之间的区域内可以找到 95% 的置信水平相对应的 *Z*。对 0.95，*Z* 近似等于 –1.645（当然，这里指的是正态分布而非 beta 分布，这种实用方法似乎在实践中非常管用）。类似地，*Z* = 1.645 代表曲线下面从 – ∞ 到 *b′* 的区域。

b′ 和 *a′* 之间的区域表示为：$2(1.645)\sigma = 3.29\sigma$，而不是在传统的方差估计中使用的 6σ。因此，当在 95% 的置信水平上估计 *a′* 和 *b′* 时，我们应当改变方差的计算公式，使之成为：

$$\sigma^2 = [(b' - a')/3.29]^2$$

对 90% 置信水平上的估计（*a″* 和 *b″*，在图 8 – 26 中）来说，*Z* 近似等于 1.28，并且方差计算公式变成：

$$\sigma^2 = [(b'' - a'')/2.56]^2$$

为了验证这种 beta 分布方差对传统估计所做的修正确实能给出对真实方差的更好估计，我们使用统计分析系统（SAS）的 PROC IML 对各种不同形状的 beta 分布进行了一系列试验，并在 95% 和 90% 的置信水平上估计 *a* 和 *b*。然后我们将这些对 *a* 和 *b* 的估计值与该分布的实际方差进行比较，发现差别非常小，一直低于 5 个百分点。

这里还是很有必要重复一下：有一些管理者对于在 99% 的置信水平上试图为活动和资源水平做出乐观的和悲观的估计没有信心，乐于在 90% 或 95% 的置信水平上进行估计。然而，如果在这样的置信水平上进行估计，使用传统的方差运算公式 $[(b - a)/6]^2$ 可能会导致对路径方差的严重低估，并对于项目在特定时间内完工的可能性引入相当大的误差。我们再一次提醒读者，如果输入数据是有偏差的或者粗心整理的，那么没有一种方法可以帮助项目经理对风险实施管理。

实践中的项目管理　　　　**主办年度项目管理协会研讨会**

规划和实施一次全国性会议（大约有 1 000 人参加）是一个重大项目。举办这类活动的任务相当艰巨，包括选择一个项目委员会、选择一个主题、联系参展商、做出当地安排、规划项目等。

匹兹堡被选为 1992 年 9 月项目管理协会年度研讨会/专题讨论会的主办城市/分会。这次活动的目标有三个：（1）提供一个高质量、增值的项目，该项目将在未来几年内发挥作用；（2）提供一个能很好地反映主办城市的社交和客人的项目；（3）满足严格的财务标准。选择城市和酒店设施后的第一项任务是组建项目团队和选出主席。这包括负责每一个渠道、社会活动、当地安排和所有其他细节的经理。项目团队是用功能方法组织起来的。匹兹堡项目管理协会分会官员承担了大部分主要职责，其他九个分会的成员协助履行其他职责。

接下来是WBS（见图A）和甘特图（见图B）的开发。如甘特图所示，为这样的大型会议安排所有工作是一项巨大的努力。在WBS中，主要任务是开发技术程序。对于本次活动，技术计划包括22个研讨会，由70篇技术论文、专题小组讨论和案例研究组成。技术领域包括工程和建筑、制药、公用事业、软件、汽车、研发、国防、教育和制造业。研讨会包括为项目管理协会认证考试做准备、学习田口方法（Taguchi）的概念以及项目管理的未来实践。所有这些都需要仔细安排。

供应商计划包括数十家供应商的展品和大量展示会，深入展示各自的产品。社交活动包括高尔夫球赛、与同事见面的众多社交活动、匹兹堡景点游览以及各种各样的娱乐机会。

S/S 项目管理 招募项目团队 建立组织程序 建立 CAO 支持体系与预算 向技术副总裁和董事会汇报 制定 S/S 目标 集合并发布 Post – S/S 汇报 **技术方案** 开发 S/S 主题 制定追踪和特殊利益集团 战略 招募技术项目团队 制定选拔流程 流程 与教育委员会的研讨会接口 计划和发布征集文件/小组 讨论 招募受邀论文/小组 讨论 招募版主 制定并发布演示文稿的时 间表 选择打印 计划和发布摘要书籍和会议 记录	为演讲者组织颁奖 确定音频/视频要求 制定并发布 Post – S/S 技术报告 **社交嘉宾计划** 制定目标 确定可用活动 成本收益分析 确定建议 完成合同 招聘员工 **演讲嘉宾** 确定候选人和相关事宜 收益和成本 提出建议并获得批准 完成合同 保持定期联系 主讲人 **宣传/推广** 主题设立与审批 标志开发和批准 视频制作 宣传材料 识别和批准 广告：采购经理人指数、公 共和贸易 媒体发布 地区通讯文章	**财务** 启动账户代码 制定财务运作流程 制定独立审计流程 开设单独的银行账户 制定现金流估计/预测 开发和发布标准报告 与 CAO 账户对账 制定并发布 Post – S/S 财务报告 **企业赞助** 确立参与理念 目标主要公司 争取参与 认可 **设施供应商/CAO 支持** 与主要的与备用的酒店签订 合同 员工招聘 （详情需与 PMI 执行董事和 活动经理确定和安排）

图A   WBS

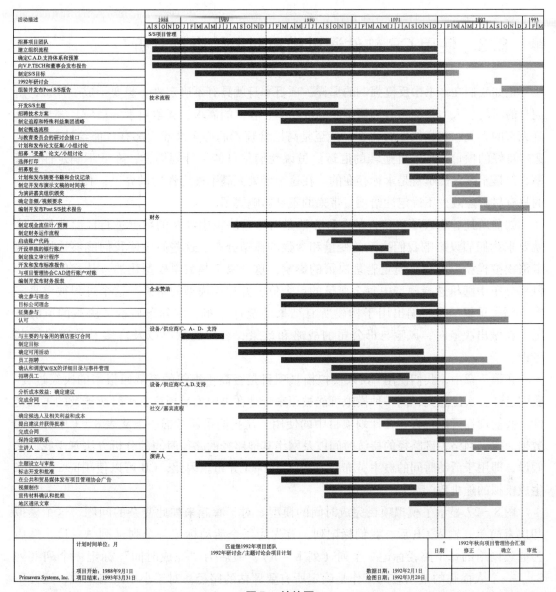

图 B　甘特图

　　总而言之，像项目管理协会这样的会议和许多公司在竞争激烈的市场中面临的项目一样困难。

问题

1. 详细说明这个 WBS 的独特性。

2. 根据甘特图，研讨会是什么时候举行的？

3. 为什么研讨会之后有活动安排？这个项目什么时候完成？

4. 项目总长度是多长？这意味着项目管理协会计划为年度研讨会做些什么？

资料来源：PMI Staff, "Catch the Spirit...at Pittsburgh," *PM Network*, Vol. 6.

➡ 8.3 使用 CB 软件通过模拟对风险进行分析 *

正如我们在本书中反复强调的那样，项目本身就具有不确定性。想要干成一件事，所拥有的时间、人力、物力、调研试验的成功率、客户的需求、竞争对手的反应，哪怕是反复无常的天气、忽高忽低的利率，甚至是高层管理者的心血来潮，都有可能给计划严密、运转良好的项目带来不可逆转的厄运。虽说我们尽可能地计划周详，降低不确定性的概率，但是不确定性本身是永远存在的。在这个处处充满不确定性的世界里，我们所能做到的只有尽可能减少不确定性给项目带来的不良影响罢了。

如前所述，管理不确定性的一种方法是对管理决策中涉及的数据进行风险分析。这就要求我们假设影响我们决策的变量和参数的概率分布。这些假设使我们能够采用蒙特卡洛模拟模型，并评估给定管理决策的影响。这个决定是数学模型化的。从我们指定的概率分布中随机选择模型中每个变量的单个值，并计算模型的结果。这个过程被重复多次，每次重复的模型输出用于构建所有结果的统计分布。此分布显示了决策的风险概况。在做出决策时，风险与母公司的战略和政策、客户的意愿以及许多其他因素一起考虑。

在第 7 章中，我们使用 CB 来模拟衡量项目是否高于组织的最低回报率的决策过程。我们已经多次注意到，同一种模拟可能被用来管理在决定项目预算水平时所涉及的不确定性。我们现在可以检查它在计划项目中的使用。让我们重新考虑一下从表 8-1 中分析的数据。找到网络关键路径的持续时间以及网络其他路径的路径时间的分析方法基于我们的假设，即用于活动时间的概率分布最好描述为 beta 分布。因此，CB 可以使用 beta 分布来生成模拟的随机数。

图 8-27 显示了模拟项目完成时间的模型。对于看起来如此复杂的问题，这个模拟却出奇简单。输入 CB 后，我们标记列，首先为每个活动标记一个列（列 A ~ J），然后为通过网络的每个路径标记一个列（列 K ~ R），最后为"完成时间"标记一个列（列 S）。一个人面临的最困难的工作是确定所有要评估的路径。对于小型网络来说，这并不困难，但对于大型网络来说，这可能是困难的。这对 MSP 网络的问题可以有很大的帮助。

回想一下，如果软件正在运行，则更容易按照说明进行操作，将数据输入 CB 提供给你的电子表格是很简单的。

（1）在活动列注明活动代码，点击 A3 单元格，输入 20，假设分布形式为 beta 分布，选择相应的分布代码。

（2）点击"定义假设条件"（Define Assumption）。

（3）屏幕上出现各种分布图形，选择 BetaPERT，点击"确定"（OK）。

（4）在 BetaPERT"分布"（Distribution）对话框输入活动 a 的悲观估计值、最可能估计值和乐观估计值（见表 8-4），点击"确定"（OK）。注意：做了假设定义的单元格显

---

* 本部分内容可以跳过，不影响全书的连贯性。

示为绿色。

需要特别注意的是活动 b。假如回到 BetaPERT 分布对话框，输入三点估计值 20 - 20 - 20，CB 软件并不认可这种输入方式，因为它无法支持一个分布。B3 单元格也无法定义分布假设，因此输入 20 就可以了，CB 当 20 是个"常量"。活动 g 单元格也是如此，三点估计值完全相同无法支持三角分布，因此同样是只输入一个常量，或者随意输入一个固定值即可。没有做分布假设定义的这些单元格在图中是不带颜色的。

（5）继续为各活动代码输入数据。

（6）仔细计算会发现网络图呈现 8 条路径（见图 8 - 27 中第 8 ~ 15 行），输入各路径代码（第 2 行）以及路径工期计算公式（第 3 行），注意公式计算结果为各路径的预期工期。

（7）在 S3 单元格输入项目总工期计算公式，并标注"完成时间"字样（参见第 16 行）。再点击"定义预测"（Define Forecast）按钮。输入项目完成时间，或者其他自己定义的名称，点击"确定"（OK）。每次模拟运行，系统都会通过公式自动发现工期最长的那条路径，即各次运行结果中的关键路径。

（8）现在单击功能区中的"开始"（Start）绿色箭头开始模拟模型。你可以观察到结果会以统计分布的形式显示在屏幕上。

当运行模拟时你看到的统计分布将与如图 8 - 28 所示的一个项目完成时间的频率图类似。（比如说，我们想考察第 52 天完成项目的可能性，只需在" + Infinity"格中输入 52，或其他想考察的数据值，然后按回车键，"Certainty"一格内会自动显示概率的数值，见图 8 - 29）。请注意，由于模拟分析中固有的随机性，你的结果将与此处显示的结果不同。

如果单击图 8 - 28 和图 8 - 29 左上角显示的"查看"（View）菜单，则可以看到其他信息，如图 8 - 30 和图 8 - 31 所示。在图 8 - 30 中，选择了 View/Statistics，它显示了关于图 8 - 28 中分布的一些有趣的统计数据。模拟 1 000 次，项目平均完成时间为 47.8 天，平均完成时间中位数为 47.6 天。回想一下，beta 分布下的预期关键路径完成时间是 43 天。模拟得到的平均时间更长是由于路径合并的影响。选择 View/Percentiles 将显示图 8 - 31 中的百分位数据或在所示日期或以下完成的试验百分比。你也可以使用查看菜单显示累积频率分布和反向累积频率分布。最后，要返回如图 8 - 28 和图 8 - 29 所示的频率分布视图，请选择 View/Frequency。

通过这个简单的例子我们可以清晰地看到模拟的价值。关于多条路径的合并、项目在不同时间完成的概率、活动分布图形的各种假设等问题的计算，利用分析的方法，即便是利用电子数据表也是比较困难的，但用模拟法解决这些问题就比较简单。

有时，项目经理会略过整个过程，借口说"只需要了解"项目预计完成的具体时点以及最早和最晚可以什么时候完工就够了，那么我们来看一看每项活动的乐观估计时间和悲观估计时间就清楚了。路径 b→e→j 的最短完成时间是 30 天；路径 c→h→i 的最长完成时间是 70 天，即关键路径。对于两条路径而言，活动 b、活动 e 和活动 j 取的都是最小值（同时活动 c、活动 h 和活动 i 取的都是最大值），这种可能性很小可以忽略不计（如果按照 3σ 水平来估算，活动工期小于等于乐观估计值的概率为 1 - 0.998 7 = 0.001 3。三项活动同时小于等于乐观估计值的概率为 $0.001\ 3^3 = 0.000\ 000\ 002$，这还不算其他各项活动的

	A	B	C	D	E	F	G	H	I	J	K	L	M	N	O	P	Q	R	S
1	活动	活动	活动	活动	活动	活动	活动	活动	活动	活动	路径	路径	路径	路径	路径	路径	路径	路径	完成时间
2	a	b	c	d	e	f	g	h	i	j	a-d-j	b-e-j	b-f	b-g-i	c-e-j	c-f	c-g-i	c-h-i	
3	18	20	10	16	12	14	4	10	20	8	42	40	34	44	30	24	34	40	44
4																			
5																			
6	关键:																		
7	公式:																		
8	K3单元格	=A3＋D3＋J3																	
9	L3单元格	=B3＋E3＋J3																	
10	M3单元格	=B3＋F3																	
11	N3单元格	=B3＋G3＋I3																	
12	O3单元格	=C3＋E3＋J3																	
13	P3单元格	=C3＋F3																	
14	Q3单元格	=C3＋G3＋I3																	
15	R3单元格	=C3＋H3＋I3																	
16	S3单元格	=MAX(K3:R3)																	

图8-27　CB的模拟准备电子表格，用于表8-1所述项目

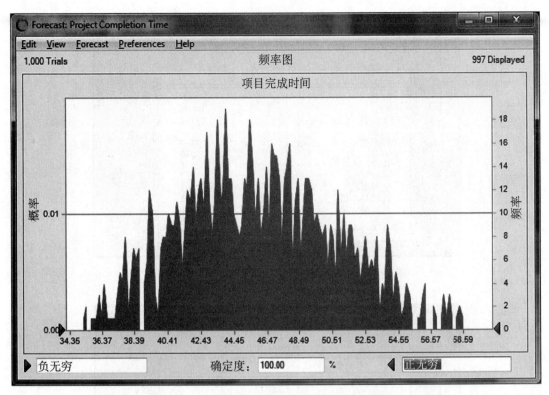

图 8 - 28　CB 软件生成的项目完成时间频率图

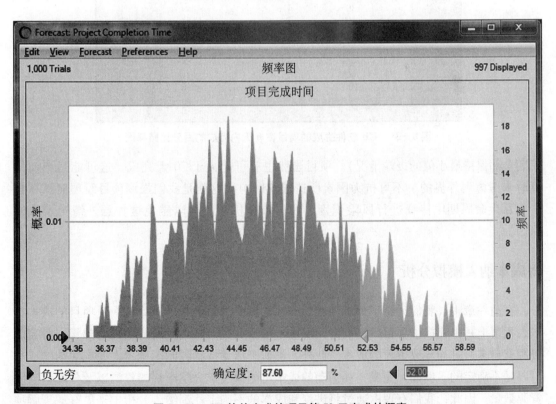

图 8 - 29　CB 软件生成的项目第 52 天完成的概率

Forecast: Project Completion Time

Edit Preferences View Run Help

S3单元格 统计

统计量	值
次数	1,000
均值	47.78
中位数	47.62
众数	—
标准差	5.39
方差	29.03
偏度	0.18
峰度	2.35
变异系数	0.11
范围最小值	33.82
范围最大值	61.50
范围	27.68
平均标准误差	0.17

图 8-30　CB 软件生成的项目完成时间的统计概要

Forecast: Project Completion Time

Edit Preferences View Run Help

S3单元格 百分位

百分数	天数
0%	33.82
10%	40.87
20%	42.85
30%	44.49
40%	45.91
50%	47.62
60%	48.90
70%	50.83
80%	52.77
90%	55.11
100%	61.50

图 8-31　CB 软件生成的项目在 *n* 天内完成的百分比概率图

工期全部保持最小值的极端情况)。项目当然也有可能大于 70 天完成，这可能是当初估算时未考虑到外界的、不可抗力因素所造成的影响(这就是我们强调项目经理应该在整个项目生命周期中持续进行风险识别、评价和分析活动，以避免这种意外情况发生的原因)。

将成本纳入模拟分析

在前一章中，我们讨论了预算问题。正如你可能想象的那样，完成一个项目的成本在很大程度上是由完成该项目所需的时间所决定的。完成一项任务所需的时间越长，所需的资源就越多，进而导致更大的成本。此外，类似于活动持续时间不确定，完成活动的成本可以是不确定的。例如，完成一项活动的成本可能取决于分配给它的资源以及分配给它的资源数量。因此，我们有理由通过将进度和成本的不确定性都纳入分析中来更好地理解项目预算的不确定性。这也许最好用一个例子来说明。

在我们的讨论中，考虑一个项目，其活动优先级关系、估计活动持续时间和活动成本信息如表8-6所示。如表所示，对每项活动的乐观、最可能或正常、悲观活动持续时间和成本率进行了估计。这些成本率乘以活动持续时间以确定活动的成本。例如，活动 a 最有可能持续 10 天。按照正常的成本率，我们预计活动 a 的成本为 750 美元（10 天 × 75 美元/天）。

表 8-6 具有不确定性的活动持续时间和成本率的样本项目

活动	紧前活动	活动持续时间			成本率（美元/天）		
		乐观	最可能	悲观	乐观	正常	悲观
a	—	8	10	16	50	75	100
b	a	11	12	14	35	40	50
c	b	7	12	19	20	30	45
d	b	6	6	6	15	25	30
e	b	10	14	20	25	30	35
f	c, d	6	10	10	40	50	75
g	d	5	10	17	20	25	35
h	e, g	4	8	11	60	70	85

以前，模拟是用来获取项目完成时间的分布。我们现在用一个简短的、新的例子来扩展这个分析，利用对活动持续时间和活动成本的估计来确定完成项目的成本分布。AON 图如图 8-32 所示，增强模拟模型如表 8-7 所示。前面讨论的相同步骤用于定义活动持续时间（单元格 A3：H3）、每个活动的成本率（单元格 A7：H7）、项目总持续时间（单元格 M3）和项目总成本（单元格 I11）。更具体地说，在表 8-7 的 A3：H3 单元格中创建了使用 BetaPERT 分布和表 8-6 中的三个时间估计的活动持续时间的假设单元格。然后确定通过项目的路径，并在单元格 I3：L3 中输入完成每个路径的时间公式。

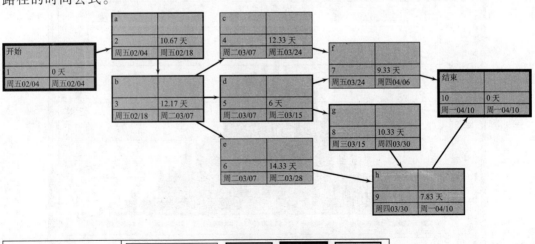

图 8-32 用 MSP 求解的项目网络实例

表 8-7　不确定活动成本率和不确定活动持续时间下项目完工成本分析的模拟模型

	A	B	C	D	E	F	G	H	I	J	K	L	M	N
1	活动	活动	活动	活动	活动	活动	活动	活动	路径	路径	路径	路径	完成	
2	a	b	c	d	e	f	g	h	a-b-c-f	a-b-d-f	a-b-d-g-h	a-b-e-h	时间	
3	10	12	12	6	14	10	10	8	44	38	46	44	46	
4														
5	成本比率	成本比率	成本比率	成本比率	成本比率	成本比率	成本比率	成本比率						
6	a	b	c	d	e	f	g	h						
7	75	40	30	25	30	50	25	70						
8														
9	活动成本	活动成本	活动成本	活动成本	活动成本	活动成本	活动成本	活动成本	合计					
10	a	b	c	d	e	f	g	h	成本					
11	$750.00	$480.00	$360.00	$150.00	$420.00	$500.00	$250.00	$560.00	$3,470.00					
12														
13	新公式													
14	A11 单元格	=A3*A7复制到B11：H11												
15	I11 单元格	=SUM(A11:H11)												

　　基于成本率服从三角分布的假设，接下来在单元格 A7：H7 中创建每个活动成本率的假设单元格。添加了计算单元格 A11：H11 中每个活动的成本的公式。同样，完成活动的成本是通过将第 3 行的持续时间乘以第 7 行的成本率来计算的。注意，在这个模拟模型中，我们有两个不确定性来源：活动持续时间和活动的成本率（活动 d 除外，其持续时间是确定的）。为了完成模拟模型，添加了计算项目完成时间（单元格 M3）和项目成本（单元格 I11）的公式，然后将这些单元格定义为预测单元格。

　　在对项目进行 1 000 次模拟的基础上，项目总成本的分布如图 8-33 所示。同样，项目总成本的汇总统计如表 8-8 所示。如表 8-8 所示，分析表明，项目预计成本为 3 606.76 美元，范围为 2 646.95 ~ 4 338.51 美元。

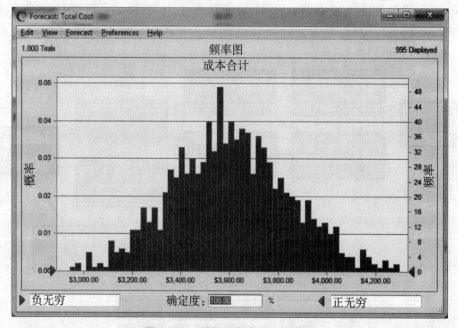

图 8-33　项目总成本 CB 频率图

表 8-8　CB 项目总成本汇总统计

表 8-8　CB 项目总成本汇总统计

统计量	预测值
次数	1,000
源范例	$3,470.00
均值	$3,606.76
中位数	$3,600.55
众数	---
标准差	$245.54
方差	$60,291.17
偏度	0.0736
峰度	3.06
变异系数	0.0681
最小值	$2,646.95
最大值	$4,338.51
平均标准误差	$7.76

传统统计法或新兴模拟法

面对不确定性，项目经理没有更多的选择。在本书第 1 版于 1985 年出版时，一些将其用于实践的人已经开始尝试 PERT/CPM 方法了，项目中的大多数人还未意识到不确定性的重要性。在那个时候，一旦项目发生了进度延迟或者成本超支的情况就用"储备金"来抵挡，风险的概念在人们的意识中还比较淡薄。随着时代的发展，正规的风险管理体系已经纳入企业的标准化管理中，许多人在进行冒险项目时也运用了风险管理。现如今风险管理已经不再是一个理念的问题，有待发展的是如何进行风险管理的实际操作问题。

项目的进度计划将风险的量化管理推到了显著的位置。本章"项目完工时间的不确定性"这一小节讨论和演示了标准的统计方法。比照这一传统的方法，我们接下来又介绍了如何用新兴的模拟方法进行类似的分析。鉴于种种客观的原因，我们在这里更加推荐读者使用模拟法，但有一点请记住，只有在分析者充分理解传统的分析方法的基础上才可能更好地使用模拟的方法。

两种方法都需要进行三点估计和活动预期工期的计算。市面上的商用电子数据表软件都可以轻而易举地计算出期望时间（及其差异）。同样是借助计算机软件的支持，通过统计，各条路径的期望时间（及其差异）也可以很容易地计算出来。现实生活中大多数项目比我们这里引用的案例项目要复杂得多。当我们面对这些项目及处理若干活动路径时，最困难的是如何识别关键路径或者那些接近关键路径的路径。统计法或模拟法都可以辅助我们进行分析，但是统计法常常需要我们对联合路径进行手工计算，不仅增加了工作量，还使得分析工作愈发单调乏味。其实，无论选用哪种方法，都没有必要对各条路径都进行仔细评估，因为那些明显短于关键路径的路径，除非差异非常大，否则对整个项目完工时间的影响并不会很严重，可以暂且忽略这些路径。根据经验，如果路径的预期时间加上其标准偏差的 2.33 之和小于指定时间，则此路径长于指定时间的概率小于 1%，可以安全地忽略该路径。

不管选择哪种方法，项目经理在项目开始之前都不会对活动持续时间有太多了解。真正的关键路径在成为历史事实之前是不可能知道的。即使我们对活动进行三点时间估计，然后计算每个活动的时间误差，时间误差仍然是不确定的。随着项目的进行，似乎每件事都会打乱进度：员工个性、沟通失误、团队特征、项目经理个性、客户、高层管理人员、资源。如果我们不能确定一个项目的哪条路径最终会成为关键路径，也无法确定任何给定路径会有多大的松弛量。如前所述，明智的项目经理将定期重新计算网络和关键路径，并始终使用更新的数据。

由此可见，传统的统计法也好，新兴的模拟法也罢，仔细分析才是解决问题的关键。只有通过分析，项目经理才能洞悉与项目进度相关的风险——这比任何其他方法都要实在。项目经理不能只把目光锁定在关键路径上，因为随着项目的进展，其他的路径也有可能会转化为关键路径，所以项目经理要主次全部兼顾到。项目经理还要时刻提醒自己一点，那就是一旦某条路径上的时间松弛量很富裕，项目成员并不急于将工作按时完成，那么该路径上的松弛量很可能会悄悄地流失掉，反而导致项目延误。由于这些任务落后于计划，关键路径发生了变化，项目早期被认为是关键路径的不再是关键的。因此，项目经理必须仔细管理所有可能影响项目按时完成的路径和活动。

CB 软件是个理想的软件，是用来模拟项目工期的一个简单易行的工具。利用 Excel 软件内嵌的程序同样可以对项目进度进行模拟。我们在这里特别推荐 CB 软件，是因为它的用户界面比较友好，而且能够以多种形式输出运算结果。CB 软件还支持与用户的互动，一旦模拟参数或者变量被人为调整，CB 软件可以做出迅速的反应。

| 实践中的项目管理 | 战车的设计与交付 |

随着中东战争的焦点从伊拉克转移到阿富汗，士兵需要一种新的越野运输工具，这种战车轻便且可以防御简易爆炸装置和地雷。这是一个设计与交付救生作战装备的紧急项目。竞标新 M – ATV 车（抗地雷、防伏击、全地形车辆）的公司必须提交建议书，为陆军生产测试车辆，并在 7 个月内开始生产，这是一个教科书式的案例，说明国防公司的项目管理必须立即适应新的条件。

投标者必须在 1 个月内提交提案、程序计划和 1 平方英尺的装甲车面板以进行测试。如果装甲获得批准，那么投标者还有一个月的时间将两辆车交付给陆军进行测试。威斯康星州奥什科什公司（Oshkosh）的奥什科什国防产品部门是竞标者之一，它意识到时间紧迫意味着没有时间开发新的部件，必须使用现有的、经验证的部件，如底盘、装甲和悬挂系统。此外，由于时间紧迫，它需要在生产的同时开始测试车辆。因此，项目团队踏上了通往内华达州的道路，在那里可以像在阿富汗那样的沙漠环境中进行测试。问题立即被传回威斯康星州，生产团队在那里着手解决。为了按时完成任务，团队每天早上 6 点开会，回顾当天的活动，以便完成项目里程碑。

当奥什科什的车辆通过第一轮陆军测试时，它只有5天的时间再生产3辆车，以使在3天内完成更广泛的测试！两个月后，奥什科什获得了一份价值10亿美元的2 244辆M-ATV车合同。随后，又一笔价值10亿美元的1 700辆汽车订单接踵而至。在提交提案后的一年内，奥什科什每月生产1 000多辆M-ATV车，总产量超过8 000辆。美国国防部部长罗伯特·盖茨（Robert Gates）指出，最好的解决方案并不总是最详尽的，这种超高效的进度计划将是未来类似军事项目的模式。

问题

1. 军队为每辆车付多少钱？虽然不是花费数亿美元买了一架新飞机，但为什么和汽车相比价格这么高？

2. 考虑到昂贵且拖延数年的军事装备项目由来已久，为什么不早点使用这种方法？

3. 这种新方法的缺点可能是什么？

资料来源：D. Burba，"Breaking the Mold," PM Network, Vol. 24.

➡ 8.4 使用这些工具

那些已经讨论过的用户界面友好的计算机软件，如 Microsoft Project，CB，Excel 等，已经成为便于人们对项目进行管理的重要工具。我们清楚地知道，收集数据比进入系统和运行软件难度要大得多，但并不是不可为。譬如，以一个公寓建筑群联合体为例（见表8-9），其中的信息收集和软件运行就是由刚刚接触此软件的人完成的。

表 8-9　公寓建筑群联合体 WBS

任务	*a* 天数（小时）	*m* 天数（小时）	*b* 天数（小时）
1. 房地产部门秘书接收一系列的产品商业计划	n/a	（0.3）	（0.4）
2. 秘书检查合同并复印，将所有在亚特兰大区域的交易计划通过快件寄到亚特兰大。亚特兰大办公室在一周内将记录的复印件发送给洛杉矶办公室	n/a	（0.2）	（0.3）
3. 秘书标注日期、贴标记、记录、检查后复制，制作新的文件，核对合同资源，将新的交易信息添加到卡片信息上。发送标准函件给新的交易来源方；发送复制的函件；发送交易信息给行政助理	（0.7）	（0.7）	（0.9）
4. 行政助理审查这些交易信息，填写房产登记表，发送给洛杉矶获取执照的主管或者发送给函件指定的房地产部门员工	（0.5）	（0.5）	（0.7）
1～4项任务总计	1（1.2）	1（1.7）	3（2.3）
5. 一揽子交易计划寄送给的人将决定行动。证件发送给秘书来制作文件，通过房地产部门保留做进一步审查的可能性	1（0.5）	1（0.5）	1（1）
……	……	……	……
48. 发布谈判结束后具有法律效力的正式合同	2（5）	5（8）	10（10）

表8-9是一个公寓建筑群联合体的 WBS（该计划有48个步骤）的一部分。请注意，

有几个步骤明显是为较低水平而设计的多步骤 WBS 的合成（如步骤1~4）。图8-34是表8-9的一个 AON 网络图。该公司还有一个用来追踪每个项目的甘特图版本的网络图。表8-9还包括每个步骤所使用的"日历"式的三点估计（以天为单位），以及用于每一步骤的"资源"时间（以小时为单位）的估计。时间估计数据2（10）读作"2天10个工时"。副本数据还可以用于安排工作负载进度。此模型被视为一个解决复杂问题的模板，它不仅改进了项目流程还减少了项目时间。

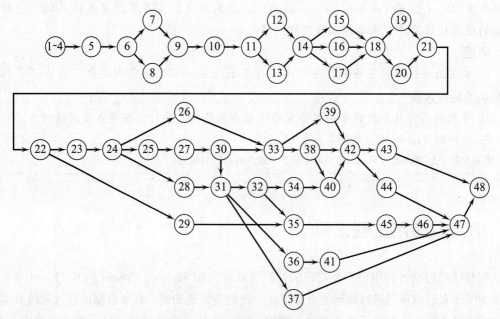

图8-34 公寓建筑群项目网络图

在这里我们不想就应该使用何种工具给出任何建议。如果项目经理仅乐于对那些主要的系统进行一点试验，那么就给定项目而言，它们的相对优势和劣势将会变得非常明显。

在下一章里，我们将会进一步研究多个项目需要共同使用一套资源时的进度问题。在这种情况下，仍然可以使用多种方法来解决资源配置和活动赶工的问题。

 小结

本章重点讨论了项目实施工作中的进度计划问题。在描述了使用网络进行项目计划和控制的好处之后，本章又介绍了 AOA 和 AON 两种方法。接下来，介绍了甘特图。

本章的要点如下：

1. 对于项目而言，鉴于其协调问题的复杂性，进度计划工作是非常重要的。

2. 进度计划的网络方法提供了一系列对项目有特殊价值的特定优势。

3. 关键性的项目任务一般不会超过全部项目任务的10%。

4. 网络技术既可采用 AON 的格式，也可采用 AOA 的格式，无论何种格式都不会明显影响分析结果。

5. 网络通常是从左向右绘制出来的，随着绘制网络工作的不断进行，活动的紧前关系和事件时间也都得到了明确的显示。通过使用网络，我们可以识别关键活动和事件，还能找出最早和最晚的活动开始时间，确定每项活动可用的松弛量，并且计算出项目在各种时间内完成的可能性。

6. 甘特图是一种与网络图密切相关的监控方法，但更容易让人看懂，它还对项目的当前进展状况提供了更为清晰的图像。尽管有这些优点，它还是有很多不足，例如，不能清晰指明任务的紧前关系和依赖性。

 关键术语

活动（activity）　一个需要耗费资源和时间来完成的特定项目任务。

活动箭线表示法/活动节点表示法（activity-on-arrow/activity-on-node）　两种描述网络的方法，用箭线或节点来表示各种活动。

线（arc）　用于连接两个节点。

赶工（crash）　在 CPM 中，活动可以按正常步调进行，或者以较高一些的成本加快完成，这就是人们所熟知的赶工。

关键性（critical）　一项活动或者一个事件，如果它们有所延误就会延误整个项目的完成。

事件（event）　发生在特定时间点上的一项或多项活动的一种终结状态。

甘特图（Gantt chart）　一种在一个水平的时间尺度上以时间为基准绘制出多种活动的方法。

里程碑（milestone）　一个项目或者一系列活动中一个可以清晰识别的点，通常用来表示一项需要做出报告的活动，或者用来表示一系列大型或者重要的活动的完成。

网络（network）　一种用线或节点表示的相关活动和事件的组合。

节点（node）　两条或多条线或箭线的交叉点，通常用来表示活动或事件。

路径（path）　网络中线段和节点的一种顺序。

 问题

内容复习问题

1. 请定义在绘制网络图时所使用的活动、事件和路径。什么是虚拟活动？

2. 关键路径时间的何种特性使其具有关键性？

3. 甘特图要对哪两种因素进行比较？在目的方面，甘特图与项目主体进度计划的区别是什么？

4. 比较总松弛量和自由松弛量的区别。

5. 各种进度计划方法分别适用于什么情况？

6. AOA 图和 AON 图有什么不同？

7. 模拟法是如何计算项目不同完工时间的概率的？

8. 简要总结一下如何绘制一张网络图。

9. 定义"最晚开始时间""最早开始时间""最早完成时间"。

10. 关键路径是如何确定的？

11. 什么是松弛量？为什么说它很重要？

课堂讨论问题

12. 你认为如何使用为任务持续时间制定三点估计的方法来估计制造成本？

13. 网络法对项目计划工作有什么好处？有什么不足？

14. 对于8.4节"使用这些工具"中的相关观点，你的观点是什么？

15. 为什么说AOA或者AON对于项目经理具有重要价值？

16. 如何处理在安排项目进度时的不确定性？

17. 你怎样去计算自由松弛量？

18. 活动时间是怎样估计出来的？

19. 关键路径活动和非关键路径活动应当区别对待吗？请解释。

20. 前导图法将网络中的标准活动关系又拓展了三种，你还能想出其他特殊的情况吗？

习　题

1. 给定下列信息，请绘制AON图。

活动	紧前活动
1	—
2	—
3	1, 4
4	2
5	2
6	3, 5

2. 请把如下AON图改为AOA图。

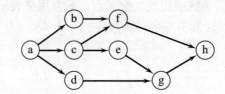

3. 请从下图中找出三个错误的地方。

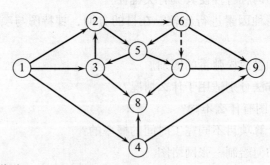

4. 给定下图，请找出：

（1）关键路径。

（2）项目完工所需要的时间。

（3）每个活动的最早开始时间、最晚开始时间、最早完成时间、最晚完成时间。

（4）每个活动的松弛量。

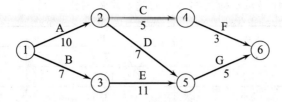

5. 请将问题 4 中的 AOA 图转换成一个 AON 图。如果在问题 4 中，节点 2 到节点 3 之间有一项虚拟活动，那么 AON 图将如何变化？

6. 将以下每个 AOA 图转换为 AON 图。

a.

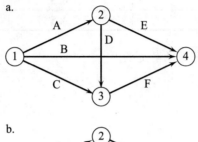

b.

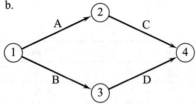

7. 给定下列活动和紧前活动，请画出 AOA 图和 AON 图。

活动	紧前活动
A	—
B	—
C	A
D	A, B
E	A, B
F	C
G	D, F
H	E, G

8. 给定下面网络：

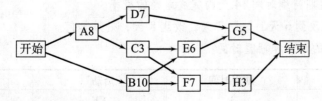

（1）哪条为关键路径？

（2）该项目完工需要多长时间？

（3）可否延误活动 B 而不致整个项目延误？如果答案是肯定的，那么可以延误多少天？

9. 给定下面所估计的活动时间和上面问题 8 中的网络：

活动	a	m	b
A	6.5	7.5	14.5
B	8.5	10.5	12.5
C	2.5	3.5	4.5
D	6.5	7.5	8.5
E	5.5	5.5	9.5
F	5.5	7.5	9.5
G	4.5	6.5	8.5
H	2.5	3.5	3.5

该项目在下述期限内的完工概率是多少？

(1) 21 天？

(2) 22 天？

(3) 25 天？

10. 请找出：

活动*	a	m	b
AB	3	6	9
AC	1	4	7
CB	0	3	6
CD	3	3	3
CE	2	2	8
BD	0	0	6
BE	2	5	8
DF	4	4	10
DE	1	1	1
EF	1	4	7

*术语 AB 是指节点 A 和节点 B 之间的活动。

(1) AOA 网络和预期持续时间最长的路径。

(2) 所有活动的松弛量。

(3) 事件 D 的关键路径。

(4) 在最长预期持续时间 14 天内完成路径的概率。

(5) 如果 CD 改到 6 天，改到 7 天，改到 8 天，效果如何。

11. 给定下面的活动和期望时间：

活动*	期望时间	活动*	期望时间
AB	1	CE	6
AC	2	EF	5
AD	3	FG	10
DC	4	FH	11

续表

活动*	期望时间	活动*	期望时间
CB	3	EH	1
DE	8	GH	9
CF	2	EJ	3
BF	4	GI	8
IJ	2	HJ	6

*见问题10中的术语注释。

（1）绘制 AOA 图。

（2）找出关键路径。

（3）计算完工时间。

12. 丹佛钢铁公司正在扩大业务，包括一个新的免下车称重站。称重站将是一座带有大地板和小办公室的有暖气/空调的建筑。这个大房间将有磅秤、一个15英尺的柜台和几个陈列柜。

在建筑建成之前，项目经理使用 AON 对项目进行了评估。表 A 记录了活动及其相应时间。

使用 AON 进行分析，找出最长预期持续时间、松弛量和预期完工时间的路径。

表 A　活动及其时间

序号	活动	时间			紧前活动
		乐观	最可能	悲观	
1	铺设基础	8	10	13	—
2	挖坑除垢	5	6	8	—
3	插入规模底座	13	15	21	2
4	立架	10	12	14	1, 3
5	完成建筑	11	20	30	4
6	装入磅秤	4	5	8	5
7	装入展示柜	2	3	4	5
8	加入办公设备	4	6	10	7
9	收尾工作	2	3	4	8, 6

13. 奇迹市场营销公司（Miracle Marketing）从一家大型制药厂那里得到一份合同，为其新研制的抗癌新药策划一个全美广告活动。与目前常用的静脉给药的方法相比，该药物易于服用，而且可以在家治疗。奇迹市场营销公司将该项目委派给一名项目经理，相应地，该项目经理又将分解的小项目委派给下属经理人员。

评估该项目使用的 AOA 分析法。由于项目历时比较长，对许多活动进行了组合，下面就是相应的结果：

活动*	时间（月）	活动	时间（月）
AB：获得病人名单	3	CD：收集结果	9
BC：选择被访者	6	DG：总结数据	20
BD：聘请面试官	2	FG：分析结果	6
BF：培训面试官	5	EH：确认主要优势	11
BE：面试病人	4	EI：为广告选择优势	19

续表

活动	时间（月）	活动	时间（月）
GJ：决定媒体组合	1	TO：设计广告活动	4
HK：比较广告预算	3	MN：与赞助者确认	15
IL：为预算修正组合	9	NP：修改广告活动	13
LM：选择广告风格	12	OP：报批	10
KN：选择广告类型	7		

* 见问题 10 中的术语注释。

请找出关键路径和期望完工日期。

14. 下图是在人力资源管理（HRM）速成招聘项目开始时编制的。该项目从两个活动开始：集合面试团队（A）和预算资源（B）。

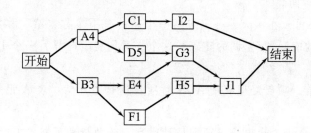

持续时间（以天为单位）跟在每个活动的字母后面。关键路径是什么？哪些活动应该受到最密切的监控？在第一周结束时，注意到活动 A 在 2.5 天内完成，但活动 B 需要 4.5 天。这对项目有什么影响？同样的活动重要吗？

15. 下面给出的是一家投资公司考虑中的金融项目，请算出：在第 17 周完工的可能性；在第 24 周完工的可能性。管理层确信有 90% 的把握完工的时间为多少周？

时间（周）

活动*	乐观的	最可能的	悲观的
1～2：收集企业数据	5	11	11
1～3：分析数据	10	10	10
1～4：确定需求	2	5	8
2～6：确定利润	1	7	13
3～6：评估风险	4	4	10
3～7：业主访谈	4	7	10
3～5：检查资料	2	2	2
4～5：行业评估	0	6	6
5～7：经济评估	2	8	14
6～7：确定资金	1	4	7

* 见问题 10 中的术语注释。

如果该投资公司能够在第 18 周为客户完成这一项目，将会得到 10 000 美元的奖励，但是，如果该项目延误到了第 22 周以后，那么该公司就必须因给客户造成了损失而支付罚款 5 000 美元。如果该公司可以选择是否需要竞标该项目，而且该项目仅是一个一般性的赚钱项目，那么应该如何进行相关的决策？

16. 假设一个审计项目有以下活动：

活动	标准差	是否关键	持续时间
a. 增加	2	是	2
b. 平衡	1		3
c. 计数	0	是	4
d. 扣除	3		2
e. 编辑	1	是	1
f. 财务	2		6
g. 分组	2	是	4
h. 持续	0	是	2

请找出:

(1) 按客户要求,在 12 周内(或更短)完成关键路径的概率。

(2) 在 13 周内(或更短)完成关键路径的概率。

(3) 在 16 周内(或更短)完成关键路径的概率,即客户的截止日期。

(4) 由审计公司保证,确保 92.5% 的机会完成关键路径所需的周数。

17. 下面的网络是一家刚成立的公司计划开发一种新型的生物电子计算机芯片的计划书的一种简单表示。

请找出:

(1) 关键路径。

(2) 项目完工的最早时间。

(3) 活动 E、活动 F、活动 H 的松弛量。

18. 以下项目的事件被指定为 1, 2, …。

(1) 绘制网络图。

(2) 找到关键路径。

(3) 找到所有活动的松弛量。

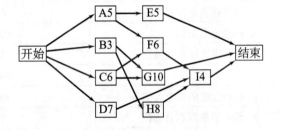

活动	紧前事件	紧后事件	期望时间(周)	紧前活动
a	1	2	3	无
b	1	3	6	无
c	1	4	8	无
d	2	5	7	a
e	3	5	5	b
f	4	5	10	c
g	4	6	4	c
h	5	7	5	d, e, f
i	6	7	6	g

19. 给定下面的网络图(时间以周计算),请确定:

(1) 每个活动的 ES, LS, EF 和 LF。

(2) 所有活动的松弛量。

(3) 关键活动和关键路径。

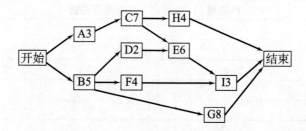

20. 根据表 B 中作为公司会计审计的一部分而完成的责任工作包的进度计划，请查找：

（1）关键路径。

（2）"流程确认"的松弛量。

（3）"测试养老金计划"的松弛量。

（4）"验证债务限制合规性"的松弛量。

表 B　进度计划

活动	持续时间（天）	紧前活动
a. 获得负债表	3	无
b. 邮件确认	15	a
c. 测试养老金计划	5	a
d. 担保选定负债	60	a
e. 测试应计项目和摊销	6	d
f. 过程确认	40	b
g. 将利息费用调节为债务	10	c, e
h. 核实债务限制合规性	7	f
i. 调查借方余额	6	g
j. 审核后续付款	12	h, i

21. 在下图所显示的网站开发项目网络中，每项活动旁边的数字表示以周为单位的活动工期（期望时间）。

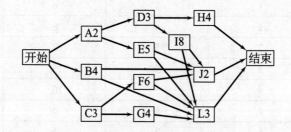

请确定：

（1）每个活动的 ES 和 LS。

（2）网站的最早完工时间。

（3）所有活动的松弛量。

（4）关键活动。

（5）关键路径。

22. 鉴于以下有关首次公开募股（IPO）项目的信息：

活动	期望时间（周）	紧前活动
a：检查可行性	3	无
b：确定资金	1	无
c：找到可能的银行	3	a
d：选择两家可能的银行	4	a
e：面试两家银行	4	b
f：分析资金成本	5	b
g：成功的机会有多大？	2	c, e
h：签订合同	3	f

（1）绘制网络图。

（2）关键路径是什么？

（3）什么时候上市（项目完成）？

（4）如果活动 e（批准）需要额外一周时间，对项目有什么影响？额外两周呢？额外三周呢？

23. 请为下面的空间发射计划构建一个网络，并找出它的关键路径。

活动	期望时间（周）	紧前活动
a：检查控制系统	3	无
b：检查推进剂	5	a
c：检查人员	3	a
d：集中物品	1	c
e：移动到发射台	3	h
f：运行系统测试	4	b, d
g：检查宇航员	2	c
h：地面站松离	3	g, f
i：倒计时	1	e, h

24. 请为下面的培训和开发项目构建一个网络。

活动	期望时间（周）	紧前活动
a：选择人员	3	无
b：邀请人员	5	无
c：确认预算	14	a
d：准备材料	5	a
e：聘请讲师	4	b
f：确定日期	7	b
g：提醒人员	8	d, e
h：启动项目	5	g, f

（1）绘制网络图。

（2）找出关键路径。

（3）假设活动 a（雇用培训师）要耗时 5 周，请重新规划该项目。

（4）你会建议从哪里给哪一种活动调配资源，以确保最初设定的培训期？

25. 假定 a 和 b 的值给定在 95% 的水平上，请重解问题 10 中的第 4 问。假定给定值在 90% 的水平上，请再次重解该问题。

26. 使用下面的信息绘制 AOA 图。找到预期持续时间最长的路径，并使用它计算 95% 能完成项目的天数。计算每个活动的松弛量、最早开始时间和最晚开始时间，并以表格形式显示。是否有任何路径导致仅使用预期持续时间最长的路径来确定项目完成的概率的问题？

活动	时间（天）		
	a	m	b
1 ~ 2	6	8	10
1 ~ 3	5	6	7
1 ~ 4	6	6	6
2 ~ 6	0	0	0
2 ~ 7	10	11	12
3 ~ 6	12	14	16
4 ~ 5	5	8	11
4 ~ 9	7	9	11
5 ~ 6	8	10	12
5 ~ 9	0	0	0
6 ~ 7	14	15	16
6 ~ 8	10	12	14
7 ~ 10	9	12	15
8 ~ 10	0	4	14
9 ~ 11	5	5	5
10 ~ 11	7	8	9

27. 下面是一个在美国独立日上演的社区话剧项目，给定下列信息。

（1）绘制 AON 图。

（2）确定该项目的最早完成时间和关键路径。

（3）有 80% 概率完成该项目的时间？在 40% 的概率时呢？

（4）项目过程中如果发生一天的延误，情况是否会很严重？

活动	紧前活动	时间（天）		
		a	m	b
1	—	2	4	6
2	—	5	5	5
3	2	3	5	7
4	1	7	10	13
5	1	11	12	13
6	2, 4	5	6	7
7	3	9	10	11
8	3, 6	5	7	9
9	4	7	9	11
10	5	3	3	3
11	7	15	17	19

续表

活动	紧前活动	时间（天）		
		a	*m*	*b*
12	8	6	8	10
13	9, 10	7	8	15
14	7	12	14	16
15	12, 13	16	17	18

28. 使用以下数据绘制 AON 图，并找出在 44 天（正式开放日期）内完成最长预期持续时间的路径的概率。

活动	紧前活动	时间（天）		
		a	*m*	*b*
1	—	6	10	14
2	1	0	1	2
3	1	16	20	30
4	2	3	5	7
5	4	2	3	4
6	3	7	10	13
7	4	1	2	3
8	7	0	2	4
9	3, 7	2	2	2
10	9	2	3	4
11	8	0	1	2
12	10, 11	1	2	3

29. 对第 27 题进行模拟运算，找出项目完成的可能性。使用三角分布定义活动时间分布。在 1 000 次试验模拟之后，检查生成的统计信息，并将模拟结果与第 27 题中的结果进行比较。简要说明显著的相同点和不同点。（可选：修改模拟模型并确定预期持续时间最长的路径实际是关键路径的概率。与你的结果相关的管理含义是什么？）

30. 对第 28 题进行模拟运算，找出项目完成的可能性。使用 BetaPERT 分布定义活动时间分布。在 1 000 次试验模拟之后，检查生成的统计信息，并将模拟结果与第 28 题中的结果进行比较。简要说明显著的相同点和不同点。（可选：修改模拟模型并确定预期持续时间最长的路径实际是关键路径的概率。与你的结果相关的管理含义是什么？）

31. 给定如下的任务以及紧前活动，时间以周计算。

（1）用 MSP 画出甘特图。

（2）假设每周工作 5 天，计算项目的关键路径。

（3）计算项目工期。

活动	紧前活动	工期（天）
a	—	2
b	—	2
c	a, b	4
d	c	3
e	a, b, c	1

续表

活动	紧前活动	工期（天）
f	d, e	2
g	f	3
h	g	1

32. 下表列出了以天为单位的项目活动，其中包括以天为单位的工期和紧前活动的三点时间估计值。

活动	乐观时间	最可能时间	悲观时间	紧前活动
a	5	7	12	—
b	8	8	8	—
c	2	6	10	a
d	12	14	19	a, b
e	6	6	12	c, d
f	3	12	18	b, e
g	6	8	10	f

（1）用 MSP 计算每个活动的预期时间。

（2）用 MSP 画出甘特图。

（3）用 MSP 绘制网络图。

（4）假设每周工作 5 天，计算项目的关键路径。

（5）计算所有活动的松弛量。

案例讨论

扬基制椅公司

扬基制椅公司（Yankee Chair Company）正急于将一种新型的摇椅推向市场。过去在推出新型椅子方面的尝试令人十分沮丧。公司总裁布里特·里克斯（Bret Ricks）决心不让失败在新产品上重演。他对现有的管理团队没有任何信心，于是雇用了一位当地的咨询师简·戴摩尔（Jan Dymore）来组织和管理这个项目。他指派该公司的经理汤姆·戈特（Tom Gort）与戴摩尔一起开发公司内部推行项目管理的能力。戴摩尔决定建立一个 PERT 网络，并且通过排列活动、指定优先次序和估计完成时间这样一些过程来指导戈特，还向戈特解释了关键路径的概念，至此，戈特才算是对项目管理有了一定的了解。在里克斯主持的第一次评审会上，PERT 方法得到了热情的响应，但就在评审工作快要结束时，戴摩尔就产品设计工作提出了一些批评意见，随后便离开了该项目。

里克斯随后问戈特能否独立使用 PERT 方法，戈特迅速抓住了这个机会，但是后来在办公室中，他问自己是否真的能够有效使用 PERT 网络。戴摩尔已经就什么是关键路径以及该项目的耗时做出了估计，但是她也告诉过戈特，还要再做一些其他测算，以便为每项活动做出精确的估计，并算出这些活动时间的方差。戈特真的不明白有关的数学问题，而且肯定不想给里克斯留下坏印象，于是他决定就那些活动时间采用戴摩尔对关键路径的估计数据作为最可能的估计数据。通过将注意力集中于关键路径活动和忽略方差问题，他计算得出，自己能够使该项目准时完工。

◆**问题**

戈特的办法可行吗？相对于任何一名项目经理的常规做法，戈特的行为带有多人的赌博成分？戈特应该警惕哪些问题？

辛辛那提软件公司

辛辛那提软件公司（Cincinnati Software）专业从事为小型企业安装制造资源计划（MRP Ⅱ）系统。该公司现在正准备扩大经营范围，提供企业资源计划（ERP）系统的安装。公司计划以项目的方式来实现向热门软件领域的扩张，可见该项目对于整个公司来说具有重大的战略意义。公司选定了项目经理和相应的管理团队来实施项目工作，直至结束。该项目团队十分有兴趣为该项目选择一种适当的进度计划方法。项目经理为选择过程订立了下列原则：简单；能够显示事件的工期、工作流程和事件间的相对顺序；能够反映计划和实际之间的差异，展示哪些项目活动可以同时进行以及距离完工还有多长的时间。助理项目经理偏好使用甘特图，财务方面的代表喜欢 PERT 方法，信息技术的领导则倾向于 CPM 方法。

◆**问题**

如果你是项目经理，你会采用哪一种方法？为什么？

课堂综合练习项目

现在可以开始构建项目的进度计划。你可以通过手绘的方式，或者通过一些我们在第 1 章中提到的项目管理软件来实施。从 WBS 开始，在项目 WBS 的最详细级别确定活动之间的优先关系。接下来，为每个活动做三点估计。基于优先级关系和时间估计，为项目创建一个网络图。为项目开发模拟模型，并确定项目完成时间的分布。最后，分析你的项目，确定你和你的团队有 75% 和 90% 的机会按时完成项目的截止日期。

参考文献

数字资源

第 8 章　进度计划
（案例分析与指导阅读）

第**9**章　资源配置

Resource Allocation

在上一章中，我们探讨了项目中一种特殊类型的资源配置问题，那就是在项目任务之间对时间进行分配，也就是进度计划。现在我们考虑物质资源的配置问题对进度带来的影响，在 PMBOK 当中和进度计划一同考虑的一个课题。这个问题与进度计划有直接关系，因为改变进度就会改变对资源的需求及其节奏。在任何特定时刻，对项目所需的各种可用资源，公司都可能会有一个固定的水平。这些资源可能包括各种特殊专长或者技术服务的工时，各类机械或仪器的机时，特殊场地占用时间，以及用来完成项目任务的其他类似的稀缺资源。例如，如果对于某种资源的需求量在资源容量的 70%～120% 区间变化，那么在项目的某些时点上，这种资源就会闲置（如果没有其他可选择的用途，这种资源就会被浪费），在另外一些特定的时点上，资源的供应量又会不足。如果调整一下项目进度以协调资源的使用情况，就可以避免项目延期，也避免了项目仅仅为了有备无患而储备多余资源的高额成本。

本章着重探讨与资源问题有关的各种情况。我们讨论有关的平衡问题，在单个项目和多个项目之间进行资源配置的不同之处，资源负载和平衡之间的关系，以及一些用来解决资源配置问题的方法，其中包括关键路径法、高德拉特"关键链法"，以及其他几种在资源稀缺条件下安排进度的方法。我们从单个项目中的资源冲突入手研究。尽管关键路径法实质上并不是一种资源配置方法，我们之所以将它引入进来，是因为我们将时间也视为一种资源，并且在项目管理工作中，时间和其他资源之间的平衡也是一个主要的问题。最后，我们对现有的项目管理软件对项目经理处理资源负载和资源平衡问题的能力和意愿所产生的主要影响进行了说明。

如同前一章讨论的进度计划，表面上看资源配置的问题似乎主要是战术性的，然而，有效的资源配置也会产生重要的战略影响。比如，正确地衡量是否为了按时或提早完成一个项目而增加资源只能通过考虑组织的战略目标和这个项目如何支持这些目标。另外，一个组织的人力资源的发展对于长期的竞争力是至关重要的。考虑到这些，项目经理面临的一个非常重要的问题是保证项目团队成员被分配到合适的项目工作以便他们有充足的时间来履行当下的职责和获得更广泛的发展。

➡ 9.1 关键路径法——赶工项目

实践中的项目管理 **大地震后快速重建洛杉矶高速公路**

很多年前的一天，凌晨4：31，一场6.8级的大地震袭击了洛杉矶，四条主要高速公路发生大面积崩塌，100万名每天经过这些公路的人员无限期滞留。显然，解决这一危机刻不容缓。加利福尼亚州运输部立即着手从三个方向解决问题：首先，立刻启动应急措施，全面展开实地调查，关闭危险的路段；其次，对所有封闭路段启动过渡时期的交通管理办法，使用并行街道和旧有的旁路来增强交通能力，改变信号灯和交通指示线，重新指挥附近的交通，其中包括交通信号灯定时等；最后，就尽快清除废墟和重建高速公路的损坏部分制订了相应的计划。时间十分紧迫，加利福尼亚州运输部用尽各种可行的办法来加速修复工作，正常情况下这本来是要用数年时间才能完成的。

（1）加利福尼亚州政府签署了一份紧急声明，授权加利福尼亚州运输部加快订立承包合同的程序，以使通常要耗时4个月的项目邀标书、招标和评估工作能够在五天内完成。

（2）工程承包工作中加进了有效的奖励/限制条款，其中的奖励依施工造价而定。一家公司在加班、租用额外设备和为不论雨天还是晴天均能保持24小时连续工作而支付津贴等方面投入巨大，最终在合同规定的140天工期内提前74天完成了任务，因此得到了1 480万美元的奖励，一时成为当地人谈论的话题。

（3）所有联邦高速公路管理局的资源部门都可以配合加利福尼亚州运输部的工作。

（4）在紧急挑选独此一家的承包商时还采用了自营工程（force account）承包制。在加利福尼亚州运输部驻地工程师的指挥下，承包商可以即刻开始工作。

（5）主要的项目管理过程都被启用，其中包括由当地和国家政府机构的高级官员组成的熟悉灾难应急和地震重建的工作团队。

（6）克林顿总统发表了该州处于紧急状态的声明，议会批准了数百万美元的额外资金供当地使用。

问题

1. 在六个措施中，哪些是成本权衡，哪些是范围权衡？

2. 绩效权衡是怎么应用的？换句话说，它们怎么影响了绩效？

3. 在这个例子中应用了哪些本章讨论过的资源配置方法？

资料来源：J. B. Baxter, "Responding to the Northridge Earthquake," PM Network, Vol. 8.

在1958年关键路径法发展初期，它使用AON将项目进度与为该项目配置的物质资源水平结合起来。该方法可以帮助项目经理以时间来换取成本，反之亦然。在关键路径法中，有两种活动时间和两种成本是为每项活动特别规定的。第一套时间/成本组合称为正常，第二套时间/成本组合则称为赶工。正常时间就是"正常的"，与PERT使用的三点估计中的m时间意思相同。赶工时间是试图通过追加使用额外的资源，例如，加班、特殊设备和额外的员工或材料，来加快活动的一种结果。

对于 AOA 和 AON 来说，在资源负载正常的假设条件下对活动时间进行估计是一种标准的做法。在没有对投入项目任务的资源水平做出任何假定的条件下讨论任何一项任务的时间要求都是毫无意义的。同时，对于组成网络的数百项活动中将来会用到的每项资源都坚持列出完整的清单也是毫无意义的。显然，对于每项任务都需要投入哪些资源必须有一个预先的决策，然而在实际操作中，大部分决策都被归类为一般性的标准做法和拇指法则。如果需要用合理的资源配置来加快任务或者整个项目的完成速度，那么如何进行配置就是一个需要仔细考虑的问题。我们必须知道为了缩短构成项目的各项活动的工期需要投入哪些额外的资源。

对于一般的过程来说，用标准化的操作和拇指法则对资源的需求进行估计就足够了，但是，若试图加快整个项目的进度（项目赶工），详细的计划就十分关键。在对活动进行逐项考虑时会发现，那些本来似乎可行的赶工项目可能会包含一些对资源可用性的不切实际的假定。例如，在野马大坝（Wild Horse Dam）项目中，需要加快某些活动的进度，为此，我们储备了所需要的所有劳动力和材料，但在建筑工地还需要一辆拖车牵引式履带起重机，最晚下个月 8 日之前必须到位，可是该起重机当时还在伊利诺伊州的迪凯特市，本地的承建商又没有合适的起重机可供租用，我们能否从迪凯特或者斯普林菲尔德租赁一台起重机并把它带到这里？我们正是这样做的。当我们赶工时会出现很多问题，而且往往对一个问题的解决方案又会引出更多的有待解决的问题。

难题还在继续，明智的项目经理会谨记"有备无患"。如果应用确定性的时间估计且项目的最后期限是确定的，那么对于大多数项目来说，在进行最后的活动时需要赶工的可能性是很大的。使用三种或然性时间估计可能会降低必须赶工的可能性，因为它们本身就包括了不确定的因素，这种不确定性在使用确定性时间估计时要么被忘记了，要么被忽略了。即使这样，许多事情还使赶工成为某些项目的一条必经之路，例如在最后时刻客户要求方面发生变化，导致一个正当的增项（如范围扩大）推迟项目的截止日期。该类问题通常是由使用确定性时间估计引发的，这可以从下面的例子中得到具体的认识。

考虑表 9-1 中的数据。我们对于所有能进行赶工的活动的成本/时间斜率（cost/time slope）进行一个计算。该斜率的定义如下：

斜率 =（赶工成本 - 正常成本）/（赶工工期 - 正常工期）

斜率指的是项目赶工期中每天的额外成本，它是负值，说明随着项目或者活动所需要的时间递减，所需要付出的成本是递增的。请注意活动 c 的工期是不能缩短的。表 9-2 显示了例子中的成本/时间斜率。

表 9-1 正常和赶工 CPM 的一个例子

项目活动	紧前活动	工期（正常，赶工）（天）	成本（正常，赶工）（美元）
a	—	3, 2	40, 80
b	a	2, 1	20, 80
c	a	2, 2	20, 20
d*	a	4, 1	30, 120
e**	b	3, 1	10, 80

* 允许局部赶工。

** 不允许局部赶工。

表9-2 活动斜率：赶工时间的成本

项目活动	斜率（美元/天）
a	$40/(-1) = -40$
b	$60/(-1) = -60$
c	—
d	$90/(-3) = -30$
e	-70（2天）

这种计算的一个暗示条件就是，活动可以以一天（或一个时段）为增量单位加快进行，但实际情况常常并非如此。一项给定的活动可能仅有 2～3 个技术上可行的工期。这种"每天多少钱"的斜率仅仅在赶工增量有用时才是有意义的。例如，如果一项活动要么在 8 天内干完，要么在 4 天内干完，没有任何可行的中间时间，并且，如果这项活动由 8 天压缩到 6 天，另一个不能赶工的并行路径就会变成关键路径，那么最后两天（使工期由 6 天缩短到 4 天）的时间压缩就没有任何用处（有时候项目经理会加快那些对整个关键路径的时间基本没有影响的活动的进度，比如这些活动用到的资源必须随时可供另一个项目所用时）。

我们必须清楚一点，缩短项目工期会导致活动所应用的技术发生变化，用经济学术语来说，就是生产函数会发生变化。有时候加快项目进度需要用到一个简单的决策——增加正在使用的资源的数量。例如，有一个项目是挖一条给定长度和深度的沟渠，为了缩短所需的时间，必须增加挖渠工人的数量。可以用挖沟机来代替一部分挖渠工人，通常这会在产出方面造成技术上的不连续性。不同数量的挖渠工人的投入可能会导致工作耗时 1～3 天不等，如果使用挖沟机，则可能只需要 3 个小时。此外，可能还会有一些人们尚未察觉到的组合，如可以使工作在 6 小时内完成。我们必须谨记的很重要的一点是，我们在变动应用的技术时，可能同时改变了活动的风险水平。在有些情况下，我们不能改变技术，项目的工期是确定的，比如医学上的毒性实验要求不多不少必须是 30 天整。

技术上的变更不仅会导致输出结果的不连续，还会导致成本的不连续。如果我们使用更多的尖端的生产系统，为了加快项目进度对技术进行变更，这样投入的成本和工期之间的关系有可能出现跳跃点，也就是不连续。

当加快项目进度时，我们首先要做的就是用图表将项目的成本（作为项目多个可能的完工日期的函数）表示出来。从对项目所有活动的正常进度计划着手，每次选择一个需要加快进度的活动，争取用最小的额外成本来实现项目工期的缩短。在缩短项目工期时，要遵循两个基本原则：一是要将重点放在关键路径的活动上，除了上文提到的那种情况，也就是一个未处于关键路径上的活动所需要的资源正好是另一个项目所需要的资源的情况，加快非关键路径上的活动的进度并不会对整个项目的工期造成影响。二是要选择成本最低的方式。

根据以上原则，分析图 9-1a 中的网络图，它是根据表 9-1 中的数据绘制而成的。由于用 AOA 比用 AON 更容易说明项目赶工所造成的影响，我们在这里就采用 AOA。当然，在这个案例中所用的虚拟活动并没有优先次序，只是用来说明时间轴上的各个时间段。如表 9-1 和表 9-2 所示，活动 d 可以局部赶工，但是活动 e 涉及技术的不连续性，只能有两种选择——以每天 10 美元的成本用 3 天的时间完成，或者以每天 80 美元的成本用 1 天的时间完成。总之，这种技术的不连续性造成的结果就是，将工期缩短 n 天所用的最好的解决方案不一定是将工期缩短 $n+1$ 天所用的最好的解决方案的一部分，两个解决方案可能是完全不同的。在某种程度上，也许最好的选择是将一个存在技术不连续性的活动的工期缩短 $n+1$ 天，而不是将另一个活动的工期缩短 n 天。接下来就是对这种情况的详细说明。

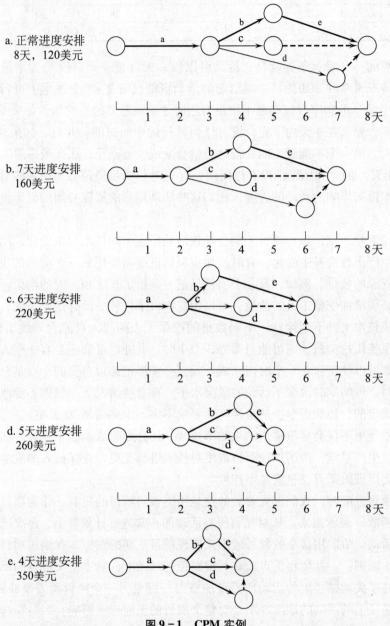

图 9-1　CPM 实例

如网络图 9-1a 所示，该项目的关键路径是 a→b→e，项目的工期是 8 天，正常情况下的总成本是 120 美元。加快哪些项目中哪些活动的进度取决于我们需要将项目的工期缩短多少天。为了使整个网络图的工期减少一天，必须将关键路径上的某一项活动的工期减少一天。观察表 9-2 中的数据，找出能以最低的成本将工期减少一天的活动是哪一项，可以发现活动 a 符合要求，将活动 a 的工期减少一天只需要在总成本 120 美元的基础上增加 40 美元，活动 b 的工期减少一天则需要总成本增加 60 美元，甚至也可以选择以增加 70

美元的成本将活动 e 的工期减少两天。当然，加快活动 e 的进度只能使项目的工期缩短一天，因为一旦活动 e 的工期减少了，那么需要 7 天的路径 a→d→虚拟活动就变成了项目的关键路径，项目的工期就无法缩短到 6 天。纵观上述三种方案，可以看出加快活动 a 的进度是成本最低的方法，因此这是最佳的选择。如图 9－1b 所示，可以发现加快活动 a 的进度还可以将其他两条非关键路径 a→d→虚拟活动和 a→c→虚拟活动的工期都缩短一天。

　　假定现在需要将项目的工期缩短两天，那么应该怎么做？由表 9－2 和图 9－1a 可知，我们可以以 70 美元的成本将活动 e 的工期缩短两天，可是与此同时，路径 a→d→虚拟活动（7 天工期）的工期也必须至少缩短一天。我们会选择以 30 美元的成本将活动 d 的工期缩短一天，而不会选择以 40 美元的成本将活动 a 的工期缩短一天。这样缩短项目工期的总成本是 100 美元，项目的总成本是 120 + 100 = 220（美元）。作为备选方案，我们也可以选择加快活动 a 和活动 b 的进度，这样做需要的额外成本是 40 + 60 = 100（美元）。在此，我们就选择这种方案，如图 9－1c 所示。

　　现在假定我们希望将项目的工期减少 3 天，即由 8 天变为 5 天。显然，活动 e 的工期必须缩短两天，所需的成本是 70 美元，然后将活动 a 或者活动 b 的工期缩短一天。由于缩短活动 a 的工期所需要的成本相对更低，为 40 美元，所以我们选择缩短活动 a 的工期。另外还需要以 30 美元的成本将活动 d 的工期缩短一天，这样缩短项目工期所需的总成本就是 140 美元，整个项目需要的总成本是 120 + 140 = 260（美元），如图 9－1d 所示。可以发现我们并没有像将项目的工期减少两天时那样加快活动 b 的进度，这是因为活动 e 中存在技术上的不连续性。

　　最后，考虑将项目的工期减少 4 天的情况，即将项目的工期由 8 天减少到 4 天。活动 e 存在技术上的不连续性，我们可以加快活动 e 的进度，使得项目的工期减少到 5 天，剩下的几项活动也都可以随之加快进度，这样，我们就可以直接通过观察图 9－1d 来找出哪项活动可以加快进度使得项目的工期再减少一天。由图 9－1d 可以看出，路径 a→b→e 和路径 a→d→虚拟活动都是关键路径。只有将活动 b 和活动 d 的工期都减少一天，项目的工期才能够再减少一天，这样需要的成本是 60 + 30 = 90（美元），项目的总成本就变为 260 + 90 = 350（美元），如图 9－1e 所示。可以发现现在活动 c 位于关键路径上，因此所有其他的活动也都位于关键路径上。尽管活动 d 的工期还可以再缩短一天，但由于关键路径 a→b→e 和 a→c 都已经达到了缩短工期的最大限度，整个项目的工期无法再进一步缩短。因此，图 9－1e 并不是一个完全赶工网络，虽然它相当于 4 天这样一个完全赶工的时间进度。

　　关键路径法的另一种应用方法就是先将项目中的所有活动的工期缩短到最低限度，也就是从完全赶工网络开始，这样需要的总成本是 380 美元，然后每次将一项活动的工期适当延长。当然，应该最先延长那些不会对整个项目的工期产生影响的活动的工期。在我们的例子中，我们首先应选择延长活动 d 的工期，因为完全没有必要将活动 d 在一天完成，可以将其工期延长到两天，这样并不会对整个项目的工期造成影响，还能节省 30 美元的成本。这一点可以从图 9－1e 中看出来，活动 d 的工期是两天，项目的总成本是 350 美元。按照这种方式，首先延长那些成本最高的活动的工期，依次进行，最终就会回到项目最初的正常情况，工期为 8 天，成本为 120 美元，如图 9－1a 所示。

　　这种加快进度的做法是否值得是另外一回事。从成本的角度来说，图 9－2 表明了在加快项目进度时时间和成本之间的关系。从收益的角度考虑，有些项目有惩罚条款，如果延期交付，项目承担者要对延误工期承担责任，提早交付则会有额外的奖励。以图 9-2 中曲线的右端作为起点，可以看出，为了缩短项目工期所需要付出的成本呈递增趋势。如图 9-2 所示的这种图形可以帮助项目经理在实践中对工期和成本进行更好的控制，特别是对于一些高层管理者来说，他们往往不考虑成本而只要求尽早完工，这种图形能够为他们改变观点提供依据。另外，当有客户要求项目提前交付时，这种图形也可以帮助说服他们。如果客户愿意为缩短工期支付相应

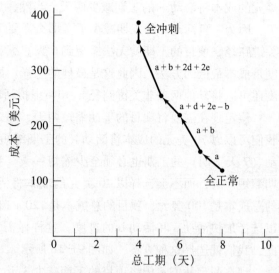

图 9-2　CPM 成本-工期变化情况图

的成本，或者公司愿意为客户提供补贴，那么项目经理不必担心，按照他们的要求来做就好（尽管我们建议项目经理忽略那些他们没有控制权的管理成本，但他们仍应注意一个问题，当项目赶工时很多非直接成本也是会发生改变的）。

有些组织缩短工期的方法不止一种。表 9-3 中的案例就是这种情况。在这个案例中，组织在缩短项目工期上有两种截然不同的方法：加快进度和临时突击。表 9-3 说明了各项任务之间的不同优先级以及各自不同的资源承诺。表 9-3 的最后两行说明了加快项目进度时成本和工期的预期变化情况。

表 9-3　项目的正式计划进度

标题	正常情况	加快进度	临时突击
项目批准	全部批准	加快正常节奏	只适用于高层管理者决策、采购和工程设计
可替代选择的研究	合理的	对有利可图的项目快速研究	只适用于那些不会对进度造成影响的活动
工程设计	从项目批准开始	当项目批准完成 50% ~ 75% 时开始	适用于项目审批已经基本结束的项目
工程安装	对于需要的计划和采购留有充分的时间，通常会有半个月到两个月的提前时间	很少或基本没有提前时间	没有提前时间
采购	开始于项目批准阶段后	加速对所有长期需要的材料的采购，许多采购以"建议价格"为基础	项目审批已经基本完成时进行采购，不考虑其他因素，只要对项目有用就会购买。采购的原则是宁可过量也要保证有备无患
额外费用	基本没有	有的已经超出了一定的限额	只要能防止项目延期，付出多少成本都可以
额外的工作人员	很少工作人员	很多工作人员；一定的加班时间	很多工作人员；加班或者轮班

续表

标题	正常情况	加快进度	临时突击
与正常情况相比的不同点：			
●设计和开发	基准	5% ~10% 及以上	15% 及以上
●工程和建设成本	基准	3% ~5% 及以上	10% 及以上
可能的工期	基准	最多减少10%	最多减少50%

快速跟进

另一种加快项目进度的方法是快速跟进法。这个名词经常应用于建筑项目，其实这种方法可以应用于很多其他类型的项目。它指的是将设计阶段和建筑阶段进行部分重叠，由于通常是设计过程结束后建筑过程才开始，所以将这两个阶段进行部分重叠就可以缩短项目的工期。但是，在设计过程结束以前就开始建筑过程也有一些不利的后果，它会导致需要变更的指令数量增加，随之就会导致生产量的损失、成本的增加和时间的损失。然而关于建筑项目的一项研究揭示，当项目使用快速跟进法，其设计发生的变更增多时，项目中需要变更的指令的总数量和正常进行、没有使用快速跟进法的项目并没有明显的不同（Ibbs et al.，1998）。因此，快速跟进法是一种用来加快建筑项目进度的合理方法，它也适用于其他类型的项目，只要那些项目的提早"建设"或者"实施"阶段是在充分理解的基础上按照合理的路线安排进行的就可以。快速跟进法部分使用了阶段门式项目管理的基本概念，并依赖于有效的前馈式沟通和反馈式沟通。

实例解析

有如下网络图（时间以天数计量）：

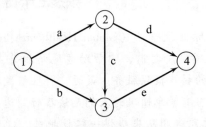

活动	赶工的工期（天）和成本（美元）	正常情况的工期（天）和成本（美元）	能否局部赶工
a	3, 60	3, 60	否
b	6, 80	7, 30	是
c	2, 90	5, 50	否
d	5, 50	6, 30	否
e	2, 100	4, 40	是

找出以最低的成本使项目能在10天内完成。

答案

目前的工期为12天，成本为210美元。

由于关键路径是 a→c→e，最开始我们就只考虑这三个活动。

活动 a：工期不能缩短。

活动 c：能够以 40 美元的成本将工期缩短 3 天，但由于活动 b 的存在，只能使得项目的工期最终缩短到 11 天。为了能在 10 天内完成，需要以 90 美元的成本将活动 b 的工期再缩短一天。

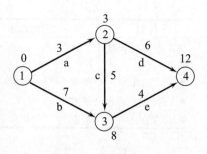

活动 e：能够以 60 美元的成本将工期缩短两天，最终使得项目的总工期缩短到 10 天。因此，选择以 60 美元的成本将活动 e 的工期缩短两天的方案。

➡ 9.2 资源配置问题

前面一章提到的进度计划的方法有一个缺点，就是它没有说明资源的利用和获取方面的问题，关注的焦点一直在时间上而非物质资源上。在下面的讨论中把使用的资源简单地认为是成本也是不够的。相应地，我们认为各种不同类型的劳动力、特定的设施、各种材料、单件设备，还有其他与单个项目相关但是可获得性受到限制的各种投入都属于资源。另外，我们通常必须考虑两个类型的资源：（1）一个活动中需要的特定量资源（比如，两个机时、五吨水泥、12 个工作日等）；（2）只要一个劳动力需要就被需要的资源，比如一台机器。在本章中会随时说明我们在讨论这两种资源中的哪一种。最后，一定不能忘记在项目管理中，时间本身也是一种关键的资源，它既不能储存也不能更新。人们是不能储存时间的，只是耗用时间的多少。

实践中的项目管理　　　　　　　　　　　　　　　**救援三十日**

美国加利福尼亚州的国际健康项目（Global Healthcare Project，GHP）在全球的贫困社区和地区开展了许多社区项目。之前，它帮助危地马拉普韦布洛的居民建立了一个药房，为西北山中高地上偏远的村庄提供服务。最近，社区居民再次求助国际健康项目去帮他们建立救护车服务，因为当有紧急情况时人们无法及时到达医院。国际健康项目组织了一个由 22 名大学生组成的志愿者团队来提供一辆救护车，建立紧急电话系统，训练当地的居民担任紧急医疗技术员（EMT）。然而，这些学生在 30 日之后就要离开，因此这个项目必须快速进行。

但是，国际健康项目发现资源和设施无法满足需求：

（1）社区没有合适的车型可采购来用于改造成救护车，而且他们想要这个项目变成一个"社区拥有"的项目，由社区拥有救护车和维护这个系统。

（2）到达最近的医院需要沿陡峭原始的山路走 3 个小时。

（3）没有救护车需要的基础设备，甚至连氧气罐都没有。

（4）几乎没有村民有驾照或者有时间去当一个救护车司机。

（5）救护车和补给品还有维修都需要更多资金。

（6）培训司机和紧急医疗技术员都面临很多问题，比如较低的学历和有限的医疗知识、读写能力、语言能力不足等其他问题。

项目团队成员到达后首先面对的问题是找到并注册一辆汽车。他们在离墨西哥边境四小时车程的地方确实找到了一辆可以接受的汽车，然而在没有一个律师完成各种文件的前提下它不可以被注册成社区的车。这个注册最终还是完成了，然而花费了几乎整整30天。他们给车换上了山地轮胎来适应颠簸的山路。他们给车装上了最简单的医疗设备。他们甚至成功地安排了三个有驾照、能开山地路的可培训的居民，使得他们有时间送病患去医院。为了确保有持续的资金，社区同意增加医疗产品和维护的附加税。培训员没有采取分发培训指南的方法，而是采用紧急状态下过程演示的方法来开展培训。至于热线系统，国际健康项目安排了一个保证随时能联系到三个司机兼紧急医疗技术员之一的卫星电话号码。

当整个团队就要离开的时候，午夜时分一个小女孩请求了紧急送医，并成功抵达，这得益于新的热线救护车系统，归功于团队的付出。次日救护车回到了村里。

问题

1. 你能通过这个国际健康项目案例对将来类似的项目做准备提出什么建议？
2. 这个项目听起来像"不可能完成的任务"吗？从哪些方面来说是的？
3. 你对国际健康项目的这类时间要求短的项目有什么建议？

资料来源：J. Danko, "Rescue Squad," PM Network, Vol. 24.

本章的重点是讨论项目过程、工期和资源的可获得性之间的关系。我们不应该仅从满足项目里程碑要求的角度对项目进度进行评价，还应该从时间安排和稀缺资源的用途的角度进行评价。衡量项目经理对项目的管理是否成功的一个基础标准就是在绩效、工期和成本之间进行综合平衡的能力。成本-收益分析是一个持续的过程："我能以400美元的成本将项目的工期缩短一天，我是否应该这样做？""如果我再多得到300个小时的工程时间，我能使组织的绩效提高2%~3%，我是否应该这样做？"当然这些预测都是不确定的，那么都有哪些风险以及我们应该如何去应对？

偶尔可能出现的一种情况是，一些额外的（有用的）资源可以在危急时以极低的成本甚至不计成本地提供给项目使用。通常的情况则是可能会用一些储备比较充足的资源去换取一些稀缺性的资源。在大多数时候，这种替换是需要额外成本的，因此项目经理的一个基本职责就是尽量用目前可获得的资源来完成项目。

时间和资源使用关系的两个极限点是：

（1）时间限制：必须在某个限定的时间内完成项目，而且使用的资源越少越好。最关键的因素并非资源而是时间。

（2）成本限制：项目的工期越短越好，但是绝对不能超出特定的资源的使用水平或者资源总体的约束水平。

这两个极限点中间的各个点代表了时间和资源使用的平衡点。图9-2详细列出了不同的资源水平所对应的可达到的工期，相应地也列出了不同的完工时间所对应的资源水平。很明显，工期和资源变量可以取值的范围都是有限的。

有时候时间和资源可能都是有限的，在这种情况下，范围要求还是不能确定。如果时间、成本、范围要求这三个变量都是确定的，那么这个系统就是"限定条件过多"，项目经理就失去了对时间和成本进行平衡的灵活性，这种平衡有时对于项目的成功完成是必要的。当然，有一种情况也是有可能的，这三个变量都已经确定在固定的水平上，但是仍然给项目经理留有可以灵活操作的空间，这种可能性非常小。更有可能的情况是，正如我们的那些担任项目经理的朋友所说的，高层管理者不必考虑各种不确定性而可以直接确定预算、进度和范围要求。正是项目经理才有责任（可能在项目团队的支持下）向高层管理者指出这种做法的不当之处，不过项目经理可能会面临来自高层管理者的这样一种反应："我可以让其他人来干！"如果你认为我们的这种建议过于极端，推荐你阅读吉姆·麦卡锡的第 25 条规则（McCarthy，1995，pp. 88 - 89）："如果对项目的工期、要素和资源的指令来自一个对任务并不熟悉的管理者，那么这种指令不能接受。"

在有些情况下，项目中可能有一项或若干任务会受到系统的约束。受到系统约束的任务所需要的时间是确定的，所需要的资源的数量是已知的。一些工业过程，比如热处理，就是受系统约束的。材料必须经过一段特定长度的时间处理才能够达到预期的效果，过长或过短都无法达到效果。当处理受到系统约束的任务或项目时，是无法进行任何替换的，这种情况下唯一需要关注的就是注意确保当需要时各种原材料必须已经到位。

在后面的章节中，我们将探讨在各种类型的项目中理解和运用这些关系的方法。

9.3　资源负载

资源负载描述的是在一个特定时段内一个现有进度计划所需要的某种资源的数量。因此，它与我们是考虑一个单独的工作单元还是考虑几个项目无关。各种资源的负载（需求量）可以作为各个时段的函数被描述出来。资源负载对单个项目或者一系列的项目对公司资源的需求量给出了一般性的认识，它对早期的、粗略的项目计划起到了非常好的指导作用。显然，它只是试图减少对特定资源的过度需求的第一步而不考虑一些能够减少资源需求量的特定的技术工具。我们再一次提醒项目经理要认识到在项目中资源的运用通常是非线性的，可是很多项目管理软件并没有认识到这个问题。

如果项目资源的投入增加了 $X\%$，项目的产出通常不会增加 $X\%$，项目工期也并不会减少 $X\%$，项目的产出以及工期可能根本不会发生变化，也可能发生变化的量看起来和 X 没有任何关系，比如练声的次数增加 20% 并不代表音乐水平也会提升 20%。任何时候，只要项目的资源基础偏离了实践中的标准，项目失败的风险就会发生变化，通常是会增加。

如果给定了 WBS，那么由此形成一份资源负载文件并不是一件困难的事。图 6 - 4（见第 6 章）给出的是某大学的"职业日"活动计划的一部分内容。这部分内容列出了各项活动所需要的人力资源（该计划中原本还包括了各项活动所需要的时间，但我们未列在图中）。MSP 利用这个计划中的数据得到了资源使用日程（见图 9 - 3），图中列明了各项活动的名称以及在各项活动中所用到的人力资源的名称，还列明了 WBS 中的每项活动需要的资源总量和各项活动需要的各种资源的总的使用时间，这样就可以形成项目资源负载的进度计划，随后再按项目的每项资源、每周（或每天、每月）来表示资源的负载情况。有一点我们必须了解，如果把资源使用日程中的数据输入 Excel，单一资源或整体资源的资源负载情况即可用 CB 模拟运算出来。

编号	资源名称	小时数	5月					6月					7月			
			25	2	9	16	23	30	6	13	20	27	4	11	18	25
1	**秘书**	1 020	24	40	40	40	88	120	102	40	40	40	40	40	40	40
	打印表格	240														
	收集大学资料	160	24	40	40	40	16									
	打印计划	240					24	40	40	40	40	40	16			
	在校报上做广告	200					24	40	36	0	0	0	24	40	36	
	准备海报	180					24	40	26	0	0	0	0	0	4	40
2	**项目经理**	1 440	40	40	40	16	24	40	40	40	16					
	联系各个组织	600	16													
	挑选发言嘉宾	560														
	准备食物	120	24	40	40	16										
	联系教职工	60					24	36								
	安排项目设备	100							4	40	40	16				
3	**办公室管理员**	180	24	40	40	40	16				20					
	收集展览信息	160	24	40	40	40	16									
	传送材料	20									20					
4	**助教**	1 140	24	40	40	40	64	80	80	56	40	40	16			
	打印会场证	320														
	准备茶点	280	24	40	40	40	40	40	40	16						
	发邀请函	80														
	准备礼品券	220														
	准备横幅	200					24	40	40	40	40	16				
	各班通知	40													24	16
5	**主任**	400	24	40	40	40	40	40	40	40	40	40	16			
	准备酒水	400	24	40	40	40	40	40	40	40	40	40	16			

图9-3 职业日项目资源使用日程

通过查看图9-3可以发现，在5月末6月初的那一周，秘书的工作量超出了负荷。如果只有一位秘书，那么在5月30日那一周里，他必须连续7天每天工作17小时以上（或者连续5天每天工作24小时）。这就倾向于在考验意志最坚定、对公司最忠诚的员工的耐心程度。有些助教会被导师当作奴隶一般使唤，但是每周约定的工作时间一般也不会超过20小时。这样相比之下，至少需要4个助教才能保证项目正常进行。项目经理有责任去解决这些问题，要么增加人手，要么对资源使用日程进行变更，使对资源的需求量不会超过资源的最大负载能力。

由于项目 WBS 是确定活动的优先次序、工期和资源需求量的信息来源，不论对项目而言还是对预算而言，它都是主要的辅助信息。WBS 将进度计划和对各种资源的特定需求直接联系起来。可以对 AOA 网络图进行改良，使其能说明各时间段的资源需求量。当然也可以使用甘特图，但是 AOA 网络图特别是经过改良后能说明时间松弛量（见图 9-1），在资源平衡的分析中也非常有用。我们以上一章提过的 AON 网络图为例，将其转换为 AOA 网络图，这个 AOA 网络图（来自表 8-2）可以用图 9-4 来说明，用两个假设的资源 A 和资源 B 来说明资源的使用量，在箭头上方标出的是期望活动时间，箭头下方的括号里标出的是资源的使用量，括号里前面的数字表示的是资源 A 的使用量，后面的数字是资源 B 的使用量。例如（5，3）表示的就是箭头上方的活动需要 5 个单位的资源 A 和 3 个单位的资源 B。图 9-5 表示的是日历化的 AOA 网络图，它和大家所熟知的甘特图有点儿类似，资源需求量现在就可以按所有活动的时间段汇总起来。

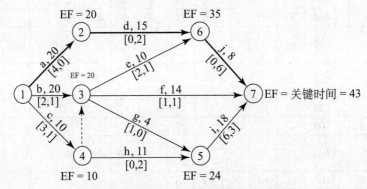

图 9-4　根据表 8-2 绘制的 AOA 网络图

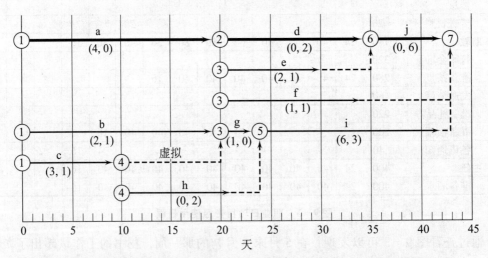

图 9-5　表示活动的松弛量和资源使用情况的修改过的 AOA 网络图（据图 9-4）

资源 A 的负载量用图 9-6（a）来表示，资源 B 的负载量用图 9-6（b）来表示。资源负载量的变化是不规则的，而且在项目的整个工期中变化范围很大。资源 A 应用在活动 a、活动 b 和活动 c 中，从图中可以看出，在项目开始时对资源 A 的需求量很大，到项目中期时有所下降，随后又开始上升。资源 B 的需求量则是在项目初始时比较低，随着项目的进行而逐渐升高。在项目的整个生命周期中，项目经理都必须对投入的各种资源的需求量的波动和流动加以注意。项目经理的责任就是保证项目所需的各种资源在需要时都可以及时提供。在接下来的三节中，我们将探讨项目经理应该怎样担负起这种职责。

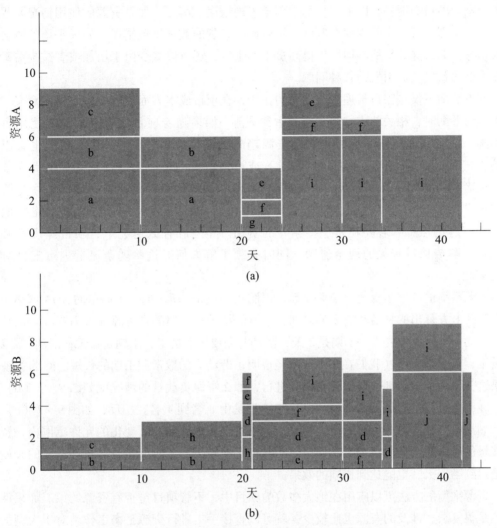

图9-6　资源A的负载图（a）和资源B的负载图（b）

➡ 9.4　资源平衡

在前面的例子中，我们已经知道在项目开始时对资源A的需求量很大，在项目中期对资源A的需求量有所减少，在项目后期对资源A的需求量又开始增加。在项目开始时对资源B的需求量很低，随着项目的进行而逐渐增加。在项目的整个生命周期中，对各种资源的需求量的变化很大而且不规则，这是一种常见的情况，可是从项目经理的角度来说，他们并不愿意看到这种情况。资源平衡的目的就是将不同阶段的资源需求量的变化程度降到最小，这可以通过在松弛量内移动任务来实现，其目的是形成一种资源使用的平稳分布。

　　使资源使用量变得更为平缓有很多好处。第一，如果给定的资源的使用量在对应的时期内基本是稳定的，那么相应的管理工作就会大大减少，项目经理就能在需要各种资源时保证供应，可以要求供应商提供稳定的供应量，还可以在适当的时候安排后备供应商，更重要的是，项目经理进行以上工作基本不会出现错误。第二，如果资源的使用情况是平衡的，项目经理就可以实施零库存制度，不必担心订货的数量出现错误。如果平衡的资源就是人本身，那么这种平衡不但可以提高员工的士气，还可以减少由于增加或者减少劳动力而在人事和薪酬方面引发的各种问题。

　　资源平衡不仅在项目管理中有重要的作用，在项目成本方面也有十分重要的意义。当资源达到平衡时，相关的成本往往也能达到平衡。如果随着项目的进行资源的使用量逐渐增加，或者通过资源平衡的方法使资源趋向于现有的使用水平，那么成本也会以同样的方式发生变动。从成本的角度来看，或许最重要的平衡工作就是去平衡贯穿整个项目或者任务的员工人数。对于大多数组织来说，雇用和解雇员工的成本往往是非常可观的，用平衡人力资源的方法来减少雇用和解雇发生的次数所需的成本往往低得多，即使这仍然意味着要花费一些额外的费用。不管在什么情况下，项目经理都必须清楚地了解与项目有关的现金流动，同时必须了解如何对这些现金流量进行安排对项目最有利。

　　资源平衡的基本步骤比较简单易懂，以图 9-7（a）所示的一个简单的 AOA 网络图为例。箭头上方标出的是活动需要的时间，下方的括号里标出的是资源（人力资源）的使用量。活动 a 需要 2 名员工，工期是 2 天；活动 b 需要 2 名员工，工期是 3 天；活动 c 需要 4 名员工，工期是 5 天（我们在 9.1 节已经说明了劳动力的数量和工期的长短之间的关系）。如果这三项活动全部都在最早开始时间进行，那么资源负载量的情况就如图 9-7（b）所示，在整个过程中对员工需求量的变化范围就是由 8 名到 4 名。相反，如图 9-7（c）所示，如果将活动 b 的开始时间推迟两天，这样正好在活动 b 灵活变化的允许范围内，资源负载量的趋势就会变得很平缓。如果活动 b 仍然在最早开始时间进行，将活动 a 的开始时间推迟到第三天，也能达到相同的效果。

　　资源平衡的方法可以应用在绝大多数的项目中，不管项目是否有资源约束。如果网络图不是很复杂，涉及的资源也比较少，就可以直接手工进行资源平衡工作。对于大型的网络图和涉及的资源比较多的情况，资源平衡就会非常复杂，远远超出了手工能操作的范围。幸运的是，很多计算机程序能够有效地处理大部分的资源平衡问题。

　　重新考虑图 9-6（a）和图 9-6（b）中的资源负载图。假定现在的目标是使资源 B 的负载变得尽量平缓，因为资源 B 的需求量的变化波动更大。活动 e 和活动 f 的开始时间都可以延迟，活动 e 有 5 天的松弛量，活动 f 有 9 天的松弛量。如果将活动 e 和活动 f 均推迟一天开始，就可以移去第 20 天对资源 B 的需求量的峰值，同时还不会增加其他的峰值（见图 9-8（b））。但是，如果我们这样做，就会使资源 A 的使用量发生变化，会加深资源 A 的需求量在第 20 天的谷值（见图 9-8（a））。如果我们为了使项目后期对资源 A 的需求量更为平衡，继续将活动 f 的开始时间再推迟 7 天，就会加深第 20 天和第 24 天之间的谷值，这种情况下资源 A 的使用量如图 9-8（a）中的虚线所示，活动 f 将在第 28 天开工，而且会变成关键路径上的活动。这样对资源 B 的需求量产生的影响也十分明显，如图

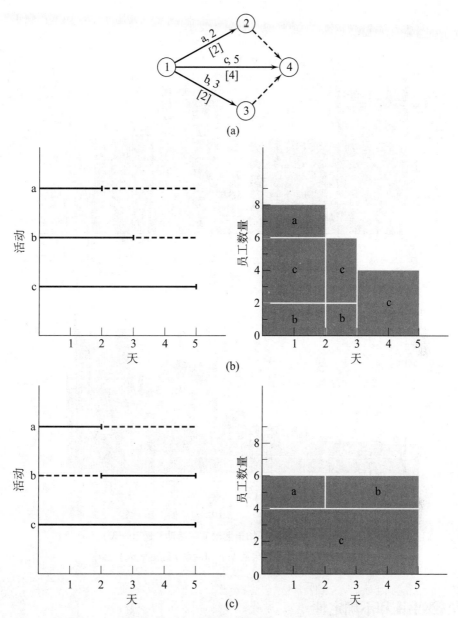

图9-7 网络图（a）、在资源平衡前（b）、在资源平衡后（c）

9-8（b）所示，这样的变动会导致从第21天开始，资源B的需求量比原来减少一个单位（不要忘记我们开始时已经将活动f的开始时间延迟了一天），还会导致从第35天开始一直到项目结束，资源B的需求量比原来增加一个单位，这一变动还使得资源B的使用量的峰值由9个单位增加到10个单位。

　　需要特别强调的一点是，如果所考虑的网络图更为复杂并且需要平衡的资源的数量庞大，那么手工操作就无法解决这个问题了。用计算机辅助来进行资源平衡不仅是必需的，而且是很有帮助的，项目经理能够对多种资源的用处进行多种形式的模拟。在下一章中，我们要讲到如何降低资源使用量，同时还能保证项目按期完成，或者反过来，如何在有限的资源约束条件下，尽可能地缩短项目的工期。

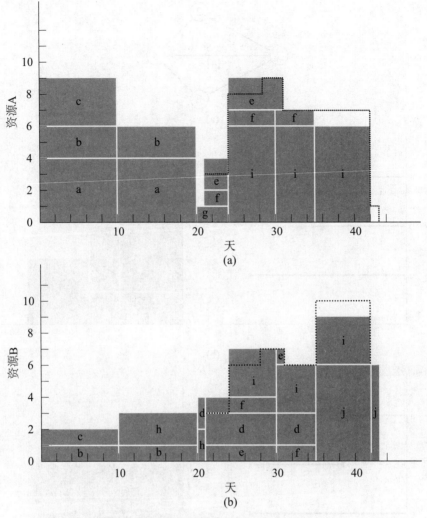

图 9-8 资源 A 的负载图（如果活动 e 和活动 f 延迟一天）（a）和
资源 B 的负载图（如果活动 e 和活动 f 延迟一天）（b）

资源负载/平衡和不确定性

图 9-9 是一家大型公司的软件工程项目的一个资源负载图，采用的方法是将 MSP 的
资源负载信息输入 Excel，然后生成一个图。这个团队里一共有 21 名工程师，每个人每周
的名义工作时间是 40 小时，这样一周的工作能力就是：

$$21 \times 40 = 840（工时/每周）$$

该图涉及的时间是 2 月到 9 月，一共是 34 周。这样，图 9-8 中这段时间内工程师资
源总量为：

$$34 \times 840 = 28\ 560（工时）$$

如图 9-9 所示，这段时间内的资源使用总量是 28 282 工时，可以发现有多余的
劳动能力，正常情况下这是一种好现象。实际上，存在着两个问题。从资源负载图中
可以很清楚地看出，对工程师劳动的需求量在上述的整个时段中分布并不均匀，在 3

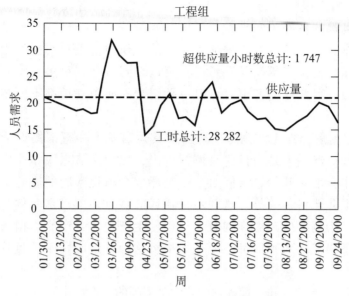

图 9 - 9　软件工程团队的 34 周资源负载图

月末 4 月初出现了一个大的峰值，在后面的时段里又先后有几次反复。在进行数学计算时，这些峰值被那些劳动能力未达到充分利用状态的时段的劳动需求量给抵消了，但是这在实际中并没有意义，因为工程师每周的工作时间已被定为 40 小时，这样那些劳动能力未达到充分利用状态的时段的时间就相当于被浪费了而并非发生实际的抵消。

　　为了解决上述问题，我们有如下几个选择。一是可以尝试在整个时段内平衡对劳动时间的需求量，将一些活动提前，将另一些活动推后，这取决于我们对于这个生产环境进行调整的灵活性。二是可以尝试调整工程师劳动时间段，让工程师在资源需求量小时少工作几个小时，在资源需求量大时多工作几个小时。我们还可以增加资源，在对工程师的工作时间的需求大于供给时，通过从外部引进一些临时的工程师来度过这一时段，或者将过量的工作进行部分转包，但是这个方案很有可能被高层管理者出于对客户保证的考虑而否决。或许成本最小的方法就是将工作稍微推迟几周，然后在后面的时间里再将进度赶回来，稍后我们还会介绍解决对工作时间的需求不平衡问题的其他方法。

　　关于这种情况还有另外一个问题，那就是对于稀缺资源来说，使用安排最好不要超过其负载能力的 85% ~ 90%。这样做的原因有很多，包括不对资源造成损坏、对紧急需求的准备、对资源的维护要求、人事问题，还有在一段较长的时期内对资源进行最大限度使用所造成的低效率问题。我们来考虑上面提到的工程师的情况。在包括暑假在内的这 34 周里，很有可能会有两周的休假时间（甚至会更长），如果在这段时间里有 15 名工程师安排休假，这样就会使总的工作时间减少 15 × 2 周 × 40 = 1 200（工时）。另外，在这段时间里还有三个法定节假日——阵亡将士纪念日、独立纪念日和国际劳动节，这导致总的工作时间会再减少 21 × 3 × 8 = 504（工时）。这两种既定的事件将总的工作时间减少到 28 560 - 1 200 - 504 = 26 856（工时），比实际的需求量要低约 5%。

　　对于那些未知的事件和干扰该如何处理？在这么长的时间段内肯定会有员工生病的事

情出现。另外，当工程师开始下一项任务时，所需的所有装备、设备、原材料和工作本身是不是也都准备好了？当需要任何东西时是不是立刻就能提供？希望工程师提前做好的工作有没有延迟？工程师先进行的工作的范围是否会发生变更，造成其随后的工作也随之发生变更而导致延迟？可以看到，会有很多大家并不希望出现的导致延迟的原因，因此才会要求对任何一种资源的使用安排都不要超过它的负载能力的 85%～90%。

那么又该如何解释在工业制造中机器及其运营基本一直都接近于满负荷工作状态的情况？这种情况并不是项目而是例行生产，比如在流水线作业中，前一步工作完成后新的工作会准时开始，人们对于哪些环节会出现问题的经验十分丰富，资源的控制和监控十分严格，等等。这并不是项目的特点，项目是非例行性的工作。根据我们的经验，为例行生产做计划时，只需使生产线的生产能力稍微超过对生产线的生产能力的平均需求水平即可。但是如果将这种方法应用于项目管理，无疑会出大问题。

现在，我们应该如何安排上面提到的软件工程师的工作？在上述情形中，有一些专家和工程师在被雇用时就知道以后的工作中有的时段是需要加班的（而且这种加班没有加班费），有的时段的工作比较轻松，他们可以相对自由地按自己的意愿上下班。在现实中，在比较忙的时段，工程师每周的工作时间经常是 50～60 小时。如果公司在一段比较长的时段内工作量都比较少，管理者可能会解雇一些工程师。我们可以看到，假定每个工程师每周工作 55 个小时，那么总的工作时间就是 55 小时×21 名工程师×34 周×85% 工作能力 =33 379.5 工时，比要求的 28 282 工时要多，但这并不意味着能够完全满足项目的真实需求。

▶ 9.5　资源约束下的进度计划

资源约束对于项目经理而言司空见惯，这往往归咎于在风险识别过程中未能把资源的可获得性考虑在内。在一定时间和地点所需要的某种资源出现稀缺的原因有很多，但最常见的原因并不难以识别和减缓：供应商的生产或者运送出现问题，这种资源被其他活动占用，以及资源流失或被窃取。项目经理经常将风险管理技术应用于那些人们公认的稀缺资源，往往忽视了那些更常规的资源而导致问题发生。

解决受约束的资源的配置问题有两种基本的方法：一是探索法；二是最优化模型法。探索法使用一些人们已经发现在类似情况下很有效的经验法则，力求找到最优的方案。最优化模型法是寻找最好的解决方案，但在解决大的、复杂的问题上能力还是非常有限的。我们将对这两种方法分别展开讨论。

大多数用于项目管理的计算机软件都可以平衡资源并解决进度问题，这就要求首先建立活动的先后次序。各个项目活动的先后次序在一定程度上是有差别的，但是大多数软件包都会让你有所选择。比如，回顾第 8 章录像带生产项目的 MSP 输出图表。我们可以在甘特图上对每项活动进行资源定义，如图 9-10 所示，我们也可以用另外的图表来描述每种资源的需求量和负载量，如图 9-11 所示。图 9-11 和图 9-12 展示了生产

者的 种资源冲突和资源平衡的解决方案，请注意资源平衡后的解决方案中完工日期的变更。

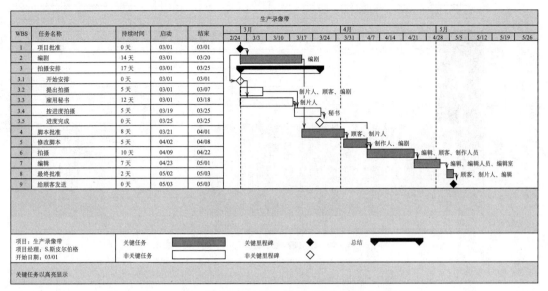

图 9 - 10 MSP 生成的录像带项目的资源需求甘特图

探索法

探索法之所以在解决资源约束条件下的进度问题中有广泛的应用有很多原因。首先，对现实世界中容易出现的那些大型的、非线性的、复杂的项目管理问题，它是仅有的可行方法；其次，用探索法得出来的进度计划方案或许不是最优的，但是往往也足够好了——可以满足大部分的目标要求。现在商业化的计算机程序都能够解决大型的问题，而且在工业上有数量可观的应用。另外，现代模拟技术使得项目经理可以迅速找出很多种不同的进度计划方案，然后决定哪一种（如果有的话）明显好于现行的方案。如果经过适当数量的模拟之后，还是未能找出一个明显更优的方案，那么项目经理可以很有自信地认为现行的方案就是一种很好的方案。

大部分的探索法一开始都要用到 PERT/CPM 来安排进度，并且逐段时间、逐项资源地对资源的使用进行分析。如果在某个阶段对资源的使用过量，就可以用探索法去检验这个阶段的活动，随后按照某种优先法则按顺序为它们配置短缺的资源。不同的探索法的主要不同点就在于它们采用的优先法则不同。请记住技术性的需求往往要优先考虑。一些最常见的优先法则如下：

（1）尽早法则：资源安排中的默认法则。对于关键路径和关键路径的时间提供了基本的解决方案。

（2）尽晚法则：所有活动的时间都被尽可能向后安排，只要不会延误项目的工期即可。这种法则最常见的目的就是尽可能推迟现金的流出。

（3）最短任务优先法则：将各任务按照工期的长短进行排序，工期最短的排在第一位。基本上这种法则能够使得某系统在一段特定的时间内完成的任务数量最大。

（4）最多资源优先法则：将各活动按照对某一特定资源的使用量进行排序，使用量最

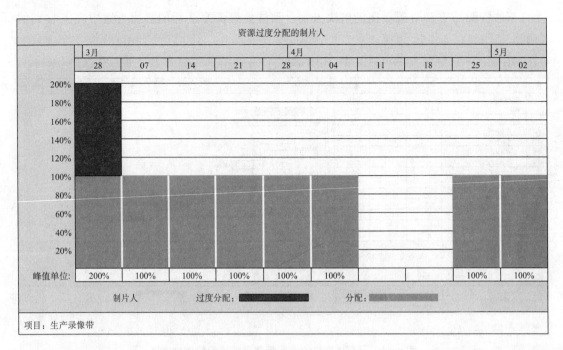

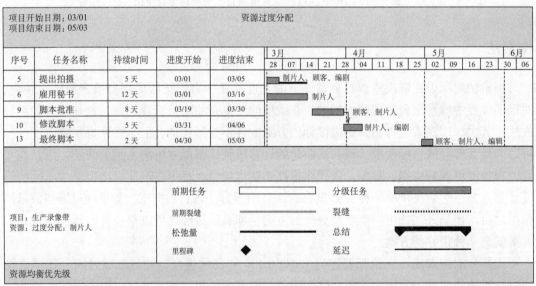

图 9 - 11 MSP 生成的资源负载图显示资源冲突的情况（生产者资源需求量超出储备量）

大的排在第一位。这种法则的前提假设是更重要的任务对特定稀缺资源的需求量往往相对更大。

（5）最少松弛量法则：将各活动按照松弛量进行排序，松弛量最少的排在第一位（在应用这个法则时，通常是使用最短任务优先法则来打破僵局）。

（6）最多关键跟随活动法则：将活动按照各自之后的关键活动的数量进行排序。有最多数量关键跟随活动的任务优先。

（7）最多紧后活动法则：这种法则和上一种法则基本相同，只不过不仅要考虑关键跟随活动的数量，而且要考虑所有紧后活动的数量。

（8）专断法则：活动的优先顺序不再按照任务的工期、松弛量或者资源需求量来安

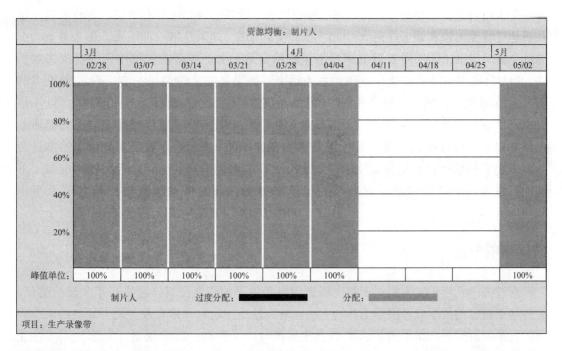

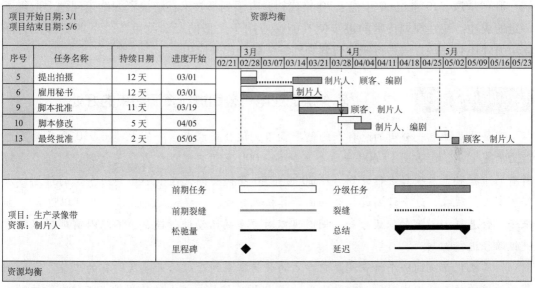

图 9 - 12 MSP 生成的资源平衡图显示调节后生产者的资源储备量满足资源需求量的情况

排。这种法则也许是让对公司有更高价值的项目活动优先，或者对于某个项目的重要客户有更高价值的活动优先，其他价值较低的活动的顺序就会相对靠后。

在用探索法安排资源时会用到大量类似的优先法则。每隔一段时间，研究人员就会将一些新的项目管理软件程序提交测试，用来检验这些软件在解决约束条件下的资源配置和资源平衡问题方面的能力。尽管由于假设条件的微小不同导致成果会有一定的差别，但是可以发现，最少松弛量法则的应用最为广泛，并且很少会出现问题。这一法则往往能够使得项目工期的延误时间最少，设备的利用率最高，并且系统总的占用时间最短。

一旦开始用探索法进行资源安排，那么结果一定是下面两者之一。本阶段的活动全部安排完毕而资源还有剩余；资源全部安排完毕而本阶段的活动还没有结束。资源的供应量和活动对资源的需求量正好完全相同的情况极少出现。如果是第一种结果，那么多余的资源就会暂时闲置，按照需要被安排用于组织的其他地方，或者被安排用于项目未来的活动，当然还要受到适当的优先顺序关系的约束。如果是第二种结果，有一种或者更多的资源提前用完了，那些需要这些资源的活动的进度就会放慢或推迟到下个阶段，以等待资源的重新配置。例如，如果应用的是最少松弛量法则，资源就会被首先用于关键活动或最近似于关键活动的活动，那些非关键性的活动就会被推迟。对于某个活动的推迟会不断占用它的松弛量，这样这项活动就会有更好的机会得到下一阶段所配置的资源。重复地推迟某项活动也会使得它在按照最少松弛量法则对活动进行排序的名单上不停靠前。

最优化模型法

在过去的几年中，人们对于解决资源约束条件下的资源配置问题进行了大量的尝试。有些基于精密的数学或者图形工具的方法在解决这些问题时非常有效。关于寻找约束条件下的资源配置问题的最优解决方案的方法逐渐分成了两类：数学规划（大部分是线性规划）和列举法。20世纪60年代末70年代初，有限列举技术在解决资源约束问题上取得了一定的成功。线性规划技术的进步使其能够应用于大型的资源约束条件下的资源配置问题。另外还有一些方法是将线性规划和列举法结合起来应用。

实践中的项目管理　　　　宾夕法尼亚电气公司进行资源约束的好处

宾夕法尼亚电气公司的总部在约翰斯敦市，该公司经营着一家拥有6 950兆瓦特发电能力的发电厂，向方圆17 600平方英里的547 000家用户提供电力。发电部计划组负责对所有的维护和资本项目进行计划。在20世纪80年代初期，这个小组利用手工的计划方法绘制图表。现在，这个计划过程全部由计算机来完成，这样速度更快，而且可以进行"如果……会怎样……"的假设分析，同时可以对更多的活动进行控制，不像以前那样只能对关键路径进行控制。

计算机化系统的一个特点就是它建立的劳动需求的资源约束涉及所有的工作。在检测新的软件的试点计划中发现，如果比平时减少40%的技术工人的使用量，工作也能按时完成，这一发现为项目节省了30万美元。

在将劳动力工时各项活动输入程序以后，实际的过程就得到了监控（见下图），进度和成本偏差都会得到项目管理层的高度注意，这就使得项目管理层可以进行一定的修正以回到正常的轨道上来，减慢项目的进度，或者取得更多的资金。显然，经常会有一些计划外的紧急事件发生，这些紧急事件需要用特别的手段来解决。利用这个软件，管理者就能知道各种活动会对原来的计划产生何种影响，从而使可获得的资源得到最好的利用来应对紧急事件，同时使其对原计划的影响程度降到最低。

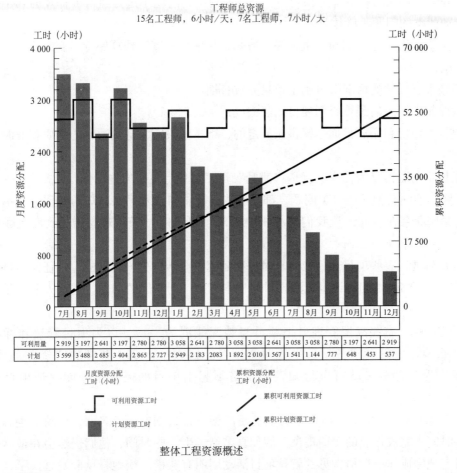

工程师总资源
15名工程师，6小时/天；7名工程师，7小时/天

	7月	8月	9月	10月	11月	12月	1月	2月	3月	4月	5月	6月	7月	8月	9月	10月	11月	12月
可利用量	2 919	3 197	2 641	3 197	2 780	2 780	3 058	2 641	2 780	3 058	3 058	2 641	3 058	3 058	2 780	3 197	2 641	2 919
计划	3 599	3 488	2 685	3 404	2 865	2 727	2 949	2 183	2083	1 892	2 010	1 567	1 541	1 144	777	648	453	537

月度资源分配
工时（小时）

⌐ 可利用资源工时

▮ 计划资源工时

累积资源分配
工时（小时）

—— 累积可利用资源工时

- - - 累积计划资源工时

整体工程资源概述

问题

1. 为什么计划组会用超过需求量40%的技术工人？

2. 图中的"可利用"是什么意思？为什么每月的数值会上下浮动？

3. 计划总量是什么意思？为什么它一直下跌？它为什么少于可利用的资源？

资料来源：A. J. Cantanese，"At Penelec, Project Management Is a Way of Life." Project Management Journal，Vol. 21.

9.6　高德拉特关键链

在前面的章节中我们提到，解决多项目资源约束性进度计划问题其实和解决单个项目中各活动间资源冲突问题的原理大致相同。在解决资源约束性的进度计划中最著名的就是高德拉特的关键链（critical chain）（Goldratt，1997）。高德拉特将他关于约束性的理论应用于资源约束下的进度计划问题。最初的项目管理约束理论的焦点是在单个项目上，但是对于多项目而言同样适用。

对于项目经理在日常工作中会遇到的各种问题，大家都已经熟知了。更有趣的是，无论项目经理来自哪个行业（建筑、制造、软件、研发、市场营销、通信、维护服务等），谈到这个问题时，大家的看法都是相同的。下面所列举的问题不过是经常被提及的几个例子而已，诸如此类的问题不胜枚举。

（1）高层管理者不经过询问，也不提前通知，在项目进度和预算保持不变的情况下就改变项目范围；

（2）不顾现有资源的情况擅自确定项目完成日期；

（3）除非超出给定的预算否则项目无法完成；

（4）项目工作量和完成日期是销售人员定的，根本就没有考虑到项目的本质和资源的水平；

（5）项目工期短得离谱，为的就是"激励"员工更快、更努力地工作。

这些问题，连同其他一些有关问题，都具有普遍性。与技术无关，却与时间、成本和绩效的平衡紧密联系在一起。让我们来分析一下对项目进度过于乐观的错觉到底有哪些表现：

（1）盲目乐观。有些项目经理极力反对进度延迟是个人的失误导致的，把任何项目问题都归咎于意外，临时性问题谁也无法预料，根本不是计划不周的问题。这些人显然是置风险管理于不顾。

（2）平均分配。有些高层管理者把项目与装配线混为一谈，以为项目管理和标准化作业没什么两样，只要把各项目平等对待即可。回顾一下 9.4 节中的"资源负载/平衡和不确定性"部分，就可以得知资源量必须超出项目的需求量才能保证项目的进行。

（3）"学生通病"（student syndrome）。这是高德拉特自创的一个名词，反映学生总是想多要一些时间来完成作业的普遍现象。假如真多给学生一些时间，他们仍然会在最后时刻才迫不得已地完成作业。最常见的就是项目活动明明有宽松的松弛量反而被延误了，直到松弛量耗尽才发现这一点。如果这些活动出现任何问题，那么项目的工期就会被延误。

（4）活动交错进行可以减少闲置时间。想象这样一种情况，有两个项目 A 和 B，每个项目包含三个连续活动，你是两个项目共同需要的资源之一。每一项活动需要 10 天左右的时间。图 9-13 显示了两个项目活动步骤的甘特图。第一个方案，将项目 A（以深灰表示）的三个活动与项目 B（以浅灰表示）的三个活动互相连接，完成项目 A 的第 1 个活动后完成项目 B 的第 1 个活动，然后开始项目 A 的第 2 个活动，依次类推。第二个方案，全部完成项目 A 的三个活动后再开始项目 B。两个方案均需要 60 天完成。第二个方案中，项目 A 第 30 天后完成而项目 B 第 60 天后完成。第一个方案中，项目 A 第 50 天后完成而项目 B 第 60 天后完成。虽然总工期保持不变，但是第一个方案中由于活动交错进行而将项目 A 的完成时间顺延了 20 天。进一步说，如果项目 A 和项目 B 截然不同，在 A 和 B 两项目的活动之间来回穿插是一种既没有效率也没有效益的工作方式。

（5）网络活动简单或复杂无差异。考虑如图 9-14 所示的两种不同类型的项目，假设每项活动的确定时间都为 10 天，可见，两项目均需 40 天完成，尽管其中一个项目比另一个项目要复杂得多。如果现实一点就会发现，假设每项活动都是随机的，活动的完成时间服从正态分布，那么活动时间均值为 10 天，标准差为 3 天，对项目进行 500 次模拟，结论如图 9-15 和图 9-16 所示。图 9-15 显示的是对简单活动网络的模拟，如我们想象的那样，项目完成时间基本在 40 天左右。图 9-16 显示的是对复杂活动网络的模拟，项目

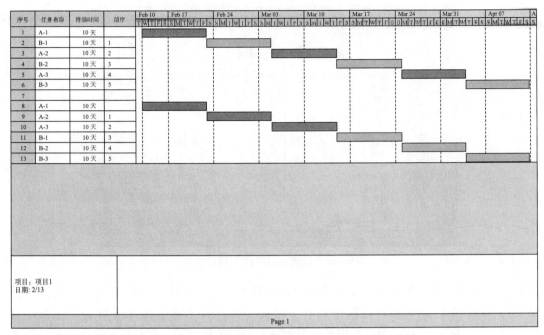

序号	任务名称	持续时间	简序	Feb 10	Feb 17	Feb 24	Mar 03	Mar 10	Mar 17	Mar 24	Mar 31	Apr 07
1	A-1	10 天										
2	B-1	10 天	1									
3	A-2	10 天	2									
4	B-2	10 天	3									
5	A-3	10 天	4									
6	B-3	10 天	5									
7												
8	A-1	10 天										
9	A-2	10 天	1									
10	A-3	10 天	2									
11	B-1	10 天	3									
12	B-2	10 天	4									
13	B-3	10 天	5									

项目：项目1
日期: 2/13

Page 1

图 9 - 13　单个活动时间固定的情况下交错进行对项目完成时间的影响

完成时间的均值却在 46 天左右。因此，复杂性、不确定性和活动路径重合都可能影响项目完成时间。

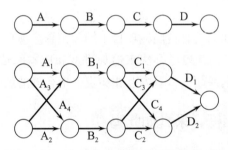

图 9 - 14　40 天项目活动网络图的繁简对比

预测：网络 #1完成时间

Edit　Preferences　View　Run　Help

U3单元格　　　　　　　　　　统计结果

统计量	值
次数	500
均值	39.97
中位数	40.23
众数	—
标准差	5.85
方差	34.18
偏度	0.09
峰度	2.86
变异系数	0.15
最小值	24.32
最大值	56.97
范围	32.65
平均标准误差	0.26

图 9 - 15　对简单网络#1 的模拟统计

预测：网络#2完成时间

| Edit | Preferences | View | Run | Help |

V3单元格　　　　　　　　　　　　　统计结果

统计量	值
次数	500
均值	46.31
中位数	46.25
众数	——
标准差	4.53
方差	20.51
偏度	0.05
峰度	2.78
变异系数	0.10
最小值	34.83
最大值	59.02
范围	24.18
平均标准误差	0.20

图9-16　对复杂网络#2的模拟统计

（6）员工努力工作是因为有利可图。我们身边的高层管理者总是强调项目成员（包括项目经理在内）在做项目进度预测时"总是"打出富余量以便能按时完成任务并且"不费吹灰之力"，因此，管理常识就是截取项目时间的松弛量，多给点时间也不过是为了对项目组"以资鼓励"。事实上，经验证明，对于追求成就感的员工而言，最高层次的激励来源于对适度的失败风险的挑战而绝非过度的失败风险。

（7）博弈。也许这是最常见的一种导致项目延迟的原因。任何项目组成员都会因此泄气——那就是高层管理者坚信，为了保证项目安全平稳地推进，项目组肯定会在时间和成本的估算上打主意，于是他们就日益削减项目工期和预算。项目人员考虑到高层管理者不分青红皂白的"削减政策"，就想尽办法来追加进度和成本的估算。两者之间缺乏信任，结果很简单，一旦出现延迟或超支，双方互相指责，把合理的风险管理抛在脑后。

最早完成与最晚完成相抵，果真如此吗

人们有一种心照不宣的假设，认为在若干活动网络中完成早的活动节省的时间抵消了完成晚的活动延误的时间，但是此假设对于前文所列举的例子来说也许并不成立。给定两个活动A和B，A是B的紧前活动。假如活动A推迟，那么A延误的时间即B推迟开始的时间。假如进展顺利没有发生延误，相反，活动A提前完成了，那么B就可以提前开始了。这种假设对于利用解析法和模拟法计算路径周期而言都属于一种默认假设，但是它适用于A推迟则B也推迟的逻辑，很少适用于A提前B也提前的情况。事实上，A提前完成而节省的时间很少等同于B能够提前开始的期望时间。

除了个别人例外，大多数项目中涉及的人员都忽视了提前完成并未导致下一项活动提前开始这一事实。高德拉特在书中记载了这一现象（1997，第13章和其他章节），其他一些学者对此也略有提及。有关造成这种非正常情况的原因，人们多少有过一些争论，高德拉特认为是项目成员不愿意透露某些活动已经提前完成所导致的结果。

还有些人认为，一旦活动进度制定下来，到了紧前活动最可能完成日期（或最迟完成日期），其紧后活动自然就会随之开始。其原因很简单：资源在规定日期前不会到位。关于为什么紧后活动往往要等到其预计的开始时间才能开始，其理由似乎合情合理。有人说

项目成员在活动大致完成时间之前不乐意透露活动已经完成的事实，这种假设建立在项目成员与高层管理者彼此不信任的基础之上。一旦提早完成的情况报告上去，那么高层管理者可能期望日后项目活动也应该比常规时间提前完成。如前面提到过的，高层管理者对项目组成员面对的不确定性没有切身的感受，他们可能认为，同样的工作，这次可以提前完成那么下次自然也可以，他们甚至会认为项目组成员对时间和资源的预估本来就偏高。项目活动完成时间的偶然提前，导致了未来活动完成期限的不合理压缩。

另外一种比较合乎逻辑的解释是，不到预计的开始时间紧后活动也得不到相应的资源，同理，对于紧前活动的提前完成而言也是如此。项目网络与装配生产线不能相提并论，更有甚者，我们发现一些管理者故意尽量延迟对项目资源的配给。假如我们期望在紧前活动完成后紧后活动紧接着开始，那么紧后活动的资源就必须在预期的开始时间之前到位。资源闲置是零库存类型的管理者所不能允许的。装配生产线有规律可循，但项目截然不同。

常见的事件链

根据高德拉特的观点，以上讨论的行为和案例引出了以下的事件组成的链：

（1）假设活动时间已知，路径相互独立，会导致低估实际完成项目需要的时间。

（2）由于完成项目的时间被低估了，项目组成员倾向于添加一些"安全时间"来夸大他们的时间估计。

（3）夸大的时间估计会导致工作量填满了可利用的时间，工人不上报一个提前完成的任务，学生通病也会出现。

（4）一个重要的需要警醒的点是，安全时间只有项目工人知道，因此常常被错误使用。

（5）错误使用安全时间的结局是错过里程碑和最后期限。

（6）隐藏的安全时间更会导致项目经理不好判断项目活动的优先性。

（7）缺少清晰的优先排序可能会导致差的多任务处理。

（8）差的多任务处理会导致任务时间增加。

（9）差的多任务处理也可能会导致资源需求不平均，有些过多而有些过少。

（10）为了充分利用全部的资源，更多的项目需要被开展以确保没有资源浪费。

（11）增加更多项目进一步导致了差的多任务处理。

根据高德拉特的观点，这一系列事件组成的链变成了一个危险的循环。更具体来说，随着工作不断堆积，团队成员被迫进行更多的差的多任务处理。差的多任务处理的增加会导致更长的活动所需时间，这又会导致更长的项目完成时间，导致更多的项目处于等待状态。

你或许会想，增加更多的资源是逆转这个循环的一个办法。然而，高德拉特认为，正确的做法是减少给每个人安排的项目的数量从而减少差的多任务处理。此外，衡量多任务处理的好坏的一个简单的办法是计算完成一项任务所需时间和实际时间的差距。

决定在一个系统中项目开始的时间点是确保每个人分配到适当的工作量的最核心途径。如果项目开始得过早，它们只是增加混乱性和差的多任务处理。如果开始得过晚，关键的资源可能被用完，项目也会不可避免地延迟。

与限制理论相同的是，高德拉特提出解决这个平衡问题的关键点是在考虑瓶颈（稀缺的）资源的前提下计划新项目的启动。

虽然正确地计划新项目的启动确实能帮助解决差的多任务处理的问题，但对于解决设定不现实的项目完成日期问题以及对于夸大的时间估计没有什么帮助。根据基本的统计很容易看到一个特定路径所需的安全时间完全少于在该路径上每一个活动所需的安全时间的总和。同样的方法经常用在库存管理中，相较于同样服务水平下在不同分发点所需要的安全库存量，在一个集中库房所需的安全库存量更少。

在了解了这个概念后，高德拉特提出了减少工人每一项任务所需的安全时间，然后将碎片化的安全时间累加到系统上，作为整个项目的安全时间池，或称为项目缓冲时间。每一项任务减少的时间量取决于需要让项目团队成员改变他们行为所需的减少量。比如，任务分配的时间应该减少到可以去掉学生通病的程度。实际上，高德拉特建议使用活动持续时间，事实上很有可能任务无法按时完成。

关键链

另一个关于项目管理的传统方法中的限制是资源和任务之间的相互依赖性常常被忽略。更具体来说，高德拉特指出，进度上并行但依赖于同一稀缺资源的两个活动并非像传统理论所讲的那样彼此分立。假如该稀缺资源的供应不足以支持两个活动同时进行，那么优先使用资源的一方立刻会拖长另一方的活动路径，但并不会拖延另一方的工期。

假设一个项目包括两条平行的活动路径。$A_1 \rightarrow B$ 和 $A_2 \rightarrow C$，A_1 和 A_2 共享同一资源，B和C使用不同的资源，A_1 需要7天完成，A_2 需要5天完成，B需要10天完成，C需要6天完成。由此，路径 $A_1 \rightarrow B$ 共需17天，路径 $A_2 \rightarrow C$ 共需11天。因资源有限而不足以支持两个A活动，它们不得不按先后顺序进行。假如 A_1 先开始，在 A_1 未完成之前 A_2 就无法开始，那么 $A_2 \rightarrow C$ 路径要增加7天，共需18天完成，整个项目延期1天完成。假如 A_2 先开始，$A_1 \rightarrow B$ 路径增加5天，整个路径共需22天完成，比原计划的17天增加了5天的时间。假如此类问题频频出现，结果就是这个样子，这正是我们在9.4节讨论资源平衡过程时重点讨论的问题。

根据高德拉特对"依赖"[①]一词的解释，项目活动按照资源使用顺序或技术层面的顺序在活动路径上进行排序。其中历时最长的活动路径即为"关键链"。任何一个项目，就是这样靠关键链和非关键链组合在一起的，如图9-17所示。项目延期有两个方面的原因：一是关键链上的某个或多个活动拖延直接导致延期；另一个是非关键链（支链）上的某个或多个活动拖延，从而影响到关键链上的活动如期完成而间接导致延期。项目的缓冲时间是用来保护关键链的，支链上的缓冲时间是预留给非关键链活动的。关键链上的活动有着对资源的优先权，当需要时要保证有可利用的资源。

---

① "依赖"（dependent）一词在本文中有两种不同的含义。使用同一稀缺资源的两个平行活动相互依赖，启动一个活动的能力取决于是否存在优先事项，即表明两个竞争活动中哪一个首先使用稀缺资源。另一种含义，它们在统计上可能是独立的，这意味着一项活动的持续时间不依赖于另一项活动的持续时间。

在下一章中我们将讨论项目的实施工作，考虑项目信息系统对于监控进度、成本、范围等的作用。下一章也会涵盖一些这个功能上可用的电脑软件系统。

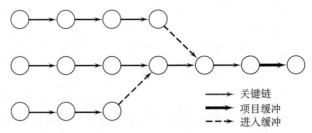

关键链
项目缓冲
进入缓冲

图 9 - 17　项目和支链的缓冲时间

| 实践中的项目管理 | **建筑联合有限公司** |

建筑联合有限公司（Architectural Associates，Inc.，AAI）专门建设大型、工业、零售和公用事业项目，包括购物中心、车间厂房和会议中心等。该公司被认为是当地最有效率和最有创造力的设计单位。用于进行设计工作的是一个独立的、开放的区域，这样的布局是为了鼓励为同一个项目工作的员工更好地沟通。

公司的一位高级主管注意到在过去的一两年里设计项目能够按时、按预算完成的概率已经降到了非常低的程度，以至于唯一的不确定性是项目工期会延迟多久以及超出预算多少。

看一下工作地点就会发现，墙上安装了一个所有设计人员都能看见的公告板。该公告板上纵向列出了各位设计师和技术人员的名字，横向列出了设计合同的编号。每个项目工作分配到相关人员的时间都在横竖交叉的地方显示出来。对时间的估计是由高层管理者做的，他们本身也是建筑师，依据自己的经验进行估计。对设计工作负有直接责任的员工基本上都认为这样的估计是合理的。

经过对工作过程的研究，终于发现了问题所在。举个例子来说，假定电力系统的设计计划在五天内完成，负责此事的员工会计划完全占用这五天的时间来完成。如果第一天出现了问题，那么员工一般会在当天加班或者第二天加快进度使工作能按计划进行。问题出现在第二天、第三天或者第四天一般也都采用相同的处理方法，但是如果问题出现在第五天，就没有这么容易解决了，那么工期就可能发生延迟。对于大部分设计系统来说，如机械设计、园林设计等，它们都是同时而不是按时间次序进行的，由于至少会有一个设计系统的最后阶段很可能出现问题，项目整体设计的完成要求所有的任务都必须按期完成，这样就会导致总是出现延期的问题。

为了解决这个问题，该公司用一个能显示工作分配的简单的检查和标注方式代替了公告板上的时间分配表。此外，高层管理者对每项任务所需要的时间都会进行最可能的、乐观的和悲观的估计，然后计算出总的估计时间（"期望时间"），这可以用来辅助项目进行成本估计。这些估计的结果并不会告诉设计人员，只是告诉他们要尽其所能，最有效率、最有效果地完成工作。这样做的结果是：任务所需要的总时间略有增加，但是各项任务所需要的平均时间看起来有所减少，因为现在的设计原则是效率而不是天数。

问题

1. 这里描述的问题是关键链当中的一个吗？如果是的话，是哪一个？

2. 描述这个改变如何有效地解决了问题。

资料来源：S. J. Mantel, Jr. Consulting project.

 小结

本章考察了在一个项目的多个活动之间以及多个项目之间分配物质资源的问题。对项目经理来讲，一个持续的问题就是在资源之间特别是在时间方面找到最佳的平衡。我们探讨了资源负载、配置和平衡方面的问题，并且提供了有助于应对这些问题的一些方法和概念。

本章的要点如下：

1. 关键路径法是用与 PERT 相同的方式构建一种网络，但它顾及了给任务增加资源来缩短工期（赶工）的可能性，因此可以加快项目进程。这个工作用 PERT 也可以做到。

2. 资源配置问题主要关注的是在一个项目的全过程中，在可用资源（包括时间）之间确定最佳平衡。

3. 资源负载是一种计算过程，该过程需要从一个项目工期中每一个时间段上就每一种资源计算出项目任务的总负载。

4. 资源平衡是指通过在其松弛量之内移动任务，使一个项目所使用的各种资源的需求趋于平缓。对现实中的项目来讲，计算机辅助是必需的。

5. 处理约束性资源配置问题有两种基本方法：

（1）探索法。指可以用来确定可行的问题解决方案的现实方法，它基本上使用简单的优先法则（如最短任务优先）来确定哪项任务应当得到资源以及哪项任务必须等待。

（2）最优化模型法。如线性规划方法，用于找出任务的最佳资源配置，但是在能有效解决的问题的数量上还是有所限制的。

6. 高德拉特的关键链是在项目的管理和行为分析上进行的，包括将非关键链的缓冲时间引导到关键链上，以及关键链的项目缓冲时间。

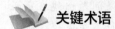 **关键术语**

瓶颈（bottleneck）　能限制项目进程速度的有限的资源。

关键链（critical chain）　在没有考虑缓冲时间的前提下一个项目中最长的活动链。

成本/时间斜率（cost/time slope）　为加快进度而增加的成本与缩短的活动时间数量之间的比率。

跟随活动（followers）　那些在时间上必然紧跟某一特定活动的活动。

探索法（heuristic）　一种解决问题的正式过程，像拇指法则一样，可以得到一个可接受的方案。

数学规划（mathematical programming）　对某些用来解决约束性最优化问题的数学方法的一个通用术语，包括线性规划、整数规划等。

紧前活动（predecessors）　在时间上必然先于某项特定活动的活动。

优先法则（priority rules） 用于排列内容以决定先后次序的正式方法（如比率）。

项目缓冲时间（project buffer） 对一整个项目来说从每个单独活动中取得的安全时间综合作为缓冲时间。

资源平衡（resource leveling） 使资源需求的高峰和低谷趋于平衡的一些方法，该方法可以使项目在一段时间内使用一个固定数量的资源。

资源负载（resource loading） 在某个给定的时间段内，每种资源将用于特定活动的数量。

学生通病（student syndrome） 习惯性延迟到最后一刻才开始一个任务。

紧后活动（successors） 见跟随活动。

 问题

内容复习问题

1. 指出几种在项目进度计划的过程中可能需要加以考虑的资源。

2. 资源负载是什么？它和资源平衡的区别是什么？

3. 什么是活动斜率？它表示什么内容？

4. 说出四条优先法则。哪一条是综合最好的？一个公司该如何决定使用哪条？

5. 解决约束性资源配置问题时，两种可用的方法是什么？

6. 项目生命周期的类型如何影响平衡资源负载的方法？

7. 用自己的理解来描述关键链的概念。

课堂讨论问题

8. 为什么要尽量避免对一个特定资源的需求的大幅波动？资源平衡的代价有哪些？项目经理该如何决定最好的平衡量？

9. 什么时候企业可能会选择赶工项目？在做出这种决定时必须考虑哪些因素？

10. 为什么在多项目公司中项目进度计划和资源配置的影响更大？

11. 为了能熟练地使用计算结果，一位经理人员应该对用于进度计划或者资源配置的计算机程序了解多少？

12. 在当今计算机的功能如此强大的情况下，你认为数学编程优化方案会更流行吗？

13. 为什么需要平衡资源？

14. 当组织一次涉及多个项目时，资源配置意味着什么？

15. 项目压缩的间接成本有哪些？

16. AON 如何用于战略计划目的？

17. 列举出所有资源增加项目计划复杂性的可能途径。

18. 高德拉特认为盲目压缩任务工期可能导致活动延误的概率增大，他的理由是什么？你是否赞同他的观点？

习 题

1. 给定下面的网络，请按下述优先法则确定第一个需要赶工的活动：

（1）最短任务优先。

（2）最少松弛量优先。

（3）最多关键跟随活动。

（4）最多紧后活动。

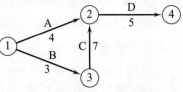

2. 用上题的网络图和以下附加的信息回答下面问题：

（1）每天的赶工成本。

（2）哪些活动应该赶工以达到以最小成本在 13 天内完工的目的。假定可以局部赶工。

活动	赶工时间 （天）	赶工成本 （总计）（美元）	正常时间 （天）	正常成本 （美元）
A	3	500	4	300
B	1	325	3	250
C	4	550	7	400
D	3	250	5	150

3. 考虑下述组织一个双周（10 个工作日）计算机培训的网络：

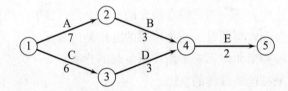

（1）制定一个进度计划，显示出：

1）所有活动的最早开始时间。

2）所有活动的最晚开始时间。

3）所有活动的松弛量。

4）关键路径。

（2）给定下列信息：

活动	赶工时间 （天）	赶工成本 （总计）（美元）	正常时间 （天）	正常成本 （美元）
A：找到培训师	4	800	7	500
B：定教室	2	350	3	200
C：检查成本	4	900	6	500
D：教室是否开门	1	500	3	200
E：课程计划	1	550	2	300
		3 100		

1）计算每天的赶工成本。

2）哪些活动应该赶工以达到以最小成本在 10 天内完工的目的？假定可以局部赶工。

3）给出新的成本。

4）在这种项目中，可以局部赶工是适宜的假定吗？

4. 考虑以下高速公路改道项目：

活动	紧前活动	活动时间（月）
A：计划成员	—	4
B：计划设施	—	6
C：计划新路径	A	2
D：评估预算成本	B	6
E：通知公众	C，B	3
F：摆放警示牌	C，B	3
G：开始改道	D，E	5

（1）画出网络图。

（2）得出所有活动的最早开始时间、最晚开始时间和松弛量。

（3）找到关键路径。

（4）假如项目有一年半的完成时间，我们是否应该赶工某些活动？请解释。

5. 给定下列需要外部咨询资源介入的股票回购项目，请构建一个经过修正的带有资源和资源负载图的 AOA 甘特图。如果操作可以分解，请建议应该怎样平衡外部咨询资源的负载。

图例：$\dfrac{\text{活动，时间}}{\text{资源单位}}$

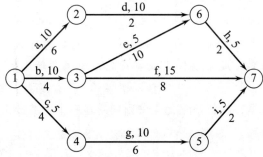

6. 考虑以下活动信息和项目必须 16 周内完成的限制：

活动	紧前事件	紧后事件	期望时间（周）	紧前活动
a	1	2	3	无
b	1	3	6	无
c	1	4	8	无
d	2	5	7	a
e	3	5	5	b
f	4	5	10	c
g	4	6	4	c
h	5	7	5	d，e，f
i	6	7	6	g

另外，活动 c，f，h，i 可以进行以下赶工。假定可以局部赶工。

活动	赶工时间（周）	每周额外成本（美元）
c	7	40
f	6	20
h	2	10
i	3	30

找到最佳进度，并计算成本。

7. 下列数据来自一项对制作消费者测试样板所需时间进行的研究：

活动	赶工		正常	
	时间（周）	成本（千美元）	时间（周）	成本（千美元）
1~2：城市中心	3	6	5	4
1~3：城市东北	1	5	5	3
2~4：城市南部	5	7	10	4
3~4：城市东南	2	6	7	4
2~6：城市西部	2	5	6	3
4~6：农村东部	5	9	11	6
4~5：农村北部	4	6	6	3
6~7：农村南部	1	4	5	2
5~7：农村西部	1	5	4	2

（1）给出完全正常的进度和成本。

（2）给出完全赶工的进度和成本。

（3）给出从完全正常情况到完全赶工情况的所有活动的总成本。

（4）就完全赶工时间进度给出最小成本计划，由完全赶工问题开始，假定可以局部赶工。

8. 使用问题7的数据，请按下述优先法则确定第一个需要赶工的活动：

（1）最短任务优先。

（2）最多资源优先（用普通成本计算）。

（3）最少松弛量优先。

（4）最多关键跟随活动。

（5）最多紧后活动。

9. 考虑下面给出的项目网络图。假定活动 A 和活动 D 的工期都可以压缩到 1 天，成本为每天 15 美元。此外，活动 E、活动 G 和活动 H 在工期上能缩短 1 天，压缩成本为每天 25 美元。使项目赶工两天的成本最小的方法是什么？赶工后最短的工期是多少天？新的关键路径和赶工成本分别是多少？

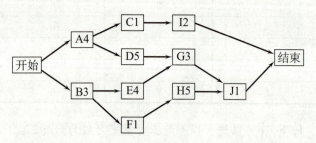

10. 考虑以下一个 HR 培训项目的网络图，用正常时间和赶工时间，找出成本-工期历史。假设设施和工具的间接成本是每天 100 美元。数据如下:

活动	时间减少，每天直接成本
1～2: 找到地点	第一个 30 美元，第二个 50 美元
2～3: 选择训练对象	80 美元
3～4: 邀请成员	第一个 25 美元，第二个 60 美元
2～4: 检查预算	第一个 30 美元，第二个 70 美元，第三个 90 美元

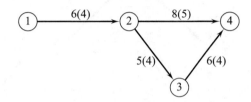

11. 回顾问题 2，假设固定开支是每天 30 美元，没有项目截止日期。最小成本赶工项目是什么? 如果固定开支是每天 40 美元呢? 如果是每天 60 美元呢?

12. 拍摄一个电视广告的网络图如下，固定成本是每天 90 美元，但可以通过缩短项目时间的方式节约开销。找出最小成本计划。

活动	正常时间	赶工时间	成本增加 （第 1、2、3 天）（美元）
1～2: 签约人员	7	4	30，50，70
2～3: 获得舞台道具	9	6	40，45，65
1～3: 租赁器械	12	10	60，60
2～4: 签约工作室	11	9	35，60
3～4: 确定时间和日期	3	3	—

13. 给出如下新建筑群绿化项目:

活动	紧前活动	工作时间（天）	使用的资源
A: 获得植物	—	2	X，Y
B: 获得花卉	A	2	X
C: 获得土壤	A	3	X
D: 获得肥料	B，C	4	X，Y
E: 选择工人	D	3	W，X
F: 设定日期	D	1	W，X，Y
G: 开始执行	E，F	2	X，Y

（1）用 MSP 画出甘特图。

（2）找出关键路径，以天为单位描述项目周期。

（3）假定各活动资源 100% 到位，识别资源约束有哪些?

（4）平衡资源重新确定项目周期和关键路径。

（5）识别有哪些备选方案在不增加资源的情况下可以缩短进度。

14. 假设活动 e，f，g，h 用的稀缺资源如下图所示。在如下的条件下，你会怎么分配资源给活动？

（1）最少松弛量。

（2）最多紧后活动。

（3）最多关键跟随活动。

（4）最短任务优先。

（5）尽晚法则。

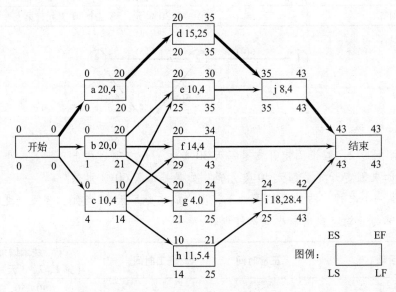

15. 给定如下一个项目（所有的时间单位均为天）：

（1）绘制网络图，找出项目的所有活动都处于正常水平时的关键路径、时间和成本。

（2）计算每天的赶工成本（所有的活动都可以以天为单位进行赶工）。

（3）找出使项目 18 天完工的最佳方式，并计算此时的成本。

（4）找出使项目 16 天完工的最佳方式，并计算此时的成本。

（5）计算项目的最短工期及此时的成本。

活动	紧前活动	正常工期	正常成本（美元）	赶工工期	赶工成本（美元）
a	—	5	50	3	150
b	—	4	40	2	200
c	b	7	70	6	160
d	a, c	2	20	1	50
e	a, c	3	30	—	—
f	b	8	80	5	290
g	d	5	50	4	100
h	e, f	6	60	3	180

16. 在 9.6 节中我们在假设活动时间是已知且固定的前提下使用一个模拟模型来分析问题。在模拟分析中，活动时间被假设是正态分布。你对于正态分布活动时间有什么想法吗？用 BetaPERT 分布重新做模拟分析，对乐观、最可能和悲观时间估计用参数 7，10，15。获得的结果和用正态分布获得的结果有什么区别？

17. 在 9.6 节中我们讨论了不上报提前完成活动的结果。修改你在问题 16 中使用的模拟模型，使得任务提前10天完成但没有上报。比较这个结果和问题16你获得的结果。

案例讨论

布莱斯电力工具公司

凯文·埃特勒（Kevin Ertle）是布莱斯电力工具公司（Bryce Power Tool）的信息技术（IT）部主管。该公司最近做出了一项决定，将旧系统全面升级为ERP系统。布莱斯电力工具公司的总裁指示，他希望现代化计划能够在产品上市方面产生更显著的改进。埃特勒关注的是，自己的部门有多大的可能性以足够的资源来支持这个现代化计划。他相信自己有足够的员工来处理全部的IT需求，但是他对能否提供符合公司的项目经理在时间和数量上要求的IT人员不太有把握。

使情况更复杂的是，实现系统升级的计划将会在四名不同的项目经理的控制之下进行，每个主要的细分市场都被看作一个独立的业务单位，他们有权基于对各自细分市场的进度计划选择IT子系统。埃特勒了解一点有关资源配置的方法。他记得最有效的配置方法之一是，进度计划工作首先从拥有最少松弛量的活动开始，于是他指挥下属，以此为基础来处理所有委派给他们的任务。

◆ 问题

在安排布莱斯电力工具公司的IT资源配置时，这是一种合理的方法吗？为什么？把整个工作分解成四个独立的项目来处理增加了哪些复杂性？

危重护理医院

在今后的6个月中，危重护理医院（Critical Care Hospital）打算购买CATSCAN（电脑控制的颈椎X光扫描仪）。CATSCAN的设备将安放在放射科，需要对该区域进行较大的改造。CATSCAN大概在5个月后到货，但改造项目还不能开始，需要等该设备安放到位，这将导致一个大约为12个月的项目工期。医院估计该设备每月将会产生25 000美元的收入，因此急于完成这一项目。项目经理感到或许能够在项目的某些方面压缩时间，但成本也会有所上升。他已经决定，使用CPM的资源配置模式来做出最佳决策。

◆ 问题

要恰当使用这种方法，项目经理必须收集哪些信息？他应该如何使用CPM来压缩项目时间？

课堂综合练习项目

尽管预算不允许增加额外资源以加快那些已经落后于进度计划的工作，但在整个项目中你还有某些松弛量可供借用的人来帮助你解决出了问题的项目工作。对于那些构成关键路径的项目任务，你需要确定从哪些地方可以借到资源以解决关键路径上的任何任务拖期，这样做的前提是其他关键路径的任务都是按期进行的（因为你不可能在项目开始时从某个任务上借人去帮助完成在项目终止阶段关键路径上的任务）。为每一位项目团队成员制作一张工作表格。如果资源过载了，请平衡资源。

参考文献

数字资源

第 9 章 资源配置
（案例分析与指导阅读）

第 III 篇

项目实施

第 **10** 章 监控与信息系统

Monitoring and Information Systems

对于监控、评估和控制项目来说，最基本的思路是这些活动根本上是项目选择和计划中的对立面。项目选择的逻辑在第 2 章中描述的是选择需要被评估的要素，计划的细节也能暴露出需要被控制的元素。有评估的能力是这二者的前提。因此，所有项目选择过程中勾画出来的项目的要点都需要被检查以及监控系统中需要有对每一个要点的检查方法。

为了能够根据变化的范围调整项目、终止项目或者当有必要时启动新项目，我们需要在项目进行的整个生命周期中随时监控重要的项目，比如在第 2 章提出的项目拥有者。我们发现随着项目管理扩大到更有策略的、复杂的、昂贵的、长期的、多任务进行和多组织合作时，项目范围变化经常发生在项目进行过程中，这是不可避免的。随着项目范围的变化，首要的需求是项目拥有者能够监控这些变化以及同赞助者和项目经理合作来提前预见改动的需求并适应这些变化。更多的相关内容将在第 11 ~ 13 章中进行讨论。

对项目进行评估需要更多的方法，例如，建立和维护项目风险管理系统。不仅要对项目绩效进行监控，也需要对项目所处的环境进行观察和记录。项目监控是指收集、记录并报告有关项目绩效的某些方面或所有方面的信息，以满足项目经理、项目拥有者或组织中其他希望了解这些信息的人员的相关需要。在本章的讨论中需要特别强调，项目监控作为一项活动，要与项目控制（项目控制是利用项目监控提供的信息，确保项目实际绩效与计划绩效保持一致）相区别，也不能和项目评估（项目评估是通过分析对项目的质量和效果进行判断）混为一谈。首先，我们将讨论计划工作和控制工作联系的实质，其中包括对项目绩效需要进行监控的不同方面的简要讨论。我们也将考察项目监控的相关问题。

本书的读者对象定位于那些实践中的项目经理和项目管理专业的学生。学生往往无法了解项目经理不能直接获得项目诸多方面的准确信息的现象。但是项目经理都知道，无法确知最近进展情况的现象比比皆是。记录往往是过时的、不完整的和有误的，或者会在需要它时"不见踪影"。在本章中，我们的基本理念是确保项目的所有利益相关者，尤其是项目拥有者，都可以实时获得相应的信息，以便更为有效地控制项目工作的实施和不确定性对项目的影响。项目监控的其他应用（例如审计、经验总结或者及时向高层管理者汇报信息）也是十分重要的，但是它们在构建项目监控系统时对控制工作所起的作用往往是次要的。

最后一项提示是，这一章中将会频频引用"项目拥有者""项目赞助者"以及负责项目监控的"办公室"等名词。在大多数的大型项目中，这些个人或者团队是真实存在的，但在小型项目中，项目拥有者和项目赞助者以及项目经理往往是同一个人，因此，当我们提到管理中所需要的一种角色时，不一定是指具体的某一个人。

实践中的项目管理　　　　　　　**运用项目管理软件为奥运会安排赛程**

在第十五届加拿大卡尔加里冬奥会上，来自 57 个国家的超过 2 000 名运动员将参加 129 个竞赛项目，该项赛事吸引了超过 1 500 000 名观众以及 5 000 余名各国记者。工作人员包括 600 位专家及 10 000 名志愿者。这 600 位专家负责整个 16 天赛事的组织、计划、日程安排、协调以及信息需求处理，其工作量之大可想而知。组委会的高层管理者运用项目计划和进度计划计算机系统（CBPPS）进行日程安排以管理 50 个项目中的 30 000 项工作。

加拿大卡尔加里冬奥会的主要目标是在预算内举办有史以来最好的一届冬奥会，其基本理念就是要求每一个项目管理者在严格的时间限制和有限的预算要求下进行自己所负责项目的计划工作。每个项目的项目报告和要求各有不同，因此高层管理者就需要做大量的辅助和准备工作。以下就是项目成功的两大要点：其一，不论他们是否准备妥当，冬奥会必须在预定的日期举行；其二，项目工作具有高度的挑战性和透明性，要求工作人员必须全力投入。

整个冬奥会的赛程安排，除了短道速滑以 1 分钟为单位外，其余的 129 个赛事（16 天的赛程）全部以 15 分钟为单位进行分解。组委会打印出了每一赛场的日程安排，内容详细到了每分钟，还为每一个运动场馆、建筑物和房间绘制了完整的图示。人们小心翼翼地进行日程安排，以确保约 2 500 名的选手、皇室成员和政府官员能够在正确的时间到达正确的位置。后勤保障人员（包括医疗和安保人员）也都为每一场赛事制订了详细的进度计划，以应付人群在比赛场地之间的往返流动。交通方面（经常容易被忽视）则安排了 600 辆大巴来接送运动员和其他人员。天气是最重要的关注对象，奇努克风暴曾导致 20 项比赛项目的日程变更，有的甚至变更了两次！

加拿大的卡尔加里冬奥会终于办成了表现最佳的一届冬奥会，更难能可贵的是，与其他主办城市的超支现象不同，此次奥运会的经费开支完全控制在了预算之内。

问题

1. 为什么他们需要每一个场地、建筑和房间的图样？
2. 你认为他们对于坏天气的计划怎么样？
3. 在准备比赛当中最难的部分是计划运动项目还是后勤工作？

资料来源：R. G. Holland, "The XV Olympic Winter Games: A Case Study in Project Management," PM Network, Vol. 3.

10.1 计划—监控—控制工作循环

在本书中，我们始终强调下列工作的必要性：计划、进度的检查、进度与计划的比较，以及在实际进度与计划不符时采取纠偏措施。计划、监控和控制的核心就是时间（进度）、成本（预算）和绩效（范围要求）。这些内容包括了项目的所有基本目标。然而，我们发现对于更复杂的项目来说，范围通常是在项目进行时（有时候会发生重大变化）三个方面中最重要的。因此，项目拥有者需要和赞助者以及项目经理紧密合作。

的确，有些组织并没有在项目的计划和控制上花费足够的精力。付诸行动远没有想象的那么难，主要是因为"真抓实干"要比"纸上谈兵"有效得多。我们可以找出诸多由于计划不足而带来巨大损失的实例。

（1）由于项目经理的决策失误，一项大型的建设项目超预算63%并且超计划用时48%，项目经理认为自己曾管理过许多类似的项目，可以不经过详细调查就知道该干什么。

（2）一个大型的工业设备供应商在一个开发新业务领域的项目中蒙受了严重的财务损失，因为他们将曾经（成功地）在其他小型又简单的项目中使用过的计划和控制程序应用到了这个全新的项目中。

（3）一家电脑供应商竞标获得了一笔大订单，为一家全国性公司在堪萨斯城的办公机构提供一台计算机、五台终端机和配套的软件。由于计划不足，安装工作严重滞后，软件的运行也远没有达到理想水平。这样的拙劣表现导致该供应商失去了这家公司后来的20多笔类似业务。

项目预算与进度计划方法被喻为"把争论放到桌面上"。计划工作在项目生命周期伊始所要求花费的时间和精力都非常大，但是它会大大减少绩效不良所造成的任务拖延。但这也并不代表项目就可以高枕无忧，计划工作仅仅可以降低失败的风险。

将控制过程看作一个闭环系统是十分有用的，其中，修订计划和进度（已经得到批准）的工作要紧跟在矫正行动的后面完成。虽然我们将控制工作的详细内容安排在了下一章中，但是计划—监控—控制工作循环在项目完成之前是一个持续不断的过程。将这一过程看作项目组织结构的一部分（而不是某种独立的或强加上的外部结构，或更糟的情况，将其看作与组织结构相冲突的过程）也十分有用。最后，经验告诉我们，项目的计划—监控—控制循环也应该是（而不强制）公司正常工作中的一部分。对项目有利的事情对项目所属公司也同样有利。在许多案例中可以看到，要实现有效的项目管理，项目经理就要有一套有效的监控和控制系统，否则在任何情况下，对项目施加有效的管理都是一件非常困难的事。如同我们在第11章中讨论项目控制，非常有用的办法是在项目计划中提前具体提出会发生的事情，比如有些偶发事件，在这些情况下监控能显示出项目不在计划的正轨上。在第12、13章中我们将讨论，研究能表明计划、监控和控制显然和项目成功息息相关。

设计监控系统

建立任何一套监控系统的第一步都是识别需要控制的关键因素。显然，项目经理需要监控项目绩效、成本和时间，他们必须先对绩效、成本和时间所需要监控的各种具体特性进行清楚的界定，并为控制工作划定合理的范围。此外，或许还有其他一些值得注意的重要因素，至少在项目生命周期中的里程碑或评估点上是存在这些因素的，例如，项目所用工时的计算，项目范围和产出物的变更，客户满意度水平的变化以及其他一些类似的因素都可能值得每一个项目加以关注。

项目的 WBS、范围变更和风险管理计划才是监控目标的最好来源。WBS 描述了每项工作、每个工作包和每个项目要素的内容、时间以及资源使用的计划水平。对风险管理计划中风险识别环节的监控让项目经理和项目团队能够实现项目风险预警并且降低意外发生的可能性。监控系统将计划与控制工作直接连接在了一起。如果人们没有对计划中某些重要因素的相关信息进行收集和报告，那么控制工作就可能错误百出或者无的放矢。WBS 列示了那些需要准确测度并向控制系统报告的关键项目，但这远远不够。例如，项目经理想要知道客户对项目态度的变化，有关项目团队士气的信息对预知组织和人员变化也非常有用。这两个问题是十分重要的，但是它们没有在项目的 WBS 中反映出来。

遗憾的是，在项目实践中，人们往往只将监控活动的重点放在那些容易收集但并不重要的数据上，或者只关注那些"客观"测量的数据，这些数据替代了那些对控制工作更有价值的客观性较弱的数据。更为重要的是，项目监控工作需要将基本重点放在产出的各个方面上而不是放在工作强度上面。我们要牢记，成效卓著的项目经理对自己项目团队工作的努力程度并不十分感兴趣，他们重视的是项目实施的结果。

通常项目绩效的测量最困难的就是数据收集。目前，比较通行的做法是以测量项目投入替代测量产出。如果我们花费了 50% 的预算（或计划时间），就会假定完成了 50% 的项目工作或实现了 50% 的项目目标。采用这样的方法，对于小的工作单元，即便我们在测量中犯了错误也不会造成太大的偏差，但是如果监控对象是一项完整工作或者整个项目，这样用投入/产出同比例法就很容易造成严重的偏差。

进一步来说，通常情况下，要求绩效有很高水平的精确性显然是没有必要的，也是不现实的。例如，一个通信软件项目中规定，电话信息系统必须能够在 5 秒内确定电话号码并向咨询者做出响应，那么难道 5.1 秒就是失败吗？这样的规定意味着每次响应都必须在 5 秒以内，还是仅仅意味着平均响应时间在 5 秒以内？或者说响应时间都是 5 秒或低于 5 秒的 90% 的时间？

我们在本章中提到的监控系统主要是针对时间和成本的绩效测量而不包括范围（绩效）的内容。尽管我们肯定对达到项目的技术规定十分关注，也确实在研究一些产出监控方面的问题，但是没有将这一主题详细展开，因为用来进行项目监控工作的软件并不是为此设计的。

基于以上所有情况来看，我们必须对每一个需要考虑的因素都建立绩效指标、标准以及数据收集程序。指标和数据收集程序通常是针对项目整个生命周期建立的，但往往并不是一成不变的，它们可能因为公司调整生产能力或者项目团队实施了一项新技术而发生变化，也许更常见的是由项目经理无法控制的因素引起标准和指标的变化。例如，由于客户而变更。如果一种能够过滤随机噪声的电子部件问世，那么订购某一特殊型号音频设备的客户就会大幅调整相应的要求。这当然是范围上的变化，对于这个非常重要的问题，我们将在之后"项目控制"的话题下讨论。

　　在监控数据时最常见的问题也许是虽然这些数据与项目绩效直接相关，但是在每个收集时段之间，收集到的监控数据很少或者没有明显的变化。在分析之前，AT&T 收集大量反映运营效率指标的月度统计数字，该项数据收集的规模十分庞大，足有电话号码簿那么厚。这些数据中有很多数据每月的变化非常小。在被问及这个问题时，一位官员提到，公司数据的收集只能让公司运营保持一定的警觉性，但是我们认为还有其他更有效和更便宜的方式来激励项目团队努力工作。当然，包罗万象的数据收集也不是合适的项目监控政策。

　　因此，项目的首要工作就是考察项目计划，以提炼项目的绩效、时间和成本目标。这些目标应当以某种形式与各层次工作联系起来，也就是说，有些与项目联系起来，有些与任务联系起来，有些与工作包联系起来。收集的项目数据必须能够测量、比较目标和成果，同时设计相关机制来收集和存储这些数据。如果没有一些与工作单元相关的数据，那么将无法采取有效的行动。最后，如果项目绩效的某一方面做出了改动，那么项目的具体工作也必须改变。经典著作《新机器的灵魂》（*The Soul of a New Machine*）（Kidder，1981）揭示了各种组织因素、人际关系以及管理风格对于项目成功所起的重要作用。梅克希乐夫等（Mekhilef et al.，2005）撰写的文章介绍了如何识别和分析个人阻挠决策过程的方法。

　　奥尔德顿（Alderton，2013）提出了五个需要监控的项目问题的信号：

　　（1）模糊不清：项目计划通常是项目问题的开始，尤其是如果它在目标、绩效、可传达性和过程上写得又长又不清楚。"最常导致项目出问题的原因……是绩效没有很好定义或者被正确地理解。"模糊不清或者不完整的项目要求是一个主要的警告信号。

　　（2）神秘利益相关者：详尽的利益相关者定义和分析是避免延迟问题的关键。不完整的利益相关者记录是任何项目的主要风险。应该有两个版本的利益相关者定义：一个正式版本描述了具体是谁、他们的职位和如何联系他们，还有他们偏好的联络方式。另一个版本还应该包括他们是项目支持者还是诋毁者，这样项目经理可以预料到后续可能发生的问题，然后直接找到对应的人提早解决。

　　（3）没有约束的约束条件：知道你的计划、预算给每一个任务有多少余地，还有延迟或者超出成本该怎么补偿，能够帮助一个项目逃出困境。"如果你没有一个详细的项目计划，项目失败的可能性将呈指数级增长。"里程碑尤为重要，给每一个任务建立容忍限度，当超出时及时介入。

　　（4）可疑的状况报告：不清楚、不完整、延迟或者缺少具体描述的状况报告是即将出现问题的预警。不清楚的、过于乐观的语言描述比如"很快"或者"微弱增长"在成本上预示了前方有麻烦。

　　（5）不一致和戏剧性：尽管很难被提早察觉，不开心的团队成员可以在项目中制造出大麻烦。会议记录能显示项目成员中有谁在大量缺勤、有低参与度，或者有过多的反对和抱怨。项目经理需要作为一个团队的教练和辅导员建立信任和尊重以及一个诚实反馈的环境，尽早创造一种积极正向的团队氛围。

➡ 10.2　信息需求与报告

　　每一个与项目有关的人员都应该与项目报告系统紧密联系起来（Back et al.，2001）。

监控系统的建立应该强调每个层次的管理需求，但报告方式没有必要在每一个层次都达到相同的深度或频率。较低层次的人员报告需要包括具体工作的详细信息和相关的影响因素，这样的报告往往是高频率的。对于高层管理者，则需要总体性的报告，这些报告描述的是综合性的问题，没有那么多的工作细节内容，除非高层管理者对某项特定活动和工作有特别需要，这样的报告频率往往较低。对于以上两种报告，报告的结构都应当能够反映WBS 的内容，每一个管理层次收到的报告都适应该管理层次的管理需要。有时候我们或许需要在多个组织之间传递信息，如图 10-1 所示，有时候可能需要在各个管理层间传递信息。

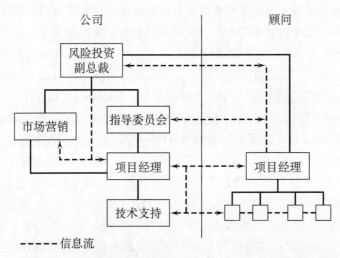

图 10-1　服务于同一项目的不同组织之间的报告信息流

电子设备和软件的不断发展使数据收集、信息的收集和发布工作变得更加快捷和容易。互联网不仅可以用来协助日常项目管理工作，还是一个丰富的信息源，包括几乎任何东西的数据库、专利信息、项目管理的技术帮助等，以上只是提到了一点点可用的信息。很多最新的项目管理软件包可以使我们方便地连接到互联网上，并通过电子邮件将各种信息、WBS、网络图和报告传递到任何地方。这些信息经过调整或者更新，发送回发送者的手中，所花费的精力并不比将信息传递到下一个单元多多少。

　　"电子邮件并不是用来随意传递信息或者数据的，它只能用于企业的商务领域。"

报告的流程

项目报告与项目 WBS 之间的关系是决定报告的内容和频率的关键因素。报告必须包括根据特定的进度计划对特定的任务开展控制工作所需要的数据，报告的频率必须满足控制工作的需要，这些控制工作需要在项目进度计划的完成期间（或之前）加以实施。例如，在大多数情况下，药品的有效性检测通常不会快速得到结果，那么就没有必要对这类检测工作进行周报（甚至可能没有必要进行月报）。当检测结果得出时，才需要更高频率的报告和数据更新。

除了要保证报告中的评价指标充分满足项目控制的要求之外，报告的时间通常也应当与项目里程碑的时间相一致。这意味着除了向项目经理提供的项目进度报告外，项目报告可能不是定期生成的。以星期、月度和季度发布项目报告，看上去没有什么逻辑原因，只是传统使然。很少有项目要求项目报告必须严格按照项目日历提交，这就是说项目报告没有必要每时每刻都要进行提交，报告工作应当纳入项目计划并且准时提交，但是报告的时间并不要求采用定期的方式。

项目里程碑事件的识别有赖于利益相关者。对于高层管理者而言，不论项目大小，里程碑事件都为数不多，对于项目经理而言，项目进程中或许就会有很多的关键点，这些关键点通常意味着做出重大决策、对资源基础进行重大变更，抑或实现关键的技术目标。与低层人员相关的里程碑则更为细化，发生的频率也更高。每一位高层管理者对于自己希望看到报告的频率和内容都有不同的偏好，项目经理最好能投其所好，但是无论高层管理者的希望是什么，项目经理都必须保证报告中包括所有有关进展情况的信息——报告的方式也要保证这些内容不被忽视。将当前正在发生或很快就可能发生的危机信息拖延到下一次常规报告中去是十分有害的。

监控报告的特点应当与项目计划、预算和进度的逻辑结构相一致。当然，最基本的目的是通过控制工作保证项目计划的实现。没有任何理由可以将与控制工作无关的大量报告工作强加到项目团队成员身上，至少这些工作不应该由他们来完成。例如，有的团队成员负责监控一个化学合成实验，或者为一个新品牌的咖啡设计一个广告，那么他就不太关心项目的一般管理成本或者办公室租金成本等方面的问题。项目 WBS 中的进度计划和资源用度情况都是设计项目报告的关键。

将具体的报告准时递交给正确的人员有很多益处，其中包括：

（1）对项目各种目标的充分理解。

（2）对并行活动的进展情况和活动协调中存在的问题保持清醒的认识。

（3）理解项目各任务之间的关系以及它们与总体项目之间的关系。

（4）对项目存在的潜在问题和拖延的情况早期预警。

（5）减少沟通变更信息的延误，使由变更引起的混乱最小化。

（6）让高层管理者对项目有更好的把握，同时对项目当前的需求保持关注。

（7）及时向客户或者其他项目外部利益相关者提供项目进展情况的最新信息，尤其是有关项目成本、里程碑和可交付成果的信息。

报告的类型

"一天，老板要我提交一份关于我负责的项目的进展情况的报告。我问他能否明天再提交，他却说：'如果我明天才需要这份报告，我会等到明天再让你做的！'"

为了满足项目管理的需要，我们通常会有三种形式的报告：常规报告、例外事件报告和特殊分析报告。项目常规报告通常是指那些按照一定的基础有规律地生成的报告，但正如前文所提到的，定期提交并不意味着必须遵循日历时间。对于高层管理者来说，此类报告通常是定期生成的，但是对于项目经理和低层管理人员来说，项目的里程碑事件才是生成报告的最好时机。有时候我们或许偶尔需要定期（每周甚至每天）生成资源用度情况报告。

例外事件报告通常适用于两种情况：第一，项目管理层直接做出决策，要将其传达给专门负责实施该项决策的人员，或者那些明确需要了解情况的团队成员；第二，这类报告往往是那些具有例外性质的决策内容，需要将这些内容以文件的形式通知给其他经理，换句话说，这是为了保护自己而进行的一种敏感性工作（项目经理应当注意：过多使用项目例外事件报告会被项目高层管理者认为过于温顺，过于谨小慎微）。

特殊分析报告用于发布项目工作获得的特别研究成果，或者项目工作中遇到的特殊问题的应对情况。该报告的内容通常会引起其他项目经理的兴趣，或者对其他项目的分析工作具有帮助作用。研究替代材料的使用情况、评估替代性的制造流程、谋求外部咨询、获取新型软件以及讲述政府最新法规等内容都属于特殊分析报告的典型主题，这些报告通常会分发到每一位感兴趣的人手中。

会议

为了庆祝自己 50 岁的生日，专栏作家戴夫·巴里（Dave Barry）列出了"你在 50 年的生活中要学会的 25 件事"，其中第 16 件就是："如果你必须用一个词语对人类不曾也不会完全发挥自己潜能的原因做出解释，那就是'会议'。"对于绝大多数的项目经理和项目员工来说，会议受欢迎的程度就像空头支票或者隐疾那样。毫无疑问，会议对于项目团队是十分必要和有帮助的。最主要的抱怨是，会议过于拖沓冗长、毫无成效并且浪费了每一个人的时间。实际上，简而言之反对的观点是认为会议"创造性地浪费了时间"（Nevison，1995）。

到目前为止，我们隐含地假设报告是文字形式的，并且是通过文件、电子邮件或互联网发布出去的，但更为常见的情况是，报告是在面对面的会议或者电话会议上传达出去的。事实上，高层管理者更倾向于采用面对面的会议来了解项目的进展情况，这些会议可能会涉及有关项目工作的几乎所有主题。项目评估会议可以采取结构严谨的形式（Knutson，1996），也可以采取不规范的临时形式，但这些会议都是很重要的。

大多数项目会议都不会涉及高层管理者，通常是项目团队会议，有时会将项目的客户包括进来，关注的是项目日常工作中面临的问题。这些会议的举行方式经常会让参加者感到紧张或焦虑，实际上并没有什么特殊的原因。以下列举的几条简单法则有利于项目会议的顺利召开：

（1）通过会议进行项目集体决策或者对重大问题进行商讨。此时，应当避免"走过场"式的会议，这种形式有时称为"现状讨论会"。如果想要召开后一种会议，使团队成员了解项目中其他人员所从事的工作，就必须坚持让相关人员相互之间以面对面或电子通信的方式进行沟通。只有在确实需要时（比如向高层管理者汇报项目进展情况，或者团队成员之间很难自行组织起来时）才召开现状讨论会。

（2）事先确定会议的开始和结束时间并起草一个议事日程表，严格遵守这些规定，并且不要让准时到达的与会者等候那些姗姗来迟的人。

（3）确保你自己（和其他人）在会议前做好了相关的准备工作。

（4）如果由你来主持会议，那么要做好会议备忘录。必须给大多数低层管理人员留出足够的具体工作时间（会议一结束，他们很快就要按照备忘录的内容投入到具体工作中去）。在会议结束之后立即将备忘录分发下去，不要拖到第二天。

（5）在备忘录中要对事不对人，那些针对个人的评论会使人们在会议上小心自己的言行，从而扼杀创造性和争论的气氛，同时不要将大家对于有争议的话题的投票结果记录在备忘录中。例如，不应该在备忘录中提及：项目团队表决决定给老板送一张"早日康复"的慰问卡，4 票赞成，3 票反对。

（6）避免过于正规的流程规则。项目会议并不是国会会议，也不是讨论《罗伯特议事规则》（*Robert's Rules of Order*），但大家还是要保持谦恭的态度。

（7）当一个严重的问题或者危机出现时，可以为解决问题专门召开一个会议，这类会议可能直到"问题已经得到解决"时才结束。有些类型的会议则根本就不应该召开。一家业务范围高度分散化的大型公司每月都会在各事业部举行一次"现状讨论会"，其间所有的项目经理都向项目评估委员会（PRC）汇报工作。各事业部的项目评估委员会由高层管理人员组成。至少有一个项目评估委员会（据我们了解不止一个）显然将这种会议办成了"地狱周"。那些必须向该委员会汇报工作的项目经理照例在会上被弄得晕头转向，狼狈不堪，最终的结果不言自明。各个项目的管理方式都极具防卫性，创造力被扼杀了。项目经理将时间花在了打印和分发求职简历上，最棒的项目经理也留不下来。

安东尼·杰伊（Antony Jay, 1995）曾在《哈佛商业评论》上撰写了一篇关于如何举行会议的经典文章，我们认为这篇文章非常值得推荐。

报告工作中的常见问题

在项目报告的设计中通常有三个难点。第一，通常会有太多的细节问题，这些细节问题既来自报告本身，也来自工作人员所报告的内容。不必要的细节（或者过于频繁的报告）通常会使报告内容根本得不到仔细阅读，同时，它使项目团队成员无法找到自己所需要的信息。此外，要求下属准备大量的细节信息会导致数据的准备工作粗心大意，进而影响根据这些数据拟定的报告的有效性。最后，准备那些没有必要的细节内容并将它们放到报告中去，无论如何都会造成很大的成本浪费。

第二，项目信息系统和项目所属公司的信息系统之间没有良好的联系。各种数据往往没有可比性，项目经理和组织中的会计人员之间的互动关系往往很紧张。依我们的经验来看，项目经理或许会试图强行建立一种联系，但是这样做很少会奏效。项目的信息系统必须以公司的信息系统为基本原型。显然，项目管理工作要求生成不同类型的报告，这些报告在大部分情况下都应使用标准的数据库。项目经理应该可以自由地将全新类型的数据添加进信息库，但是他们不应该坚持按照不同于公司的报告方式上报成本、资源使用等类似的信息（很明显，这项准则并不适用于为进行项目管理工作而收集或要求下属上报的信息）。

项目导向型的公司或者组织都会同时运作大量的项目，它们可以根据自己的特殊需要建立一个定制化的项目数据库和报告体系。在这种情况下，项目信息系统和组织信息系统之间的联系就必须得到认真的设计，以保证信息在系统之间传递时不会发生丢失或者扭曲。我们还必须保证，在上报成本和绩效数据时，各种数据都对应于适当的时间区间。

第三，项目计划和监控体系之间缺乏联系。如果监控系统跟踪数据时没有直接与项目计划联系起来，那么控制工作也就毫无意义。这样的情况经常发生在还没有根据项目管理工作的特殊需要对现有的信息系统进行修改就将其用来实施监控工作。例如，一套现存的适用于车间层面的生产成本跟踪系统对于一个研发领域的大型项目就是不合适的。正如我们刚刚提到的，基于不同的数据库从事项目管理工作的做法是不可取的。项目经理的问题就是如何将标准化的信息融入项目所需要的报告和跟踪系统。

对于项目报告来说，所承载的真正的信息是将实际活动与计划进行对比，并将实际产出与期望产出进行对比。监控系统会报告项目偏差信息，采取行动的责任则由项目拥有者来承担。项目计划是针对项目范围、时间、成本制订的，项目偏差报告也应该包括这些内容。项目偏差报告通常遵循会计部门的统一格式，但有时也不尽相同。

➡ 10.3　项目挣值分析

到目前为止，我们所举的例子涵盖了对部分项目管理工作的监控过程。对整个项目绩效的监控也是十分重要的，因为项目的绩效正是项目存在的目的所在。个体任务的绩效必须得到严密的监控，因为个体任务之间在时间和进度上保持协调一致具有非常重要的意义。项目的总体绩效才是问题的关键所在，绝对不能忽视。测量总体绩效的方法之一就是使用称为挣值分析的综合绩效测量方法。

项目挣值的图形与计算

有关挣值理论的文献相当多，可以参见安巴里（Anbari，2003）、哈特菲尔德（Hat-field，1996）、项目管理协会（2013）、夸克等（Kwak et al.，2012）以及辛格尔特里（Singletary，1996）的文献。我们在阅读这一主题的相关文章时必须小心谨慎，不同的比率指标被不同的作者赋予了不同的名称以及缩写，有些作者还专门进行了注册，具体例子可见布兰登（Brandon，1998）以及《项目管理杂志》（*Management Journal*）为方便读者而开辟的通信专栏（September 1998，p. 53）。本书主要采用 PMBOK 的相关术语和内容，但也会提到 MSP 当中使用的名称和缩写[①]。挣值理论起源于 PERT/成本分析，其相关技术、优缺点在《项目管理网络》（*PM Network*）自弗莱明等（Flemming et al.，1994）以后的各期中都有所叙述。

将某一给定期间内的实际费用与预算费用或者基线进行对比的最大困难就是比较数据的工作没有将实际完成的工作量与相应发生的成本对应起来。对于进行中的任务来说，计算其工作绩效的挣值（完成的价值）是将每一任务估计完成的百分比数据乘以该项任务的计划成本，其结果就是到目前为止本该花费在该项任务上的成本，然后，就可以用它与实际成本进行比较。

没有对项目各项任务以及工作单位进行仔细的研究，就对项目工作完成的百分比情况进行总体估计的做法是不明智的，尽管确实有些人在这样做。相反，很明显，在项目生命

---

① 微软项目（Microsoft Project®）的早期版本会使用稍有不同的方法来计算挣值差异。

周期中的任何特定时点都存在下列常见情况：有些工作单位已经100%完工，但是有些工作单位还没有开始，完成的情况为0，还有一些工作单位已经开始，但还没有完成，对于最后这种情况，我们可以估计其完成的百分比情况。

正如我们前面所说的，对每一项工作（或者工作包）进行完工比例估计不是一件容易的事。如果该项任务是编写一个软件，完工比例可以由已编写好的代码行数除以需要编写的总行数来计算得出——假设我们正在估测的是上面所讲的最后一种情况。但是如果我们的任务是对软件进行测试呢？我们已经进行了大量的测试工作，但剩下的还需要进行多少次测试工作？

有一些惯例用来辅助进行完工比例情况的估测：

（1）50-50法则。这是指一项任务开始之后，我们可以假设已经完成了50%，整个工作完成以后，才可以说完成了100%。这也许是最为常见的估测方法，因为该项法则相对公平，并且不必试着对任务进行过程当中的完成百分比进行估测。由于任务一旦开始就假设已经完成了50%，在任务开始之初这项法则是非常慷慨的，但是直到任务全部完成才会给予剩下的50%，在项目结束前这段时间这项法则则是非常保守的，这样就可以达到整体的平衡。

（2）0-100%法则。这项法则规定，某项任务完成之前不为其计算任何分值。对此项高度保守的法则来说，项目进度总是滞后于项目计划，直到最后完成那一刻才忽然与进度计划匹配上，结果就是，在图形中挣值曲线将一直低于计划价值曲线。

（3）关键投入物使用法则。这项法则是按照关键投入物在任务上的分配使用程度来计算任务完成情况的。显然，如果工作的实际进度和使用的投入物是成比例的，这项法则将十分精确。例如，任务是建一所房子，可以用浇注的混凝土的立方数来计算房屋地基任务的工作量，可以用木材的长度来计算房屋框架任务的工作量，可以采用4×8英尺胶合板的使用面积来计算屋顶任务的工作量，储藏柜安装任务的工作量则可以用熟练的安装工的工时数来进行计算。

（4）比例法则。这项被普遍使用的法则的基础也是比例法，只不过是将时间或成本看作关键的投入物，它用任务的实际工作时间除以计划时间，或用任务的实际成本除以预算成本来计算完工比例。如果需要，这项法则还可以对项目的次级活动进一步分解。例如，假设项目工作进度有赖于购买（或者建造）一件昂贵的大型设备去完成一项长期而艰巨的工作，但该设备不能自行完成任何工作。我们可以创建与任务进度相关的资金使用表或图，该表或图将显示为机器预先花费了大量资金，但在完成任务本身方面几乎没有（或没有）相应的进度。然后，将继续花费较少的资金（或时间）来运行机器并完成工作，这可能与进度成正比。

除个别情况外，这些关于"项目完成百分比情况"的粗略计算方法一般并不用于整体项目，更多情况下应用于个体活动。对于包含活动较少的项目，粗略的测量数据可能会误导管理人员。对于包含大量活动的项目来说，项目完成百分比情况造成的误差只占整个项目时间/成本的很小一部分，是微不足道的。更为严重的是，人们有种倾向，喜欢将整个项目称为"完成了73%"，在大多数情况下，这种说法并没有实际意义，这不仅是因为这种估测采用了过于精确的数字。许多学者认为对项目完成的百分比进行估计是非常简单的（Brandon，1998，p.12，col.2），但实际上估测工作是非常困难的，有时甚至比较随意，这就是为什么采用 50 - 50 法则和其他一些法则的原因。

图 10 - 2 体现了挣值的概念，它可以为评估当前成本和绩效的工作奠定基础。如果项目已完成工作的总价值与项目计划（基线）成本相匹配（最小进度偏差），并且与项目实际成本相匹配（最小成本偏差），那么高层管理者就不需要特别详细的个体任务分析报告了，这样项目挣值的概念就是将项目成本报告和总体绩效报告汇总在一张图上。截止到项目完工的成本基线在图中表现为项目完工预算（budget at completion，BAC）。利用当前发生的成本也可以推测出完成时的预测成本，在图中表示为预测完工成本（estimated cost at completion，EAC）。

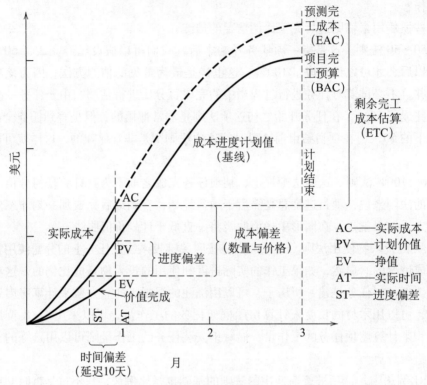

图 10 - 2　挣值图

我们依据两条基本准则，在挣值图中确定了几个偏差数值，这两条准则是：（1）负偏差表示"坏"；（2）成本和进度偏差的计算是用挣值减去其他一些测量数据。特别地，项目成本（或者有时候是费用）的偏差（cost variance，CV）就是我们为目前已经完成的工作量的预算金额（已完成工作的预算成本或挣值，earned value，EV）和已完成工作量的实际成本（actual cost，AC）之间的差额。项目进度偏差（schedule variance，SV）是指 EV 和项目进度计划的成本（或者称为计划价值（planned value，PV））之间的差额。项目的时间偏差（time variance）是指进度计划的时间（scheduled time，ST）和完成这些工作实际所使用的时间（actual time，AT）之间的差额[①]。可简化表示如下：

EV - AC = 成本偏差（cost variance）（CV，超支为负）

EV - PV = 进度偏差（schedule variance）（SV，滞后为负）

---

① 　还可以找到第四个差异，就是项目预算中迄今为止本应支出的成本（PV）与实际发生的成本（AC）之间的差额。PV - AC 就是我们所说的资源流差异（请注意，资源流差异不是"现金流"差异。）

ST – AT = 时间偏差（time variance）（TV，拖延为负）

一般来说，这些偏差的表达方式都是将进度滞后和/或成本超支表示为负值。然而，正如我们前文所指出的那样，这种做法在理论研究界和实践中都还不十分统一。

偏差数值常常还可以按照比率的方法进行计算而不是仅仅计算绝对数的差值。这样成本偏差就可以表示为成本绩效指数（cost performance index，CPI）= EV/AC，进度偏差可以表示为进度绩效指数（schedule performance index，SPI）= EV/PV，时间偏差可以表示为时间绩效指数（time performance index，TPI）= ST/AT，如果值小于 1.0 则表示"坏"。比率方法在组织希望对多个项目（或项目经理）或者同一项目的不同阶段进行对比时尤为有用。然而，正如我们刚刚提到的，所有这些绩效测量数据的精确度和效用都取决于工作完成百分比数值对现实情况反映的真实程度。

项目成本偏差和进度偏差（或者 CPI 和 SPI）得到了十分广泛的应用。以下通过一个小例子对其应用进行说明。假设一个工作包的完工计划成本为 1 500 美元，原计划于今天完工，目前实际花费成本 1 350 美元，并且我们估计已经完成项目工作的 2/3，那么它的成本偏差与进度偏差是多少？

$$项目成本偏差 = EV - AC$$
$$= 1\,500 \times (2/3) - 1\,350$$
$$= -350（美元）$$
$$项目进度偏差 = EV - PV$$
$$= 1\,500 \times (2/3) - 1\,500$$
$$= -500（美元）$$
$$CPI = EV/AC$$
$$= 1\,500 \times (2/3)/1\,350$$
$$= 0.74$$
$$SPI = EV/PV$$
$$= 1\,500 \times (2/3)/1\,500$$
$$= 0.67$$

换句话说，该项目花费的成本超过了预算规定的水平，按照已经支出的成本水平，我们完成的工作还远远没有达到应该完成的水平（我们没有完成本应当完成的工作）。我们也可以用 SPI 来计算时间偏差（TV），如果我们发现计划时间（ST）理论上应该与 TV 成正，即 $(EV/PV):ST = (AT)(EV/PV)$。因为 $TV = ST - AT$，那么 $TV = (AT)[(EV/PV) - 1] = (AT)(SPI - 1)$。（这个可以通过简单的三角学来演算。）

当然，对于以上指标，也可能会出现某一个表现良好而另一个表现不佳的状况。项目可能提前实现了进度计划但成本超支，或者相反。总体而言，有六种可能的情况，如图 10 - 3 所示。图 10 - 2 显示的是进度偏差和成本偏差都为负的情况，这在图 10 - 3 中归纳为 d 类。如上例中的进度偏差和成本偏差都为负的情况在图 10 - 3 中归纳为 c 类。巴尔（Barr，1996，p. 32）将 CPI 和 SPI 两项指标综合在了一起，构成了称为成本进度指数（cost-schedule index，CSI）的"关键比率"（将会在第 11 章中详细论述）。

$$CSI = CPI \times SPI$$
$$= (EV/AC) \times (EV/PV)$$

$$= (EV)^2/(AC \times PV)$$

回到上例，例子中的

$$
\begin{aligned}
CSI &= (EV)^2/(AC \times PV) \\
&= (1\ 500 \times 2/3)^2/(1\ 350 \times 1\ 500) \\
&= 1\ 000\ 000/2\ 025\ 000 \\
&= 0.49
\end{aligned}
$$

按照巴尔的观点，CSI < 1 就表示存在问题。

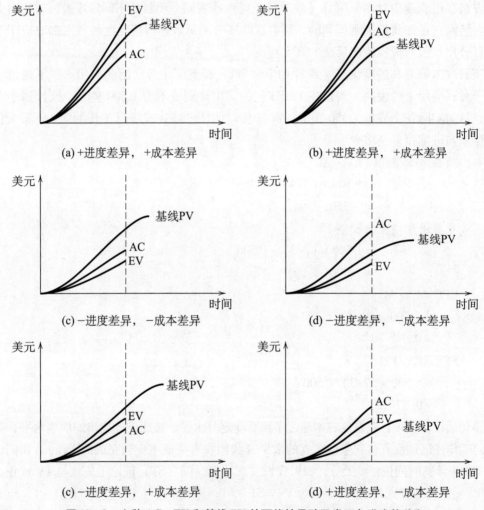

图 10 - 3　六种 AC，EV 和基线 PV 的可能性导致四类正负进度偏差和
成本偏差的情况（图 10 - 2 属于 d 类）

如果所有的测量数据都显示了不良的绩效，我们就继续进行分析，并预测该工作单元的发展前景。估算完成该工作单元的成本，可以用整个工作单元的预算成本减去当前的挣值，并根据 CPI 进行调整，以反映项目真实的绩效水平。在上例中，BAC 为 1 500 美元，当前的 EV 为 1 500 × 2/3 = 1 000 美元。因此项目剩余完工成本估算（estimated cost to complete，ETC）为：

$$
\begin{aligned}
ETC &= (BAC - EV)/CPI \\
&= (1\ 500 - 1\ 000)/0.74
\end{aligned}
$$

$$=676(美元)$$

EAC——我们采用巴尔的术语（1996）而不是使用微软的 FAC 或者其他很多文献中的名称——就是项目实际已花费的成本加上剩余完工成本估算：

$$EAC = ETC + AC$$
$$=676 +1\ 350$$
$$=2\ 026(美元)$$

可见这样计算出的项目完工成本并不是最初的预算成本 1 500 美元。对某一工作单元或某一系列工作单元的总成本的估计方法的完整描述可以参阅巴尔（1996）以及弗莱明（Flemming）和科佩尔曼（Koppelman）的相关文章。我们也可以把 ETC 当作一个随机数，设一个上下限，估测 ETC 的分布，利用模拟技术很容易就可以找出 EAC 的分布。

PMBOK 还讨论了另外两种计算 ETC 的办法。如果你假设团队现在要用原有的预算率做所有将来的项目，那么 ETC = BAC – EV。另外一种可能的假设是团队做所有将来的工作时，用一个考虑了成本和当下计划变化的速率，那么 ETC = (BAC – EV)/(CPI × SPI) 或者 (BAC – EV)/CSI。要认识到如果团队落后于进度计划，则意味着需要加紧进度追赶，这会进一步增大成本。

可以通过项目的 WBS 和项目整体预算来分解得出每项任务的 PV。然而，在实际项目中出于监控的目的，人们按照进度计划来对一项任务（例如，3 周）的 PV 进行分配，并且与 EV 进行对比时就要考虑每项任务的 EV 应当如何确定。例如，假设 PV 根据工作耗时按比例法则计算，但应用 0 – 100% 法则计算 EV，那么结果是项目将永远表现为落后于进度计划。当然，如果监控人员能够了解各种衡量办法之间的区别是造成"落后于进度计划"的原因，这也无妨。另一个办法就是对每项工作的 PV 都采取和衡量 EV 相同的办法进行分配，EV 与 PV 的比较结果就会更加切合实际。

到目前为止，我们的重点是估测项目工作单元的绩效而不是估测整个项目的总体绩效。在处理特定项目工作单位时，成本和时间的估测数值可以做到相当精确。即便是估测项目完工的百分比数据，如果按照前面我们所做的那样运用比例法则，应该也不会造成太大的误差。与整个项目比起来，我们涉及的是时间相对较短、成本也相对较小的项目，因此误差也不会非常显著。此时估测中的随机错误可以忽略不计，并且可以将工作单元的数据汇总到更大的元素，即任务甚至整个项目的层面（当然，估计中的偏差是另一回事）。虽然测量数据的误差也许很小，但对于大多数项目来说仍然不可以将项目作为一个整体进行完成情况百分比数据的预测。

即使如上所述的集成工作是可行的，运用挣值分析去预测项目的进度和成本也并不意味着预测可以纠正不良绩效，亡羊补牢是不可取的。在一项对美国国防部所实施的 700 多个项目进行的研究中，对于那些已经完成了 15% 以上的项目来说，纠正不良绩效的机会几乎为零（Flemming et al., 1996）。该项研究得出的结论表明，如果项目启动时就被低估，并且比计划花费了更多的时间和成本，那么该项目剩余部分几乎没有可能得到更为准确的预测。对于那些偏离计划比较小的数值，项目经理或许还来得及采取一些补救措施。

如果挣值图表明成本超支或者绩效不佳，项目经理就必须明确应该采取什么行动，以使项目依然能够实现目标。有以下几种可以选择的解决办法：从那些绩效比计划表现好的活动中借用一些资源，或者召开项目团队成员会议，向他们征询解决问题的建议，抑或据实告知客户项目可能超支或者延期完工。毋庸置疑，在项目启动之初仔细进行风险分析，可以在很大程度上避免向客户或者高层管理者报告项目进展不力时的尴尬局面。

　　　　　　　用挣值来监控政府的档案和记录成本

政府部门被信息淹没了，并在尽全力数字化这些数据，不仅为了当下的使用，更是为了未来几十年甚至几个世纪的使用。这个挑战是巨大的，几乎涉及所有的机构比如法院、办公室、大学、图书馆，以及涉及各级层面，如城市、地区、州、联邦。除此之外，还有大概4 500种的文件格式需要处理——pdf, jpg, doc, mpeg, m4v, wpl等，以及计算机辅助的设计、图画和照片。哪些类型的记录应该标准化？还有什么未来技术会淘汰这些或许过时的格式？

尽管有这个巨大的需求，但这项工作的资金很难得到保证，因为还有很多有竞争力的优先项目。美国国家档案和记录管理局（NARA）正在建立一个项目来保存政府机构的电子邮件信息、短备忘录、电子文件和文档。在整个项目生命周期内，尽全力能拿到的预算是14亿美元。

然而，美国政府问责局（GAO）关于这个项目的报告显示将来的成本可能是这个的两倍以上。美国政府问责局认为成本超支归咎于很差的标准挣值管理应用，以及预测如果不好好运用，则状况不会改善："在没有更多有用的挣值数据的情况下，美国国家档案和记录管理局将无法有效监督承包商并对项目成本做出现实预测。"美国政府问责局的报告向美国国家档案和记录管理局提出了11个建议，以引起美国国家档案和记录管理局高层以及监管官方人员的重视，确保挣值数据在做决策时有效使用。

问题

1. 美国政府问责局的报告似乎说明挣值数据可以使用但没有用于决策。你认为什么样的数据被使用了？

2. 你认为为什么挣值数据没有被使用？

3. 你认为挣值数据在其他联邦机构中被用来做什么？对于州、地区或者城市的机构呢？

资料来源：K. Hunsburger, "One for the Ages." PM Network, Vol. 25.

示例：项目挣值的变动

以下我们将用一个简单的例子来说明计算项目基线预算、中间挣值以及实际成本的过程。表10-1中列出了项目的基本信息和第7天的项目更新数据。项目计划的AON图如图10-4所示，其中路径a→c→e为关键路径，项目计划将于第10天完工。然而项目实际进展情况是，第一项活动a已经开展，并且用了4天完成，原计划为3天，因此活动b和活动c的开始时间都被延迟。活动b和活动d都如期进行，当然二者都比计划延迟了1天才启动，但无论如何，a→b→d并非项目的关键路径。

活动a和活动b都已完工，它们的实际成本如表10-1所示（活动c和活动d的成本未知）。然而，延迟使活动a的实际成本将比预算多80美元。因此，项目经理试图削减剩余项目活动的成本，且活动b的实际成本比预算低30美元，但这仍不足以弥补前一阶段超支的部分。

表 10-1 挣值分析示例（当前为项目开展的第 7 天）

活动	紧前活动	时间（天）	预算（美元）	实际成本（美元）
a	—	3	600	680
b	a	2	300	270
c	a	5	800	
d	b	4	400	
e	c	2	400	

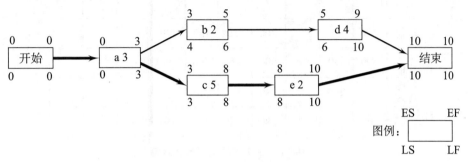

图 10-4　AON 图示例

运用 50-50 法则计算的基线预算（PV）结果如图 10-5 所示，图 10-7 中（实线）显示 BAC 为 2 500 美元。图 10-6 显示了项目在第 7 天的状态和挣值（EV），如图 10-7 中的点线。图中还包括项目中已完成的两项活动的实际成本（AC，图 10-7 中的虚线）。如图 10-7 所示，进度偏差目前为 0，成本偏差为 1 500-950=550（美元）。

日期

活动	0	1	2	3	4	5	6	7	8	9	10
a	300		300								
b					150	150					
c					400				400		
d						200			200		
e									200	200	
小计	300		300		550	150	200		400	400	200
累计	300	300	600		1 150	1 300	1 500	1 500	1 900	2 300	2 500

图 10-5　基于 50-50 法则的基线预算示例

但是必须注意到，图中并没有对项目进度给出十分准确的描述。挣值本来已经偏离了基线，但在第 7 天刚刚赶了上来，因为按照 50-50 法则，并没有任何活动在第 6 天开始或结束；然而，如果赶工，那么活动 c 仍然可以按进度在第 8 天完成。成本偏差也同样受到 50-50 法则的影响，不到最后 100% 完工，不计入实际成本。其结果是当活动开始后，基线和挣值成本将趋于一致，但实际成本核算将会严重滞后。虽然百分比法则可以延缓挣值曲线的变动从而更准确地反映真实情况，但只要实际成本到项目活动结束时才进行计算，

日期

活动	0	1	2	3	4	5	6	7	8	9	10
a	300				300						
b					150	150					
c					400						
d							200				
e											
挣值	300				300	550	150	200			
累计挣值	300	300	300	600	1 150	1 300	1 500				
实际成本					680		270				
累计实际成本	0	0	0	680	680	950	950				

图 10-6　第 7 天的项目状态示例

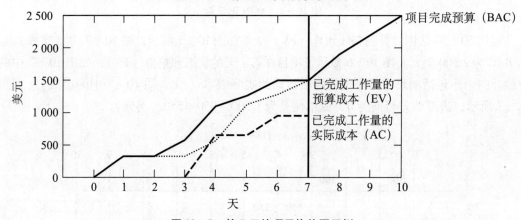

图 10-7　第 7 天的项目挣值图示例

就仍然会有偏差。按照活动完成的百分比分摊实际成本更加准确，但同时也更为复杂，这些影响将在本章最后的部分进一步说明。

MSP 产生的偏差和挣值报告

图 10-8 显示了在本书第 6 章中提到的名为"职业日"项目的挣值预算。其中包括项目中每个工作包的预算、实际成本和挣值以及项目的完工成本估算。该项目预算表就是利用 MSP 生成的一个标准报告表（类似的报告可以通过很多其他的项目管理软件包来实现）。请注意，此例中的项目是在工作包层面进行的报告。前两项工作"联系组织"和"宴会与茶点"都已经完成，第三项工作"宣传与推广"正在进行当中。注意在第一项工作中，"打印计划"提早完成（PV < EV）。在"宣传与推广"中前四个项目工作包已完成，但是第五个和第七个工作包仅部分完成，第六个工作包还未开始。第四项工作"设备"也才刚刚开始。右半部分展示的是一个压缩的甘特图。

右边的三列数据，BAC、FAC 和偏差分别是"项目完工预算""完工时估算"（forecast at completion，FAC）以及 BAC 和 FAC 的差值。对于所有已经完工的活动，BAC ＝ EV，并且 FAC ＝ AC。对于尚未完成的工作包则不计算差值，例如"在校报上做广告"和"准备海报"，因为对于尚未完成的工作包而言，情形是完全不同的。"在校报上做广告"已经完成 50％，"准备海报"只完成了 45％。对于"在校报上做广告"来说，其 EV 82.5 美元是 BAC 的 50％。类似的情况也适用于"准备海报"，335.25 美元占 BAC 的 45％。当两个工作包都完成时，如果仍然有成本偏差，那么 BAC 和 FAC 就不再相等了。对于一个已经完成的工作包来说，其成本偏差为 EV － AC ＝ BAC － FAC。

名称	PV (美元)	EV (美元)	AC (美元)	进度偏差 (美元)	成本偏差 (美元)	BAC (美元)	FAC (美元)	偏差 (美元)
联系组织	3 797.00	3 980.00	3 920.00	183.00	60.00	3 980.00	3 920.00	60.00
打印表格	645.00	645.00	645.00	0.00	0.00	645.00	645.00	0.00
联系各个组织	840.00	840.00	728.00	0.00	112.00	840.00	728.00	112.00
收集展览资料信息	660.00	660.00	660.00	0.00	0.00	660.00	660.00	0.00
收集大学资料	520.00	520.00	520.00	0.00	0.00	520.00	520.00	0.00
打印计划	687.00	870.00	922.00	183.00	(52.00)	870.00	922.00	(52.00)
打印会场证	445.00	445.00	445.00	0.00	0.00	445.00	445.00	0.00
宴会与茶点	1 220.00	1 220.00	1 200.00	0.00	20.00	1 220.00	1 200.00	20.00
挑选发言嘉宾	500.00	500.00	500.00	0.00	0.00	500.00	500.00	0.00
准备食物	325.00	325.00	325.00	0.00	0.00	325.00	325.00	0.00
准备酒水	100.00	100.00	100.00	0.00	0.00	100.00	100.00	0.00
准备茶点	295.00	295.00	275.00	0.00	20.00	295.00	275.00	20.00
宣传与推广	2 732.00	2 297.75	2 039.00	(434.25)	258.75	3 010.00	2 870.00	140.00
发邀请函	700.00	700.00	560.00	0.00	140.00	700.00	560.00	140.00
准备礼品券	330.00	330.00	330.00	0.00	0.00	330.00	330.00	0.00
准备横幅	570.00	570.00	570.00	0.00	0.00	570.00	570.00	0.00
联系教职工	280.00	280.00	280.00	0.00	0.00	280.00	280.00	0.00
在校报上做广告	165.00	82.50	65.00	(82.50)	17.50	165.00	165.00	0.00
各班通知	99.00	0.00	0.00	(99.00)	0.00	220.00	220.00	0.00
准备海报	588.00	335.25	234.00	(252.75)	101.25	745.00	745.00	0.00
设备	200.00	0.00	0.00	(200.00)	0.00	200.00	200.00	0.00
安排项目设备	52.00	0.00	0.00	(52.00)	0.00	52.00	52.00	0.00
运送材料	148.00	0.00	0.00	(148.00)	0.00	148.00	148.00	0.00

项目：职业日　　　关键　　　进展　　　◆ 里程碑
日期：3月24日　　　非关键　　　总结　　　◇ 汇总

图 10 - 8　MSP 生成的"职业日"项目预算表（参见第 6 章）

里程碑报告

我们曾经提到过里程碑报告，图 10 - 9 和图 10 - 10 为一个里程碑报告的典型实例。在此例中，展示出了一个带有里程碑的网络图样本，其后还有一个常规里程的报告表格。高层管理项目状态报告模型将在下一章中说明。图中的各项数据都填好之后，这些报告就可以显示某一特定时刻的项目进展状况，它们的作用是使所有各方面都对已经完成的工作有一个最新的认识。如果工作完成情况没有达到要求、不佳或者被拖延，这些报告将成为纠偏计划的起点。

图 10 - 9 是一家制造企业的一项新产品开发项目的网络图。拥有一个稳定的新产品流是该公司业务的重要特点，每一个产品在其基本概念得到项目团队批准之后很快就按照项目的形式组织起来。如果我们仔细考察图 10 - 9 就会发现，页面顶端的节点控制框与网络中的事件先后次序是一致的。例如，查看图 10 - 9 上层网络的底线。这个产品的设计需要在电枢上

形成一个模具。必须建造电枢，完成产品的雕刻并签字。请注意，模具被用作制作模型的形式，模型又被用于制作原型产品。模具的完成情况将记录在页首下一行的最后一个方框中。

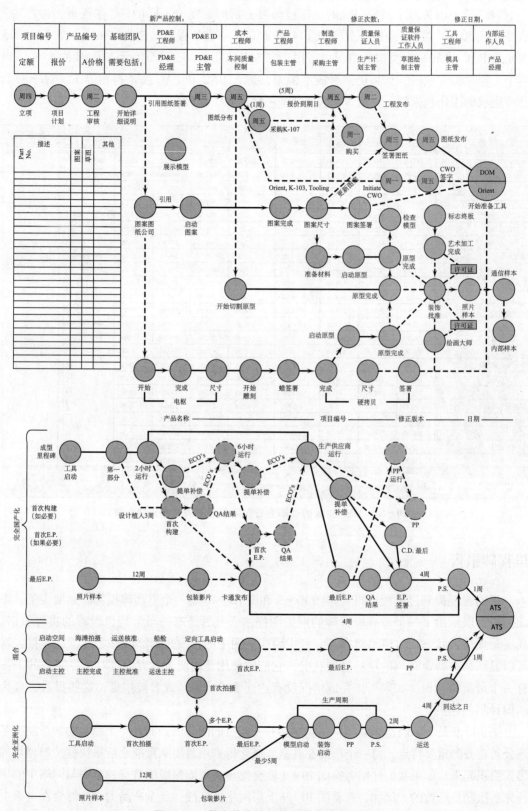

图 10-9　带有节点控制的项目网络图样本

名称					项目计划	工程评估	设计评估	报价考评	PAT完成模具	PAT完成模具	报价到期	采购成交
项目编号	产品编号	制造地点	交接	最初值								
				当前值								
A = 价格	配额	发展潜力		实际值								

工程工作结束	项目评估	制图工作结束	开始准备工具	制作样品照片	内部样品	包装胶片	内部展示	内部胶片工艺	最终的零部件	首个EP	最终EP	EP节点	定向PS	组织结构分解	试生产	PT节点	开始生产	ATS

图 10 - 10　图 10 - 9 的里程碑监控表

图 10 - 9 中上半部分的网络图主要与产品设计有关，下半部分则主要与产品生产有关。对每项活动的预计时间和各种必须实施的操作任务都已标注在网络图中。图 10 - 10 是一份总结性的里程碑报告。每个项目都有一系列必须完成的步骤，并且每一步骤都有自己最初的进度计划，这种进度计划又可以根据需要随时进行调整。每一步都在精准的时间完成。这张表格可以帮助项目经理将多个项目协调起来。具体做法是，在安排各种步骤时尽量避免各个项目都在同一时间使用同一种设备。

燃耗图与燃尽图

燃耗图与燃尽图是项目经理工具库中相对较新的工具，可以帮助监控项目总体进度。它们的流行源于人们对敏捷项目管理日益增长的关注和它们的直观性。燃尽图（burndown chart）的绩效在纵轴上，时间在横轴上，剩余的在各个时间点上项目需要完成的工作在图中描画出来，生成了一个向下的坡形线。图中线的坡度对应着项目进度的速率，更陡峭的线表示更快的进度速度。基于对线的未来坡度的预估，可以估算项目完成时间。

燃耗图（burnup chart）包含了同样的坐标系，也描绘出两条不同的线。第一组数据标注目前完成的任务量；第二组数据是总共的任务量，包括还未完成的范围变更。燃耗图与燃尽图都能帮助项目经理一目了然地监控和交流整体项目进程，选择二者中的哪一个只是个人偏好。

 小结

在本章中，我们讨论了监控的职能，并将其同项目计划和控制工作联系了起来，还讲述了它在项目实施过程中所起的作用。我们还研究了实施监控工作的条件以及数据需求和报告工作的考虑。最后，我们展示了监控工作的一些技术。

本章的要点如下：

1. 计划—监控—控制工作循环必须是一个与项目所属公司的系统保持同样结构的闭环结构。

2. 设计监控系统的首要工作是确定在项目 WBS 中需要监控的关键元素，并为其制定标准。这些元素应该与结果相关而不是与各项活动相关。

3. 项目报告有三种形式：常规报告、例外事件报告和特殊分析报告。

4. 项目报告应该包含大量具体信息，提供这些信息的频繁程度取决于管理层对控制工作的需要（可能不采取每周、每月或其他定期的形式）。比较常见的情况是，报告时间往往在里程碑附近。

5. 项目报告工作中的三个问题是：过于细节化、与项目所属公司的报告系统缺乏联系以及计划和监控体系之间缺乏联系。

6. 挣值图刻画了计划进展状况、实际成本和实际进展状况（挣值），它有助于确定成本、进度和时间偏差问题。

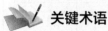

关键术语

成本（或费用）偏差（cost（or spending）variance） 已完成工作的预算成本减去已完成工作的实际成本。

挣值（earned value） 监控项目进展情况的一种方法，该方法依据已完成活动的预算成本计算价值。

信息过载（information overload） 拥有过量信息，导致很难找到需要的信息。

监控（monitor） 持续监视，以便在工作进展情况无法满足计划要求时采取行动。

进度偏差（schedule variance） 已完成工作的预算成本减去该时刻计划完成工作的预算成本。

时间偏差（time variance） 已完成工作的计划时间减去实际时间。

偏差（variance） 偏离计划或预期情况的差额。

问题

内容复习问题

1. 请定义监控工作。监控职能还包括哪些附加活动？

2. 确定在构建监控系统时需要考虑的关键因素。

3. 列举一些人们难以监控的因素。

4. 对常规报告及其相关问题加以描述。

5. 在设计项目报告时，将会遇到的主要困难有哪些？

6. 描述挣值图的三种偏差，并解释各自的重要性。

7. 何谓"挣值"？项目作为整体该如何计算进度？

8. 说明确定挣值的各种方法。

课堂讨论问题

9. 讨论保持信息的适时、适度、详细的益处。如何为这些特性评估价值？

10. 拥有一个计算机化的（而不是人工的）项目管理信息系统对于项目经理来说有哪些优势？又有哪些劣势？

11. 项目管理工作比职能型组织更需要一个复杂而又广泛的监控体系。为什么？

12. 试图用挣值图将图1-1（见第1章）中的三维概念综合为一种两维的形式。这种做法是否成功？缺少了什么？

13. 如何追踪偏差的来源？

14. 为了避免"伤害到提供消息的人员"而将坏消息秘而不宣，是不是不道德的做法？

15. 哪种预测挣值的方法似乎更为准确？你会推荐哪一种？为什么？

习 题

1. 一个项目在第22个月的实际成本为540 000美元，计划成本为523 000美元，挣值为535 000美元，请计算该项目的进度和成本偏差。

2. 一个销售项目在第5个月的实际成本为34 000美元，计划成本为42 000美元，挣值为39 000美元，请计算该项目的进度和成本偏差以及CPI和SPI。

3. 一个软件开发项目在第70天的实际成本为78 000美元，计划成本为84 000美元。软件开发经理估计已经完成的价值为81 000美元。该项目的支出和进度偏差以及CSI分别是多少？请估算其时间偏差。

4. 一个建设中心公园的项目在第17个月的实际成本为350 000美元，计划成本为475 000美元，已完成的价值为300 000美元。请计算其支出、进度偏差和三个挣值指数。

5. 一个咨询项目在第10个月的实际成本为23 000美元，计划成本为17 000美元，已完成的价值为20 000美元。请计算其进度、成本偏差以及三个挣值指数。

6. 一个组织技术培训研讨会的项目在第65天时比进度安排拖延了5天。该项目截止到当时的计划成本为735 000美元，但实际成本只有550 000美元。请估算其进度和支出偏差。如果实际成本为750 000美元，请重新估算上述偏差数值。

7. 假设一个广告项目的一项活动计划成本为12 000美元，但目前的实际成本为10 000美元，已经完成的价值只有70%。请计算其支出和进度偏差。该项目客户对项目的态度应该是满意还是生气？

8. 下列数据是一个市场测试项目在第6周的实施情况。

a. 不计完工百分比，采用50-50法则来衡量PV和EV，请计算成本、进度和时间偏差。另外，请计算CPI，SPI，CSI以及ETC和EAC。

b. 其他已知条件同a，采用完工百分比法计算。假设PV采用比例法则而EV则由工人实际工作量来衡量。

活动	紧前活动	工期（周）	预算（美元）	实际成本（美元）	完成情况（%）
a：建立名目	—	2	300	400	100
b：提供故事	—	3	200	180	100
c：创立广告流程	a	2	250	300	100
d：广告进度	a	5	600	400	20
e：检测销售结果	b, c	4	400	200	20

9. 如下是一个拍摄电视广告的项目，其第24周的费用支出是多少？如进度挣值正常，实际成本为9 000美元，成本和进度偏差是多少？三个挣值中的指数、ETC和EAC是多少？请利用比例法计算。

活动	紧前活动	工期（周）	预算（美元）
a：撰写脚本	—	6	900
b：演员试镜	—	6	1 200
c：选择演员	a	6	1 200
d：签署摄影棚合同	a	12	1 800
e：拉赞助	b，c	14	1 400
f：时间计划	b，c，d	10	1 500
g：商业投放	d，e	16	800

10. 利用 MSP 解决问题 8b。包括 CPI，SPI 和 CSI 的计算。

11. 采用 0 - 100% 法则，参照表 10 - 1 中的数据重新绘制图 10 - 5 和图 10 - 6。

12. 利用百分比法重新计算问题 11，其中各项工作的完工比例分别为：a，100%；b，100%；c，80%（成本 600 美元）；d，50%（成本 200 美元）；e，0。

13. 请根据如下网络图和比例法给出的成本和完成百分比数据绘制第一周（5 天）的挣值图。

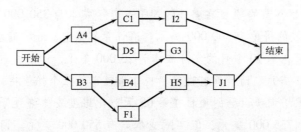

活动	预算（美元）	实际成本（美元）	完成情况（%）
A	600	400	100
B	300	450	100
C	150	100	100
D	750	60	10
E	400	150	30
F	100	50	100
G	200	0	0
H	400	0	0
I	100	0	0
J	100	0	0

14. 以下是一个项目在第六周末的成本情况。请找出成本和进度偏差，并且计算项目的 CPI，SPI，ETC 和 EAC。

活动	紧前活动	工期（周）	预算（美元）	实际成本（美元）	完成情况（%）
a	——	2	300	400	100
b	——	3	200	180	100
c	a	2	250	300	100
d	a	5	600	400	20
e	b，c	4	400	200	20

案例讨论

杰克逊产权保险公司

马克·苏图拉那（Mark Suturana）6个月前加入了杰克逊产权保险公司（Jackson Insurance and Title Company）。作为一位经验丰富的管理信息系统主管，他被任命对杰克逊产权保险公司的数据处理部门向最终用户提供的回复工作进行改良。经过几个月的调查，他肯定自己已经清楚地了解了情况，可以着手行动了。对大约90%的最终用户都以项目的形式进行数据处理工作，输出的数据就是其最终产品，或者是其项目中的一个步骤（常见情况）。相应地，他认为自己应该把精力放在将各个项目的数据处理工作与公司正规的项目管理系统集成起来。

过去的经验告诉他，大多数与数据处理项目有关的问题的根源都在于：没有对项目工作进行清楚的界定，以及在项目设计阶段没有最终用户的充分参与。典型的表现是，最终用户在新系统做好安装准备之前，一般不会过多地参与到工作中，但矛盾的是，需要做大量的工作以使系统满足最终用户的要求。他决定建立一个将最终用户合作和参与置于工作启动阶段的程序。该项行动的目的是完整界定系统的目标和设计要求，以保证实施工作高度结构化，而不仅是对新系统的介绍。

他还认识到，必须控制数据处理的输出值。建立一个更为有效的数据处理系统，就可以在无形中给数据处理人员施加更大的压力，使他们能够生产出满足用户需求（以及时间要求）的产品。他担心数据处理输出的结果在目前的条件下会进一步恶化，因为最终用户和外部项目经理方面缺少专业技术人员。为了解决这一问题，他建议设置一个数据质量保证经理，由他来审批各个项目初始阶段的工作，并且对项目的每一个附加阶段都进行评估。该数据质量保证经理必须有权判定产出的某一步骤或者某一部分的质量情况，并且决定是否返工。

◆问题

案例中的做法对于数据处理工作是不是一个很好的控制系统？请说明理由。对于那些使用数据处理来完成项目部分目标的公司来说，这是不是一个很好的控制要点？如果你是一个非数据处理项目经理，你会如何作答？该新系统下是否存在范围蔓延的问题？如果是，苏图拉那应该如何控制？

美国工程兵团

美国工程兵团与一家中等规模的挖掘公司签约，合同是关于建造三个小型的土制水坝，该工程是北卡罗来纳州洪水治理项目的一部分。由于资金问题，第一号和第二号水坝的建设工作将同时进行，第三号水坝则只有在第一号和第二号水坝完工之后才能开工。该工程还必须满足特定的完工日期要求（这主要取决于下一年的汛期）。该项目由在公司内就职一年的布赖恩·约翰逊（Bryan Johnson）负责。

这对约翰逊来说是一项新任务，因为他以前从来没有同时领导过多个项目。第一号和第二号水坝开工三个月后，他开始注意到一个关于项目信息的问题。第一号和第二号水坝的几个工头都向他汇报工作，但是他从来不知道这些信息之间有没有关系。因为第三号水坝只有在第一号和第二号水坝全部完工之后才能开工，所以他无法确定第三号水坝能否按期开工和完工。意识到这一现状，他开始考虑该如何协调各个项目之间的关系。他怎样才能了解各个项目之间的相互关系？这两个项目的总体情况如何？约翰逊的主要问题是他无法同时有效地监控和记录两个项目的情况。

◆ 问题

你会对约翰逊提出什么样的建议？

课堂综合练习项目

设计一个用来监控项目任务的计划，并建立挣值图表来填写项目进度。除非项目外部资源是有保障的，对主要成本的持续跟踪将主要参照人工工时的情况来完成。完成一个项目计划价值的历程，就是 PV 和 EAC 的累积过程。你将怎样依据工作的进度来确定它的挣值。例如，工人估计、50 - 50 法则，或其他方法。

参考文献

数字资源

第 10 章 监控与信息系统
（案例分析与指导阅读）

第 **11** 章 项目控制

Project Control

在前一章里，我们讲述了有助于项目经理、项目拥有者和赞助者实施项目控制工作的监控和信息收集过程。控制工作是计划—监控—控制这一项目工作循环中的最后一项。首先需要收集有关系统绩效的信息，并将其与期望的（或者计划的）水平进行比较，如果实际绩效与预期绩效差距太大，控制者（经理）也希望缩小这种差距，就应该采取切实的行动予以纠正。请注意，报告绩效水平、比较预期和实际绩效水平的差距、考察这种差距存在的原因等事项均属于控制程序的一部分。就其本质而言，控制就是缩小计划和现实差距的行为。

虽然本章主要用于指导项目经理的项目控制实践，但是项目拥有者或其他向高层管理者汇报项目情况的负责人，同样具有项目控制的职能。项目的目的是协助组织实现战略目标，项目拥有者、项目管理委员会中项目的负责人就需要对项目给组织目标带来的持续价值给予评定。利用项目监控获取的信息，结合组织目标、资源和战略的变化情况，这些人就要对项目采取一些（控制）措施，例如调整项目方向、纠正项目偏差，或者终止整个项目。

风险管理是一种特殊的项目控制。负责风险管理的组织，例如项目管理办公室或项目专门管理工作组，不仅直接管理项目风险，而且会管理环境风险（项目风险的主要发源地）。接下来读者会看到，项目的绩效、成本、进度等许多方面都可能出现偏差，这就是不确定性带来的后果，不确定性的源头又大部分来自项目之外，即项目所处的环境。如果可行，风险管理者可能会影响外界环境以降低或消除不确定性对项目的威胁，然而，这往往是超乎风险管理者的影响力之外的，他们所能做的不外乎是管理项目本身，以减缓或应对风险，或者加强外界系统的正面效应。在我们看来，目前对风险识别和风险管理的关注度还远远不够。

如同本书始终强调的一样，控制工作着眼于项目的三个要素，即绩效、成本和时间。项目经理总是关心项目的这三个方面。项目可以交付当初所承诺交付的成果，还是可以交付比承诺更多的成果？它是以承诺的成本还是以低于承诺的成本交付成果？它在承诺的期限当日还是在承诺的期限之前交付成果？奇怪的是，人们很轻易就会忽视这三个基本目标，特别是在拥有大量细节性资料和大量子项目的大型项目里更是如此。大型项目会发展出自己的一套体系，因此很容易就会失去控制，按自己的意图行事，而不顾项目经理的意愿和项目本身的意图所在。

我们暂时停下来想一想下列这些可以导致某一项目需要对绩效、成本和时间进行控制的事项。

绩效

（1）发生了预料之外的技术问题。

（2）出现了难以处理的技术困难。

（3）发生了质量或可靠性方面的问题。

（4）客户要求变更系统规格。

（5）发生了职能间的矛盾和冲突。

（6）技术突破对项目工作产生了影响。

（7）项目团队内部对规范要求或解决技术问题的方案产生了分歧。

（8）市场的变化提高或降低了项目的价值。

成本

（1）技术困难要求提供更多的资源。

（2）工作的范围增加了。

（3）最初的报价或估计值过低。

（4）预算的编制工作很不充分。

（5）纠错控制工作没有及时展开。

（6）投入要素的价格发生了变化。

时间

（1）解决技术困难花费了比计划更长的时间。

（2）最初的时间估算太过乐观。

（3）任务的排序不正确。

（4）需要时无法获得要求的材料、人员或设备投入。

（5）必要的前期工作不够完善。

（6）客户提出变更申请要求返工。

（7）政府的法规发生了变化。

以上只是一些可能发生的相对"机械性"的问题。实际上，项目中没有纯粹机械性的问题，所有问题都会包含人的因素。例如，通过作为或者不作为，人们可以启动一连串的事件，导致不能充分地做好预算，引发某种质量问题，导致项目沿着技术上十分困难的道路行进，或者没有关注政府法规的变更等。如果偶然地发生了某些这样或那样的事情（无论是否人为引起的），人们就会受到影响。在项目的整个期间内，人们会出现沮丧、愉悦、坚决、绝望、愤怒以及其他许多情感，它们影响着那些体会到这些情感的个人的具体工作——使工作更好或者更差。项目经理努力加以控制的正是这些迷惑、情感、容易犯错的本性以及偏执等大杂烩。

对于任何组织来说，项目控制是必要的且内在的一部分。往往不必认为控制是强制的，虽然它经常是。我们倾向于认为控制是一种合乎伦理的目标导向的行为。项目经理经常要受限于永恒的定律比如重力律，残酷的事实是实施管理控制会导致搅乱下属的行为。项目经理的任务是鼓励被认为是好的行为/结果，拒绝不好的。在很大程度上，人们会对控制系统的目标导向有以下三种之一的反馈：（1）有活力的正向参与为了实现目标；（2）被动参与以防损失；（3）积极但负向参与和抗拒——往往不是对目标的抗拒，是拒绝参与一些影响目标实现的活动。个体发生三种反馈当中的哪一个取决于很多变量，比如具体控制机制、寻求的目标的性质，还有个体对于被控制的忍耐度。

所有这些问题总是包含着人和机械因素的组合，需要项目经理进行干涉和控制。"杯子到唇边还可能滑落"，总存在着数不清的小问题，特别是在技术或可交付成果很新且很陌生的项目里。项目经理像大多数经理人员一样，发现控制是一项很难的工作。有几个原因可以解释这一情况，主要原因在于项目经理同大多数经理人员一样，可能并没有发现问题。经理们发现的是被描述为"麻烦"（mess）的东西。"麻烦"是指系统的某种情形，正是对麻烦的发现才导致项目经理得出某处正潜伏着问题的结论。

在像项目一样复杂的系统中，对问题进行定义是一项非常困难的任务，因此，了解需要控制的目标可不是件简单的事情。控制工作之所以困难的另外一个原因是：尽管通常在任何麻烦发生时，总是要为此找到一个人进行责备，但要了解清楚问题到底是源于人为的错误还是源于墨菲法则的随机结果，通常是几乎不可能的。项目经理还会发现，很难实施控制是因为项目团队是一个"内部团体"，甚至那些大型项目的团队也是如此，团队的人是"我们"而外部的人都是"他们"。通常批评自己的朋友或控制他们是一件很难的事情。进一步讲，许多项目经理都会把控制工作看作一项特别的程序。每一个需要实施控制工作的问题都被看成独一无二的事件而不是一个重复发生的事件。惠滕（Whitten，1995）提出了这样一种现象，即如果里程碑事件正在受到威胁，项目就会失去控制。他给出了如何解决这个问题并使项目重新回到控制中的一些指导性方针。

因为项目的控制是感觉和事实、人和机械、因果关系和随机结果的混合体，所以我们必须极其有条理地研究这一问题。在本章中，我们一开始先考察控制工作的一般目标，接下来将考虑控制程序的基本结构。我们将通过描述以机械式控制闭环形式出现的控制理论来解释这种结构。尽管多数项目几乎都没有提供什么机会来实际应用自动的反馈环，但这一系统还是综合又简洁地向我们演示了从事任何系统控制工作所必需的各种因素。从这一模型出发，我们转向那些在项目中最常应用的控制工作的类型。控制系统的设计工作需要考虑到不同的控制类型可能对受控人员造成的各种影响。与此同时，我们也讨论了控制系统对"平衡"的具体要求，其中有两个特殊的控制问题：对创造性活动的控制和对变更的控制。

总的说来，在项目管理所有的重要工作中，控制是最起码和最基础的。然而大多数项目经理在扮演控制实施者的角色时都会感到不自在，因为许多人都会在实施控制时被看作顽固不化的纪律执行者。下面给出一些建议，希望对读者有所帮助。避免经常批评那些知错就改的员工，而是对他们进行提醒。避免在任何情况下当众批评员工，而是应当对他们进行教育和指导，要相信为你工作的员工都很聪明并且不怀有恶意，除非你发现员工违反了规定。总之，作为项目经理，你应该记住：发脾气并不能解决问题，而是应该在弄清问题后再考虑是否还有发脾气的精力和必要。

实践中的项目管理	重获核聚变的控制

1996 年美国能源部（DOE）开展了一个项目来组建一个美国国家点火装置（NIF）来帮助了解如何实现一种可控的、自维持的核聚变反应，称作"点火"。整个机构需要500 000 平方英尺的区域来容纳 192 束激光，激光通过安装在 10 层楼高的结构上的镜子进入一个直径 33 英尺的水泥保护的目标室的中心。完成截止日期是 2001 年 9 月。

然而，没有预料到的风险阻碍了进程。首先，在次年厄尔尼诺现象引发的大雨灌入了施工地。在建设恢复后，工人们发现了一只有 16 000 年历史的猛犸象的化石，这需要考古部门来现场带走这个他们起名为"尼菲"（Niffy）的家伙。更重要的是，1999 年其他两个因素彻底停止了进程：（1）所需的激光装置比能得到的要更复杂并且需要更高的清洁标准；（2）不充分的系统工程低估了工程的复杂程度以及项目的范围。

为了重获控制权，美国能源部重新开始，从下至上对成本、计划、风险和偶发事件进行评估，然后通过了美国能源部和美国国会的批准。这些估测随后由外部的科学家和技术专家评估来确认它们的准确性。为了保证项目达到最好的绩效，美国能源部采用了 PM-BOK 标准，尤其是成本和计划管理的挣值系统。在得到批准后，美国能源部和超过 8 000个承包商签订了 12 000 份合同，意味着近 20 亿美元的花费用来完成美国国家点火装置，随后在 2009 年顺利完成。在项目完工后的一个月，美国国家点火装置成功地发射了 192束激光，将 1.1 兆焦耳的红外线能量聚集到目标室内，在短短的几十亿分之一秒内集中了创纪录的能量。

美国国家点火装置项目的成功改变和控制得益于战略上使用了项目管理原则，美国国家点火装置赢得了 2010 年的项目管理协会年度项目奖。

问题

1. 你认为为什么项目复杂程度被如此严重地低估了？

2. 你认为为什么最开始没有用标准项目管理原则？

3. 在本章的基础上，美国能源部使用的是哪类控制：控制论中的机械式控制、行/不行控制，还是事后控制？解释你的理由。

4. 本章的哪些方法对这个项目来说很有用？

资料来源：K. Hunsberger, "Sparking Ignition," PM Network, Vol. 24.

11.1　控制工作的基本目标

控制工作的两个基本目标是：

（1）通过改变行动使结果规范化。

（2）管理组织的资产。

有关控制职能的多数讨论都集中于监管行为。项目经理需要对监管工作和保护工作给予同样的关注。本章的主要部分（以及下一章的许多部分）关注的是项目经理作为监管者的角色，让我们在这里先重点谈一下保护者的角色。项目经理必须保护组织的有形资产、人力资源以及财务资源。保护这三种不同类型资产的程序也是不同的。

有形资产控制

对有形资产的控制要求对有形资产的使用权加以控制，核心是资产的维护问题，无论是采取保护措施还是纠正措施。维护或重置的工作何时进行以及维护工作的质量水准也是需要考虑的问题。多年以前，新英格兰的一家啤酒厂收购了一个刚倒闭的竞争对手废弃的老式酿酒工厂。某项目经理带着如下指令被派去管理这家旧工厂：该工厂应该在 5 年后被完全淘汰，但是在这之前应该保证其全面运转。这就出现了一个有趣的问题：工厂在控制下逐渐淘汰，但与此同时又必须尽可能地发挥它的生产能力。很明显，两个目标不可能同时实现，但项目经理很好地理解了这个项目的核心。

库存物资，不论是设备还是材料，都必须进行控制。在投入使用之前，库存物资必须经过接收、检查（或确认），也可能进行储存。所有新进货物的记录必须得到认真的确认，以便向供应商付款。国内外外包行为的增加（甚至是项目与项目之间相互分包的行为），连同供应链的发展，给有形资产的控制加大了难度。对供应链的合理设计和应用，也称为供应链管理（Meredith et al.，2013；Lee，2003），与当今项目的成功息息相关。我们必须同样小心谨慎地从外部供应商和组织内部的供应商处采购货物，甚至诸如图书馆、咖啡壶、办公家具等细节问题以及其他一些细微事项也都必须得到计算、维护以及保护。

人力资源控制

人力资源管理工作要求对人员的增长和发展进行控制和维持。项目工作为人才的培养提供了沃土。因为每个项目都是独一无二的，与任何其他项目相比有许多不同之处，所以项目的工作人员很可能在相当短的时间内就可以获得非常广泛的经验。

通过应用那些熟悉的审计程序可以对物质资源的保护工作进行衡量。对人力资源保护工作的衡量则要困难得多。诸如员工评估、人员绩效指数以及用于委任、提升和储备工作的甄选方法等工具并不都是确保保护职能得到适当处理的满意工具。会计行业多年来一直致力于开发人力资源核算方法，尽管这种努力产生了某些很有趣的观念，但是人力资源核算方法并未得到会计界的充分认同。

财务资源控制

尽管会计人员尚未成功开发出可以接受的人力资源核算方法，但是他们在财务资源保护（和监管）方面的工作无疑造就了卓越的财务控制工具。

包括保护和监管职能在内的财务控制技术方法已经广为人知，这些方法有：流动资产控制、项目预算以及资本投资控制。这些控制工作多数都是通过会计或监控职能所实施的一系列分析和审计工作得以展开的。这一职能对于项目团队来讲是必要的。适用于项目的技术结构与适用于企业总体运营的技术结构并没有太大的不同，但它们所适用的环境有很大的不同。造成这些不同之处的一个原因是：项目对外部人员是负有责任的——比如对外部客户或者对项目所属公司的另一个分支机构，或同时对两者而言。

在财务实践和账簿记录中正确地遵循组织和客户的控制标准需要得到极大的重视。项目所属公司通过它的代理人——项目经理——对那些由客户所拥有的，或者由项目所属公司所拥有的并向客户索取费用的资源负保护和适当使用的职责。客户会坚持主张诚实守信的原则，法院也会要求在履行这种职责时必须遵循这一原则。尽管有些客户可能并不明了签约企业的这种职责，但政府非常明了这一点。从本质上讲，诚实守信的原则要求提出项目建议的组织开展合理的调查和确认工作，并使用易于理解的语言披露每一项与企业实施项目的能力相关的重要事实，不能遗漏任何从伦理角度讲可能会误导客户的事项。我们不可能以一个较为概括的方法精确地定义特定项目需要满足的所有要求，但是企业应该确保有优秀的法律咨询人员来帮助自己实现这些职责。

最后请大家注意控制人员的保护者角色。保护者的态度通常与项目经理的态度截然相反，后者的注意力很自然地集中于资源的用度方面而不是保护工作上面。保护者使人想起图书管理员，当所有图书都被整齐地放置在书架上时，他感觉最幸福。项目经理经常同时身兼经理人员和控制人员两种职责，他们必须接受这一冲突，除此之外别无选择。这些相互斗争的态度必须尽可能地加以统一和相互妥协。

实践中的项目管理 | **旧金山地铁回归项目的广泛控制**

20世纪90年代末，旧金山金融区的交通问题变成了一个很严重的问题，该地区曾经是海湾的一部分，在松动的填埋场上修建。湾区快速交通（BART）的增加，加上通常的公交车、地铁、出租车和通勤交通，该地区出现了非常严重的拥堵。为了缓解这个问题，旧金山发起了MUNI地铁回归项目来增加运力，同时为了未来的扩建做准备。这个计划为11年的项目，包括在旧金山最繁华街道正下方建立一对直径18英尺、长1/6英里的双轨，连接着在第二繁华的街道下23英尺高、55英尺宽、1/5英里长的水泥制造空间，通往386英尺长的阻挡墙与正在建设的地面通道（见下图）。

除了如上描述的已有的项目范围，这个项目面临着多重交通、商业、活动和旅游业影响之外的挑战：

（1）这些通道会直接通过湾区快速交通通道的上方，仅有4.5英尺距离，且在松动和充满泥的湾区水床下。

（2）很久以前用来支撑码头和港湾的木头桩在必经之路上需要去除，并进一步威胁到了湾区快速交通通道。

（3）挖掘工作将会影响附近很多高价值的建筑，其中有些有着重要的历史意义。

（4）水下通道会非常接近旧金山湾的水，有可能会漏水。

（5）很可能会有地震活动发生，事实上最近就有一次大地震在该地区发生，这对安全的要求进一步提升。

显然，这个项目需要非常小心谨慎的控制，不仅因为以上风险，也为了进度和成本。这是通过总体管理计划和控制系统及基于详细WBS的多个子控制系统实现的。

（1）项目会计准则包括WBS和成本会计准则，为报告和监控提供了适当的时间表和成本准则。

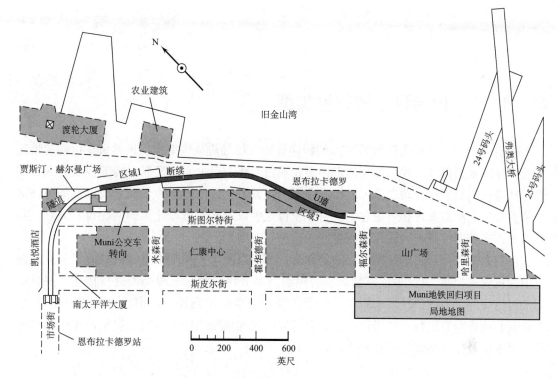

（2）控制预算包括工程量、成本和项目会计准则的工时分配以及任何批准的范围更改。

（3）趋势程序追踪范围变化并识别出任何潜在的由于新的变化、想法、智慧或者需求产生的成本。项目经理用这个工具来做成本/收益决定以保证成本在控制内。

（4）范围变化记录列出任何从趋势程序内识别出的变化，然后会被批准或者删除。

（5）月结合同现金流量计划反映了项目开支，合同发票可用于开支计划比对。

（6）合同里程碑概要计划（CMSS）是整个施工范围的总体计划。每月发布一次进度表，以比较实际进度和计划进度。通过关键路径和近关键路径、高风险区域、进度改进机会等进行分析。

（7）建造计划从上述的合同里程碑概要计划中提取，并与总承包商沟通。

（8）3周一期的滚动建造计划显示了前一周完成的活动和当下以及接下来的计划活动。它被用来监控违背了建筑计划的活动。

（9）质量控制和质量保证责任在承包商和施工管理层之间被分隔和划分。

（10）建立了承包商不合格报告和纠正措施报告制度。到项目结束时，这些报告中只有30份是在11年的项目周期中印发的。

项目完工后，发现项目仅仅延迟了两个月（由于有17个新的火警要求在项目后期时出现）并且比预算少了2 200万美元。

问题

1. 绘制一个层次结构/组织结构图，说明你对报告中描述的各种控制系统/程序的解释。

2. 你认为质量控制和质量保证是如何区分的？谁对哪个负责，其中的责任又由谁承担？

3. 在 11 年的项目周期中很容易发生范围蔓延，他们怎么控制了这个风险？

资料来源：C. Wu and G. Harwell, "The MUNI Metro Turnback Project," PM Network, Vol. 12.

11.2 控制程序的三种类型

控制一个项目（或者任何系统）的程序远比仅仅等待某些地方出错然后在可能的情况下进行修复复杂得多。我们必须确定将要在项目的哪个点上实施控制、需要控制什么、如何对其进行衡量、在行动之前可以容忍多大的偏差、应该使用何种干预手段以及如何在潜在偏差发生之前就发现和纠正它们。为了使得这些以及其他诸如此类的问题得到处理，我们需要首先从对控制理论的简单阐述开始讨论控制问题。

不管对某一项目实施控制的目的是什么，都可以使用三种基本类型的控制机制：控制论中的机械式控制、行/不行控制和事后控制。本节我们对这三种类型进行描述，并且简要地讨论每种类型的信息要求。尽管项目控制中很少使用到控制论中的机械式控制系统，在此我们还是对它进行一些描述，因为它可以清楚地描绘出任何控制系统里面那些必然出现的要素以及控制系统的信息要求。

控制论中的机械式控制

控制论中的机械式控制或者称驾驶控制是到目前为止最为常见的控制系统类型。控制论中的机械式控制的关键特征在于它可实现自动运转。参见图 11-1 所示的控制论中的机械式控制的图解模型。

就像图 11-1 所显示的那样，系统依据某一程序对投入要素进行运作，并将其转化为产出，我们所希望控制的正是这一系统。为了实现这一点，我们必须对系统产出进行监督。这一职能由传感器实施，它衡量产出的一个或多个方面，这些方面可能只是我们希望控制的那些部分。传感器得到的衡量结果被传导给比较器，比较器将之与一套预先设定的标准进行比较。实际和标准之

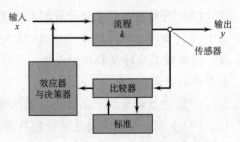

图 11-1　控制论中的机械式控制系统

间的差异被传输给决策器，由它来确定差异是否大到需要纠正的程度。如果差异很大，并且需要采取行动，就会有一个信号被传输给传感器，它对程序或投入要素采取行动，以便生产出更符合标准的产品。

旨在减少标准偏差的控制论中的机械式控制系统称作负向反馈环。如果系统产出朝某一个方向偏离了标准，控制机制就会采取行动使之移向另一个方向。控制运转的速度或力量一般来说与偏离标准的程度大小成正比（有许多关于负向反馈环行动的数学描述）。精确纠正偏差的各种方法都取决于运转系统的性质和控制者的设计理念。图 11-2 解释了三种不同的反应模式。反应路径 A 是直接而迅速的，路径 B 则更具有渐进的特性，路径 C 显示了下降幅度的摆动过程。遵循 C 的模式，一架突然偏离航道的飞机完全可以恢复

正常。

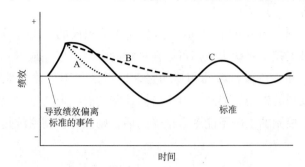

图 11 - 2 典型的对照标准给出的绩效偏差与纠正路径

控制论中的机械式控制系统信息要求

为了对整个系统进行总体控制，控制系统必须能够对系统可以采用的每一个行动采取相应的抵消行动。对于复杂的系统，特别是那些包含人力因素的系统，这一条件是根本不可能满足的。因此，我们需要一种战略来帮助项目经理开发一个控制系统，其中的一种战略就是使用成本-收益方法来实施控制——对系统中那些控制工作的预期收益大于预期成本的方面加以控制。一般很少有项目要素（与那些在某种程度上连续运转的系统要素相反）可以自动服从控制工作。对 WBS 的细节进行检测，将会揭示哪些项目任务主要具有机械的性质，并且能够代表系统的连续类型。如果存在这样的系统，并且它们能够在一个足够长的时间段内正常运转，从而证明创建自动控制的初期费用是值得支出的，那么控制论中的机械式控制系统就发挥了作用。

如果已经确定了控制工作的对象，那么控制论中的机械式控制系统的信息要求就很容易描述（满足这些要求就是另外一回事了）。第一，项目经理必须精确定义需要对产出（中期产出或者最终产出）的哪些特征施加控制；第二，必须为每一个特征设定控制标准；第三，必须使用传感器在特定的精确水平上衡量这些特征；第四，这些衡量结果必须转化为信号，并且能够与标准信号进行比较；第五，两种信号之间的差距被传送给决策器加以识别；第六，如果差距足够大，就需要将信号传送给效应器，以使运转系统重新做出反应，并对偏离标准的状况采取补救措施。

也许建立一个控制论中的机械式控制系统的最大困难就是对我们想要控制的产出物的每个要素的评价标准进行设定。对于许多要素，有一定的可以容忍的误差范围的单一标准也许能得到采纳，例如那些机械部分可以接受的准确程度。然而，在大多数情况下，项目每一阶段的产出物的可接受标准必须由项目经理和/或客户和/或高层管理者来设定，因此这些标准也就成为各利益相关者进行协商的主要议题。

关键比率（critical ratio，CR）和第 10 章中讨论的挣值分析都能够应用在控制论中的机械式控制系统中。例如，项目成本偏差和进度偏差指标（CPI 和 SPI）可以作为与预期的成本和进度绩效进行比较时的标准和特定偏差水平来输入系统，并且可以以此为依据启动一项调查并且最终实现对相关过程加以控制。与关键比率的期望水平之间的偏差问题也可以照此办法处理。

了解控制论中的机械式控制系统的知识十分重要，因为所有的控制系统都是这种控制系统的变体、扩充或者人为的修正。由于大多数项目所具有的能够服从经典控制论中的机械式控制的机械要素相对较少，所以这种控制系统可以在某些事项要失去控制时，很好地跟踪整个系统，并自动通知项目经理。

人们对于转向控制（steering controls）的态度偏于积极的。比起被认为是一种不受欢迎的压力来说，如果被控制者认为他们可以在规定的限制当中完成操作，则转向控制常常被看作是很有用的。和一首流行歌曲相反的是，这不是"不可能的梦想"驱动着实现目标，而是一个好的成功的机会。当然，对于转向控制的态度取决于每个个体对目标的接受程度。事实上，如果控制的主题不能令人接受的话，则没有控制系统是可接受的。

行/不行控制

行/不行控制系统通过监测的方式来考察某些具体的先决条件是否得到了满足。项目管理中的大多数控制工作都属于这一类型。这一类型的控制工作几乎能够应用于项目的所有方面。对于绩效的许多方面而言，只要项目产出满足事先确定的规格就足够了，对于项目计划的成本和时间要素而言，也同样如此。为了使产出满足客户的要求，必须保证产出的某些特性处于事先经过精确设定的范围之内，其他特性可以不必如此精确定义。为了保证满足时间和成本的要求，在不能完成项目既定计划时，可以施以惩罚措施。项目合同中通常都包括惩罚条款，这会使生产商延迟或过早交付成果的代价变得非常昂贵。成本超支部分可以与客户一起分摊，或由项目来承担。有些合同规定，成本超支的第一笔 X 美元由客户和生产商一起分摊，以后的任何超支都属于生产商的责任。某一项目的行/不行控制的数目和类型仅受到合同当事方想象力和期望值的限制。

项目计划、预算和进度计划都属于控制文件，因此项目经理就有了一个事先设计好的控制系统，其中包含事先已确定好的里程碑作为控制检查点。此时也可以插入新的里程碑，比如为了确保实现项目投资收益的目标而对项目进行专门评估，或者对跟踪决策和终止决策有关的因素进行专门评估。控制工作实施的细致程度取决于计划、预算和进度计划的细节。例如，一架新型喷气式飞机的引擎零件被一件件地进行质量检查，就属于行/不行控制。零件可能通过检查，也可能通不过检查，但是在投入使用之前，每一个零件都必须通过行/不行测试。同样，计算机程序也要进行缺陷测试，程序要么通过测试，要么通不过测试。

行/不行控制系统只有在控制者使用它时才会运转起来。在许多案例中，行/不行控制以事先设定的时间间隔定期运转。这种时间间隔通常由时钟、日历或者某些机器系统的运转周期来决定。这种定期性使得控制系统的管理工作变得很容易，但它经常容许错误在被发现之前积累加剧。例如，项目在 1/4 的进程检查刚刚完成之后就开始偏离轨道，在下一次 1/4 进程检查开始之前，有些事项可能已经严重失控。项目里程碑事件不会精确地按照设定的时间间隔发生，因此，控制工作应该与实际的计划和真实事件的发生联系起来，而不是仅仅与日历相联系。高层管理者应该以合理的频率定期评估所有的项目。

项目经理必须直接或者通过代理人跟踪项目的所有方面。优秀的职能经理都理解后续工作的重要性，项目经理的工作也不例外。控制工作在还有时间采取纠正行动时实施效果最好。从这个意义上讲，项目经理应该建立一个早期预警系统，以便使潜在的问题在转化为灾难前就暴露出来并得到解决。建立这种预警系统的方法之一是设立一张项目预测数据表，在这张表上，按照时间阶段来预测产出或进程，然后一期一期地将实际产出或进程与预测值进行核对。有些项目特别是信息系统项目会在过程中受阻，利用人量资源却没有产出或者价值。凯尔等（Keil et al., 2010）把这些称作"黑洞"项目，并提出了非常多的建议来扭转局势。

正如前文所提到的，为了使预警系统能够正常工作，我们必须明确一点，即带来坏消息的人不应受到惩罚，任何隐藏问题和错误的人都应该受到惩罚。我们曾经说过，对任何下属而言，项目中最重要的规则就是那条人生基本法则：永远不要让老板感到意外！控制工作有恫吓那些无安全感的人员并引起所有人产生焦虑心情的倾向，其结果就是回避控制工作，回避正是项目经理所无法容忍的事情。除非偏离计划的情况被发现，否则就不可能采取纠正措施。因此，在项目各个层次的上下级之间保持信任是控制工作得以有效进行的基本前提。

对行/不行控制的反应趋于中性或消极。原因似乎与这种控制系统的固有特性有关。有了行/不行控制系统，"勉强足够好"的结果和"完美"的结果一样可以接受。控制系统本身使工人很难为高质量的工作感到自豪，因为系统不承认质量的等级。此外，在设置行/不行控制的限值时过于随意，这是很常见的，应该非常小心地设置限制。虽然行/不行控制是项目中最常见的控制类型，但这种控制对项目团队的影响似乎不那么消极，因为项目团队绩效是控制的主要焦点，而不是个人执行的特定工作项目。

阶段通关过程

有一种比较流行的行/不行控制方式就是阶段通关过程（也称为控制闸门、质量门、阶段门等）。为了不等到项目结束时才发现组织的目标并没有实现，在项目生命周期的各个控制点上通过阶段通关对过程加以控制，从而实时保障项目对于实现组织目标的一致性和有效性。阶段通关过程最常见的应用是在新产品/新服务的开发项目中，评审项目与动态的市场变化和新产品/新服务自身的技术变更的相符程度。在立项之初，就把一系列的阶段通关计划好，假如项目无法顺利通过阶段通关的控制，公司将不再为该项目继续注入资本。

除了常常在新产品/新服务开发项目中应用以外，阶段通关也通常用在过程改进项目中，例如在六西格玛改进（定义—评估—分析—改进—控制）理论中，五个阶段中的每一个都作为项目里程碑，都会作为下一个阶段的阶段门。公司的资源会持续分配到项目中的程度会在这些里程碑上估算。

尽管通常在自然项目里程碑上有这些阶段门，阶段门的数量却会比里程碑更多或者更少。两者的目的是不一样的，里程碑是项目中各阶段结束的点，阶段门是为了提早发现问题。最初的阶段通关可能是围绕概念的，中间阶段的可能是围绕绩效的，项目后期的阶段通关可能是市场导向的更多一些，例如是否将原型机投放商用市场等。图 11 - 3 展示了一页用 PowerPoint 制作的幻灯片，其内容是如何用质量门系统向高层管理者汇报项目的进展情况。

各阶段通关的标准是在项目计划阶段就预先制定好的。项目在进程当中被终止的原因多种多样，例如，项目的大部分预期收益已经实现，继续投资的意义不大，或者项目产品的潜在市场已经发生了重大的变化。其他可能的原因也有很多，如项目关键成员离开组织、项目成本失控、竞争对手抢先推出了质优价廉的同类产品，等等。

　　我们建议高层管理者应该定期听取所有项目的状态报告。实践证明，以阶段通关的形式汇报项目的进展情况是引起高层管理者注意的有效方式。

里程碑
追踪
CRS-J3

质量门 里程碑追踪		Q9	Q8	Q7	Q6	Q5	Q4	Q3	Q2	Q1
		业务审查	需求	成立	发布提交	迭代计划	切换到测试	测试完毕	绩效结果	GA
		产品/流程								
CRS-J3	标准间隔		5/14	7/9	8/6		11/5	12/31	12/31	11/14
	提交		5/14	6/4	7/9					
	修改			6/8	7/22					
	实际		5/14	6/8						
高（低）于计划			0.0%	13.3%	0.0%		0.0%	0.0%	0.0%	0.0%
开发者:	3	测试者:	0	架构师:	2	July Dev, Test, Arch	3	8	2	

- 质量门8在5月14日批准
- 成功完成设计文档和带注释的MRD
- 质量门7于6月8日批准
- 质量门6的目标时间为7月22日（原定7月9日，由于COMMCO工作计划而延迟）
- 修正目标：
  - 质量门 4——8月25日
  - 质量门 1——10月13日
  - 顾客提交 1——10月14日

Operations Update – Engineering
6/15
Page 16

图11-3　质量门示例

发现-驱动式的计划与学习计划

　　麦格拉思等（McGrath et al.，1995）和赖斯等（Rice et al.，2008）提出了行/不行控制的另一种更新的形式，它与评估过程相反，它并不试图决定项目在某个阶段是否实现了数量的要求，而是考察有关项目最初的那些假设是否仍然有效，这些假设包括：市场、客户需求、项目的进度完成情况、项目未来的预期绩效、迄今为止的项目成本和完工时的预期成本、迄今为止的项目进度和完工时的预期进度等。为每一阶段都准备一个假设条件的检查清单，最关键的假设条件排在第一位，当项目通过那个阶段时，相关的假设就被认为是仍然有效的，如果一个关键的假设条件没有得到满足，那么就必须重新对项目进行计划或者对假设进行适当的修订。如果没有任何计划能够满足所有的已经修订过的假设条件，那么项目就会被终止。

行/不行控制系统的信息要求

　　运转行/不行控制系统所需的大多数投入信息已经在前面的讨论中涉及或者有过相关的提示。项目建议书、计划、规范要求、进度和预算（还包括已批准的变更申请）都属于在项目中应用行/不行控制系统所需要的信息。里程碑事件是控制活动持续关注的关键性事件。里程碑事件是以进程中的产出或者最终产出的形式出现的项目可交付成果。如果这些里程碑事件都按照计划预定的时间、预算和质量水平产生，那么项目经理就能够从"一帆风顺"这一事实中获得安慰。

　　除了一些重要的项目之外，高层管理者通常不可能每天或者每周都跟进项目进程，他们也不应该这样做，然而，他们确实需要按月或者按季审查所有项目的状况。项目状况报告书中列示了每个项目的重要里程碑事件及各自的状况。如果许多项目都是类似的——例如建筑项目或者营销项目，那么里程碑事件也都属于相似的类型，用一张表就可以显示多个项目的状况，尽管每一个里程碑事件可能并不适用于所有项目。礼蓝动保公司（Elanco Animal Health Company，以前是礼来公司的一个部门，现在是一个公司）就使用了这样的报告。图 11-4 显示了该公司项目状况报告书的通用版本。甘特图（参见第 8 章）也是一种向高层管理者汇报项目进展状况的简便方式。

任务	项目 #1	项目 #2	项目 #3
优先集	C	C	C
项目经理选择	C	C	C
招标书上关键成员	C	C	C
提案发送	C	C	C
协商后达成提案	C	C	C
初步设计	C	W/10	C
设计接受	C	W/12	C
软件开发	C	NS/NR	N/A
产品测试的设计	C	W/30	W/15
制造进度计划	C	NS/HR	W/8
工具、夹具、固定装置设计	W/1	NS/HR	W/2
工具、夹具、固定装置发送	W/2	NS/HR	W/8
生产完成	NS/HR	NS/HR	NS/HR
产品测试完成	NS/HR	NS/HR	NS/HR
市场部签署产品	NS/HR	NS/HR	NS/HR

图 11-4 项目进展状况报告书样本

说明：N/A——不适用；W——在制品（数字指需要几个月）；NS——尚未开始；C——已完成；NR——需要资源；HR——拥有资源。

项目经理需要保证，那些提交给高层管理者的进展状况报告书包含足够及时的信息，并且足够据以采取相应的行动（总是能够在精确度方面满足控制工作的要求）。有些企业现在把控制信息放在了互联网上，这使得世界范围内的所有当事方在需要时都可以立即获得这些信息。有关这一方法的具体内容请参见塞斯的著作（Seesing，1996）。项目经理必须坚持在进展状况报告书中说清楚那些可能无法得到高层管理者重视或理解的具体情况所隐含的意思。如果项目经理需要利用高层管理者和项目经理之间的会议来报告项目状况和进程，他就必须记住一点，即在这种会议中所使用的程序不应该是惩罚性或者威胁性的。我们在第 10 章中已经指出，惩罚性会议的弊端远远大于其益处。

事后控制

事后控制（也叫事后绩效控制或评估，或者项目后控制或评估）运用于事件完成之后。有人也许会在事后控制和"亡羊补牢"之间画上等号，但是事后控制并不是徒劳地试图改变那些已经发生的事情，相反，它是对乔治·桑塔亚纳（George Santayana）所观察到的现象——"那些不能记住历史的人会重演历史的悲剧"——的十足认同。控制论中的机械式控制和行/不行控制的目的在于实现某一进行中的项目的目标，事后控制的目的则是提高未来项目实现目标的机会。PMBOK 认识到了"组织过程资产"（organizational process assets，OPA）的重要性。在项目时间管理一章有例为证，利用组织过程资产中所记载的以往类似项目活动的历史信息作为共享经验，可以辅助项目进度计划的制订工作（PMI，2013）。

事后控制被看作和汇报卡一样。对于事后控制的反应是积极的、中立的还是消极的似乎取决于获得的"成绩"。在一系列相似项目要进行的情况下，事后控制被认为是对计划未来工作很有帮助的，但需要花心思来确保控制和变化的环境情况是一致的。从项目管理办公室中得到建议并且被测试过的项目管理技巧的变化通常很有帮助，尤其是如果这些结论来自参与项目的员工。事后控制是通过一份相对比较正规的文件加以实施的，这份文件通常分为四个独立的部分。

1. 项目目标

事后控制报告会包含对项目目标的描述。一般而言，这一描述会节选自项目建议书，并且整个建议书也经常作为事后控制报告的附件出现。正如我们所讲到的那样，项目目标体现了项目运行期间所有已经发布和批准的变更申请的影响。

因为实际的项目绩效会受到一些无法控制的事件（罢工、天气、信任的供货商没有履约、关键雇员的突然离职以及其他一些不可抗力因素）的影响，所以这一部分的内容应该指出，在项目预算和进度计划的准备期间所需要做出的关于风险的各种主要的初始假设。报告这些假设条件时必须采取谨慎的态度，不应该听起来好像是在为绩效欠佳寻找借口。同时，请记住写关于常规项目的事后控制报告时要养成简明扼要的良好习惯，除非那些无法控制的事件频繁出现。尽管每名项目经理显然都有一定的特权（如果不是责任的话），可以利用它保护自己，但是对特权的使用也要有所节制。

2. 里程碑事件、检查点和预算

事后控制文件的这一部分将项目的实际绩效与计划的进度和预算水平进行了全面的比较分析。在准备这部分内容时，可以将项目生命周期内的各种项目进展状况报告加以组合和编辑。实际的进度和预算偏离计划的进度和预算的重大情况应该得到着重强调。事后控制报告的下一个部分将会解释这些偏差发生的原因。

3. 项目结果的最终报告

在对实际的项目绩效同计划的项目绩效之间的重大偏差进行描述时，这种偏差情况究竟是有利的还是不利的实际上并没有什么区别。就像舌头总是舔向疼痛的牙齿一样，项目经理会把他们的注意力放在麻烦上面。尽管这很自然，但是也会导致对发生偏差的事件做出完整的记录，而对那些进行得特别顺利的事件不做记录或者只做很少的记录。事情的两面，不管是好还是坏，都应该记载在报告里。

4. 改善绩效和程序的建议

事后控制报告的高潮部分是一整套涉及改善未来项目工作方法的建议。前一部分出现的许多解释都与那些一次性的事件相关，例如疾病、天气、罢工或者新技术的出现，这些事件本身不太可能影响到未来的项目，尽管其他一些不同的一次性事件可能会有影响。有些项目偏差情况是由非常有可能再次发生的事件引起的。一再发生问题的如一位长期延迟交货的供应商、一个一贯配合不畅的职能部门、一位习惯性乐观的成本估算人员，或者一名非常消极的项目团队成员，有关这些事件的准备工作可以加进未来的项目计划中去，进而增加项目的可预测性和控制能力，这就是现实中的风险识别和管理。我们无论怎样强调本章的重要性都不为过，它是组织过程资产的关键因素。

同样重要的是，我们建议继续使用那些看上去非常有效的管理方法和组织系统，同时修改那些无效的惯例和步骤，这可以大大改善项目的组织工作和实施过程。通过这种方式，项目的实施工作将会变得更加顺畅，在计划的时间和成本约束内达到良好结果的可能性也大大增加。在考虑应采用何种方式改进未来项目的管理时，请记住关键的一点，我们没有必要等到下一个项目再介绍那些更有效的项目管理方法。当发现好的方法时，先得到项目经理或者其他控制组织的项目管理方案的人员的批准，然后就可以介绍和使用这些管理方法了。项目管理是一门逐渐演进的科学，善于思考的项目经理和项目工作人员能够帮助它不断进步。

事后控制对项目运转的方式具有重大影响。一家以市场为导向的大型公司（专门生产家用消费品）在开发新产品的工作中，将各个项目按照矩阵的形式组织起来，每一个项目又都与营销部门保持着职能性的联系。项目经理几乎总是从营销部门挑选出来的。代表研发部门的项目团队成员争辩说，他们应该承担领导者的角色，在项目生命周期的早期阶段尤其应该如此。营销人员则基于以下理由反对这一建议，即研发人员并不是以市场为导向的，他们不知道应该销售什么，只追求自己的学术乐趣。在看完事后控制报告中研发部门经年不断的请求之后，一条生产线上的工作流程经理决定按照研发部门的请求重组一个项目，结果，不仅这个项目获得了成功，此后一系列基于这一理念的项目都获得了成功。在这次实验成功之后，项目的组织方式得到了修正，现在研发部门在项目的早期阶段就可以更多地投入项目工作。

我们没有必要在这里重复事后控制工作的信息要求，应该指出的是，我们还没有讨论事后控制审计工作，这项工作需要对项目的所有方面进行全面的评估和审计，我们将在第12 章中讲述这些内容。事后控制报告是事后审计的主要信息来源。

➡ 11.3 控制系统设计

无论实施何种类型的控制，我们设计各种控制系统时都需要回答一些重要的问题：由谁设定标准？标准的可实现程度如何？它们的明确程度如何？它们是否会实现项目目标？什么样的产出物、活动和行动应当被监控？我们应当对人员进行监控吗？应当采用什么样的传感器？它们应当被放在何处？监控的适时性如何？报告工作应该多么迅速？传感器必须有多精确？标准情况和实际情况的差距多大时就应该采取纠偏措施？哪些纠偏措施是可行的？这些措施是合乎道德的吗？最适用于每一种情况的措施是什么？可以采用什么样的奖励和惩罚措施？谁来实施这些措施？

除了合理性之外，一个好的控制系统还应当具有其他一些特点：

（1）系统应该具有灵活性。在可能的情况下应该能够对系统绩效中那些不可预见的变更情况采取行动并上报。

（2）系统应当具有成本有效性。控制的成本不应该超过控制工作本身的价值。一项研究发现，项目控制的成本占到小项目全部成本的 5%，占大型项目总成本的不到 1%（Heywood et al.，1996）。

（3）控制系统必须切实有效和能够满足项目的真实需要。

（4）该系统必须以符合伦理道德的方式运转。

（5）系统的运行应当具有及时性。问题必须在有时间对其采取行动时就得到报告，而不是等到它们大到足以毁掉整个项目时才报告。

（6）传感器和监控器应该足够细致与精确，以便将项目控制在对客户和项目所属公司而言真正能够发挥作用的限度之内。

（7）系统的操作应尽可能简单。

（8）控制系统应当易于维护。进一步讲，一旦发生运转失调的情况，控制系统应当能够向所有控制人员发出信号。

（9）控制系统应当在安装时进行完整备案，备案中应当包括一套完整的系统运营培训计划。

不论如何设计，我们所描述的所有控制系统都使用反馈作为一种控制程序，现在让我们来考虑一下控制工作的某些更为具体的方面。在很大程度上，项目经理往往试图预测问题，或者在问题刚开始发生时就抓住它们。项目经理希望让项目远离麻烦，因为高层管理者通常会根据项目的里程碑或评估结果来制定提供增量资金的决策。如果并非所有事项都能够顺利进行，管理人员就可以使用其他一些技术方法，或者当事项进行得很糟糕时终止项目。因此，项目经理必须十分密切地监督和控制项目。布尔巴（Burba，2013）建议对项目进度的各种测量标准设置限制，如果这些限制被违反了的话需要采取措施。

对绩效、成本和时间的控制通常要求输入不同的数据。为了控制项目绩效，项目经理可能需要诸如工程变更通知、测试结果、质量检查、返工传票、废品比率、维护活动等方面的具体文件。这里特别重要的是，需要仔细控制任何变更的情况。通常客户都会有一种倾向，他们会随着时间的推移而了解到有关自己需求的更多信息，进而要求对最终可交付成果进行改变，从而造成项目范围蔓延。然而，项目范围蔓延并不总是客户的错，有时项目团队成员自己在尽最大努力做好本职工作的同时，也无意中扩大了项目的范围。项目经理必须持续不断地小心识别这类变更情况。稍后我们再对这个问题进行更多的讨论。

对于成本控制工作而言，项目经理将进行以下几方面的比较：预算与实际现金流量、采购清单、劳动力工时费、超时工作量、缺席情况、会计变化报告、会计预测、收入报告、例外成本报告以及类似的项目等。为了更好地控制进度，项目经理需要检查标杆报告（benchmark reports）、定期活动和进展状况报告、例外事件报告、AOA 和 AON 网络图、甘特图、项目总进度、挣值图，他们可能还会评估行动计划。

项目经理可能会发现某种项目活动特别令人费解，或者不明白为什么这种活动正在花费比预期计划多出很多的时间和成本，审计工作便可以提供各种数据来解释这些不寻常偏差的本质。项目经理可以选择亲自实施审计工作，或者让组织的会计人员实施这项工作。

最近出现了很多用于项目控制工作的新工具，例如标杆管理、质量职能部署、阶段通关、自我管理团队、设计-建造方法等。塞姆海恩（Thamhain，1996）对这些方法进行了描述，并且给出了根据项目具体情况选择并实施这些方法的一些建议。

项目经理可以获得的用于项目控制的重要分析工具如偏差分析和趋势预测，这两种工具在第10章中都已经讨论过了。图 11-5 对这些工具的本质进行了说明。该图描绘了某项任务的预算、计划或者预期的时间或成本的增长曲线。接下来，当工作实际完成后，实际的数值被描画成虚线。在每一时间点上，源于实际数据的全新预测数据被用来预测在项目经理不加干预的情况下将会发生的后果。基于这种预测，项目经理可以决定，如果发生问题，存在哪些备选的行动方案，这些行动方案的成本和要求是什么以及它们将会达到什么样的结果。趋势预测图甚至可以用来制作绩效、成本和时间的组合图，具体形式如图 11-6 所示。

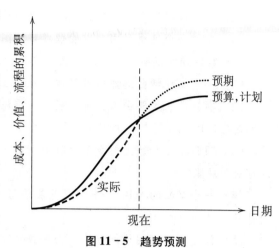

图 11-5 趋势预测

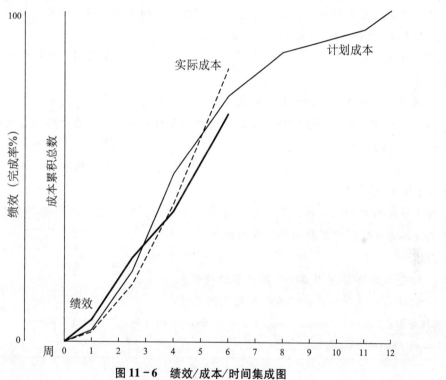

图 11-6 绩效/成本/时间集成图

实践中的项目管理 ▨▨▨▨ **追踪范围蔓延：一名项目经理的回复** ▨▨▨▨

亲爱的编辑：

在《今日工程师》（*Today's Engineer*）中一篇由冬季和春季刊两部分组成的范围蔓延文章展示了一个有意思的案例研究。然而，这个案例研究只考虑工程的解决方案而没意识到一个更大的问题——缺少正式的项目管理流程。不幸的是，对正式的项目管理流程的需求在文章中没有出现。一个正式的项目管理流程是准时准点完成项目的奠基石。这个过程包括：

（1）在项目开发阶段有一个正式的项目计划。

（2）一个能提供变动和分析数据的追踪系统。

（3）在整个项目生命周期里管理项目范围、计划还有资源变动。

这个案例研究描绘了一个我们都太熟悉的情景：

（1）一个工程师被选作项目经理——往往没有经过正式项目管理培训。

（2）项目团队主要由工程师组成——市场部以及其他职能组织都被看作项目局外人，而不是项目团队成员，也并不参与计划过程。

（3）项目要点和可交付成果没有清晰定义——通常是由工程师来做的，只有工程方面的可交付成果。

（4）一个全面的WBS、任务完成条件与网络图都不存在——因此进度测量是非常武断并且难以查明的。

（5）任务持续时间估计可能是由任务拥有者以外的人完成的——使得估计没有价值。

（6）项目计划是粘贴在一起为了看起来好看并且和目标日期对应的——没有使用关键路径法来建立一个可信的计划。

（7）资源需求，包括人力、财力，只是猜测——通常没有使用一个综合关键路径法得出资源需求。

（8）完全没有风险管理计划——大多数项目风险好像只是意外。

（9）这个项目计划并没有通过项目赞助者的验证和依据——在开始执行之前没有获得团队和赞助者的承诺。

（10）没有一个正式的项目追踪和变动管理系统——在没有能够测量进度和管理变化的计划下不可能追踪项目。

项目管理如同工程一样，是一个必须学习的学科。项目管理不是每个人都可以做的，比起工程或者营销，它需要一套不同的技能。

问题

1. 评论工程师作为"临时"项目经理的角色。

2. 你认为以上列举出的哪条会导致范围蔓延？

资料来源：J. Sivak，"Scope Creep：A Project Manager Responds，" © IEEE. Reprinted with permission from *Today's Engineer*，Vol. 1.

关键比率控制图

在一些情况下，特别是对于大型项目而言，项目经理为全部项目活动计算出一套关键比率可能是很有价值的，这个关键比率就是：

（实际进度/计划进度）×（预算成本/实际成本）

关键比率由两部分组成：实际进度与计划进度之比以及预算成本与实际成本之比。在其他条件相同①的情况下，引用有史以来任何一位经济学家的观点，如果实际进度与计划

---

① 对于那些从未修过经济学课程的人来说，这个拉丁语短语（caeteris paribus）的意思是"其他条件相同"。这个短语对于经济学家相当于物理学术语"无摩擦平面"。事实上它不存在，也不可能存在。

进度的比大于 1 就是"好的"，小于 1 就是"不好的"。同样，对于预算成本与实际成本的比率也是如此，但千万不要忘记在其他条件相同的情况下二者的不同。假设每一要素的每一比率有适度精确的衡量指标（用最理想化的假设对比胆大妄为的假设）。请注意，关键比率是两个独立指标的乘积，这种组合方法赋予两项比率同样的权重，也就是允许某一部分的"坏"被另一部分同等程度的"好"抵消。关于这种指标能否很好地测量项目的"健康"状况，有的项目经理持肯定态度，有的则持否定态度。

通过表 11-1 可以看出，第一项任务落后于计划进度但也低于计划成本，因此，虽然项目进度落后，却未在该关键指标上反映出来。假如拖延此任务对项目没有太大的影响，项目经理就无须采取任何行动。第二项任务符合预算要求，但是进度有些落后。即使该项任务有一定的松弛量，项目的预算也很有可能超支。第三项任务符合进度要求，但是其成本要高于预算，很有可能造成项目的成本超支。第四项任务符合预算要求，但提前完成了进度计划，可能会产生一定的成本节余。第五项任务符合进度要求，但成本低于预算，也可能会产生一定的成本节余。

表 11-1　（实际进度/计划进度）×（预算成本/实际成本）

任务序号	实际进度		计划进度		预算成本		实际成本		关键比率
1	(2	/	3)	×	(3	/	2)	=	1.00
2	(2	/	3)	×	(6	/	6)	=	0.67
3	(3	/	3)	×	(4	/	6)	=	0.67
4	(3	/	2)	×	(6	/	6)	=	1.50
5	(3	/	3)	×	(6	/	4)	=	1.50

第四项和第五项任务的关键比率大于 1，虽然这不一定会引起项目经理的注意，但是考虑周全的项目经理会想要知道为什么会进行得那么好（项目经理或许还想对信息系统进行检查，以确认这种意料之外的良好绩效）。第二项和第三项任务需要加以关注，第一项任务也应当引起重视。项目经理可以凭直觉设定一些关键比率的控制限度，他们可能还希望对不同的任务设定不同的控制限度，以便更为密切地控制那些关键路径（而不是那些拥有很多松弛量的路径）上的进展情况。

关键比率也可以用于挣值分析，但是要记住在挣值分析中的进度是用货币单位来表示的，并且只有三项衡量指标而不是四项，即实现价值（EV）、计划价值（PV）和实际成本（AC）。那么预算成本又指什么？从逻辑上来看，它应该是计划价值，但是如果我们用 PV 来代替预算成本，可能就会面对如表 11-1 所示的第一项任务那样的困境：虽然项目已经大大滞后于进度计划，但是关键比率显示一切正常。此时比较好的做法是先进行挣值分析，再看关键比率，这样就可以发现问题，其结果就是关键指标转化为成本进度指标。

运用挣值法辅助预算成本并不能完全解决关键比率中存在的误导性问题。有许多这样的例子，实现价值小于计划价值的情况也是有的（问题所在），但是实际成本大大低于预算成本，从而导致关键比率大于 1。反之，实际成本超出了预算成本（问题所在），而实现价值也大大超出计划价值，关键比率同样大于 1。

我们可以通过运用这些比率来对项目进行监督和控制。图 11-7 就是一个例子。请注意，项目经理可能会在某种范围内忽视这些关键比率，并且这些范围也不一定必然围绕着

1.0 呈对称分布。不同类型的任务可以有不同的控制限度，控制图还可以用来帮助控制成本（见图 11-8）、劳动力水平以及其他一些项目参数。

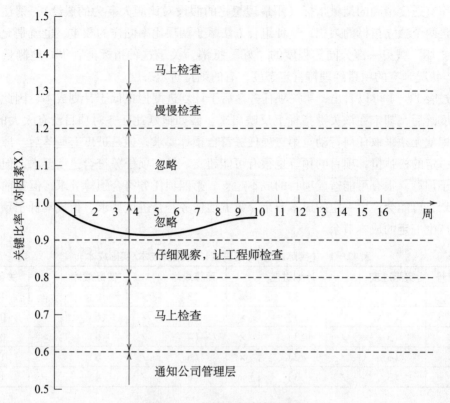

图 11-7　关键比率的控制限度

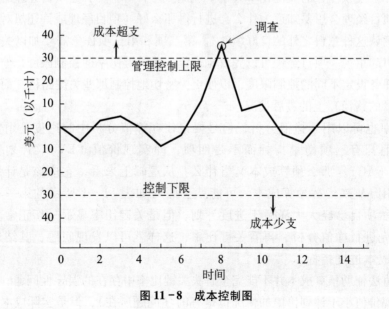

图 11-8　成本控制图

标杆管理

项目控制工具库中添加的另一种新的工具——标杆，即与其他组织中那些出类拔萃的管理实践进行比较。标杆管理更多的是管理项目的过程而不是项目本身。很多出版物都对这一概念进行了阐释和说明（Byrne, 1999；Thamhain, 1996）。一项案例研究指出，需要将客户的意见包括在标杆管理研究之中，否则尽管数据可能很准确，但是不会帮助公司了解为什么客户没有认识到它们的卓越质量（Gupta et al., 1997）。一项有关标杆管理的研究（Ibbs et al., 1998）针对项目管理成熟度模型收集了很多数据，该项研究考察了各行业项目的各种程序、工具、技术以及实践，涉及项目生命周期的六个阶段以及 PMBOK 的九大知识领域，该项研究还绘制了一些图形，以显示这些行业内各种不同因素的得分分布情况。

另一项研究（Toney, 1997）以《财富》500 强企业作为标杆，针对那些职能型组织所实施的项目，考察了相应的最佳实践活动以及关键性的成功因素。研究的结论主要集中在下列四个方面，大多数是项目管理办公室的职责。

（1）提升项目管理的效益。让项目经理向那些具有跨职能权力的高层管理人员汇报工作。识别那些拥护项目管理工作的高级职员并与他们培养关系。开展项目管理的培训工作。参加有关如何在项目工作中实施标杆管理的研讨论坛。与教育性和专业性的项目管理组织建立伙伴关系。运用多种渠道及时将项目管理工作的效益通知给高层管理者。

（2）人员。基于项目管理工作的技能和高风险的性质通过奖金、股票期权或者其他一些激励方式支付报酬。使用以团队为基础的酬劳体系。为项目经理制订工作说明书和职业生涯发展路径，开发一整套挑选和评估项目经理的标准。向项目经理提供个人发展计划、设计项目经理储备计划。为项目经理提供高级培训计划和后续教育计划。以项目工作技能、客户满意度、谈判技能等标准为基础，设计一个范围广泛的项目经理评估程序。

（3）方法论。将组织的项目管理方法标准化。集成各种项目管理程序，将项目管理发展为组织的核心竞争力。建立变革管理的标准程序，建立冲突管理的标准程序。

（4）项目管理的结果。衡量项目绩效以及项目对组织的影响。把策略要素和实际上的项目元素联系起来以实现真正的利益。衡量那些源于项目的价值。衡量项目的风险程度。如同米哈利克（2013，p.5）提到的那样："我们需要建立一个结实的绩效尺度，专注于衡量'结果'和项目的商业利益（比如实现策略目标），而不只是他们可执行（战略上）的产出。"识别那些从项目中学到的经验和教训。

我们再添加另外一项由项目管理办公室实施的最佳实践：项目管理实践不断改善，当对现行的项目管理模式提出改进方案时，项目管理办公室应该立即对其进行评审，如果得到了批准，就应该尽快实行。

11.4 对变更和范围蔓延的控制

在前面的章节中，我们讨论过这样一个事实，即项目的原始计划在项目结束时几乎肯定都会发生变化。我们已经注意到，项目变更通常是由三种基本原因引起的：（1）项目工作和项目成果所采用技术的不确定性；（2）知识基础或客户/用户提高项目的复杂程度所引起的项目范围蔓延；（3）应用于项目实施程序或项目产出物的规则被修改。这三方面的原因在软件项目中十分常见，其范围蔓延很具典型性。当项目过程和项目产出物都发生变化时，几乎总会引起预算和进度的变化。比如，世界上最大的室内体育馆达拉斯牛仔队的新牛仔体育馆项目的领头承包商，在建造时经历了 1 500 个范围上的变化，所有的变化都是为了使得观众有更好的体验（Hunsberger，2010）。建立一个新的体育馆项目有超过 250 个下属承包商，所有的承包商都需要协调、重新规划任务和时间。这些变化导致了预算的大幅度上涨，项目不能延期又导致上涨进一步加剧。

最近几年来与 500 多名项目经理的谈话使我们确信，项目经理将应对变化和改变优先权视为所面临的最重要的单一问题——即使不是最重要的，也肯定是最让人头痛的。如果一家玩具制造企业的高级财务人员对玩具的颜色草率地做出负面评价，并且引发了对玩具的整体重新设计，进而使一个已经批准的设计、进度计划和预算作废，那么项目经理和设计师此时就有可能要考虑杀人了（很有可能一个知识渊博的陪审团将会证明他们的行动是无可厚非的）。

我们最常用的开放问题是："项目中会出现的什么问题最使你感到烦躁？"适应变化（包括范围设计、计划、人力、资源等）是我们的调查中最多的反馈。可以支撑这个论点的是项目管理协会（2012，p. 7）对项目经理做的调查（"项目管理之声"）中提问了项目失败的首要原因，其中 37% 的项目经理认为是范围蔓延/要求变动，20% 认为是缺少利益相关者的参与，16% 认为是不充足的赞助者或者决策者的支持。类似地，在一项关于风险程度、频率还有对项目绩效的影响的研究中，塞姆海恩（2013）发现改动项目要求不仅是最常出现的风险，也是对项目绩效有最大影响的。仅次于它的是市场变动或者赞助者需求。

最常见的变更往往是项目的客户或者项目团队成员试图进一步改进和提升项目的产品和服务。项目初期尚未被客户意识到的新需求和绩效要求会在项目过程中逐渐显现出来。亨斯伯格（2011）赞同这一说法并且认为范围蔓延有两个原因：（1）利益相关者只在项目开始时被咨询了；（2）由于有了项目需求的新信息而发生的要求变化。在项目进行时会有新的科技产生或者更好的想法出现。如同先前提到的那样，这些变化在项目中产生的时间越晚，项目越难完成且成本越高。布尔巴（2013）建议项目经理描画项目时，赞助者和客户要看清所期望的范围变动连带的平衡是什么。比起告诉客人"不行"，尝试说："当然，我们可以改动设计。我会回复你这个变动对计划和预算的影响。"在没有控制的情况下，持续的小变动的积累会对项目的计划和成本产生巨大的负面影响。

莱芬韦尔（Leffingwell，1997）建议，项目团队和客户间的互动应当通过建立伙伴关系得到改善，这样客户就可能在管理项目范围的工作中承担一些正式的责任。当客户成为项目组织的一部分时，问题通常会变得更加困难。部门间的妒忌、不信任和冲突（例如市场营销部门和工程部门之间的传统争斗）会导致不可控的范围蔓延，并不可避免地造成延期和预算超支（Gibson，1998）。

然而，没有任何人可以为项目变更进行风险投保。如果项目可交付成果和用于其生产的程序是深思熟虑的团队仔细研究的成果，并且项目团队成员代表项目中各利益相关者的利益，如客户、高层管理者、项目团队和所在社区的利益，那么全面质量管理和员工参与式的管理方法就是非常有助益的。既然阻止变化的产生是不可能的，那么项目经理的最大希望似乎就是控制这些变化发生和实现的程序。由此，变更控制就成为项目风险管理的首要任务之一。然而，希肯斯（Heerkens，2014）注意到所有项目变更应该在财务上说得过去，意思是变更带来的正面经济效益大于项目延迟而增加的成本。进一步说，即使客户愿意为变更付款，这也不只是他的决定，这个决定需要项目赞助者对变更的战略利益和所有人的时间利益上进行非常谨慎的审核。

控制范围蔓延是通过正式的变更控制系统来实现的，在有些行业中，它是负责在整个系统开发周期中集成和协调变化的配置管理系统的一部分。这种正式变更控制系统的目标是：

（1）评估项目所需实施的变更（包括内容和步骤）；

（2）识别对所有任务的影响；

（3）将这些影响转化为项目绩效、成本和进度；

（4）评价所要求的这些变更的收益和成本；

（5）识别能够实现相同结果的可替代的变更措施；

（6）接受或者拒绝需要实施的变更；

（7）与所有的当事方就变更进行沟通；

（8）保证变更能够得到正确的实施；

（9）准备月度报告，总结到目前为止所有的变更以及它们对项目的影响。

实践中的项目管理　　　　　**波士顿中央干道/隧道工程项目的范围蔓延**

波士顿中央干道/隧道工程项目被认为是美国公路建设史上规模最大、最为复杂、技术难度最大的高速公路项目之一。2003年初，波士顿中央干道/隧道工程项目的最初预计成本不到30亿美元，但是当项目在20年后完成时，计划和建设耗资超过140亿美元。如果没有完工，这个项目显然不能为这座城市带来任何价值，因此这个项目继续进行，最终远远超过了计划者最初认为的值得投资的标准，这主要是由于该项目85%的成本由联邦政府承担。虽然项目预计每年将由于减少交通拥堵、污染、交通事故、燃料成本和迟到而带来5亿美元利润，但是项目的总投资高达146亿美元（超支470%），这样，需要花费78年才能收回项目成本。超支的原因主要可以归结为两个主要方面：（1）初始项目范围的低估，这是政府项目的通病；（2）缺乏控制，特别是对成本的控制，以及对公共领域和私人领域的冲突的控制。这个项目给我们的一个明显的教训就是：除非国家和地方政府至少为这样的大型项目承担一半的成本，否则政府的支持方和反对方会产生激烈的争议。

问题

1. 你认为项目中的什么因素导致超支了470%？

2. 如果城市被要求支付一半的成本，你认为结果会是什么？

资料来源：S. Abrams, "The Big Dig," Kennedy School Bulletin, Spring 2003, pp. 30-35；Project Management Institute, "Digging Deep," PM Network, Vol. 18.

下面这些指导性建议如果在保证合理的、严格的前提下加以应用，就能够用来建立一个有效的变更控制过程。这些指导性建议如果能够纳入项目风险管理体系，可以作为管理因项目范围蔓延所带来的风险的有效手段。

（1）所有的项目合同或者协议必须包括一个关于如何在项目计划、预算、进度计划和可交付成果中加入和处理需要实施的变更的描述。

（2）一旦项目被批准，项目中的任何变更都将以变更令（change order）的形式存在，变更令将包括对达成一致的变更以及由项目变更引起的在计划、预算、进度和可交付成果方面的变化的描述。对于任何一项细微的变更，都应当进行风险识别和分析研究。为了更好地研究变更的潜在影响，通常还可以进行模拟性的研究。

（3）在准备和批准变更之前，项目经理必须接受对所有预期变化的咨询。然而，项目经理的批准并不是必要的。

（4）各类变更都必须获得书面批准，这种批准是由客户的代理人或者负责实施项目的企业高层管理者的适当代表来完成的。

（5）一旦变更令准备完毕并且获得了批准，那么项目的主体计划就应该根据变化的内容进行修改，变更令也成为项目主体计划的一部分。

控制变更的过程并不复杂。如果是大型项目，则需要建立一个变更控制委员会。它能代表所有利益相关者并处理所有项目变更的要求。然而，对于典型的小/中型项目来说，处理变更的问题不需要太复杂。主要原因是有太多的项目经理为了避免官僚主义的影响，使用了一套不正式的流程来处理变更要求。这种不正式的方式经常导致误解，项目经理发现项目变得需要根据扩展了的范围产出一个变化的结果，但也需要承担因此增加的额外成本，以及需要额外努力去调整旧的没变化的进度表。

非正式地处理变更令带来的问题在软件和信息系统项目中格外严重。在软件项目中处理变更的问题的严重性在我们看来是由两个互相关联的原因造成的：第一，软件和信息系统的专家经常对客户解释不清他们开发的系统的真正内容；第二，客户经常不花心思理解那些对他们的公司至关重要的系统。对于管理 IT 项目来说，使用敏捷项目管理或者用上述建议的正式的方法，应该有助于减少误解和降低失望的程度。

一个每年负责许多项目且在大型公司工作的高层管理者对控制有不一样的理解，注意到计划和现实的区别通常意味着项目经理的麻烦，他补充道："如果你解决问题的速度比问题出现的速度更快，则这个项目在你的控制内。如果不是，则你没有控制好。"

尽管可能非常困难，但项目控制是项目经理在每一个项目工作中非常重要的一部分。或许我们能给项目经理的最有用的建议是"放轻松"。一名我们相熟的项目经理告诉他的团队："我不会接受下午 4：30 之后的危机。你们每日只可以有一个危机。危机都是积累起来的。如果你今天不提出来你的危机，那么你明天不许有两个。"当然，这些话都是用幽默的口吻说出来的。团队成员理解项目经理不是严肃的，但似乎他的项目进行得额外顺利。每时每刻都会发生危机，但团队的每一个成员都努力通过及时有效的控制避免危机发生。

实践中的项目管理　　　　　**强生公司对研发项目实施的优化控制**

强生公司的自动化系统小组在对产品开发实施控制的过程中遇到了很多麻烦，具体表现是：每个项目的管理方式都不尽相同，由谁对哪些问题承担责任也无法形成统一的看法，公司的快速发展导致了一些项目失败以及新员工在融入公司文化的过程中遇到了麻烦等。为了寻找解决办法，强生公司找来公司中最有经验也最为成功的项目经理，将他们的知识压缩成四个详细的步骤以实施项目管理工作。因为这些步骤现在成了所有项目的共同知识，所以能够用来进行新员工培训、使各种操作标准化、创造共同语言、将公司的各个职能部门联系起来、建立共同的经验、按照工作说明行事以及创造一种积极的总体项目管理文化。

第一个步骤是对资金支出和资源使用的授权建立项目批准制度。销售部门必须在管理层批准项目之前，首先提供一系列的产品或者市场信息，其中包括财务数据、项目范围、关键日期以及工程的资源需求等。这样，在项目启动和花费成本之前，项目得到了更仔细的检查——当更多的问题被提出并且涉及更多的人时，就更容易做出更好的决策。

第二个步骤是制订工作说明书，用以确定项目的各种协议和假设条件。在项目产品设计工作开展以前，项目的客户和高层管理者都必须签字，这样将减少对于产品细节、价格、里程碑事件以及产品要求、明确的例外事件和共有的绩效目标的误解。在项目整个生命周期中工作说明书有助于避免由于客户的原因造成项目延迟所引发的问题，在那些历时3~5年、人员经常轮换的项目中更是如此。然而，客户也许对工作说明书并不十分赞同，因为在项目后期，当他们更多地了解到自己的需求时，工作说明书限制了他们变更时间、价格和规范要求等。

第三个步骤是制订WBS，其中包括从定义到生产制造的九个关键项目生命周期阶段。这九个阶段的每一阶段都包括4项关键要素，即任务、每项任务的时间、负责人和并行工程的会晤日期（强生公司的一个正式步骤）。

第四个步骤是一系列的管理评估，这对于项目成功完成是十分重要的。这些评估的内容和时间提前就规定好了，并且在高层管理者批准这一阶段规定的要求、目标和质量标准之前，项目下一个阶段的工作是不可能开始的。在这一步骤中也规定了必须解答的问题和必须由高层管理者评估的工作。

通过采取这些步骤（这些步骤不断根据每一个新项目的经验进行更新和改进），组织不断学习，并且将各种经验应用到未来的项目中。

问题

1. 总结强生公司在项目中实现控制的特殊方法。

2. 在过去范围蔓延是如何发生在项目中的？如今哪个过程是控制范围蔓延的？

3. 四个步骤中哪个对于项目成功最重要？

资料来源：W. D. Reith and D. B. Kandt, "Project Management at a Major Automotive Seating Supplier," Project Management Journal, Vol. 22.

对创造性活动实施的控制

我们应该简略地关注一下控制工作在诸如研发项目、设计项目以及类似的一些需要紧密依赖于项目成员和团队的创造性的项目的特殊实施情况。第一，涉及的创造性活动越多，项目产出的不确定性就越大；第二，过多的控制会对创造性活动产生抑制。这两个原则的适用条件并不是毫无保留的。控制不一定就是创造性的敌人，同样，与流行的观点相反，创造性活动并不意味着完全的不确定性。尽管创造性活动的实际结果也许或多或少存在不确定性，但获得结果的过程通常并不是不确定的。潜在回报非常高的创造性活动对细致的风险管理的需求水平也高。

为了控制创造性的项目，项目经理在解决问题时必须采用下列三种方法中的一种或者它们的某种组合，这三种方法是：（1）过程评估；（2）人员的再分配；（3）投入资源的控制。

1. 过程评估

过程评估关注实现产出的过程而不是产出本身。因为产出部分地取决于实现它们的程序，所以它们可能带有一定的不确定性，但其程序还是可控的。例如，在研究性的项目中，研究者不可能对研究产出物负完全的责任，但可以非常肯定的是，他们应该对于研究方案、项目预算和项目进度负有责任。即使精确的产出是无法控制的，整个过程还是可控的。

项目的每一个里程碑都应该实施控制，这也是阶段通关控制要做到的。如果研究的结果不尽如人意或者与期望不符，那么里程碑事件就提供了一个机会去评价工作进程、项目已实现的价值、在未来成功的可能性以及对研究设计所做的改变是否必要，等等。同时，控制工作的目标是确保研究设计的正确性，还要保证按照计划或修订的计划实施各项工作。评估过程应当是参与式的，来自高层的单方面判断往往不易被接受，或者毫无效果。我们还需要注意不要过于强调方法而忽视结果。方法是可控的，并且应该得到控制，但是结果仍然起着决定性的作用。

2. 人员的再分配

这一类型的控制工作是很直接的——保留高效率的员工，对于低效率的员工则应该调离到其他工作或者组织中去，但是这样做也会带来相应的问题，因为它很容易导致产生精英团队。尽管少数几个得到赏识的人获得了高度的激励，会努力工作以赢得更多的成绩，但是其他人的主动性很容易遭到压制。我们必须注意不要太过精细地实施控制工作，尽管识别哪些人的效率非常高和哪些人的效率非常低并不困难，但是对于那些效率处于正常范围内的员工进行明确的划分则是非常困难的。

3. 投入资源的控制

在这一部分中，我们关注的焦点是效率问题。管理投入资源的能力与对产出实施紧密的控制是联系在一起的。显然，效率不等于创造性，创造性也不等于效率，但创造性也不等于使用资源时大手大脚。

由创造性活动带来的产出有批量出现的趋势。大量的资源投入可能并不能立竿见影地得到结果，但是随后似乎突然之间就可能交付很多产出物，因此我们必须十分谨慎地挑选那些需要实施资源控制的里程碑事件。那些在研究性项目实现前决定扣留资源的控制者往往很容易成为一位外部控制者。

有人明智地建议，在对创造性项目实施控制时，最好综合使用这三种方法。第一种和第三种方法关注过程，因为过程具有可观测性并且能够施加影响，但过程不是问题的关键，结果才是。第二种方法要求我们在产出发生时能够测量它（或者至少识别它），这往往是十分困难的。明智的项目经理应当同时采用这三种方法：检查过程和方法、控制资源并且剔除那些不能或者没有创造绩效的人员。

下　章我们将讨论项目终止，从评估和审计开始。这个课题和本章中的事后控制课题紧密相关。

小结

作为本书项目实施部分的最后一个主题，这一章描述了在计划—监控—控制循环中的项目控制程序，并且探讨了控制的必要性和三种可行的控制类型。接下来我们论述了控制系统的设计，其中包括管理层的作用、实现适当的平衡以及获得对创造性活动和变更管理工作的控制。

1. 控制工作是以绩效、成本和时间为导向的。

2. 控制工作的两个基本目标是通过改变活动来规范结果以及保护组织的有形资产、人力资源和财务资源。

3. 三种主要的控制程序是控制论中的机械式控制、行/不行控制和事后控制。

4. 事后控制报告包括四个部分：

（1）项目目标；

（2）里程碑和预算；

（3）项目结果的最终报告；

（4）改进建议。

5. 趋势预测曲线、关键比率和控制图都是非常有用的控制工具。

6. 控制系统与激励有极为密切的关系，两者应当实现良好的平衡，也就是说，要具备成本有效性，与期望的最终结果相契合，并且不应采取过分措施。

7. 控制创造性活动的三种方法分别是：过程评估、人员的再分配和投入资源的控制。

8. 项目经理最头疼的问题就是变更控制。

关键术语

倡导者（champion）　一个拥有组织赋予的权力并且对项目的成功完成承担个人责任（虽然不一定是日常管理）的人。

控制（control）　是现实与期望或者计划相一致的保证。通常包括在限制条件下维持行动的过程，以此来确保既定结果的实际产生。

控制图（control chart）　一张用来测量绩效的图，它通常是基于时间的和定性的，并且通过与期望均值、上限与下限的比较来说明绩效的变化。

关键比率（critical ratio）　一项基于进度比率（实际/计划）乘以成本比率（计划/实际）的指标。

控制论（cybernetic）　一个包括不良反馈循环的自动控制系统。

早期预警系统（early warning system）　一个能够在问题出现时向项目经理发出预警的监控系统。

行/不行控制（Go/No-Go）　起初这是一种能够迅速检测物体的各维度是否在给定的限制内的测量工具。在项目管理中，这种控制能够帮助项目经理判断是继续、变更还是终止一个活动或项目。

问题

内容复习问题

1. 控制的目的是什么？它控制什么？

2. 控制系统的三种主要形式是什么？控制系统的功能是什么？

3. 项目经理能用什么工具来进行项目控制？请列举出一个良好控制系统的特征。

4. 关键比率的数学表达式是什么？它能告诉项目经理什么？

5. 如何实现对创造性活动的控制？

6. 什么是行/不行控制？

7. 什么是倡导者？

8. 请描述一个控制论的控制系统。

9. 事后控制报告应当包含什么？

10. 应当怎样进行变更控制？

11. 请描述质量门过程。

课堂讨论问题

12. 项目经理如何在一个项目控制系统中集成各种控制工具？

13. 如何在项目管理中实施关于客户问题的不良绩效反馈系统？

14. 如何应用挣值方法实现图 11-5 趋势预测曲线中的目标？

15. 控制图应当应用哪些其他的项目测量指标，如何设置限制？

16. 控制系统通常分为预防性和反馈性两类。这一章是如何将三种控制系统与这两类相联系的？

17. 如何区分内部控制和外部控制？

18. 实施项目控制的难点有哪些？

19. 应当如何收集控制系统所需的信息？

20. 如何通过控制系统进行项目成果信息收集并用于随后项目？

21. 如何区别创造型项目和普通项目的控制？

22. 对于项目经理管理公司资源的方法，什么地方可能引发道德问题？

23. 为什么对项目经理来说变更控制是个难题？变更控制系统能如何帮助他们？

24. 请举一个例子来说明采用 CSI 作为关键比率会导致错误。

习 题

1. 根据以下信息计算关键比率并且指出哪些活动达到了目标，哪些需要进行调查，并逐一进行分析。

活动	实际进度 （天）	计划进度 （天）	预算成本 （美元）	实际成本 （美元）
A	2	2	40	35
B	4	6	30	40
C	1	3	50	70
D	3	2	25	25

2. 根据以下信息计算关键比率并且指出哪些活动达到了目标，哪些需要进行调查，并逐一进行分析。

活动	实际进度（天）	计划进度（天）	预算成本（美元）	实际成本（美元）
A	4	4	60	40
B	3	2	50	50
C	2	3	30	20
D	1	1	20	30
E	2	4	25	25

3. 根据以下关于陈列室翻修项目的信息，判断哪些活动未按时完成，哪些活动已提前完成以及哪些活动落后于进度。

活动	预算成本（美元）	实际成本（美元）	关键比率
A：计划变更	60	40	1.0
B：招标	25	50	0.5
C：选择承包商	45	30	1.5
D：排程	20	20	1.5
E：开始翻修	50	50	0.67

4. 现有一个计算机安装项目，它的关键比率设计和计划设置为一个线性过程，0～200的挣值在100天的计划工期内平均分配，但实际上前20天的进度分别为：2，3，4，6，7，9，12，14，15，17，20，21，21，22，24，26，27，29，31，33。你认为该项目的绩效如何？

5. 现有一个网站建设项目，它的关键比率设计和计划设置为一个线性过程，0～1 000的挣值在100天的计划工期内平均分配，但实际上前15天的日成本分别为：11，10，9，10，11，12，11，9，8，9，10，12，14，11，7。你认为该项目的绩效如何？

6. 工业建筑有限公司有两个基本相同的项目团队，同时在两个城市为客户建设4层的商业建筑。两个项目的计划日成本为100，挣值也为100，前6天每个项目团队的进度如下：

天数	项目A：挣值	项目B：挣值	项目A：成本	项目B：成本
1	90	90	95	95
2	92	88	98	94
3	94	95	101	102
4	98	101	106	109
5	104	89	116	99
6	112	105	126	118

请通过关键比率来比较两个项目的总体进度情况。

7. 萨姆森建筑有限公司为问题6中的项目客户建设同样的商业建筑，项目前6天的挣值和成本为：挣值——90，88，95，101，89，105；成本——92，88，93，98，85，100。请将此项目与问题6中的两项目进行比较。

8. 以下信息是一个互联网营销项目第40天的进度情况（用AOA格式）。请判断项目是不是按照日期进行的时间和成本控制。如果不是，请说明项目超支或者节约的情况。

活动	工期	预算	实际成本	完成情况（%）
1~2：合同起草	10	300	250	100
2~3：招标	8	400	450	100
2~4：设计广告	12	350	380	100
4~3：评估成本	0	0	0	—
3~5：拍摄广告	18	405	400	70
5~6：投放广告	16	450	—	0

9. 判断以下的营销测试项目在第6周时是否处于控制之中。如果不是，什么造成了失控？如果是，预算和进度是否都在控制中？

活动	紧前活动	工期（周）	预算（美元）	实际成本（美元）	完成情况（%）
a：建立指标	—	2	300	400	100
b：选择商场	—	3	200	180	100
c：启动计划	a	2	250	300	100
d：设计广告进度	a	5	600	400	20
e：检查销售成果	b，c	4	400	200	20

10. 在一个电视购物项目的第24周，项目经理担心项目预算会上升到7 500美元。从目前的情况来看成本超支了吗？如果是，超支了多少？项目进度是落后了还是提前了？项目是否在控制中？

活动	紧前活动	工期（周）	预算（美元）	完成情况（%）
a：起草项目计划	—	6	900	100
b：媒体选择	—	6	1 200	100
c：主持人选择	a	6	1 200	100
d：签订合同	a	12	1 800	100
e：获取赞助	b，c	14	1 400	100
f：进度计划	b，c，d	10	1 500	40
g：投放商品	d，e	16	800	0

案例讨论

特色服务有限公司

特色服务有限公司（Speciality Service，Inc.）是一家致力于提供电脑维修服务的小型商业企业，它在7个州设有分公司，员工在50~240人不等。在过去的两年里出现了几乎让该公司管理停滞的问题，那就是公司的事故率和缺勤率都直线上升，这严重影响了公司对客户的服务。特色服务公司的7个分公司都没有加入工会组织，公司的管理层想要维持这一现状，并且希望能够谨慎和低成本地解决这一问题。杰森·霍恩（Jason Horn）作为人力资源部助理经理，被任命为项目经理来解决这个棘手的问题。7个分公司的经理都将与他合作来开展这项工作。

霍恩与这些分公司的经理沟通很顺利，很快就解决问题的三个步骤达成了一致：

（1）建立一套统一的日出勤报告体系，每周向上级通报出勤情况（虽然在实际工作中每个分公司的操作情况有所不同，但是至少都包括了出勤情况的月报制度）。

（2）制定一套正式的纪律性管理政策，对员工行为加以约束。

（3）启动一项员工教育计划来强调保证出勤的重要性。

该项目团队还决定在最终提交这项建议以前进行测试，他们决定在其中一个分公司测试该计划两个月。霍恩希望控制并评估这项测试，并且直接向上级部门报告测试结果，以此来决定是否按照现行计划来实施。

◆问题

监控和控制方法是否准备充分？潜在的问题是什么？

夜间照明建设公司

夜间照明建设公司（Night Tran Construction Company）是一家从事小型发电站建设和管理的专业公司。公司两年前获得了一个建设电站的合同，合同中规定项目总工期为3年，每延期1个月就支付1%的罚款。项目报告显示目前项目只完成了50%的工程量，并且持续不断地遇到问题。公司领导十分关注潜在的损失，进而对项目进行了调查并且得出以下结论：项目实施过程中出现了过多的设计变更、较高的返工率和人员不足。于是，公司领导任命项目经理开发一套更好的项目控制系统，并且一周内将在董事会会议上进行讨论。

◆问题

如果你是项目经理，你认为新的项目控制系统应该具备什么样的特性？一个新的控制系统是否足以解决所有问题？它能控制项目的范围蔓延吗？请给出解释。

课堂综合练习项目

决定并描述你准备使用何种项目控制系统，如果你有自己的团队，你可以在这个控制过程中使用分团队的领导者。然后给这个项目设计一个你在项目过程中准备使用的关键比率控制图。这个项目的成本主要是投入人员的成本，你将如何确定实际进度？

参考文献

- -

数字资源

第11章 项目控制
（案例分析与指导阅读）

第 **12** 章 项目审计

Project Auditing

在前一章里，我们讨论了事后控制工作。事后控制工作无法改变过去，但它可以尝试抓住项目成功或失败的核心从而使未来的项目从以往经验中受益。PMBOK 在第 8 章关于质量的一个主题中将其称为"经验"。要从过去的经验中受益，我们必须理解它们，理解过程又需要评估。项目评估不仅仅局限于事后分析。当项目结束后（这是事后控制工作的基本条件），项目将作为一个整体加以评估，在整个生命周期的一系列时间点上也应该进行评估，比如在大阶段的节点上，特别是当这个项目存在重大问题时。

项目审计是一种非常有用的评估工具（但绝不是唯一的），它比较正式地调查了项目的各方面。我们通常把审计理解成一种具体的财务方面的审查，项目审计是高度灵活的，可以将重点放在高层管理者所希望了解的任何一件事情上。所有组织开展项目都是为了支持组织的战略，项目的实施可以增强组织的整体竞争力。通过周期性的项目审计可以积极主动地检测一个项目的表现情况，以此来进一步提高项目完成的成功率。因此，从战略的角度而言，项目审计在确保项目成功的过程中扮演着一个重要的角色，也使企业有更强的竞争力。

需要注意到的是，还有其他一些类型的审计，比如道德审计。在聘用项目管理团队时，道德审计是非常重要的。例如，谢弗等（Schaefer et al. , 1998, p. 40）指出："道德规范不是关于对与错的问题，它是企业据以评估决策的一个过程。"道德审计和项目管理工作密不可分！除了项目审计，还有一些其他类型的项目评估，如项目后审查评估[①]，具体内容可以参阅桑格姆斯瓦仁（Sangameswaran, 1995）的研究。

评估这个术语是指确定价值或评价。项目评估评价了项目实际的进展情况和绩效与计划或其他类似项目的进展情况和绩效的差距。这种比较是根据一些不同的标准对项目进行衡量来实施的。项目评估工作还对项目的管理决策形成支持。因此，项目评估必须保证所有与管理相关的数据都被考虑到管理工作中去。项目评估工作必须在管理层和项目团队中具有可信性，因为评估结果是由管理层使用的，项目团队则是评估工作的对象。相应地，

[①] 本章末尾的数字资源中的指导阅读考察了项目后审查评估，并总结了进行此评估的利弊。

项目评估过程和项目本身一样，需要小心地实施和控制。

在这一章中，我们将会讲述项目审计/审查/评估工作、这些工作多样化的形式和目的以及项目审计/评估工作中遇到的典型问题。

⇨ 12.1 项目评估的目的——系统的目标

当然，项目评估最主要的因素是看项目是否成功。在一项对不同类型和规模的工业项目的研究中，127 名项目经理以自己的角度，从四个维度列举了项目成功的 13 个要素（Shenhar et al. , 1997）。第一个且最直接的维度是项目在满足预算和进度要求两方面所表现出来的效率性。这是我们一直强调的项目管理和控制的重点：实现项目进度、成本和绩效的目标。第二个且最复杂的维度是客户的印象/满意度。这个维度不仅包括达到项目的技术和运营规范要求，而且包括关系到客户忠诚度和重复购买的那些因素：满足客户的需求、客户的实际使用、解决客户的重大运营问题还有客户满意度的长期挑战。

第三个维度是商业/直接成功，通常通过商业成功的程度和市场份额来度量。对于内部项目来说，通常包括产出、周期次数、程序步骤、质量等测量标准。最后一个维度是未来潜力，它比较困难且模糊。这一维度包含的内容与开辟一个新市场、开发一条新的产品线或服务种类有关，对于内部项目来说，与开发一项新技术、技能或竞争实力有关。接下来我们还会讨论申哈尔等（Shenhar et al. , 1997）未涉及的有关项目评估的其他一些维度。

除了直接考察项目是否成功之外，评估工作的另一个基本目的是使项目目标的实现成为对于公司目标实现的贡献。为了实现这一目的，项目的各个方面都需要研究，以清楚界定和理解该项目的优势和劣势。这对项目管理来说类似于六西格玛管理或全面质量管理。评估结论对实施中的项目和未来的项目给出了一些改进的建议：

（1）更早地识别问题；

（2）明确绩效、成本和时间之间的关系；

（3）提高项目绩效；

（4）为未来的技术进步寻找机会；

（5）评估项目管理的质量；

（6）减少成本；

（7）改进风险识别和管理的过程；

（8）加速实现目标的过程；

（9）识别错误，纠正错误，并在将来避免错误；

（10）向客户提供信息；

（11）重新确认组织在项目中的利益以及组织对项目的承诺。

为简化起见，我们把所列出的这些项目目标（包括客户满意度）作为项目的直接目标。然而，这忽略了那些没有被项目本身、项目团队成员和项目所属公司明确规定出来的成本和收益目标，比如说项目进步记录。这些没有明确的目标都是辅助性的，不列入计划，但非常重要，对项目及其公司也有一定的作用，评估工作对它们也常常能提供很多帮助。与这些辅助目标有关的建议包括：

（1）增进人们对项目以何种方式为组织创造价值的理解；

（2）改进组织工作和项目管理的过程，也称为公司项目管理的成熟度；

（3）为进入新的市场提供信息和经验；

（4）为项目团队成员的创造性工作提供一个融洽的环境；

（5）识别组织在项目人力资源、管理能力以及决策技术和系统方面所具有的优势和劣势；

（6）识别风险并改进公司在实施项目时对风险因素的反应；

（7）允许外部利益相关者参与对项目方针的决策；

（8）改进项目工作，帮助项目团队成员实现职业成长；

（9）识别那些具有较高领导潜能的项目成员。

要识别出辅助目标是一项困难且非常微妙的工作。虽然"辅助"这个形容词还不足以表达其全部含义，但这是我们能找到的最恰当的单词，其同义词还包括"帮助性的""补充的""附属的"等，我们对所有这些词汇也都考虑过。另外，辅助目标通常都没有得到明确的界定。与项目决策者沟通可能会有助于找到项目想要实现的这些辅助目标。大多数情况下，它们是偶然而不是故意被隐藏起来的，找到它们需要进行演绎推理。组织的决策和行为都会揭示其目标，这些目标通常都非常具体，只是没有写在组织手册中。例如，大多数管理层都希望员工享受自己的工作以及与他人的合作，但这些内容几乎不会以文字形式发布。很少有公司会否认这个目标，它们只是没有将其明示出来。即便这样，几乎每一家公司在制定决策时都受到了这一特定目标的影响。

有时，辅助目标及其感兴趣的支持方很容易识别出来。例如：一个项目也许会包含有关动物保护方面的目标；需要大量处理项目输出信息方面的目标（如医药项目）；或者控制项目生产过程的目标（比如反污染）。不管是否被清晰地识别出来或者衡量过，辅助目标都影响着所有项目的决策。

尝试去识别尽可能多的项目目标是非常有价值的。往往我们理解一些项目决策的原因需要我们识别出辅助目标。比如说赋予一个毫无经验的人一项特别的项目职责，也许就暗含着要考验这个人的管理潜质。辅助目标增加了许多项目评估的维度。

要找到项目的辅助目标会遇到很多困难。首先且可能最重要的问题是，显然人们无法度量一个未知目标的绩效。如果一个目标没有公开说明过，项目成员就不需要担心它的绩效会受到人们的很大关注。那些在项目建议书里出现的目标则必须被注意到，这也会给项目成员造成一些紧张感，但是没有写出来的目标常常就被忽略了。需要再次指出的是，辅助目标很少被否认，它们只是没有被提到。

为了实现辅助目标而可能产生的焦虑并不那么重要，尤其在当前企业"重组"的热潮中，焦虑的情形比比皆是。人们的焦虑不断增加，他们担心评估工作不会得到"公平"的实施——如果评估人员不是看重结果而是过分强调缺点。如果项目团队的自我形象非常强，找到辅助目标的障碍会小一些，但也一定是存在的。

在寻找项目辅助目标的过程中还会遇到第二个问题：个人在为组织工作时也追求自己的目标。然而很多时候人们也许不愿意承认那些个人目标——一些个人目标也许在他们看来与组织目标不完全一致。例如：一个员工也许是为了学习一项新技能而参加一个项目，这种技能可以为他的职业生涯增加砝码。有时候研发项目的方向更多的是由进行此项目研究的科学家来决定的，而不太符合项目本身的技术需求。虽然这些个人目的并不是违法的或不道德的，但是它们很少被人承认。

第三个问题是由信任缺失造成的。当项目中有审计或评估人员时，项目成员永远不会感到太自在。如果评估者是一个"外来人员"而不是项目团队中的一员，项目团队成员就会担心自己不能被理解。虽然这些担心很少是具体的，但它们是真实存在的。如果审计/评估人员是"内部成员"，人们又会担心评估者可能有私人目的，会为了自己的利益而损害他人的利益。内部人员和外来人员同样不受信任。因此，项目团队成员就不会或很少会坦率承认他们的个人目标或项目的辅助目标。

最后，还有第四个问题。和其他服务于人的组织一样，项目也有多重目标。直接目标和辅助目标、项目目标和个人目标之间存在着种种冲突，不会完全统一（或被完全接受）。项目团队的众多成员对于目标重要性顺序的看法也各不相同。不直接提出问题，就不需要去解决谁对谁错的问题。只要各种项目的目标和优先级没有得到清楚的界定，项目团队成员就不会对具体做什么事情的问题达成一致，也不必在做这些事情的原因上达成一致（甚至都不会进行讨论）。因此，如果一些项目目标没有得到公开的讨论，每个项目成员就都能够容忍团队其他同事的不同意见。没有人被强迫进行选择，他们甚至没有必要跟同事讨论这些问题。

总而言之，寻找项目辅助目标的工作是很困难的。许多评估简单地忽略了它们，但是项目经理应该关注这一领域，并要求评估工作将项目和公司的辅助目标（如果不涉及个人目标的话）包括进来。即便人们总得对辅助目标的粗略测量结果感到满足，但是这些信息还是很有价值的，它们能对以下问题给出深入洞察：是什么激励人们参加项目工作？哪些因素可以最有效地激励项目工作人员？每一个项目工作人员的主要关注点是什么？

在第 5 章中，我们曾经间接提到项目的"作战指挥室"（项目管理办公室）作为项目团队开会的地点的重要性。项目管理办公室是一个陈列项目进度图表的地方，是项目文件和报告的储藏中心，同时也是项目经理和其他项目管理者的办公室，还是项目团队成员的"俱乐部"，起着重要的辅助作用。它对项目来说就像当地的酒吧对"我的那帮伙计"一样。在运作良好的成功项目中并肩作战的情谊能为团队成员提供极大的满足感。因此，项目管理办公室在实现了世俗的、直接的管理目标的同时，还满足了一种情感的需求。最优秀的项目管理办公室以它能给组织提供最好的项目领导力而自豪，有着强大的管理层支持，同时收获了来自其他项目的愿意加入这个以未来为导向且运营良好的团队的人的赞美（Baker，2007）。

12.2 项目审计

项目审计是对项目管理的一种彻底检验。检验包括项目管理及其方法和程序、文件记录、财产情况、预算和费用支出情况以及工作的完成情况。它可以对项目整体或其中一部分进行检查。正式的报告有许多形式，但是至少应包括下面几点内容：

（1）项目目前的状态。已经完成的工作是否达到了计划要求的水平？

（2）未来的状态。是否可能会发生重大的进度/成本/范围变化？如果是的话，标明变化的本质。

（3）关键任务的状态。那些决定项目成败的任务有什么进展？

（4）风险评估。项目失败或财务损失的可能性有多大？

（5）其他与项目有关的信息。正在接受审计的项目的哪些经验可以用到组织正在实施的项目中去？

（6）审计工作的局限性。哪些假设条件或局限性对审计数据产生了影响？

注意项目审计不是财务审计。这两种审计过程的相似之处在于它们都是对审计对象的一种仔细的审查，但它们的输出结果有很大的不同。最大的不同在于财务审计的范围有限，它着重于组织资产的使用与保存。项目审计在范围上更为广泛，对象可以是项目的整体或项目的某个或某些组成部分。表 12-1 列出了财务审计和项目审计的基本不同点。

表 12-1　财务审计和项目审计对比

	财务审计	项目审计
状况	对业务状况是否达到满意水平进行考察	必须为每一个项目的现状考察工作确立基础
预测	公司的经济状况	项目的未来状况
测量内容	大多使用财务术语	财务术语加进度计划、工作进展情况、资源用度和辅助目标的情况
记录保存系统	格式受法律规定和职业标准的约束	没有标准的系统，使用组织所选择的或合同注明的任何系统
是否存在信息系统	开展审计工作所需的少量文件记录	不存在文件记录，开展审计工作必须设计并应用数据库
建议	通常很少有或没有，受限于会计系统的管理	常常是必要的，可能会包括项目的任何一方面或者项目管理工作
审计报告的局限性	如果有条款注明会受限，但往往强大的管理压力会使其不受限	受审计工作弱点的局限（例如，缺少专家、缺少资金或时间）

实践中的项目管理

从审计 110 位客户/服务商和开放系统项目的工作中得出的经验和教训

在对 110 位客户/服务商和开放系统项目长达 11 年的审计中，一位审计师将成功项目和失败项目之间的区别划分为四个基本方面。

（1）对工作范围、预算、完成日期和解决方案的设计保持客观性。在这些方面缺乏客观性是导致项目失败的根本原因之一。在对有关启动项目和为项目工作建立各种参数的工作进行决策时，必须小心谨慎，防止出现偏差或努力程度不足的情况。

（2）在项目的各个层次上都要配备经验丰富的人员。在客户和承包商方面都有丰富经验的人在很多方面都有益，比如：保持解决问题的合作态度；强调里程碑和产出结果；使用专业的项目管理技术并保证客户持续参与。

（3）权责一致。项目通常是在一定范围内建立起来的，同时必须遵循预算和进度计划的限制。因此项目经理需要有权在项目中做出权衡。这种权力需要在客户和承包商方面都被指明。

（4）所有方面都应该保持充分的责任感，以保证各方面人员实现最初的承诺，或明确承担自己的责任。责任事项需要在最初的合同和采购订单中详细列出，其中应该包括各种有关的项目拥护者、最初的评估人员、供应商、客户群和用户以及承包商所需要注意的细节问题。将项目的工期尽量缩短（比如保持在6个月内）可以避免人员变更所导致的责任混淆。

问题

1. 在你看来这四个方面哪个最重要？
2. 展开讨论第三项内容。
3. 有什么你能想到的以上没有包含的潜在问题？

资料来源：T. Ingram, "Client/Server and Imaging: On Time, On Budget, As Promised," PM Network, Vol. 9.

虽然项目审计可能与项目管理的任何一方面有关，但它传统上并不是一种管理审计。管理审计的基本目标在于保证组织的管理系统正常运转。项目审计的工作不止这些。除这些之外，项目审计旨在保证项目得到适当的管理。一些管理技巧可以很好地用于所有项目，例如计划、进度、预算等的技巧。有些项目管理实践又需要根据不同类型的项目加以改变。可以参考桑格姆斯瓦仁（Sangameswaran, 1995）和科尔宾（Corbin, 2001）为审计工作的注意事项提供的一些指导。

我们提到过软件项目和其他项目没有特别的不同。我们仍然保持这一观点，但是也需要注意到，软件项目拥有一些值得了解并做出反应的独特之处，有着不固定范围的项目需要更多的快速反应管理。例如：基于计算机的项目通常是劳动密集型的，加工制造项目是资本密集型的。一位细心的管理者不会对这两种项目使用同样的管理方法。参与式的管理风格如六西格玛管理、全面质量管理、员工参与等对于劳动密集型的项目非常适合，因为这类项目中总会出现结构偏差的问题。如果项目是资本密集型的，出现的问题也都具有良好的结构，那么参与式的管理风格在这里发挥的作用和价值就相对非常小了（读者不要误认为这是对参与式管理方法的贬低，它只是在有些情况下能发挥的价值和关联性比其他情况下更小一些罢了）。

总而言之，管理审计主要关注管理系统和它的应用，项目审计则是在特定组织环境下将特定项目的财务、管理和技术等诸多方面集成起来进行研究。

审计工作的深度

实践中多种因素都会限制项目审计人员实施调查工作的深度，其中时间和金钱是两个最普遍也是最明显的限制因素。当然，在审计/评估工作实施过程中，还有一些超出了专业人士和普通员工日常审计时间而导致的成本。对审计数据的积累、存储和维护也是重要的成本因素。记住这些存储的数据对于尽职调查工作可能有关键的作用，参见第11章（另外请牢记，毁坏商业数据在某些特定环境下是非法的）。

　　还有两种成本因素也很重要，但是不那么容易量化，因此经常会被忽视。首先，不管评估者的水平有多高，审计/评估工作总是使项目成员分散精力。没有一个项目，其每个项目成员都有很高的自信，能够毫无担心地配合评估工作。对审计结果的担心可能会导致过度的自我保护行为，这种行为进而会降低人们对项目工作的投入程度。再者，如果评估报告不是以建设性的口吻写出来的，项目团队的士气就会受损①。根据士气受损的程度，项目工作会经历一定的倒退。

　　根据各个项目的独特环境和需要而对调查工作采取不同的深度是非常合理的。审计工作可以根据组织的需要在各个层次上展开。有四种不同层次的审计工作可以很容易识别，应用也很广泛，它们是：总体审计、详细审计、技术审计和风险审计。总体审计通常受到时间和资源的限制，往往对项目给出一个总体评估，并一般性地接触到我们前面所提及的六项内容。一个典型的详细审计是总体审计工作的继续，通常是总体审计发现项目中有一些不可接受的风险或绩效不佳，就需要进行详细审计。

　　有时，详细审计对问题的调查无法达到一个令人满意的技术层次，因为审计人员不具备所需的技术知识，在这种情况下，就需要进行技术审计。技术审计通常由一位具备资格的技术人员在项目审计师的指导下实施。如果技术非常先进或者必须保密，就可能无法在组织内部找到合格的技术审计人员。在这种情况下，公司往往会雇用一些签署了保密协议的学术顾问。尽管情况不一定总是这样，但技术审计往往是最为细节性的审计工作。

　　以上三种审计通常由公司发起，项目经理有责任在项目执行合适的时间点上进行风险审计。如同在 PMBOK 中提到的那样，风险审计用来检查、识别和管控项目风险。由于风险审计是由项目经理负责的，它可以放到项目会议中进行或者作为独立的一项活动进行。

审计工作的时间安排

　　鉴于所有具备一定规模或者重要性的项目都需要审计，首次审计通常在项目早期进行。问题发现得越早，解决起来就越容易。早期审计往往着眼于项目的技术问题，保证技术问题得到解决，或者及时采取有效措施。一般来说，在项目后期进行的审计工作对项目本身没有太多的即时价值，但是对公司有更大的价值。随着项目的发展，技术问题往往越来越不被关注，保证实现进度和预算的要求变成了项目首要的问题。管理问题是项目后期审计工作的重点（如设备报废或项目人员的重新配置）。

　　事后审计在实施过程中有几个基本目标：第一，事后审计通常是客户在合同里具体要求的，因此是法律上必须进行的；第二，事后审计是项目报告的一个主要部分，因此是公司获得管理反馈的主要来源；第三，在审查项目的所有财产和支出情况时需要进行事后审计。

　　表 12-2 对审计工作的时间安排及其相应的价值进行了进一步分析。

---

　　① 评估者要记住两个基本规则：（1）建设性的批评对被批评者来说不一定感觉是建设性的；（2）首先解决问题，再指责他人——如果你还有精力的话。

表 12-2　项目审计/评估工作的时间安排及其相应的价值

项目阶段	价值
开始	进行早期审计工作（在项目开始阶段完成 25% 之前进行）非常有价值
可行性研究	非常有用，尤其对技术审计来说
开始计划/进度预算	非常有用，尤其对设定测量标准的工作非常重要，它可以帮助项目工作更好地满足标准要求
进度基线	不太有用，会导致计划僵硬、团队的灵活性受限
项目团队对数据的评估	瑕瑜互见，团队会对审计工作发现的结果产生戒备心理
实施	其作用取决于项目的工作方法对最后能否顺利成功所具有的重要性
项目结束后	其重要性取决于发现的结果对将来的项目所具有的价值

审计报告的制作和使用

被审计的项目的类型和审计工作的最终目的决定了审计报告的一些具体格式。在任何一个组织中，建立一个所有审计报告都必须遵循的总体格式是很有用的，这可以使项目经理、审计人员和组织的管理层等各方面都能够对审计报告的沟通作用达成同样的理解和预期。如果审计报告是作为一个沟通工具来准备的，就必须为这些文件同时准备好预定的分发列表。如果分发工作受到了高度的限制，那么审计报告几乎肯定会成为人员之间和团队之间的冲突和紧张的焦点。

尽管有一些项目经理坚持认为，应为自己的项目量身定制一个格式复杂的报告，但是格式还是越简单、越直接，效果就越好。报告中组织信息时，应该便于在预测数据和实际结果之间进行对比。实际结果大幅偏离预测数据的情况应该得到重视，并应该给予一些说明。这会方便读者阅读，也可以使注意力集中在重要问题上而不必受琐事的困扰。这种安排还可以使高层管理者免于事必躬亲，不必在每个数据、每个句子上都投入太大的精力。再次提醒项目经理记住下面这句话："永远不要让老板感到意外。"

应该避免对项目有关个人或团体进行负面的评价。撰写项目报告时要清楚、专业、不带个人感情色彩，内容应该与项目的信息和问题相关。审计报告里至少要包括下面几项内容。

1. 介绍

这部分应该包含对项目的描述，为读者提供一个理解的框架。项目目标必须清楚地进行描述。如果目标比较复杂，那么将相关的解释部分列为附录也许会很有用。

2. 目前状态

状态应该在审计时进行汇报，此外，还应该包括对下面这些绩效的度量：

（1）成本。这部分把实际成本和预算成本进行对比。对比的时间跨度应该清楚界定。如第 7 章里说的，报告应该聚焦在项目的直接变化上。如果需要说明项目总成本，包括所有的相关管理费用，就应该为这种成本数据增加一套附属表格。

（2）进度。计划事件或里程碑的绩效应该进行报告。项目中已经完成的部分要清楚识别，没有完成的任务可以做出相应的估测，也应该明确其完成的百分比情况。要保证估计完成率的方法不会对读者造成误导（参考 10.3 节）。

（3）范围。这部分将资源的使用情况和工作的完成情况进行对比。如果需要，可以使用挣值图表，但它们可能不够详细。这里对信息的要求是有助于找出特定任务的具体问题。基于这种信息，管理人员就可以确定计划资源的剩余部分的投入时间和数量。

（4）质量。这个问题是否关键取决于被审计项目的类型。质量用来度量系统的产出是否满足规范要求。对于有些项目来说，规范要求非常宽松，要达到这些要求不是大问题。有时，项目的产出远远高于最初的规范要求。例如，一个项目可能规定一个子系统要达到某个最低标准，公司已经生产出了一个完全超过目前要求的子系统。使用以前设计好的系统也许会很有效率，也不会造成有效性方面的损失。如果项目本身附带具体的质量特性要求，那么报告中的这一部分就应该包含对质量控制程序的总体评述，同时应该有质量检测的最新结果数据。

3. 未来的项目状态

这部分包括审计人员对项目进展情况的总结，以及对剩余任务需要在技术方法、进度计划或预算方面做出的改变提出建议。除非发生特殊情况，例如目前的数据明确地显示出一些预定任务无法达到要求，否则审计人员的报告应该只考虑那些已完成或正在进行中的工作。审计人员不应该对仍在调查中的技术问题做出任何假设。项目审计/评估报告不应该只是项目建议书的翻版。

4. 关键的管理问题

所有审计人员认为需要高层管理者密切监控的问题都应该包含在这一部分中，同时还要对这些问题和项目目标之间的关系做出简要的解释。对时间/成本/绩效的权衡关系进行讨论，可以向高层管理者提供有助于未来的项目决策的信息。

5. 风险管理

这一部分应该对项目的主要风险以及它们会对项目时间/成本/绩效造成的影响进行评论。如果存在可以在很大程度上改变未来风险的替代性决策，就可以在报告的这部分中写出。再次强调，项目审计报告不是项目建议书的翻版。事后报告，从另一个方面来说，常常包括这样的内容："要是我们当初知道……我们现在就会了解……"

6. 警示、限制条件和假设

报告的这一部分可以放在最后，也可以作为介绍的一部分。项目审计人员应该对报告的准确性和适时性负责，但是高层管理者仍然需要对报告的解释和依据报告所做的任何行动负全责。基于此原因，审计人员应该对影响报告准确度或有效性的限制条件做出特别的说明。

项目审计/评估人员的责任

首先，审计人员应该讲真话。这句话并不像表面上那么简单。我们必须认识到，任何项目在真实性方面都有多种多样的程度。审计人员必须使用客观和道德的方式去进行审计工作，并对审计报告所包括和排除的内容负责。审计人员必须清楚项目的各利益相关者（包括审计人员自己）的偏见，如果审计人员希望消除这些偏见，就必须加倍小心（有时候连信息本身也是带有偏见的）。对于审计人员专业技术领域之外的调查内容，需要明确列示出来。如果有需要的话可以寻求帮助。审计/评估人员在审计过程中应该保持政治上和技术上的独立性，为所有收集到的信息都要保密，直到审计结果正式公开的时候。

沃克等（Walker et al.，1980）对审计人员的独立性提出了更为严格的要求。他们认为独立性对于管理层适时和准确处理信息非常重要。他们为审计工作列出了以下步骤：

（1）建立一个由经验丰富的专家组成的团队；

（2）让该团队熟悉项目的各项要求；

（3）对项目进行现场审计；

（4）完成之后，听取项目管理人员的汇报；

（5）按照规定的格式生成报告；

（6）把该报告分发给项目经理和项目团队成员来收集他们的反馈；

（7）跟踪了解各项建议是否得到了贯彻实施。

如果高层管理者和项目团队都能严肃地对待项目审计/评估工作，那么所有的信息都必须真实可靠。数据的准确性要仔细检查，所有的计算也要仔细得出。审计人员必须对报告所包括和排除的信息慎重考虑。最后，审计人员应该对审计过程进行持续的评估，力求在审计工作的有效性、效率性和价值等方面做出改进。

实践中的项目管理　　**审计 Atlantic States 化学实验室一个出问题的项目**

Atlantic States 化学实验室（Atlantic States Chemical Laboratories，ASCL）从欧瑞泰克公司（Oretec）接受了一份合同。欧瑞泰克公司在自己的实验室为商业目的进行研究时合成了一种新的合金，该公司希望 ASCL 对其进行一种特殊类型的化学分析。该合同对研究工作的质量和实验分析的进度都提出了要求。合同的截止日期是不确定的，每月的费用是100 000 美元。欧瑞泰克公司的联络员有权随时了解 ASCL 的工作情况。

随着工作的进行，这位联络员出于时间的考虑而不断施压，要求研究团队改变方法并略去一些重复验证的程序。在两次偶然的机会中，ASCL 的研究团队所进行的分析表明，可以制造出一种能够获取商业成功的产品，联络员对这项工作非常满意，并要求团队提供商业化生产的建议。但欧瑞泰克公司的测试表明：这些方法都无法奏效。随着项目进程过半，对分析工作的结果和数量施加的压力日益增加，该联络员越来越容易冲动，总不满意。在此之后不久，ASCL 的总裁收到欧瑞泰克公司的一封信，信中提出了大量的抱怨，并要求立即终止合同。这位总裁对客户的不满感到很意外，因为他从来没有从项目内部收到过任何可能会有麻烦的报告，于是总裁决定对该项目进行一次全面审计。

审计结果显示如下：

（1）总体观点：

1）项目最初的方法没有什么问题，但被客户的联络员做了改动，即使如此，该项目还是取得了很多重大的研究成果。

2）分析工作所采用的方法本身都是正确的。

3）项目实施过程中有多项分析结果（每一种都提供了具体说明）。

4）商业化的工作不是 ASCL 的责任而是欧瑞泰克公司的事，尽管 ASCL 提出了一些可能性建议。

5）该联络员过度参与了项目的管理工作，并且过于频繁地改变了研究工作的方向。

6）项目管理的决策和改变都没有被 ASCL 形成文件，并且没有及时与客户进行沟通。

（2）对客户批评的分析（大约一半的批评理由是充分的，也描述了具体细节）。

（3）进一步分析：

1）ASCL 所提出的商业化过程实际上在类似的例子中都取得了成功，客户的检验结果是不正确的。

2）ASCL 所提供的报告（被客户认为不完整）实际上是在联络员的影响下草草准备的，对项目取得的分析成果所进行的报告无法让客户的管理层理解，只有技术人员和联络员能看懂。

3）管理层在客户关系方面没有给该项目领导人提供充分的指导/支持。

（4）建议：在签署合同的阶段就为识别高风险的项目建立一套正规的程序，并对其偏离计划的情况做出认真的监控。那些构成高风险的因素包括：没有得到充分的资金、时间，成功的机会很小，客户不够成熟却给客户过多参与项目进程的机会。

问题

1. 这是项目审计的一个好的应用吗？

2. 这个项目最主要的问题是什么？

3. 在建议中，ASCL 已经有了一个问题项目清单和系统。你认为为什么该系统没能解决这个特定项目问题？新的程序会更好些吗？

资料来源：J. Meredith, consulting project.

➡ 12.3　项目审计工作的生命周期

到目前为止，我们把项目审计和项目评估工作看作是相同的，在大部分情况下确实是这样。审计工作包括了评估的内容，评估人员也必须实施某些审计工作。现在让我们将审计工作看作与客户签署的合同里所规定的内容。如果客户是联邦政府，项目审计工作的性质就会得到某种程度的精确规定，审计程序也是如此。

如同项目本身一样，项目审计工作也有自己的生命周期，其生命周期由六个秩序井然的程序构成。这六个程序如下所示。

1. 启动项目审计工作

这一步骤包括启动审计程序，界定审计工作的目标和范围，以及为确定合适的审计方法收集充足的信息。

2. 界定项目基线

这一阶段通常包括界定需要评估的绩效领域，通过标杆管理或其他过程确定每个领域的标准，明确管理层对每个领域的预期绩效，以及收集足够的信息来决定合适的升级方法。

偶尔会出现一些没有现成的标准或无法通过标杆管理的方法确定适当标准的情况。例如，一个商品定价模型作为一个大型营销项目的一部分而被开发出来，没有现成的基线数据可以用来评估这个模型。因为商品是通过公开竞价来销售的，所以该公司使用了标准的投标程序。相应的结果可以作为基线数据，对该定价模型进行假设条件下的检验。表 12-3 显示了这种检验的结果之一。CCC 是这家公司的名称，表中还显示了该公司投标并中标的合同以及相应的收益数据（产品净价×批量）。模型 C 也显示了类似的信息，该模型是用来在假定条件下以模型 C 的收益栏显示该模型可能中标的标价。

3. 建立一个审计工作数据库

一旦建立基线标准，审计工作就正式开始了。下一步就是为审计工作团队建立一个数据库。例如，考虑表 12-3 中检验 CCC 定价模型所需要的数据库。根据审计工作的范围和目的，该数据库可能包括项目组织的评估、管理和控制工作，过去和现在的项目状态，进度绩效、成本绩效、产出质量和项目未来的计划等所需要的信息。这些信息既可以是高度专业化的绩效描述，也可以是对项目团队成员之间的互动表现的行为描述。

各个项目审计工作的目的和范围都不同，同一项目在不同时间对审计工作突出的要求也不同，因此审计数据库的内容往往非常广泛。项目审计工作所需的数据库应该在项目主体计划中加以明确。如果做到了这一点，那么当需要相关信息时就可以得到。尽管如此，还是要避免收集"所有可能有用"的信息，因为这会在项目信息收集和存储方面给项目造成额外的压力。

表 12-3　依据基线数据计算得出的绩效数据

标的	批量	中标结果		产品净价（美元）	CCC 公司的收益（美元）	模型 C 的收益（美元）
		CCC 公司的报价	模型 C 的报价			
D1-2	3 800		×	4.11		15 618
D1-7	1 600		×	3.92		6 272
D2-7	1 300		×	4.11		5 343
D3-2	700		×	5.13		3 591
D3-3	500	×		5.22	2 610	
D3-4	600		×	5.72		3 432
D3-5	1 200		×	5.12		6 144
D3-6	1 000		×	5.83		5 830
D4-6	700		×	4.88		3 416
D4-8	600		×	5.34		3 204
D5-1	500	×		3.54	1 770	
D6-1	1 000	×	×	4.02~3.92	4 020	3 920
D6-2	900	×		4.35	3 915	
D6-5	200	×		3.75	750	
D6-6	800		×	3.17		2 536
D7-5	1 600		×	5.12		8 192
D7-8	2 600		×	5.29		13 754
D8-2	1 600	×	×	4.83	7 728	7 728
D8-3	2 400		×	4.32		10 368
				总收益	20 793	99 348
				总批量	4 700	21 500
				平均净价	4.42	4.62

4. 对项目进行初步分析

在标准设定和数据收集工作完成以后就到了做出判断的时候。有些审计人员认为，应该将这种既精确又责任重大的判断留给高层管理者去做，做出判断通常需要对项目技术方面以及/或者统计和概率方面有透彻的理解，这经常会难倒很多管理人员。在这样的情况下，审计人员的责任是分析数据并将能够准确表达审计人员的研究结果的分析报告上交给项目经理。审计人员有责任在审计报告正式发布之前向项目经理简要地报告所有的发现和判断，它不应该给项目经理增添麻烦。

5. 审计报告的准备

项目审计生命周期的这一部分包括按照所选用的具体格式准备审计报告。审计报告还包括一整套建议以及相应的实施计划。如果这些建议超出了组织常规的实践范围，它们就需要得到决策层的支持。审计人员需要在发布这些建议之前主动寻求并确认这种支持。如果暂时不能得到支持，审计人员就应该对这些建议进行修改，直到管理层满意为止。图 12 - 1 是一整套全面又详细的建议中的一页，这些建议是从某私人社会服务机构的一个评估项目中总结出来的。

最终报告、机构评估、分委员会、厂房设施、办公室管理、人事工作

建议摘要

对于委员会采取行动的建议。

1. ____ 委员会应该继续努力为工资项目寻求增量资金。

2. 为每一位员工支付蓝十字/蓝盾保险计划的成本应该由_____承担。

能够通过总裁指令的方式得到各委员会、员工和其他方面实施的建议。

3. 房屋委员会应该首先促成供热和空调系统的更换，此外，该委员会还应该协助并支持执行董事的秘书开展维护和修理工作。

4. 就算是需要聘用兼职工人来完成这项工作，也应该建立一个专业图书馆。

5. 我们的保险需求需要进行重新评估。

6. 所有与会议食品有关的活动都需要执行董事秘书之外的人员来负责。

7. 大多数人的观点：行政助理和图书馆管理员的职位将来需要更多的工作时间。少数人的观点：行政助理、图书馆管理员和统计助理的职位应该合并为一个。

8. 人事工作委员会应该研究图书馆管理员和统计助理的职位说明书，并为这两个职位和行政助理的职位建立薪金范围标准。

9. 执行董事、执行董事的秘书和行政助理之间应该保持对话，以使得办公程序流线化，减少文件工作。

10. 人事工作委员会应该在文件中规定：成员中应包括一位非专业员工的代表。

11. 人事工作委员会应该对兼职员工和全职员工的工作进行研究。

图 12 - 1　一家社会服务机构的建议书样本

6. 项目审计工作的终结

和项目本身一样，等到审计工作完成了预定的任务，审计程序就终结了。一旦最后的报告和建议公布出去，就需要对审计程序进行评估。当评估工作完成后，审计工作就圆满完成，审计团队也应该正式解散。

➡ 12.4　项目审计/评估工作的要点

为了更加熟练又准确地完成项目审计/评估工作，也为了得到高层管理人员、项目团队和客户的信任和接受，审计工作必须满足几项关键性的条件。审计/评估团队必须经过认真的挑选，所有记录和文件都必须做好充足的准备，而且应该保持同项目成员之间的顺畅沟通。

审计/评估团队

审计/评估团队的选择对整个审计过程的成功有很关键的作用。或许看起来没有必要根据对审计/评估工作做出贡献的能力来选择团队成员，有时候某些人员被选中只是因为他们是可供调遣的。团队的规模通常是项目规模和复杂程度的函数。对于一个小型项目来说，常常一个人就可以完成审计/评估工作的所有任务，但是对于一个大型项目，团队或许就需要由来自多个不同机构的代表组成。审计/评估人员所涉及的典型领域包括：

（1）项目本身，包括项目经理、项目拥有者和项目赞助者；

（2）项目管理办公室，或项目办公室经理；

（3）会计/财务控制部门；

（4）技术专业领域；

（5）投资者；

（6）营销部门；

（7）高层管理者；

（8）采购/资产管理部门；

（9）人力资源管理部门；

（10）法律/合同管理部门。

审计/评估团队的主要任务是对项目或某些具体的方面实施一项完整又具体的检查。审计/评估团队必须确定哪些问题应该提请管理层重视，它应该以工作效用最大化的方式来汇报信息和提出建议。审计/评估团队有责任根据自己成员的知识和经验来提出各种建设性的观察结果和建议。这些成员必须远离项目团队成员之间的冲突和各项目之间的敌对状态。审计/评估程序有严明的纪律要求，所有的团队成员都必须自愿地、认真地服从制度。

获取记录的渠道

为了使审计/评估团队能够有效地工作，团队成员必须能够自由地获取所有与项目相关的信息。出于对国家安全的考虑，这种做法在一些政府项目中可能会遇到一些困难。在这种情况下，审计/评估团队应该组织具备资格的（无任何嫌疑的）人员成立一个分队。

审计/评估团队的大部分信息都来自项目团队、项目管理办公室以及各有关部门，如会计、人事和采购部门的记录资料。显然，收集信息是项目审计/评估团队的责任，这项工作不应该由项目团队来承担，虽然项目团队有责任在项目的整个生命周期内随时收集最新的项目数据并保存相应的项目记录。

除了正式的项目记录之外，还有一些非常有价值的信息来自日期上比项目记录还早的文件，例如，客户方面的要求会导致产生项目动议，项目评选委员会的备忘录和高层管理委员会的备忘录决定了技术研究的特定方向。显然，项目状态报告，相应的技术备忘录、变更令，有关项目组织和管理方法的信息，以及财务和资源的使用信息也都是很重要的。

审计/评估团队也可能需要从其他项目文件里将这些信息提取出来,因为这些信息通常不是以我们需要的形式存在的。数据的收集工作非常耗时,但是认真工作对有效又可信的审计/评估工作来说绝对是必要的。

这些信息收集上来以后,必须通过系统的方法进行组织并存档。在分离有用信息的工作中需要开发系统的方法。最重要的是,为了防止数据收集和处理工作过于追本溯源,必要时可以采用终止原则。必须为各种信息设定优先次序,以保证在那些不太重要的分析工作开始之前先完成重要的分析工作。此外,还必须保证不要做重复性工作。认真地开发各种格式和程序有助于使整个工作尽可能标准化。

接近项目工作人员和其他人员的渠道

在项目审计/评估团队成员与项目团队成员之间,或者在审计/评估团队和组织中了解项目信息的成员之间,应该保持畅通的联系,但是项目审计/评估团队成员和客户之间的联系例外,这种联系如果没有高层管理者的特别批准是不可以进行的。这种限制即便是客户派出了参加审计团队的代表也依然应该坚持,对于内部客户来说也是如此。

任何情况下,在与项目工作人员接触时都应该遵守几项准则。必须谨慎行事,以避免在项目审计/评估团队成员和项目团队成员之间发生冲突。项目工作人员应该时刻对正在进行中的审计/评估工作保持了解。应该避免做出批评性的评论。更为严重的错误是,在工作现场随意发表不适当或不能代表项目审计/评估团队成员的一致意见的观点和言论。

项目审计/评估团队毫无疑问会在自己的工作中遇到政治性敌对的情况。如果项目的政治关系非常紧张,反对的一方就非常有可能试图指派(或离间)审计/评估团队的成员,团队成员应该尽可能避免卷入其中。有时,项目审计/评估团队成员会秘密得到一些信息,他们应该小心谨慎,以保证这些信息是从非保密的渠道得到的。如果这种情况无法得到证实,这些信息就不应该采用。审计/评估人员必须保护保密信息的来源,千万不要成为未经证实的项目信息的传播渠道。

➡ 12.5 绩效度量

绩效度量工作是项目审计/评估过程的一个有机组成部分。许多关于绩效度量的对象和方法在前面的章节(特别是第2章)中已经讨论过。幸运的是,项目需要绩效度量的多个方面都很明显,而且很容易进行绩效度量。对于大部分情况,要知道里程碑是否完成和何时完成并不困难。我们可以直接观察实际情况,如建筑物的地基已经浇筑完成,公司年度报告所需的所有材料都已经收集完成并交给了打印员,为公寓小区的修理工作签署好了所有的合同。当然有时候里程碑的完成也不是这么明显。我们也许很难搞清一项化学实验是否已经结束,一个复杂的计算机程序也几乎不可能保证做到没有缺陷。然而,大部分情况下,里程碑的完成还是可以充分度量的。

类似地,根据计划中的预算要求和进度计划对实际工作的绩效进行度量,一般也没有什么大问题。也许我们尚不能确定一个九天的工期中是否包括了周末的时间,但大部分组织都会通过传统的做法去解决这些较小的计算问题。根据预算计划对项目的实际支出情况进行绩效度量要困难一些，它需要审计人员深刻地了解会计部门的各种工作程序，人们往往对成本数据的真实性和准确性要求过高。

如果项目目标都用利润、回报率或折现现金流量的方式来表示（如第 2 章里讨论的财务选择模型那样），测量问题往往会变得更为麻烦。问题一般不会出在使用的会计惯例上，如果我们没有明确各种会计惯例，会使人们对成本在各个项目之间如何分配的问题产生很大的争议。更为困难的工作在于如何确定各项收益在项目之间的分配。

例如，假设一家制药公司为研制一种新药而设立了一个项目，同时该公司还设立了另外一个项目，为这种研制的新药和另外两种现有的药品开发和实施营销战略。我们进一步假设整个系统成效显著并且获得了大量的收益，那么究竟应该有多少收益分配给药品研发项目？营销项目又该分得多少收益？在营销项目中，每一种药品应该分配多少收益？如果我们把整个系统看成一个项目，问题就会简单一些，但是研发和营销是公司的两个职能部门，每一职能部门都应该按照各自对公司的利润贡献来进行评估。部门经理的年底分红都是部分（常常是很大部分）取决于自己所管理的部门的盈利情况。图 12－2 展示了为一种新产品建立的项目基线数据，该图显示了包括价格、销售量、市场份额、开发成本、资本支出以及其他一些绩效测量指标在内的多种测量标准。

项目＿＿＿＿＿＿＿＿ 日期＿＿＿＿＿＿＿＿

市场＿＿＿＿＿＿＿＿

首次上市的时间：美国＿＿＿＿＿＿＿＿

美国以外＿＿＿＿＿＿＿＿

	第一年			第二年			第三年			第四年			第五年			合计		
	最小值	B.E.*	最大值	最小值	B.E.	最大值	最小值	B.E.	最大值	最小值	B.E.	最大值	最小值	B.E.	最大值	最小值	B.E.	最大值
1. 总体市场规模																		
2. 预计市场份额																		
3. 公斤数或件数																		
4. 预计销售价格																		
5. 总销售量																		
6. 预计的产品销售成本（%）																		
7. 毛利（%）																		
8. 预计的营销成本（%）																		
9. 边际营销成本（%）																		
10. 给其他产品的利润造成的损失																		
11. 预计利润																		
12. 开发成本																		
13. 资本支出																		

＊最佳估计值（best estimate）。

图 12－2　一种新产品的营销基线数据

对于这样的测量问题没有理论上可接受的解决方法，但是会有一些可以接受的解决途径。所有成本-收益分配决策都必须在各种项目全部启动后开始制定。如果这一点可以做到，战斗就转移到了"前线"，成本-收益分配的平衡问题也就不那么严重了。只要我们按照某个公式进行分配工作，大的冲突就可以避免，或者至少可以得到一定的缓解。

如果我们在项目选择工作中不使用财务模型而是使用多目标评分模型，那么测量问题从某种意义上讲就会更为严重。我们有更多的因素需要测量，其中有些因素比较客观，容易测量，但有些因素非常主观，为了保证测量工作的可靠性，我们必须使用一些标准化的测量技术。为了认真完成项目评分工作，我们必须谨慎地使用访谈和问卷的方法。标准权重和评分程序在项目开始之初就要确定。

对审计/评估人员的提示

一位好心的评论家，也是我们的同行，在向他的学生们解释项目审计/评估中的安排访谈内容、实施访谈工作、收集结果、限定活动范围以及各项日常事务等工作时，提出了几项"工作守则"。虽然"工作守则"这一说法看起来有点刻板，但我们对审计/评估人员确实也有类似的一些建议。

首要的一点是，审计/评估人员需要获得"进入系统的授权"。我们很难解释"进入系统的授权"这种说法的准确含义，但是每一位有经验的审计/评估人员都能够理解。高层管理者可以为审计/评估团队任命一位领导人员，但是这并不表明项目工作人员会接受那个人为合法的审计/评估领导人员。如果他不被接受，就会出现一些迹象，比如，给审计/评估人员的回复电话只有他不在时才会打来。提供信息的要求会被礼貌地接受，但是得到的信息很少或者根本没有——尽管那些让人半信半疑的借口听起来很充分，抱歉的话语也非常真诚。和项目成员的访谈不能获得实质性内容，试图确定项目的辅助目标不会成功，试图将项目团队成员召集起来讨论团队内部冲突问题的努力也不会有任何效果。每个人都表现得很友好，但是合作共事的承诺总是不能兑现。人们总是会有充足的借口，或者干脆睁大无辜的双眼。

如果审计/评估人员表现得非常友善，并且能够保持平静放松的态度，项目团队通常就会逐渐增加信任。通常第一步是允许审计/评估人员获取项目的有关信息，那些遗失的项目正式文件会忽然被全部找到，然后审计/评估人员就会被允许进入这一系统。如果审计/评估人员能够温和地处理这些信息，既不忽略项目的缺点，也不吹毛求疵，还能发现和欣赏项目的优点，信任程度就会加深，那么进入系统的授权就容易获得了。

建立信任是一个缓慢而细致的过程，并且容易受到挫折。审计/评估人员应该了解项目团队成员之间的政治关系和人际关系，他们还必须仔细认真地对待那些保密性的信息。在此基础上，他们之间才可以建立互相的信任，审计/评估工作才会卓有成效。审计/评估人员有一种几乎可以称作天性的喜好去模仿电视剧《警网擒凶》（Dragnet）中杰克·韦布（Jack Webb）的台词——"告诉我事实就好"，然而这没有那么简单。

下一章我们会进入项目管理过程的最后一部分内容——项目终止。我们会讨论终止一个项目的时机和不同的执行方法。

小结

本章开始讨论本书的最后一部分内容——项目终止。项目终止过程的一项主要工作就是对项目的过程和结果进行评估或者称为审计。我们在本章中研究项目审计/评估工作的目的和内容是：审计过程和测量方面的考虑、对审计人员提出的要求以及最终报告的编制和设计。

本章的要点如下：

1. 审计/评估工作的两个目的都是以项目目标为导向的，第一个目的是帮助项目达到其自身的目标，第二个目的是帮助项目达到那些没有明确规定出来，有时甚至是隐藏的，却是项目一贯坚持的辅助目标。

2. 审计报告应该至少包括项目的目前状态、预期的未来状态、关键任务的状态、风险评估、对其他项目有用的信息以及各种警示信息和限制条件。

3. 审计工作的深度和时间安排都是审计的关键要素，原因有很多，例如，在较晚实施审计的情况下，再想调整项目会非常困难。

4. 审计人员的职责是，必须对提交的审计结果坚持诚信原则。要做到这一点有时还需要对数据做出相应的解释。

5. 审计工作的生命周期包括启动审计工作、确定项目基线、建立数据库、对项目工作进行初步分析、准备审计报告以及终结审计工作。

6. 审计工作要做到成效显著，必须满足几项关键性的条件，如审计/评估团队诚信可靠，可以获得充足的记录信息，可以充分接触到项目工作人员。

7. 测量数据，尤其是收益数据，是一个特殊的问题。

 关键术语

审计（audit）　对一个系统某方面的一个正式的调查。

基线（baseline）　为以后比较所建立的一些早期的绩效标准。

评估（evaluate）　为评价设定一个值。

风险分析（risk analysis）　一个对政策的可能产出结果和出现的概率进行的评估，通常用来比较两种或更多政策。

 问题

内容复习问题

1. 给出一些辅助目标的例子。

2. 在项目过程中什么时候应该开展审计？有没有一个最佳时间？

3. 在审计生命周期的每个阶段会出现什么？

4. 在审计报告中应该包括什么内容？

5. 一个准确的审计需要什么路径？

6. 为什么绩效度量是审计中的一个特殊的问题？

7. 什么是"基线"？

8. 风险分析的目的是什么？

9. 一个可信审计的必要条件是什么？

课堂讨论问题

10. 在一个典型项目里，是频繁简要评估好还是周期性重点评估好，为什么？

11. 你认为付出项目评估成本值得吗？

12. 什么步骤能够减轻外部评估对项目团队成员带来的威胁？

13. 项目团队应该从评估中得到什么反馈，如果有的话？

14. 在项目审计中，如果系统的信息处理方法不被接受，大量的时间会被浪费。简要解释这种系统方法该如何创建。

15. "项目评估是项目控制的另外一种方法。"请对此给予评价。

16. 为什么依靠多种信息来源比依靠少量信息来源好？

17. 下面几种信息来源的优缺点是什么：（1）图表；（2）书面报告；（3）直接观察。

18. 为什么用外部审计者比用熟悉公司和项目的内部审计者好？

19. 什么样的报告可能会寄给客户？

20. 你认为审计者的道德责任是什么？

21. 审计者有大量的内容需要去评估，在项目计划中项目评估基准清晰的前提下，项目经理应该做什么？有关于辅助目标呢？

案例讨论

Gerkin 退休金服务

丹娜·拉斯克（Dana Lasket）是一个项目的项目经理，这个项目的目标是对将 Gerkin 公司的一部分重要计算能力转移到另一个地点的可行性进行决策。计划的项目完成时间是 28 周。拉斯克带领自己的项目团队工作，在第 20 周快结束时，项目依然符合进度。

在下一个礼拜的午餐谈话中，拉斯克发现财务副总裁对团队做出的计算机应该转移的假设有严重的怀疑。

拉斯克在此后的两次会议里尝试去说服财务副总裁怀疑是错误的，但是没有成功。事实上，他们谈得越多，财务副总裁就越相信拉斯克是错的。项目现在进行到了一定程度，不可能在不造成重要延误的情况下去改变任何假设，另外，财务副总裁可能要承担关于实施任何经过批准的新计划的责任，因此，拉斯克觉得在项目的计划完成时间前解决这个不一致意见是必要的。拉斯克要求任命一个项目审计者来审计项目，对识别哪些是要转移计算机的假设给予密切关注。

◆问题

这是审计技术使用的一个好例子吗？会有帮助吗？为什么？

General 造船公司

General 造船公司和海军部签署了一个关于在今后五年中造三艘新航空母舰的合同。在第一艘航母的建造过程中，项目经理组建了一个审计团队，对三艘航母的建造过程进行审计。在挑选了团队成员以后，他要求制定一系列项目的最低要求，并作为审计的一个基线。当检查合同文件时，一个审计人员发现了合同最低要求和海军部最低要求之间的矛盾。基于他的发现，他告诉项目经理自己已经决定和当地海军合同办公室联系以告诉他们这个问题。

◆问题

如果你是项目经理，会如何解决这个问题？一个客户如何确信合同会令人满意地完成？

课堂综合练习项目

在这一点（或者也许如果一个特殊的问题在项目中已经产生了），教师应该审计项目。可能的审计者包括已经完成项目任务的班级成员、历史学家、教师自己或者项目之外的某个人。根据这一章的指导来进行审计，另外一个方法是显示历史学家的报告是如何和事后评估联系起来的。

参考文献

数字资源

第 12 章 项目审计
（案例分析与指导阅读）

第 **13** 章　项目终止与利益实现

Project Closure and Benefits Realization

项目与世界万物一样，终归要结束。有时项目终止得非常迅速，并且干净利落，但多数情况下，它是一个非常漫长的过程；有时我们还没做好准备，项目终止过程就已经开始了。如何处理好项目终止和接近终止时的事情，对项目结束后的各方面影响很大。项目终止阶段很少会对项目的技术成败产生重大影响，但与客户、高层管理者以及项目团队成员对项目的看法以及对导致项目成败原因的认识密切相关。

至此，探索的乐趣已经成为过去，问题或已经被解决，或被避开，或艰难度过，或被忽视。计划已经实施完毕。客户可能高兴，可能生气，也可能相当满意。对于工程类型的项目，只要项目基础结构保持完整，终止问题就很顺利，整个项目团队将转移到下一个挑战上去。对于一次性的项目来说，终止问题与一个家庭的解散很类似。当家庭成员的翅膀已经长硬，要各奔前程时，家庭也就必须解散了，这时候需要划分或处理家庭的财产，做好个人今后生活的打算。做出改变是一件很难的事情，除非项目的生命周期只有几周或几个月。如果项目组织结构是弱矩阵型的，项目团队中只有很少的人，也许只有项目经理一个人，这意味着比解散一个大的项目组织更有压力，因为此时只能得到很少或者根本得不到其他人的支持。

项目终止过程从来就不是一件简单的事情，经常是一件非常烦琐的事情，几乎所有人都想避免此过程，然而，它又是难以避免的。问题是如何尽量减少麻烦和管理混乱以完成项目终止中的一些标准规范。

在本章，我们首先研究有关项目终止常见的几种形式。其次，我们将介绍用于做出项目终止决策的一些决策辅助模型，为此我们将回顾项目评估的话题，并讨论项目成败的标准。再次，我们将讨论降低项目终止的负面影响和一些步骤以及为减少项目终止带来的一些管理问题所遵循的程序。我们还将关注导致项目终止的典型原因。最后，我们将介绍项目终止过程中不可缺少的一项工作——编制项目最终报告。

然而项目的结束并不是整个事件的结束。仅仅是项目已经建立或者软件已经安装、项目经理进行下一个项目，并不意味着我们对这个项目的预期利益会自动产生。在项目彻底成功前项目拥有者仍需要做更多的工作。这些工作将在项目终止后的利益实现小节中讨论。

➡ 13.1 项目终止的方式

我们认为当出现以下几种情况时，就是我们所说的项目终止：项目的实质性工作已经停止或要想取得进一步的进展已经不再可能；项目已经无限期延误；项目资源已经转移给其他项目；项目专业人员（特别是项目经理）已经不受高层管理人员信任而在公司被冷落。当出现以上几种情况时，表面看来项目还有一线生机，但是要想恢复到健康状态几乎是不可能的，项目极少会重新崛起、再度辉煌（Baker, 1997）。项目团队虽然有坚持到最后的信念，并使出浑身解数以挽救项目，但在很多时候无法指望死灰复燃。项目经理必须懂得，古代海军虽然有船长必须与船共存亡的传统，但献身的做法无论对舰队、船员、船只还是船长本人来说都不是最好的。

但是船长也不能在刚出现危险信号时就仓皇弃船而逃。在本章的下一节中，我们将介绍许多表明项目可能正处于麻烦之中的征兆和信号。此时，所考虑的应该是项目以何种方式终止的问题。存在四种截然不同的项目终止方式，即完全式、附加式、集成式和资源限制式。

完全终止方式

这种项目终止的原因可能是已经成功完成了项目的目标：新产品已经开发完毕并交付给客户；软件已经安装完毕并开始运行。

项目也可能因为没有成功地完成目标或者项目被取代了：新药物没有通过药效检验；存在更好、更快、更便宜、更美观的替代项目；要实现预期绩效的成本太高，耗时太长。此外，外部环境的变化也可能使项目终止。挑战者号航天飞机的爆炸，一夜之间导致许多航天项目终止。最近，与汽车比赛相关的技术和材料方面成本的极速上涨导致了世界一级方程式锦标赛和印地赛车系列赛在各自的领域停止（甚至废除）特定的技术升级。

一个完全终止方式的特殊情况是"通过谋杀来终止"[1]。其中，谋杀手段有多种，既可能是政治暗杀，也可能是制造意外谋杀。项目的谋杀有可能是因为原来反对项目的高层管理者在新一轮的职位角逐中占了上风。公司合并经常会使某些项目成为多余的。NCR 公司合并到 AT&T 时就被迫取消了一些项目，近来，NCR 公司又从 AT&T 中撤出，可能会有更多的项目被取消。

针对有预谋或没有预谋的谋杀终止方式，有两个重要特征：一是项目突然死亡；二是没有明显的征兆。

当做出通过完全终止方式终止项目的决策时，最显著的特点是项目的所有实质性活动都被停止。然而，仍有大量的组织活动需要去处理。如果项目团队成员仍留在原公司中，则必须对他们的解散和重新任命做出安排。项目的资产、设备和材料必须在符合项目合同

---

① 作者感谢退休教授塞缪尔·G. 泰勒（怀俄明州大学）提供这个用谋杀来终结的特殊案件。

的规定或遵守项目组织的规定程序的情况下进行分配。最后，还必须准备项目最终报告，即项目历史记录。这些内容将在本章的后面详细讨论。

附加终止方式

许多项目属于内部项目，也就是项目团队开展的项目为公司所用。如果项目取得成功，将可能以正式地归为公司的一部分的方式终止。例如，NCR 公司（在并入 AT&T 之前和撤出 AT&T 后）采用这种方式把其中的一个项目转到公司的一个部门，如果经济前景稳定，就可以把它转为一个独立的子公司。大学里将原属于某系的几个专业划出来成立一个新系的做法与此如出一辙。例如，多数的软件工程系或信息系统系就是这样由软件工程或商学院的类似专业转变为一个完整的系的。

当这样的项目被列为公司的重点时，就像小孩总是会受到长辈的关爱一样，通常会在被保护的状态下度过第一年——与其他成熟项目相比，承担较少的管理费用。然而，随着时间的推进，小孩会逐渐被要求去承担成年人应有的经济责任。

当项目取得成功并采取附加终止方式时，其转换过程明显不同于完全终止方式的转换过程。虽然两种方式下项目都终止了，但后来的进程不一样。前者是将项目人员、财产和设备都从濒临消亡的项目中转移到新生的部门，无论这种转换是从项目到部门，还是到分公司，都伴随着新的变化：预算和管理方式必须符合项目所属公司的标准程序，对上缴利润的要求也不同了，项目阶段享有的政策性保护可能也减弱了，实际上，项目运作已经纳入组织内部常规的、事务性的与日常的运作体系之中。

然而，有的情况下，一些富有挑战意识的项目团队成员会要求转移到其他项目上或寻找开启新项目的机会。项目的整个生命周期是令人兴奋的，一些团队成员对项目组织中沉稳和中规中矩的现状感到不舒服，因为从项目到部门的转变使自由感消失。

对项目经理来说，这一时期要做到顺利过渡会面临很多困难。在本书的第 I 篇，特别是第 3 章，我们曾反复强调项目经理不可或缺的素质之一——政治敏感性。为了成功地实现从项目到部门的过渡，要求项目经理具有更高的政治敏感性。有的时候项目是处在保护之中的，因为围绕着项目存在着很多纷争。在大多数公司中，常规业务部门要面对高层之间的明争暗斗是司空见惯的事。

集成终止方式

这种终止方式是成功项目的最常用方式，也是最复杂的方式。项目的资产、设备、材料、人员和职能被分配到组织的现有各机构之中。项目的输出变为组织或客户运行系统的一个标准部分。

在某些情况下，项目的集成问题相对较少。比如，安装一个新软件的项目团队向客户进行有关的操作和维护的培训之后，项目团队就会解散，可能会遗留一些小问题，但是对有经验的经理来说不足挂齿。如果安装一个含有多个终端和多个不同软件的服务器，那么集成的复杂性则十分高。通常情况下，组织或客户在以下两方面的经验水平越高，处理集成问题越容易：（1）被集成的技术；（2）其他项目成功集成的经验，不考虑技术。

附加终止方式的大多数问题也会在集成终止方式下出现。在集成终止方式下，项目本身不会被排斥，调配到组织指定单位中的项目专业人员则被认为是闯入的竞争者。同样，在保护下茁壮成长的项目在残酷的现实世界中可能并不能健康运行。从事项目的人员可能回到原岗位并且被分配了新的责任，因此也有可能对"老"项目失去兴趣。

集成终止方式下，在分配项目职能时，必须考虑以下几个重要方面。

1. 人员

项目团队将何去何从？是否仍作为团队予以保留？如果仍然需要团队实施项目职能，那么由哪些人来做这些工作？如果团队成员被分配到一个新项目中，那么在什么条件或环境下可以临时抽调这些人员来协助原有项目？

2. 生产

培训充分吗？能否获得原料和必需的设施？生产布局是否需要重新规划？此项变化是否带来了新的瓶颈或打破了原来的平衡？需要新的操作或控制程序吗？新的操作工序集成到公司计算机系统中了吗？

3. 会计/财务

项目的财务周期是否已经结束并通过了项目审计？运营的新部门预算是否包含项目所需的附加工作？是否建立了新的财务簿记，簿记账号是否已经传达？所有的项目财产和设备是否按照合同或商定的协议进行了分配？

4. 工程

所有的图样是否完备并已存档？操作手册和变更手续是否易于理解？是否针对新员工对培训计划进行了调整？是否对维护进度也进行了调整？我们是否有适当的备用库存？

5. 信息系统/软件

是否对新系统进行了全面测试？软件是否被证明有效并进行了全面评价？新系统与当前的系统是否完全兼容？是否对新系统的用户进行了适当的培训？

6. 营销

销售部门是否意识到了变化？营销是否考虑了交货时间？市场对新产品是否满意？是否为具体的实施制定了新的营销策略？

7. 采购、分销、法律等

是否所有的职能部门都意识到了新的变化？是否每个部门都按照标准的组织方针完成了从项目到正常业务的转变，并且制定了标准的管理程序？

8. 风险识别和管理

上述 1~7 个方面所述的大多数问题和条件描绘了成功集成的风险。每一项都应该与其他项目风险一样纳入风险管理体系，加以分析和应对。

资源限制终止方式

这是项目终止的第四种类型，严格来讲，它根本就不算一种终止方式，而是通过减少预算的方式使项目慢慢消亡。当业务长期萧条时，项目中的所有员工几乎都必须面对预算削减。预算削减或预算消耗是很常见的现象。正是由于比较常见，它们有时被用来当作项目终止的借口。

对于高层管理人员为什么不终止一个不成功的或过时的项目可能有许多原因。例如，在一些公司中，如果高层管理人员承认他负责了一个失败的项目，那么将面临很大的政治风险，并且终止一个未完成目标的项目暗示着承认了失败。在上述的例子中，项目预算可能被大幅削减，或者经历多次的小幅削减，这些预算的削减足够阻止项目进行下去，不得不重新分配许多项目团队成员。项目实际上已经终止了，但是它仍旧作为一个合法的实体存在，并且有充足的人员维护某些现场，比如秘书每年都要发布项目无进展报告。通常调查这些项目或者对为什么项目还没完成刨根问底被认为是不合时宜的。

实践中的项目管理　　　　　　　　　　**纽柯的附加终止方式**

纽柯（Nucor）是早期的钢铁"小企业"之一，是一家具有高度企业家精神的公司，年复合增长率为23%。1987年，它的销售额为8.51亿美元，只有19名执行人员负责监督23家工厂和4 600名员工的运营。作为其战略的一部分，纽柯决定进军扁钢市场，这是钢铁产品的最大市场。因此，它在印第安纳州的克劳福兹维尔启动了一个大型工厂的建设，这将占到其总资产的20%以上。

作为其战略的另一部分，纽柯进行自己的施工管理，大多数施工团队随后过渡到新建工厂的永久职位。在这种情况下，四名经理开始组建新工厂的筹备团队，然后从公司外部请来19名人员组成其余的施工团队，他们之前从未建造过钢厂。新工厂筹备小组的经理是现场确定小组的负责人，并成为工厂的总经理。施工项目的现场值班主管将对熔化车间、热轧机和冷轧机负永久性管理责任。工程师们将成为工厂的主管，甚至秘书/办事员也将在新设施项目中有一个职位。

纽柯在建设过程中非常依赖其供应商的服务和能力，因为它是一家如此小的公司，这也反映了纽柯的"精益和中庸"哲学。在这种情况下，施工队犯的唯一错误是低估了供应商所需的工程时间，这一时间大约是估计的两倍。即便如此，工程成本（可能还有其他大部分人工成本）显然只占建造此类钢铁设施历史成本的20%左右！

问题

1. 为什么纽柯会认为它可以用通常所需工程资源的1/10来建造一个新的钢厂？

2. 这个项目的哪些特性使它使用附加终止方式？

3. 纽柯还能用什么方式终止这个项目？你会给这些方式提供什么条件？

资料来源：R. Kimball, "Nucor's Strategic Project," *Project Management Journal*, Vol. 19.

▶ 13.2　何时终止项目

想要尽早做出终止一个项目的决定，无论采用什么方式，都不是一件简单的事情。正如我们在第4章所强调的，项目都有自己独特的生命规律，这与项目是否成功无关。在早期有关终止研发项目的文章中，布埃尔（Buell, 1967）曾怀疑过是否能阐明决定终止项目所遵循的特定方针和标准，他对"能够把任何事情以定量的数学表达式表示出来"持强烈的怀疑态度，他提出了通过回答一系列问题的方法来指导决策。尽管这些问题是针对研发项目提出的，但是它们具有广泛和普遍的适用性。对这些问题进行分析并做出局部修正后，其指导意义人人扩展了。这些问题如下：

（1）项目是否仍然与组织目标一致？

（2）项目是否具有可操作性和可用性？

（3）管理人员是否十分积极地支持项目的实施？

（4）项目的范围是否与组织的财力匹配？

（5）项目是否与组织技术利益、技术"年龄"和成本达到平衡？

（6）当开始实施项目时，项目是否得到了所有相关部门的支持（如财务、生产、营销、信息技术、法律等部门）？

（7）组织对项目的支持范围是否太窄？

（8）对单个项目的支持是否足以使其成功？

（9）与目前的技术相比，项目所利用的技术是否太先进或太落后？

（10）项目团队是否依然富有创新性或已经身心俱疲？

（11）能否通过专利、版权或商业秘密等形式对新知识进行保护？

（12）能否在不影响项目质量的情况下对其进行分包？

（13）目前的项目团队能否继续胜任项目？

（14）组织是否拥有成功实施或开发项目所需的技能？

（15）项目所涉及的领域是否已经被"完全开发"？

（16）项目是否流失了关键员工或支持者？

（17）项目团队对成功抱有热情吗？

（18）通过采购或分包而不是自己实施来达到项目预期效果是否更有效？

（19）是否只能实现部分项目目标？是否仍然有利可图？能否保证工期？

我们也可以为布埃尔的清单增加一些其他问题。例如：

（1）项目是否已经被其他公司开发的新技术或生产的新产品、提供的新服务取代？

（2）项目产品是否仍具有成本效益？项目的风险水平是否发生了显著变化？

（3）现在是否到了把项目纳入组织日常运营体系的时候？

（4）如果今天提出项目议案，要求在规定的时间和成本之内完成项目，我们是否会支持此项目？

（5）对项目的资金、时间和人员的使用还有更好的可替代方案吗？

（6）环境的变化是否改变了对项目产品的要求？

实践中的项目管理　　　　12 个医院移交项目

肯塔基州路易斯维尔市诺顿布朗斯伯勒医院（Norton Brownsboro Hospital）的新院建设距离竣工还有 7 个月，是时候开始从项目过渡到顺利运营了。之前，为了帮助建立患者流程，诺顿医院的主题专家被请来咨询，特别是关于患者希望流程如何工作的问题。作为一个例子，患者在信息亭自助登记，而不是通过通常的排队登记。

由于 700 名新雇员必须学习如何使用 13 项技术的 51 个信息系统，该医院设立了 12 个项目对他们进行培训。为了帮助培训，业务人员提前进入，以便顺利过渡，并了解新员工的关注或需求。在医院，项目失败和终止不是一个选择，因为生命总是处于危险之中。事实上，这些项目如期完成，医院在到期日前开始营业，比预算少了近300万美元。

问题

1. 你认为项目团队通常会对正在进行的工作人员的交接给予多少关注？
2. 你会把这次终止方式划分为附加式、集成式、完全式的哪一种？为什么？

资料来源：K. Hunsberger，"The Best of the Best."PM Network，Vol. 24.

很明显，这些问题存在交叉之处，还可以很容易地对这个清单进一步扩展。早在20世纪60年代通过对管理人员的调查发现，比起技术原因，商业和市场失败是项目终止的两个最重要的原因。从那之后，随着全球化和更激烈的竞争，经济和市场情况变得更艰难，但由于知识的增加，项目经理反而更能帮助项目取得成功。通过与20世纪80年代之前的关于项目选择决策的大量研究和思考进行比较我们可以发现（也可参见第2章），关于终止决策方面的研究成果相对来说非常少。即使这样，这类成果还是比有关定义项目成功的研究成果要多。

到了20世纪80年代中期，人们研究项目终止的兴趣开始增加，同时，对应如何理解项目成功的兴趣也在增加。平托（Pinto，2013）通过对一些经验丰富的项目经理进行调查，发现了项目成功实施的十个关键因素（见表13-1）。蒋等（Jiang et al.，1996）通过"商务专家"信息系统对平托等提出的十个关键成功因素的相对重要性进行了调查，最终得出了大致相似的结论。最近的情况是，邹等（Zou et al.，2014）调查了行业从业者在公-私项目中的情况，然后发现两个最重要的成功因素，即高层管理者的责任感和参与度，以及清楚地定义整个项目中要实现的部分。邹等衡量了这些因素的现在和应有的重要性，然后发现它们被低估了大约1/3。最后，他们衡量了从业者对于增强这两个因素的重要性的困难的看法，发现比起另一个因素，高层管理者的责任感和参与度更难增强。

贝克等（Baker et al.，1983）研究了影响研发项目成败的类似因素。贝克等的一个重要发现是，与项目成功相关的因素因行业的不同而不同。贝克等的工作局限于研发项目，平托等的研究则包含多个不同类型的项目，他们发现，与成功相关的因素随着项目类型的不同而变化，例如，研发项目成功的因素与建筑项目不同，至少，这些因素以及它们之间的重要性因产业、项目类型的不同而不同，我们认为可能在不同的公司之间也有差别。

表13-1　关键成功因素重要性排序

1. 项目任务——项目开始时，清晰定义的目标和总体方向
2. 最高管理层的支持——最高管理层愿意为项目的成功提供必需的资源和授权/权力
3. 项目进度/计划——对项目实施的行动步骤进行详细的说明
4. 客户咨询——与所有相关方进行沟通和咨询并积极听取他们的意见
5. 员工——为项目团队招聘、选择和培训所需的人员
6. 技术任务——为完成具体的技术行动步骤所需的技术和专家的可获得性
7. 客户认可——项目产品被最终用户接受
8. 监控和反馈——在实施过程的每个阶段都及时提供全面的控制信息
9. 沟通——在项目实施过程中，为所有的关键参与者提供合适的传递网络和必需的数据
10. 问题处理——处理突发事件和纠正计划偏离的能力

资料来源：Pinto（2013）.

针对这方面的研究，学者们根据项目的特征或实践，提出了一些用来预测项目成败的模型。平托等（1990）对与项目失败相关的因素进行了描述。这些因素随着项目类型（比如研发项目与工程项目）、项目在生命周期中的阶段和定义"失败"的方式不同而不同。格林等（Green et al.，1993）发现，公司现有的技术专长与现有市场领域和渠道之间不太匹配是项目终止的一个较好的预警。

面对多样复杂的成功因素，我们发现通过采用布埃尔所提出的问题，一些项目并不能做出令人满意的回答，原因如下。

1. 未按项目需要建立项目组织结构

建立的项目组织结构并不适应特定的项目任务或项目环境。公司必须清楚地了解建立项目组织结构的条件。

2. 高层管理者的支持不足

项目对资源的需求不会是一成不变的，与职能部门之间就这些资源经常发生争论。如果没有高层管理者的支持，项目在争夺资源的战斗中十有八九将以失败告终。

3. 任命了不合适的项目经理

本书已经旗帜鲜明地表明了项目经理的重要性。一个常见的错误是：任命的项目经理技术能力非常突出，但是管理能力很低，或缺乏此方面的培训。

4. 糟糕的计划

这是项目失败的一个常见原因。人们经常忙于实现项目的目标，却忽略了制订周详的计划。在一些实例中，危机管理成为家常便饭，困难和错误经常出现，项目慢慢地远离了预定的进度和预算。实际上，几乎所有的实证研究都表明，详细的计划与项目成功直接相关——汤姆·彼得（Tom Peter）的《准备，射击，瞄准》（*Ready*，*Fire*，*Aim*）一文所持的观点与之相反。合适的计划是项目成功的保证，糟糕的计划注定会导致项目失败（Black，1996）。

除了以上原因，还有其他一些导致大多数项目失败的原因。这些失败的原因大部分源于以下几项，例如：

（1）没有借鉴先前项目的最终报告，这些报告中包含了许多有关项目实施的建议。

（2）进行时间/成本估算的不是真正对此负责的人。

（3）项目开工延后，项目经理还没有做好充分的计划就投入工作。

（4）项目人员调动却未对计划做相应调整，或任命了新人但在项目需要人手时无法到位。

（5）项目审计/评估人员怠于做出详细而有价值的评价。

（6）允许因无效益被停工并长期搁置的项目继续实施。

（7）无法评估出在项目生命周期的早期阶段出现问题的原因是没有准备充分还是没有进行风险评估和管理工作。

上述这些有关项目失败的原因都说明在项目的所有阶段都要进行仔细评估。同时，需要特别向读者指出的是，虽然对终止问题的关注大多集中于正在走向失败的项目，但是适时地终止成功项目也同样重要或更为重要。一个影响到许多组织但很少被提及的问题是，成功的项目经理无能力或不愿意终止正在实施的成功项目，终止组织内部的项目就更加困难了。项目经理（和项目团队）不愿把项目交给客户或组织的部门。一个负责项目沟通的优秀技术专家兼管理人员被解雇，仅仅因为他坚持对实质上已经完工的项目保持监控，而不把项目交付给用户，他的理由是这些项目还需要"进一步测试"或"完善地调试"。

同样，如何做出终止决定以及由谁来做出决定也很少被提及。我们认为由高层管理人员组成的委员会做决定可能是最好的选择。该委员会应该能排除干扰并承受伴随终止而来的各种政治压力，比如成功项目和失败项目的终止决策。委员会应该尽可能地将所采用的标准公布，并对一些细节做出解释。重要的一点是，委员会不能机械地为做出决定而制定标准，有时要对超出标准的提议做出正确取舍，对所做的承诺做出正确决断，提建议的人或做承诺的人是谁也要加以考虑（Baker, 1997）。

本书的一个读者提出，书中讲了太多的项目终止的技术原因而没有谈到许多项目都是出于非技术原因而被终止的。虽然导致项目终止的非技术原因多种多样，但多数与冲突有关，甚至在项目伊始大家就预知要发生的冲突也无法避免。

1. 政治型的项目终止

在讲到谋杀项目时，我们提到过这种项目终止类型。这种终止一般是高层管理者之间冲突的典型结果，冲突的一方很可能随着项目的终止而离开公司。

2. 文化差异造成的项目终止

有时跨国项目的失败是由于不同文化组群没有或不能进行良好的沟通，或者他们的工作风格没有或不能相互协调。当较差的沟通或不同的工作风格导致不同文化之间争夺优势地位或进行输赢对抗时，冲突就出现了。同样，当不同职业背景的人员（比如销售人员和技术人员）一起工作时，跨文化力量起作用，也会出现类似的冲突。

3. 淡出型的项目终止

许多项目的终止是因为高层管理者、项目倡导者、项目经理，甚至关键的项目工作人员对项目失去了兴趣。项目无所谓成功或失败，只是被冷落在一旁。同时，其他一些新的有创意的想法变为项目，组织的焦点（和资源）就此转移。新旧项目之间的冲突可能不是那么激烈，因为旧项目主动让位给新项目罢了。

▶ 13.3 项目终止过程

终止过程分为两个不同的阶段，即终止决策阶段和终止实施阶段。

实践中的项目管理 　　　　　　　　　　**终止超导超级对撞机项目**

美国国会做出了终止超导超级对撞机（Superconducting Super Collider, SSC）项目的决定，结束了这一耗时 11 年、花费超过 20 亿美元的宏大工程，也使 2 000 人因此失去了工作。此项目的预算为 110 亿美元，目标是在地下的一个巨大的粒子加速器中把亚原子微粒加速到接近光速，并在 40 万亿伏电压下将它们击碎。该实验对于社会的利益未知，一些人认为它给社会带来的利益将是巨大的，而其他人，包括国会议员，对此并不确定。

这一项目也因"身份"问题的争议而受到责难。由于项目初期其他国家承诺投资 10

亿美元，该项目应该是国际合作科研项目，还是美国前所未有的基础科学项目，便成为悬而未决的问题。尽管超导超级对撞机项目的成本迅速增加，但是导致其终止的主要原因是失去了政府对它的支持*。尽管超导超级对撞机项目得到了来自大专院校和科研团体的支持，但是项目潜在的效益不会使克林顿政府受益，因此，政府的反应很冷淡。当项目出现40亿美元的预算赤字时，超导超级对撞机项目最终被终止了。

问题

1. 这是哪一种项目终止类型？

2. 本文作者认为政治是项目实施中的一个重要因素。你同意吗？这个项目被终止是因为政治因素吗？

资料来源：B. Baker and R. Menon，"Politics and Project Performance：The Fourth Dimension of Project Management，" PM Network，Vol. 9

*本书作者认为失去支持的原因是得克萨斯州是该项目唯一的直接受益方。

终止决策阶段

项目终止的辅助决策模型一般分为三类：第一类是基于符合项目成功（或失败）的一系列因素及达到这些因素的程度做出决策的模型。第二类是基于完成项目任务和目标的程度来做出决策的模型。第三类是基于某些项目远远落后于计划和进度导致为了完成它们所需的花费不再值得而做出决策的模型。

关于第一类模型，斯塔克（Starke，2012）指出项目经理一味地低头做事而不停下来思考一下这个工作本身是否合理。如果项目由于范围、成本和进度计划的原因明显不会完成，那么它就应该被重新考虑、重新规划或者叫停。然而，也应该考虑这种情况：如果项目经理直觉感到这个项目与整个组织的战略价值观不符合，项目经理应该尝试去寻找其他方式以影响这笔目前投资的价值，比如一个和战略更相关的项目。

库马尔等（1996）认为，项目选择模型不适用于项目终止决策。争论的焦点是项目选择模型要求的数据获取工作量庞大，而且成本很高，或项目因素在项目生命周期的不同阶段评估的结果不同，如技术成功可能性这一因素的评估值在项目初期时接近1.0，但是随着项目的进行，技术问题会逐渐显露，其评估值也就逐渐降低。他们认为以此为依据评估项目，会使决策倾向于新项目而不利于正在进行的项目。

然而，第一个论点争论的焦点与实际不符，因为实际所采用的项目选择模型规模是适中的。正如本书的其他章节所述，多数项目的不确定性一般与实现项目目标所需的时间和成本有关而与在技术上是否可行无关。选择标准可能从项目开始到项目结束这一段时间内不断改变这一事实，并不能成为反对使用项目选择模型的可靠理由。事实上，无论项目终止的评估标准是什么，都要由组织做出终止决策时的政策来决定，而不是由这之前的政策决定。

我们排除沉没成本与当前的投资决策之间的关系，那么评估项目继续开展还是终止的首要标准是，在项目当前状态和当前预计产出的条件下，组织是否愿意就完成项目所需的时间和成本进行投入。我们在此强调，此标准适用于任何项目。

谢弗等（Shafer et al.，1989）在附带约束条件的加权因素评分模型（见第 2 章）的基础上，开发了一个项目终止决策支持系统（DSS）。目前最流行的电子表格软件可以实现对评分模型的直接模拟和设置专用菜单，并使决策者随着使用 DSS 经验的增加能够对模型进行修改和完善。每个组织的决策标准、约束、权重和环境数据都是不同的，因此对该（或任何）决策模型的使用都各有特点。谢弗等（1989）详细论述了许多使用这一规则的模型，图 13－1 说明了这一模型的结构。

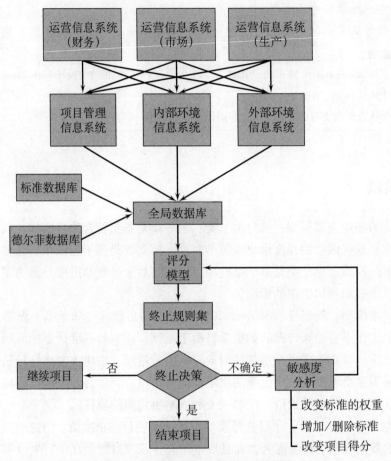

图 13－1　项目终止决策 DSS 结构图

终止实施阶段

一旦决定终止项目，就必须将此决定实施到底。实际中的终止过程既可以按计划有序地进行，也可以快刀斩乱麻。前一种做法显然效果会更好，因此，我们建议终止实施阶段应该与项目生命周期其他阶段的做法一样，都要制订计划、编制预算和安排进度。图 13－2 说明了某一项目的终止实施过程。阿奇博尔德（Archibald，1992）编制了一份内容广泛的有关项目的管理部分和实质部分的收尾工作清单（见表 13－2）。

在一些组织中，项目收尾工作是在项目经理的直接领导下进行的，但是这种情况下经常造成一些窘境。对于许多项目经理来说，项目终止意味着领导地位的丧失。如果项目经理将负责新项目，那么问题可能不太严重，但是如果没有其他的项目，并且项目经理面临

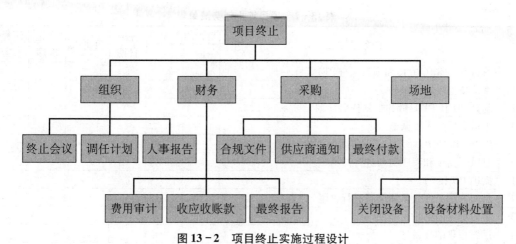

图 13 - 2　项目终止实施过程设计

着回到职能部门从事枯燥的工作，那么他难免会在终止过程中滥用职权。

表 13 - 2 说明，项目终止工作的实施是一个复杂的过程。表 13 - 2 中的 A - 4、B - 4、C - 3 和 G - 2 与其他许多任务相比实际上是一些小项目，如果就此认为在项目的最后阶段，做这些"信手拈来"的文字游戏轻而易举的话，则是非常愚蠢的。必须有人来处理这些舞文弄墨的事情，如果项目经理在此方面丢三落四，那么他将留下一个做事漫不经心的名声，不利于职业生涯的成功。

项目经理还有另外一个选择，就是完全不考虑项目终止实施过程。既然对项目的评估已经做出，项目褒贬已经无法改变，与其做费力不讨好的事情，不如将项目收尾工作交给项目主管去处理。项目团队成员可能有类似的想法和反应，在项目实际结束之前，他们可能会寻找新的工作或机会，在此阶段某些工作拖沓也在所难免。

有时，特别指派项目终止负责人对于处理这一漫长而棘手的工作是有效的。在这种情况下，项目经理被调遣到另外的项目或者被重新分配回职能部门。专职的项目终止经理不必处理大量的项目实质工作，只要熟悉项目终止应遵循的管理程序及项目将运行的环境（如果项目继续实施的话）便有条件胜任。如果需要对项目成员的绩效进行评估，那么这项工作通常而且必须由原项目经理或项目主管来进行，临时项目终止经理恐怕未必能胜任。

如果在终止过程中需要某种技术专长，那么一些项目团队成员将被提升并承担相应的终止职责。这种提升不但起到激励作用，而且为团队成员的个人发展提供了资历。

终止经理的主要职责包括以下九个方面的基本任务：

（1）确保项目工作完工，包括由分包商实施的任务。

（2）通知客户项目已经完工，并确保可交付成果（和安装）已经完成。项目的验收必须得到客户的认可。

（3）确保项目文件资料完备，包括项目交付部分的最终评价书和项目最终报告。

（4）完成支付手续，并督促与客户的结算工作。

（5）把人员、材料、设备和其他资源分配到合适的地方。

（6）完成项目终止的法律手续。如果合适，则申请专利。对所有非公开的文件做好记录并存档。

表 13 - 2　项目终止任务清单

任务编号	任务描述	是否用于项目 是	是否用于项目 否	完成日期	负责人	优先次序	注释参考
A	项目办公室（PO）和项目组（PT）						
1	主持项目收尾工作会议						
2	制订 PO 和 PT 解散和重新任命计划						
3	进行必要的人事调整						
4	为 PO 和 PT 中每个成员进行绩效评价						
B	对以下指令和程序问题进行说明						
1	撤销 PO 和 PT						
2	对所有的工作任务和合同进行收尾						
3	报告程序的终止						
4	最终报告的准备						
5	项目文件的完成和处理						
C	财务						
1	清理财务文档和记录						
2	审计最终的费用和成本						
3	准备最终的项目财务报告						
4	收应收账款						
D	项目定义						
1	编制最终批准的项目范围书						
2	准备项目分解结构并纳入项目文件中						
E	计划、预算和进度						
1	记录所有合同可交付成果的实际交付日期						
2	记录所有合同责任的实际履行日期						
3	准备最终的项目和任务的状态报告						
F	工作授权和控制						
1	结束所有的工作命令和合同						
G	项目评估和控制						
1	确保安排的所有行动任务都已完成						
2	准备最终评估报告						
3	召开项目最终审核会议						
4	终止财务、人力资源和进度报告程序						
H	向管理人员和客户汇报						
1	把最终报告提交给客户						
2	把最终报告提交给管理人员						
I	营销和合同管理						
1	对所有的最终合同文件及变更单、弃权书和有关信件进行整理、汇编						
2	按照合同条款核实并编制文件						
3	对运输证明和客户验收证书进行汇编						
4	正式通知客户合同完成						
5	对客户进行索赔						
6	做好对客户的反索赔工作						
7	向社会公布终止合同						
8	准备最终合同状况报告						
J	项目延期或新项目						

续表

任务编号	任务描述	是否用于项目		完成日期	负责人	优先次序	注释参考
		是	否				
1	对项目或合同的延期或开始新项目的可能性提出书面建议						
2	获取延期的承诺						
K	项目记录控制						
1	完成项目文件并传送给指定的经理						
2	以规定的程序处理其他的项目记录						
L	采购和分包						
	对所有的采购订单和分包合同：						
1	记录符合程度和完工情况						
2	核查项目的最终支付情况和财务记录						
3	通知供货商、分包商合同完成						
M	工程文件记录						
1	将工程文件记录汇总、归档						
2	准备最终技术报告						
N	现场作业						
1	结束现场作业						
2	处置设备和材料						

资料来源：Archibald（1992）.

（7）确定保留哪些档案（手册、报告和其他的文字资料）。确保这些文档得到妥善的保管，并将保管的责任转交给项目组织中的档案管理人员。

（8）查明所有的生产支持需求（例如，备件、售后服务），确定何时提供服务和如何分配责任。

（9）监督项目文件的最终整理工作。

在项目终止过程开始之前，可能任务 1 到任务 3 已经被项目经理处理完毕。如果必须由终止经理完成这些任务，绝大多数情况下肯定需要技术上的支持。当然，如果项目规模不太大，清单上列出的许多任务都是非常简单的，但即使处理的是小规模或中等规模的项目，项目经理也应该确保所有的问题都被考虑到。针对常规的项目，例如，维护项目，制作一个简单的任务清单肯定会有帮助。

我们应该对上述清单中第 5 项任务进行进一步讨论。在真正的项目终止过程开始之前，项目经理应当做大量的工作以减少项目终止过程中出现的问题。在项目建议书和/或合同中应包括对项目资产、设备的分配和处置方面的内容。显然，这不能解决所有的纠纷，但能起到缓和冲突的作用，对人员问题的处理复杂得多。

大多数项目经理会尽量拖延对员工新的任命或解散问题，其中有三个主要原因：

（1）一种不愿面对因公布新的任命或解雇而引起团队内部人员纠纷局面的强烈抵触情绪；

（2）担心员工一旦知道上级正在考虑终止项目，就会对项目失去兴趣，甚至停止工作；

（3）特别是在纯粹的项目组织中，担心团队成员会为了避免项目终止而尽可能地拖延工作。

在项目完成之前，只要项目经理向职能经理报告项目成员中有人偷懒、怠工或拖沓，职能部门势必要动用常规的制裁手段。项目经理应该使团队所有成员清楚一点，中途辞职和职位长期不变同样不能被接受。

如果项目被一个管理能力较差的项目经理控制，就会出现问题。譬如周五下午在项目公告栏上宣布了派遣和解雇人员名单，然后项目经理自顾自地去度周末，这就说明此项目经理的管理能力很差。一个比较有效的做法是与每个项目成员单独面谈或进行小组会谈，让他们知道项目终止方案，并为每个人提供咨询服务，目的是帮助他们走上新的岗位或寻找新的工作（可以选择在合适的时间向全体项目成员公布，因为面谈过程可能持续几周或几个月）。不让任何人知道终止计划是不可能的，直面问题常常能够减少谣言。

在大型项目中，除非得到高级助理人员的协助，否则项目经理无法进行上述面谈，也可以委派项目人事经理或项目所属公司人事部门的代表代替项目经理完成这一任务。表面看来，这种做法似乎是多此一举，但善待部下的声誉会对项目经理为下一个项目召集人员起到不可估量的作用。

在谋杀式终止方式下，按照上述建议来处理项目人员问题会变得非常困难，因为项目终止经常在几乎没有征兆的情况下发生，以至于项目经理和项目成员几乎同时得到消息，甚至有时候项目经理还是从项目团队成员那里获知这一信息。

在上述情况下，项目经理能做的只有尽量减少损失。项目经理应当尽全力快速地把项目团队召集起来，并尽自己的最大能力使大家明白发生了什么事情。此时，项目经理应该启动重新任命或解散程序。

清单中的第 6 项和第 7 项，还有表 13-1 中的一些条目（特别是 I，K，L 和 M）都是关于在项目组织档案文件中保留项目相关文档方面的。至于为什么文档保留是一件非常重要的事情，有以下几个方面的原因。随着项目的完工，组织和客户可能在最终产出物究竟是什么方面存在分歧，这就要求有关可交付成果的协议，包括所有的变更清单必须被所有的相关方写下来并签字认可。双方可能在对未公开的协议内容的记忆方面存在分歧。

此问题可通过保留所有的文档来避免，当然这不包含被认为是保密的材料。多数未公开的协议要求对保密材料加以标明。如果非要弄清项目文档中的保密信息的内容，有时，在遵守查阅者承诺的情况下可以查看，但是要保证项目文档不能暴露给竞争者或非法人员，查阅者必须自觉保护保密的信息。最后，组织和客户可能在对项目生命周期各阶段中哪些事情是被审核批准的哪些不是的认识上存在分歧。实际上，对组织来说，保证项目生命周期各阶段都进行签字记录是非常关键的，因为在给下一阶段的工作投入资源时，要依赖于目前阶段的审批。① 我们强烈建议组织就有关文档保留问题咨询律师。

实践中的项目管理　　　　　**当你不得不终止一个项目的时候**

要想终止一个项目需要勇气，但有时你知道必须去做。失败项目的一些常见问题是初始要求定义不明确、范围不断变化、资源和人员的过度变化以及对预期变化的极度压力/紧张。然而，一个项目可能已经遵循了规定，并做了一切正确的事情，但仍然需要终止。

① 我感谢 T. D. 特尔曼. Esq. 一位熟悉文件保留法律的律师，对于本段内容的支持。

英国的一个项目就是这样，客户高度支持该项目，提供时间、资源和迅速的决定。范围明确，达成了完成标准，预算和时限为所有人所接受。不过，在早期，有一个不可避免的范围变更，要求客户同意，时间要增加20%，成本增加10%。

随着项目第一阶段接近尾声，向客户和高层管理者提交的进度报告表明，质量和进度显然都在恶化。快速回顾表明结果可能是不可接受的。在项目经理的同意下，召集了一位外部专家来审查迄今为止的工作并提出建议。然后，专家、项目经理和主要承包商举行了一次联席会议，会议决定，最好的办法是共同完成第一阶段的工作，然后终止项目，并将工作移交给另一个团队处理第二阶段。

尽管让所有人失望，但在整个项目过程中，与高层管理者和客户密切而频繁地沟通进度和关注点，及时提供信息，降低了他们的期望，并保护客户在项目结束时免受意外。在整个项目生命周期中，诚实、一致的沟通提高了对供应商及其团队的信任、诚信和信心。

问题

1. 你对把每件事都做好而项目仍然失败有什么看法？

2. "永远不要让老板吃惊"的警告现在明白了吗？为什么？

3. 你认为一开始范围变更就是问题，还是终将会有问题？

资料来源：S. Somani, "Anatomy of a Failed Project." PM Network, Vol. 24.

▶ 13.4 项目最终报告——项目历史记录

良好的项目管理系统需要拥有一个记录体系，即组织过程资产（organization process assets），其具体形式为项目最终报告。项目最终报告不是对项目的另一种评价，而是项目的真实历史记录，它记录了在项目的生命周期中，哪些事情是对的，哪些事情是错的，谁在项目中起了什么作用，为了完成项目做了哪些工作以及这些工作是如何管理的。只有把经验保存下来并加以学习，我们才能够从经验中受益（Whitten, 1999）。PMBOK强调了保存和回顾历史经验是谱写新篇章的序曲。

下面列出了应包含在项目最终报告中的一些要素。在考虑这些要素时，弄清楚原始资料的出处也是有益的。大部分所需的资料都包含在项目主计划之中，即包含项目契约、WBS、预算、进度计划、变更令以及更新内容的文件。除了项目主计划外，所有的项目审计和评估的记录也是必要的数据资料。项目最终报告中所需的每一项内容几乎都是经过项目经理和其他项目人员深思熟虑才确定的。所需的文件应该保存在哪里不是问题——应保存在项目档案中，应特别注意的是，要确保文件确实得到了妥善保管，并且内容得到了及时更新。

不必太在意项目最终报告的具体形式，要注重报告的内容。一些报告是按照时间顺序编写的，另一些报告则按照项目的技术和管理方面的特征来编写。有些报告以叙述性的风格编写，有些报告则把所有的项目报告罗列在一起并附上简短的评论。重要的是，无论采用何种形式，在项目最终报告中应包括以下几方面的内容。

1. 项目绩效

报告的一个关键要素是项目实际完成内容（项目最终评估报告）和项目预计完成内容

（项目建议书）之间的比较。此项比较的内容可能比较宽泛，并且应该包括对实际与计划之间存在的所有明显偏差的解释。此处进行项目最终挣值分析也是有用的，因为最终的报告不是一个正式的评估，它能够体现出项目经理对项目成败原因所做的判断。在进行了这种比较后，应提出在未来实施类似项目时处理这类技术问题的一些建议。

2. 管理绩效

人们往往更重视项目的实际结果而忽略项目的管理成效，只有发生了管理问题，管理才能得到足够的重视。有一个严重的倾向，即几乎每个人都对"管理人员"有偏见。虽然项目管理并不能解决技术问题，但是它能够使好的技术得到发挥（或相反）。我们应该对管理实践进行回顾和总结，尤其是那些效果很好或很差的管理做法。如果可能，对其中的原因进行报告也是非常重要的。如果想要采取好的而避免差的管理做法，就有必要去了解在特定的组织环境中，为什么有些工作表现良好而其他的则表现不佳，这成为我们在讨论的过程中给出建议的基础。

3. 组织结构

项目所采用的各种组织形式都有其独特的优势和劣势。项目最终报告应该包括对组织结构如何促进或制约项目进展这一问题的相关评论。如果需要对组织目前采用的组织形式进行调整，或者采取不同的组织形式会对项目管理有益，应该提出相应的建议。显然，提出建议的同时应附带详细的解释和理论根据。

4. 项目团队和管理团队

有时，能力较强又有魅力的项目成员在需要较高水平的人际关系沟通和团结合作的活动中却表现不好。在向组织的高层管理者递交的项目最终报告的保密部分中，可建议在今后的项目中不选派这些人。同样，项目经理也可以就哪些人适合在今后的项目中组成团队而发挥好的作用，或适合从事公司的日常事务提出建议。

5. 项目管理技术

项目的结果与进行项目预测、计划、预算、进度计划、资源配置、风险管理和项目控制的技术息息相关，因此必须对完成这些任务所使用的方法进行检查。如果项目预测、预算和进度计划不准确，应该提出一些改进建议，也应当对项目计划、控制和风险管理所采用的技术进行详细的审查。

针对项目最终报告中的每一个要素，应该提出并解释改变当前做法的建议。可能的话，最好记录下每个潜在变更的含义。一项经常被忽视但非常重要的事情是对开展特别良好的项目进行评论和建议。大多数的项目、项目团队和项目经理都有一些非正式的程序用来加快预算编制、简化进度计划、改进项目预测等活动。项目最终报告是整合这些知识的智囊库。一旦被编入这个智囊库，这些知识就能够得到检验，而且如果它们具有普遍适用性，则能够被组织采纳作为项目管理方法。

项目最终报告的基本目的是改善未来的项目，项目最终报告最终关注的还是项目本身和实施项目的整个过程。项目中的有关数据和结果能够在项目生命周期中的许多期中报告、审计报告和评估报告中获得，但是项目实施过程中的数据大部分来自项目经理的收集整理。为保证不遗漏重大的事件记录，项目经理应该经常写项目日志。项目经理的日志并不是正式的项目文件，而是由个人收集的对项目事件的看法、反应和评论。具有一定思想深度的项目经理的项目日志可称为丰富的、非同寻常的智慧源泉，它也可以当作年轻并富有进取心的项目经理的学习来源，至少它是在繁杂的项目活动中为防止遗忘而对想法所做的记录。

个别情况下，项目日志会另有他用。明尼苏达高速公路工程公司的一名项目经理有坚持写项目日志的习惯，这主要是出自个人的兴趣和爱好。在工程实施过程中，公司由于一个事故而被起诉，原告宣称在事故发生时，高速公路两侧的路肩没有完工，也没有"正在施工"的标牌，该项目经理的日志记载了项目每天的进程，它显示在事故发生的前几天，该路段已经完工。该公司因此胜诉。现在公司所有的项目经理都在写项目日志，该公司的副总裁称，项目经理所写的项目日志跟他正在上高中的女儿的日记是一个类型。

13.5 利益实现

现在所有的项目决策都已经做完了。项目拥有者、赞助者和项目经理将会终止这个项目，确保项目人员、设备和剩余资源都已经转移到正确的地方和用处上。如果是一个附加终止方式，事实上这些资源出于组织利用的角度可能留在项目输出中，包括人员。然而，仍然可能存在需要完成的合同和法律文件与付款、需要处理的管理事务以及编制最终报告。

接下来，项目拥有者的正式利益实现阶段开始。当然，在整个项目执行过程中，项目拥有者一直通过与适当的职能经理和项目产出的其他用户合作，为这一阶段做准备。如前所述，项目拥有者实际上可能是职能经理。项目的最后有三个主要阶段。第一阶段是最大的一个阶段，涉及按计划实现项目的产出。第二个阶段是移交给职能经理，以确保已获得的利益将继续实现。第三个阶段是产出的常规使用，项目办公室为投资者和理事会编制执行情况的最终报告。

正确使用产出是一项困难的任务。通常情况下，产出的预期客户/用户不想改变他们一直使用的程序，这些程序对他们来说是舒适习惯的，他们不愿承担风险去学习新的程序并使用他们无法理解的新方法正确地完成他们的工作，这就是通常所说的"抵抗"。尤其是当他们没有参与新系统的设计，甚至没有被告知改变，直到新系统和新程序被甩在他们身上时。另一个危险是，他们将使用新系统一段时间，然后慢慢恢复到以前的系统，这对他们来说很可能意味着较少的工作。也就是说，通常一个新的系统对公司整体来说可能更好，但对一些员工来说意味着更多的工作。如果新系统涉及对员工特别是计算机既复杂又令人困惑的技术，就更加困难。

员工拒绝采用新系统还有其他原因。很多时候，它根本无法正常工作，公司最终还是回到了原来的系统。那么，所有的培训、麻烦和时间都只是一种令人烦恼的浪费。其他时候，一名新经理来了，不同意使用这个麻烦的新系统。或者，一位新的高层管理人员/行政人员来了，对组织应该如何运作和终止以及为新系统提供资金有不同的想法。

由于这些潜在的陷阱，当项目执行时，项目拥有者必须提前开始准备这一阶段。随着项目计划的变化，准备工作可能需要调整，这给项目拥有者带来了其他问题。例如，在新系统完全运行和调试之前，客户培训可能开始得太早。然后，如果系统必须彻底改变，那么很可能培训也必须重做，这往往会让用户发疯！难怪他们的回答是："你搞清楚最后的系统是什么之后，我就开始培训。"

项目拥有者为客户准备实施新系统时有许多可用的工具，主要的工具通常是培训，也可能有教育课程、激励活动，例如对使用类似系统的其他组织的参观，以及吸引和激励这些预期用户的其他方式。除了新程序方面的培训外，客户或重组的工作组或部门也可能有新的职责。所有这些都增加了项目拥有者的麻烦，因此难怪很难从"成功完成"的项目中获得预期的利益。

如果项目拥有者不是后续负责人员，下一阶段工作则移交给职能经理。上述所有风险和困难也适用于这一阶段，职能经理通常参与用户所参与的所有培训和其他活动，还涉及行政、监督、人力资源和一般管理。项目拥有者还需要确保在将来的某个时候，用户不会再回到旧习惯和惯例中，因此转换将是一个缓慢的过程。例如，在制造业实施新技术中，项目拥有者通常会一直都在，直到新系统的生产利用率达到 80%。人们也很清楚，当安装新系统时，生产率会立即下降，但随后生产率会缓慢回升，最终恢复到以前的水平，然后进一步提高（如果新系统设计良好），并获得投资者所期望的利益。

最终，在一个常规使用阶段的某个时刻，项目拥有者的工作完成了，可能是系统达到预期收益的 80%，或者更多，或者更少，这取决于组织和情况。项目办公室必须确信最终期望的利益事实上将继续发生。与澳大利亚悉尼歌剧院类似，世界各地对这座建筑的熟悉和赞叹，也是在建成数年后才逐渐产生的。

➡ 13.6　最后声明

学生常常提出这样的问题："这些东西真的有人使用吗？"有的时候是用不太礼貌的语言。多年来，有大量的学术研究致力于解答这个问题，比如，伊布斯和郭（Ibbs，Kwak，2000）的研究。就像我们在这一章中提到的那样，还有很多研究为了理解项目成败的原因。相较而言，较少的研究调查了具体的项目管理实践与项目成功的关联程度。帕普克-希尔兹（Papke-Shields）和她的合著者（2010）做了相关研究帮助缩小这一知识上的差距。本节接下来的部分将关注他们的研究。

一个调查问卷收集了 142 名项目经理的回答。每一个项目管理实践中关于 PMBOK 知识领域的使用情况被按照五个层次进行了打分（从不、很少、偶尔、经常、总是）。时间管理技巧的使用得到了最高分 4.03 分，有 5 个与时间相关的实践（项目进度和更新、基线计划、PERT/甘特图、活动列表、工期估计以及更新）。风险管理平均得分最低，为 2.79 分，有六个相关实践（风险管理计划、偶发事件计划、风险管理数据库、量化风险分析、风险管理数据库更新以及提前计划的反馈）。

除时间和风险之外，调查的其他 PMBOK 知识领域包括：一体化、范围、成本、质量、人力资源、沟通、采购以及状况检查。所有知识领域的平均实践水平都高于报告的风险水平。

项目成功按三种程度来评估：低、中、高。在所有项目管理实践中，对 PMBOK

知识领域的使用在高成功率的群体中要比在低成功率的群体中平均使用率要高。这些实践对于高或低成功率有着重大的影响，而且每一个知识领域的实践都会对成功产生影响。

对于本节开始的问题我们的回答是：是的，项目管理在被使用。

> 参与者反映与时间、范围和成本相关的项目管理实践正在广泛使用；一体化、人力资源和采购相关的实践使用得少一些；沟通、质量和风险相关的实践是最少使用的（Papke-Shields et al.，2010，p. 659）。

对本节开始的问题的回答产生了一个没有明说却暗示的问题："所以呢?"答案是："所有知识领域的实践情况在'低'和'高'成功率群体中差别很大。"（Op. cit.）

> 项目经理确实使用了这些技巧，也确实很有帮助。

小结

我们终于来到了项目的最后阶段——项目终止。在本章中，我们阐述了项目终止的方式、项目终止的决策过程、项目终止的实施过程和编制项目最终报告。

本章的要点如下：

1. 项目的终止方式有四种：完全式、附加式、集成式和资源限制式。

2. 在项目完工之前决定终止项目是一件困难的事情，但是许多因素能够用来帮助制定终止决策。

3. 大多数项目失败是源于下列原因中的一条或多条：项目组织形式不当；高层管理者的支持不足；任命了不合适的项目经理；糟糕的计划。

4. 研究表明，与项目成功相关的因素随着行业和项目类型的不同而不同。

5. 与成功相关的因素或管理所需的任何因素都能够用于项目终止决策模型。

6. 经常由特派的项目终止经理负责项目的收尾工作，此项任务包含8个主要职责，其工作本身就是一个项目。

7. 项目最终报告是项目过程经验知识的总结。除了对项目的记录外，项目最终报告也是我们从项目中学习经验的宝库。它应该包括以下内容：项目绩效评价；管理绩效评价；组织结构评价；项目人员评价（可能为保密内容）。

8. 尽管项目正式的技术相关层面的工作可能结束了，确保它能实现预期利益的工作仍然是一个重要的事情。

关键术语

利益实现（benefit realization） 项目拥有者为了实现项目预期利益所面临的任务。

预算缩减（budget decrement） 对某项活动的资金量的减少。

附加终止方式（closure by addition） 把项目作为一个独立的、正在发展中的实体添加到组织中。

完全终止方式（closure by extinction） 一个项目的所有活动都结束，没有任何形式的扩展，比如并入或集成。

集成终止方式（closure by integration） 把项目活动合并到组织中，并把它们分配到现有职能部门。

资源限制终止方式（closure by starvation） 在没有实际扼杀项目的前提下，逐渐减少项目的预算，从而停止进程。

终止经理（closure manager） 一个负责处理项目完成具体事务的管理人员。

抵抗（resistance） 员工反对改变工作程序。

谋杀式终止（termination by murder） 在没有征兆的情况下突然终止一个项目，终止的原因通常不涉及项目的目的。

 ## 问题

内容复习问题

1. 列举并简单描述项目终止的方式。

2. 当目前的项目将要终止时，如果项目经理没有负责其他项目，那么将发生哪些问题？

3. 终止经理的主要责任有哪些？

4. 当终止一个项目时，项目中的信息收集将发生哪些变化？

5. 什么是预算消耗？

6. 识别项目终止的四个原因。

7. 项目最终报告包括哪些内容？

8. 在决定终止一个项目时，哪些因素被认为是最重要的？

9. 当使用集成终止方式时，需要考虑哪些问题？

10. 项目拥有者为了实现项目预期利益所面临的任务是什么？

11. 项目拥有者该如何处理员工"抵抗"？

课堂讨论问题

12. 讨论终止对项目团队成员的积极和消极的影响，如何减轻消极影响？

13. 如果实际的项目终止本身变为了一个项目，那么这个项目的特征是什么？它与其他项目的不同之处在哪里？

14. 讨论为什么当项目最终报告完成后应该永久保存到公司中。

15. 终止过程中的哪些要素会阻碍项目成功？

16. 优秀的终止经理的特征有哪些？

17. 如何选择终止方式？

18. 为什么一个失败的项目不能够被终止？

19. 如何避免除了项目目标未完成以外其他原因造成的项目终止？

20. 当制订计划、预算、监控和终止项目时，项目经理必须做哪些工作？

21. 四种主要终止类型中的哪个属于政治型终止？哪个属于文化差异造成的终止？哪个属于淡出型终止？

22. 你对大多数项目的终止是因为非技术方面的原因持怀疑态度吗？为什么？

23. 你如何判断在项目周期中有哪些利益"永远"实现了？

24. 如果职能经理对于项目有关的变动不是很积极，你会做什么来帮助他？

案例讨论

电子扫把和供应公司

43 年以前，IMSCO 公司就开始为工业客户生产和配送电子扫把。IMSCO 公司的总裁布雷霆（Bretting）先生根本没有对使用该公司的制造和配送经验去开发消费者市场进行过认真考虑，他决定向消费者销售任何目前的产品。如果 IMSCO 公司全力以赴地开发消费者市场，布雷霆先生强烈感觉到其第一个产品应该具有一些新意和创新，以帮助确立公司的名声。他认为开发新产品所需的专门技术能够在公司内找到，但是没有人在组织和管理这一项目方面拥有真正的经验。幸运的是，布雷霆先生与当地一家著名的咨询公司比较熟，该咨询公司在项目方面保持领先，于是，他与这家公司进行了联系。

项目开展三个月后，布雷霆先生联系了项目经理/顾问，表示他担心如果公司目前开发创新的消费产品将会带来大量的风险，他还担心项目太强调研究导向而对相关的商业问题考虑不周（这与他三个月之前完全同意并批准了提交的第一个计划时的感觉完全相反）。

布雷霆先生建议咨询顾问修改现有项目，在 IMSCO 公司的新产品确定和测试完之前引入一个"仿造"的产品。布雷霆先生认为有关"仿造"产品的经验将为 IMSCO 公司的管理提供有价值的经验，并且将提高新产品的绩效。他允许项目的一部分研发继续进行，但是"仿造"产品在资源方面将占有较高的优先权。咨询顾问答应将认真考虑这一建议，并在下周与他联系。

◆ 问题

如果你是咨询顾问，将给布雷霆先生提供什么样的建议？你将和他继续保持业务关系吗？

Excel 电子技术公司

Excel 电子技术公司所开发和生产的新型袖珍电话传真网络（Phone-Fax-Internet，PFI）设备的项目历经 3 年即将完成。电话传真网络设备比普通的香烟盒还小，但是它拥有与常规设备相同的功能和特征。装配线和所有的生产设备将在 6 个月以后完成，第一批设备将于 7 个月后生产。工厂经理认为现在是时候去接管项目了。他考虑了三个终止项目的方式——完全式、附加式和集成式，但他不能确定哪个方式是最好的。

◆ 问题

你推荐三个方式中的哪一个，为什么？你认为员工会反对执行这个项目吗？为什么？如果工厂经理是本项目的项目拥有者，他的职责是什么，才能确保利益的实现？

课堂综合练习项目

到了项目终止的时候了。决定哪种终止方式适合本项目？应该包括哪些终止责任？如何分配项目结果？项目中的员工将何去何从？项目经理和团队如何确保项目会实现最开始设想的利益？

最后，起草项目最终报告，注意包括以下方面：

1. 项目绩效的评估。对比项目实现的内容和最开始的目标。你会对未来的项目提出什么建议以确保它们达到高水平的绩效？

2. 管理绩效的评估。同样，包括对未来的项目提出的建议，这些建议可以减少在项目中可能出现的管理问题并推进好的管理做法。

3. 应用的项目管理技术的评估。哪些项目管理技术显得尤为有效而应该在未来的项目中继续应用？有没有什么没有用到的技术但可能很有效？你对用到未来的项目中的技术有没有什么修改？

4. 提出可能会在初始阶段以及全程都有用的改动建议。

参考文献

图书在版编目（CIP）数据

项目管理：战略管理的视角：第 10 版／（美）杰克·
R. 梅雷迪思，（美）斯科特·M. 谢弗，（美）小塞缪尔·J.
曼特尔著；戴鹏杰，甄真译 . -- 北京：中国人民大学
出版社，2021.7
（工商管理经典译丛）
ISBN 978 - 7 - 300 - 29534 - 3

Ⅰ. ①项… Ⅱ. ①杰… ②斯… ③小… ④戴… ⑤甄
… Ⅲ. ①项目管理 Ⅳ. ①F224.5

中国版本图书馆 CIP 数据核字（2021）第 146631 号

工商管理经典译丛
项目管理——战略管理的视角（第 10 版）
杰克·R. 梅雷迪思
[美] 斯科特·M. 谢弗　　著
小塞缪尔·J. 曼特尔
戴鹏杰　甄　真　译
戚安邦　审校
Xiangmu Guanli——Zhanlüe Guanli de Shijiao

出版发行　中国人民大学出版社
社　　址　北京中关村大街 31 号　　　　　　邮政编码　100080
电　　话　010 - 62511242（总编室）　　　010 - 62511770（质管部）
　　　　　010 - 82501766（邮购部）　　　010 - 62514148（门市部）
　　　　　010 - 62515195（发行公司）　　010 - 62515275（盗版举报）
网　　址　http://www.crup.com.cn
经　　销　新华书店
印　　刷　北京七色印务有限公司
规　　格　185 mm×260 mm　16 开本　　版　　次　2021 年 7 月第 1 版
印　　张　28 插页 1　　　　　　　　　　印　　次　2021 年 7 月第 1 次印刷
字　　数　654 000　　　　　　　　　　定　　价　89.00 元

WILEY

John Wiley 教学支持信息反馈表
www.wiley.com

老师您好，若您需要与 John Wiley 教材配套的教辅（免费），烦请填写本表并传真给我们。也可联络 John Wiley 北京代表处索取本表的电子文件，填好后 e-mail 给我们。

原书信息

原版 ISBN：
英文书名（Title）：
版次（Edition）：
作者（Author）：

配套教辅可能包含下列一项或多项

教师用书（或指导手册）/ 习题解答/ 习题库 /PPT 讲义/ 其他

教师信息（中英文信息均需填写）

➢ 学校名称（中文）：
➢ 学校名称（英文）：
➢ 学校地址（中文）：
➢ 学校地址（英文）：
➢ 学校邮编：
➢ 院 / 系名称（中文）：
➢ 院 / 系名称（英文）：

课程名称（Course Name）：
年级 / 程度（Year / Level）：☐大专 ☐本科 Grade：1 2 3 4 ☐硕士 ☐博士 ☐MBA ☐EMBA
课程性质（多选项）：☐必修课 ☐选修课 ☐国外合作办学项目 ☐指定的双语课程
学年（学期）：☐春季 ☐秋季 ☐整学年使用 ☐其他（起止月份＿＿＿＿＿＿）
使用的教材版本：☐中文版 ☐英文影印（改编）版 ☐进口英文原版（购买价格为＿＿元）
学生：＿＿个班共＿＿人
授课教师姓名：
电话：
传真：
E-mail：

WILEY - 约翰威立商务服务（北京）有限公司
John Wiley & Sons Commercial Service (Beijing) Co Ltd
北京市朝阳区太阳宫中路12A号，太阳宫大厦8层 805-808室，邮政编码100028
Direct +86 10 8418 7869　　Fax +86 10 8418 7810
Email: Alyssa Yang <ayang@wiley.com>

教师教学服务说明

中国人民大学出版社管理分社以出版经典、高品质的工商管理、统计、市场营销、人力资源管理、运营管理、物流管理、旅游管理等领域的各层次教材为宗旨。

为了更好地为一线教师服务，近年来管理分社着力建设了一批数字化、立体化的网络教学资源。教师可以通过以下方式获得免费下载教学资源的权限：

在中国人民大学出版社网站 www. crup. com. cn 进行注册，注册后进入"会员中心"，在左侧点击"我的教师认证"，填写相关信息，提交后等待审核。我们将在一个工作日内为您开通相关资源的下载权限。

如您急需教学资源或需要其他帮助，请在工作时间与我们联络：

中国人民大学出版社　管理分社

联系电话：010－82501048，62515782，62515735

电子邮箱：glcbfs@crup. com. cn

通讯地址：北京市海淀区中关村大街甲 59 号文化大厦 1501 室（100872）